KB262461

의미 분석론

의미 분석론

이 광 호

도서출판 역락

머리말

  의미를 공부한 것이 꽤 되었다. 하지만 아직 의미에 대해 막연하다. 연구의 거의 대부분은 유의어에 한정되었으니 의미론을 안다고 하기에도, 공부한다고 하기에도 아직까지는 쑥스럽다. 의미 분석론은 다양한 이론적 토대로 완성된 것이 아니다. 지금까지 의미론을 공부하면서 여기 저기 발표한 논문을 수정·보완하여 완성한 책이다. 내 좁은 시각으로 살펴본 의미 분석론이다.

  이 책은 전부 6장으로 이루어져 있다. 제1장은 어휘와 의미의 유형을 분류하였다. 기존의 논의에서 별로 벗어난 것이 없지만, 분류의 자질을 설정하고 이들을 유형별로 정리했다. 유형을 공부하면서 중복되는 부분과 차이나는 부분에 대한 이유를 부분적으로 살폈다. 제2장은 자료를 통해 의미나 어휘를 분석한 논문이다. 정몽유어, 아학편, 천자문, 그리고 노걸대, 농서, 음식관련서 등에 나타나는 어휘들의 의미를 살핀 지엽적인 논문이다. 자료 분석이라는 것에 한정한 것들이다. 제3장은 어휘의 변화에 대한 생멸의 원리를 생태적인 특성과 결부시켜 논의한 것들이다. 하지만 생멸에 대한 거창한 이론적 개발이라기보다는 생태적인 특성을 부분적으로 결합한 것이다. 기존의 유의 경쟁의 원리에 생태학의 이론적 근거를 아주 조금 접목시킨 것이다. 제4장은 정도성 분석이다. 의미의 정도성 문제는 상당히 오래 고민했다. 유의어라면 다 같은 유의어인가, 대립어라면? 이러한 의문이 정도성을 만들었다. 유의어 내에서도 우리가 더 유의어답다고 할 수 있는 논의가 있었으면 해서 고민한 것들이다. 표현에 있어서도 분명히 정도가 강한 의미 전달 방법이 있을 것이라는 생각을 '–어하–' 표현이나 '–겠–' 등에 적용시켰다. 대립어도 마찬가지이다. 제5장은 연관성 분석을 다루었다. 많은 단어들을 모아 두었을 때, 어떤 단어들이 더 많은 연관성을 가지고 모여 있고, 변하고, 소멸하는지를 구분하고 싶었다. 불규칙적이라고 생각한 움직임이 규칙적인 것으로 인정된다면 아직 일어나지 않은 움직임도 예상이 가능하다. 어떤 사람의 일상에 대해 요일별, 시간대별로 계속해서 살펴본다면, 규칙적인 어느 부분이 발견될 수 있다. 가령 갑이라는 사람의 1년 행적을 추적하였는데, 의도하진 않았지만 월요일은 11시에 어떤 특정의 장소에서 규칙적으로 점심을 먹는다고 가정하자. 그리고 이것이 상당히 많은 빈도로 이루어진다고 한다면(통계학에서는 '유의적 가치'를 가진 것으로 설명함), 갑이라는 사람의 월요일 행적을 부분적으로 예측할 수 있다. 이것이 연관성 문제를 고민한 배경이다. 연관성 문제는 예측을 동반할 수 있다. 언어의 변화에 대한 어떤 실마리를 제공해 줄 것으로 기대한다. 제6장은 유의어를 다루었다. 유의어는 박사 논문을 준비하면서 시작하여, 참 오랫동안 천착하였다. 유의어 분석에서는 유의어의 변화가 현대어에 어떻게 작용하는가를 주된 목적으로 삼고 있다. 언어의 변화는 규칙성을 가지면서도 불규칙인 부분이 많다. 유의어는 공시적인 용어이다. 단지 공시성에만 머문다면 그 현상만을 탐구하는 데 그친다. 그래서 통시성을 결합한다. 통시적인 변화는 현대어의 많은 현상들을 적절하게 설명할 수 있는 바탕을 제공한다. 그래서 유의어의 변화를 통해서 유의어 연구의 틀을 마련하고 싶었다. 하지만 그 틀이라는 것은 항상 깨지고 만다. 언어의 실상이라는 것이 그렇게 호락호락하지만은 않은 모양이다.

홍사만 선생님께서 퇴임을 하셨다. 진작에 준비를 했으면 선생님께서 퇴임하시는 자리에 그래도 책 한 권 올릴 수 있었는데, 그러질 못했다. 항상 닥쳐야 서두르는 내 버릇은 여전하다. 그리고 부끄럽지 않은 학문의 결과를 바치고 싶었는데 그것도 제대로 되질 못했다. 늘 선생님께 죄송하고, 부끄럽고, 민망하고 쑥스럽다. 또 다 식은 밥 올려놓고 상 차려 드리는 것 같아 더 죄송스럽다. 정말 죄송하기 그지없다.

이 책은 많은 사람들의 도움을 받아 이루어졌다. 학문의 큰 가르침을 주신 많은 분들, 이 책의 출판을 흔쾌히 받아주신 이대현 사장님, 그리고 거친 원고에 하나하나 표시를 해두면서 알뜰히 살피신 역락출판사의 이소희 선생님께 감사의 마음을 모은다.

2009년
지은이 씀

제1장

어휘와 의미의 유형 분류

1. 어휘의 양상 분류

어휘론은 어휘에 대한 연구이다.[1] 어휘만을 연구대상으로 하는 어휘론은 현재, 연구의 시작 단계에 불과하다. 지금까지의 어휘론은 독립된 영역으로서가 아니라 대체로 의미와 함께 다루어져 '어휘 의미론'의 영역 속에 있었다. 그리고 형태론에서는 단어와 관련하여 어휘를 설명하기도 하였다. 이는 어휘론에 대한 '어휘'가 일반적 논의로 정착하지 못했기 때문이다. 이제 어휘론만을 따로 독립시키기 위해서는 기본 단위의 설정에서부터 그 연구 대상을 분명히 할 필요가 있다.

기존의 어휘론 기술은 저자에 따른 개인 편차가 너무 심하다. 이것은 결국 아직까지 어휘론이라는 연구영역이 독자적 논증 체계를 확보하지 못한 학문임을 방증한다. 여기서는 어휘론의 정립을 위하여 그 연구대상이 되는

---

[1] 이관규(1999), 학교 문법론, 도서출판 월인, p.195에서 '어휘론은 개별 어휘소, 즉 단어들을 전체 집합 차원에서 연구하는 학문'으로 정의하고 있다.

영역을 확정하고자 한다. 이를 분명히 하기 위하여 몇 가지 개념적인 문제를 명확히 할 것이다. 어휘에 대한 기본 개념만 분명히 하여도 어휘론의 대상은 분명해진다.

어떤 연구 영역이든 전체 연구를 위한 통일성 있는 기술은 기본이 되어야 한다. 지금까지의 국어 어휘론은 연구의 영역에서부터 애매한 부분이 있었다. 어휘만을 대상으로 살펴볼 수 있는 분명한 영역이 설정되지 않았기 때문이다. 그래서 이 장에서는 어휘론의 연구 영역을 정립하고 연구 대상을 확인하고자 한다. 이를 위해 음운론의 음소, 형태론의 형태소와 동일한 위치에 어휘소를 설정할 것이다. 이를 확장하여 의미론에서의 기초단위를 의미소로 설정한다면 어느 정도 연구 영역의 틀이 확보될 것으로 보인다. 그렇지만 여기서는 학문의 성층적 구조를 살피려는 것이 목적이 아니라 어휘론의 영역을 확보하는 데 목적이 있다. 따라서 여기서는 어휘론의 영역에 한정된 기술을 하게 될 것이다.

1.1. 어휘소 설정의 필요성

'어휘'는 어휘 의미, 어휘 의미론, 어휘 구조 등 학문의 영역 속에서 다양하게 쓰인다. 이들은 단어 의미, 단어 의미론, 단어 구조 등에서 보는 것처럼 단어와 가까운 개념으로 사용되기도 한다. 하지만 단어와 어휘는 구별하여 쓰는 것이 일반적이다. 어휘론에서의 '어휘'는 집합 개념으로서 단어들의 무리를 가리킨다. 우리가 알고 사용하는 단어의 수는 수만 개에 이른다. 그리고 사전에 등재되어 있는 단어를 생각한다면 50만 단어가 넘는다. 이처럼 단어의 수가 매우 많기 때문에 그 성격이나 양상을 한눈에 파악하기란 쉽지 않다. 어휘란 일정한 범위 안에서 사용되는 단어들의 집합을 가리키는 말로서, 우리말의 수많은 단어들을 유형별로 살피는 데 매우 유용하다. 즉 단어를 어떤 특정의 기준에 의해 모아 둔 집합적 개념이 어휘이다. 하지만 일반적 쓰임에서는 어휘가 단어와 동일하게 쓰이기도 한다. 엄격하게 구분하여 어휘를 집합적 개념으로 설명하지만 어휘는 경우에 따라 개별적 개념으로도 쓰이기 때문이다. 따라서 어휘는 개별적 개념과 집합적 개념을 아울러 가진다. 개별적 개념 하에서 어휘는 단어와 동일하다. 하지만 언중의 사용에 있어 서로 넘나드는 부분이 있다고 하더라도 용어가 다른 만큼 이들을 구분할 필요성은 있다. 이 구분의 기준이 되는 것이 바로 집합성이다.

  이러한 어휘의 가장 기본 단위는 어휘소[2]이다. 이는 단어와 다른 특징을 가진다.[3] 어휘소는 성층 문법에서 의미층과 형태층 사이에 위치한다.[4] 그런데 어휘소는 어휘론이라는 학문의 영역을 구축하는 데 아주 중요하게 작용한다. 어휘론이라는 학문의 영역을 위해 설정하는 한정된 요소이다. 어휘소의 설정은 몇 가지의 경우에서 그 필요성이 인정된다. 이들을 단어로 처리해 버리면 어휘론의 영역과 대상이 분명하게 나타나지 않는다.[5] 어휘론에서의 가장 기본 단위로 단어가 아닌 어휘소를 설정하는 이유는 다음과 같다.

  첫째, '걷다, 걷고, 걸으니, 걸어서' 등은 각각 다른 단어인가 아니면 동일한 단어인가? 이들은 분명히 동일한 단어이다. 이들 네 개의 단어는 동일한

---

2) 이정민·배영남(1987), 언어학사전 p.504에서는 어휘소(lexeme)를 문장이나 구절의 일부가 아니고, 추상화된 하나의 어휘항목으로 간주되는 단어를 말한다. 단어라고 하는 술어가 복잡하고 애매하기 때문에, 단어는 어떤 순서에 의해 설정되는 하나의 단위로서, 단어 개념에 가깝기는 하지만 그것과는 약간 다른 의미를 나타내는 데 사용된다고 설명한다.

3) 이관규(1999), p.196에서 '어휘는 단어가 모여서 이루어진 집합을 지칭한다. 다시 말하면 단어가 개별적인 단위라면, 어휘는 이 단어들이 모인 총체를 가리킨다. 이런 의미에서 단어는 달리 어휘소(혹은 어휘 항목)라고 말할 수도 있다'고 하면서 어휘소와 단어를 동일시한다.

4) 이정민·배영남(1987), pp.504~505에서는 어휘소를 사소(辭素, lexeme)로 설정하고 이의 하위요소로서 사자(辭子, lexon)를 갖는 것으로 설명하고 있다. 어휘소가 의미층과 형태층의 중간층에 자리하기 때문에 사자(辭子, lexon)는 형태층의 구성층위에 해당한다.

5) 이관규(1999), p.196에서 '어휘론은 어휘소, 즉 단어를 대상으로 한 것이기 때문에 형태론이나 의미론(특히 어휘 의미론)과 부분적인 겹침 현상이 일어날 수도 있다. 그러나 형태론이 과정론적 단어의 형성이나 구성내용을 다룸에 비하여, 어휘론은 결과론적 단어의 분포 양상을 다룬다는 점에서 차이가 있다. 또 의미론(어휘 의미론)이 의미와 관련된 추상적 이론을 주로 다룬다는 점에서, 상대적으로 구체적인 현상과 이론을 다루는 어휘론과는 그 차이가 난다고 말할 수 있다. 물론 어휘론 분야 중 관계 연구 분야는 어휘 의미론 내용과 겹치게 된 것이다'고 언급하고 있다.

단어의 서로 다른 형이다. 단어라는 용어만으로는 이들에 대한 분명한 구분을 나타낼 수 없다. 동일한 단어의 활용형이라는 문법적 개념의 영역에서 벗어나지 못하기 때문이다. 어휘론에서의 어휘소는 동일한 단어라는 개념적 의미를 환경에 따라 달리 설명할 수 있는 바탕을 마련한다. 그래서 동일한 단어로 처리해 왔던 이들을 어휘론의 영역 속에서 재구성할 수 있는 여지를 남겨둔다.

둘째, 음소나 형태소와 마찬가지로 어휘소를 설정하면 기본적 어휘에 따른 변이어휘6)를 설명할 수 있다. 변이어휘는 환경에 따라 달리 나타나는 어휘이다. 이렇게 어휘소를 설정하고 변이어휘와 구분한다면 동일한 단어의 다른 형태를 분명하게 구분 지을 수 있다. 이에 따라 '걷다, 걷고, 걸으니, 걸어서' 등은 '걷다'라고 하는 기본적 단위의 변이형(변이어휘)으로 설명할 수 있다. 따라서 용언의 기본형과 활용형의 문제도 어휘론의 영역에서 충분히 고려할 수 있다. 그러나 기본형 / 활용형으로 설명하는, 한 단어 내부의 문제는 너무나 규칙적이다. 개념상 어휘론의 영역에서 설명한다고 하더라도 그 범위는 문법론의 영역에서 크게 벗어나지 않는다. 이것은 동일한 단어라고 여기는 개념상의 혼란을 어휘소를 설정하여 해결하자는 데 의의가 있다. 여기에 대해서 Holliday(1961 : 1.6, 8.1, 8.2)는 폐쇄체계 안에 있는 항목을 다룰 경우에는 문법론에서, 폐쇄되지 않은 항목의 경우이면 어휘론에 속한다고 그 영역을 구분하고 있다. 단순히 동일 단어의 활용형으로 설명하는 것이 아니라 동일 의미를 지향하는 단어로 설명이 가능하다. 서로 다른 형은 환경에 따라 달리 설정되는 변이어휘이다. 여기서 나타나는 기본적 단위가 어휘소가 된다. 이는 어휘론의 가장 기본적인 단위로 설명될 수 있다.

셋째, 관용어 연구에서는 단어의 역할이 분명하지 않다. '밥 숟가락 놓다'7)라는 관용적 표현은 3개의 단어로 이루어져 있지만 단어는 아무런 역

---

6) 김광해(1993)에서는 변이어로 설명하고 있는데 상황에 따라 나타나는 다양한 형을 통틀어 말하기 위해서 여기서는 변이어휘를 사용하고자 한다. 어휘소에 대한 대비개념으로나 집합적 개념을 드러내기 위해서나 변이어휘가 적절한 것으로 보인다.

할도 하지 못한다. 단지 '죽다'라는 하나의 의미만 전달할 뿐이다. 어휘소의 설정은 '죽다'라는 의미를 전달하는 많은 관용적 표현을 어휘론의 영역에서 설명할 수 있게 한다. '죽다'라는 어휘소와 관련한 관용어는 상당히 많다. 동일한 의미를 전달하는 다양한 관용어를 한 어휘소의 변이어휘로 설정하면 논리의 타당성이 분명해진다. 또한 관용어의 영역도 어휘론에서 고려할 수 있게 한다.

음운론이나 형태론의 연구에서 음소와 형태소가 연구의 가장 기본단위가 되는 것과 마찬가지로 어휘소의 설정은 어휘론을 연구하는 데 있어서 가장 기본적 요소가 된다. 이러한 체계는 학문적 연관성과 관련하여 성층적 구조를 분명하게 해 준다. 어휘론은 성층적으로 다음의 위치를 차지하게 된다.

(1) 성층적 구분[8]
    의미론 – 의미소[9] – 변이의미
    어휘론 – 어휘소 – 변이어휘
    형태론 – 형태소 – 변이형태
    음운론 – 음　소 – 변　이　음

이것은 지금까지의 논의와 관계없이 어휘 단위의 위치를 분명히 해 준다. 그리고 연구 영역이 어디에 위치하는지를 잘 보여준다. 의미소와 변이의미에 대한 기술은 다음에 보완하여야 할 점이 많지만 잠정적으로 위와 같은

---

7) 風間喜代三, 長谷川欣佑 監譯(1992), 언어학백과사전, 대수관서점, p.161에서 제시한 'kick the bucket'이라는 표현을 적절한 우리 표현으로 바꾼 것임.

8) 김광해(1993), p.141에서 '음소 – 변이음, 형태소 – 변이형태 등의 구별과 나란히 어휘소 – 변이어라는 구별을 설정하여 어휘부의 이론화를 기하면 그 기술이 한층 간편하고 체계적인 것으로 될 수가 있다'고 언급하고 있다. 그리고 변이어의 설정이 어휘론의 연구 대상을 분명히 할 수 있다고 언급한다.

9) 의미소와 변이의미의 관계를 다의어의 1, 2차적 의미에 한정할 것이 아니라 개념상 그 범위를 넓힐 필요성이 있다. 일단 기본의미소가 설정이 되면 이에 대응하는 쌍으로 확대하여 논의를 전개했으면 한다. 가령 유의어라고 하더라도 보편적이고 기본적인 의미소가 존재할 것이라는 전제하에 이런 성층적 구조를 고려할 수 있다.

위치를 마련한다. 어휘론의 위치를 형태론과 의미론의 중간 지점으로 보기 때문이다. 의미소의 기술은 앞으로 논의를 발전시킬 것이다. 여기서는 어휘론의 영역을 다루기 때문에 어휘소의 기술 및 설정에 초점을 맞춘다. 어휘론의 연구에 있어서 어휘소는 중요한 위치를 차지한다. 연구 대상의 확정과 연관되는 변이어휘를 설정하는 기본 개념이 되기 때문이다. 어휘도 단어의 개념과 마찬가지로 동일한 의미를 지향하지만 환경에 따라 달리 쓰이는 단어들의 무리를 구성할 수 있다. 물론 이 무리들은 변이어휘에서 형성된다. 이러한 변이어휘는 다양한 환경에 의해 다양한 형태로 제시된다. 어휘소라는 기본단위는 환경에 따라 달리 설정되는 동일 의미역의 변이어휘를 가진다. 따라서 어휘소라는 개념은 어휘론의 영역 설정에 중요한 역할을 한다. 어휘소에 대한 변이어휘를 설정하지 않으면 어휘론의 대상을 명확히 설정하는 것은 굉장히 어렵다. 기존의 논의에서는 어휘론의 영역을 막연히 잡아 그 연구대상에서부터 정확하지 않은 면을 보였다. 어휘소와 변이어휘의 개념은 막연한 연구대상을 보다 명확하게 규정지어 줄 것이다.

1.2. 어휘론의 검토

국어 어휘론은 심재기(1983)에서 독립된 영역을 구성하였고, 이후 김종택(1992), 김광해(1993)에서도 국어 어휘론을 독립시켜 다루었다. 우선 심재기에서는 국어 어휘론의 영역을 크게 어휘 자료론, 어휘 의미론, 어휘 형성론의 세 가지로 나눈다. 어휘 자료론에서는 한자어의 전래와 계보, 차용어, 중세국어의 시령어원, 동한역어의 어휘를 다루고, 어휘 의미론에서는 어의변화의 구조적 분석, 평가상으로 본 어의변화, 동의중복현상, 반의어, 속담, 금기어를 다룬다. 그리고 어휘 형성론에서는 어휘 형성과 통사론, 명사화의 의미기능, 관형화의 의미기능, 동사화의 의미기능, 부사화의 의미기능, 국어 어휘의 통사적 순환구조를 다루고 있다. 어휘론이라고 하지만 어휘 의미론의 영역이 포함된 것은 결국 의미론에서 어휘론을 완전히 독립시키지 못했다는 한계를 보여준다. 그리고 어휘 자료론에서 나타나는 시령어원이나 동한역어의 어휘는 자료론이라고 하기엔 너무 한정된 자료인 점도 문제점으로 보인다. 또한 어휘 형성론에서도 의미기능에 치중한 느낌을 준다. 굳이 독립된 어휘론의 영역으로 다룰 필요성이 있을까 하는 의문이 든다.

김종택(1992)은 어휘 자료론, 어휘 조사론, 어휘 체계론, 음절 형태론, 어휘 어형론, 어휘 어원론, 어휘 의미론으로 대별하고 있다. 어휘 자료론에서는 고대, 중세, 근세, 현대국어 자료론을, 어휘 조사론에서는 국어의 어휘분표, 어휘조사와 선정, 기초어휘의 선정, 사전편찬론, 연상어휘조사를, 어휘 체계론에서는 어휘의미와 의미장, 국어어휘의 대립기제, 분류 어휘집의 어휘 체계를 다룬다. 그리고 음절 형태론에서는 어휘의 음절형성전형, 단음절어의 음절구조를, 어휘 형성론에서는 국어의 어휘 형성, 한자어의 구성, 복합한자어의 두 가지 유형을, 어휘 어원론에서는 어원추정의 방법, 어휘분화의 기제, 머리 / 허리 / 다리의 어원추정, 유리니사금의 어원, 날짜헤임말(일칭어)의 어원을 다루고, 마지막으로 어휘 의미론에서는 관용어, 속담, 속언을 다루고 있다. 어휘 자료론이 보다 독립되어 어휘론의 영역으로 들어선 점과 사전편찬론에 대한 언급은 장점으로 보이지만 어휘 의미론과 차별적 내용이 그렇게 많지 않다는 점은 어휘론 기술의 한계이다.

김광해(1993)에서는 어휘의 계량, 어휘의 체계, 어휘의 양상, 어휘의 공시적, 통시적 관계, 어휘력과 어휘교육, 사전을 다룬다. 개념상의 문제나 어휘의 계량문제, 어휘의 양상을 분명히 제시한 점은 앞의 두 논의에서보다 발전된 항목이라고 할 수 있다.

국외의 연구는 의미론의 영역 속에서 어휘 부분이 언급되어 있을 뿐이지 독자적으로 어휘론의 영역으로 독립된 것은 柴田省三의 어휘론뿐이다. 이 책에서는 회고편과 과도편, 현대편으로 나누어 기존의 이론을 점검하는 데 목적을 두고 있다. 그러나 그 내용은 의미론의 내용에서 그렇게 벗어나지 않는다. 지금의 어휘 의미론에 대한 기존의 논구에 가까운 저술이다. 그렇다면 실질적으로 어휘론의 영역으로 둘 수 있는 기존의 논구는 대체로 사전학(lexicography)이나 어휘계량학(lexicostatistics)에 한정되어 있다.

여기서는 어휘 양상을 중심으로 어휘론의 영역 확보를 보다 분명히 하는 데 목적이 있다. 세부적인 논의는 앞으로 더 진행이 되겠지만 우선 기존의 논의를 바탕으로 언급된 어휘를 확보하여 이들이 어휘론의 영역에서 다룰 수 있을 것인지를 검토하도록 하겠다. 이들 항목들이 어휘론의 영역에 포함될 수 있을지의 여부는 각각의 어휘 양상을 검토한 후에 보다 분명해질 것이다.

1.3. 어휘 양상에 대한 재검토

어휘 양상에 따른 분류는 김광해(1993)가 유일하다. 연구의 대상이 될 수 있는 항목을 어휘소와 변이어의 관계에서 그 개념을 명확하게 해 두었기 때문이다. 여기서는 이 분류의 타당성과 어휘론의 연구 대상이 될 수 있는 항목의 설정에 초점을 맞추고자 한다. 김광해에서는 어휘를 다음과 같이 분류하고 있다.

변이　＋위상적 ;
　　　　＋지리적 ; 방언어휘
　　　　－지리적 ; ＋은비 ; 은어(집단은어)
　　　　　　　　　　－은비 ; 남성어, 여성어, 아동어, 노인어, 청소년어
　　　－위상적<화용적>
　　　　＋대우 ; 공대어, 하대어
　　　　－대우 ; 속어, 완곡어(금기어), 관용어(속어, 속담)
팽창(－변이)
　　　　＋집단성 ; 전문어(직업어, 집단어)
　　　　－집단성 ; ＋항구성 ; 신어
　　　　　　　　　　－항구성 ; 유행어

김광해의 분류는 어휘론의 연구 대상이 될 수 있는 양상을 분명히 제시

한 것이나, 이들을 체계적으로 분류하려고 한 것은 큰 장점으로 보인다. 하지만 용어의 문제, 분류의 문제, 개념의 문제 등은 다시 한 번 생각해 볼 필요가 있다. 우선 분류의 문제에서 변이 자질로 어휘를 나누고 있는데, 변이와 팽창의 대립, 위상적 자질과 화용적 자질의 대립 등은 그 개념을 명확히 규정할 필요가 있을 것으로 보인다. 위상적 자질에서 [±지리적] 자질의 설정은 큰 연관성이 나타나지 않는다. 지리적 자질이 위상적 자질을 구체화하지 못하기 때문이다. 그리고 [+화용적] 자질이 [−위상적] 자질이라는 점도 쉽게 납득하기 힘든 대응관계이다. 신어가 가지는 항구성의 자질도 언어의 변화와 관련했을 때 쉽게 납득하기 힘든 자질이다. 김광해는 이와 관련하여 변이와 팽창, [±위상적], [±지리적], [±은비], [±대우], [±집단성]의 개념을 설정하여 어휘의 양상을 방언, 은어, 남성어, 여성어, 아동어, 노인어, 청소년어, 공대어, 하대어, 속어, 완곡어(금기어), 관용어, 전문어(직업어, 집단어), 신어, 유행어로 나누어 설명한다. 이러한 논의와 관계없이 김종택은 동의중복어에 대해 논의하고 있다. 이러한 기존의 논의에서 나타나는 어휘 항목을 중심으로, 각각의 항목이 어휘론에서 다룰 대상인지를 결정하고자 한다.

양상은 현상의 모양이나 상태를 말한다. 따라서 어휘의 양상을 살피는 것은 어휘 현상의 모양이나 상태가 어떻게 나타나느냐를 살펴보는 것이다. 어휘의 양상은 어휘가 실제 언어생활에서 어떤 모습으로 나타나고 사용되느냐를 구분하여 탐구하고자 하는 영역이다. 실제 우리는 많은 어휘를 사용하고 있지만, 사용하고 있는 이 어휘들은 특정의 의미영역에 속해 있다. 그러나 특정의 단어가 어느 어휘 영역에 속하는지는 지금까지 별 관심을 가지지 않았다. 어휘가 나타나는 현상만을 보았을 뿐이지 그것이 어디에 속하는지는 별 관심이 없었던 것이다. 그런데 어휘 영역을 구분하여 보면 우리가 사용하는 어휘가 어떤 모습으로 속해 있는지를 분명히 인식하게 된다. 어휘는 다양한 기준에 따라서 소규모의 집합들로 나누어 볼 수 있다. 이러한 특정의 소규모 어휘 영역은 어휘의 실체를 보다 정확히 살펴볼 수 있게 한다. 가령 사회적 집단, 연령, 직업, 계층, 지역 등에 따라 공통되는 어휘의 집합이 수집될 수 있으며, 또한 표현의 의도에 따라서 속된 표현, 완곡한 표현, 높이는 말, 낮추는 말 등의 어휘 집합도 추출할 수 있다. 이러한 어휘의 다양한 양상은 그 특징에 따라 방언, 은어, 성별어(남성어 / 여성어), 연령어(유아어 / 아동어 / 청소년어 / 노인어), 공하대어, 비속어, 관용어, 완곡어, 전문어, 신어, 유행어 같은 부류별 어휘들로 나타난다. 이들은 이러한 구분에 의해 그 명칭을 사용하지만 이들은 단지 우리가 사용하는 언어이고 어휘일 뿐이다.

앞에서 언급한 것처럼 어휘론의 정립을 위한 어휘소 설정은 변이어휘와 관련성을 맺고 있다. 일단 어휘 양상에 대한 설명은 어휘소에 대한 변이어휘를 바탕으로 그 의미영역을 형성한다. 변이어휘는 동일한 어휘 집단 속에 나타나는 상이한 단어들이지만 환경에 따라서 달리 실현되는, 동일 의미 지향의 형태로 보이기 때문이다. 그래서 동일한 어휘로 묶을 수 있는 근거를 제공한다.

따라서 어휘의 양상을 설명하기 위해서는 항상 기본 어휘소의 존재가 설정되어야 한다. 어휘의 양상은 어휘소에 대응하는 변이어휘가 이들을 특징 짓는 용어가 된다. 방언형에서 '다슬기'라는 어휘소는 방언(충청도, 경상도 방언)이라는 환경 하에서 '올갱이, 고디'라는 변이어휘가 설정된다. 은어나 성별어 등에서도 항상 주어진 어휘소를 중심으로 그 양상이 설명된다. 결국 은어나 방언이라는 명칭을 결정짓는 것은 어휘소에 대비되는 변이어휘의 명칭이다. 변이어휘는 동일한 의미를 가진 상이한 형태이다. 환경에 따라 달리 실현되는 어휘일 뿐이다. 이는 특정의 환경 속에서는 한 단어 유형이 주어지기 때문에 유의어와는 차이가 있다. 하지만 동일한 의미를 전달하는 것으로 인식되는 집단에서는 유의어로 작용하기도 한다. 그렇지만 대체로 동일한 의미를 전달하는 단어 중 어떤 단어를 선택할 것인가 하는 유의어와는 달리, 변이어휘는 특정의 집단에서만 통용되는 하나의 언어 현상이다. 이는 음운 환경에 따라서도 나타나지만 특정의 사회 환경에 따라서도 나타난다. 따라서 변이어휘를 만드는 특정의 조건으로는 사회적 집단, 연령, 직업 등을 들 수 있다. 이러한 조건들에서 나타나는 언어 현상들은 그 사회적 집단이나, 연령, 직업 등에서 나타나는 변이어휘들이다. 그래서 어휘의 양상은 항상 어휘소에 대응하는 변이어휘와의 관계에서 나타난다. 어휘론의 영역에서는 항상 어휘소를 고려하여야 하지만 이러한 현상을 나타내고 설명할 수 있는 것은 변이어휘이다. 왜냐하면 어휘소의 존재만으로는 그 변화의 양상이 용이하게 설명되지 않기 때문이다. 따라서 어휘론은 어휘소의 변화로 나타나는 형태를 통해 그 특성을 살피는 학문이다. 그래서 어휘의 양상에서는 변이어휘의 특성을 잘 반영하는 용어를 선택하여 그 어휘 집단으로 설명한다.

이로 볼 때, 어휘의 팽창으로 설명하는 신어는 어휘소와 관련이 있는 변이어휘의 개념이 없기 때문에 어휘론의 영역에 속하는 어휘의 변이에 포함해서 설명해서는 안 된다. 신어처럼 새로운 어휘가 형성되는 경우는 변이와 다른 언어적 현상이다. 이는 어휘의 또 다른 모습을 보여 주는 새로운 양상으로 설명할 수 있을 뿐이다. 그렇지만 유행어는 그 의미를 전달하는 다른 표현이 있다면, 이것은 변이의 요소로 설명이 가능하다.10) 동일한 의미를 전달하는 다른 방법이라면 보편적으로 사용하는 어휘소에 대한 변이어휘로 취급할 수 있기 때문이다. 신어는 문명의 발달과 함께 일어나는 자연스런 현상이다. 언어의 역사적 발전 과정에서, 특히 산업 사회의 다양한 발전과 국제적인 교류를 겪으면서 어휘의 증가 현상은 더욱 현저해졌다. 새로운 개념이 생기게 되면 그것을 표현하기 위한 새로운 어휘 형태가 필요한 것은 불가피한 일이다. 따라서 신어는 어휘소에 대응하는 변이어휘가 아니라 새로운 어휘의 확장이다. 어휘 팽창의 예로 전문어를 드는 경우도 있는데, 이는 변이에 대립하는 팽창의 예로 보기보다는 어휘소에 대한 변이어휘로 보는 것이 좋을 것이다. 이러한 점을 고려하면 어휘론의 대상이 되는 것은 어휘소 / 변이어휘의 대립성을 보인다. 이에 따라 기존의 논의에서 언급되었던

---

10) 김광해(1993), 이광호(2008)에서 유행어는 [−변이]의 개념을 가진 것으로 처리하고 있으나 부분적으로 [+변이]의 요소도 나타나는 것으로 보인다. 가령 '부끄럽다'의 의미를 전달하는 유행어 '부끄부끄'는 기본 어휘소에 대응하는 변이어휘로 설명할 수 있다.

방언, 은어, 성별어, 연령어, 공하대어, 비속어, 완곡어, 관용어, 신어, 전문어, 유행어, 동의중복어 등이 어휘론의 연구대상으로 설정될 수 있는지의 여부는 분명해진다. 어휘소와 변이어휘와의 관계를 고려할 수 있는 것은 당연히 어휘론의 영역에 포함되고 어휘의 양상으로 분류하여 설명할 수 있다.

이에 따라 방언은 표준어 항목이 하나의 어휘소로 설정될 수 있고, 지역이라는 환경적 차이에 따라 나타나는 다양한 변이어휘가 각 지역의 방언으로 나타난다. 연령어도 기준이 되는 어휘소에 따라 각 연령별로 형성될 수 있는 유아어, 아동어, 청소년어, 청년어, 장년어, 노년어 등이 변이어휘가 된다. 이러한 기준에 의해 은어, 성별어, 공하대어, 비속어, 완곡어, 관용어, 전문어, 유행어, 동의중복어 등은 변이어휘로 설명할 수 있는 대상이 된다. 하지만 신어는 변이어휘로 설정될 수 있는 대상이 되지 못한다.

1.4. 어휘 양상의 분류

어휘론의 연구 대상으로 설정할 수 있는 변이어휘들은 특정의 자질을 가지고 분류된다. 어휘는 집합적 개념이다. 즉 어휘는 한 어휘소를 중심으로 특정의 연관성을 가진 단어들의 집합이다. 이들에게는 기준이 되는 기본 어휘소가 존재한다. 그래서 기본 어휘소를 중심으로 어떤 연관성의 토대가 마련된다. 이런 연관성을 가진 단어들을 중심으로 어휘는 집합적 개념을 형성한다. 기본 어휘소는 본인이 의식하든 그렇지 않든 존재한다. 자신이 사용하는 언어가 보편성을 가진 것으로 인식하고 있더라도, 그 언어의 객관적인 기본 어휘소는 추출할 수 있다. 그렇다면 우리가 실제 언어생활에서 사용하는 언어 형태는 기본 어휘소의 변이에 의한 변이어휘들이다. 따라서 방언에 대한 기본 어휘소는 표준어가 될 것이고, 방언은 이에 대한 변이어휘이다. 은어나 성별어(남성어, 여성어), 연령어(유아어 /아동어 / 청소년어 / 장년어 / 노년어), 관용어 등에서 전달하는 기본적이고 보편적 의미의 단어가 기본 어휘소이다. 보편적이고 기본적인 의미를 전달하는 어휘소는 언중들이 자연스럽게 인식한다. 그러나 특정의 집단에서는 자신들만의 보편적 언어세계가 존재한다. 이것은 그 집단 내에서는 보편적이라고 할 수도 있지만 이것은 기본 어휘소에 대한 변이어휘로 취급한다. 따라서 그 기본 어휘소에 대한 변이어휘를 중심으로 언중들은 은어로, 혹은 남성어나 여성어라는 성별어로 인식한다. 연령어나 성별어의 개념이 나타나는 것은 특정의 개인이 자신의 언어영역에서 벗어나는 표현을 할 때이다. 아동이나 청소년이 유아어를 사용한다든지, 노년이 청소년들이 쓰는 말을 사용한다든지 할 때 해당 연령어가 드러난다. 마찬가지로 남성이 여성들이 쓰는 말을 쓸 때, 그 언어형이 분명히 나타난다. 따라서 기본 어휘소를 언중들이 선택하여 사용할 때는 언어적 양상을 설정할 수 없다. 단지 하나의 어휘 항목으로 존재한다. 특정의 상황에서 사용하는 변이어휘를 통하여 언어적 양상은 구분된다. 언중은 기본 어휘소와 변이어휘 중 어떤 것이라도 선택할 수 있지만 어휘의 구분은 실재 언어로 나타나는 변이어휘로 이루어진다. 언중들이 사용하는 변이어휘가 어휘를 구분하는 기준을 만든다. 실제 사용하는 언어가 기본 어휘소는 아니더라도, 자신의 사용 언어는 보편적인 현상으로 생각한다. 처음에는 필요에 의한 습득의 과정이 주어질 수도 있지만 자연스럽게 그 언어에 동화된다. 그러면서 점차 자신이 사용하는 언어가 부차적인 것으로 인식하지 못하게 된다. 하지만 이것은 하나의 어휘소에 대응하는 언어의 변이어휘이다. 언어의 변이어휘는 그 역할에 따라 은어, 성별어(남성어 / 여성어), 연령어, 비속어, 관용어 등의 특성을 가지는 것으로 규정할 수 있다. 다양하게 나타나는 언어의 양상들은 결국 기본 어휘소를 중심으로 그 변이어휘를 인정하는 것들이다. 언어의 양상 속에서 나타나는 변이어휘들은 실제 언어생활에서는 기본 어휘소를 반영하지는 못한다. 그 변이어휘들에는 어떤 주관적 의식이나 목적이 반영되기 때문에 변이어휘들만 일상에서 사용된다. 여기서는 이러한 어휘소에 대응하는 변이어휘들을 [＋변이형]의 자질로 설정하고자 한다. 이러한 변이어휘가 파악되지 않고 기본 어휘소만 상정되는 것은 [－변이형]의 자질로 설정한다. 실질적으로 변이어휘를 설정할 수 없는 [－변이형]의 자질을 가지는 집단은 어휘론의 영역으로 설정할 수 없다. 하지만 시간이 지남에 따라 이들도 변이어휘를 가지는 항목으로 나타날 가능성은 존재한다. 비록 어휘론의 영역으로 설정할 수 없다고 하더라도 [+변이형]의 자질에 대응하는 어휘집단을 [−변이형]으로 처리하여 그 대상은 제시하고자 한다. 지금까지 논의된 바를 토대로 한다면 신어는 분명히 [−변이형]으로 취급할 수 있다. 그렇지만 전문어[11]나 유행어의 경우에는 부분적으로 기본 어휘소에 대응하는 변이어휘를 설정할 수 있는 대상이 되기도 한다. 이들의 실질적인 자질은 [±변이형]으로 나타난다.

　[±변이형] 자질과 함께 변이어휘로 설정되는 어휘의 양상을 파악하기 위하여 여기서는 [±개인형]이라는 자질을 설정하고자 한다. [±개인형]은 의지나 의식, 이익의 의미를 가진다. [+개인형]은 개인의 의지나 의식 혹은 개인의 이익을 위한 것을 뜻하고, [−개인형]은 집단의식이나 집단의 이익을 위한 표현, 그리고 집단에 동화되고자 하는 의도를 드러낸다. [−개인형]과 [+집단형]은 자질의 잉여관계에 놓인다. 이렇게 볼 때, 어휘소에 대응하는 변이어휘의 양상은 크게 개인 의식을 반영하는 [+개인형]의 요소와 집단 의식을 반영하는 [−개인형]의 요소가 있다. 어휘의 양상은 변이어휘의 선택과 관련이 있으므로 변이어휘를 기본적으로 인식하고 분류하여야 한다. 변이어휘의 자질이 [±개인형]을 가진다는 것은 개인의 의지나 집단의 구속성에 의한 것이냐가 관건이다. 개인 의식을 반영한다는 것은 기본 어휘소와 변이어휘에 대한 개인의 선택 여지가 있을 경우 나타난다. 기본 어휘소를 선택할 수 있는데도 불구하고 개인의 선호도에 의해 변이어휘를 선택하는 경우이다. 이럴 경우 기본 어휘소에 대한 개인의 인식이 우선 작용한다. 다만 상황에 따라 적절한 언어 형태를 선택하는 것이다. 그 선택된 언어가 실제 언어 생활에서 사용하는 변이어휘이다. 반면에 집단 의식을 반영하는 경우는 기본 어휘소를 인식하지 못하거나, 인식한다고 하더라도 강제성을 동

---

11) 의학전문어인 경우 우리에게 알려진 일반적 병명이 존재하는데도 영어 표기를 사용하는 경우에는 기본 어휘소가 존재한다고 할 수 있다.

반하여 그렇게 사용하지 못하는 억압의 의식이 집단 간에 작용할 경우에 나타난다. 심리적으로 집단 의식을 고려하는 경우도 당연히 포함한다. 굳이 억압이 형성되지 않는다 하더라도 집단의 이익을 위한 것이나 집단의 이익을 보고자 하는 의식이 반영된 것도 여기에 속한다. 어쨌든 집단이라는 인식이 기본이 되어 표현하는 변이어휘라면 집단 의식을 반영한 것으로 [−개인형]의 자질을 가진다. 이러한 기준에 의하면, 개인 의식을 반영하는 변이어휘는 비속어, 성별어(남성어 / 여성어), 연령어(노인어 / 청소년어 / 아동어), 관용어, 동의중복어 등이 해당한다.

비속어는 속된 말이다. 서로 흉허물이 없는 사람들 사이에서 사용하는 장난기 어린 표현이거나 사람의 주목을 끌기 위한 표현이다. 또한 친근감이나 신선한 느낌 혹은 재미를 느끼게 하는 언어의 유희이기도 하다. 이러한 비속어의 사용은 개인적인 욕구에 의한 표현이 우선적 선택 요건이 된다. 분명한 것은 집단과 관련하여 의도적으로 사용하는 표현은 아니다. 따라서 비속어는 개인적 의식이 반영된 것으로 볼 수 있다. 비속어는 집단의 이익과는 관련이 있을 수 없다. 철저히 개인의 성향에 따라서만 나타날 수 있는 개인적 언어의 산물이다.

성별어는 남성어와 여성어로 나누어지는데, 원래 남자나 여자가 쓰는 언어형이 기본 어휘소가 되고, 성별을 바꾸어 표현하게 되면 남성어 / 여성어로 자리하게 된다. 여자가 남성어를 사용하든 남자가 여성어를 사용하든 이러한 문제는 철저히 개인적일 수밖에 없다.

연령어도 남성 / 여성어와 마찬가지로 동일한 연령층에서 사용할 때는 변이어휘가 두드러지지 않는다. 상이한 연령층에서 사용하게 될 때 그 특징이 두드러진다. 소수의 청소년들이 유아어를 쓰는 것도 지극히 개인적인 일이다.

관용어는 여러 개의 단어가 하나의 어휘소로 표현된다. 하나의 어휘소로 설정될 수 있는 요소가 여러 가지 관용적 표현을 가지게 될 때 이들을 변이어휘로 칭할 수 있다. 이들 관용어들은 동일한 의미를 전달하는 유의관계를 형성할 수도 있다. 동일 의미를 지향하는 관용어 중에서 어떤 표현을 하느냐는 것은 역시 개인적인 문제이다.

동의중복어도 개인의 언어습관에 의해 굳어진 표현으로 생각할 수 있다. 이것도 집단의 이익을 위한 것과는 거리가 멀다.

그리고 집단 의식을 반영하는 변이어휘는 방언, 은어, 전문어[+변이형], 완곡어, 공하대어(공대어 / 하대어) 등이 속한다.

방언은 특정 집단의 이익을 가지는 것은 아니지만 동일한 언어형을 쓰지 않는다면 집단 내에서 배타성을 유발한다. 따라서 집단의 의식이 반영된 언어형으로 봐야 한다.

은어는 특정한 사람들끼리의 비밀 유지, 신선미 추구, 집단의식 강화, 금기, 공동 이익 지향, 일시적 쾌감 취득, 욕구불만 표출 등의 목적으로 나타난다. 이는 표준어가 아니라는 점에서 방언으로 취급하여, 계급 방언(class dialect) 혹은 사회 방언(social dialect)에 포함시키기도 한다. 은어는 주로 폐쇄된 집단이 주위의 일반 사회적 환경과 심하게 대립하거나 갈등을 보이는 경우에 발생한다. 본질적으로 다른 집단으로부터 자신들을 방어하려는 목적이 강하기 때문에 비밀어(秘密語)라고 부르기도 한다. 이러한 은어는 은비성(隱秘性)을 본질로 하기 때문에 어휘에 집중적으로 발달하며 그것도 일반 어휘에 존재하는 중요한 어휘소들을 대체하는 형식으로 발전한다. 따라서 일반 어휘에 존재하는 어휘소에 대응하는 변이 어휘이다. 이들의 발생은 개인 의식의 반영이 아닌 집단이 우선이다.

완곡어와 금기어에서는 금기어가 어휘소가 된다. 금기되는 표현을 피하기 위하여 일반적으로 완곡어를 사용하게 된다. 하나의 금기시되는 표현에 여러 개의 완곡어가 나타날 수 있다. '천연두 : 마마 / 손님', '쥐 : 서생원 / 아기네', '변소 : 뒷간 / 화장실 / 해우소' 등이 여기에 속한다. 어느 집단에서나 타인에 대한 배려로 완곡어를 사용한다. 집단 내에서 금기어를 사용한다면 거부감을 유발할 가능성이 높다. 따라서 완곡어는 거부감이 있는 단어를 피하고자 하는 집단 의식이 반영되어 나타난다. 완곡어의 사용은 기본 어휘소를 그대로 사용했을 경우에 해당 집단과의 마찰을 우려하는 심리적 상태가 반영된다. 즉 개인이 그 단어를 사용했을 경우에 나타나는 집단의 부정적 반응을 염두에 둔다. 기본 어휘소가 심리적으로 피하고자 하는 금기어가 되면서, 변이어휘가 완곡어로 나타난 것이다.

전문어도 일반인이 인식하는 기본 어휘소가 존재할 수 있지만 전문가들의 편의에 의해 사용하는 어휘이다. 전문어는 부분적으로 [−변이형]의 자질을 가지는 언어집단도 형성될 수 있다. 그렇지만 [+변이형]의 자질을 가지는 것은 집단 의식이 반영된다.

그러나 김광해에서 다루고 있는 신어나 유행어는 하나의 어휘소를 기본으로 하는 변이어휘로 보기보다는, 언어가 확장하는 현상인 어휘 팽창의 언어형으로 봐야한다. 이들은 기본 어휘소와 변이어휘의 관계가 아니라 기본 어휘소의 확장으로 나타나는 언어형이다. 다만 유행어인 경우에는 동일한 의미를 전달하는 기본 어휘소와의 관계를 생각할 수 있는 예들이 있을 수 있다[+변이형]. 이런 경우는 변이어휘를 중심으로 개인적 의식이나 집단적 의식을 반영하는 표현[±개인형]으로 취급할 수 있다.

국어의 화계는 화자와 청자 간의 힘, 친소, 격식의 세 차원을 중심으로 성립한다. 국어 사용자들은 화자와 청자 사이에 개재되어 있는 사회적 지위, 연령, 성별, 직업 등의 요인과 친소 관계나 상하 관계 등 사회적, 심리적으로 복잡한 요인들이 작용하여 이 화계의 선택을 결정하게 된다. 공대어와 하대어라는 변이어휘로 설명할 수 있는 어휘 표현은 객체 높임법에서 주로 나타난다. 객체 높임법은 목적어나 부사어가 지시하는 대상, 즉 서술의 객체를 높이는 방법이다. 객체 높임법에는 주로 특수 어휘, 그 중 특수한 동사를 사용한다. 국어에서 객체 높임법에서 사용되는 동사로는 '모시다, 드리다, 뵙다, 여쭙다'와 같은 예가 있고, 조사는 '에게' 대신 '께'를 사용하기도 한다. 이들은 집단에 대한 동화를 우선으로 고려한다.

신어나 유행어 등은 어휘론의 대상이 되는 변이어휘 확장과는 다르다는 것을 언급하였다[−변이형]. 이것을 편의상 기본 어휘소 확장으로 하고자 한다. 어휘의 기본 어휘소 확장은 변이어휘 확장과는 달리 단순한 어휘의 확장이다. 어휘의 변이어휘 확장은 기본 어휘소를 전제로 해서 그 변이어휘가 확장되는 것이지만, 기본 어휘소 확장은 변이어휘와는 관련이 없다. 변이어휘와 관련 없이 어휘가 확장되는 경우를 변이어휘 확장과 구분하여 기본 어휘소 확장으로 한다. 이는 언어의 변이어휘를 기준으로 그 특성을 설명하는 것이 아니라 변이어휘를 상정할 수 없는 언어 현상이다. 즉 어휘의 기본 어휘소 확장은 기존에 존재하는 언어형이 있는 것이 아니라, 새로운 어형이 만들어지는 것이어서 어휘의 팽창으로 설명하기도 한다. 따라서 이는 기존의 어떤 어휘와도 상관이 없다. 다만 어휘가 새롭게 나타나는 현상이다. 이를 팽창에 포함하는 이유는 단지 어휘의 수가 확장하는 것이기 때문이다. 전체 어휘의 양으로 보아 어휘가 팽창한 것이라고 본 것이다. 하지만 그렇게 본다면 기본 어휘소에서 변이어휘의 설정 자체도 어휘 수를 늘리는 요인으로 작용하기 때문에 그 구분은 모호해진다. 따라서 이는 새로운 기본 어휘소가 설정되는 것으로 설명하는 것이 바람직하다. 엄격하게 이야기하면 기본 어휘소의 확장이기 때문에 어휘의 변이와 관련한 변이어휘를 허용하지 않는 것이다. 물론 새롭게 형성된 이러한 어휘는 시간이 지나면서 다양한 변이어휘를 획득할 수는 있을 것이지만, 지금 당장은 그러한 변이어휘를 가지지 않는다. 이들은 지금 당장 변이어휘가 나타나진 않지만 앞으로 변이어휘의 출현 가능성을 염두에 두고, 이에 대응한 용어로 기본 어휘소라는 용어를 설정한다. 비록 용어를 기본 어휘소의 확장으로 설정했지만 이는 단순한 어휘의 확장 정도로 이해하면 될 것이다. 따라서 기본 어휘소 확장은 단순히 어휘(기본 어휘소)를 확장하여 어휘의 수를 늘리는 역할을 한다. 여기에는 신어와 [−변이형] 자질의 유행어 그리고 전문어가 속하기도 한다. 물론 변이어휘와 기본 어휘소의 확장을 구분하는, 판별의 기준이 되는 것은 기존에 이러한 어휘가 존재하느냐의 여부이다. 기존에 이러한 어휘가 존재하지 않는 상태에서 어떤 어휘(기본 어휘소)를 새롭게 생성하여 어휘 수를 확장시키면 이는 기본 어휘소의 확장으로 설명할 수 있다. 기본 어휘소의 확장이라는 면에서 신어와 유행어는 비슷한 점이 있다. 하지만 신어와 유행어는 그 판단의 시기가 다르다. 신어는 나타나는 당시를 기준으로 판단한다. 그 이전까지 쓰이지 않은 말이 새로이 등장했을 때 이를 신어라고 한다. 하지만 유행어는 일정한 시기가 지나 그 말이 더 이상 쓰이지 않는 시기를 기준으로 하여 판단한다. 일시적이냐 그렇지 않으냐를 토대로 판단할 수 있기 때문이다. 그러나 동일 시점에서 유행어냐 신어냐를 동시에 판단할 수 없기 때문에 이들은 발생시점에서 파악한다면 신어에 포함시킬 수 있다. 그렇지만 유행어가 부분적으로 기본 어휘소를 가지는 변이어휘로 작용할 수 있다는 점에서 이들은 차이가 있다. 이로 볼 때 유행어의 적용범위는 상당히 넓다. [±변이형]의 자질과 함께 [±개인형]의 자질도 가질 수 있다. 유행어 사용은 충분히 개인적인 성향을 가질 수도 있고, 집단과의 동화를 의식할 수도 있기 때문이다.

앞선 논의를 바탕으로 어휘론의 연구 대상을 설정하면 어휘론의 대상에는 변이어휘의 확장이 해당한다. 기본 어휘소 확장은 기존의 어휘론 논의에 포함된 것이기도 하고, 또한 기본 어휘소 확장도 분류의 필요성은 있기 때문에 자질을 설정하여 어휘의 분류 속에 제시하기로 한다.

[+변이형]
　[+개인형] : 비속어,　연령어(유아어 / 아동어 / 청소년어 / 장년어 / 노년
　　　　　　어), 관용어, 성별어(남성어 / 여성어), 동의중복어, 유행어
　[−개인형] : 방언, 은어, 완곡어, 공하대어(공대어 / 하대어), 전문어, 유
　　　　　　행어

[−변이형]
　[+개인형] : 유행어
　[−개인형] : 신어, 전문어, 유행어

2. 의미의 유형 분류

　의미 유형은 언어를 어떻게 표현하고 전달하는지를 의미상으로 구분하여 분류한 것이다. 이는 의미 이해의 일환으로 의미의 층위를 갈래지어 보려는 시도이다. 따라서 의미의 유형 분류는 언어의 기능 속에서 어떠한 형식으로 언어의 의미를 전달하고 있는가를 살핀다. 의미의 유형을 분류하는 것은 표현되는 의미가 어떤 유형의 의미로 전달되는가를 분명히 알 수 있게 하기 때문이다. 의미는 크게 문법적 의미와 어휘적 의미로 대별된다. 문법적 의미라는 것은 문법적 역할을 뜻한다. 사실 의미라고 하기보다는 기능에 가깝다. 문장 속에서 나타나는 기능도 의미라고 보고, 이를 문법적 의미라고 명명한다. 이런 명명은 문법적 요소를 설명하는데 유용한 방법으로 작용한다. 품사를 설명하는 데 의미를 통해 설명하는 것이 유용한 것과 마찬가지이다. 그러나 의미론에서 대상으로 삼는 것은 실질적 의미를 가진 어휘적 의미에 한정된다. 이러한 어휘적 의미는 보는 각도에 따라 다양하게 분류된다. 의미를 이해하기 위한 하나의 방법으로 의미의 층위를 나누어 보려는 많은 시도가 이루어졌다. 그러나 언어 층위나 분류의 문제는 쉽지 않은 일이다. 중복의 영역이 조금도 나타나지 않는 개념 설정은 매우 어려운 일이기 때문이다. 그리고 의미의 유형을 나누고는 있지만 어떤 단어가 반드시 하나의 유형에 속하지는 않는다. 복합적으로 나타난다. 이것도 사실은 그 유형 분류의 어려움을 말해주는 단적인 예이다. 학교 문법 교과서에서는 두 개씩 짝을 지워 네 개의 쌍을 만들고 있는데 이와 관련한 자질 구분은 설명되지 않는다. 단지 개념 설명만 있을 뿐이다. 따라서 이들의 의미적 차이를 발견하는 것은 쉽지 않다. 의미 작용이 복합적으로 작용할 수 있기 때문이다.

　의미의 유형을 나누는 것은 의미를 층위별로 나누어 그 역할을 분명히 하고자 하는 작업이다. 그러나 이러한 분류는 중복되는 범주를 허용하기도 한다. 또한 동일한 언어 표현이 여러 개의 의미 유형을 차지하고 있다는 점에서도 많은 문제점을 안고 있다. 그렇지만 의미를 유형화시키는 작업은 분류의 기준만 충분히 갖추고 있다면 분류의 가치가 살아날 것으로 보인다. 이러한 분류 모형은 여러 사람에 의해 이루어졌다. 리치, 나이다, 크루스, 코세리우 등이 대표적이다. 하지만 고등학교 학교 문법교과서에서는 여러 가지 의미 유형을 조합하여 여덟 가지로 분류하고 있다. 여기서는 막연하게 설명되고 있는 학교 문법에서의 의미 유형을 의미적 측면에서 고찰하여 이들의 분류를 보다 명확하게 하고자 한다. 학교 문법에서 제시된 여덟 가지 항목은 분류자질을 통해 살펴보면 그 기준이 상당히 애매하다. 상위의 개념을 동일한 선상에 두고 분석을 한다든지, 대립성이 약한 항목을 동일 항목에서 처리한다든지 하는 많은 문제점을 안고 있다. 학교 문법교과서는 처음 문법을 접하는 학생들에게는 중요한 부분이다. 그 개념적 차이를 분명히 인식하고 이해할 필요가 있다. 하지만 기존의 개념 설명과 분류로는 충분한 성과를 기대하기 힘들다. 그래서 여기서는 기존의 의미 유형 분류와 함께 이들의 의미 자질을 설정함으로써 이러한 문제점을 부분적으로 검토해 보고자 한다.

이 글은 학교 문법교과서의 분류를 의미적으로 이해할 수 있도록 하는 데 목적이 있다. 이러한 분류 기준은 각각의 의미 유형에 대한 개념을 명확히 하는 데도 도움을 줄 것으로 기대한다. 또한 이러한 개념의 파악은 의미 유형을 새롭게 분류할 수 있는 바탕을 마련해 줄 것도 기대한다.

2.1. 학교 문법에서의 의미 유형 분류

리치는 의미유형을 개념적 의미(conceptual meaning), 내포적 의미(connotative meaning), 사회적 의미(social meaning), 환정적 의미(affective meaning), 반영적 의미(reflected meaning), 연어적 의미(collocative meaning), 주제적 의미(thematic meaning)로 나누었다.[12] 리치는 이들 중 사회적 의미와 환정적 의미, 반영적 의미와 연어적 의미[13]를, 같은 항에 두고 설명한다. 나이다는 인지적 : 정감적, 언어외적 : 언어내적이라는 요소에 따라 의미유형을 분류한다.[14] 그리고 크루스는 기술적 의미, 표현적 의미, 환기적 의미로 나누고, 코세리우는 어휘적, 범주적, 도구적, 통사적, 존재적 의미로 나눈다.[15] 동일한 범주를 형성하는 의미 유형을 각기 다른 관점에서 설명하고 있어 그 유형을 명확하게 하는 것은 쉽지 않다.

심재기 외(1984 : 19~24)에서는 단어의미의 유형을 중심의미(conceptual meaning or denotative, cognitive meaning), 연상의미(associative meaning), 의도의미(intended meaning)로 우선 구분하고 연상의미 속에 내포적 의미(connotative meaning)와 문체적 의미(stylistic meaning), 감정적 의미(affective meaning), 반사적 의미 (reflected meaning), 배열적 의미(collocative meaning)를 두고 있다. 기존의 논의를 바탕으로 하였지만 실질적인 의미 유형을 독자적으로 구축한 셈이다.

그런데 학교 문법교과서에서는 의미의 유형을 중심적 의미와 주변적 의미, 사전적 의미와 함축적 의미, 사회적 의미와 정서적 의미, 주제적 의미와 반사적 의미의 여덟 가지를 들고 있다. 특정의 설명에 기대지 않고 복합적

---

12) 세세한 의미적 차이는 Leech(1974), Semantics, Harmondsworth, Middlesex : Penguin Books pp.9~23을 참조하고, 이에 대한 논의 및 해설은 홍사만(1985), 국어어휘의미연구, 학문사, pp.264~288을 참조할 것. 홍사만에서는 사회적 의미(social meaning)를 문체적 의미 (stylistic)로 해석하고 있다. 임지룡(1993)은 환정적 의미(affective meaning)를 정서적 의미로 해석한다. 번역에 따른 용어의 혼동을 줄이기 위해 영어표기를 병행한다. 여기서는 기술의 편의상 인용이 아닌 경우에는 환정적 의미로 통일하여 기술한다.

13) 연어적 의미는 학교교과서에서 다루지 않는 부분이다. 연어적 의미는 공기 가능한 단어들을 통해 공기된 단어들의 의미를 연결하는 것이다. 예컨대, '귀엽다'는 말은 "귀여운 소녀 / 동생 / 병아리 / 강아지" 등과 같이 공기 가능한 단어들을 연결시켜 '귀엽다'라는 말의 의미를 '소녀 / 동생 / 병아리 / 강아지'와 연상하게 한다. 따라서 공기되는 이러한 단어들과의 연상적 의미를 획득한다. 하지만, "귀여운 청년 / 오빠 / 사자 / 늑대" 등과 같이 공기할 수 없는 단어들에서 나타나는 의미들은 연상되는 의미를 가지지 못한다. 결국 연어적 의미는 공기 가능한 단어를 토대로 원래 가진 단어의 의미를 제한하기도 하고 확대하기도 한다. 어떤 단어가 문맥 상황에서 다른 단어와 나란히 배열되어 쓰일 때에 이 배열적 의미가 문제가 된다. 그러나 단어들의 결합 관계를 모두 배열적 의미로만 설명할 수는 없다. 여기에는 문체나 상황의 문제도 개입하기 때문이다.

14) Nida의 기술에 대해서는 조항범 역(1990), 의미분석론, 탑출판사, pp.27~31를 참고할 것.

15) 이에 대한 간략한 논의는 임지룡(1993), pp.35~41에 언급되어 있음.

으로 그 의미를 분류하고 있다.

여기서는 우선 학교 문법교과서에 제시된 분류에 대한 각각의 개념을 파악하고자 한다. 그런 다음에 이들의 의미적 역할을 분명히 하기 위하여 자질 분류를 시도하고자 한다. 이를 통하여 학교 문법교과서의 분류에서 드러나는 문제점을 해결하여 새로운 의미 유형에 대한 구체적 모습도 드러났으면 한다. 그러나 당장의 문제는 학교 문법교과서에 나타나는 분류의 문제점을 구체화하여 이에 대한 기술을 보완하고자 하는 것을 근본적 목적으로 한다. 또한 학교 문법교과서에서 설명하는 대응쌍의 타당성도 검토하고자 한다.

단어의 의미는 간단히 결정되지 않는다. 단어는 특정한 상황과 문맥 속에서 특정한 기능을 수행하기 때문이다. 따라서 그 단어가 쓰인 조건을 정확하게 검토하지 않으면 그 단어의 의미를 바르게 파악할 수 없다. 단어가 대체로 어떤 범위 내에서 그 뜻을 나타내는가 하는 것은 의미의 몇 가지 유형으로 나누어 생각할 수 있다. 단어의 실제 의미는 대개 이러한 몇 유형의 복합이다. 이러한 점을 학교 문법서에 나타난 의미 유형 구분을 통하여 개념상, 설명상의 문제점을 개괄적으로 파악하고자 한다. 그리고 난 다음 분류의 타당성을 검토할 것이다.

2.2.1. 중심적 의미와 주변적 의미

중심적 의미와 주변적 의미의 구분은 한 단어에 나타나는 여러 개의 의미와 관련이 있다. 하나의 형태에 여러 의미를 지닌 단어를 다의어라고 한다. 물론 이러한 형식은 동음어에도 나타나지만 동음어는 서로 다른 단어들의 관계이고, 다의어는 한 단어 내부의 문제이다. 중심적 의미와 주변적 의미의 문제는 한 단어가 가지는 문제이다. 한 단어 내부에 여러 의미가 있는데 어떤 것이 중심적 의미이고 어떤 것이 주변적 의미이냐는 것이다. 중심적 의미는 기본적이며 핵심적인 의미이다. 주변적 의미는 기본의미에서 확장되었거나 파생된 의미를 말한다. 이들은 당연히 동일한 단어로 인정되는 한 단어이기 때문에 동일한 어원을 기본으로 한다. 따라서 의미들 사이에는 누구나 충분히 인정할 수 있는 의미적 유연성을 가진다. 다의어의 의미는 중심적 의미와 주변적 의미로 나뉜다.

> (1) 아기의 귀여운 손, 손바닥, 손가락
> (2) 손이 모자란다, 그 사람과 손을 끊겠다, 손이 크다, 손윗사람, 손아랫사람

　(1)에서의 밑줄 친 '손'은 가장 기본적이며 핵심적인 의미로 사용된 경우로서 중심적 의미라고 하며, (2)에서의 '손'은 중심적 의미가 확장된 의미로서 주변적 의미라고 부른다. 중심적 의미는 개념적 의미, 또는 외연적·인지적 의미를 갖는다.[16] 중심적 의미는 개념적, 외연적, 혹은 인지적 의미 내에서 선택이 된다. 물론 개념적 의미 내에서 가장 기본이 되는 의미가 중심적 의미이다. 이 의미는 다른 단어와의 관계 또는 문장 속에서뿐만 아니라 독자적으로 그 단어가 지니는 지시적 기능에 의해 스스로 보유한 의미이다. 따라서 언어적 의사소통에서 가장 중심적인 요소이다. 심재기 외(1984 : 20)에서는 이를 '아버지', '하늘', '사랑', '먹다', '고민하다' 따위의 단어를 제시했을 때, 한국 사람들이 그들의 의식 속에서 이들 단어에 대해 추론해 낼 수 있는 가장 보편적이고 공통적이며 핵심이 되는 인식의 집합이라고 설명한다. 이것이 곧 그 단어의 개념적 의미이다. 이것을 중심적 의미, 혹은 기본 의미로 부른다. 이들은 낱말 스스로가 지닌 논리적·인식적·외연적 내용으로서 언어전달의 중심된 요소를 이룬다.

　주변적 의미는 중심적 의미에서 유추할 수 있는 부차적 의미이다. 기본의미를 바탕으로 확대가 가능한 의미 집단이다. 이러한 주변적 의미는 언어를 사용하면서 점점 더 확대될 가능성이 높다. 여러 가지 유사한 상황들이 발생한다든지, 새로운 사물을 형성하면 주변적 의미는 점점 더 확대된다.

---

16) 심재기 외(1984 : 19~20) 참조. 학교 문법교과서의 사전적 의미와 동일한 영역을 가진 것으로 설명이 된다.

2.1.2. 사전적 의미와 함축적 의미

사전적 의미와 함축적 의미는 사전에 등재된 한 단어가 가진 일반적 의미들과, 이를 통해 연상되는 다양한 의미와의 관계를 말한다. 어떤 낱말이 지니고 있는 가장 기본적이고 객관적인 의미를 사전적(辭典的) 의미라고 한다. 이를 개념적(槪念的) 의미, 외연적(外延的) 의미, 또는 인지적(認知的) 의미라고도 한다.[17] 외연적 의미라고 하는 것은 그 단어가 쓰이는 실제의 사용이다. 보편적으로 사용되는 외형적 모습이다. 인지적 의미라고 하는 것도 그 단어를 인지할 때 떠올릴 수 있는 단어이기 때문이다. 이것은 직접적 쓰임 속에서 나타난다. 즉 '여성'이라고 했을 때, '사람, 남성과 대립되는 말' 등과 같이 가장 먼저 기본적으로 생각할 수 있는 의미가 바로 사전적인 의미이다.[18] 이 사전적 의미가 중심적 의미가 되기도 한다. 중심적 의미는 이들 중 가장 중심 되는 의미를 말하고, 주변적 의미는 사전적 의미에서 중심적 의미를 제외한 의미를 말한다. 정보 전달이 주가 되는 설명문 같은 경우에는 주로 이러한 사전적 의미로 의사소통이 이루어진다. 이러한 점에서 사전적 의미는 중심적, 주변적 의미와 개념상 중첩되는 영역이 형성된다.

그러나 사전적 의미에 덧붙어서 연상이나 관습 등에 의하여 형성되는 의미를 함축적(含蓄的) 의미라고 한다. 이를 연상적(聯想的) 의미, 또는 내포적(內包的) 의미라고도 한다. 이런 연상적 의미들은 사전에 등재되지 않는다. 다만 연상이나 관습적으로 그 의미를 생각할 뿐이다. 내포적 의미라고 하는 이유도 어떤 단어 속에 내포된 의미로 언중이 인식하기 때문이다. 예를 들어, '여성'이라는 단어를 접할 때 '모성 본능이 있다. 꼼꼼하다, 자상하다' 등의 생각을 떠올릴 수 있는데, 이러한 의미들이 바로 함축적 의미이다. 특히 시

---

17) 교육인적자원부, 고등학교 문법(2004 : 200)에서의 설명은 심재기 외(1984)와 의미적으로 동일 영역이 형성된다. 물론 이들은 동일한 의미 영역으로 설명할 수 있는 부분이 존재한다. 하지만 구분의 필요성이 있을 경우에 이들을 분류할 수 있는 기제는 필요하다.
18) 개념적 문제는 특별한 언급을 하지 않는 한, 교육인적자원부의 문법교과서의 설명을 제시한다. 이들에 대한 개념 파악이 여기에서 살펴볼 중심 내용이기 때문이다.

같은 문예문의 경우, 주로 이러한 함축적 의미에 의지하여 작품을 창작하고 이해하며 감상하곤 한다. 함축적 의미는 개념적 의미에 덧붙어 어떤 표현이 지시함으로써 갖게 되는 전달가치를 말한다.

사전적 의미가 중심적이고 한정적인 데 비하여 함축적 의미는 내포의 상대적인 불안정성으로 말미암아 주변적·가변적이고 개방적이다. 이 의미는 어떤 표현이 나타내는 전달 가치를 말한다. 물론 이 때에 사전적 의미가 나타내는 보편적 속성들을 포함하게 되지만 그것을 제외하고도 그 단어가 지니는 물리적 특성, 심리적·사회적 요소 및 추상적 특질들을 포함한다. 심재기 외(1984 : 20)에서는 사람에 따라서는 '여성'이라는 단어의 의미로 '아기 밸 수 있는', '모성애', '연약한', '겁 많은', '감정적', '비합리적' 등의 속성도 연상할 수 있다고 해석한다. 그러한 속성들이 그 언어사회에서 모든 사람이 함께 느낄 수 있는 거의 고정적인 인식의 집합이 아니라면 그것은 함축적 의미가 된다. 즉 함축적 의미는 현실 세계에 대한 개인적 경험의 차이, 사회 집단의 차이, 문화 배경의 차이, 또는 연령의 차이에 따라 다양하게 변할 수 있다. 이렇게 볼 때 사전적 의미가 거의 고정적이고 핵심적이라면 함축적 의미는 상대적으로 불안정하고 주변적일 뿐만 아니라 그 의미의 한계를 개방하고 있어 더 많은 의미를 확보할 수 있다. 함축적 의미는 화자나 필자가 의도적으로 이용할 수도 있다. 어떤 사람이 '십자가'를 특정한 문맥에서 '죽음'의 뜻으로 사용했다면 그 문맥에서 '십자가'의 의도적 의미는 곧 '죽음'이라고 할 수 있다. 이것은 십자가 속에 함축된 의미를 이용하여 십자가를 통해 '죽음'이라는 의미를 간접적으로 드러낸 것이다.

2.1.3. 사회적 의미와 정서적 의미

사회적 의미는 어떤 언어표현이 그 언어를 사용하는 사회적 환경에 따라 다르게 전달되는 의미를 말한다. 이로 인해 한 텍스트의 의미는 동일 언어권 내에서라도 서로 다양하게 해석되고 인식될 수 있다. 우리는 사람들이 하는 말만 듣고도 그 사람의 출신 지역, 사회적 지위, 교양 수준 등을 알 수가 있다. 이렇게 말이 그것을 사용하는 사람의 사회적 환경과 관련되는 의미들을 전달할 때 이를 사회적(社會的) 의미라고 한다. 이러한 사회적 의미는 선택된 단어의 종류나 말투, 그리고 글의 문체 등에 의해서 전달된다. 완전 동의어가 존재하지 않는다고 하는 것은 개념적 의미뿐만 아니라, 사회적 의미까지 꼭 같은 낱말을 찾아보기 어렵다는 말이다. 이 의미는 언어를 사용할 때에 사회적 환경이 다르다는 것을 깨달을 때에 나타난다. 즉 화자와 청자 간에 사회적 차원(dimension)과 층위(level)가 다를 때, 이들 양자 사이에는 언어 사용상의 간격이 생기는데 이 간격을 사회적 의미로 이해할 수 있다. 이 사회적 의미를 지배하는 요소를 심재기 외(1985 : 21)에서는 문체적 자질로 설명하고 있다.19)

또 우리는 말을 할 때 심리적 상태나 상대에 대한 공손함 등을 표현하기 위하여 다른 어조를 선택하는 경우가 있다. 이처럼 말하는 사람의 태도나 감정 등을 드러내는 의미를 정서적(情緒的) 의미라고 한다. 똑같은 '여보세요'라는 말을 하더라도 심리 상태에 따라 그 어조 등이 달라지는데, 대개의 경우 말하는 사람은 무의식적으로 말을 하더라도 듣는 사람은 '기분이 좋지 않구나.', '뭔가 아쉬운 것이 있나 보다.', '상냥한 사람이로구나.' 하는 등의 느낌, 즉 정서적 의미를 읽어 낼 수 있다. 일반적으로 언어 표현에서는 화자의 개인적 감정이 반영되는데 보통 사람들은 이러한 의미를 쉽게 읽어낸다. 이렇게 개인적 감정 요소가 반영된 의미를 정서적 의미라고 한다. 실제로 우리가 말을 하게 될 때는 대상에 대한 존경 정도나 심리적 상태에 따라 문

---

19) 리치(1974 : 14)는 Crystal & Davy의 Investigating English Style(1969, Longman)에 의거한 문체적 상이의 주요 차원을 소개하고 있는데 이를 심재기 외에서 다음과 같이 설명하고 있다. 가) 상대적으로 항구적인 문체 자질 ① 개별성(individuality) : X씨의 언어, Y양의 언어 등 ② 방언(dialect) : 평안도 방언, 경상도 방언 등 ③ 시대(time) : 17세기 언어, 19세기 언어 등. 나) 담화(discourse) ① 표기 방식(medium) : 얘기, 저술 등 ② 참여 (participation) : 독백, 대화 등. 다) 상대적으로 현시대적인 문체 차질 ① 영역(province) : 법률 용어, 과학 용어, 상업 용어 등 ② 신분(status) : 공손체, 대화체, 은어체 등 ③ 양상(modality) : 메모, 강연, 농담 등 ④ 개인성(singularity) : 김동인의 문체, 이상의 문체 등.

체나 음성 표현을 달리하게 된다. 이러한 화자의 감정 표시는 개념적·내포적·사회적 의미를 이용하여 드러난다. 하지만 정서적 의미는 그 표현의 직접적 지시 의미와는 관련 없이 정서적으로 파악되는 간접적, 우회적 의미 범주에 속한다. 이 의미는 화자가 지니는 기본 감정이나 청자에 대한 태도에 따라서 발생하는 의미이다. 화자의 기본적인 음색, 억양 및 청자에 대한 태도는 '침착, 경망, 호의, 정중, 분노, 친절' 등의 감정 상태를 나타낸다. 이러한 감정적 의미는 개념적, 내포적, 문체적 의미의 중간적인 존재로서 화자의 정서를 표현해 줄 뿐이므로 의미를 논의할 때에는 비본질적 범주에 소속시키고 언급하지 않는 경우가 많다.

2.1.4. 주제적 의미와 반사적 의미

같은 표현이라고 하더라도 특별히 말하는 사람이나 글 쓴 사람의 의도가 드러나게 되는 경우가 있다. 이렇게 특별히 드러나는 의미를 주제적(主題的) 의미라고 한다. 주제적 의미는 흔히 어순을 바꾸거나 특정 부분을 강조하여 발음함으로써 드러나게 된다. 이 주제적 의미는 말하는 사람이나 글 쓴 사람이 특히 강조하고 싶은 내용이나 알리고 싶은 메시지를 담는다. 이러한 주제적 의미는 청자에게는 신정보가 되어 관심을 가지게 되는 요소들이다. 따라서 주제적 의미는 언어 전달의 간접적 표현인 정서적 의미와는 차이가 있다. 정서적 의미가 문장 외적인 의미 전달에 영향을 준다고 하면 주제적 의미는 문장 내적인 의미 전달에 영향을 준다. 비록 강조의 형태가 음성 강화로 나타난다고 하더라도 부차적 의미 전달이 아니라 문장 내부에서의 의미 전달과 관련이 있다.

    (3) <u>준호가</u> 글짓기 대회에서 금상을 받았다.
        <u>글짓기 대회에서</u> 준호가 금상을 받았다.
    (4) **<u>준호가</u>** 글짓기 대회에서 금상을 받았다.
        준호가 **<u>글짓기 대회에서</u>** 금상을 받았다.
        준호가 글짓기 대회에서 **<u>금상을</u>** 받았다.

(3)의 두 문장은 어순이 바뀜에 따라 초점도 달라져 주제적 의미가 달라졌다. 드러내려고 하는 의미가 어순에서 먼저 등장하여 강조되기 때문이다. (4)의 세 문장은 어떤 부분을 강하게 발음하느냐에 따라 주제적 의미가 달라진다. 주제적 의미는 말하는 사람이나 글 쓴 사람의 의도적인 전달 의미인데, 흔히 문어에서는 어순을 바꾸어 표현한다. 그러나 구어에서는 강조하는 표현이 강세에 의해 드러난다. 이러한 어순의 이동이나 강세의 이동은 내용을 파악하는 사람에게는 초점의 이동으로 나타나 언어 전달에서 중요한 메시지로 인식하게 된다. 어순에 의한 주제적 의미는 능동문과 피동문에서도 나타난다.

    (5) <u>사냥꾼이</u> 사슴을 쫓는다.
    (6) <u>사슴이</u> 사냥꾼에게 쫓긴다.

(5)~(6)의 두 표현은 개념적 의미는 같지만, 어순이 다름으로써 전달가치인 주제적 의미가 다르다. 곧 (5)에서는 '사냥꾼', (6)에서는 '사슴'에 초점이 놓이게 된다.

한 문장 속에서 특별히 어떤 단어를 강조하고자 할 때에 그 단어는 그 문장의 주제적 의미를 갖는다. 즉 표현하고자 하는 내용을 어떤 순서로, 어디에 초점을 두어 강조하느냐 하는 문장 구성의 방법에 의해서 보다 구체적으로 드러나는 의미이다. 가령 영어에서 능동문과 수동문의 개념적 의미 내용은 같으나 그 전달 효과는 아주 다르다. 따라서 이 주제적 의미는 어떤 문장 구조를 선택하느냐 하는 문제에 깊이 관련되어 있다.

어떤 말을 사용할 때 그 말의 원래의 뜻과는 아무런 관계없이 특정한 반응을 불러일으키게 되는 경우가 있는데, 이를 반사적(反射的) 의미라고 한다. 그 대표적인 예로는 말소리만 듣고 다른 의미를 불러일으키는 이름 같은 것을 들 수 있는데, 임신중(林信重), 한송이(韓松伊) 같은 이름에서 앞의 것은 부정적인 의미를, 뒤의 것은 긍정적인 의미를 불러일으킨다. 그러나 이러한 의미는 원래 그 이름이 뜻하는 바와 아무런 관계가 없다.[20] 이와 같이 반사적 의미는 전달하려는 의미와는 관계없이 어떤 낱말의 한 의미가 반응의 일부를 이룰 때 일어나는 의미를 말한다. 이 의미는 하나의 단어가 서로 다른 개념적 의미를 중심으로 하여 생성되었을 때 나타나는 의미이다. 심재기 외(1984 : 22)에서는 이러한 예로서, 기독교에서 제삼위의 하느님을 '성신'이라 하는데 이때에 많은 사람들이 '신'이란 글자에 이끌리어 '거룩한 귀신'이란 반사적 의미의 간섭을 받게 되는 것을 든다. 똑같은 의료시설을 갖추고 병을 고치는 의료기관의 간판을 각각 '진료소', '병원', '보건소'라고 하였을 때에 사람들은 그 의료기관에 대해서 매우 다른 반응을 보인다. 이러한 느낌의 차이를 가지는 원인은 명칭이 나타내는 반사적 의미에 말미암는다.

2.2. 의미 유형의 자질 분류

학교 문법교과서에 나타나는 이들의 분류에서는 대립적 개념을 중심으로 각각 두 항목을 함께 설명하는 방식을 취하고 있다. 중심적—주변적, 사전적—함축적, 사회적—정서적, 주제적—반사적 의미의 구분이 그것이다. 하지만 이러한 구분은 명확한 기준에 의한 분명한 대립성을 나타내지는 않는다. 개념상으로 한정된 대립성만 나타나기 때문에 서로 간의 분류에 애매한 부분이 발생한다. 일단 이들의 대립성은 전체를 관통하는 기준이 아니라 각각의 항목에서 나타나는 부분적인 대립성이다. 학교 문법서에 언급된 개념에 따르면 이들은 다음과 같은 대립성을 가진다.

중심적(기본, 핵심)—주변적(확장)
사전적(기본, 객관)—함축(연상, 관습)
사회적(사회 환경)—정서적(화자의 태도, 감정)

---

20) 교육인적자원부(2004), 고등학교 문법, p.203을 참조할 것. 긍정적, 부정적 감정은 개인차가 있는 것으로, 이러한 의미가 누구에게나 보편적으로 인식된다면 개명을 유발하는 이름은 처음부터 없을 가능성이 높다.

주제적(화자의 의도)—반사적(반응)

따라서 이들의 대립성은 아주 부분적이다. 기본적 의미가 아닌 확장적 의미, 객관적 의미가 아닌 주관적 의미, 사회 환경이 아닌 개인적 태도, 화자의 의도가 아닌 반응으로 그 대립성이 설정되어 있다. 기본적 의미와 확장적 의미, 객관적 의미와 주관적 의미는 부분적으로 그 대립성이 형성된다고 할 수 있지만, 사회 환경에 대한 화자의 태도나 감정, 화자의 의도에 대한 보편적 반응은 그 대립성이 분명하지 않다. 이들은 명확한 대립적 개념을 이루지 못한다. 이러한 대립성은 지나치게 포괄적이어서 그 의미 영역을 명확히 규정짓지 못한다. 용어의 설정에도 그 개념적 설명이 분명히 부각되지 않는 단점도 있다. 따라서 이들을 전체 체계에서 구분할 수 있는 잣대가 필요하다. 부정성[21]을 중심으로 이들의 대립적 개념을 생각하면 다음과 같다.

(7) 중심적 의미가 아닌 → 주변적 의미
(8) 사전적 의미가 아닌 → 함축적 의미(?)
(9) 사회적 의미가 아닌 → 개인적 의미(?)
(10) 주제적 의미가 아닌 → 논평적 의미(?)

(7)~(10)을 토대로 그 대립성을 생각하면 가장 분명하게 나타나는 것이 중심적 의미와 주변적 의미의 관계이다. 용어상으로 생각하더라도 그 관련성이 비교적 분명하다. 그리고 조금 포괄적 개념을 가지지만 사전적 의미와 함축적 의미도 그 대립성이 어느 정도 드러난다. 하지만 용어상의 대립성은 선명하지 않다. 그리고 이들 외에는 개념상, 용어상의 대립성도 분명히 드러나지 않는다. 사회적 의미에 대립시킨 정서적 의미나, 주제적 의미에 대립시킨 반사적 의미는 그 연관성이 떨어진다. 오히려 용어상으로 생각한다면 사회적에 대립되는 개념은 개인적 의미가, 주제적 의미에 대립되는 개념

---

21) 이광호(2008), 대립어의 정도성연구, 우리말글 42, pp.118~126 참조. 부정성 검증은 '-이(가) 아닌'을 적용한다.

은 논평적 의미가 우선 떠오른다.22) 이렇게 용어상 대립성이 분명하지 않다는 것은 이러한 개념적 설명으로는, 그 개념적 경계선이 명확하지 않다는 것이다. 이것은 이들의 관계가 체계적으로 이루어진 것이 아니고 복합적 의미를 모두 반영하고자 한 결과인 것으로 보인다. 대립적인 요소도 하나의 특정적 자질에 기초하는 것이 아니라 여러 개가 함께 공통성과 대립성을 가진다. 기본적으로 (8)~(10)에서 부정성을 통해 점검하였을 때, 그 결과가 각각 함축적, 정서적, 반사적 의미라는 대립쌍을 가질 수밖에 없는 한정된 개념으로 국한되어야만 이들의 분류가 가장 적합해진다. 하지만 이들은 개념상으로 그러한 분명한 대립상을 형성하지 못한다. 따라서 이들의 분류는 한 개념이 확정되면 그 개념에 대립되는 자질을 기준으로 이들을 재분류할 필요가 있다. 일단 여기서는 학교 문법서에 제시된 8개의 항목을 자질에 따라 분류하고 난 다음 해법을 마련하고자 한다.

중심적 의미와 주변적 의미, 그리고 사전적 의미는 사전에 기술된 의미이다. 하지만 함축적 의미는 사전에서 찾을 수 있는 의미는 아니다. 결국 중심적, 주변적, 사전적 의미의 구분은 모호한 부분이 작용한다. 단지 사전에 등재된 것이라는 의미를 중시하면 이들은 분명한 구분이 되지 않는다. 이들은 사전적 의미가 상위의 개념을 형성하고 중심적, 주변적 의미는 하위의 개념으로 인식하여야 한다. 사전적 의미 내에서 형성되는 중심적 의미이고 주변적 의미이기 때문이다. 따라서 의미의 유형은 일차적으로 사전에 등재된 의미이냐 아니냐의 구분이 필요하다. 그러나 여기서 제기될 수 있는 문제점은 사전적 의미가 중심적/주변적 의미의 상위 개념을 형성하고는 있지만, 사전적 의미가 반드시 중심적/주변적 의미만의 상위 개념은 아니라는 점이다. 따라서 사전적 의미를 설명하기 위해서 설정한 자질 [+기술(記述)]은 '사전에 등재된'이라는 의미를 가진 포괄적 자질이다.

사회적 의미는 개인의 표현 의도와 관련 없이 그 사회 내에서 인정되고

---

22) 대립적 개념은 다르게 형성될 수 있지만 개념적으로는 이러한 대립관계가 오히려 타당성을 가질 것으로 보인다. 주제적—논평적 개념은 'topic-comment'의 관계에 연유하였다.

용인된다. 집단적 의식이 주된 기준으로 작용한다. 그러나 정서적 의미는 개인의 표현 의지가 그대로 반영된다. 개인의 정서가 언어에 반영이 된 것이다. 주제적 의미도 개인의 의도가 반영이 된다. 그러나 이것은 문장 내에서의 문제이다. 반사적 의미는 개인의 의도와는 관계없이 사회에서 이루어지는 보편적 느낌과 관련이 있다. 집단성을 가진다. 따라서 이 분류는 사회적 의미의 대립 요소가 개인적 의미라는 것을 말한다. 사회적 의미를 설명하기 위해 집단성이라는 자질을 설정하는 것은 용어상 개인적 의미를 상정하는 것이 우선되기 때문이다. 의미의 분류에서는 이러한 점이 반영될 필요가 있다.

의미의 유형은 복잡한 양상을 보인다. 특별히 하나의 영역에 국한하여 살펴보기도 쉽지 않다. 복합적으로 이루어지기도 하고 개별적인 현상을 보이기도 한다. 특별한 설명이 없으면 문맥상에서 그 의미를 명확하게 파악하기도 어렵다. 이러한 복합적 의미의 유형은 그 개념상으로도 모호한 점이 많아 분명한 구별이 쉽지 않다. 이러한 모호한 부분을 해결하기 위하여 몇 가지 자질을 중심으로 이들의 개념을 분명히 하고자 한다. 이들은 몇 가지 자질에 의해 그 의미적 특성을 명확히 할 수 있을 것으로 보인다. 여기서는 학교 문법교과서의 분류를 살펴보기 위한 것이므로 사전적, 주제적, 중심적, 사회적, 함축적, 정서적, 주변적, 반사적 의미가 그 대상이 된다.

이를 해결하기 위하여 우선 [+기술(記述)] 자질을 설정하고자 한다. 이것은 이미 사전에 기술되어 있는 의미로서 기술된 설명에 의해 그 의미를 충분히 파악할 수 있는 자질을 말한다. 이에 반해 [−기술] 자질은 사전에 등재되어 있지 않은 의미 자질이다. 이것은 여러 가지 환경에 의해 그 의미를 파악할 수 있다. 직접적이지 않고 간접적 의미를 가진다. 이에 따라 [+기술] 자질을 가지는 것은 중심적 의미와 주변적 의미, 사전적 의미가 해당한다. 이 외의 것은 [−기술] 자질을 가진다. 의미의 유형은 크게 사전에 등재된 직접적 의미 표현을 가진 것과 그렇지 않은 것으로 우선 구분할 수 있다. 사전에 등재되지 않은 의미 표현은 다양한 환경에 따라 파악할 수 있다.

따라서 사전적 의미는 중심적 의미와 주변적 의미의 상위 개념으로서 작용한다. 중심적 의미는 기본적 의미이기 때문에 확장되지 않는 [−파생] 자질을 가진다. 이에 주변적 의미는 [+파생] 자질을 갖는다.

그리고 개인 의식의 반영이나 집단의식의 반영이 자질로 설정될 필요성이 있다. 사회성이라는 개념에 대립하는 요소를 자질에 반영하고자 하는 방법이다. 표현하고자 하는 의미가 개인의 의식을 반영한 것이면 [−집단]이라는 자질을 적용한다. [−집단]이라는 자질은 화자나 필자가 표현하면서 어떤 개인적 의도를 가지고 특정의 의미를 선택하는 노력이 포함된다. [−집단] 자질을 적용할 수 있는 것은 정서적 의미와 주제적 의미, 그리고 함축적 의미가 해당된다. 이에 반해 [+집단] 자질을 적용할 수 있는 것은 사회적 의미와 반사적 의미이다. 사회적 의미와 반사적 의미는 개인의 의도와는 관계없이 사회에서 용인되는 비의도적 의미에 한정된다. 하지만 반사적 의미는 그 의미를 의도적으로 해석하도록 하는, 혹은 의도적으로 해석할 수 있는 의미이다. 사회적 의미에 비해서는 덜 집단적이다. 사회에 통용된다기보다는 부분적으로 그 반향이 나타나는 정도이다. 반사적 의미는 어휘의 소통에서 예견하지 못해서 나타나는 비의도적 사회 반향이라고 할 수 있다.

주제적 의미와 정서적 의미를 따로 구분하기 위해서는 어휘적 차원의 요소와 어휘 외적 차원의 요소를 설정할 필요성이 있다. 환경에 따라 달리 설명될 수 있는 의미라고 하더라도 표현상, 어휘로 설정되는 것과 그렇지 않은 요소로 나누어진다. 어휘 외적 요소에 의한 것은 통사적 차원이나 음성적 차원에서 그 의미적 특성을 나타낸다. 어휘 의미로 표현 의미를 파악하는 것이 아니라 문맥에 따라서 그 의미를 파악하든지, 아니면 감정 표현을 나타내는 음성적 특징으로 그 의미 표현을 찾아내는 것이다. 이들은 어휘적 의미가 대상이 되는 것과 그렇지 않은 것으로 다른 의미 유형과 구분이 된다. 그리고 통사적 차원이나 음성적 차원에 의해 개별적 분류가 가능해진다.

의미 유형은 당연히 공시적 특성에 의한 것이지 통시적 변화와 함께 고려할 문제는 아니다. 사전의 편찬은 대체로 언어적 변화와 관련하여 재편찬의 필요성을 가지기 때문이다. 따라서 사전적 의미가 폐쇄적이라는 것은 동시대에는 의미의 변화를 동반하는 변화가 없다는 것을 전제로 한다. 이를 통해 볼 때, 사전적 의미 속에서 중심적 의미와 주변적 의미를 가려 낼 수 있다. 함축적 의미는 사전에 등재된 것이 아니라 어휘적 의미로 유추할 수 있는 의미들이다. 이러한 구분을 구체화 시키면 같은 자질을 가진 것이라도 그 구분을 보다 명확히 할 수 있다. 그리고 주제적 의미와 정서적 의미는 의도적인 표현 효과를 가지고자 하는 것이지만 이들은 단순한 어휘 차원의 문제는 아니다. 주제적 의미는 통사적 차원에서 문장 내적인 의미 전달 부분과 관련이 있고, 정서적 의미는 음성적 차원에서 그 구분이 용이하다. 사회적 의미는 사회의 보편적 반향과 관련이 있다. 집단적으로 그 의미를 이해하지만 화자나 청자가 어떤 의도를 통해 이해하지는 않는다. 그 집단 내에서는 보편적인 의미를 획득한다. 하지만 반사적 의미는 표현에서는 전혀 의식하거나 의도하지 않은 것인데도 그 반향이 의도와 관계없이 나타나는 경우이다. 이것은 의도적으로 그 의미를 변형시켜 이해하거나 반응하기도 한다. 보편적인 의미가 아닌 개인적 반응에서 의도하지 않은 표현 의미가 반영된다.

이로 볼 때, 그 개념적 의미를 생각하면 대립되는 자질을 중심으로 사전적 의미와 함축적 의미, 중심적 의미와 주변적 의미는 학교 문법서에서도 대립쌍으로 제시된다. 하지만 표현 의미상으로 본다면 주제적 의미와 정서적 의미, 사회적 의미와 반사적 의미가 그 대립성이나 연관성을 고려할 때, 같이 묶여 설명되는 것이 바람직하다. 물론 용어는 다시 살펴볼 필요가 있다. 의미의 유형은 우선 사전적 의미와 비사전적 의미(함축적 의미)로 크게 나누어 이들 유형을 구분하는 것이 바람직할 것으로 보인다. 물론 이것은 학교 문법 교과서에 언급된 요소만을 바탕으로 의미를 분류하는 것에 지나지 않는다. 또한 용어상의 문제점도 고려하여 그 부분만 임의로 변경한 것에 지나지 않는다. 의미 유형에 대한 분류는 다양한 의미 양상을 검토하고 난 다음 충분한 고려 후에 다시 정립할 필요성이 있다. 단지 이러한 분류는 학교 문법교과서의 의미 유형을 분명하고 정확하게 인식할 수 있도록 도움을 줄 수 있을 것으로 기대한다. 개념상 그 구분을 명확히 하고, 앞으로 세부적인 분류 작업 시에 새로운 용어의 정립은 대립성과 관련한 설정이 고려되어야 할 것이다. 그렇지 않으면 개별적 의미의 분류로 나아가게 되고 이는 또다시 중첩의 의미 영역으로 혼란이 생길 수 있다.

사회적 의미와 반사적 의미는 집단성을 가지지만 사회에서 통용되는 보편적 의미[+전체]이냐 부분적 의미[−전체]이냐에 따라 그 구분이 가능해진다. 사전적 의미는 앞에서도 지적한 것처럼 단순히 중심적 의미와 주변적 의미의 상위 개념은 아니다. 사전에 등재된 의미의 [+기술] 자질을 가진다. 그러나 이러한 자질을 토대로 하였을 경우에도 아쉬운 점은 있다. 같은 층위에서 나타나는 분류의 자질들이 각기 독립적으로 작용하기 때문이다. 이것은 결국 학교 문법교과서의 의미 유형 분류는 많은 문제점이 있다는 것을 내포한다. 따라서 앞으로의 의미 유형에 대한 논의는 동일한 층위의 기술에서는 동일한 자질을 중심으로 분류할 수 있는 개념의 설정 및 분류가 필요하다. 그러나 학교 문법서의 의미 유형을 교육에 반영할 경우, 그 의미적 특성을 분명하게 파악하기 위해서는 이러한 자질을 통해 이해하는 것이 바람직할 것이다.

제 2 장

자료의 분류 특성 및 어휘 분석

1. 정몽유어·아학편·천자문의 분포적 특성

정몽유어는 1884년(조선개국 493년 갑신 동지) 李承熙가 주흥사의 천자문에서 四字韻을, 정약용의 兒學에서 분류를 본받아 어린 아이들의 학습(교습)서로 만든 것이다.1) 한자 학습서는 혼자서도 공부할 수 있도록 자석어와 자음을 한자 각각의 글자에 기술한 책이다. 물론 필요에 의해서 한자 학습서는 교습서로 이용되었을 가능성이 높다. 여기서는 한자 학습서 중 정몽유어, 아학편, 천자문을 비교의 대상으로 삼는다. 정몽유어의 서문에 천자문, 아학편과의 관련성이 언급되어 있어, 이들의 자석어를 비교, 분석해 보고자 한다.2) 대상 자석어는 세 책에서 동일하게 제시된 한자만으로 한다. 동일한

---

1) 정몽유어의 서문에 주흥사의 四字韻과 정약용의 類輯의 법을 본받아 1008자를 만들었음을 언급하고 있다(倣周編四字韻語用丁編類輯之法). 따라서 자석어의 특성은 직접적 관련성이 없다. 단지 자석어가 가지는 고착성과 특이한 표현이 비교, 분석의 주 대상이 된다.
2) 이광호(1994), 우리말의 연구, 권재선박사 화갑, pp.665~692에서 자료를 이미 제시한 바 있다. 이 글은 이를 보완하여 자료의 특성을 세부적으로 살피고자 한다.

한자를 중심으로 자석어를 비교하여 보면 그 관련성을 충분히 점검해 볼 수 있을 것으로 기대하기 때문이다. 정몽유어에서는 아학편의 類輯의 법을 본받았다고 하면서 그 분류에 대해 언급하고 있다. 이미 분류가 명시된 분류 어휘집은 당연히 그 분류의 기준을 명시하고 있지만 한자 학습서류에서도 한자 교육을 위한 나름대로의 분류 기준은 가졌을 것으로 보인다. 이와 관련하여 김종택·송창선은 천자문의 분류 기준을 나름대로 추정한 바 있다.[3] 많은 한자를 효과적으로 학습하기 위해서는 나름대로의 분류 기준이 있었을 것은 분명한 사실이다. 이들 분류 기준에 대한 포괄적 검토도 어휘교육과 관련하여 점검해야 할 필요성이 있다. 한자 학습서와 관련하여 우리는 中國書에의 기원적인 연원을 중시하였다. 물론 중국에서 전래된 한자를 학습하기 위해서는 중국에서 한자를 배우는 다양한 방법들이 들어왔을 것이다. 그러나 이미 존재하는 우리나라 한자 학습서의 관련 문제도 충분히 고려할만한 가치를 지닌다. 이들 간의 연원 관계도 상당히 의의가 있는 작업이 될 것이다.

이를 위한 자료로 직접 사용되는 것은 정몽유어, 아학편, 천자문이다. 정몽유어는 大溪先生文集 42권 20책 내에 실려 있는 판본을 저본으로 한다. 이 책의 출판 연대가 서문에 밝혀진 대로 조선개국 493년 갑신 동지로 본다면 1884년이 된다. 이와 비교하려는 아학편은 1804년에 정약용에 의해 쓰여진 판본을 저본으로 한다. 그러나 자석어의 직접 비교는 지석영에 의해 주석이 첨가된 1908년의 아학편이다. 이는 시대적 관련성을 고려하기 위해서이다. 천자문은 주씨천자문(임술본)을 저본으로 한다. 이는 권말의 崇禎紀元後四壬戌이라는 간기가 있어 1862년의 것으로 정몽유어와 비슷한 시기이기 때문이다. 갑오본 천자문(1894)도 비슷한 시기의 것이지만, 비교적 특이한 어휘가 많이 쓰인 임술본을 저본으로 설정하였다. 각 자료에 나타나는 자석

---

3) 김종택·송창선(1991), 천자문, 유합, 훈몽자회의 어휘 분류체계 대비, 어문학 52, pp.161~163에서는 천자문이 천문, 자연, 왕업, 수신, 충효, 덕행, 오륜, 인의, 궁전, 공신, 제후, 지세, 농사, 수양, 한거, 식사, 안락, 잡사, 기교, 경계로 분류되었다고 하였다.

어의 연관성 파악과 함께 특이 자석어를 더 발굴하는 것도 의의가 있기 때문이다. 여기서는 정몽유어를 중심으로 아학편과 천자문의 자석어를 비교 분석하는 방법을 사용한다. 정몽유어의 서문 내용(四字韻, 類輯의 법)과 동일한 한자의 자석어를 비교함으로써 이들이 어떻게 반영되었는지도 살필 것이다.

어린 아이들의 한자 학습(교습)서로 단지 한자의 字釋語와 字音을 달아, 특별한 순서 없이 나열한 것이 있는 반면에 유합류처럼 類別로 분류해 놓은 한자 학습(교습)서가 있다. 이들을 통해서 한자 학습(교습)을 위해 제시된 字釋語와 字音이 당시의 국어 연구 혹은 그 이전의 국어 연구를 위해 도움이 됨은 주지의 사실이다. 그 이전의 국어 연구에 도움이 된다함은 한자 학습서의 자석어가 가지는 보수성 때문이다(이기문, 1972 : 239~242). 따라서 이들의 형태가 시대적인 흐름에도 전혀 의미 변화가 반영되지 않고 있음은 자석어와 자음의 완전한 고착성으로 하나의 단어로 인정되는 특성으로 인한 것이다. 따라서 이들에 의미의 변화가 반영되지 않고 이전의 국어 모습을 보이는 것은 새김과 음이 화석화 되어져 단순하게 습관적으로 반복되기 때문이다.

1.1. 어휘 분류 체계

먼저 정몽유어에 명시된 분류를 살펴보면 상당히 특이하다. 일반적으로 분류는 항목별 분류만 나타나고 이는 대부분 의미별, 혹은 유형별로 이루어진다. 하지만 정몽유어에서는 類別 분류 위에 5개의 상위 항목을 설정하고 있다. 이는 일반적인 분류와는 다른 특이한 방법이다. 이것은 이승희가 정몽유어를 분류할 때, 주리론을 기초로 하였기 때문이다. 따라서 어휘의 효과적인 가르침을 위하여 각 한자들을 항목별로 분류하고, 거기에서 더 나아가 분류자체에 성리학의 이론인 주리론적 설명으로 대항목을 나누고 있다. 대항목은 1. 一理生生, 2. 萬化散殊, 3. 名器錯綜, 4. 帝王立政, 5. 聖學明道로 나누어지는데 1, 2, 3은 사물의 이치에 대해서 4, 5는 사람이 당연히 해야 할 바를 나타낸다. 따라서 이는 한자 학습(교습)을 위해 우선 분류를 시도하였고, 이에 더하여 저자가 가지고 있는 철학적 이념을 도입한 것이다. 즉 자신의 철학관에 의한 분류를 상위 항목으로 설정하여 한자 학습과 더불어 주리론을 설파하였던 것이다.[4)]

정몽유어가 철학적인 주리론의 분류를 도입하였다고 함은 第一에서 사물의 근본원리를, 第二에서는 근본에 따른 사물의 성질, 第三에서는 질료적인 사물, 第四에서는 정치, 第五에서는 도덕을 나타내려고 하면서 주리론적 설명방식을 취하고 있다는 점이다. 정몽유어는 이러한 분류에 근거하여 4자씩 한 구를 형성하는데 韻은 2구와 4구에서 분명히 나타난다. 이는 천자문에서 4자 1구를 對聯格으로 韻을 달아 124韻에 992자를, 나머지 8자를 운에 관계없이 어조사를 실은 체계와 유사하여 서문에 나오는 대로 운은 천자문을 모방하였음이 분명하다.

천자문의 분류체계는 표면적으로 드러나지 않는다. 하지만 1,000자를 아무렇게나 배열하지는 않았을 것이라는 전제하에 이돈주, 김종택·송창선은 그 분류를 시도하였다.[5)] 여기서는 어휘 분류 체계에 따른 김종택(1991 : 165)을 제시하여 비교해 보기로 한다.

天文(1-5), 自然(6-9), 王業(10-18), 修身(19-30), 忠孝(31-34), 德行(35-40), 五倫(41-46), 仁義(47-51),宮殿(52-59), 功臣(60-71), 諸侯(72-76), 地勢(77-81),

---

4) 동일한 자료를 이광호(1994 : pp.667~668)에서 이미 제시한 바 있으나, 이해의 편의를 위해 축약하여 다시 언급한다. 一理生生第一 ; 大本類, 人身大類, 人倫大類,方大類, 數大類,時大類, 大化類,天象大類, 地質大類, 植物大類, 植物要類, 植物美類, 動物大類, 動物近類, 動物遠類 萬化散殊第二 ; 稟生類, 稟性類, 稟氣類, 物化類, 人道類, 人事類, 理分類, 氣分類, 形分類, 道分類, 事分類, 命分類 名器錯綜第三 ; 人生名類, 飲食名類, 衣服名類, 財産名類, 第宅名類, 田園名類, 飲食器類, 服飾器類, 資用器類, 業作器類, 法度器類, 儀章器類 帝王立政第四 ; 授職類, 分疆類, 建位類, 序民類, 立教類, 執業類, 興俗類, 定制類, 旌別類, 平章類, 贊化類, 傳統類 聖學明道第五 ; 心體類, 心法類, 立科類, 致知類, 力行類, 小學類, 立戒類, 大學類, 擇術類, 造道類, 傳道類, 載道類

5) 이돈주(1981), 김종택(1991)에서 천자문이 일정한 의미분류와 관련이 있을 것으로 보고 검토한 바 있다. 이돈주에서는 自然, 正史, 修學, 忠孝, 修德, 五倫, 仁義, 帝都, 功臣, 群雄, 地勢, 農政保身, 閑居, 食事, 安易, 雜事, 警戒의 항목으로 구분하였다.

農事(82-84), 修養(85-91), 閑居(92-100), 食事(101-103), 安樂(104-108), 雜事(109-114), 技巧(115-117), 警戒(118-125).

정몽유어의 서문에서는 천자문의 四字韻을 본받았다고 하였는데 체제의 유사성은 있다. 그러나 아학편도 동일한 구성을 가지고 있는데 천자문의 4자운을 본받았다고 여기는 것은 이러한 체계가 천자문에서 연유된 것으로 본 것이다. 그러나 천자문에서는 운이 분명하게 나타나는데 비해 정몽유어는 그렇지 않다. 단순히 서로 관련 있는 단어의 나열로 보인다. 이는 아학편도 마찬가지이다.6) 정몽유어의 서문에서 아학편의 분류를 본받았다고 하였으므로 이에 근거하여 정몽유어의 분류체계와 비교하여 아학편의 분류체계를 살피고자 한다. 일단 정몽유어의 분류체계를 기준으로 아학편의 어휘를 비교해 보면 다음과 같다. 이는 정몽유어의 분류를 기준으로 아학편을 대비한 것이다.7)

大本類＋人倫大類(80), 人身大類(80), 天象大類＋大化類(32), 地質大類(96), 分疆類＋地質大類(32), 植物大類(160), 動物大類＋動物近類＋動物遠類(160), 建位類＋第宅名類(80), 資用器類＋飮食器類＋衣服名類(240), 飮食名類(32), 儀章器類(8), 稟性類＋人道類＋道分類＋造道類(32), 時大類(32), 方大類(32), 物化類(40), 人事類(88), 立敎類＋執業類(48), 小學類＋立戒類(16), 命分類(32), 興俗類(16), 人事類＋定制類＋人生名類(176), 大本類＋命分類(64), 道分類＋大化類＋理分類＋氣分類＋形分類(352), 數大類(32), 事分類＋理分類＋大本類(32), 傳道類(8)

이는 세 책에서 나타나는 글자의 중복만을 비교하여 나타내 본 것이지만

---

6) 아학편은 1908년에 정약용의 저서에 지석영이 주를 달아서 해설하였는데, 2,000자의 한자에 대하여 그 훈과 음, 그리고 그에 대한 고전자(古篆字), 운, 중국어 발음, 사성, 국어의 성조, 일문훈(日文訓)과 독음 및 여기에 해당하는 영어 어휘와 우리말 독음을 아울러 적었다. 맞춤법과 사성 표기에 관한 의견을 풀이하고 있어 국어학사의 중요한 자료가 된다.
7) 분류 기준에 대한 것은 이광호(1994), pp.669~670에 언급되어 있음.

실제의 분류체계가 아학편과 상당히 유사하다. 아학편이 글자 수에서 거의 배가 된다는 것을 감안한다면 이들의 관련성은 분명히 나타난다. 그러나 아학편은 실제의 어휘분류 기준이 제시되어 있지는 않다. 하지만 정몽유어의 분류에서 보는 것처럼 나름대로의 분류 기준은 있었던 것으로 보인다.

1.2. 공통 한자의 자석어 비교

정몽유어와 아학편은 공통 한자가 총 731자, 정몽유어와 천자문에서의 공통 한자는 437자이다. 정몽유어와 아학편, 천자문의 세 책에서 동일하게 나타나는 한자는 총 368자이다.[8] 이 368자는 여기서 직접 분석하고자 하는 대상이다. 동일한 한자에서 설명되는 자석어를 중심으로 그 특징을 우선 살펴보기로 한다. 대상 한자는 다음과 같다.[9]

可, 家, 歌, 簡, 甲, 岡, 薑, 擧, 渠, 車, 鋸, 巾, 劍, 謙, 京, 卿, 敬, 經, 輕, 階, 鷄, 古, 姑, 高, 曲, 功, 孔, 工, 恭, 貢, 寡, 冠, 廣, 九, 口, 懼, 求, 矩, 國, 君, 軍, 宮, 貴, 規, 根, 謹, 近, 琴, 金, 器, 機, 氣, 吉, 難, 南, 男, 囊, 內, 女, 農, 能, 多, 短, 達, 堂, 大, 帶, 德, 都, 讀, 冬, 動, 同, 東, 得, 蘭, 涼, 力, 廉, 禮, 老, 路, 流, 倫, 利, 理, 鱗, 林, 磨, 萬, 亡, 寐, 孟, 面, 名, 命, 明, 母, 毛, 木, 目, 睦, 廟, 武, 無, 墨, 問, 文, 門, 物, 美, 民, 密, 薄, 盤, 飯, 方, 拜, 盃, 背, 伯, 白, 百, 法, 壁, 辨, 別, 兵, 步, 伏, 服, 福, 覆, 本, 鳳, 夫, 婦, 富, 扶, 父, 分, 卑, 非, 飛, 賓, 史, 四, 士, 射, 師, 思, 祀, 舍, 辭, 散, 上, 相, 箱, 裳, 賞, 霜, 色, 暑, 書, 西, 夕, 席, 石, 善, 扇, 城, 性, 成, 星, 盛, 省, 聖, 誠, 稅, 笑, 松, 修, 受, 守, 手, 樹, 水, 獸, 淑, 習, 始, 是, 時, 矢, 息, 食, 信, 愼, 臣, 薪, 身, 實, 心, 深, 我, 雅, 嶽, 惡, 樂, 雁, 愛, 夜, 野, 約, 躍, 羊, 陽, 御, 魚, 言, 葉, 營, 纓, 英, 詠, 藝, 譽, 五, 梧, 玉, 溫, 王, 外, 畏, 辱, 用, 友, 右, 宇,

---

8) 이광호(1994)에서는 372자로 계산되었으나, 엑셀파일화하여 동일한자를 추출한 결과 368 자로 밝혀졌다. 기존의 논문에서 제시한 道, 聲, 秋가 동시에 출현하지 않아 삭제되었고, 明 은 중복되어 하나를 삭제하였다.

9) 본문에서는 출처를 밝히지 않고, 자료편에 일괄적으로 제시한다. 중복되는 요소가 많기 때 문이다. 그리고 문헌상에서의 자음은 연구의 대상이 아니므로 제시하지 않는다.

禹, 羽, 雨, 雲, 圓, 園, 遠, 月, 有, 銀, 陰, 邑, 意, 義, 衣, 二, 易, 異, 耳, 益,
人, 仁, 一, 日, 逸, 入, 子, 字, 慈, 墻, 將, 腸, 莊, 長, 才, 傳, 田, 情, 政, 正,
精, 貞, 靜, 帝, 弟, 祭, 朝, 鳥, 足, 存, 尊, 從, 終, 鐘, 坐, 左, 罪, 主, 周, 晝,
珠, 酒, 中, 重, 地, 志, 枝, 池, 知, 紙, 直, 稷, 眞, 執, 此, 榮, 尺, 陟, 千, 天,
川, 賤, 踐, 廳, 淸, 靑, 體, 草, 出, 黜, 忠, 聚, 治, 湯, 退, 八, 平, 布, 彼, 筆,
下, 夏, 學, 寒, 漢, 鹹, 合, 海, 行, 虛, 玄, 賢, 俠, 兄, 刑, 衡, 惠, 戶, 號, 化,
火, 畵, 荒, 晦, 會, 孝, 後, 訓, 毁(총 368자)

자석어의 순서는 정몽유어, 아학편, 천자문의 순으로 배열한다(전체 자료는
부록으로 제시). 각 자료는 시대상 별 차이가 나지 않지만 '·'의 존재나 된소
리의 표기는 시대적 변화를 반영한 것처럼 보인다.

1.2.1. 자석어의 분류

자석어의 분류에서 제시된 자료는 정몽유어를 중심으로 한다. 하지만 세
부적인 분포를 살피는 경우에는 각각의 자료를 별개로 추출한다.

1.2.1.1. 어종에 따른 분류

어종에 따른 분류는 당시 사용 어휘의 어원적 분포를 살피는데 목적이
있다. 당시의 다른 자료와 비교할 때, 이들의 분포를 살피는 것은 충분한 가
치를 가진다. 어종은 고유어, 한자어, 혼종어로 나누어 살피기로 한다. 자료
의 순서는 정몽유어, 아학편, 천자문의 순이다.

(1) 고유어

歌 노래 / 노래 / 노래	家 집 / 집 / 집
擧 들 / 들 / 들	鋸 톱 / 톱 / 톱
劍 칼 / 칼 / 칼	九 아홉 / 아홉 / 아홉
口 입 / 입 / 입	國 나라 / 나라 / 나라
內 안 / 안 / 안	路 길 / 길 / 길
面 낫 / 낫 / 낫	木 나무 / 나무 / 나무

目 눈 / 눈 / 눈   飯 밥 / 밥 / 밥
背 등 / 등 / 등   服 옷 / 옷 / 옷
賓 손 / 손 / 손   師 스승 / 스승 / 스승
舍 집 / 집 / 집   色 빗 / 빗 / 빗
石 돌 / 돌 / 돌   星 별 / 별 / 별
樹 나무 / 나무 / 나무   手 손 / 손 / 손
食 밥 / 밥 / 밥   身 몸 / 몸 / 몸
薪 섭 / 섭 / 섭   我 나 / 나 / 나
野 들 / 들 / 들   夜 밤 / 밤 / 밤
陽 볏 / 볏 / 볏   雨 비 / 비 / 비
陰 그늘 / 그늘 / 그늘   邑 고을 / 고을 / 고을
日 날 / 날 / 날   墻 담 / 담 / 담
田 밧 / 밧 / 밧   鳥 새 / 새 / 새
朝 아침 / 아침 / 아침   足 발 / 발 / 발
晝 낫 / 낫 / 낫   枝 가지 / 가지 / 가지
池 못 / 못 / 못   志 뜻 / 뜻 / 뜻
眞 참 / 참 / 참   此 이 / 이 / 이
體 몸 / 몸 / 몸   海 바다 / 바다 / 바다
火 불 / 불 / 불   後 뒤 / 뒤 / 뒤
大 큰 / 큰 / 큰   無 업슬 / 업슬 / 업슬
射 쏠 / 쏠 / 쏠   用 쁠 / 쁠 / 쁠
入 들 / 들 / 들   知 알 / 알 / 알
靑 푸를 / 푸를 / 푸를   出 날 / 날 / 날
毀 헐 / 헐 / 헐(이상 동형 59개)

可 올흘 / 올을 / 올흘   岡 뫼등 / 산등성이 / 뫼
渠 걸 / 도랑 / 기천   車 수리 / 수레 / 슈리
輕 개가올 / 가부여을 / 가비아을   經 베날 / 날 / 글
京 셔울 / 서울 / 셔울   鷄 닭 / 닭 / 둙
階 셤돌 / 셤쯜 / 셤   高 놉흘 / 놉흘 / 놉플
古 예 / 녜 / 예   曲 굽을 / 굽을 / 구블
孔 구무 / 구멍 / 구며   貢 밧칠 / 바칠 / 바칠
寡 젹을 / 작을 / 져글   廣 너를 / 넓을 / 널울

懼 두려울 / 두려어할 / 두릴	規 도래 / 둥글 / 법식
近 갓가울 / 갓가을 / 각가올	謹 삼가할 / 삼갈 / 삼갈
根 뿔리 / 뿔희 / 불이	琴 검은고 / 검은고 / 거문고
器 그럿 / 그릇 / 그룻	機 틀 / 뵈틀 / 틀
金 쇠 / 금 / 쇠	難 어려울 / 어려을 / 어려을
囊 주머니 / 주머니 / 쥬메이	多 만을 / 만을 / 만흘
短 져를 / 저를 / 져울	堂 마루 / 대청 / 집
帶 씌 / 씌 / 쒸	讀 이를 / 읽을 / 니글
同 갓흘 / 갓흘 / 혼가지	冬 겨을 / 겨을 / 져의
動 움격일 / 움즉일 / 음즈길	得 엇들 / 엇을 / 어들
凉 셔늘할 / 서늘할 / 셔늘	力 힘 / 힘 / 심
老 늘글 / 늙을 / 늘글	流 흐를 / 흐를 / 흘를
鱗 비늘 / 비늘 / 비놀	林 수풀 / 수풀 / 숨플
磨 갈 / 매ㅅ돌 / 갈	寐 잘 / 잠잘 / 잘
孟 맛 / 맛 / 밍가	明 눈발글 / 밝을 / 볽글
名 일엄 / 일홈 / 일흠	母 어무 / 어미 / 어미
毛 터리 / 털 / 더력	墨 먹 / 먹 / 믈가
文 글 / 글 / 글혈	問 물을 / 무를 / 물을
美 아름다올 / 아름다을 / 아룸다을	密 쌕쌕할 / 쌕쌕할 / 빅쎅홀
薄 엷을 / 엷을 / 열울	方 모질 / 모질 / 모
拜 절 / 절 / 절	伯 맛 / 맛 / 뭇
白 힌 / 흰 / 흰	步 거럼 / 거름 / 거음
伏 업듸릴 / 업드릴 / 구블	覆 업칠 / 회복할 / 더플
富 가으멸 / 부자 / 위홀	扶 붓들 / 붓을 / 붓들
父 아부 / 아비 / 아비	分 나눌 / 푼 / 논흘
非 그를 / 글을 / 안이	飛 날 / 날 / 눌
卑 낮을 / 나즐 / 느즐	四 너이 / 넷 / 넉
辭 말슴 / 사양할 / 말슴	思 생각 / 생각 / 식각
士 션배 / 선배 / 션비	散 헛틀 / 훗흘 / 훗틀
霜 셔리 / 서리 / 셔리	上 우 / 웃 / 웃
裳 치마 / 치마 / 치미	書 글씨 / 글 / 글
暑 더울 / 더위 / 더울	席 자리 / 돗 / 주리

夕 져녁 / 저녁 / 져역
善 착할 / 착할 / 어질
成 일울 / 이룰 / 릴월
松 솔 / 소나무 / 솔
水 물 / 물 / 믈
獸 즘승 / 즘생 / 즘싱
淑 착할 / 착할 / 몰글
始 비로소 / 비로소 / 비릇술
是 올흘 / 올을 / 이
息 슘 / 쉴 / 긋칠
愼 삼가할 / 삼갈 / 삼갈
深 깁흘 / 깁흘 / 지믈
雅 바를 / 바를 / 몰글
愛 사랑 / 사랑 / 스랑
御 몰 / 어거할 / 모실
言 말슴 / 말삼 / 말슴
詠 읇흘 / 읇흘 / 을플
藝 재죠 / 재조 / 지죠
五 다섯 / 다섯 / 다스
畏 두러할 / 무서을 / 져흘
羽 깃 / 깃 / 짓
右 오를 / 오른편 / 올흘
雲 구룸 / 구름 / 구룸
遠 멀 / 멀 / 멸
有 잇을 / 잇슬 / 이실
衣 웃옷 / 옷 / 옷
異 다를 / 다를 / 다룔
易 쉬울 / 쉬을 / 쉬을
人 사람 / 사람 / 사룸
一 한아 / 하나 / 훈
子 아들 / 아들 / 아둘
腸 창자 / 창자 / 애

扇 부채 / 부채 / 부치
省 살필 / 살필 / 술필
笑 웃음 / 웃을 / 우음
修 닷글 / 닥글 / 닷글
受 바들 / 밧을 / 브들
守 직힐 / 직힐 / 직길
習 익힐 / 닉힐 / 이길
矢 살 / 살 / 술
時 째 / 째 / 씨
信 믿을 / 밋을 / 미들
實 열매 / 실상 / 여믈
心 마암 / 마암 / 무움
雁 기러기 / 기러기 / 그려지
躍 뛸 / 뛸 / 될
魚 물고기 / 고기 / 고그
葉 닙 / 닙사귀 / 입
纓 쓴 / 관 / 쓴
譽 기릴 / 기릴 / 기리
溫 다실 / 따쓷할 / 다슬
外 밧것 / 밧 / 볏
友 벗 / 벗 / 볏
宇 쳠하 / 집기슭 / 집
圓 둥글 / 둥글 / 두렷
月 달 / 달 / 둘
義 올을 / 올을 / 올흘
耳 괴 / 귀 / 귀
二 둘 / 둘 / 두
益 더할 / 더할 / 더흘
仁 어질 / 어질 / 어질
字 글자 / 글자 / 글즈
長 긴 / 긴 / 진
才 재죠 / 재조 / 직조

靜 고요할 / 고요할 / 고요   貞 곳들 / 곳을 / 고들

正 바를 / 바를 / 발롤

弟 아으 / 아우 / 아으   尊 노풀 / 존귀할 / 노플

存 이슬 / 잇슬 / 이실   終 마츰 / 마츨 / 므춤

鐘 쇠북 / 쇠북 / 북   從 좃츨 / 조츨 / 죠칠

坐 안즐 / 안즐 / 안질   左 윈 / 왼편 / 욀

珠 구실 / 진주 / 구실   周 두류 / 두루 / 둘우

酒 슐 / 술 / 술   中 가운대 / 가온대 / 가온디

重 무거을 / 무거을 / 무거올   紙 조우 / 조희 / 조회

地 싸 / 쌍 / 싸   直 곳을 / 곳을 / 고들

稷 피 / 메기장 / 피   執 잡을 / 잡을 / 자블

菜 나물 / 나물 / 남믈   陟 올일 / 올닐 / 올을

尺 자 / 자 / 즈   川 내 / 내 / 니

踐 발불 / 밟을 / 볼블   天 하늘 / 하날 / ㅎ놀

廳 드를 / 드를 / 드롤   淸 말글 / 맑을 / 채닐

草 풀 / 풀 / 플   黜 내칠 / 내칠 / 니칠

聚 몯을 / 모을 / 모둘   治 다스릴 / 다스릴 / 다스리

湯 쓰릴 / 더은물 / 씰릴   退 물너갈 / 물너갈 / 물를

八 여덜 / 여닮 / 여돌   布 베 / 뵈 / 벼

彼 져 / 저 / 졔   筆 붓 / 붓 / 붓

下 아래 / 아래 / 아리   夏 여름 / 녀름 / 여룸

學 배울 / 배을 / 비을   寒 차울 / 찰 / 출

鹹 짜울 / 짤 / 쫄   虛 빌 / 뷜 / 빌

玄 감을 / 검을 / 가물   賢 착할 / 착할 / 어질

衡 져울 / 저울 / 져을디   戶 지계 / 지게 / 지계

畵 그림 / 그릴 / 그림   荒 거칠 / 거칠 / 거츨

晦 그뭄 / 금음 / 그음   會 모들 / 모을 / 뫼들

(이상 이형 197개)

(2) 한자어

功 공 / 공 / 공   軍 군사 / 군사 / 군사

氣 긔운 / 긔운 / 긔운   農 농사 / 농사 / 농사

都 도읍 / 도읍 / 도읍	蘭 란초 / 란초 / 란초
武 호반 / 호반 / 호반	門 문 / 문 / 문
物 만물 / 만물 / 만물	盃 잔 / 잔 / 잔
福 복 / 복 / 복	羊 양 / 양 / 양
銀 은 / 은 / 은	刑 형벌 / 형벌 / 형벌
惠 은혜 / 은혜 / 은혜(이상 동형 15개)	
甲 갑방 / 껍질 / 갑옵	薑 생강 / 생강 / 시양
巾 수건 / 수건 / 슈건	卿 경재 / 재상 / 버실
敬 공경 / 공경할 / 공경	恭 공순 / 공손할 / 온공
工 공인 / 장인 / 바치	冠 관 / 관 / 갓
矩 곡척 / 모질 / 모날	君 인군 / 인군 / 님군
宮 궁전 / 궁궐 / 집	男 남자 / 사나희 / 아듸
女 녀자 / 계집 / 계집	達 통달 / 통달할 / 스므칠
德 덕 / 덕행 / 큰	廉 청렴 / 청렴할 / 칙념
禮 레돈 / 레도 / 네돈	倫 차례 / 차례 / 물
理 리치 / 리치 / 다스릴	萬 만 / 만 / 일만
命 명영 / 목숨 / 목심	睦 화목 / 화목할 / 화목
廟 묘실 / 사당 / 스당	民 백셩 / 백셩 / 뷕셩
盤 반 / 쟁반 / 소변	百 백 / 백 / 일백
法 법 / 법 / 볍	壁 벽 / 벽 / ㅂ람
辨 분변 / 분변할 / 가일	別 분별 / 리별할 / 다롤
兵 군사 / 병긔 / 군스	本 근본 / 근본 / 밋
婦 부인 / 지어미 / 며느리	夫 장부 / 지아비 / 뎌아비
史 사긔 / 사긔 / 스그	祀 사당 / 제사 / 졔스
箱 상자 / 상자 / 상즈	城 셩 / 셩 / 지
聖 성인 / 성인 / 셩린	性 셩품 / 셩픔 / 셩품
誠 정셩 / 정성 / 진실노	稅 부셰 / 부세 / 거둘
臣 신하 / 신하 / 신희	樂 풍류 / 풍뉴 / 풍뉴
英 영걸 / 영웅 / 곳부리	營 영문 / 영문 / 경영
梧 오동 / 오동 / 메귀	玉 옥 / 옥 / 구슬
王 인군 / 인군 / 림금	禹 우인군 / 하우ㅅ시 / 님금
意 의사 / 뜻 / 뜻	慈 자애 / 사랑할 / ㅈ비

將 쟝슈 / 쟝수 / 쟝슈   精 졍긔 / 졍할 / 졍홀
政 졍사 / 졍사 / 졍스   情 졍셩 / 뜻 / 뜻
帝 인군 / 황졔 / 임금   祭 졔사 / 졔사 / 졔스
罪 죄 / 죄 / 허믈   主 쥬장 / 주인 / 쥬즁
千 쳔 / 쳔 / 일쳔   忠 츙셩 / 충셩 / 충셩
行 행실 / 단일 / 당글   俠 긔 / 협객 / 씰
兄 형 / 형 / 뭇   號 칭호 / 일홈 / 일흠
化 변화 / 변화할 / 되오   孝 효도 / 효도 / 호도
訓 훈게 / 갈아칠 / 가르칠(이상 이형 69개)

(3) 혼종어

簡 간졍할 / 편지 / 갈략   謙 겸손할 / 겸손할 / 겸손
姑 시어무 / 고모 / 할미   求 구할 / 구할 / 구홀
貴 귀할 / 귀할 / 귀홀   吉 길할 / 길할 / 글홀
南 남역 / 남녁 / 남역   能 능할 / 능할 / 능홀
東 동역 / 동녁 / 동녁   利 리할 / 리할 / 이로올
亡 망할 / 망할 / 도망   鳳 봉새 / 봉 / 시
賞 상줄 / 상줄 / 상줄   相 샹볼 / 졍승 / 셔류
西 셔역 / 서녁 / 셧녁   盛 셩할 / 셩할 / 셩홀
惡 악할 / 모질 / 모질   嶽 큰산 / 산마루 / 뫼부리
約 간약할 / 언약할 / 긔약   辱 욕할 / 욕될 / 욕흘
園 뒤원 / 동산 / 동산   逸 편할 / 싸질 / 편아홀
莊 엄할 / 씩씩할 / 꾸밀   傳 젼할 / 글 / 젼홀
賤 쳔할 / 쳔할 / 쳔홀   平 평할 / 평할 / 평홀
漢 한나라 / 한수 / 한슈   合 합할 / 합할 / 모들(이상 이형 28개)

고유어와 한자어, 혼종어의 자료는 정몽유어를 중심으로 볼 때, 각각 256, 84, 28개로 나타난다. 아학편은 262, 74, 32개이고, 천자문은 297, 54, 17개이다. 전체적으로 볼 때, 고유어의 분포가 가장 높다. 이는 자석어가 가진 고착성과 관련이 있다. 천자문에서 고유어의 분포가 특히 많다는 것은 천자문이 가진 특성상, 화석화된 표현이 많다는 것을 반영한다. 대상 자료

가 모두 19세기의 것인데 시기상 19세기에서 20세기로 변하는 현대어로의 전환과 맞물려 있다는 점도 고려할 필요가 있다. 한자어의 분포나 혼종어의 경우에는 당연히 그 비율이 적다. 이러한 분포는 이광호(1986 : 76)에서의 분포와도 일치한다. 15세기에서 고유어의 분포가 86.8%, 16, 17, 18, 19세기는 각각 77%, 76.8%, 75.1%, 65.8%의 분포를 보이다가 20세기에 이르러 48.3%로 확연히 줄어드는 현상과 동일하다. 28개의 혼종어에서 용언형의 혼종어는 한자어 어근에 '-할'(천자문에서는 '-홀')이 덧붙는 형태가 대부분이다. 이를 자세히 살펴보기 위해서 자료와 어종을 교차하여 분석하기로 한다. 교차표는 다음과 같다. 교차표에 따라 이들에 대한 결과를 그래프로 나타내어 함께 제시한다.

〈자료별×어종별 교차표〉

			어종별 분포			계
			고유어	한자어	혼종어	
자료별분포	정몽유어	빈 도	256	84	28	368
		자료별%	69.6%	22.8%	7.6%	100.0%
		어종별%	31.4%	39.6%	36.4%	33.3%
		전 체	23.2%	7.6%	2.5%	33.3%
	아학편	빈 도	262	74	32	368
		자료별%	71.2%	20.1%	8.7%	100.0%
		어종별%	32.2%	34.9%	41.6%	33.3%
		전 체	23.7%	6.7%	2.9%	33.3%
	천자문	빈 도	297	54	17	368
		자료별%	80.7%	14.7%	4.6%	100.0%
		어종별%	36.4%	25.5%	22.0%	33.3%
		전 체	26.9%	4.9%	1.5%	33.3%
계			815	212	77	1104

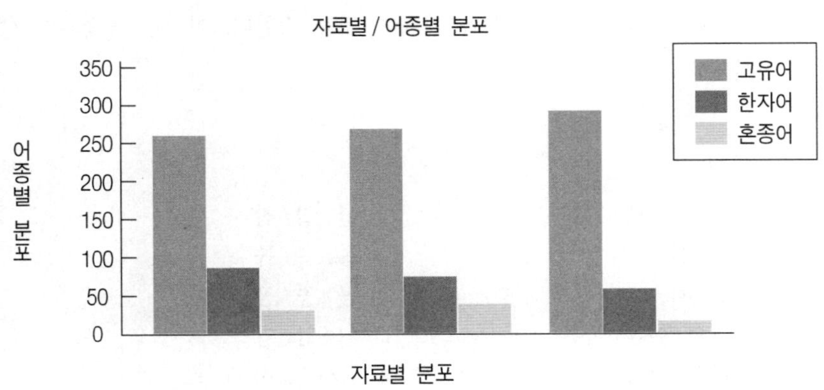

위의 교차표를 보면, 자료별 분포에서 천자문이 고유어의 분포가 가장 높고 정몽유어가 가장 낮다. 반면에 한자어가 차지하는 비율은 정몽유어가 가장 높다. 이는 정몽유어가 철학적인 주리론의 분류를 도입한 것과 무관하지 않을 것이다. 혼종어는 비슷한 분포를 보이지만 아학편에서 가장 높은 빈도를 보인다. 상대적으로 천자문의 고착성이 가장 높고, 정몽유어와 아학편은 어느 정도 시대적, 사회적 변화를 반영하였다. 아학편은 아이들에게 가르치는 말이라는 특성을 고려하여 당시 사용하는 언어 표현을 반영한 것이다.

1.2.1.2. 형태에 따른 분류

형태분류는 의미적으로 동일 의미를 가지는 것과 그렇지 않은 것을 구분하였다. 이 분류도 모든 기준은 정몽유어이다. 동형과 이형의 구분은 ' · ' 표기에 따른 것도 이형에 포함하였다. 용언의 경우에는 '-하(ᄒ)다'가 덧붙는 형태도 이형으로 취급하였다. 동일한 의미를 지향하는 서로 다른 표현은 당연히 동의의 이형에 포함한다. 상이한 의미는 당연히 동형이 존재하지 않는다.

(1) 동일 의미 자석어

동일 의미 자석어는 동일한 의미를 지향한다. 완전히 다른 뜻으로 쓰이는

것이 아니라 유사한 의미 속성을 가지는 것을 말한다. 이에는 동형과 이형
이 있다.

① 동형

歌 노래 / 노래 / 노래	家 집 / 집 / 집
擧 들 / 들 / 들	鋸 톱 / 톱 / 톱
劍 칼 / 칼 / 칼	功 공 / 공 / 공
九 아홉 / 아홉 / 아홉	口 입 / 입 / 입
國 나라 / 나라 / 나라	軍 군사 / 군사 / 군사
氣 긔운 / 긔운 / 긔운	內 안 / 안 / 안
農 농사 / 농사 / 농사	大 큰 / 큰 / 큰
都 도읍 / 도읍 / 도읍	蘭 란초 / 란초 / 란초
路 길 / 길 / 길	無 업슬 / 업슬 / 업슬
面 낫 / 낫 / 낫	木 나무 / 나무 / 나무
目 눈 / 눈 / 눈	武 호반 / 호반 / 호반
門 문 / 문 / 문	物 만물 / 만물 / 만물
飯 밥 / 밥 / 밥	背 등 / 등 / 등
盃 잔 / 잔 / 잔	福 복 / 복 / 복
服 옷 / 옷 / 옷	賓 손 / 손 / 손
射 쏠 / 쏠 / 쏠	師 스승 / 스승 / 스승
色 빗 / 빗 / 빗	舍 집 / 집 / 집
賞 상줄 / 상줄 / 상줄	石 돌 / 돌 / 돌
星 별 / 별 / 별	樹 나무 / 나무 / 나무
手 손 / 손 / 손	食 밥 / 밥 / 밥
身 몸 / 몸 / 몸	薪 섭 / 섭 / 섭
我 나 / 나 / 나	野 들 / 들 / 들
夜 밤 / 밤 / 밤	陽 볏 / 볏 / 볏
羊 양 / 양 / 양	用 쓸 / 쓸 / 쓸
雨 비 / 비 / 비	銀 은 / 은 / 은
陰 그늘 / 그늘 / 그늘	邑 고을 / 고을 / 고을
仁 어질 / 어질 / 어질	日 날 / 날 / 날

入 들 / 들 / 들
墻 담 / 담 / 담
朝 아침 / 아침 / 아침
晝 낫 / 낫 / 낫
枝 가지 / 가지 / 가지
志 뜻 / 뜻 / 뜻
此 이 / 이 / 이
體 몸 / 몸 / 몸
海 바다 / 바다 / 바다
惠 은혜 / 은혜 / 은혜
後 뒤 / 뒤 / 뒤

田 밧 / 밧 / 밧
鳥 새 / 새 / 새
足 발 / 발 / 발
知 알 / 알 / 알
池 못 / 못 / 못
眞 참 / 참 / 참
靑 푸를 / 푸를 / 푸를
出 날 / 날 / 날
刑 형벌 / 형벌 / 형벌
火 불 / 불 / 불
毀 헐 / 헐 / 헐(이상 76개)

② 이형

可 올흘 / 올을 / 올흘
薑 생강 / 생강 / 시양
車 수리 / 수레 / 슈리
謙 겸손할 / 겸손할 / 겸숀
敬 공경 / 공경할 / 공경
京 서울 / 서울 / 셔울
鷄 닭 / 닭 / 둙
古 예 / 녜 / 예
恭 공슌 / 공손할 / 온공
孔 구무 / 구멍 / 구며
寡 젹을 / 작을 / 져글
廣 너를 / 넓을 / 널울
求 구할 / 구할 / 구홀
君 인군 / 인군 / 님군
近 갓가울 / 갓가을 / 각가올
根 쑤리 / 쑬희 / 불이
金 쇠 / 금 / 쇠
機 틀 / 뵈틀 / 틀

岡 뫼등 / 산등성이 / 뫼
渠 걸 / 도랑 / 기천
巾 수건 / 수건 / 슈건
輕 개가올 / 가부여을 / 가비아을
經 베날 / 날 / 글
階 섬돌 / 섬뜰 / 섬
高 놉흘 / 놉흘 / 놉플
曲 굽을 / 굽을 / 구블
工 공인 / 장인 / 바치
貢 밧칠 / 바칠 / 바칠
冠 관 / 관 / 갓
矩 곡척 / 모질 / 모날
懼 두려울 / 두려어할 / 두릴
貴 귀할 / 귀할 / 귀홀
謹 삼가할 / 삼갈 / 삼갈
琴 검은고 / 검은고 / 거문고
器 그럿 / 그릇 / 그룻
吉 길할 / 길할 / 글홀

難 어려울 / 어려을 / 어려을   南 남역 / 남녁 / 남역
囊 주머니 / 주머니 / 쥬메이   女 녀자 / 계집 / 계집
能 능할 / 능할 / 능흘   多 만을 / 만을 / 만흘
短 져를 / 저를 / 져울   帶 씌 / 씌 / 쒸
讀 이를 / 읽을 / 니글   同 갓흘 / 갓흘 / 흔가지
冬 겨을 / 겨을 / 져의   動 움격일 / 움즉일 / 음즈길
東 동역 / 동녁 / 동녁   得 엇들 / 엇을 / 어들
凉 셔늘할 / 서늘할 / 셔늘   力 힘 / 힘 / 심
廉 첨렴 / 청렴할 / 칙넘   禮 레돈 / 레도 / 네돈
老 늘글 / 늙을 / 늘글   流 흐를 / 흐를 / 흘를
倫 차례 / 차례 / 물   利 리할 / 리할 / 이로올
鱗 비늘 / 비늘 / 비놀   林 수풀 / 수풀 / 숨플
萬 만 / 만 / 일만   寐 잘 / 잠잘 / 잘
明 눈발글 / 밝을 / 볼글   名 일엄 / 일홈 / 일흠
母 어무 / 어미 / 어미   毛 터리 / 털 / 더럭
睦 화목 / 화목할 / 화목   廟 묘실 / 사당 / 스당
文 글 / 글 / 글혈   問 물을 / 무를 / 물을
美 아름다올 / 아름다을 / 아롬다을 民 백셩 / 백성 / 븩셩
密 쌕쌕할 / 쌕쌕할 / 빅쌕홀   薄 엷을 / 엷을 / 열울
盤 반 / 쟁반 / 소변   拜 절 / 절 / 절
伯 맛 / 맛 / 뭇   百 백 / 백 / 일백
白 힌 / 흰 / 흰   法 법 / 법 / 볍
壁 벽 / 벽 / ㅂ람   辨 분변 / 분변할 / 가일
步 거럼 / 거름 / 거음   鳳 봉새 / 봉 / 시
富 가으멸 / 부자 / 위흘   扶 붓들 / 붓을 / 붓들
父 아부 / 아비 / 아비   飛 날 / 날 / 놀
卑 낮을 / 나즐 / 느즐   四 너이 / 넷 / 넉
史 사긔 / 사긔 / 스그   思 생각 / 생각 / 싁각
士 선배 / 선배 / 션빅   散 헛틀 / 훗흘 / 훗틀
箱 상자 / 상자 / 상즈   霜 셔리 / 서리 / 셔리
上 우 / 웃 / 웃   裳 치마 / 치마 / 치민
書 글씨 / 글 / 글   暑 더울 / 더위 / 더울

西 셔역 / 서녁 / 셧녁　　夕 져녁 / 저녁 / 져역

扇 부채 / 부채 / 부치　　善 착할 / 착할 / 어질

省 살필 / 살필 / 술필　　城 셩 / 성 / 지

聖 성인 / 성인 / 셩린　　性 셩품 / 성품 / 셩품

盛 셩할 / 성할 / 셩홀　　成 일울 / 이룰 / 릴월

笑 웃음 / 웃을 / 우음　　松 솔 / 소나무 / 솔

修 닷글 / 닥글 / 닷글　　水 물 / 물 / 믈

受 바들 / 밧을 / 븍들　　獸 즘승 / 즘생 / 즘싱

守 직힐 / 직힐 / 직길　　習 익힐 / 늑힐 / 이길

始 비로소 / 비로소 / 비릭술　　矢 살 / 살 / 술

時 째 / 째 / 찌　　信 믿을 / 밋을 / 미들

愼 삼가할 / 삼갈 / 삼갈　　臣 신하 / 신하 / 신희

深 깁흘 / 깁흘 / 지믈　　心 마암 / 마암 / ᄆᆞ음

惡 악할 / 모질 / 모질　　樂 풍류 / 풍뉴 / 풍뉴

雁 기러기 / 기러기 / 그려지　　愛 사랑 / 사랑 / ᄉᆞ랑

約 간약할 / 언약할 / 긔약　　躍 뛸 / 뛸 / 될

魚 물고기 / 고기 / 고그　　言 말슴 / 말삼 / 말슴

葉 닙 / 닙사귀 / 입　　詠 읇흘 / 읇흘 / 을플

纓 끈 / 관끈 / 끈　　譽 기릴 / 기릴 / 기리

藝 재죠 / 재조 / 지죠　　五 다섯 / 다섯 / 다ᄉ

梧 오동 / 오동 / 메귀　　玉 옥 / 옥 / 구슬

溫 다실 / 짜쯧할 / 다슬　　王 인군 / 인군 / 림금

畏 두러할 / 무서을 / 져홀　　外 밧것 / 밧 / 븟

辱 욕할 / 욕될 / 욕흘　　羽 깃 / 깃 / 짓

友 벗 / 벗 / 볏　　右 오를 / 오른편 / 올흘

禹 우인군 / 하우ㅅ시 / 님금　　宇 쳠하 / 집기슭 / 집

雲 구룸 / 구름 / 구름　　圓 둥글 / 둥글 / 두렷

園 뒤원 / 동산 / 동산　　遠 멀 / 멀 / 멸

月 달 / 달 / 둘　　有 일을 / 잇슬 / 이실

義 올을 / 올을 / 올흘　　衣 웃옷 / 옷 / 옷

意 의사 / 쯧 / 쯧　　耳 괴 / 귀 / 귀

異 다를 / 다를 / 다롤　　二 둘 / 둘 / 두

易 쉬울 / 쉬을 / 쉬을	益 더할 / 더할 / 더홀
人 사람 / 사람 / 사룸	一 한아 / 하나 / 호
字 글자 / 글자 / 글즈	子 아들 / 아들 / 아둘
慈 자애 / 사랑할 / 즈비	長 긴 / 긴 / 진
將 장슈 / 장수 / 장슈	腸 창자 / 창자 / 애
才 재죠 / 재조 / 지조	靜 고요할 / 고요할 / 고요
貞 곳들 / 곳을 / 고들	正 바를 / 바를 / 발롤
政 정사 / 정사 / 정스	弟 아으 / 아우 / 아ᄋᆞ
帝 인군 / 황제 / 임금	祭 졔사 / 제사 / 졔스
尊 노풀 / 존귀할 / 노플	存 이슬 / 잇슬 / 이실
終 마춤 / 마츨 / ᄆᆞ춤	鐘 쇠북 / 쇠북 / 북
從 좃츨 / 조츨 / 죠칠	坐 안즐 / 안즐 / 안질
左 윈 / 왼편 / 윌	罪 죄 / 죄 / 허믈
周 두류 / 두루 / 둘우	酒 슐 / 술 / 술
主 쥬장 / 주인 / 쥬중	中 가운대 / 가온대 / 가온더
重 무거을 / 무거을 / 무거올	紙 조우 / 조희 / 조회
地 짜 / 쌍 / 짜	直 곳을 / 곳을 / 고들
稷 피 / 메기장 / 피	執 잡을 / 잡을 / 자블
菜 나물 / 나물 / 남믈	陟 올일 / 을닐 / 올을
尺 자 / 자 / 즈	川 내 / 내 / 니
踐 발불 / 밟을 / 불블	千 천 / 천 / 일천
賤 천할 / 천할 / 천홀	天 하늘 / 하날 / ᄒᆞ늘
廳 드를 / 드를 / 드롤	草 풀 / 풀 / 플
黜 내칠 / 내칠 / 니칠	忠 츙셩 / 충셩 / 충셩
聚 몯을 / 모을 / 모둘	治 다스릴 / 다스릴 / 다ᄉᆞ리
湯 쓰릴 / 더은물 / 쓸릴	退 물너갈 / 물너갈 / 물를
八 여덜 / 여닯 / 여둘	平 평할 / 평할 / 평홀
布 베 / 뵈 / 버	彼 져 / 저 / 제
筆 붓 / 붓 / 븟	下 아래 / 아래 / 아리
夏 여름 / 녀름 / 여룸	學 배울 / 배을 / 비을
寒 차울 / 찰 / 출	鹹 짜울 / 짤 / 쫄
合 합할 / 합할 / 모들	虛 빌 / 븰 / 빌

玄 감을 / 검을 / 가물	賢 착할 / 착할 / 어질
衡 져울 / 저울 / 져을더	兄 형 / 형 / 뭇
戶 지계 / 지게 / 지계	號 칭호 / 일홈 / 일흠
畵 그림 / 그릴 / 그림	化 변화 / 변화할 / 되오
荒 거칠 / 거칠 / 거츨	晦 그뭄 / 금음 / 그음
會 모들 / 모을 / 뫼들	孝 효도 / 효도 / 호도
訓 훈게 / 갈아칠 / 가릇칠(이상 241개)	

③ 상이 의미 자석어

세 자료를 동시에 비교해서 상이 의미를 가진 단어가 있을 경우 상이 의미 자석어에 분류하였다. 하지만 이들의 분포를 살피는 교차표에서는 각각의 자료를 중심으로 논의를 전개한다.

簡 간정할 / 편지 / 갈략	甲 갑방 / 껍질 / 갑옵
卿 경재 / 재상 / 버실	姑 시어무 / 고모 / 할미
宮 궁견 / 궁궐 / 집	規 도래 / 둥글 / 법식
男 남자 / 사나희 / 아듸	達 통달 / 통달할 / ᄉᄆ칠
堂 마루 / 대청 / 집	德 덕 / 덕행 / 큰
理 리치 / 리치 / 다스릴	磨 갈 / 매ㅅ돌 / 갈
亡 망할 / 망할 / 도망	孟 맛 / 맛 / 밍가
命 명영 / 목숨 / 목심	墨 먹 / 먹 / 믈가
方 모질 / 모질 / 모	別 분별 / 리별할 / 다롤
兵 군사 / 병긔 / 군ㅅ	伏 업듸릴 / 업릴 / 구블
覆 업칠 / 회복할 / 더플	本 근본 / 근본 / 밋
婦 부인 / 지어미 / 며ᄂ리	夫 장부지아비 / 뎌아비
分 나눌 / 푼 / ᄂᆞ흘	非 그를 / 글을 / 안이
辭 말슴 / 사양할 / 말슴	祀 사당 / 제사 / 졔ᄉ
相 상볼 / 정승 / 셔류	席 자리 / 돗 / ᄌ리
誠 정셩 / 정성 / 진실노	稅 부셰 / 부세 / 거둘
淑 착할 / 착할 / 몰글	是 올흘 / 올을 / 이
息 슘 / 쉴 / 긋칠	實 열매 / 실상 / 여믈

雅 바를 / 바를 / 몰글   嶽 큰산 / 산마루 / 뫼부리
御 몰 / 어거할 / 모실   英 영걸 / 영웅 / 곳부리
營 영문 / 영문 / 경영   逸 편할 / 싸질 / 편아홀
莊 엄할 / 씩씩할 / 꾸밀   傳 전할 / 글 / 젼홀
精 정긔 / 정할 / 졍홀   情 정성 / 뜻 / 뜻
珠 구실 / 진주 / 구실   淸 말글 / 맑을 / 채닐
漢 한나라 / 한수 / 한슈   行 행실 / 단일 / 당글
俠 협긔 / 협객 / 낄(이상 51개)

전체 368개의 동일 한자어 중 동일한 자석어를 가진 것이 76개인 것은 이들의 상관성을 고려해 볼 때, 적은 비율이라고 할 수 있다. 하지만 이는 동일한 단어라고 생각되는 것이라도 음운의 차이만 있으면 이형으로 처리한 결과이다. 물론 이들은 의미적인 면에서 구분된다. 이형이라고 하더라도 단순한 음운의 차이로, 어휘의 변화가 반영된 것은 동일한 의미로 인정할 수 있는 것이다. 결국 동일한 의미, 동일한 형으로 취급하더라도 별 문제가 없는 요소이다. 다만 이들의 변화를 고려하고자 분류하여 살폈을 뿐이다. 이들에 대한 분포는 다음과 같다.

〈동일 의미와 상이 의미의 형태 분포〉

	동일 의미		상이 의미		계
	동 형	이 형	동 형	이 형	
정몽−아학	176	164	0	28	368
아학−천자	100	225	0	43	368
천자−정몽	99	228	0	41	368
계	375	617	0	112	1104

상이 의미의 자석어가 드물다는 것은 그만큼 자석어의 고착성이 크다는 것을 나타낸다. 동일한 자료가 아닌데도 불구하고, 의미 상관성을 가진 자석어가 많다는 것은 하나의 자석어로 고정된 것이 그대로 정착되는 경우가

많다는 것이다. 또한 제1의에 대한 변화는 크지 않다는 것을 말한다. 정몽유어는 특별한 목적을 가지고 있음에도 불구하고 제1의가 다른 한자 학습서와 크게 다르지 않다는 것도 자석어의 고착성이 강하다는 것을 방증한다. 한자 학습서들은 결국 언어의 변화를 반영하고자하는 것이 목적이 아니라 배열이나 한자의 수에 관심을 가지고 편찬되었다는 것을 증명한다. 기본어휘나 기초어휘에 대한 개념적 정립이 완전하지 않은 시기에 한자 학습서는 주로 개인적 경험이나 의도에 의해 편찬된 경우가 많다.

자료상으로 볼 때, 유사의미의 분포에서 동형으로 나타나는 것이 34%, 이형으로 나타나는 것이 55.9%이다. 전체적으로 자석어가 유사한 의미를 가진 것이 89.9%를 차지한다. 문헌상의 관계로 봤을 때 정몽유어와 아학편이 동형의 자석어가 분포상 월등히 높다. 그리고 유사의미에 대한 분포도 상대적으로 높다. 이는 이들이 자석어에서 영향관계에 있었다는 점을 보여준다. 상이한 의미가 아학편－천자문, 천자문－정몽유어에서 상대적으로 높다는 것은 이들의 상관성이 비교적 떨어진다고 볼 수 있다. 특히 주씨 천자문은 특이한 자석어가 많이 나타나는데, 자석어에 있어서는 정몽유어가 주씨 천자문과의 상관성이 적다는 것을 의미한다. 천자문과의 관련성이 있다고 하더라도 주씨 천자문과의 관련성은 상대적으로 적다.10) 자석어의 경우에는 의미적 관련이 없는 다른 형이 선택되는 경우는 드물다. 그만큼 고착성이 강하기 때문이다. 동일한 의미를 전달하는 것이라도 저자가 다르기 때문에 반영된 방언상의 차이도 부분적으로 나타난다. 엄격하게 이들을 구분하기에는 무리가 있지만 그 현상이 분명한 것도 나타난다. 정몽유어의 저자 이승희는 성주 출생이니까 당연히 경북방언의 형태가 부분적으로 반영되었을 것이다. 이에 반해 아학편은 중부방언이 반영될 수밖에 없을 것이다. '一'음의 'ㅓ' 음가(器그럿 / 그릇, 糞거럼 / 거름)도 경북 방언의 형태로 설명할

---

10) 천자문 간의 상호 연관성 관계는 앞으로 다루어 볼 필요가 있다. 물론 부분적으로 이루어져 있지만 어휘의 측면에서 그치는 것이 아니라, 분포적 측면에서 이들의 연관성 척도를 분석하는 것은 시대적 추이와 관련하여 흥미롭다.

수 있다. '[ㅔ > ㅣ '(車수리 / 수레)의 변화도 마찬가지이다.

1.2.1.3. 기능별 분류

비교 대상 자료에서, 동일 한자 자석어의 품사별 분포를 보면 체언형의 자석어 비율이 가장 높다. 이것은 자석어에서 차지하는 일반적 비율과 그 결과가 동일하다. 전체 자석어를 비교했을 때도 명사의 비율이 가장 높은 것은 이광호(1985 : 77~80)에서 확인한 바 있다. 세 책과 동일한 시기에 나온 자료를 대상으로 하였을 때, 명사가 75.9%, 동사 10.8%, 부사 4.1%, 형용사 6.6%의 분포를 보인다. 자석어와 자음의 관계는 대체로 관형구조를 형성하고 있다. 그러나 자석어가 명사일 경우에는 생략이 되는 경우가 많다. 만일 관형구조의 형태적 요소가 나타난다면 -ㅅ-형이 보편적으로 사용된다.

(1) 체언형

자석어와 자음이 관형구조를 형성한다는 것은 앞에서도 언급하였지만 자석어가 명사형인 것은 명사형으로 字音과 연결되는 것이 대부분이다. 사이시옷이 들어가는 경우는 극소수이다. 이에 해당하는 것은 정몽유어, 천자문의 '禮레돈[정9a7] / 네돈[천11a13]'과 아학편과 천자문의 上웃[아34b5][천11b1]이 있을 뿐이다. '레돈'이나 '네돈'의 형태는 뒤의 자음과 동화되어 'ㄴ'형으로 나타난다.

歌 노래 / 노래 / 노래	家 집 / 집 / 집
擧 들 / 들 / 들	鋸 톱 / 톱 / 톱
劍 칼 / 칼 / 칼	九 아홉 / 아홉 / 아홉
口 입 / 입 / 입	國 나라 / 나라 / 나라
內 안 / 안 / 안	路 길 / 길 / 길
面 낫 / 낫 / 낫	木 나무 / 나무 / 나무
目 눈 / 눈 / 눈	飯 밥 / 밥 / 밥
背 등 / 등 / 등	服 옷 / 옷 / 옷

賓 손/손/손	師 스승/스승/스승
色 빗/빗/빗	舍 집/집/집
石 돌/돌/돌	星 별/별/별
樹 나무/나무/나무	手 손/손/손
食 밥/밥/밥	身 몸/몸/몸
薪 섭/섭/섭	我 나/나/나
野 들/들/들	夜 밤/밤/밤
陽 볏/볏/볏	雨 비/비/비
陰 그늘/그늘/그늘	邑 고을/고을/고을
日 날/날/날	田 밧/밧/밧
墻 담/담/담	鳥 새/새/새
朝 아침/아침/아침	足 발/발/발
晝 낫/낫/낫	枝 가지/가지/가지
池 못/못/못	志 쯧/쯧/쯧
眞 참/참/참	此 이/이/이
體 몸/몸/몸	海 바다/바다/바다
火 불/불/불	後 뒤/뒤/뒤
功 공/공/공	軍 군사/군사/군사
氣 긔운/긔운/긔운	農 농사/농사/농사
都 도읍/도읍/도읍	蘭 란초/란초/란초
武 호반/호반/호반	門 문/문/문
物 만물/만물/만물	盃 잔/잔/잔
福 복/복/복	羊 양/양/양
銀 은/은/은	刑 형벌/형벌/형벌
惠 은혜/은혜/은혜	上 우/웃/웃
器 그럿/그릇/그릇	冬 겨을/겨을/져의
囊 주머니/주머니/쥬메이	力 힘/힘/심
林 수풀/수풀/숨플	步 거럼/거름/거음
父 아부/아비/아비	四 너이/넷/넉
母 어무/어미/어미	耳 괴/귀/귀
弟 아으/아우/아ᄋ	紙 조우/조희/조희
八 여덜/여닯/여둘	布 베/뵈/벼

彼 져 / 저 / 제　　　　下 아래 / 아래 / 아리
夕 져녁 / 저녁 / 져역　　渠 걸 / 도랑 / 기쳔
孔 구무 / 구멍 / 구며　　車 수리 / 수레 / 슈러
根 쑤리 / 쑬희 / 불이　　京 셔울 / 서울 / 셔울
鷄 닭 / 닭 / 둙　　　　　琴 검은고 / 검은고 / 거문고
帶 씌 / 씌 / 쒸　　　　　鱗 비늘 / 비늘 / 비눌
名 일엄 / 일홈 / 일홈　　拜 졀 / 절 / 졀
伯 맛 / 맛 / 뭇　　　　　士 션배 / 선배 / 션빈
霜 셔리 / 서리 / 셔리　　裳 치마 / 치마 / 치민
扇 부채 / 부채 / 부치　　水 물 / 물 / 믈
獸 즘승 / 즘생 / 즘싱　　矢 살 / 살 / 술
時 째 / 째 / 씨　　　　　心 마암 / 마암 / ᄆ옴
雁 기러기 / 기러기 / 그려지　愛 사랑 / 사랑 / 스랑
言 말슴 / 말삼 / 말슘　　五 다섯 / 다섯 / 다ᄉ
羽 깃 / 깃 / 짓　　　　　友 벗 / 벗 / 볏
雲 구룸 / 구름 / 구름　　月 달 / 달 / 돌
人 사람 / 사람 / 사롬　　字 글자 / 글자 / 글ᄌ
子 아들 / 아들 / 아돌　　酒 슐 / 술 / 술
中 가운대 / 가온대 / 가온디　菜 나물 / 나물 / 남믈
尺 자 / 자 / ᄌ　　　　　川 내 / 내 / 니
天 하늘 / 하날 / ᄒ눌　　草 풀 / 풀 / 플
筆 붓 / 붓 / 븟　　　　　夏 여름 / 녀름 / 여롬
戶 지계 / 지게 / 지계　　晦 그뭄 / 금음 / 그음
毛 터리 / 털 / 더력　　　地 짜 / 쌍 / 짜
男 남자 / 사나희 / 아듸　　二 둘 / 둘 / 두
一 한아 / 하나 / 훈　　　稷 피 / 메기장 / 피
衡 져울 / 저울 / 져을디　畫 그림 / 그릴 / 그림
階 셤돌 / 셤쓸 / 셤　　　姑 시어무 / 고모 / 할미
文 글 / 글 / 글혈　　　　孟 맛 / 맛 / 밍가
墨 먹 / 먹 / 믈가　　　　金 쇠 / 금 / 쇠
書 분씨 / 글 / 글　　　　席 자리 / 돗 / ᄌ리
松 솔 / 소나무 / 솔　　　魚 물고기 / 고기 / 고그

葉 닙 / 닙사귀 / 입   纓 끈 / 관끈 / 끈
古 예 / 녜 / 예   外 밧것 / 밧 / 붓
宇 쳠하 / 집기슭 / 집   衣 웃옷 / 옷 / 옷
鐘 쇠북 / 쇠북 / 북   珠 구실 / 진주 / 구실
岡 뫼등 / 산등성이 / 뫼   機 틀 / 뵈틀 / 틀
堂 마루 / 대청 / 집   規 도래 / 둥글 / 법식
息 슘 / 쉴 / 긋칠   實 열매 / 실상 / 여믈
經 베날 / 날 / 글   禮 례돈 / 레도 / 녜돈
史 사긔 / 사긔 / 스그   臣 신하 / 신하 / 신희
王 인군 / 인군 / 림금   薑 생강 / 생강 / 시양
君 인군 / 인군 / 님군   巾 수건 / 수건 / 슈건
民 백셩 / 백셩 / 븍셩   法 법 / 법 / 볍
思 생각 / 생각 / 싁각   箱 상자 / 상자 / 상즈
聖 셩인 / 셩인 / 셩린   性 셩품 / 셩픔 / 셩품
樂 풍류 / 풍뉴 / 풍뉴   將 쟝슈 / 쟝수 / 쟝슈
政 졍사 / 졍사 / 졍스   祭 졔사 / 졔사 / 졔스
忠 츙셩 / 충셩 / 충셩   孝 효도 / 효도 / 호도
城 셩 / 셩 / 지   梧 오동 / 오동 / 메귀
腸 창자 / 창자 / 애   帝 인군 / 황졔 / 임금
意 의사 / 뜻 / 뜻   情 졍셩 / 뜻 / 뜻
罪 죄 / 죄 / 허믈   主 쥬장 / 주인 / 쥬즁
女 녀자 / 계집 / 계집   千 쳔 / 천 / 일쳔
兄 형 / 형 / 몯   號 칭호 / 일홈 / 일홈
甲 갑방 / 껍질 / 갑옵   卿 경재 / 재상 / 버실
工 공인 / 쟝인 / 바치   冠 관 / 관 / 갓
命 명영 / 목슘 / 목심   壁 벽 / 벽 / ㅂ람
兵 군사 / 병긔 / 군스   婦 부인 / 지어미 / 며ㄴ리
夫 쟝부 / 지아비 / 뎌아비   廟 묘실 / 사당 / 스당
盤 반 / 쟁반 / 소븐   萬 만 / 만 / 일만
百 백 / 백 / 일백   祀 사당 / 제사 / 졔스
玉 옥 / 옥 / 구슬   敬 공경 / 공경할 / 공경
禹 우인군 / 하우ㅅ시 / 님금   漢 한나라 / 한수 / 한슈

宮 궁젼 / 궁궐 / 집   本 근본 / 근본 / 밋
廉 쳠렴 / 청렴할 / 칙념   恭 공슌 / 공손할 / 온공
矩 곡쳑 / 모질 / 모날   達 통달 / 통달할 / 스ᄆ칠
德 덕 / 덕행 / 큰   倫 차례 / 차례 / 물
理 리치 / 리치 / 다스릴   睦 화목 / 화목할 / 화목
辨 분변 / 분변할 / 가일   別 분별 / 리별할 / 다롤
誠 졍셩 / 정성 / 진실노   稅 부셰 / 부세 / 거둘
慈 자애 / 사랑할 / ᄌ비   精 졍긔 / 정할 / 졍홀
化 변화 / 변화할 / 되오   訓 훈게 / 갈아칠 / 가ᄅ칠
英 영걸 / 영웅 / 곳부리   營 영문 / 영문 / 경영
行 행실 / 단일 / 당글   俠 협긔 / 협객 / 씰
西 셔역 / 서녁 / 셧녁   東 동역 / 동녘 / 동녁
藝 재죠 / 재조 / 지죠   才 재죠 / 재조 / 지죠
南 남역 / 남녁 / 남역   嶽 큰산 / 산마루 / 뫼부리
園 뒤원 / 동산 / 동산   鳳 봉새 / 봉 / 싀(이상 238개)

(2) 용언형

용언형에서는 관형구조를 형성하기 위하여 '-ㄹ'이 가장 활발하게 쓰인다. 이광호의 19세기 분석자료에 의하면 '-ㄹ'형이 88.1%를 차지한다. 실질적으로 명사로 나타나는 8.9%를 제외하고 용언만 적용한다면 '-ㄴ'형 1개를 제외한 나머지 전체가 '-ㄹ'형으로 나타난다. 다음 자료에서도 형용사의 경우인 '大큰 / 큰 / 큰, 長긴 / 긴 / 진'에서만 '-ㄴ'형이 나타난다. 자석어가 형용사인 경우에는 'ㄹ'이 일반적이고, 'ㄴ'은 극소수임을 보여준다.11) '左원 / 왼편 / 윌'에서의 '윌'은 특이한 형태이다. '譽기릴 / 기릴 / 기리, 治다스릴 / 다스릴 / 다스리, 圓둥글 / 둥글 / 두렷, 靜고요할 / 고요할 / 고요, 凉셔늘할 / 서늘할 / 셔늘'에서는 천자문에서 어간(어근)형의 자석어가 이례적으로 나타난다. '終마츰 / 마츨 / ᄆ춤'에서도 정몽유어와 천자문에서는 명사형으로 표기하고 있다. 부사로 쓰인 '周두류 / 두루 / 둘우'도 나타난다. 자료에서 보

___
11) 藤本行夫(1979), 朝鮮版 千字文の系統, 조선학보 94, p.77을 참조할 것.

이는 유일한 부사이다.

可 올흘 / 올을 / 올흘
謙 겸손할 / 겸손할 / 겸숀
高 놉흘 / 놉흘 / 놉플
貢 밧칠 / 바칠 / 바칠
廣 너를 / 넓을 / 널울
懼 두려울 / 두려어 / 두릴
近 갓가울 / 갓가을 / 각가올
吉 길할 / 길할 / 글홀
能 능할 / 능할 / 능홀
短 져를 / 저를 / 져울
讀 이를 / 읽을 / 니글
動 움격일 / 움즉일 / 음즈길
凉 셔늘할 / 서늘할 / 셔늘
流 흐를 / 흐를 / 흘를
磨 갈 / 매ㅅ돌 / 갈
寐 잘 / 잠잘 / 잘
無 업슬 / 업슬 / 업슬
美 아름다올 / 아름다을 / 아름다을
薄 엷을 / 엷을 / 열울
白 힌 / 흰 / 흰
覆 업칠 / 회복할 / 더플
扶 붓들 / 붓을 / 붓들
非 그를 / 글을 / 안이
卑 낮을 / 나즐 / ㄴ즐
射 쏠 / 쏠 / 쏠
賞 상줄 / 상줄 / 상줄
暑 더울 / 더위 / 더울
省 살필 / 살필 / 술필
成 일울 / 이룰 / 릴월
修 닷글 / 닥글 / 닷글

簡 간정할 / 편지 / 갈략
輕 개가올 / 가부여을 / 가비아을
曲 굽을 / 굽을 / 구블
寡 젹을 / 작을 / 져글
求 구할 / 구할 / 구홀
貴 귀할 / 귀할 / 귀홀
謹 삼가할 / 삼갈 / 삼갈
難 어려울 / 어려을 / 어려을
多 만을 / 만을 / 만흘
大 큰 / 큰 / 큰
同 갓흘 / 갓흘 / 혼가지
得 엇들 / 엇을 / 어들
老 늘글 / 늙을 / 늘글
利 리할 / 리할 / 이로올
亡 망할 / 망할 / 도망
明 눈발글 / 밝을 / 불글
問 물을 / 무를 / 물을
密 쌕쌕할 / 쌕쌕할 / 빅쎅홀
方 모질 / 모질 / 모
伏 업듸릴 / 업딜 / 굿블
富 가으멸 / 부자 / 위홀
分 나눌 / 푼 / 논흘
飛 날 / 날 / 놀
辭 말슴 / 사양할 / 말슴
散 헛틀 / 흣흘 / 흣틀
相 샹볼 / 정승 / 셔류
善 착할 / 착할 / 어질
盛 성할 / 성할 / 셩홀
笑 웃음 / 웃을 / 우음
受 바들 / 밧을 / ㅂ들

守 직힐 / 직힐 / 직길   淑 착할 / 착할 / 몰글
習 익힐 / 닉힐 / 이길   始 비로소 / 비로 / ㄹ술
是 올흘 / 올을 / 이   信 믿을 / 밋을 / 미들
愼 삼가할 / 삼갈 / 삼갈   深 깁흘 / 깁흘 / 지믈
雅 바를 / 바를 / 몰글   惡 악할 / 모질 / 모질
約 간약할 / 언약할 / 긔약   躍 씰 / 씰 / 딀
御 몰 / 어거할 / 모실   詠 읇흘 / 읇흘 / 을플
譽 기릴 / 기릴 / 기리   溫 다실 / 따쓧할 / 다슬
畏 두러할 / 무서을 / 져홀   辱 욕할 / 욕될 / 욕
用 쓸 / 쓸 / 쓸   右 오를 / 오른편 / 올흘
圓 둥글 / 둥글 / 두렷   遠 멀 / 멀 / 멸
有 일을 / 잇슬 / 이실   義 올을 / 올을 / 올흘
異 다를 / 다를 / 다룔   易 쉬울 / 쉬을 / 쉬을
益 더할 / 더할 / 더홀   仁 어질 / 어질 / 어질
逸 편할 / 싸질 / 편아홀   入 들 / 들 / 들
長 긴 / 긴 / 진   莊 엄할 / 씩씩할 / 쑤밀
傳 견할 / 글 / 견홀   靜 고요할 / 고요할 / 고요
貞 곳들 / 곳을 / 고들   正 바 / 를 / 발롤
尊 노풀 / 존귀할 / 노플   存 이슬 / 잇슬 / 이실
終 마츰 / 마츨 / 무춈   從 좃츨 / 조츨 / 죠칠
坐 안즐 / 안즐 / 안질   左 윈 / 왼편 / 윌
重 무거을 / 무거을 / 무거울   知 알 / 알 / 알
直 곳을 / 곳을 / 고들   執 잡을 / 잡을 / 자블
陟 올일 / 올닐 / 올을   踐 발불 / 밟을 / 볼블
賤 천할 / 천할 / 천홀   廳 드를 / 드를 / 드룔
淸 말글 / 맑을 / 채닐   靑 푸를 / 푸를 / 푸를
出 날 / 날 / 날   黜 내칠 / 내칠 / 니칠
聚 몬을 / 모을 / 모둘   治 다스릴 / 다스릴 / 다스리
湯 쓰릴 / 더은물 / 씰릴   退 물너갈 / 물너갈 / 물를
平 평할 / 평할 / 평할   學 배울 / 배을 / 배을
寒 차울 / 찰 / 출   鹹 짜울 / 짤 / 쫄
合 합할 / 합할 / 모들   虛 빌 / 뷜 / 빌

玄 감을 / 검을 / 가물　　　賢 착할 / 착할 / 어질
荒 거칠 / 거칠 / 거츨　　　會 모들 / 모을 / 뫼들
毁 헐 / 헐 / 헐(이상 129개)　　周 두류 / 두루 / 둘우(이상 1개)

1.2.2. 특이 자석어의 의미

다음 한자에 해당하는 자석어는 다른 한자 학습서에 반영되지 않은 특이
형이다. 이들에 대한 의미를 살펴볼 필요성이 있어 점검해 본다.

卿 경재 / 재상 / 버실[정20b6][아2b11][천496]
　천자문류에는 '벼슬, 벼술'로 주로 쓰인다. '벼실'은 동남방언형이다. 천
자문의 '버실'은 '벼실'의 단모음화 현상을 반영한다.

姑 시어무 / 고모 / 할미[정2a6][아1b10][천346]
　자석어가 각기 다르게 쓰이는데, 이는 전달 의미도 다르다. 그러나 사원
(1987 : 402~403)에서 '姑'를 '丈夫的母親, 父親的姉妹, 妻子的母親(外姑), 婦
女的通稱' 등으로 설명하고 있음을 생각하면 한자의 외연이 넓었던 것이 반
영된 것이다. '丈夫的母親, 夫之母'의 뜻으로 '姑公'이나 '姑舅'가 쓰이기도
한다.

恭 온공[천153]
　한자어 溫恭에 해당한다.

矩 곡척[정19b2]
　曲尺에 해당한다.

規 도래 / 둥글 / 법식[정19b][아63a9][천368]
　정몽유어에서 나오는 '도래'는 '둥글다'의 의미를 가진다. 유합상28에서
도 '規'의 자석어로 '도래'가 나온다. 현대어에서도 몇몇 명사 앞에서 '둥
근'의 뜻을 더하는 접두사로 도래 '-떡, -방석, -소반, -송곳, -함지' 등으
로 쓰인다.

男 남자 / 사나희 / 아듸[정1a7][아1a11][천165]

정몽유어와 아학편의 '남자'와 '사나희'는 동일한 의미의 자석어이다. '스나희 네논 길흘 계집이 최도드시(송강2:2), 우리 뎌긔 스나희논 믈깃디 아니ᄒ고(我那裏男子漢不打水 ; 노상33)' 등에서 '男'에 해당하는 자석어로 '스나희'는 오랜기간 쓰였다. 대체로 16세기경까지는 '남진'이 쓰였지만 17세기경부터 '스나희'로 연결된다. 현재는 단순한 '男'의 뜻이 아닌 의미의 폭이 축소된 '男'이다. 천자문의 '아듸'는 '겨ᅀ'가 '겨의'로 간 것과 마찬가지로 '아득(광본)'가 '아듸'로 쓰인다. '아들'에 해당한다.

囊 주머니 / 주머니 / 쥬메이[정18a15][26b3][천791]

천자문의 '쥬메이'는 경북방언에서 보이는 tʃumɛi, tʃumɛɲi형과 같다.

短 져를 / 저를 / 져울[정12b6][아50a16][천180]

短의 뜻으로 '뎌릇다'가 쓰이는데, 이의 관형구조가 '뎌를, 뎌룰, 져룰'이다.

達 통달 / 통달할 / ᄉᄆ칠[정28b4][아49a8][천470]

'ᄉ못다>ᄉᄆ치다'가 현대어에서는 '사무치다'에 해당하지만 '인도ᄒ여 ᄉᄆ치샤(導達 ; 법화5:38)'와 같이 '통달하다'의 의미로 쓰였다.

冬 겨을 / 겨을 / 져의[정3b12][아33a16][천23]

천자문의 '져의'는 '겨울'의 의미로 쓰였는데, 이는 '겨의'의 오기인데, 광주본 천자문에서는 '겨ᅀ'로 나타난다.

倫 차례 / 차례 / 물[정22b2]/[아48a1]/[천923]

천자문류에는 무리의 뜻으로 '물'이 쓰인다. '사ᄅ미 무레 사니고도(석6:5), 君臣ᄋ 물 臣下ㅣ라(월2:49), 혼 물 양이(一群羊 ; 두초상41)'에서 보듯이 '물'은 '群'의 의미로 보편적으로 쓰였다.

孟 맛 / 맛 / 밍가[정31b12][아63b2][천673]

'맛'은 '몯(最)'에 해당한다. '밍가'는 서본, 주본 천자문에서도 쓰인다. 맹가는 성, 집안과 관련 있는 의미이다.

伏 업듸릴 / 업드릴 / 구블[정7a9][아44a2][천118]

천자문의 '구블'은 '굿블'과 관련이 있다. 대본, 광본에서 '굿블'로 쓰이고, 석본에는 '굿쓸'로 쓰인다. '굿블'은 '즘싱이 <u>굿브렛ᄂᆞ니</u>(獸伏)(두초8:59), 잠을 <u>굿브려</u> 말며(寢毋伏 ; 소학3:9b10)'에서 보는 것처럼 이들은 '伏'의 의미로 쓰인다. '굿블다'라는 어형은 18세기까지 존속하였는데, 현대어의 '구부리다'와 관련이 있다. 중세어에는 '굽슬다 / 굿블다 / 업데다'가 동의성을 가졌다.

富 가으멸 / 부자 / 위홀[정14a3][아49b4][천516]

천자문에서 나오는 '위훈'은 한자어 '裕餘'와 관련이 있다. '유여'는 '죽도록 뿌매 유여ᄒᆞ리라(終身儺多也 ; 번소8:31)'로 쓰이고, '유예 쓰리로다(박초상2), 샌ᄅᆞ며 랄호여 호매 유예 볼 거시니(번소8:14)'로 쓰여 '유여+ㅣ'로도 나타난다.

辨 분변 / 분변할 / 가일[천695]

천자문류에는 '골힐'로 주로 나온다. 이것이 '가릴>가일'로 쓰였다.

惡 악할 / 모질 / 모질[정13a4][아32b16][천227]

'惡'의 자석어로 나타나는 아학편과 천자문의 '모질'은 현대어의 뜻과는 차이가 난다. 현어의 의미로, '모질다'는 '마음씨가 몹씨 독하다, 감내하기 어려운 일을 능히 참고 견뎌내는 악이 세다'로 쓰여 당시의 의미와는 달리 쓰인다. 그렇지만 중세어에서 근세어에까지 '모질다'는 한자 '惡'에 대응하는 '不好'의 의미가 강하다. '아비 <u>모딘</u> 병ᄒᆞ야(父天乙得惡疾 ; 동국3上4), <u>모딘</u> 사ᄅᆞ미 올ᄒᆞ며 외요몰 몰라(元惡迷是似 ; 두시53b1)'. 그러나 소학이나 십구에서 나타나는 예는 현대어와 유사한 의미 속성을 가지는 것으로 보인다. '<u>모디디</u> 말게ᄒᆞ며(無虐 ; 소학1:10a8), 탐ᄒᆞ고 <u>모딜고</u>(貪虐 ; 십구1:27b1)'. 현대어의 '사납다'와 동일한 의미로 쓰이는 예도 보인다. '뒤헨 모딘 범ㅣ 인ᄂᆞ니(後猛虎 ; 두시43b1), <u>모딘</u> 짐승을 티고(格猛獸 ; 십구1:36b3)'.

梧 오동 / 오동 / 메귀[정6b3][아13a9][천765]

대본, 광본, 석본, 서본, 주본에 전부 '머귀'로 나온다. '오동ᄋᆞᆫ 머귀니(월7:54), 머귀 남기여(오동 ; 두초23:8)' 등으로 '머귀'는 보편적으로 쓰였다.

園 뒤원[정17a3]

고유어＋한자어형의 분포를 보인다. 固漢형은 국어의 어휘 구조상 상당
히 드문 배열관계이다.[12]

圓 둥글 / 둥글 / 두렷[정17a3][아9b15][천757]

석본과 서본에서 각각 '두렫'과 '두렷'으로 나온다. '두렫다, 두렵다'로 쓰
이는데 고시조에서 '〮랑이 엇더터니 두렷더냐 넙엿더냐'에서도 나타난다.

行 행실 / 단일 / 당글[정27b2][아35a11][천202]

'〮닐'과 관련이 있다. 경북방언에서는 '당기다, 댕기다'로 나타난다.

〈자료편〉

歌[정11a13][아36b11][천850]	可[정13a13][아48b9][천187]
家[정14b13][아21a11][천501]	簡[정28b6][아24b9][천883]
甲[정3b13][아20b8][천445]	岡[정5a4][아7b3][천45]
薑[정6a16][아12b12][천64]	渠[정31b15][아8a10][천750]
擧[정13b8][아38b6][천852]	車[정18b13][아24a5][천517]
鋸[정19a10][아27a7][천637]	巾[정15b3][아30a13][천830]
劍[정20a13][아28a11][천49]	謙[정28b15][아60b5][천686]
輕[정13a11][아50b1][천520]	卿[정20b6][아2b11][천496]
敬[정31a8][아59b7][천248]	經[정22b5][아28b13][천488]
京[정21a1][아9a7][천416]	階[정17a1][아22b][천458]
鷄[정7b3][아17a1][천629]	高[정12b13]흘[아50b7][천505]
姑[정2a6][아1b10][천346]	古[정26a1][아48b1][천738]
曲[정12b3][아50b11]블[천539]	功[정24b3][아48a5][천522]
恭[정9a10][아32b11][천153]	工[정22a3][아2b15][천941]
孔[정31b9][아63b1][천353]	貢[정24a1][아39a5][천667]
寡[정11b6][아54a6][천987]	冠[정15b1][아29a7][천506]
廣[정12b11][아50b13][천467]	矩[정19b2][아63a1][천969]
求[정30a5][아39a9][천737]	懼[정9a13][아58b12][천878]

---

12) 신경철(1993 : 101)에서 훈몽자회에서는 11개로 0.3%, 신증유합에서는 21개로 0.7%, 천자
문에서는 0%라고 밝히고 있다.

九[정3a9][아61b5][천609]

國[정14b16][아9a5][천92]

君[정2a13][아1a5][천244]

貴[정14a5][아49a15][천323]

近[정12b7][아53a16][천715]

根[정5b5][아14b9][천770]

金[정4a7]금[아10a5][천41]

氣[정1a10][아6b15][천358]

吉[정14a13][아33a1][천967]

南[정2b7][아34a15][천659]

囊[정18a15][26b3][천791]

女[정1a8][아1a12][천161]

能[정8b12][아63a4][천174]

短[정12b6][아50a16][천180]

堂[정16b1][아21b6][천222]

帶[정15b13][아29a8][천978]

都[정21a3][아9a12][천409]

同[정11b13][아54b4][천357]

動[정11b3][아52a15][천390]

得[정13a16][아48b7][천173]

凉[정4a10][아33b8][천896]

廉[정28b5][아49b13][천379]

路[정17a8][아9b10][천493]

流[정22a13][아62b8]/[천274]

理[정1a9]/[아48b4][천692]

鱗[정7a6][아20b7][천69]

磨[정17b14][아27b3][천366]

亡[정14a10][아49a4][천912]

孟[정31b12][아63b2][천673]

明[정9b12][아52b5][천472]

名[정14b3][아47b15][천211]

毛[정7a7][아20b6][천937]

口[정1b13][아3b7][천806]

軍[정23b13][아40a13][천598]

宮[정21b5][아21a5][천425]

規[정19b][아63a9][천368]

謹[정28b9][아60a1][천687]

琴[정20a7][아32a11][천918]

器[정16a13][아25a][천189]

機[정18a5][아27a13][천724]

難[정13b9][아53b5][천191]

男[정1a7][아1a11][천165]

內[정2b13][아35a1][천468]

農[정22a2][아45a13][천652]

多[정11b5][아54a5][천565]

達[정28b4][아49a8][천470]

大[정13a9][아50a13][천150]

德[정27b1][아62b1][천209]

讀[정29a9][아40a6][천786]

冬[정3b12][아33a16][천23]

東[정2b5][아34a13][천413]

蘭[정6b9][아11a14][천266]

力[정8b16][아47b8][천252]

禮[정9a7][아32a15][천325]

老[정9b3][아49b9][천821]

倫[정22b2]/[아48a1]/[천923]

利[정9a3][아49a9][천931]

林[정17a15][아14b6][천813]

萬[정3a13][아61b9][천143]

寐[정11a10][아37b6][천844]

面[정1b2][아6a2][천419]

命[정1a11][아47b11][천256]

母[정1a][아1a4][천343]

木[정4a8][아11a6][천140]

目[정1b16][아3b6][천790]　　睦[정10b9]할[아32b8][천332]
廟[정21b3][아23a14][천976]　　無[정12a8][아51a6][천303]
武[정31a4][아39a14][천559]　　墨[정19a2][아24b7][천193]
文[정31a3][아39a13][천83]　　門[정28a5][아22a7][천626]
問[정28a5][아44a15][천107]　　物[정1a4][아48a14][천398]
美[정26a10][아55b8][천292]　　民[정20b15][아2b14][천98]
密[정28b10][아51a10][천563]　　薄[정12b10][아50b4][천260]
盤[정17b3][아26a4][천427]　　飯[정15a1][아31a9][천804]
方[정12b1][아50b9][천144]　　背[정1b4][아4b2][천417]
盃[정17b7][아25b11][천854]　　拜[정29a][아44a11][천876]
伯[정20b4][아2a5][천347]　　百[정3a11][아61b7][천613]
白[정10a7][아35b4][천133]　　法[정23b10][아47b1][천588]
壁[정16b8][아22b4][천487]　　辨[정28a13][아47a9][천695]
別[정10b8][아58a4][천326]　　兵[정22b9][아40b5][천504]
步[정11a5][아43a14][천970]　　福[정14a15][아48b16][천229]
伏[정7a9][아44a2][천118]　　覆[정25b10][아53b14][천188]
服[정11a11][아29a6][천86]　　本[정11b9][아62b1][천650]
鳳[정8a5][아16a6][천130]　　富[정14a3][아49b4][천516]
婦[정2a8][아1a8][천335]　　扶[정25a9][아38b3][천551]
父[정1a5][아1a3][천242]　　夫[정2a7][아1a7][천333]
分[정11b16][아61b1][천364]　　非[정13a2][아32b14][천235]
飛[정7a11][아56a7][천431]　　卑[정24b12][아49a14][천328]
賓[정23b14][아2a13][천126]　　四[정3a4][아61a1][천149]
辭[정27b7][아58a9][천286]　　史[정22b6][아39b5][천677]
祀[정16b9][아42b8][천870]　　思[정28a9][아58a15][천284]
士[정22a1][아2b12][천566]　　師[정2a15][아2a14][천74]
射[정23a3][아39b1][천914]　　舍[정21b12][아21a9][천442]
散[정12a6][아52a14][천741]　　箱[정19a13][아26a5][천792]
賞[정25a5][아48a11][천670]　　相[정22b14][아492][천16b4]
霜[정4b11][아6a13][천56]　　上[정2b1][아34b5][천329]
裳[정15b6][아29a16][천88]　　色[정9b16][아36a8][천696]
書[정23a1][아39b3][천486]　　暑[정4a11][아33b6][천19]

西[정2b6][아34a14][천414]　石[정5a14][아7a8][천636]
席[정18b4][아26b12][천452]　夕[정3b4][아34a4][천843]
扇[정18a13][아26b9][천834]　善[정13a3][아32b15][천231]
星[정4b3][아6a7][천464]　省[정30a10][아37a4][천705]
城[정21b7][아9b1][천632]　聖[정31a16][아33a5][천208]
性[정8b1][아48a15][천385]　盛[정14a11][아49a5][천272]
成[정13b5][아48b11][천27]　誠[정31a7][아59b5][천291]
稅[정24a2][아46b16][천665]　笑[정11a15][아37b10][천944]
松[정6b1][아13a5][천270]　樹[정5b14][아14b5][천132]
修[정30a13][아63a1][천963]　水[정4a5][아7a5][천44]
受[정29a4][아58a10][천338]　手[정1b7][아3b11][천858]
獸[정7a16][아20a10][천436]　守[정20b10][아40b2][천393]
淑[정31a9][아61a1][천939]　習[정28a4][아40a10][천223]
始[정11b11][아54b11][천81]　矢[정23b11][아28a6][천946]
是[정13a1][아32b13][천239]　時[정25b15][아33b2][천534]
息[정9b10][아57b2][천276]　食[정11a12][아31a6][천135]
身[정1a14][아6a3]몸[천147]　信[정10b14][아32b4][천185]
愼[정27a2][아32b12][천293]　薪[정16a9][아10b9][천962]
臣[정2a14][아1a6][천117]　實[정5b12][아51a8][천524]
深[정12b15][아51b6][천258]　心[정1a13][아5a13][천389]
我[정13b4][아62a1][천661]　雅[정32a5][아60a6][천403]
惡[정13a4][아32b16][천227]　嶽[정21a10][아7b6]리[천617]
樂[정22b4][아42b12][천321]　雁[정7b12][아16a10][천325]
愛[정9a9][아58b9][천113]　野[정5a2][아7a14][천638]
夜[정3b2][아33b14][천55]　約[정28b14][아45a4][천587]
躍[정7a10][아43b2][천902]　陽[정4a1][아6b14][천32]
羊[정7b9][아17b7][천200]　御[정23a4][아39b2][천826]
魚[정7a14][아20a11][천678]　言[정11a3][아44a13][천285]
葉[정5b9][아14b14][천774]　英[정31a1][아33a9][천480]
營[정21a5][아40a15][천544]　詠[정27b16][아36b12][천320]
纓[정15b14][아30a8][천512]　譽[정13b16][아58a6][천606]
藝[정27b4][아39a16][천662]　五[정3a5][아61b1][천151]

梧[정6b3][아13a9][천765]   玉[정5a13][아10a14][천45]
溫[정4a9][아33b7][천263]   王[정20b2][아2b6][233]
畏[정27a4][아59a10][천234]   外[정2b14][아35a2][천337]
辱[정29b8][아48a10][천714]   用[정26b4][아52b15][천597]
羽[정7a8][아20b5][천71]   友[정2a16][아2a12][천362]
雨[정4b9][아6a11][천36]   右[정2b12][아34b2][천465]
禹[정31b6][아63a1][천611]   宇[정16b4][아21a10][천5]
雲[정4b13][아6a10][천339]   圓[정12b2][아50b10][천835]
園[정17a3][아9b15][천757]   遠[정12b8][아53a15][천642]
月[정4b2][아6a6][천10]   有[정12a7][아51a5][천93]
銀[정5a16][아10a6][천837]   陰[정4a2][아6b13][천238]
邑[정21a6][아9a6][천410]   義[정9a6][아32a14][천378]
衣[정15b5][아29a5][정87]   意[정8b4][아58a14][천399]
耳[정1b15][아3b5][천798]   異[정11b14][아54b3][천823]
二[정3a2][아61a1][천415]   易[정13b10][아53b6][천793]
益[정25a12][아53a12][천319]   人[정1a3][아48a13][천79]
仁[정9a5][아32a13][천369]   日[정4b1][아6a5 날][천9]
逸[정24b6][아56b6][천388]   一[정3a1][아61a1][천123]
入[정26b12][아52a12][천341]   字[정14b4][아39b14][천84]
子[정2a3][아1b7][천350]   慈[정10b5][아32b5][천370]
長[정12b5][아50a15][천184]   墙[정16b7][아22b3][천800]
莊[정30b6][아60a1][천980]   將[정20b7][아2b9][천491]
腸[정1b12][아5b3][천808]   才[정8b11][아63a3][천167]
田[정17a9][아9b13][천630]   傳[정22b7][아39b6][천219]
靜[정11b4][아52a16][천386]   貞[정9a4][아61a9][천163]
正[정13a5][아49b8][천216]   精[정9b5][아51b13][천600]
政[정27b5][아47b4][천312]   情[정8b2][아48a16][천387]
弟[정2a10][아1a10][천356]   帝[정20b1][아2b5][천76]
祭[정23b4][아42b7][천869]   鳥[정7a15][아20a9][천77]
朝[정3b3][아34a3][천106]   足[정1b8][아3b12][천860]
尊[정24b11][아49a13][천327]   存[정27a14][아49a3][천313]
終[정11b12][아54b12][천294]   鐘[정20a5][아32a5][천483]

從[졍13a7][아52b][쳔311]　　坐[졍2b11][아43b13][쳔105]
左[졍2b11][아34b1][쳔469]　　罪[졍24b4][아48a6][쳔100]
晝[졍3b1][아33b13][쳔841]　　珠[졍5a15][아10a13][쳔53]
周[졍31b8][아54b7][쳔101]　　酒[졍15a9][아31a13][쳔851]
主[졍26b1][아2a15][쳔622]　　中[졍2b3][아34b7][쳔683]
重[졍13a12][아50b2][쳔62]　　枝[졍5b6][아14b13][쳔360]
池[졍17a14][아8a12][쳔634]　　知[졍9a12][아58b1][쳔169]
紙[졍19a3][아24b5][쳔924]　　地[졍1a2][아1a2][쳔2]
志[졍8b3][아58a13][쳔395]　　直[졍12b4][아50b12][쳔680]
稷[졍6a3][아15a6][쳔664]　　眞[졍26b7][아53a5][쳔394]
執[졍30a4][아38b2][쳔893]　　此[졍13b2][아35a6][쳔146]
茱[졍16a2][아11a9][쳔61]　　陟[졍25a2][아48a8][쳔672]
尺[졍19b12][아27a4][쳔233]　　川[졍5a5][아7a10][쳔273]
踐[졍30a12][아43b3][쳔581]　　千[졍3a12][아61b8][쳔503]
賤[졍14a6][아49a16][쳔324]　　天[졍1a1][아1a1][쳔1]
廳[졍11a2][아36a12][쳔224]　　淸[졍12a3][아50b5][쳔264]
靑[졍10a5][아35a13][쳔608]　　體[졍26b3][아6a4][쳔124]
草[졍5b13][아11a5][쳔139]　　出[졍26b11][아52a11][쳔46]
黜[졍25a1][아48a7][쳔671]　　忠[졍10b3][아32b3][쳔253]
聚[졍12a5][아52a13][쳔478]　　治[졍30a16][아48b5][쳔649]
湯[졍31b7][아52a13][쳔104]　　退[졍28b16][아44a8][쳔380]
八[졍3a8][아61b4][쳔499]　　平[졍30a15][아53b3][쳔111]
布[졍16a5][아28b5벼][쳔913]　　彼[졍13b1][아35a5][쳔179]
筆[졍19a1][아24b6][쳔922]　　下[졍2b2][아34b6][쳔331]
夏[졍3b10][아33a14][쳔413]　　學배울[졍28a1][아40a9][쳔305]
寒[졍4a12][아33b5][쳔17]　　漢[졍30b10][아8a16][쳔555]
鹹[졍10a4][아35b14][쳔66]　　合[졍11b15][아52b4][쳔548]
海[졍21a9][아7a11][쳔65]　　行[졍27b2][아35a11][쳔202]
虛[졍26b5][아51a7][쳔221]　　玄[졍10a8][아35b2][쳔3]
賢[졍24b1][아33a6][쳔204]　　俠[졍30b13][아3a6][쳔494]
衡[졍19b11][아27a1][쳔536]　　兄[졍2a9][아1a9][쳔371]
刑[졍22b10][아47b3][쳔592]　　惠[졍10b6][아60a7][쳔556]

戶[정16b6][아22a8][천497]　　號[정14b5][아47b16][천50]
畵[정23a2][아39b16][천437]　　化[정31a14][아54b6][천137]
火[정4a6][아7a6][천75]　　　　荒[정21a14][아61a5][천8]
晦[정3b8][아34a11][천957]　　曾[정23b8][아45a1][천583]
孝[정10b1][아32b1][천249]　　後[정2b10][아34b4][천866]
訓[정32a3][아44b7][천340]　　毀[정13b15][아48b12][천159]

2. 노걸대에 나타난 시간부사

이 장에서는 시간부사에 대한 의미 분석을 바탕으로, 이들의 형태 변화와 의미변화를 비교 분석하고자 한다. 많은 자료들에서 시간 부사들이 다양하게 나타나지만, 이들에 대한 전반적인 분석에 앞서 우선 노걸대의 이본들을 중심으로 그 변화의 모습을 살피고자 한다. 시대가 다른 이본을 중심으로 시간부사를 살핀다는 것은 그 의미 및 형태의 변화를 보다 선명하게 살펴볼 수 있는 장점이 있기 때문이다. 이를 위하여 대상 자료가 된 것은 번역노걸대(1510), 노걸대언해(1670), 평양본 노걸대언해(1745), 중간 노걸대언해(1795)이다. 이들은 중세어와 근세어를 비교할 수 있는 자료로도 활용이 되지만 당시 구어(입말)의 모습을 보여준다는 면에서도 중요한 자료가 된다. 여기서는 이들 중 가장 먼저 나온 번역노걸대를 연구의 저본으로 하고, 이곳에서 나타나는 시간부사를 중심으로 다른 판본에서 나오는 시간부사와 연계시키는 방법을 취하고자 한다.

여기서는 시간부사가 쓰이는 문장의 실제 상황에서 지시하고 있는 시간을 추적함은 물론, 동의성을 가진 단어들의 실질적 의미차이와 이들의 형태 변화를 살펴봄으로써 시간부사를 더욱 정밀하게 기술할 수 있는 계기를 마련할 수 있을 것이다. 그리고 이들과 유사한 어형을 가지고 있는 현대어와의 비교를 통하여 이들이 어떻게 변해왔는지도 살펴볼 수 있을 것이다. 이와 함께 현대어 어형에서 나타나는 의미의 연관성도 살펴볼 수 있게 될 것이다.

자료에 대한 의미 분석은 이들 자료를 얼마나 정밀하게 분석하느냐 하는 것이 가장 중요한 관건이다. 단지 문맥에서 주어지는 의미를 현대어 어형과 동일한 해석으로 넘어가 버린다면 이들에 대한 정밀한 분석은 요원한 일이 될 것이다. 현대어를 사용하는 우리도 특정의 상황에 맞게 단어를 분간하여 사용하고 있으면서도, 중세어에 대해서는 너무나 관대한 해석을 해 왔다. 그래서 중세어 어형에 따라 현대어로 옮겨 놓으면 의미가 상이하게 전달되는 경우를 많이 본다. 이것은 당시의 문헌에서 나타난 어형과 현대어와의 동일성만을 중시함으로 해서 생긴 결과이다. 결국 환경에 따른 의미상의 차이를 깊이 있게 살펴보지 못함으로써, 이들이 분간되어져 사용되는 역할을 잘못 파악하게 된 것이다.

여기서는 이러한 점을 고려하여 시간을 표시하는 시간부사들을 모아 이들의 의미 경계를 명확히 밝힘으로써, 이들 단어들이 쓰였던 당시의 상황에 접근하고자 한다.

문헌상의 어형으로 본다면 이들의 유의성은 상당히 복잡하게 나타난다. 시대별 어형의 변화와 함께 동일 문헌에서의 유의성이 복잡한 양상을 보이고 있는 것이다. 결국 이들의 의미를 세밀하게 분석하지 않는다면 단순히 현대어의 동일 어형으로만 연결되는 것으로 생각하게 될 것이고 이는 결국 정밀하지 못한 의미 해석으로까지 이어지게 된다. 이들의 의미를 보다 정밀하게 분석하기 위해서는 번역노걸대란 한 문헌에서뿐만 아니라 동일한 문헌을 대상으로 그 시대적 변화를 함께 살펴봐야만 하는 당위성을 느끼게 한다. 그러면 이들의 공시성과 통시성을 아울러 생각할 수 있게 될 것이고, 이는 결국 정밀한 의미를 살피는 바탕이 될 수 있다.

이광호(1993)에서 '호마[1]'과 '불셔'가 <已>의 뜻으로, '호마[2]'와 '쟝츠'가 <卽>의 뜻으로, '곧'과 '즉자히'가 <卽>의 뜻으로 동의성을 가지고 있음을 이야기한 바 있다. 물론 이들이 가지고 있는 의미의 이질성도 검토한 바 있다. 물론 여기서는 15세기라는 동시대에(가능하면 동일한 문헌에서) 나타나는 유의어로 한정하였기 때문에 분석의 한계는 있었다. 가령 <卽>이라는 동일한 의미를 가진 '후마^2'와 '쟝츳', '곧'과 '즉자히'의 관계는 살피지 못한 약점을 지니고 있는 것이다.[13) 여기서는 이런 의미분석을 점검하는 계기도 될 것이며, 각 단어의 동의성과 함께 시간 부사가 가지고 있는 의미도 더욱 정밀하게 분석할 수 있는 계기도 될 수 있을 것이다. 동일한 한자에 대응되는 언해(단어)라고 하더라도 이를 다르게 표현한 것은 나름대로의 이유가 있을 것이라는 기본적인 생각을 가지고 이를 분석하고자 한다. 물론 문체상의 특징이 개입될 수도 있다. 하지만 문체상의 차이라는 것도 엄밀하게 말하면 의미차이를 가진다는 것을 뜻한다.[14) 앞선 연구 중 민현식(1991)에서는 시간 부사 유의어군의 의미분석을 통하여 시상기능을 밝히고 있다. 이는 당시의 시간부사에 대한 의미를 파악할 수 있는 하나의 방법이 될 것으로 보인다. 그러나 당시의 시상체계에 접근하려는 목적을 가지고 의미와 형태를 분석하고 있어 논의의 방향에서 차이를 보인다.

2.1. '이제'와 '지금'[15)

'이제'는 중세, 근세어 자료에서 상당히 많은 어례가 나타난다. 현대어에서는 '이제'와 '지금'이 어느 정도 동의성을 가지고 있는 것으로 보이는데 '지금'은 그 빈도면에서 '이제'와 많은 차이가 있다. '지금'은 한자어이기 때문에 당시의 언어 습관으로 볼 때 그 빈도가 적은 것은 당연한 것으로 보인

---

13) 이광호(1993)에서 유의어의 설정 기준과 그 특성을 밝힌 바 있다.
14) 德川宗賢・宮島達夫(1972), 類義語 辭典, 東京出版社에서는 유의어 중에서 그 의미 차이를 설명하면서 일본어에서의 文體를 日常語, 文章語(漢語系-和語系와 雅語), 俗語로 구별하고 있다.
15) 제시된 대립쌍은 동일 문헌에서 찾을 수 있는 유의어쌍이 아니라, 시간적 차이가 있는 것으로서 그 변화의 과정은 관계없이 현대어적 관점에서만 유의적 관계를 가진 것들이다. 달리 말하면 이들은 변화의 쌍으로 살필 수 있는 것들이다. 앞으로 제시되는 대립쌍들도 마찬가지이다.

다.[16] 일단 자료상에서는 용가의 '赤島 안햇 움을 조슴에 보습ᄂ니(용가4 : 3)'를 시작으로, '그 고기 조슴히 업스니(역하51), 지금에 제ᄒ기를 그치디 아니ᄒ니라(동신효3 : 41ㅎ)' 등에 그 예가 나타난다. '이제'는 한자 '今'에 대응되어 현대어의 의미와 별 차이가 없는 것으로 보이지만 '이제 반 드리로디(번노 : 상1ㅎ)'는 현대어의 '이제'로는 그 연결이 이상하다. 이때의 '이제'는 오히려 현대어 '벌써'로 해석하는 것이 훨씬 매끄럽다. 그렇다면 이때의 '이제'는 단지 현재 시점을 나타내는 것으로 보아야 한다. 시간상으로 보아 현재 시점으로 이야기하는 특성을 보이고 있다. 어형 '이제'는 문헌상에서 그 변화를 별로 보이지 않는다. 다만 '이재'가 노걸대 언해와 평양본 노걸대 언해에서 보이는데 이는 'ㅔ'와 'ㅐ'의 음운상의 동요로 인한 것이다. 이재 갑시 엇더ᄒ뇨 <하 4ㅎ>, 이재 갑시 엇더ᄒ뇨 <하 4ㅎ>가 그 예이다.

민현식(1991)[17]에서는 '이제'를 발화시나 사건시를 기준으로 어떤 사건이나 상태가 기준시와 동일한 일치 시점에서 발생한 현재시제에 포함을 시키고 있다. 이를 발화시 기준으로는 ① '지금 이때', 사건시 기준으로는 ② '지금 아닌 이때'를 가리키는 두 의미를 지닌다고 보고 있다. 이는 발화시나 사건시를 보더라도 '이때'라는 의미에 한정되어 있다. 결국 민현식에서의 공통된 요소는 '이때'라는 요소인데, 이들을 현대어로 그대로 바꿀 경우에는 해석이 분명하지 않다. 해석상으로 본다면 이는 특수조사에서 대조의 의미를 지니는 '는'이 개입된 의미가 바람직하다. '이러면 이제 히여곰 가져오게 호마(상56ㅎ)'은 '바로'라는 의미를 포함하기도 한다. 물론 이도 대조의 의미와 함께 현재 시점을 표현한다.

다음의 예들은 이들이 발화시를 기준으로 현재의 의미를 가지고는 있지만 단순히 현재의 의미로 해석하면 무언가 미흡하다. 그래서 현대어로 해석

---

16) 이광호(1986)에서도 한자 자석어를 통하여 고유어와 한자어의 분포 문제를 살피면서 한자어의 비율이 일제 강점기 이후에 급격히 늘었음을 지적한 바 있다.

17) 민현식(1991), 국어의 시상과 시간부사, 개문사, pp.96~98에서 시간부사의 시상을 점검한 바 있다.

할 때는 앞의 상황과 대조되는 의미를 전달하는 조사 '는'을 취하는 것이 자연스럽고, 시간과 관련될 경우는 '-부터'라는 시작의 의미를 제공하는 것이 바람직하다.

    (1) 이제 어드러 가는다(如今那裏去, 상1ㅈ)
    (2) 큰 형님 네 이제 어듸 가는다(大哥你如今那裏去, 상7ㅎ)
    (3) 이러면 이제 히여곰 가져오게 호마(這們時如今教將來, 상56ㅎ)
    (4) 이제 고디시근 갑슬 너다려 닐오마(如今老實的價錢, 하11ㅎ)

    다음의 예문에서는 현재를 기점으로 다른 상황을 생각하고 있는데 이를 살펴보면,

    (5) 이제 반드리로디 엇디 앗가사 예 오뇨(到今半個月, 상1ㅎ)
    (6) 그 버디 이제 미처 올가 몯올가(那火伴如今赶上來了不曾, 상1ㅎ)
    (7) 이제 갑시 엇더ᄒ뇨(如今價錢如何, 하2ㅎ)
    (8) 이제 갑시 엇더훈고(如今價錢如何, 하5ㅈ)

    (5)는 '현재를 기준점으로 하여 벌써 반달이 지났는데', (6)은 '현재를 기준으로 하여(지금쯤) 그 벗이 따라왔을까 못 왔을까', (7), (8)은 '요사이는 여기의 값이 어떻느냐?'라는 뜻으로 쓰여 현재를 사건과 연결되는 기준점으로 未知의 다른 일을 살피고 있다.
    다음의 예문에서도 시간상 현재를 기준점으로 설정하고 있음을 보여준다.

     (9) 이제는 졍히 섯드리니(如今正是臘月, 하35ㅎ)
    (10) 이제 시개 닷 도내(如今時價五錢, 하57ㅈ)
    (11) 이제 무르니 이런 젼추로 이 열근이 ᄯ도다(如今乾了, 하58ㅎ)
    (12) 내 이젯 갑소로 조차 너를 주리라(我依着如今的價錢, 하60ㅈ)

    (9) '지금은(이제는) 정말로 섣달이니', (10) '지금의 時價가', (11) '젖어 있

다가 이제 마르니' (12) '지금의 값으로'로 해석이 되는 이들은 전부 말하는 시점을 기준점으로만 설정하고 있다.

이들은 몇 예를 제외하고는 조사와 공기하고 있지 않기 때문에, 조사의 연결에 따라 의미가 분명해진다는 점은 있지만 어형 '이제'가 가지고 있는 전체적인 의미에는 영향을 미치지 않는다. 이로 볼 때 노걸대에서 나타나는 어형 '이제'는 '현재 시점 표시'라는 기능을 추출해 볼 수 있다. 결국 사건시는 다양하게 나타난다고 하더라도 모든 기준은 발화시에 의한 현재 시점임을 보여준다. 그리고 모든 상황은 다른 상황과 대비되는 전환의 의미도 함께 부여한다.

2.2. '앗가'와 'ㅈ'

'앗가'와 'ㅈ'은 동일한 한자 '纔'에 대응하는 것 외에, 문헌상에서 나타나는 대치현상으로 보아도 그 유의관계를 쉽게 짐작할 수 있다. 노걸대 언해[18]에서부터는 '앗가'가 'ㅈ'으로 교체되는 것도 있고, '앗가'의 어형이 그대로 유지되는 것도 있다.[19] 이것은 이들의 교체가 비교적 자유롭게 이루어

---

18) 이들은 편의상 각주로 제시하고자 한다. 빈도나 그 관련성을 검토하기 위해서는 전체의 예를 다 제시할 필요가 있지만 그럴 경우 분량이 너무 많아지기 때문에 전개상 필요한 대립쌍을 중심으로 문헌 자료를 제시하고자 한다.

19) 자료의 제시 순서는 앞에서 언급한 연대순에 따른다.

　　내 <u>앗가</u> 이 구싀 안해 두 드렛 믈 기러 잇다 물둘흘 머기라(恰纔, 상35ㅈ)
　　내 <u>앗가</u> 이 귀유 안해 두 드렛 믈 기러시니 물들을 먹이라(恰纔, 상31ㅎ)
　　내 <u>앗가</u> 이 귀유 안해 두 드렛 믈 기러시니 물들로 먹이라(恰纔, 상31ㅎ)
　　이 귀유 내 <u>ㅈ</u> 두 드레 믈을 기러시니 물 먹기 넉넉ㅎ라(恰纔, 상31ㅎ)

　　小人은 <u>앗가사</u> 설흔두 설(纔, 상64ㅈ)
　　小人은 <u>ㅈ</u> 三十二歲라(纔, 상57ㅎ)
　　小人은 <u>ㅈ</u> 셜흔둘히라(纔, 상57ㅎ)
　　나는 <u>ㅈ</u> 셜흔둘이라(纔, 상58ㅎ)

　　<u>앗가</u> <u>ㅈ</u> 나가니 羊져제 가니라(恰纔, 하1ㅈ)
　　<u>앗가</u> <u>ㅈ</u> 나가니 羊져제 모롱이를 향ㅎ야 가니라(恰纔, 하1ㅈ)

진다는 것을 말한다. 즉 '앗가'가 'ᄌ'으로 모두 교체된 것이 아니라, 교체와 공존이라는 두 부분이 동시에 이루어지고 있기 때문에 이들은 오랜 시간동안 유의어로 공존하였음을 짐작할 수 있다. 그렇지만 빈도상으로 보면 뒷 문헌으로 갈수록 '앗가'가 'ᄌ'으로 교체되는 빈도가 늘어난다. 그러나 'ᄌ'으로의 완전한 교체가 이루어진 것은 아니다. 어형 '앗가'가 사어가 된 것이 아니라 '앗가'와 'ᄌ'의 의미적 분화가 보다 분명하게 이루어진다. 즉 번노에서 나타나는 유의어로서의 공통적 의미가 노걸대 언해부터는 그 의미상의 분화가 이루어지면서 각기 독립된 자기의 의미영역을 분명하게 가지게 된다. 현대어에서의 '아까 (지은 밥)'와 '갓 (지은 밥)'이 가진 의미로의 분화가 이때 일어난다. 'ᄌ'은 시간적으로 '이전'의 의미 역할을 가지기도 하지만 '방금'이라는 의미도 동시에 가지고 있다. 과거 표시의 의미 역할과 함께 '아주 짧은 시간 전'이라는 뜻을 동시에 가지고 있었다. 그래서 '앗가'가 가진 '이전(과거 표시)'이라는 공통된 의미로 'ᄌ'과 유의성을 형성하고 있었다. 이런 이유로, 의미상 과거의 느낌을 강하게 전달하기 위해서는 '앗가'가 동반되는 '앗가 ᄌ'의 모습을 취하게 된 것이다. 결국 '앗가 ᄌ'이라는 표현은 현대어로 본다면 '방금 전'과 같은 표현이 된다. '앗가'는 '갓'이라는 어형을 과거라는 시점으로 확인하는 역할을 한다. 'ᄌ'이 과거의 의미를 명확하게 전달하지 못하게 되자 결국 이들의 의미 분화가 야기된다. '앗가'의 'ᄌ'으로의 교체는 그 의미상 시간적인 흐름이 길지 않을 때, 보다 자유롭게 일어나는 것도 이와 충분한 관련성이 있다. 결국 '앗가'는 분명한 과거의 시점을 느끼게 하지만 'ᄌ'은 '방금'이라는 의미적 역할이 중요시되면서, 그 과거의

앗가 ᄌ 나가니 羊져제 모롱이를 향ᄒ야 가니라(恰纏, 하1ㅈ)
ᄌ 門에 나 羊져제 모롱이롤 향ᄒ여 가시니(恰纏, 하1ㅈ)

사롬미 짓글휴믈 크게 ᄒᄂ다 앗가 쏘믈 기우로 ᄒ야다(纏, 하37ㅈ)
사롬이 짓괴기를 크게 ᄒ더니 ᄌ 쏘기를 기우로 ᄒ여다(纏, 하33ㅈ)
사롬이 짓괴기를 크게 ᄒ더니 ᄌ 쏘기를 기우로 ᄒ여다(纏, 하33ㅈ)
*중간노걸대언해에서는 해당 시간부사가 나오지 않음.

시점을 분명하게 인식하지 못하게 한 것이 분화의 계기가 된 것이다. '앗가'
의 경우에는 '-사'가 첨가되었을 때 'ス'과의 유의성은 더욱 가깝게 형성된
다. 왜냐하면 과거의 표시에서 현재로 좀 더 접근시키는 강조의 의미를 제
공하기 때문이다.

민현식(1991)에서는 '앗가'와 'ス'이 사건시나 발화시 기준 직전의 짧은
시점에서 발생했음을 표현하는데 현대어의 <방금, 금방, 조금전에, 아까,
갓> 등에 해당한다고 하고 있다. 이는 이들의 유의성을 간과한 것이다. 다
음의 예들을 점검하면 이들의 의미상의 차이를 살펴볼 수 있다.

(13) 엇디 <u>앗가사</u> 예오뇨(怎麽纔到的這裏, 상1ㅎ)
(14) 小人은 <u>앗가사</u> 설흔두설 큰형님 네 나히 하도다(小人纔三十二歲, 상
    64ㅈ)

(13) '어찌하여 방금 전에야(조금 전에야) 여기 도착했느냐', (14) '얼마 전
에야 겨우 설흔 두 살이 되었으니'로 각각 해석이 되는데 (13)의 '앗가사'는
발화시 기준의 바로 직전이라는 의미가 담겨있고, (14)는 시간상의 거리는
조금 길지만 역시 짧은 시간 전이라는 의미를 가지고 있다.

(15) 내 <u>앗가</u> 이 구시 안해 두 드렛 믈 기러 잇다 물둘홀 머기라(纔, 상35
    ㅈ)
(16) 이 ᄆ리 <u>앗가</u> 즈르미 일뎡훈 갑시(這馬恰纔, 하12ㅎ)
(17) 내 <u>앗가</u> 싱각호니(我恰尋思來, 하23ㅎ)
(18) <u>앗가</u> 쏘몰 기우로 ᄒ야다(纔射的歪了, 하37ㅈ)

여기서는 바로 직전이라는 의미와 함께 '발화시 이전'이라는 의미를 같이
담고 있다. 지금(현재)을 기준으로 하여 '이전'이라는 의미를 전달하고 있는
것이다.

따라서 '앗가'는 '발화시 이전'이라는 의미를 전달하는 단어이고, 이에 강
조의 의미를 가진 '-사'가 붙어 '바로'라는 의미를 첨가하고 있다. 즉 '-사'

는 '앗가'가 가진 발화시 이전이라는 시간 거리를 의미적으로는 현재의 시점으로 가깝게 당기는 역할을 하고 있다.

> (19) 우리 *ㅈ* 예 오라(我纔到這裏, 상68ㅎ)
> (20) *ㅈ* 와 문 들어든 순비 호 잔곰 받ㅈ오라(攔門盞兒都把了, 하35ㅈ)
> (21) 글월보고 ㅈ셰히 묻져주고사 *ㅈ* 노하 보내ᄂ니(纔放過來, 상51ㅎ)
> (22) 이 즈스메사 *ㅈ* 온다(這時間纔來到, 하3ㅎ)
> (23) 오늘 아츳미 *ㅈ* 죽 머구니(今日早晨纔喫些粥, 하41ㅈ)

그리고 'ㅈ'은 '纔'가 가진 의미의 다의성과 마찬가지로, 두 가지 의미를 지닌다. 현대어로는 '이제 막(방금)'과 '겨우'에 해당하는 두 가지 의미를 지니고 있다. (19), (20)은 '이제 막(방금)'으로 해석이 되고, (21), (22), (23)은 '겨우'의 뜻으로 해석이 된다. 하지만 이들은 시간상의 의미로 '바로 직전'이라는 의미를 담고 있고 (21), (22), (23)은 문맥상 감정적인 어감을 더 첨가하고 있을 뿐이다. 단지 문맥의 해석상 '겨우'라는 의미를 확보하고 있다. 따라서 'ㅈ'은 발화시 직전이라는 의미를 전달한다. 결국 '앗가'에서 '-사'가 첨가되어 시간적으로 현재에 더 가깝도록 생각하게 만드는 감정적인 어감을 전달하고 있고, (21), (22), (23)의 'ㅈ²'도 역시 '앗가사'와 동일한 감정적인 어감을 첨가하여 해석하면 적절한 현대어 표현이 된다. 이는 시간적으로는 분명히 발화시 이전을 표현하지만 결국 이러한 기제는 상황을 더욱 실감나게 표현하기 위한 방법으로 보여진다. 따라서 'ㅈ'은 원래의 어형을 유지하면서 ㅈ²의 의미, 즉 다의성을 확보하여 현재에 접근시키려는 어감을 전달하지만 '앗가'는 '-사'를 첨가하여 사건이 바로 직전에 일어나는 상황적인 의미를 첨가시키는 것이다. 동의성을 지니고 있는 '앗가'와 'ㅈ'이 함께 나열되면서 나타나는 다음의 문장도 역시 '앗가사'와 'ㅈ²'에서 나타나는 동일한 상황적 의미가 첨가된다. 이들도 역시 발화시 이전의 시점을 이야기하고 있지만 시간상으로는 현재에 조금 더 가까이 접근시키려는 의도성을 보여주고 있다.

(24) 내 <u>앗가 ろ</u> 뽈 밧고려 갓다니(我恰纔糴米去來, 상45ㅈ)

(25) 내 <u>앗가 ろ</u> 좀 끼와다 니러 가쟈(我恰纔睡覺了起去來, 상57ㅎ)

(26) <u>앗가 ろ</u> 高麗ㅅ짜호로셔 오라(纔從高麗地面來, 하1ㅈ)

(27) <u>앗가 ろ</u> 나가니(恰纔出去了, 하1ㅈ)

(28) <u>앗까 ろ</u> 이 뎜엣(恰纔這店裏, 하5ㅈ)

2.3. '흐마'와 '이믜'

'흐마'는 노걸대 언해에서 '임의(이믜)'로 교체되고 있음을 볼 수 있다.[20] 그러나 '이믜'가 번노에서도 나온다는 것을 감안하면 이들은 단순한 어형의 교체로 설명할 수는 없다. 그렇다면 이미 번노에서 '이믜'와 '흐마'의 의미상 동질성이 존재하고 있었던 것이 아닌가 한다. 이들의 의미는 '흐마'로 유지되는 것과 '이믜'로 교체되는 두 가지를 나누어 생각해 볼 필요가 있다. 그러나 '흐마'가 '이믜(혹은 임의)'로 교체되는 빈도가 훨씬 더 높다. 이들은 '흐마'가 유지되는 것과 달리 또 다른 의미상의 변화를 고려할 수 있을 것으로 보인다. '흐마'와 '이믜'는 현대어에서도 그 유의성이 인정된다.

'흐마'의 변화에 비하여 번노에서 나타나는 '이믜'는 다른 문헌에서도 그대로 '이믜'로 쓰이고 있다. 이는 '흐마'의 의미영역 축소와 관련이 있다. 그렇지 않다면 '이믜'가 그 의미영역을 확대하고 있는 것으로도 생각할 수 있다.

이로 볼 때 '흐마'는 <已>에 대응되는 것과 <卽>에 대응되는 두 가지가 쓰인다.[21] 민현식에서는 미래 시역과 기정 시역의 공존과 중화 위에서 범주의 분화가 미래나 완료 기능의 重意語로 분화시켰다고 설명하고 있다. '하마'

---

20) 자료의 순서는 앞과 동일함. 이들은 <번상38ㅈ>과 <번상58ㅈㅎ>, <번상 60ㅎ>, <상 68ㅎ>에서 '흐마'가 유지되고, <번상46ㅈ>에서 '당시롱'으로 교체되는 것을 제외하고는 전부 다음과 같이 '이믜(임의, 이뮈)'로의 교체를 보이고 있다.
네 <u>흐마</u> 北京 향ᄒᆞ야 가거니(상7ㅎ), 네 <u>이믜</u> 북경을 향ᄒᆞ야 갈쟉시면(상7ㅈ), 네 <u>이믜</u> 북경을 향ᄒᆞ야 갈쟉시면(상7ㅈ), 네 <u>이믜</u> 북경을 향ᄒᆞ야 갈 양이면(상7ㅈ)

21) 이는 남성우(1986), 15세기 국어의 동의어 연구, 탑출판사와 이광호(1993)에서 '이믜'와 '쟝춧'와의 의미적 관련성에 대해 논의한 바 있다.

은 미래 시제어인 바 완료상의 부사인 '이미'라는 뜻의 '하마²'와는 구별되며 전자는 한자어 '쟝촛'의 유의어이며, 후자는 '이믜', '이믜셔', '볼쎠'와 유의어라고 설명하고 있다. 여기서는 '하마¹'은 미래시제어이고 '하마²'는 완료상의 부사로 설명하고 있다. 이광호(1993)에서는 이들의 의미 차이와 함께 'ᄒ마¹'과 '볼셔'가 완료의 의미로, 'ᄒ마²'와 '쟝촛'가 '멀지 않은 장래'의 의미로 공존하고 있었음을 살펴본 바 있다. 그리고 이와 더불어 공존의 근거도 제시한 바 있다. 그런데 노걸대에서는 가정의 의미로 해석하면 분명해지는 'ᄒ마'가 쓰임도 특징적이다. 이들은 한결같이 특정의 어미와 공기 관계를 형성한다.

(29) 너희 <u>ᄒ마</u> 姑舅 兩姨예셔 난 형뎨로디(你旣是姑舅兩姨弟兄, 상16ᄒ)

(30) 히 <u>ᄒ마</u> 이리 늦도고나 예셔 夏店에 가매(日頭却又這早晚也, 상46ᅎ)

(31) 하놀도 <u>ᄒ마</u> 볼가 가ᄂ다(天道待明也, 상58ᅎ)

(32) <u>ᄒ마</u> 너희 츠ᅎ라 가려 ᄒ다니(待要尋你去來, 상68ᄒ)

(33) 네 <u>ᄒ마</u> 갑슬 알어니(你旣知道價錢, 하27ᄒ)

(34) 네 <u>ᄒ마</u> 갑슬 알어니(你旣知道價錢, 하28ᅎ)

(29)~(34)의 예들은 전부 이전의 시간을 지시하는 부사로 쓰인다. 하지만 다음의 예에서는 이와 다른 양상을 보인다.

(35) 네 <u>ᄒ마</u> 北京 향ᄒ야 가거니(你旣往北京去時, 상7ᄒ)

(36) 네 <u>ᄒ마</u> 몰 폴라 가거니(你旣賣馬去時, 상8ᄒ)

(37) 네 <u>ᄒ마</u> 폴오져 ᄒ거니(你旣要賣時, 상69ᄒ)

(38) <u>ᄒ마</u> 그러ᄒ면 앏푸로 촌애 다돋디 몯ᄒ고(旣那般時, 상10ᅎ)

(39) <u>ᄒ마</u> 이리 길히 어렵거니(旣這般路澁時, 상30ᄒ)

(40) <u>ᄒ마</u> 업거니(旣沒時, 상32ᄒ)

(41) <u>ᄒ마</u> 이러ᄒ면 술이여 힐후디 말라(旣這般的時, 상52ᅎ)

(42) <u>ᄒ마</u> 이러ᄒ거니(旣這般時, 상55ᅎ)

(43) <u>ᄒ마</u> 제 羊 져재 니거니(旣他羊市角頭去時, 하1ᄒ)

(44) <u>ᄒ마</u> 됴ᄒ 은이라 ᄒ거니(旣是好銀時, 하14ᅎ)

(45) 네 호마 마다호면 글워릐 명빅이 썻느니(你旣不要時, 하19ㅈ)

(35)~(45)의 언해문에서는 '호마'가 '-거니'와 '-면'과 공기한다. 이들은 한결같이 현대어의 '만일에 -면'으로 해석이 되는 것들이다. 이들은 '이전의 시간'을 전달하는 '호마¹'에서 의미의 전이가 일어난 것으로 보인다. 서술어의 주체는 이전의 시간에 어떤 행동을 취했거나 어떤 일을 행했음을 보인다. 따라서 (35)~(45)에서 나타나는 예문을 볼 때 '호마²'는 '이미 이루어진 상황이지만 화자가 확인하지 못한 것일 경우'에 쓰이는 것이다. 만일 화자가 확인했을 경우라면 '호마¹'이나 '이믜'로 표현했을 것이다. 결국 '호마¹'과 '호마²'는 이전의 시간을 지시하는 부사이지만 '호마²'는 '호마¹'의 기본 의미에서 전이된, 즉 이미 이루어진 일이지만 확인되지 않은 사실일 경우에 쓰이고 있다.

'이믜'는 '호마'와 상당히 유사한 면을 보인다. 이보다 뒤에 나온 노걸대 문헌 자료인 노걸대 언해, 평양본 노걸대 언해, 중간 노걸대 언해 등에서는 '호마'가 '이믜'로 교체되어 있다는 것도 이들의 동의성을 잘 말해 준다. 결국 (46)에서 기본적인 의미인 '이전의 시간'을 지시하고 있지만 (47)과 (48)은 '이전의 것대로라면'으로 해석이 된다. 문장의 구성에 있어서 '이믜'도 '-면'과 공기하고 있는 것이 나타나는 것이다. '호마²'는 '이믜'의 (47), (48) 예와 동일한 문형을 형성하고 있다. 여기서도 물론 '이전의 시간'을 기본적인 의미로 하고 있지만 (47), (48)에서는 '호마²'와는 달리 화자가 확인한 사실을 서술하는 데 쓰인다.

(46) 이믜 이둘 초호룻날 王京의셔 써나거니(旣是這月初一日離了王京, 상1ㅈ)
(47) 이믜 이러면 버다 너희 세히 홈씌 다 내오(旣這般是, 상23ㅎ)
(48) 이믜 이러면 네 드레와 줄 서러 내여 오고려(旣這般是, 상31ㅎ)

민현식에서는 '이믜셔¹'과 '이믜셔²'를 구분하면서 '이믜셔¹'은 직후미래어로 '이믜셔²'는 완료상 부사로 쓰이고 있다고 설명한다. 그러나 이들이 동일한 형태를 취하면서 상반된 시상기능을 가지고 있었다는 점에서는 의심이 간다. 형태상으로 '이믜'에서 나온 것으로 보여지는 '이믜셔'는 번역노걸대의 모든 예들이 현대어로 해석하면 '(앞의 내용과) 함께'라는 의미가 가장 가깝다. 이것도 의미상으로는 '이전의 시간'을 지시하고 있음이 분명하다. 왜냐하면 (49)~(53)의 예문이 한결같이 앞에서 말한 것을 토대로 이야기하고 있기 때문이다. (49)는 이미 말한 '말을 파는 것과 함께'라는 의미를 전달하고 있고, (50)도 '방금 시킨 것과 함께', (51)은 '우리가 먹는 것과 함께', (52)는 '돗과 지즑과 함께', (53)은 '좋은 날을 받는다'라는 내용과 연결되고 있다.

(49) <u>이믜셔</u> 풀오져 ᄒ야 가노라(一就待賣去, 상8ㅎ)
(50) <u>이믜셔</u> 쟝조쳐 가져오라(就將些醬來, 상41ㅈ)
(51) <u>이믜셔</u> 져기 딥과 콩을 논힐훠 주디 엇더ᄒ고(一發那與些, 상55ㅎ)
(52) <u>이믜셔</u> 밋뷔 조쳐 가져다가(就拿苕箒來掃地, 상69ㅈ)
(53) 내 <u>이믜셔</u> 음양ᄒ야 가고져 ᄒ노라(一發待算一卦去, 하70ㅎ)

2.4. '아릭'와 '일즉'

'아릭'는 '전'과 의미상 동질성을 가진 것으로 보이지만 이는 어휘의 교체가 이루어진 것이다. 이는 오히려 고유어와 한자어의 대응으로 살펴볼 수 있다. '아릭'도 '앗가'와 마찬가지로 과거의 시점으로 이동하는 역할을 한다. '일즉'은 문헌에 관계없이 '일즉(혹은 일즙)'으로 연결되는 것으로 보아 별 변화는 없다. 그러나 현대어로의 '일찍'과는 조금 다른 느낌을 준다. 과거의 시점이라는 의미와 현대어 '진작에'라는 의미와 관련이 있는 것으로 보이기 때문이다.

(54) 내 <u>아릭</u> 드로니 <我曾打聽得, 번노 : 하66ㅎ>
(55) 내 <u>일즙</u> 드로니 <我曾打聽得, 노언 : 하60ㅈ>

> (56) 내 <u>일즙</u> 드르니 <我曾打廳得, 평양본 : 하59ㅎ~60ㅈ>
> (57) 내 <u>일즉</u> 듯보니 <我曾打廳得, 중간 : 하62ㅈ>

여기서 '아리'와 일즙(일즉)의 교체를 볼 수 있는데, 이는 결국 의미상 관련이 있음을 보인다. 결국 '일즉'도 부분적으로 과거의 의미를 가지는 것으로 보아야 할 것이다. '아리'가 과거라는 시점의 부사라고 한다면 '일즉'은 그 의미와 함께 현대어의 '일찍이'라는 의미를 같이 가지고 있다. 따라서 이들은 이 둘의 의미를 같이 가지는 '진작에'라는 부사로의 해석이 용이하게 된다.

'일즉'은 긍정문의 문장에서 나타나는 것과 부정문에서 나타나는 것으로 대별된다. 결국은 긍정과 부정의 서술어와 모두 공기할 수 있는 시간부사이다. 그러나 긍정문에서 쓰이는 것이든 부정문에 쓰이는 것이든 '일즉'도 이전의 시간을 지시한다.

> (58) 형님 <u>일즉</u> 아ᄂᆞ니(曾知得, 상8ㅎ)
> (59) <u>일즉</u> 아ᄂᆞ니(曾知得, 상9ㅈ)
> (60) 내 뎌 사괴ᄂᆞᆫ 사ᄅᆞ미 <u>일즉</u> 닐오ᄃᆡ(曾說, 상9ㅈ)

부정의 서술어와 공기하는 문장은 다음과 같다.

> (61) <u>일즉</u> 묻디 아니ᄒᆞ야 잇더니(不曾問, 상15ㅎ)
> (62) <u>일즉</u> 비호디 아니ᄒᆞ니(不曾學, 상35ㅎ)
> (63) <u>일즉</u> 아ᄎᆞᆷ밥을 몯 머거 잇고(不曾喫早飯, 상40ㅈ)
> (64) 네 이 人蔘과 뵛 필들홀 <u>일즉</u> 디쳐 아니ᄒᆞ야 잇ᄂᆞ녀(不曾發落, 하20ㅎ)

다음의 예문은 이전의 시간을 지시하는 '아리'와 '일즉'이 한 문장 안에 나열되어 그 '이전의 시간'임을 분명히 한다. 물론 문체상의 다양함도 함께 꾀하는 표현이다.

(65) 네 <u>아릭</u> 일즉 셔울 녀러오나시니(你在先也曾北京去來, 상60ㅈㅎ)

'아릭'는 이전의 시간을 지시하는데 '일즉'과 유의성을 가진다. 그러나 '아릭'는 노걸대에서 한결같이 긍정의 서술어와 공기하고 있음이 주목된다. 하지만 번역박통사(상67ㅈ)에서 '내 아릭 가디 아니 ㅎ얏다니'가 나타나 이는 노걸대에서 나타나는 부분적인 특징으로 보여질 수도 있다. 표현상의 의미역할이 확대된 것인지는 더 검토해 봐야 하겠지만 일단 노걸대에서 나타나는 어례만을 토대로 했을 때는 이들의 구분이 긍정과 부정의 서술어와 연관이 있음을 보인다.[22]

(66) <u>아릭</u> 외와 免帖 타 잇던 공오로(便將功折過免了打, 상4ㅎ)
(67) <u>아릭</u>두곤 ᄀ장됴타(比在前十分好, 상38ㅎ)
(68) 이 드릿보와 기동둘히 <u>아릭</u>치와 견조면 너므굳다(比在前, 상39ㅈ)
(69) 내 <u>아릭</u>는 지달쓰다니 오ᄂᆞ론 닛고(在前, 상46ㅈ)
(70) 네 <u>아릭</u> 일즉 셔울 녀러오나시니(你在先也曾北京去來, 상60ㅈㅎ)
(71) 이 하뎜에 내 <u>아릭</u> 혼두번 둔년마론 다 니즈니(我曾走了, 상60ㅎ)
(72) <u>아릭</u>는 그저 세 돈애 혼근시기러니(往年, 하2ㅎ)
(73) 내 <u>아릭</u> 드로디(我曾打廳得, 하66ㅎ)

2.5. '안직'과 '당시론'

'안직'은 노걸대 언해에서부터 '아직'으로 어형 변화가 일어난다.[23] 민현식은 중세어의 '아직'이 현대어 '아직'에 해당하는 것으로 '안죽', '안직' 등의 상사형과 '당시론', '손지', '그저' 등의 상이형을 유의어로 가졌다고 설명한다. 그리고 이들의 기본의미는 예상된 전제 기준시까지 이미 완료되었어야 하거나, 또는 장차 완료되어야 할 사건이나 상태가 발화시나 사건시

---

22) 이광호(1993)에서 유의어의 분석은 동일한 문헌이 기본이 되어야 함을 언급한 바 있다.
23) <번하6ㅎ>과 <번하64ㅈㅎ>에서는 '아직'이 나타나지만, 이외에는 전부 '안직'이 쓰이고 이들은 노언에서부터 전부 '아직'으로의 어형변화가 일어났다.

기준으로 현재 당시까지로는 미완료 상태로 계속 진행 중임을 명시적으로
보여주는 부사라고 언급했다. 현대어에서는 '아직'이 다음의 두 가지 의미
로 해석이 된다.

    (74) 그분은 <u>아직</u> 여기에 계십니다.
    (75) 겨울 옷을 입기에는 <u>아직</u> 이르지요.

   (74)는 '표준되는 때에 이르기까지 죽'이라는 의미를 담고 있고, (75)는
'표준되는 때로 보아 어떤 일이 이루어질 때가 채 못되어'라는 의미를 담고
있다.24)

   노걸대에서 '안직'은 긍정과 부정의 서술어를 함께 가지는데 이들의 의미
는 두 가지로 해석된다.

    (76) <u>안직</u> 뵈옷쟈락으로 딥 가져가라(且着布衫襟兒, 상33ㅈ)
    (77) <u>안직</u> 방의 안자시라 가져(且房子裏, 상33ㅈ)
    (78) 내 <u>안직</u> 햐츄에 가노라(我且到下處去, 하6ㅎ)
    (79) 내 <u>안직</u> 네 일뎡훈 갑슬 드로마(我且廳你定的價錢, 하12ㅈ)

   (76)~(77)에서의 '안직'은 앞의 내용을 받아 전환시키는 의미에서 표현하
는 '이제'로 해석이 된다. 다음의 (80)~(82)의 예는 현대어의 (74)와 같은
의미를 가진다. '지금까지 해온(있어온) 그대로 죽'의 의미로 해석이 되는 것
이다.

    (80) <u>안직</u> 져그나 잇거니와(且有些箇, 상55ㅎ)
    (81) <u>안직</u> 머추워 두어든(且停些時, 상70ㅎ)
    (82) 네 <u>안직</u> 날회라(你且住着, 하64ㅈ)

---

24) 우리말 큰사전(1990), 한글학회, 어문각의 설명을 따른다.

다음의 (83)~(85)는 현대어에서의 (75)에 해당한다. 이들은 한결같이 부정의 서술어와 공기하는 특징을 보인다.

> (83) 우리 잡말 <u>안직</u> 니르디 마져(且休說, 상17ㅈ)
> (84) 오나라 오나라 <u>안직</u> 가디 말라(且休去, 상26ㅈ)
> (85) 쥬신하 <u>안직</u> 가디 마르쇼셔(且休去, 상31ㅈ)
> (86) <u>안직</u> 기르마 벗기디 말라(且休摘了鞍子, 상69ㅈ)
> (87) 지므란 <u>안직</u> 옴겨 드리디 말오(且休搬, 상69ㅈ)

'당시론(혹은 당시롱)'은 현대어의 '아직은'이라는 의미를 전달한다. '안직'과 유의관계를 생각할 때 이는 '표준되는 때로 보아 어떤 일이 이루어질 때가 채 못되어'라는 의미를 가진다. 하지만 '안직'이 현대어 (75)의 의미로는 부정의 서술어와 공기하는 것이 보편적이었는데 '당시론'은 노걸대에서 긍정의 서술어와 공기하고 있다.

> (88) <u>당시론</u> 十里ㅅ짜히 이시니(還有十里來地, 상46ㅈ)
> (89) 예셔 뎨 가매 <u>당시론</u> 칠파릿 길히 잇고나(還有七八里路, 상60ㅈ)

이들 어형은 노걸대 이본에서도 그 어형의 변화가 나타나지 않는다.

2.6. '쟝촛'과 '즉금'

'쟝촛'은 노걸대에서 어례가 하나밖에 나오지 않아 그 의미를 분명하게 살필 수는 없지만, 대체로 현대어와 크게 다르지 않은 것으로 보인다. 즉, 현대어에서의 '앞으로의 뜻으로 미래의 일을 말할 때'를 나타내는 '장차'에 해당한다.

> (90) <u>쟝촛</u> 이시리라(將次有了, 상22ㅎ)

이는 어형의 변화도 나타나지 않는데 중간 노걸대 언해에서 '즉금'으로 교체된 예가 나타난다. 이들은 시대상의 형태 변화 외에는 의미상 별 차이가 없다.

    (91) <u>쟝ᄎ</u> 이시리라 네 상 노코 몬져 머그라(將次有了, 번노 : 상22ㅎ)
    (92) <u>쟝ᄎ</u> 이시리라 네 상 노코 몬져 머그라(將次有了, 노언 : 상20ㅈ)
    (93) <u>쟝ᄎ</u> 이시리라 네 상 노코 몬져 머그라(將次有了, 평양본 : 상20ㅈ)
    (94) <u>즉금</u> 이실써시니 네 상을 노코 몬져 먹으라(將次有了, 중간 : 상20ㅈ)

2.7. '즉재'와 '즉시'

노걸대에서의 '즉재'도 현대어의 '즉시'와 다르지 않은 것으로 보인다. '곧 바로'의 의미를 전달한다.

    (95) 둙 울어든 니러 <u>즉재</u> 가져(起來便行, 상25ㅈ)
    (96) <u>즉재</u> 게셔 훈무직 큰 돌 가져다가(就那裏拿起一塊大石頭, 상28ㅈ)
    (97) <u>즉재</u> 게셔 ᄇ리고 도망커늘(就那裏, 상28ㅈ)
    (98) 그 나그내 <u>즉제</u> 고ᄒ니(那客人就告了, 상29ㅎ)
    (99) 그 도ᄌ기 <u>즉재</u> 훈 弓手를 살 혀 노하 ᄡ니(那賊便將一箇弓手, 상30ㅈ)
    (100) ᄆ레 맛바다 드러가면 <u>즉재</u> 믈 먹ᄂ니라(便喫水也, 상35ㅎ)
    (101) 우리 <u>즉재</u> 길 녀져(咱們便行, 상45ㅎ)
    (102) 우리도 <u>즉재</u> 밧고와다가 즉재 먹ᄂ니(我也旋糴旋喫裏, 상53ㅈ)
    (103) 이제 <u>즉재</u> 가져오마(如今便將來, 상63ㅎ)
    (104) 다 아ᄆ란 술진 주리 업스니 <u>즉재</u> 가져(便將到, 상70ㅈ)
    (105) 우리 둘흔 자새 가 <u>즉재</u> 오리라(便來, 상71ㅈ)
    (106) 홍졍을 <u>즉재</u> ᄆ출거시니(便成了, 하10ㅎ)
    (107) <u>즉재</u> 은을 다 주리오(便與見銀, 하57ㅎ)

노걸대언해와 평양본 노걸대에서는 '즉재'가 '이믜셔'로 교체된 예가 나온다(너 主人아 <u>이믜셔</u> 나를 위ᄒ여 사라 가라<상19ㅈ>). 이는 중간 노걸대 언해

에서는 현대어 어형과 동일한 '즉시'가 나온다(우리 둘히 城에 가 즉시 오마
<상 65ㅎ~65ㅈ>). 이들은 현대어의 '즉시'와 의미가 다르지 않은데, 결국
'이믜셔'도 그러한 의미를 가진 것으로 볼 수 있다. '즉재'가 'ㅈ곰'(노걸대언
해와 평양본 노걸대<상 47ㅎ~48ㅈ>)이나 시방(중간노걸대언해<상 48ㅎ~49ㅈ>),
'곳'(중간노걸대언해<하 10ㅎ>)으로 교체된 예도 재미있다. 'ㅈ곰'은 'ㅈ'에서
나온 어형인데, 의미상 '즉재'와 'ㅈ'도 유의적 관련성이 있다. '-곰'이 붙어
이들의 대치가 자연스럽다면 'ㅈ'이 가지고 있는 의미는 '즉재'보다 좀 더
과거의 의미가 강한 것으로 생각할 수 있다. '-셔'나 '-곰'은 강조의 뜻을
가지면서 시점을 좀 더 의도하는 의미로 가깝게 당기는 역할을 하기 때문이
다. '즉재'가 '곳'으로 교체되는 것은 현대어의 '곧'과 관련성을 가지는 것으
로 시점에 있어서의 그 유의성을 충분히 인정할 수 있다.

2.8. '니건희'와 '전년'

'니건희'와 '전년'은 일단 고유어와 한자어라는 문체상의 차이를 보이는
유의어이다. 이들은 <작년(昨年)>이라는 의미와 <이전의 해>라는 의미를
다 지닌다.

    (108) 븻갑슨 니건 힛갑과 호가지라 호더라(布價如往年的價錢一般, 상9ㅈ)
    (109) 내 니건 히 셔울 잇다니(我年時在京裏, 상9ㅎ)
    (110) 나도 젼년희 뎨 브리엿다니(我年時, 상11ㅎ)
    (111) 내 젼년희 되벋조차 高麗의 가(我年時, 상13ㅈ)
    (112) 내 젼년 正月에브터 믈와 뵈 가져(我從年時正月裏, 상15ㅈ)
    (113) 네 독벼리 모른느고나 젼년브터 하늘히 ㄱ므라(從年時, 상27ㅈ)
    (114) 우리 여긔 젼년 류워릐(前年, 상27ㅎ)
    (115) 젼년희 쏘 호 나그내 호 나귀를 모라(年時, 상28ㅎ)
    (116) 그리 젼년ㄱ티 됴히 거두면(往年, 상54ㅎ)

노걸대 언해와 평양본 노걸대, 중간 노걸대 언해에 나오는 '왕년'(볫갑슨 往年 갑과 혼가지라 ᄒ더라<상8ㅈㅎ>)도 고유어가 한자어로 대체된 형이다. 그렇지만 번노에서도 '니건희'와 '전년'이 공존했음은 <상11ㅎ>에서 볼 수 있다. 이 외에도 '샹년'(내 샹년 正月브터<중간노걸대언해상13ㅎ>)이 나타난다.

2.9. '요ᄉ이'와 '요제'

어형 '요ᄉ이'도 현대어의 '이제까지의 가장 가까운 요동안'의 의미인 '요사이'와 동일한 뜻을 전달한다. 번노에서 '요제'(음식은 우리 뎜에 집사ᄅ미 요제 나가니 <상 68ㅈ>)도 나오는데, 이 외에는 전부 '요ᄉ이(혹은 요사ᄋ)'로 나타난다.

(117) 요ᄉ이예 사괴논 사ᄅ미 와 닐오디(近有相識人來說, 상8ㅎ)
(118) 음식은 우리 뎜에 집사ᄅ미 요제 나가니(新近出去了, 상68ㅈ)

3. 조선시대 농서 어휘

農書는 農事書로서,[25] 농사에 관한 여러 가지 사항을 적은 책을 말한다. 우리나라에서 최초로 농서에 한글 사용을 도입한 것은 1480년경 강희맹이 편찬한 衿陽雜錄에서이다. 이 책에서는 작물의 품종명을 표시할 때 이두식 한자로 표기하고 이를 한글로 다시 풀이했다. 예컨대 '東鼎艮里동솓ㄱ리', '宿乙里黍잘으리기장', '火豆블콩'과 같은 방식이다. 그러나 이와 같은 품종의 해설은 모두 한자로 되어 있고 한글 풀이가 전혀 없다. 17세기에 들어서

---

25) 농서에 대한 자세한 내용은 이광호 외(2003), 조선시대 농서 어휘 연구, 우리말연구 13, 우리말학회를 참조할 것.

면서 비로소 한글본 농서가 편찬되기 시작한다. 그러나 대부분의 한글본 농서들은 식품 및 조리에 관한 것들이었다. 19세기 말엽부터는 국한문혼용이나 일어체로 된 농서들이 편찬되었다.

농서에 나타난 어휘들26)은 곡식명, 식물(초목류, 수목류, 과실류)명, 동물(조수류, 곤충류)명, 약재명, 농기구명 등이 많다. 지금까지 農書 및 農書 어휘에 대한 국어학적 연구는 언해본 농서들에 한해 개별적으로 이루어지거나 의약서, 음식서, 향약명, 식물명, 동물명 어휘 등으로 분류되어 일부 다루어져 왔다. 그러나 이러한 연구들은 농서에 나타난 국어의 전반적인 모습을 살핀 것이 아니라 특정 서적의 자료 분석이나, 어휘장을 토대로 한 개별적 언어 특성을 살피고 있어 농서 어휘의 전체적 특징을 살피지는 못하고 있다. 따라서 여기에서는 조선시대 농서에 나타난 어휘들을 어휘사 연구의 기초 자료로 본격적으로 활용하여, 어휘의 변화 양상을 고찰하고자 한다.

여기에서는 우리나라 농서의 범위를 '농림수산물의 생산기술 및 생산과 직접 관계가 있는 지식을 체계적으로 기록한 저술'로 정하고, 이런 農書의 범위를 고려하여 농서의 범위에 해당하는 현전 종합 농서27) 대부분을 포함하기로 한다. 그렇지만 여기에서는 농서가 농사서나 농학서로서 가진 어떤 특징이나 가치보다는 농서에 쓰인 문자 체계를 중심으로 하여 이에 해당하는 국어학적인 특징이나 가치에 초점을 두어 살펴볼 것이다. 따라서 이들 자료 중에서는 한글 표기가 이루어진 농서들이 우선 대상이 된다. 이들 농서들이 가진 특성과 범위를 먼저 설정하고, 그 다음에 한자 표기를 분석의 자료로 삼는다. 한글 표기가 있는 어휘들은 농작물명, 동식물명, 약재명 등

---

26) 물론 여기서 농서에 나타난 어휘라는 것은 한문 표기를 제외한 한글로 표기된 어휘들을 말하며, 이들은 농서에서 하나의 항목어로 등장하기도 하고, 항목어의 해설 부분에 나타나기도 한다.

27) 農書는 담고 있는 내용이 2개 부문 이상을 종합하여 편찬한 것이냐 특정분야만을 전문적으로 다루어 편찬한 것이냐에 따라 종합 농서와 전문 농서 두 종류로 구별된다. 종합농서는 주곡중심에서 벗어나 채소, 과수, 축산수의, 잠상, 수산 등을 광범위하게 다룬 생산기술서를 말하고, 전문농서는 종합농서에서 분화되어 식품 및 구황, 축산수의, 잠상, 수리기구 등 여러 분야 중 어느 특정분야 하나만을 전문적으로 다룬 농서를 말한다.

으로 다양하게 나타나는데, 대부분 명사 어휘들이 주요 대상이 된다. 또 시대적으로 볼 때 중국 농서를 초록한 12세기 이전 농서나 19세기 말엽 이후 편찬된 국한문혼용체 농서, 일어체 농서는 제외된다.

조선시대 농서 어휘 연구 중, 어휘 표기 방식에 대해서는 이광호 外(2003)에서 이미 논의된 바 있다. 여기서는 이광호에서 논의된 농서 어휘의 표기 방식을 근간으로 그 변화 및 변천에 대한 논의를 우선하고자 한다. 그리고 이들의 변화 및 변천에서 나타나는 어휘들의 의미 변화를 추출하여 어휘들의 분석 자료에 반영하고자 한다. 농서에 나타나는 난해 어휘는 품종과 관련된 것이 많아 이들에 대한 어원의 추출은 상당히 힘든 작업이다. 부분적으로 나타나는 정보를 바탕으로 이러한 어휘들을 분석하여 앞으로의 연구에 바탕을 삼고자 한다.

이상과 같은 기준에 따라 연구 대상이 된 농서들은 다음과 같다. 그리고 각 농서는 이하 < >안에 있는 약어를 이용하기로 한다.

   (1) 衿陽雜錄(1482) <衿陽>
   (2) 農家集成(1655)[28] <農集>
   (3) 穡 經(1676) <穡經>
   (4) 山林經濟(1700년경) <山林>
   (5) 增補山林經濟(1766) <增山>
   (6) 厚生錄(1750~1767) <厚生>
   (7) 海東農書(1798) <海東抄><海東定>
   (8) 杏浦志(1825) <杏浦>
   (9) 農政會要(1834~1842) <農會>
   (10) 林園經濟志(1842~1845) <林園>

---

28) <農家集成>의 경우는 세종의 <권농교문>, 신속이 증보한 <농사직설>, 3개의 주자 <권농문>, 강희맹이 편찬한 <衿陽雜錄>과 <사시찬요초> 등 5종의 농서를 합철한 것이다. 그런데, 여기서 한글 표기가 나타나는 것은 <衿陽雜錄>과 <사시찬요초>뿐이다. 따라서, <農家集成>에 합철된 <衿陽雜錄>은 <農集>으로 표시하고, <四時纂要抄>는 <四時>로 표시하여 구분하고자 한다.

3.1. 농서 어휘의 변화

3.1.1. 공시적 어휘 대응

농서에 나타난 어휘의 표기방식은 대체로 중국 농서의 영향에 의해 표제어를 漢語로 달고, 그 뒤에 한글로 고유어 표기가 이루어지는 것이 일반적이다. 표기의 방식에서 두 개의 한글 명칭이 등장하는 것은 이들이 당시 유의어로 공존하였다는 것을 짐작할 수 있다. 그렇지만 이들이 어떤 의미적 차이를 가지고 대응하였다기보다는 두 명칭이 동시에 사용된 것으로 볼 수 있다.[29] 이들 중 '又名, 俗名, 鄕名'이라고 하여 두 명칭을 대응하는 방식으로 표기한 것은 이들이 동일한 의미의 동일 명칭으로 공존하였음을 분명히 보여준다. 또한 비슷한 시기에 간행된 농서들에서 동일한 중국어 명칭에 대응된 여러 개의 한글 표기도 이들이 동일 지시물에 대한 동일한 명칭으로 사용되었음을 짐작하게 한다. 이처럼 두 개의 고유어가 함께 나타나 있지 않더라도 비슷한 시기에 간행된 농서들에서 동일한 漢語에 대응된 고유어들도 유의어로서 다뤄질 가능성은 있을 것이다. 여기서는 이런 어휘들의 대응 양상을 고유어와 고유어, 한자어와 고유어로 나누어 살펴보고자 한다. 물론 이외에도 '薯蕷 / 山藥, 牛蒡子 / 惡實' 등 한자어와 한자어의 유의관계를 이루는 어휘들도 있으나 이들은 중국 농서에도 그대로 나타나는 漢語 유의어이므로 당시 실제로 이 漢語 자체가 유의어로 사용되었을 가능성은 적다고 보아 다루지 않는다.

3.1.1.1. 고유어와 고유어

(1) 우득산도, 두이라

牛得山稻우득산도亦名두이라 <衿陽·山林1·海東抄1·海東定2>
牛得山稻우득산도亦名두이라 <農集·農會3>

---

29) 이들의 의미적 측면은 많은 자료의 분석을 통하여 앞으로 점검할 과제이다.

牛得山稻우득산도亦名두리라 <增山1>
牛得山稻우득산도亦名後稻뒤이라 <林園本6>

　'우득산도'는 '山稻'의 한 종류로, 또 다른 명칭인 '두이라'에 대해 <海東定・林園>에서는 '後稻'라는 한자 표기를 하고 있다. 여기서 '두'는 後에 대응된다. '두'가 後에 대응이 된다는 것은 이 품종이 시기적 특성과 관련하여 晚稻에 해당하므로 이를 더욱 분명히 해준다. '우득'은 '까락이 길다'는 특성에 비추어 볼 때, '우득ᄒ다 / 우둑ᄒ다'와 관련지어 볼 수도 있을 것이다.

(2) 안준방이, 므은드레

蒲公英안즌방이又名므은들에 <山林4>
蒲公英안잔방이名므은드레 <增山6>
蒲公英안준방이又名믄은드레 <海東抄7>
蒲公英안즌방이又名무윰두레 <林園本6>

　'蒲公英'은 약재명으로, 민들레 말린 것을 말한다. 다른 의약서에도 '蒲公草안준방이又名므은드레<東醫三, 22>, 蒲公英안준방이又名므음둘네<醫宗15・方藥19>'로 나타나 두 고유어가 유의어로 공존했던 것으로 보인다. 그러나 현대어에서는 '민들레'가 널리 쓰이고, '앉은뱅이꽃'은 평안도 방언에서만 '민들레'의 의미로 쓰인다. '앉은뱅이꽃'은 '민들레' 외에도 키가 비교적 작은, 몇 가지 다른 꽃들을 의미하기도 하는데, 강원도와 평안도 방언에서는 '제비꽃'으로, 강원도와 함경도 방언에서는 '채송화'로 '앉은뱅이꽃'이 쓰인다.

(3) 원추리, 넘나물

黃花菜넙ᄂ믈 <山林2>　　　　　萱草원츄리又名넙ᄂ믈 <山林2>
芫草一名黃花菜俗稱넘ᄂ믈 <增山6>　黃花菜一名完草又稱넙ᄂ믈 <增山8>
萱草원츌이又名넙너물 <海東抄7>　　萱草원츄리 <林園仁24>

엄밀히 말한다면, '萱草'는 '원추리(<원츄리)'를 말하고, '黃花菜'는 '넘나물'에 해당하지만, 농서에서는 함께 쓰이고 있다. '넘나물'은 원추리의 잎과 꽃으로 무쳐 먹는 나물로 '광채(廣菜)'라고도 하는 것이다. 이렇게 '원추리'와 '넘나물'을 함께 쓰는 경우는 '쑈 원츄리쪼츨 츠고<胎産12>, 萱草根원츄리又名넙ᄂ물<東醫三23>, 黃花菜넙ᄂᄆ믈<譯語下11>, 넘나물萱草<蒙喩上15>, 萱 넙ᄂᄆ물 훤<類合上7>'에서와 같이 다른 문헌에서도 보편적으로 나타난다.

(4) 나모딸기, 멍덕딸기[30]

覆盆子나모쌀기 <山林3>		蓬藟멍석쌀기 <山林3>	
覆盆子鄕名멍덕달기 <增山6>		覆盆子멍덕쌀기 <增山7>	
覆盆子나무딸기 <海東抄7>		蓬藥멍덕쌀기 <林園仁24>	
覆盆子나무쌀기 <林園仁24>		蛇苺비얌쌀기 <林園仁24>	

'딸기'는 농서에서 유개념으로 존재하지 않고,[31] 종개념으로서 '나무딸기'와 '멍덕딸기'가 나타난다. 현대어에서 나무딸기가 '覆盆子'이고 멍덕딸기가 '蓬藟'인데, <增山>에서는 멍덕딸기를 '覆盆子'라 하여 혼용해서 쓰고 있다. 이런 혼용은 의약서에도 나타나는 현상이다. '覆盆子'를 '곰딸기'라고 하는 경우도 있는데, '곰딸기'는 현대어의 '고무딸기'에 해당하며, '覆盆子곰딸기<物名3>, 蓬草子 普盤 木苺 葪 곰딸기<物譜上>'에도 나타난다. 한편, <東醫>에서는 '넝쿨에서 난 것을 蓬藟이라 하고, 나무에서 난 것을 覆盆子라고 하는데, 覆盆子는 익으면 형이 작아지고, 蓬藟은 익으면 형이 커진다'고 설명한다. 또 <廣才>에서는 '蓬藥멍셕딸기, 覆盆子곰딸기, 懸鉤子나무딸기, 蛇

---

30) 의약서 어휘에 나타나는 예
    覆盆子 : 멍덕딸기 <救簡6:12>　　　　　　　　멍덕달기/未應德達只 <村家56>
           나모딸기 <東醫2:19>　　　　　　　　나모쌀기 <濟衆15> <醫宗33> <方藥41>
    蓬藟 : 멍덕딸기 <東醫2:19>　　　　　　　　　멍덕쌀기 <醫宗33> <方藥41>
31) <譯語類解>, <方言類釋>, <한불자던>에서는 각각 '覆盆子딸기<譯語下41>, 覆盆子딸기<戌部方言27>, 쏠기 覆盆子'로 나타난다. <訓蒙字會>에는 '苺딸기 미<訓蒙上6>'로 나타난다.

苺 비얌쫄기'로 보다 다양하게 구분되어 나타난다.

(5) 올미, 가추라기

荸薺을믜又가추라기 <山林3>　　　烏芋올미 <山林4>
烏芋올미又名가추라기 <增山6>　　荸薺을믜又ㄱ지라기 <增山14>
烏芋올믜 <海東抄6>　　　　　　　烏芋올믜一名가추라기 <林園仁25>

‘올믜’, ‘가추라기’는 현대어에 ‘올방개[32]’에 해당하는 어휘로, 농서에서
함께 쓰였다. 그러나 ‘가추라기’만 단독으로 표기된 경우가 없는 것으로 볼
때, ‘올믜’가 보다 더 일반적으로 쓰였던 것으로 추정할 수 있다. ‘오우(烏
芋)’는 ‘올방개’의 뿌리를 말한다. 다른 문헌에서도 ‘烏芋올믜又云가추라기
<東醫二26> 烏芋올믜<廣才>, 올믜를 ㄱ르 밍그라 먹거나 혹 술마 닉게ᄒ
야 머그면<救撮17>’ 등으로 농서에서와 마찬가지로 나타난다.

(6) 도토리, 상수리

橡實도토리 <山林4>　　　　　橡實도토리 <海東抄2・定3>
橡實도토리 <林園仁25>　　　　橡샹슈리 <增山3>

도토리는 떡갈나무의 열매이고, 상수리는 상수리나무의 열매인데, 도토리
와 거의 비슷해서 혼용된다. <增山>에만 ‘橡’에 대해 ‘샹슈리’라고 표기하
고 있는데, 의약서에서도 ‘橡實샹소리<醫宗33, 方藥41>, 橡샹슐리<물보
12>’로 나타난다. 이철용(1992 : 106)에서는 도토리를 槲實, 상수리를 樫實,
橡實이라고 하는데, 槲은 떡갈나무, 도토리참나무로, 樫은 떡갈나무, 橡은 상
수리나무, 도토리로 풀이된 것으로 보아 우리나라에서는 엄밀히 구별하여

---

32) 사초과의 여러해살이풀. 꽃줄기의 높이는 70cm 정도이며, 잎은 없다. 7~10월에 꽃줄기
　　끝에 꽃이삭이 달리고 열매는 수과(瘦果)이다. 덩이줄기는 식용하고 논이나 연못에서 자
　　라는데 한국, 일본 등지에 분포한다.

인식한 것 같지 않다고 하였다.

(7) 마늘, 족지, 둘뇌

蒜마놀 <稽經上1>

大蒜마날 <增山6>

蒜마놀 <海東抄2・海東定3>

蒜마날 <農會5>

葫마놀 <林園仁25>

蒜薹마늘동收藏法 <增山8>

蒜薹灸法마늘동이라 <增山8>

蒜臺마늘동 <農會4>

鵲蒜가츳마놀 <山林4>

鵲蒜가치마눌 <海東抄8>

鴉蒜鄉名가마귀믈옷 <海東抄8>

小蒜족지 <增山6>

小蒜족지 <農會5>

蒜쪽지 <林園仁25>

野蒜둘뇌 <增山6>

野蒜달뇌 <農會5>

　현대어에서는 보통 '蒜'이 '마늘'의 의미로, '蒜'이 '달래, 작은 마늘'의 의미로 쓰이는데, 농서에서는 이것이 혼란스럽게 나타난다. 즉, <增山>에서는 '마늘'이란 의미로 '蒜'과 '蒜', 두 가지가 쓰이고 있으며, <海東>에서는 통칭으로서의 '마늘'은 '蒜'을 쓰고, 다른 경우에는 '蒜'을 쓰고 있다. 한편 <林園>에서는 '葫'을 '마늘'이라고 하고, '蒜'을 '족지'라고 하고 있다. '족지'는 '작은 마늘(小蒜)'을 가리키는 말이다. <救急>에 보면 '쓰효근마눐汁집을<救急下44>'이 나오는데, 여기에 나오는 '효근마놀' 역시 '족지'와 같은 뜻이다. 그러나 <訓蒙>에서는 '野蒜'를 '족지'로, '小蒜'은 '둘뢰'로 나타나 있고, <東醫>에서는 '野蒜'을 '둘랑괴'로 쓰고 있어서 혼란스럽다. 둘랑괴(野蒜)는 나중에 '달래'가 되어 마늘과 구별된다. 서부 경남 방언에서는 '달롱개'로 쓰여 이와의 관련성을 보인다. <同文>와 <蒙語>에서는 '小根菜둘랑귀<同類下3・蒙類下3>'로 나온다. '鵲蒜'는 까치마늘, 현대어에서 까치무릇, 山茨菰에 해당하는 것이지만, 농서에 따라서는 '山茨菰'[33)는 '믈믈옷'이라

---

33) <神仙太乙紫金丹>에 의하면, '山茨菰'는 중국에서 뿌리가 작은 점이 같아서 '가마귀믈옷'이라 하는 '老鵲蒜'으로써 잘못 사용되고 우리나라에서는 '馬蒜'으로써 사용하니 우스운 일이라고 하고 있다. 한편, '馬蒜'은 잎과 뿌리가 커서 중국에서 말하는 '山茨菰'와 전혀 다

하여 서로 다른 것으로 다루고 있는 것도 있다. 서부 경남 방언에서는 '물곳'으로 나타나 참고가 된다.

山茨菰가치무옷 <山林3>　　　　　山茨菰諺書몰물옷 <山林4>
山茨菰가지무룻 <增山6>　　　　　山茨菰가치무옷 <海東7>
山茨菰諺書몰믈옷 <海東8>

(8) 부추, 염교, 졸

韭부칙 <穡經353:7>　　　　　　　　韭부쳐 <山林1>
韭부치 <增山6·海東抄2·海東定3林園仁25>　　韭부취 <農會2>
薤염교 <穡經353:7·山林1·增山6·海東抄2·海東定3林園仁25>
薤졸一名염교 <農會2>

농서에서는 부추에 대한 표기는 '韭'로, 염교에 대한 표기는 '薤'로 일정하게 나타난다. 그러나 다른 여러 문헌들에 나타난 부추와 염교에 대한 표기를 살펴보면, 매우 혼란스러운 양상을 띤다.

韭염교 구 <訓蒙上7>　　　　　　　薤염교 <物譜>
韭염규 구 <詩解 物名13>　　　　　염규韭菜 <譯類下10>
韭根염곳불휘 <救簡6:38>　　　　　부치 薤 <四解上47>
薤부치 혜 <訓蒙上13>　　　　　　　薤부치 히 <類合上10·倭解下5>
부치 薤 <老解下34·朴解中33>　　　부치 韭菜 <漢淸12:36>
부치 韭 <物名3>

한편, <農會>에서는 '薤'에 대응하는 고유어로 '졸, 염교'가 나타난다. 보통 다른 문헌에서는 '韭 졸<物譜上3>, 韭부추又졸又솔又정구지<廣才>'와

른데, <구급간이방>에서 '山茨菰'아래에 '몰물옷', 곧 '馬蒜'이라 써놓았으니 매우 탄식할 일이라고 하면서, '山茨菰'는 아이들이 '鵲蒜', 곧 '가치마늘'이라 하여 날로 먹는 식물이라고 하고 있다.

같이 '졸'과 '부치'를 같은 것으로 다루고 있고, <物名>에서는 '韭'를 '부치'로, '山韭'는 '졸'이라고 설명한다. 현대어에서도 '부추'는 충청도 방언에서 '졸'으로, 경상도 방언에서는 '정구지'로 서부 경남 방언에서는 '소풀'로 남아 있다.

(9) 죽대뿌리, 둥굴레

黃精둑대블휘 <山林4>	萎蕤둥구레 <山林4>
黃精둑대블회 <山林4>	黃精둑더불희 <增山6>
萎蕤둥구레 <增山10>	黃精둑더불히 <增山10>
萎蕤둥구레 <海東抄6>	黃精둑더블희 <海東抄7>
黃精둑대블희 <海東抄7>	黃精둑대불희一名둥구레 <林園仁24>

<林園>을 제외하고, 농서에서는 '죽대뿌리'는 '黃精[34]'으로, '둥굴레'는 '萎蕤'로 구분되어 나타난다. 의약서에서도 '黃精'은 '둑대 불휘<東醫二37>, 죽딧 불휘<濟衆8:12>, 둑딧 불휘<醫宗2>'와 같이 '죽대뿌리'로 나타나지만, '둥구레 黃精<物譜>, 둥구레 삭 黃精苗<物譜>, 黃精 둥구레<廣才>'에서는 <林園>에서와 같이 '黃精'을 '둥구레'라고 한 것으로 보아 함께 썼던 것으로 보인다.

(10) 모골, 왕고싀

稜莞모골一名왕고싀 <增山6>	三稜믜자깃불휘 <增山6>
荊三稜왕고싀 <海東抄3>	荊三稜왕고새 <海東定4>
蓆草왕고싀 <農會4>	三稜왕고싀불희 <林園仁24>

'왕고싀'는 현대어 '고수'에 해당하는 '고싀'에 '보다 큰 종류'의 뜻을 더하는 접두사 '왕-'이 결합한 것으로 보이는데, '고싀'는 '莞고싀 원, 萎고싀

---

34) 죽대의 뿌리를 한방에서 이르는 말. 몸이 허약하고 기운이 없으며 여위는 데 보약으로 쓴다.

슈<訓蒙上>, 胡荽고시<東醫2・林園仁25>'로도 나타난다. '莞草'는 오늘날 '왕골'이라고 불리는 것이다. '왕고시'는 '三稜, 荊三稜'에 대한 표기에도 나타나는데, 이는 '매자기의 뿌리'를 말하는 것으로 약재로 쓰이고, <物名>과 <廣才物譜>에서는 '荊三稜 왕듸'로 나타난다. 한편, '모골'은 <물명>에 '蘼草'항목에 '生水中三稜 可以爲屨 卽似今모골'이라고 나타난다. 결국 '왕고시', '모골', '왕듸', '三稜', '荊三稜', '莞草' 등은 그 모양과 쓰임새의 유사성으로 인해 함께 쓰였던 것으로 생각되며, 단, '三稜, 荊三稜'이 단순히 풀이름이 아니라 약재명으로 사용될 때는 매자기뿌리를 지칭하는 것으로 쓰였다.

(11) 치리, 어희

魚㐌魚치리或乎어희 <林園佃4>

'치리, 어희'는 <林園>에만 나타나는 어휘로 그 형태와 명칭에 대한 설명35)에 비추어 볼 때 오늘날의 '끄리' 또는 '칠이어(七伊魚)'라고 불리는 물고기 명칭이다. 중국에서는 입 모양이 말의 입을 닮았다고 해서 '馬口魚'라고 한다. 우리나라에서도 꽃날치, 날치, 날피리, 북치리, 색치리, 치리, 칠어, 칠이, 치어, 어위, 어희, 강치리, 끌이, 물치리, 바둑끄리, 바디끄리 등 다양한 방언을 가지고 있는데, 대체로 경기지방에서는 끄리, 강원지방에서는 어희, 충청지방에서는 칠어, 전라지방에서는 날치로 불린다.

3.1.1.2. 고유어와 한자어

(1) 갓, 계ᄌ(芥子)

芥子갓又계ᄌ <穡經1>	芥계ᄌ <山林1>
芥겨ᄌ或稱갓 <增山6>	芥겨ᄌ一種靑芥밋갓 <海東定3>

---

35) 背黃腹白脣作山字形上下脣⊥丁相入如犬牙然大者尺餘小或五六寸江湖川澗在處有之業字書魚㐌音七魚名也不言其刑狀余以今俗所謂七伊魚者哇俚無義故取其音同强名之曰魚㐌

芥계자或称갓 <農會5>　　　　芥갓又云겨亽 <林園仁25>
白芥흰겨亽 <林園仁25>

위에서 볼 수 있듯이 대부분의 농서에서 '갓'과 '계자'를 같은 것으로 나타내고 있다. 이런 예는 의약서인 동의보감에서도 찾아볼 수 있는데, '갓又云계亽<東醫2>'와 같이 나타내고 있다. <海東定>의 표기에 따르면 '겨亽'의 한 종류로 '靑芥밋갓'이 있는데, <物譜上>에는 菘芥으로, <物名3>에서는 花芥로 나타난다.

갓(芥菜) <同解下3·蒙解補22>
갓(芥) <物名3:88>
계亽(芥) <訓蒙上7·類合上10·倭解下5·同解下3>
계亽(芥菜) <醫宗29·方藥36>
계亽흔되를초서되예글혀 <救簡1:15>
계亽삐(芥子) <瘟新4>

여러 문헌에서 '갓'형과 '계亽'형이 함께 쓰이는데, 고유어인 '갓'과 한자어인 '계亽(芥子)'가 유의어로서 서로 교체되어 쓰였음을 짐작할 수 있다. 한편, <同解>에서는 '갓'은 '芥菜'로, '계亽'는 '芥子'로 각각 구별하여 쓰고 있다.

(2) 묏이스랏삐, 산미亽(山梅子)

郁李仁뫼이스랏삐又산미亽 <山林3>
郁李仁묏이스랏씨 <增山6>
郁李仁뫼이슬앗삐又신민지 <海東抄7>
郁李仁뫼이슬앗삐又신민지 <海東定2>
郁李산이슬앗 <林園仁25>

'산이스랏'은 '산이스랏나무, 산앵두나무'[36]의 열매인 '산앵두'를 말하는 것으로 '욱리(郁李), 울리(鬱李), 작매(雀梅)'라고도 한다. 북한에서는 '산이스랏나무'를 '산이스라치'라고 한다. '산매자'는 산매자나무의 열매를 말하는데 익으면 짙은 붉은색이 되고 신맛이 강하다. '산이스랏'과 '산매자'는 둘 다 산기슭에서 자라고, 붉은 열매가 열린다는 점에서 유사해서 같이 쓰였던 것으로 보인다. 이철용(1992)은 '산미ᄌᆞ'는 대체로 16세기까지 쓰였으며 17세기부터는 '묏이스랏삐'가 주로 사용되었다고 하고 있다.[37]

(3) 엿귀, 료화(蓼花)

辣蓼달엿괴 <四時>　　蓼엿귀 <稗經>　　辣蓼달엿괴 <山林1>
辣蓼날엿괴 <山林2>　　辣蓼달엿괴 <增山9>　廖역기 <增山13>
辣蓼달엿괴 <海東抄6>　蓼녁귀 <林園仁24>　馬蓼말녁귀 <林園仁24>
蕺艸뇨화 <林園仁24>

<增山>과 <林園>에서만 유개념으로서의 '엿귀'가 등장하고 다른 농서들에는 '날엿귀'가 나타난다. '날엿귀'는 '辣蓼달엿괴'라고 표기되어 있는데, '辣'은 '매운'의 의미를 가지고, '蓼'는 '엿귀'라는 의미를 가지고 있다. 이는 '苦蓼 역괴<物譜>'라는 표기를 통해서도 짐작해 볼 수 있다. 다른 문헌들과 비교해 보면, 다양한 표기를 보여준다.

역괴 : 蓼莪莱<同解下4>　역괴 : 蓼子<杜解中33>　蓼 넛귀<廣才>
水蓼 믈엿귀<東醫3>　水蓼 물넛귀<廣才>　馬蓼 말넛귀<廣才>
水葒花 료화<譯語下39>　水蓼 료화<譯語下39>　蕺艸 요화<廣才>
료화蓼花<國漢99>

---

36) 철쭉과의 낙엽 활엽관목. 높이는 1미터 정도이며, 잎은 어긋나고 달걀 모양으로 가장자리에 톱니가 있다. 4~5월에 연붉은색 또는 흰색의 꽃이 겨드랑이에 피고 열매는 핵과로 7월에 붉게 익는다. 열매는 식용하고, 씨는 약용하며 산기슭 숲 속에 난다.
37) 산미ᄌᆞ삐세닐굽나출<救簡2:30>, 산미ᄌᆞ(郁)<訓蒙上6>, 산미ᄌᆞ삐/山梅子<村家55>
　　묏이스랏삐=산미ᄌᆞ<東醫3:40>, 묏이스랏삐<濟衆15>, 묔이스랃<字類下58>

현대어에서 여뀌와 같은 의미로 쓰이고 있는 '수료(水蓼)'나 여뀌의 꽃을 의미하는 '蓼花'가 엿귀를 표기하고 있는 경우를 발견하게 된다. '水葒花/葒艸'는 '葒, 馬蓼也<廣韻>'로 보아 '馬蓼'와 함께 썼던 것으로 생각된다. '馬蓼'는 현대어에서 '마료, 개여뀌, 말여뀌'로 남아있고, <廣才>에 나타나는 '물녓귀'는 현대어의 '물여뀌'에 해당하는 것으로 보인다.

(4) 족, 쳥ᄃᆡ(靑黛)

藍족<增山6>   蓼藍쪽<海東抄3>   藍쪽<海東抄5>   蓼藍쪽<海東定4>
靛쳥ᄃᆡ<增山6> 菘藍쳥ᄃᆡ<海東抄3> 菘藍쳥ᄃᆡ<海東定4>
藍實쪽씨<林園仁24>   菘藍쳥ᄃᆡ풀닙<林園仁24>
藍澱쳥ᄃᆡ쪽지<林園仁24>   靑黛쳥ᄃᆡ거품<林園仁24>

'족, 쪽'은 현대어 '쪽'[38]에 해당하고, '쳥ᄃᆡ'는 현대어 '청대(靑黛)'[39] 또는 '대청(大靑)'[40]에 해당하는 것인데, 농서에서는 대체로 일정한 표기를 보이고 있으나, 다른 문헌들에는 아래와 같이 혼란된 양상으로 나타난다.

藍 족 남<訓蒙上5>   족 람 藍<倭類下10>   小藍 족<蒙類下39>
藍 쪽<廣才>   쪽(小藍)<蒙喩上15>
蓼藍 족 一云 小藍<譯語下41>
小藍 쳥ᄃᆡ<同文下26>   大藍 쳥ᄃᆡ<蒙類下21>   靑黛 청대<廣才>
쳥ᄃᆡ(大藍)<蒙喩上15>   馬藍 쳥ᄃᆡ 一云 大藍<譯語下41>

---

38) 여뀟과의 한해살이풀. 높이 50~60cm, 잎은 어긋나고 긴 타원형. 7~8월에 붉은 꽃이 수상(穗狀) 꽃차례로 피고 열매는 수과(瘦果)를 맺으며, 잎은 염료로 씀. 중국, 인도차이나가 원산지로 전 세계에 분포.

39) ① 쪽으로 만든 검푸른 물감. ② 한의학 : 쪽을 가공하여 만든 약재. 열독(熱毒)으로 인한 발반(發斑)과 각종 출혈증, 어린아이의 경풍(驚風) 따위에 쓴다.

40) 십자화과의 두해살이풀. 높이 70cm 정도, 줄기잎은 어긋나고 긴 타원형 또는 피침 모양. 초여름에 노란 네잎꽃이 가지나 줄기 끝에 총상(總狀) 꽃차례로 피고 열매는 둥글넓적한 장각과(長角果)를 맺음. 열매는 해독제나 해열제로 쓰고 잎은 쪽빛 물감의 재료로 씀. 바닷가에 자라는데 원산 이북에 분포.

문헌에 나타난 표기로 볼 때, '藍'을 유개념으로 보고, '大藍'과 '小藍'을 종개념으로 다루어 온 듯하다. 그리고 대체로 '大藍'이 '청듸'에 해당하고, '小藍'이 '족'에 해당하는 것으로 나타난다. 한편, '靑黛'는 '金精이어나 靑黛어나 브레 두마 묽게 ᄒ야<月釋10>, 板籃根 넉 兩과 貫衆과 靑黛와 甘草와 各 한 兩올 ᄀᄅ 밍ᄀ라 뿌레<救急下47>'에서 보듯이 꽤 이른 시기의 문헌에서부터 보인다. <增山>에 나타나는 '靛'표기는 다른 문헌에서는 '梁靛반믈드리다<同文下26>, 靛靑반물<方類27>, 染靛반믈드리다<蒙類下21>'와 같이 나타나는데, '반물'은 '검은빛을 띤 짙은 남색'을 뜻한다. <林園>에 나타나는 '藍澱청듸쪽지'는 '澱'이라는 표기를 볼 때, 청대의 '찌끼, 찌꺼기'를 의미하는 것으로 보이고, '靑黛청듸거품'은 '청듸거풀', 즉 '청대꺼풀, 청대껍질'로 보여진다. 한편, <物名>에는 '靑黛쪽청대<物名3>'라는 어휘가 '쪽으로 만든 물감'이라는 의미로 나타난다.

(5) 쵸피, 분디, 쳔쵸(川椒)

蜀椒쵸피나모<山林3>	蜀椒쵸피나모<海東抄7>
蜀椒쵸비나무여름<林園仁25>	
蜀椒쳔초<海東抄2>	蜀椒쳔쵸<海東定3>
山椒분지<增山3>	崖椒산쵸<農會5>
川椒죠외나무여름<農會5>	秦椒분디여름<林園仁25>

'蜀椒'는 '蜀椒, 山椒, 川椒, 秦椒' 등의 異名으로 섞여 나타난다. '山椒'와 '秦椒'는 '분지'와 '분디'로 나타나고,[41] '蜀椒'는 '쵸피, 천초'로 나타나고, 현재 서부 경남 방언에서는 '제피'로 나타나 현대어의 '조피'와 관련된다. 한편, 남풍현(1981 : 128)은 '山椒'에 대립되는 개념으로 '眞椒'를 사용했을 것이라고 추정하고 있다. <物譜>에 '秦椒난뒤', <物名>에 '崖椒난듸나모',

---

41) 김병제(1980 : 302)에서 '분지나무'를 '산과 들에 나는 잎지는 떨나무의 한가지'라고 풀이하고 있다.

<廣才>에 '崖椒난듸나무又산쵸'라고도 나타나는데, 이는 현재 경북 경산지역에서 '산초나무'를 '난대나무'라 하여 방언으로 그 흔적이 남아 있다.

3.1.2. 통시적 변화

(1) 부루>상취(萵苣)

> 萵苣부로<山林1・增山6・海東抄2・海東抄3・林園>
> 萵苣부루동<增山8>
> 萵苣薹부루동<農會4・林園>
> 萵苣상취一名부루<農會5>
> 상취<醫宗30・方藥38>

<農會> 이전에는 전적으로 '부루'만 사용되고 있다가 <醫宗・方藥>에 가면 '상취'만 쓰이게 된다. 즉, 19세기 이전까지는 '부루'가 쓰이다가 '상취'와 함께 쓰이는 시기를 거쳐 19세기 중반 이후부터는 '상취'로 바뀌고, 오늘날 '상추'가 쓰이게 된 것이다. 한편 강원도 방언에 '부루'가 남아 있어서 강원도 방언을 동서로 구획42)하는 기준의 하나로 이용되기도 한다. '苣'에는 '白苣, 苦苣, 萵苣'의 세 종류가 있는데, '白苣'는 '萵苣'와 비슷하나 잎이 백색이며 흰즙이 나오는 것으로 일반적으로 '苣'類를 지칭하는 이름이다. '萵苣'는 잎이 뾰족한 것이며 푸른색이다. '苦苣'는 맛이 쓴 종류이다.43) <增山>과 <農會・林園>에 나타난 '萵苣부루동, 萵苣薹부루동'에서 '동'은 '薹'에 해당되는데, '꽃줄기' 정도의 의미를 가진다. 이것은 현대어에서 '마늘종'과 같은 어휘에 남아 있다.

---

42) 이익섭(1981 : 37)은 '상추'의 강원도 방언은 크게 '생추, 상추'(영서)의 계열과 '부루, 불기'(영동)의 다른 계열로 양분하였으며, 곽충구(1995)는 '부루 / 상추', '반디 / 개똥벌레'형의 분화형을 들어 강원도・경상도 동해안을 잇는 등어선과 경기도 서해안 지역과 충남 서해안 지역을 잇는 등어선을 동서분리형으로 처리하고 있다.

43) 本草綱目 卷二十七 '白苣', '萵苣'條.

(2) 뵈땅이삐>길경이삐(車前子)

뵈땅이삐ᄀ론ᄀᄅ와<救簡2:97>   芣 뵈땅이 부<訓蒙上8>
苢 뵈땅이 이<訓蒙上8>   車前子길경이삐一名뵈땅이삐<山林3>
車前子길경이씨<增山6>   車前子길경기삐<海東抄7>
길경이삐<濟衆5・醫宗14・方藥18>   길경이<物譜10・物名3-96・字類下79>
챠젼ᄌ<痘瘡下18・馬經下79>

<山林>까지는 '뵈땅이삐'라는 어형이 보이나, 그 이후에는 모두 '길경이 삐'로 교체되어 나타난다. '뵈땅이'는 곤충의 '뵈땅이'와 같은 어형이므로 구별하기 위해서 새로 대체된 듯하다. <馬經>과 같이 한자어 '車前子'를 그 대로 쓰고 있는 경우도 있다. 한편 이익섭(1981 : 29~30)은, 강원도 방언은 크게 '질겡이'계와 '뺌장우'계로 나누어지고, 두 방언형 중 '질겡이'는 영서 쪽에 '뱀장우'는 영동 쪽에 나뉘어져 분포되는데, 함경도의 '빼장우'로 이어 지는 것으로 보아 함경도의 영향이 이 지역까지 뻗쳐온 것이라 할 수 있다 고 하였다. 또 임소영(1997 : 41)은 車前子로도 불리는 '질경이'는 한자어 '吉 更'에서 온 말이라고 하고, 이기문(1973 : 99)은 <鄕藥救急方>에서 '吉更 刀소 次, 道羅次'의 표기를 볼 수 있는 바, 한자어 吉更은 도라지를 의미하나, 질 경이로 고유어화 되면서 빠뿌쟁이, 차전초를 지시하게 된 것으로 어휘분화 의 좋은 보기를 제시한다고 하였다.

(3) 주지곳>할미십가비(白頭翁)

白頭翁草주지곳又云할미시가빗불히<增山2>
白頭翁할미십가비불희<林園仁20>

'주지곳'은 농서 중에 <增山>에 유일하게 나타나는 어휘인데, <村家救急 方>에는 '注之花(주짓꽂)'으로 나타나고, <東醫寶鑑>에는 '주지곳, 주리꽂, 할미십가빗불휘' 등 여러 가지로 나타나며, 후대로 오면 '할미꽂<物譜10>, 할미십갑<物名3:98>'로 나타난다. '白頭翁(머리털이 허옇게 센 노인)'은 할미꽃을 말하는데, 이 꽃이 온몸에 짧은 하얀 털이 빽빽하게 나있고, 꽃이 줄기 끝에서 밑을 향하여 피는데, 이런 모습에 연유하여 머리털이 허옇게 센 노인이라는 뜻의 '백두옹'이란 명칭이 붙은 것으로 보인다. '할미십가비'는 현대어 '할미씨깨비'에 해당하는데, '가는잎할미꽃'이라고도 하는 것으로 '하+-ㄴ+어미+-인+십가비'로 분석된다.

(4) 예초>묏대쵸

酸棗仁묏뎌쵸叫<山林3>
酸棗仁묏대초叫<海東抄7>
酸棗묏대툐<林園仁25>

'예초'는 '멧대추'의 옛말로, <救簡>에 '예초 스히디 아니케 스론 죄롤 <6:20>, 예초叫숩반량을누르게봇가<1:13>'으로 그 예가 나타나는데, 농서에는 나타나지 않는다. <山林> 이전에 이미 '멧대추'를 의미하는 '예초'는 '묏대쵸叫'로 대체된 것으로 보인다.

(5) 멋, 농비>사과(沙果)

柰멋或云농비<增山2>
柰사과<海東抄2>   林檎님금<海東抄2>
柰사과<海東定>   林檎님금<海東定>
林檎능금<林園仁25>

<增山>에 나타난 '농비'라는 어휘가 특이한데, '柰子먿或云농비<東醫二25>'에도 보인다. '멋 / 농비'라는 어휘가 <增山>까지만 나타나고, 이후에는 '사과(沙果)'라는 한자어로 대체된다. 이런 양상은 다른 문헌에서도 확인할 수 있다.

柰 먿 내<類合上8>

奈子 멋 或云 농빈<東醫二25>
奈子 멋<譯語上55>
柰 멋 내<類合6>
林檎 림금<倭類下7>
柰 멋 내<倭類下7>
柰 사과<廣才>
林檎 능금<廣才>
柰 사과 내<新訂千字文20>
檳子 님금<同文下5>
蘋艹婆果 굴근 님금<同文下5>
檳子 림금<方類27>
蘋果 사과<方類27>
蘋果 사과<蒙類下4>
檳子 님금<蒙類下4>

한편, 농서와 다른 문헌들에서 '柰'는 '멋 / 농빈'와 '사과'로 나타나고, '林檎'은 '님금 / 임금'으로 나타난다. 이렇게 표기가 구별되는 것은 그 의미하는 바도 서로 다르다는 것을 뜻한다. 즉, '柰 / 蘋(艹婆)果'는 '멋 / 농빈', '사과'를 의미하고, '林檎 / 檳子'은 '님금 / 임금', '능금'44)을 의미하는 것으로 서로 구별된다. 여러 문헌 자료에서도 이들을 다른 항목으로 처리하고 있고, 왜어유해에서는 이들의 일본음 표기로 각각 '린꼬'와 '가라나시'로 나타내고 있다. 그런데 <표준국어대사전>에는 '농빈'가 '능금의 옛말'이라고 하고, <교학고어사전>에서는 '멋'을 '능금'이라고 하고 있다. 한편, <譯語類解>에는 '蘋艹婆果 굴근 님금, 白檎 굴근 님금, 小紅 죤 님금<譯語上55>'으로 나타난다.

---

44) 능금나무의 열매. 사과와 비슷한 모양이지만 훨씬 작다.

3.2. 난해 어휘 분석

농서들에 표기된 곡식명 어휘들은 현대어에서 거의 찾을 수 없다. 이는 농서에 나타나는 우리의 재래 품종보다는 수확량이 많은 개량종이나 수입 품종을 경작해 왔기 때문에 이들 품종이 사라진 것과도 관련이 있다. 이런 이유로 곡식명 어휘의 의미나 어원들을 규명해 내기가 매우 어렵다. 다만 농서에 있는, 각 품종(항목)에 대한 한문 해설들을 통해 그 품종이 어떤 특성을 가지고 있었는지를 알 수 있어 이런 특성들과 연관 지어 의미나 어원들을 짐작해 볼 따름이다.

먼저 농서에서의 곡식명은 벼, 콩류, 조, 기장, 수수 등이 나타난다. 이들을 설명의 편의상 각각의 어휘 항목으로 나누어 설명하겠다. 이들은 대체로 한문으로 그 특징들을 설명하고 있기 때문에 이를 바탕으로 각 품종의 특성을 먼저 살펴본다. 그리고 이 특성들을 바탕으로 그 의미를 살펴보기로 한다. 이들은 품종의 특성과 함께 그 언어적 관련성을 밝히는 자료가 된다. 앞으로의 연구에서도 이러한 관련성을 점검하여 그 어휘적 특성이나 어원을 살펴보는 바탕이 될 수 있을 것이다.

농서에 나타나는 벼의 종류는 대체로 다음과 같다. 설명의 편의상 금양잡록의 자료를 중심으로 제시하고, 그 외의 농서는 참고 자료로 하여 그 특징을 살펴보고자 한다.

구황되쇼리 에우디 쇠노되쇼리 사노리 소되소리 검은사노리 사노리 고새사노리 쇠노리 늦왜즈 동아노리 우득산도 흰검부기 검은검부기 동솓ㄱ리 령산되쇼리 고새눈거미 다다기 구렁출 쇠노출 다다기찰 보리산도

이는 한글표기가 있는 품종만 나타낸 것이며, 여기서 설명되지 않은 품종에는 '自蔡, 著光, 黃金子, 粘山稻'가 있다. 위 품종들의 분류체계를 볼 때 숙기별로는 早生種은 3품종, 중생종(次早稻) 4품종, 만생종(晩稻) 20품종으로 만생종 수가 압도적으로 많다. 이들의 숙기별에 따른 언어적 관련성은 별로

발견되지 않는다. 다만 쌀의 점질별 분류에 따라서는 그 관련성이 일부 발견된다. 벼 품종 풀이를 유형별로 나누어 살펴보면, 쌀의 점질(粘質)별로는 메벼(粳米벼)가 26품종, 찰벼(糯米)가 1품종인데, 찰벼는 밭벼인 粘山稻 하나뿐이다. 메벼 중에도 '仇郞粘구렁출, 所伊老粘쇠노출, 多多只粘다다기출'에는 '粘'이 붙어 있고, '-출'이라고 訓讀되는 것을 고려해 볼 때 이들은 찰벼의 성질을 가지고 있었던 품종으로 생각된다. 각 품종들의 성질은 까락 모양 및 색, 이삭·쌀·껍질의 색, 재배 적지, 성상, 밥을 지은 후의 품질, 벼알의 탈립성 등을 기준으로 기술되어 구별된다. 그런데 이 중에서 품종 구분은 주로 까락 모양 및 색, 이삭·쌀·껍질의 색으로 했던 것으로 보인다. 이런 특징은 부분적으로 그 명칭에 반영이 되는데 주로 색채어와 연관된 것이 많다. 예를 들어 '黑沙老里거믄사노리, 白黔夫只흰검부기, 黑黔夫只거믄검부기, 仇郞粘구렁출' 등과 같은 것은 색채어가 결합된 경우이다. '거믄'은 黑, '흰'은 白, 그리고 '구렁'은 몽고어와의 관련성을 생각할 수 있는 것으로 '갈색'을 뜻한다. 그러므로 위 벼 품종명 중에서 현재 분석이 난해한 어휘들도 이런 맥락으로 그 가능성을 생각해 볼 수 있다. 한편 '-되소리'가 붙은 품종은 모두 까락이 없어 공통성을 발견할 수 있으나, 다른 품종들은 품종명에서 공통되는 부분이 있어도 일관된 특성을 추출하기가 어렵다. 김영진(2000)은 <문종실록>에 나오는 '오십일조(五十日租)'[45]가 '구황조'라는 품종명으로 볼 때 <衿陽>의 '救荒狄所里구황되소리'일 것이라 보고 있다.

콩의 종류는 오희와디콩, 온되콩, 블콩, 쟐외콩, 왁대콩, 봄가리퐃, 져비우체, 먹퐃, 올퐃, 싱동퐃, 몰의녹두 등이 나타난다.

한글 표기가 없는 것은 '黑太, 黃太, 六月太, 根小豆, 靑綠豆, 東背, 光將豆, 豌豆'인데, '東背, 光將豆'는 현대어의 '동부, 광저기'인 것으로 생각된다. '폼

---

45) 문종실록에서 1450년 중추원사 이정옥이 상소한 내용

臣聞民間有稻五十日而熟 故名之曰五十日租 此稻民不興用 其種亦不多也 方其播種之時 遇旱不耕至五月有雨則猶可及種而穫也 問有老農 或於麰麥旣收之後 飜耕引水種此 五十日之租 而穫利者有之 … 救荒租種…<文宗實錄 卷4> 문종 즉위년 10월 경진조, 영인본 6책, p.302.

海波知太오히와디콩'에서 '波'와 '와'의 대응이 흥미로운데, 이는 '히'의 y뒤에서 [ba]>[βa]>[wa]의 변화가 있었음을 짐작케 한다. '渚排夫蔡小豆져비우체'에서도 '夫'와 '부'의 대응을 볼 때 앞에 있는 '비'의 영향으로 '부'의 [b]가 [β]로 변화된 것으로 보인다.

기장은 잘으리기장, 주비기장, 달이기장, 옷기장 등이 나타난다. '走非黍주비기장, 漆黍옷기장'은 현대국어에서 '주비, 옷기장'으로 남아 있다.

조의 목록은 세닙히조, 읫고지조, 돌우리조, 도롱고리조, 사슴버므레조, 와여모기조, 므프레조, 져므싀리조, 새고딜이조, 경즈마치조, 져므시리츠조, 싱동츠조, 누역츠조, 거믄더기조, ᄀ랏조 등이 나타난다.

'瓜花粟읫고지조, 都籠筬粟도롱고리조, 鳥鼻衝粟새고딜이조, 擎子ㅓ赤粟경즈마치조, 生動粘粟싱동츠조, 婁亦粘粟누역츠조, 黑德只粟거믄더기조'는 현대국어에 '외꼬지, 도롱고리, 새코찌리, 경자마지, 생동찰, 누역차조, 검은데기'라고 남아 있다. '경자마치'는 '경즈+마치+조ㅎ'로 구성된 단어이고, '누역차조'는 차조의 하나로 '누역+출+조ㅎ'으로 분석되는데, '누역'은 '도롱이'의 옛말이다. '三葉粟세닙히조, 瓜花粟읫고지조'에서 '세닙히', '고지'라고 '-이'가 접미되었는데, 이는 '臥余項只粟와여모기조, 五十日稷쉬나리피'에서도 볼 수 있는 현상이다. 이기문(1975 : 7)은 '開羅叱粟ᄀ랏좃'에서 'ᄀ랏'은 훈몽자회(上9)의 '稂, 莠, 稊, 稗'의 釋에 보이는 'ᄀ랏'과 同一語일 것으로 추측하고 있다.

피의 종류는 아히ᅀ리피, 쉬나리피, 댱재피, 듕올피, 강피 등이 나타난다. '아히ᅀ리피'는 한자 표기의 '沙'와 한글 표기 'ᅀ'의 대응이 주목되는데, 원래 '사'였는데 '히'의 y뒤에서 'ᅀ'로 변화한 것으로 보인다. '五十日稷쉬나리피'는 '五十'이 '쉰'이기 때문에 '쉰날'의 '-nn-'이 '-n-'으로 단순화된 것으로 보인다. 이기문(1975 : 8)에서는 이런 변화를 드물지 않은 현상으로 보고 있는데, 그 예로 15세기 문헌의 'ᄒ녁'(釋譜詳節 6.3, 24.31 등)과 '쉬나믄'을 들고 있다. '阿海沙里稷아히ᅀ리피, 長佐稷댱재피, 中早稷듕올피, 光稷강피'는 현대어 '아해사리, 장죄피, 중올피, 강피'로 남아 있다.

수수는 뭉애슈슈, 뿔슈슈, 밍간슈슈, 막디밀 등이 나타난다. 농서에서 黍
는 '수수'를, 麰는 '보리'를, 麥은 '밀'을 각각 나타냈던 것으로 보인다. 한글
표기가 없는 것에는 秋麰, 春麰, 兩節麰, 米麰, 眞麥이 있는데, '秋麰, 春麰, 米
麰, 眞麥'는 현대국어에 '가을보리, 봄보리, 쌀보리, 참밀'로 남아 있다. '莫知
麥막디밀'도 현대국어에 '막지밀'로 남아 있다. '뭉애슈슈'는 알이 붉고 가
시랭이 없는 '무웅에수수'의 옛말이다.

4. 음식관련서의 분류 체계와 어휘 특성

음식관련서는 조리와 관련된 책을 말한다. 김영진(1982)에서는 일반식품서
와 구황서로 나누어 이들을 총칭하여 식품서로 규정하였다. 이성우(1981)에
서는 한국식경대전에서 식생활종합서(가정백과전서), 식품재료생산서(농서), 조
리 및 식품가공서, 구황 및 譜書, 영양 및 응용영양서(의서), 식생활관련서로
나누어 방대한 자료들을 제시하고 있다. 많은 자료들 중, 여기서는 앞으로
의 효용 가치를 생각하여, 조리법과 관련된 문헌만을 대상으로 그 분류체계
와 어휘 특성을 살펴보고자 한다. 따라서 김영진에서나 이성우에서 제시된
구황서 혹은 譜書는 연구 대상에서 제외하기로 한다. 이는 조리와 관련된다
기보다는 전란이나 민란, 천재지변이 있을 때 목숨을 연명하기 위해 주변에
흔한 야생초목을 가지고 만든 음식이기 때문에 이 글의 목적과는 부합하지
않는다고 판단되기 때문이다. 따라서 연구 대상으로 삼을 수 있는 문헌은
이성우의 조리 및 식품 가공서가 여기에 부합한다. 그리고 일반적으로 이러
한 문헌들에서는 술 만드는 법이 함께 나타나기 때문에, 이들도 음식관련서
에 포함하여 연구하기로 한다. 물론 술 만드는 법만 제시되어 있는 자료들
은 참고하여 어휘 특성을 파악하는 데 도움을 받도록 할 것이다. 이것과 관
련되는 것이라고 하더라도 아주 방대한 문헌이 존재한다. 그러나 이들과 관

련한 중국과 일본의 문헌들이 있고, 이의 영향을 받은 많은 한문본들이 존재한다. 앞으로 이들 연구로까지 영역을 확대하기로 하고, 일단 여기서는 한글본으로 이루어진 음식 관련서에 대한 연구를 수행하고자 한다. 물론 이들을 토대로 17세기에서 20세기까지의 언어 변화도 살펴볼 수 있는 계기가 될 수 있을 것이다.

4.1. 음식관련서[46)]의 분류 체계

음식관련서로 묶어 설명할 수 있는 연구 대상은 농림수산고문헌비요(김영진 저, 한국농촌경제연구원)에 제시된 일반 식품서(산거사요, 도문대작, 요록, 치생요람, 고사십이집, 규합총서, 간본규합총서, 다신전, 동다송, 군학회등, 술빚는 법, 주방문, 음식방문, 규곤요람, 진연, 진찬, 진작의궤진연도)와 한국식경대전(이성우 저)에 제시된 進宴儀軌, 進饌儀軌, 進爵儀軌, 屠門大嚼, 음식디미방(閨壺是議方), 酒方文, 要錄, 進宴圖帖, 諛聞事設, 英祖賜馬圖, 閔氏回巹宴圖, 食經, 饔饎雜誌, 群學會騰, 역주방문(가제), 김승지댁주방문, 술빚는 법, 술 만드는법, 시의전서, 고려대 규곤요람, 요리제법, 조선식료품동업발달사, 간편조선요리제법, 할팽연구, 조선요리법, 현대조선의 생활과 그 개선, 조선요리, 조선요리학, 조선무쌍신식요리제법, 조선식물개론, 가정요리, 이조궁정요리통고 등이다.

그러나 이들 중 한문본을 제외한 한글본으로서 이 글의 목적에 부합하는 문헌 자료는 다음과 같이 한정된다. 물론 이 자료는 중심 문헌으로 직접 연구의 대상으로 삼는 것이고, 다른 자료들은 분석의 방증 자료로 이용할 것이다. 우선 연구 대상 문헌을 중심으로 서지적 특성과 분류 체계를 살펴보면 다음과 같다. 이들의 분류상의 특성들을 살펴봄으로써 이들이 어떤 체계

---

46) 일반적으로 많은 서적들이 그 내용을 어떠한 방법으로든 분류를 하여, 이를 이해하기 쉽도록 만들고 있다. 음식 관련서들도 그러한 분류법을 보이고 있는데 우선, 음식 조리와 관련되는 서적들은 이성우(1981)에서 100여 권의 자료를 제시하고 있다. 예) 進宴儀軌, 進饌儀軌, 進爵儀軌, 屠門大嚼, 음식디미방(閨壺是議方), 酒方文, 要錄, 進宴圖帖, 諛聞事設, 英祖賜馬圖, 閔氏回巹宴圖, 食經, 饔饎雜誌, 群學會騰 등(기타 이성우 참조).

를 가지고 형성되었는지, 일반적인 분류 어휘집47)에서 나타나는 일정한 틀이 음식관련서에도 나타나는지를 살펴볼 수 있을 것이다.

4.1.1. 음식디미방48)

표제명은 閨壼是議方이지만, 권두서명이 음식디미방49)으로 되어 있어 책명은 음식디미방으로 많이 알려져 있다. 이 책은 효종조 영남의 巨儒인 存齋 李徽逸의 宗家에서 소장하고 있는 진본으로, 存齋의 慈堂인 張夫人의 手記인 것으로 諺傳하고 있다.50) 이로 본다면 이 책에 기록된 표기는 17세기 것으로 추정할 수 있다. 우리나라의 구체적인 조리, 식품 가공서인 주방문, 要錄, 治生要覽, 饌法 등과 성립 연대가 비슷하고 山林經濟, 治膳篇보다는 수십 년을 앞선다. 그리고 남성의 손에 의해 한문으로 만들어진 食經들이 중국의 식경을 많이 인용한 반면, 음식디미방은 중국의 飮食物·飮食名과 상관없이 실제로 자기가 사는 고장의 전통적 조리, 가공법을 그대로 들고 있다. 이들은 다음과 같은 분류체계를 가진다.

- 면병뉴 : 면, 만두법, 싀면법, 토쟝법, 녹도나화, 탁면법, 상화법, 증편법, 셩이편법, 섭산슴법, 젼화법, 빈쟈법, 슈고이법, 잡과편법, 밤셜기법, 연약과법, 다식법, 박산법, 잉도편법
- 어육뉴 : 어젼법, 어만도법, 희삼 달호ᄂᆞᆫ법, 대합, 모시죠개 가막죠개,

---

47) 임지룡에서 분류 어휘집을 '어휘를 동물류, 식물류, 금속류와 같은 의미 유형별로 분류하고 각 유형마다 동류의 어휘소를 배치함으로써 기술과 참조에 용이하도록 현성한 어휘집'이라고 그 개념을 명확히 한 바가 있다.

48) 음식디미방에 대해서는 이광호(2000)에서 자세히 논의되어 있음.

49) 일반적으로 표지는 훼손이 쉽게 되기 때문에, 권두서명을 제목으로 삼는 관례에 따라 책 제목은 음식디미방으로 한다. 김사엽(1960)에서는 음식디미방의 한자 표기를 飮食地味方으로 표기하고 있는데, 오히려 飮食知味方이 올바른 한자 표기로 보인다. '知味'의 의미가 '맛을 안다'나 '맛을 본다'라는 의미를 가지고 있기 때문이다. '地'나 '知'의 한자음이 17세기 경에 구개음화 적용 이전의 표기인 '디'가 보편적임을 감안한다면 표기상으로 한자 표기를 추정하기는 곤란하다. 그렇지만 여기에서는 그 의미를 고려하여 飮食知味方으로 하고자 한다.

50) 김사엽(1960), 규곤시의방과 전가팔곡, 경북대학교 논문집 4집 참조

싱포 간슷는법, 게젓 듬는 법, 약게젓, 별탕(쟈라깅이라), 붕어찜, 대구 겁질 느르미, 대구겁질치, 싱치팀치법, 싱치즌지히, 싱치지히, 별미, 난 탕법, 국의 트는 것, 쇠고기 쑴는 법, 양슉, 양슉편, 죡탕, 연게찜, 웅장, 야제육, 개쟝고지 느룸이, 개쟝 느룸이, 개쟝찜, 느른개 뽐는 법, 개쟝 곳는 법, 셕뉴탕, 슈어만도, 슈증계, 질긘고기 뽐는 법, 고기 몰노이는 법, 고기 몰로이고 오래 두는 법, 희슘 젼복, 년어난, 춤새, 쳥어 넘혀 법, 둙 굽는법, 양 봇는 법, 계란탕법, 난면법,51) 별챡면법, 챠면법, 싀 면법, 약과법,52) 듕박겨, 빙스과, 강졍법, 인덜미 굽는 법

- 채과류53) : 복셩 간슷는법, 동화 느르미, 동화션, 동화돈치, 동화격, 가 지 느룸이, 가지짐 외짐, 외화치, 년근치, 슉탕, 슌탕, 산갓침치, 잡치, 건강법, 슈박 동화 가슷는 법, 동화 듬는 법, 가디 간슷는 법, 고사리 듬는 법, 마늘 듬는 법, 비시느를 쓰는 법

- 쥬국방문54) : 슌향쥬법, 삼히쥬 스무 말 비지, 삼히쥬 열 말 비지, 삼히 쥬, 삼히쥬, 삼오쥬, 삼오쥬, 니화쥬 뉴록법, 니화쥬법 훈 말 비지, 니화 쥬법, 니화쥬법, 니화쥬법, 졈감쳥쥬, 감향쥬, 숑화쥬, 듁엽쥬, 뉴화쥬, 향온쥬, 하졀삼일쥬, 스시쥬, 쇼곡쥬, 일일쥬, 빅화쥬, 동양쥬, 졀쥬, 벽 향쥬, 남셩쥬, 녹파쥬, 칠일쥬, 벽향쥬, 두강쥬, 졀쥬, 별쥬, 힝화츈쥬, 하졀쥬, 시금쥬, 과하쥬, 졈쥬, 졈감쥬, 하향쥬, 부의쥬, 약산츈, 황금쥬, 칠일쥬, 오가피쥬, 차쥬법, 쇼쥬, 밀쇼쥬, 춥뿔쇼쥬, 쇼쥬, 초 듬는 법,55) 초법, 미즈초

---

51) 여기부터는 이유없이 면(麵)류로 바뀌었는데 아마도 앞에서 설명하고자 했으나 누락되었음을 알고 뒤늦게 기술한 부분인 것으로 생각된다. 이에 대한 항목은 난면법, 별챡면법, 챠면법, 싀면법 4가지이다.

52) 여기서 또 한 번 변화가 일어나 과자류가 나타난다. 과자류에 대한 특별한 분류가 없어서 여기서 보충을 한 것으로 보여진다. 그렇지만 항목이 적어 특별한 분류를 염두에 둔 것은 아닌 것으로 보인다. 인절미 굽는 법은 떡류에 들어가는 것보다는 오히려 과자류에 들어가는 것이 나을 것이다. 앞의 항목과 동일한 명칭은 맛질방문이다. 맛질방문은 장부인의 친정집 건너에 '맛질'이라는 마을이 있는데 이 맛질마을의 조리법을 일컫는다(이성우, 1981 : 301).

53) 임의로 넣은 분류 항목임. 이성우(1981)에서도 분류상의 특이성을 파악하여 이를 蔬果類로 분류하고 있다.

54) 방문으로 나타나 있지만 전체적으로 봐서 類에 해당할 것으로 보인다. 이성우에서는 이 분류를 술 및 초로 하고 있는데, 여기에서는 원문의 내용을 살려 주국방문으로 하고자 한다.

음식디미방은 크게 나누어, 술 만드는 법과 음식 만드는 법으로 나누어진
다. 이들 서적은 酒方文이 우선적이었다고 하더라도 결국은 食方文으로까지
이어진다. 음식디미방은 酒方文보다는 오히려 食方文에 치중한 것이지만 역
시 그 분류체계는 마찬가지이다. 음식디미방도 크게 식방문(면병뉴, 어육뉴, 채
과류56))과 쥬국방문으로 이루어져 있다. 이 책은 표면적으로는 분류 체계가
분명하지 않지만, 그래도 이들에 대한 분류의 원칙은 있었다. 내용을 자세
히 살펴보면, 가장 상위의 분류는 '方(혹은 方文'이고 그 하위는 '뉴(類)'이다.
이 두 가지 분류는 그런 대로 분명하게 나타나지만 그 하위의 집단은 그렇
지 않다. 이들도 편의상 구분하면 만드는 방법이 나타나는 것과 재료만 나
타나는 것이 있지만 이는 의도한 분류 체계와는 관련이 없다. 본문에 언급
된 내용으로 분류하면 '뉴(類)'에 해당하는 것은 크게 두 가지가 나타난다.
면병뉴, 어육뉴가 그것이다. 그리고 상위 분류로 방문(쥬국방문)이 있다. 만일
술과 음식이라는 대분류를 고려하지 않는다면 방문은 '뉴'에 해당하는 상위
분류로 둘 수도 있다. 그렇게 된다면 세 가지가 한 층위를 형성한다. 그러나
본문의 내용으로 볼 때, 음식의 종류에 변화가 나타나는 곳이 세 군데 있는
데, 이는 앞에서 누락된 것을 보충하기 위한 것(난면법 이하)과 '뉴'가 들어가
야 할 곳(복셩 간숫는 법 이하)이다. '뉴'가 들어가야 할 곳은 앞에 나오는 어
육뉴에 대비되는 것으로 채소나 과일류를 지칭하는 것(이하 菜果類로 칭함)이
들어가야 한다. 아마 저자의 처음 의도는 이러한 분류를 넣으려고 했던 것
으로 보인다. 그러다가 앞의 것을 보충하면서 누락된 것이 아닌가 여겨진다.
쥬국방문을 '뉴'의 층위에 둔다면, 본문의 분류는 크게 네 가지로 나누어진
다.57) 그리고 그 하위에 각각의 음식 만드는 법과 간수하는 법을 기술한 것

---

55) 이는(초 둠는 법, 초법, 미즈초) 술, 누룩과는 직접 관련이 없는 것 같지만, 그 만드는 법
    을 살펴보면 유사성을 많이 가지고 있다. 초 만드는 법도 일종의 술 만드는 법과 동일하
    기 때문에 이 항목에 포함된 것이 아닌가 한다.
56) 채과류는 임의로 보충한 것이니 원문에는 이를 제외한 두 가지로만 나누어져 있다.
57) 음식이 '마시고 먹는 것'이라는 사전적 의미를 따른다면 음식디미방이라는 題名 下에 4개
    의 분류가 있는 것으로 볼 수 있다.

이다. 그리고 분류를 함에 있어 두 가지를 묶어 나누고 있는 것도 특이하다. 즉, 麵과 餠, 魚와 肉, 菜와 果,[58] 酒와 麴이 이런 분류법을 나타내 준다. 따라서 음식디미방의 분류는 네 가지이지만 여덟 가지의 분류를 염두에 둔 저술인 셈이다.

4.1.2. 酒方文

17세기 말경 河生員에 의해 지어진 것으로 알려져 있는데,[59] 총 78조목에 걸쳐 한글로 우리 실정에 맞는 음식에 대한 조리, 가공법을 설명하고 있다. 총 78조목 중 28조목이 술에 관한 것이다. 酒方文이란 책명으로 미루어 본다면 술 전문서로 보이지만 50조목이 음식에 대한 조리, 가공에 대해 설명하고 있어 오히려 음식서로서의 비중이 크다. 본문은 한글로 되어 있으나 음식명은 한글 밑에 한자표기가 붙어 있다. 총 목록은 다음과 같다.

- 酒方[60] : 과하쥬(過夏酒), 빅화쥬(白霞酒), 삼히쥬(三亥酒), 벽향쥬(碧香酒), 합쥬(合酒), 닥쥬(楮酒), 졀쥬(節酒), 쟈쥬(煮酒), 쇼쥬뺄 훈되예 도로 훈되 나는 법이라, 졈쥬(粘酒), 년엽쥬(蓮葉酒), 감쥬(甘酒), 급쳥쥬(急淸酒), 숑녕쥬(松鈴酒), 급시쥬(急時酒), 무국쥬(無麴酒), 니화쥬(梨花酒), 보리쥬(麰酒), 보리쇼쥬(麰燒酒), 일일쥬(一日酒), 서김법(酵法), 돈술누룩법(甘酒麴造法), 술맛 그룻되디 아닌는 법((救酸酒消法), 신술 고티는 법, 쇼쥬별방(燒酒別方), 일히쥬(一亥酒), 하향쥬(荷香酒), 쳥명쥬(淸明酒)
- 食方 : 약과(藥果), 연약과(軟藥果), 듕박거(中朴桂), 우근겨(們節), 산ᄌ(散子), 강졍(羌淨), 면(麵), 싀면(漏麵), 토쟝·착면(着麵), 조쳥(造淸), 밀초(小麥醋), 보리초(麰醋), 곳젼(花煎), 긔증편(起蒸餠), 상화(霜花), 즙디히(汁醬), 왜장(浣醬), 육장(肉醬), 급히 쓰는 쟝(易熟醬), 식혀(食醢), 삼일식혀

---

58) 원문에는 菜果類가 나타나지 않지만 빠진 것으로 추측하여 류를 만들어 본 것이다. 뒤에 나오는 항목들을 살펴볼 때 나물과 과일에 해당하는 것으로 보아 이에 대한 類가 빠진 것으로 생각해 볼 수 있다.

59) 이성우(1981), pp.302~305.

60) 음식관련서가 전부 조리와 관련된 항목과 술과 관련된 항목으로 나뉘어져 있다. 따라서 여기서는 편의상 전자를 食方으로, 후자를 酒方으로 칭하여 설명하고자 한다.

(三日食醢), 연계찜(軟鷄蒸), 붕어찜(鮒魚蒸), 슈어치(秀魚菜), 낙지치(絡蹄菜), 황육 슒는 법(烹牛肉法), 난젹법(卵炙法), 게탕(蟹湯), 약게젓(藥蟹醢), 쇼천여탕(川魚湯), 셕화느름(石花造泡), 약지히(藥沈菜), 동화느름(東花造泡), 동화젼(東花煎), 외가지선(苽茄菜), 더덕자반(沙參佐飯), 양하젹(蘘荷炙), 외가지 두는 법(藏苽茄法), 싱강 침ᄒ는 법(沈薑法), 팀고사리법(沈蕨法), 쳥대콩 팀ᄒ는 법(沈靑太法), 겸졀편법(兼節餅), 두텁증법(蟾蒸法), 쁜 쟝 고치는 법(救苦醬法), 츠조초(粘粟醋), 그릇된 초 고치는 법(救惡醋法),[61] 조다홍법(造丹紅法), 초록(草綠), 야쳥(鴉靑), 황유쳥(黃油靑)

그렇지만 위의 내용으로 보아 주방문은 처음의 편찬 의도가 술 빚는 법에 있었다는 것을 짐작해 볼 수 있다. 주방문이란 명칭에 있어서도 그렇고, 술 빚는 법이 책의 첫머리에 나오는 것으로 봐도 그러하다. 수록된 항목으로 본다면 음식의 조리법과 관련된 책이지만 이는 시기를 달리하여 보충한 것으로 생각할 수 있다.

4.1.3. 飮食譜

晋州鄭氏(石崖先生 夫人)의 필사본으로 1700년대 초엽의 것으로 추정된다. 술 빚는 법과 음식 만드는 법이 나누어져 체계적으로 기술된 것이 아니라, 항목의 구분 없이 책을 기술하고 있다. 총 36조목으로, 술 빚는 법은 12조목으로 이루어져 있다. 이들은 분류 순서와 관계없이 酒方과 食方이 섞여있다. 처음부터 분류의 의도가 있었던 것이 아니라 편의에 의해 그냥 나열한 것으로 보인다. 이들을 酒方과 食方으로 나누면 다음과 같다.

- 酒方 : 삼희듀법, 청명듀법, 빅화듀법, 태화듀법, 두강듀법, 빅병듀 밧비 빗는볍,[62] 진향쥬방문, 단졈쥬방문, 과하듀법, 오병듀법, 쇼국쥬방문,[63]

---

61) 이성우(1981)에서는 뒤의 4개 항목을 더 첨가하고 있으나, 원문에는 이 항목에서 끝이 난다.
62) 이성우에서는 빅병쥬로 표기했으나 원문에서는 빅병듀로 되어있고, 뒤에 밧비 빗는볍이 첨가되어 있다. 여기서의 '볍'은 '법'의 오기이다.
63) 원문에는 쇼국쥬 방문으로 되어 있으나, 이는 쇼국쥬 방문의 오기일 것임.

칠일쥬방문[64]

- 食方 : 긔증편법, 잡과편법, 쇼범법, 교의상화법, 뉴화젼법, 모밀편법, 잡치병,[65] 싱강뎜과법, 동화졈과법, 모과졈과법, 삼일식혀법, 겸젼편법, 쟈렴법, 산슴자반법, 침강법, 셕화느름이법, 난젹법, 쇠고기느름이법, 동화느름이법, 가지찜법, 가지약지히법, 동침이법, 모희편법, 삼일식혀법

4.1.4. 刊本閨閣叢書

규합총서는 1815년경에 빙허각 이씨에 의해 편찬된 것으로 짐작되는데[66] 이는 전통적인 의식주에 대하여 설명한 가정백과이다. 규합총서는 憑虛閣全書의 3部 11冊 중의 1부 5책에 해당한다. 빙허각전서의 2부는 淸閨博物誌, 3부는 憑虛閣稿로 이루어져 있다. 빙허각전서의 體制를 보면 다음과 같다.

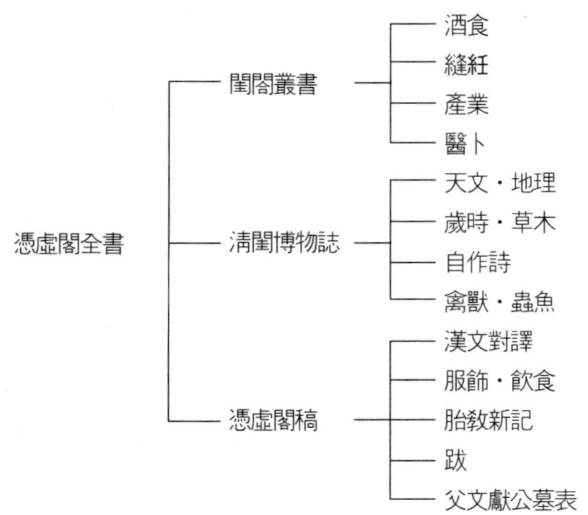

이 글의 목적에 부합하는 항목은 酒食이다. 다른 항목은 논의의 방향과 관계없기 때문에 酒食議의 분류만 제시하기로 한다.[67] 제시된 목록을 고려

---

64) 원문에는 방문만 나타나고 내용도 없다.
65) 잡치법의 오기로 보인다.
66) 자세한 해설은 이성우(1981)의 pp.58~69를 참조할 것.
67) 자세한 것은 鄭良婉 譯(1987), 閨閤叢書나 이성우(1992), 韓國古食文獻集成을 참고하기 바람.

하면 규합총서는 내용에 따른 분류를 먼저 고려하여 기술하였음을 짐작할 수 있다.

- 酒食議 : 內則飯饍文, 藥酒諸方 附 硫黃杯法, 醬醋諸法, 飯粥諸法, 茶品, 治膳, 魚品, 肉品, 肉毒, 雉鷄類, 禽肉毒, 菜蔬類, 餠果諸方, 諸果收藏法, 菜苽毒, 收諸油法, 造淸法, 造糖法, 造常滿鹽法

여기서는 고종 6년(1869)에 음식관계를 주로 추려서 목판본으로 간행한 刊本규합총서를 다루고자 한다. 이들에 대한 세부 항목은 다음과 같다. 규합총서에서보다 항목이 많이 줄었고, 특히 酒方은 7가지만 나오는 소략본이다. 酒方과 食方에 관련없는 항목도 규합총서의 목록에는 제시되어 있지만 이는 생략한다.

- 酒方 : 술 빗는 길일, 년엽쥬, 화향입쥬법, 두견쥬, 일년쥬, 약쥬, 과하쥬, 소쥬, 술 신맛 구허는법
- 食方 : 쟝담그는길일, 잠담는법, 급히 쳥쟝민는법, 두부쟝, 집메죠쟝, 고쵸쟝, 즙쟝, 쵸빗는길일, 쵸법, 셧박지, 동과셧박지, 동침이, 싱션삣는법, 싱션굽는법, 부어굽는법, 부어찜, 게오리두는법, 게젓다무는법, 게찜, 약포법, 쇠챵ᄌ찜, 어치, 셜ᄒ먹젹, 치육포, 셕튼병, 신과병, 혼돈병, 셕이병, 숑편, 증편, 잡과편, 빙쟈쩍, 강졍, 빙ᄉ과, 미화산ᄌ(밥풀손ᄌ, 묘화손ᄌ), 약과, 즁계, 잉도편, 향셜고, 계강과, 건시단ᄌ, 약식, 동과증, 토란병, 식혀법, 엿고으는법, 록말법, 두부법

4.1.5. 술 만드는 법

1800년대 말엽의 것으로 추정되는데 지은이는 미상이다. 분류 자체는 다른 음식관련서와 마찬가지로 크게 두 부류로 이루어져 있지만 앞의 내용에 대해서는 소제목이 없다. 이도 주방문과 마찬가지로 술 만드는 법을 중심으로 기술하고자 했던 책으로 보인다. '음식ᄒ는 각양법'이란 소제목은 뒤에 보충하면서 붙인 것 같다. 결과적으로 술 만드는 법이 앞의 내용에 대한 소

제목 구실을 하게 된 셈이다. 내용은 다음과 같다. 총 49조목으로 이루어져 있고, 술 빚는 법은 19조목이 있다.

- 酒方(술 만드는 법) : 샤졀쥬, 숨일쥬, 일일쥬, 스시통음쥬, 스졀쇼곡쥬, 두견쥬, 두광쥬, 쳥명쥬, 오병쥬, 방문쥬, 여름디쥬, 니화쥬 달게 빗는 법, 부의쥬, 숑영쥬, 숨션쥬, 쳥감쥬법, 벽항쥬, 감쥬법, 십일쥬
- 食方(음식ᄒᆞᆫ 각양법) : 셩뉴탕법, 죡편법, 양편법, 졔육편, 동화드름이, 궤누름격, 변ᄶᅵ만도, 쵸젼병, 도미찜, 어치법, 쵸게탕, 졍과, 슐란죠란법, 슉교, 다식, 잉도편, 살구편, 셕이편, 윈셕이편, 빅ᄌᆞ편, 토련단ᄌᆞ, 국엽단ᄌᆞ, 밤단ᄌᆞ, 진쥬탕, 가리찜, 부어찜, 약과법, 강졍법, 산ᄌᆞ법, 빈스과[68]

4.1.6. 酒方

1800년대 초엽의 것으로 추정되는 책이다. 이도 책 제목으로 봐서 술 만드는 법에 비중을 두고 있는 책으로 생각할 수 있다. 그렇지만 내용은 전체 38조목으로 이루어져 있고, 술 만드는 법은 18조목이다. 분류 자체의 구분은 없다. 대체로 食方과 酒方이 모여 있긴 하지만 섞여서 나온다. 이들을 편의상 酒方과 食方으로 나누어 제시한다.

- 酒方 : 증편긔듀법, 감듀법, 쳥감듀법, 일두쥬방문, 녹파듀방문, 빅화듀방문, 박향듀방문, 쇼국듀방문, 삼일듀방문, 칠일듀방문, 빅일듀방문, 니화듀방문, 과하듀방문, 빅하듀방문, 구가듀방문, 별쇼듀방문, 보리쇼듀방문, 빅하듀법
- 食方 : 약과법, 뿔과슬법, 강당법, 강반법, 빅쳥법, 쉬면법, 상화법, 싱강젼과법, 슌뎐과법, 듁슌뎐과법, 보도뎐과법, 양편법, 조쳥법, 조쳥밀법, 부어즙법, 약게졋법, 향봇기법, 약과법, 토란편법, 양봇기법

4.1.7. 貞一堂雜識

1856년의 것으로, 여기서는 술과 관련한 명칭이 4개만 나온다. 주로 음식

---

68) '빈스과'는 따로 항목을 분류하지 않고 바로 설명을 달고 있어 이성우에서는 누락되었다.

만드는 법에 관하여 기술하고 있다. 전체적으로 봐서 내용이 빈약한 편이다.

- 酒方 : 하일쳥향쥭엽쥬, ㅅ졀쇼국쥬, 년일쥬, 부의쥬
- 食方 : 두텁썩, 견젼편, 소찬삼젼편, 난만도, 양찜법, 셕뉴탕, 잡탕, 칠계탕, 초계탕, 닭찜, 잡육치, 게스름이, 증편법, 싱강썩, 싱치찜, 양스름, 졸안법, 눌안법, 국화면, 슝어찜, 알젼법, 젼복찜, 계젼, 게탕법, 은게젼

4.1.8. 술 빚는 법

1800년대 말엽의 것으로 추정되는데 총 30조 중에서 술에 관한 것이 11조나 된다. 이도 제목으로 봐서는 酒方에 초점을 둔 것으로 짐작할 수 있는데 항목은 食方이 많다. 하지만 酒方이 앞 쪽에 배치되어 처음엔 이에 비중을 두었음을 짐작할 수 있다. 과하주와 방문주는 다른 방문을 쓰면서 '쏘'를 넣어 구분하고 있다.

- 酒方 : 과하쥬방문, 방문쥬, 빅일쥬방문, 쇼국쥬방문, 두견쥬, 쏘 과하쥬방문, 숑졀쥬, 숑순쥬, 쏘 방문쥬, 삼일쥬, 일일쥬
- 食方 : 장김치법, 완자탕, 우장탕, 우미탕, 졔표짐, 송이짐, 짐좌반(파리 감퇴도 이갓치 허라), 더좌반, 숭검초단자, 석이병, 강정, 메밀산자, 건시단자, 밤조악, 산ᄉ편, 잉도전(복분ᄌ와 벗전도 이갓치허고 살고면도 이와것치허라), 계강과, 싱광과, 다식과

4.1.9. 부인필지

1915년의 것으로 규합총서에서 가정생활에 긴히 필요한 것을 가려 뽑은 것이다. 총서의 성격을 가지고 있지만 여기에서는 음식과 관련되는 酒方과 食方만 다루도록 한다. 酒方은 12조목만 다루고 있어 빈약한 편이다. 食方에서는 음식의 종류를 나름대로 분류하여 관련 있는 것들을 모아두고 있다.

- 酒方 : 구긔쥬법, 도화쥬법, 연엽쥬법, 와송쥬법, 국화쥬법, 두견쥬법, 쇼국쥬법, 과하쥬법, 감향쥬법, 일일쥬법, 삼일쥬법, 송졀쥬법

• 食方 : 장초제법, 어육장, 쳥틴장법, 급히장밍기는법, 고쵸장법, 즙장법, 쳥국장, 쵸, 반죽제품, 약밥, 타락죽, (다품) 미자다, 국화다, 미화다, 포도다, (침치제품), 동침이, 용인외지법, 장짠디, (어육품) 싱션즈지는법, 싱션굽는법, 완자탕, 쥰치쪄업시ᄒ는법, 부어찜, 복싱션, 조긔싱션, 쳥어젓, 게찜, 게젓, 싱게, 전복침치, 상극류, 쏙쏙이좌반, 고쵸장복난법, 고기무르게 국쓰리는법, 개고기, 녹육, 제피수정, 열구자탕(신선로), 편포, 약포, 한치, 한치국, 전유화, (치소류) 송이찜, 죽순치, 월과치(호박), 동화션, (병과류) 복녕병, 셕탄병, 유자단즈, 신겸초단자, 두텁쩍, 디쵸인절미, 송편, 토련병, 잡과편, 디초조약, 밤조약, 감자병, 나복병, 원소병, 증편, 상화, 유밀과, 용안육다식, 흙님다식, 녹말다식, 쏙정과, 싱강정과, 잉도편, 모과편, 살구편, 향셜고, 쩍복기, 구규비빔, 광쥬빅당법(흰엿), 연안식혜법, 과치수장법

4.1.10. 가정요리

1940년대의 것으로 추정되는 것으로, 현대어 어휘들이 많이 등장한다. 큰술, 작은술의 구분, 양을 측정하는 컵 등은 단위명사 사용에 있어서 현대어 음식관련서와 별로 다르지 않다. 여기서는 酒方에 대해서는 전혀 언급이 없고, 오직 食方만 나타난다.

돼지고기장조림, 콩나물볶음, 가지찜, 가지튀김, 두부찜, 호박 월과채, 호박찜, 오이쌍채, 오이장아찌, 둥근파장아찌, 가지장아찌, 제육생채, 고추붓침, 토란국, 영계찜, 잡산적, 배숙화채, 송이찜, 닭찜, 연근정과, 송이구이, 송이전골, 햇콩볶기밥, 계란덮밥, 닭고기졸임, 두부찜, 배추김치, 깍두기, 보쌈김치, 장김치, 떡볶기, 곶감수정과, 생강정과, 식혜, 귤정과, 모과정과, 율란, 떡산적, 닭튀김, 배추전골, 냉이국, 조개구이, 놀말편, 화면, 겨자채, 지진완자, 오이찜, 냉채, 닭짐, 어산적, 가리찜, 배화채, 토란탕, 돼지고기와 고추볶기, 돼지고기(슈우마이), 만두거죽, 수정과, 문어, 탄평채, 닭전골, 가지찜, 콩국냉면, 김치국냉면, 대합매운탕, 고비참깨나물, 생합전골, 닭카레에찜, 깻잎김치, 송이찜, 토란국, 갈비찜, 송이산적, 매화채, 대합전골, 솔입차, 애탕국, 미나리나물, 닭찜

4.2. 음식관련서의 어휘적 특성

4.2.1 음식 관련 어휘

4.2.1.1 양념과 고명, 그리고 음식재료

음식디미방에서는 '약념ᄒ다'와 '교팀(교치, 교토)ᄒ다'가 대체로 구분되어 쓰인다. '교팀(고명)'로 사용한 재료가 구체적으로 나타나는 곳은 총 10개의 어례 중 다음 두 개의 어례에서만이다. 이 외에는 '교팀'의 내용에 대해서는 언급하지 않고 그냥 '교팀(교치, 교토)'로만 나타난다. 다음 예문을 살펴보자.

 (1) <u>교팀</u>는 싀면 교팀 ᄀ치 ᄒ라
 (2) 지령국의 ᄒ면 <u>교팀</u>롤 ᄒ고 오미ᄌ국의는 교팀롤 아니 ᄒᄂ니라
 (3) 토쟝국의 <u>교팀</u>ᄒ고 오미ᄌ차는 ᄭᅮᆯ만 ᄡᄂ니라
 (4) 지령쑥의 ᄆ라 <u>교치</u>ᄒ여도 죠ᄒ니라
 (5) <u>교토</u>는 그저 면 ᄀ치 ᄒ라

어형은 '교팀, 교치, 교토'로 나타나지만 의미는 동일하다. '교팀'는 본문에서 '싀면, 지령국, 토쟝국'에 더하는 것으로만 언급이 되어 있다. 그렇지만 구체적 내용은 없고 그냥 '교팀(교치, 교토)'로만 나타나 이에 대해서는 기본적 인식이 있었던 것으로 짐작할 수 있다. 다음의 예문에서는 '교팀'로 쓰인 재료가 구체적으로 언급이 되고 있다.

 (6) 싱강 호쵸ᄀᄅᆨ과 황빅계란 부친 것 동골동골 싸ᄒ라 그 <u>고물</u> 노ᄒ라
 (7) 잣 <u>교토</u>ᄒ면

'고물'도 '교팀'와 같은 뜻으로 쓰였다는 것은 원문의 '고물이란 말은 각 식탕의 우희 논는 교팀라'에서 짐작할 수 있다. 각식탕의 위에만 놓는 것만을 특히 '고물'이라 하는 것인지는 명확하지 않지만 '고물'이 '교팀'와 동일한 것은 분명하다. 본문의 내용으로 보면, 완성된 음식 위에 덧 없는 것을

'교틱'라고 불렀다. 본문 전체를 통틀어 '교틱'로 사용된 것은 '싱강, 호쵸ㄱ 르, 황빅계란 부촌 것'과 '잣'이 모두다.

가정요리에서는 '고명'이 나오는데 '고명을 적당히 넣고 주물러서 잘 볶 가놓고(호박월과채)', '고명 만든 것을 소 넣드시 넣고(가지장아찌)'로 나오는 것으로 보아 이는 덧 없는 것만으로 쓰이는 것은 아니다. 그러나 '계란은 황백이 따로 알 고명을 부쳐서 가늘게 채 처놓고(제육 생채)'에서 보듯이 조 리된 음식의 위에 얹는 것으로도 쓰였음을 볼 수 있다. 송이찜의 설명에서 '석이와 표고 느타리는 잘 씻어서 골패쪽처럼 썰어 놓는다', '달걀은 지단을 부쳐서 골패쪽같이 썰고', 이를 '색스럽게 골라얹고 실백을 뿌려서 상에 놓 는다'고 하여 고명으로 쓰이는 것을 설명하고 있다.

양념으로 사용된 것은 다음의 어례들에서 확인이 된다. 구체적으로 양념 의 종류가 언급된 것도 있지만 그렇지 않은 것도 있음을 보면(예문 8~11 참 조), '교틱'와 마찬가지로 이미 양념에 대한 일반적 인식이 있었던 것으로 보인다.

   (8) 지령기롬의 쵸ᄒ야 <u>약념</u>ᄒ여도 죠ᄒ니라
   (9) <u>약념</u>ᄒ여 탕ᄒ여도 죠ᄒ니
  (10) 여러 가지 <u>약념</u>ᄒ여
  (11) 챵ᄌ란 싱으로 ᄒ디 안날 달화 <u>약념</u>ᄒ디 교합ᄒ여 둣다가

다음의 예에서는 양념으로 쓰였던 종류가 구체적으로 언급되어 있다(비슷 한 예문은 한 번만 예시하고 뒤에 그 빈도를 제시함).

  (12) 빅ᄌ와 호쵸 쳔쵸ㄱ롤 약념ᄒ야 녀허(11번)
  (13) 싱강이나 건강이나 호쵸 쳔쵸 초 파 약념ᄒ여 먹으라
  (14) 암둙 서너 마리나 가마의 물 만이 붓고 ᄵ하 프러지거든 체예 바타
       두고 온갓 음식 약념ᄒ면 죠ᄒ니라
  (15) 그 ᄌ믈로인 거스란 약념ᄒ디 싱치 줄게 좃고 호쵸 쳔쵸 진ㄱ르 녀허

본문의 내용으로 보아 양념으로는 '빅자, 호쵸, 쳔쵸, 싱강, 건강, 초, 파, 암닭' 등이 쓰였는데, 특이한 것은 '암닭'이다. 한복려(ns.sikpumilbo.co.kr)에서는 '조미료가 없던 옛날에는 많은 음식을 만들어 급할 때 비상 조미료처럼 썼다'고 하면서 '닭의 감칠 맛 나는 진한 국과 건지를 한데 담아 두고 어느 음식에나 조금씩 넣어 썼는데 일명 닭지렁이라고 한다'고 설명하고 있다. (15)는 문맥으로 보아 'ᄌ몰로인 것'이 양념이 아니라, '호쵸, 쳔쵸, 진ᄀᆞᆰ'를 양념으로 봐야 한다. 그렇지만 '진ᄀᆞᆰ'는 양념이라고 할 수 없으니 '넣는 것'에 속하는 것으로 보면, 여기서도 양념은 '호쵸'와 '쳔쵸'이다.

현대어에서도 양념과 고명, 그리고 음식재료는 구분하기가 힘들다. 일단 사전적인 의미에서, 양념은 맛을 돕기 위하여 음식물에 조금씩 넣는 물건으로 소금, 간장, 기름, 꿀, 설탕, 깨소금, 파, 마늘, 고추, 후춧가루, 생강 따위를 말한다. 고명은 음식의 모양을 돋보이게 하고 또 맛을 돋우려고 음식 위에 뿌리거나 얹어 놓은 것을 통틀어 일컫는 말로 버섯, 표고, 알고명, 초자, 미나리, 실고추, 잣가루, 실백, 밤, 대추, 호두, 배 따위를 말한다. 결국 양념은 음식의 맛에 직접 관여하는 것이고, 고명은 간접적으로 음식의 맛을 돋우어 주는 것이라고 할 수 있다. 또한 양념은 음식을 먹는 전체 맛을 결정짓는데 직접 관여한다. 그리고 이는 요리 후 음식물 전체에 포함되어 그 부분만을 다시 분리하기 어렵고, 고명은 음식 맛에 더하여 어떤 다른 맛을 첨가하는 것이라고 할 수 있다. 그래서 이것은 음식의 일부를 형성하면서 분리가 가능하다. 그래도 음식재료와 양념류, 고명류는 혼동되는 부분이 많은데, 여기서는 음식을 완성하고 난 다음 그것만을 분리할 수 있느냐 아니냐로 나누어 그렇지 않은 것은 양념으로, 분리가 가능한 것은 음식 재료와 고명으로 하고자 한다. 그리고 이에 더하여 양념은 음식에 있어 필수적인 요소이고, 고명은 선택적인 요소로도 설명할 수 있다. 음식 재료와 고명은 사용하는 시점으로 봐서 쉽게 분간이 가능하다. 음식을 먹기 전 첨가되는 요소는 고명이 된다. 그렇다면 파를 재료로 사용하느냐 양념으로 사용하느냐의 문제는 해결될 수 있다. 가려낼 수 있는 것이 파라면 이것은 양념이라기

보다는 재료이고, 잘게 다져 가려내기 힘들다면 이것은 양념이다. 그리고 곰국 따위에 얹어 먹는 것은 고명으로 분리하면 될 것이다. 그렇지만 이것은 임의적 구분이지 그 역할은 서로가 넘나들고 있다고 보는 것이 좋을 것이다. 음식 재료로 사용했다 하더라도 이것은 양념처럼 맛을 내는데 도움을 준다고 할 수 있기 때문이다. 그리고 양념은 음식의 재료처럼 처음부터 그 맛을 결정하고자 하는 것이 아니고 그 양을 조절해 가면서 사용할 수 있는 것이다. 그렇다고 하더라도 참깨는 양념이냐, 고명이냐 한다면 그 구분이 모호할 수도 있다. 그리고 표고, 송이 따위의 버섯류들은 고명으로도 쓰이지만 음식재료로 쓰이기도 한다. 그렇지만 이들도 이러한 기준을 적용하면 어느 정도 해결이 된다. 참깨가 다른 음식과 섞여 있어 분리가 불가능하다면 이것은 양념에 속하는 것이고, 음식을 먹기 전에 위에 얹어 둔 것이라면 고명이라고 보면 될 것이다. 이와 같은 기준을 토대로 음식디미방에서의 양념은 다음과 같다.

- 장류 : 건쟝, 된쟝, 쟝, 쟝국, 젼국쟝, 지령, 지령기롬, 젼디령(젼지령), 초지령, 토쟝, 쳥장, 돈지령기롬
- 가루류 : 계즈, 토쟝ᄀᄅ(토쟝굴롬), 호쵸(호쵸ᄀᄅ, 후추ᄀᄅ), 소곰, 쌔소곰, 쳔쵸ᄀᄅ
- 기름류 : 기름(기롬), 춤기롬
- 즙(물) : 싱강즙, 싱티즙, 븩쳥, 즙쳥, 꿀, 꿀물, 엄초, 염초, 엿, 쳥밀
- 기타 : 븩즈, 마눌(마롤, 만롤), 건강, 싱강, 파

장류에 나오는 '지령'은 경북방언의 '지롱'에 해당한다. 여기에 '기롬'이 접미되는 '지령기롬'의 형태는 결국 '지령장'에 해당하는 것이다. 그래서 이들은 기름류에 들어가는 것이 아니고 장류에 포함되어야 하는 것들이다. 그래서 본문에 언급되는 '지령국(지령쑥)'은 장국에 해당한다고 보면 된다. 기름류에 해당하는 것은 결국 독립해서 쓰이는 '기름(기롬)'과 '춤기롬'밖에 없다.
이들 양념류 중 음식디미방에서의 사용 빈도를 중심으로 살펴볼 때, 가장

많이 쓰인 것은 '지령(24회)'으로, '지령기름(17), 쟝(2)'이 동일하다는 것을 감안하면 실제 빈도는 43회에 해당한다. 이 외에 '토쟝(8), 젼지령(7), 건쟝(5), 돈지령(4)'의 순으로 사용 빈도를 보였고, 이 외는 1번씩 나타난다. 가루류에서는 '호쵸(호쵸ᄀ르, 후쵸, 후츄ᄀ르 포함)'가 32회로 가장 많고 '쳔쵸'가 23회, '소곰'이 15회의 빈도로 나타났다. 기름류에서는 '기름'이 34회 '춤기름'이 14회 나타났다. 기타류에 해당되는 것으로는 파가 걸파(6), 민파(1), 즌파(1)를 포함하여 23회 나타난다. 이 외에 싱강이 20회, 마눌(마롤, 만롤)이 7회, 건강이 4회 나타난다.

4.2.1.2. 기구류

그릇은 '물건을 담는 기구의 총칭'이다. 음식디미방에서 '그릇'이 독립되어 쓰이는 것은 '그릇재 쓸론 물에 씌워<싀면법>'뿐이다. 이것은 총칭적인 의미를 가지지만 앞에서 사용된 그릇의 대용성이 강하다. 주방문에서는 '마즌 그릇', '둔둔이 싸 그른시 다마'로 독립되어 나오는 어형들이 보인다. 구체적인 그릇의 종류로는 '관질그릇, 놋그릇(노그릇), 사그릇' 등이 나오는데 이들은 보다 분명한 종류를 지시하고 있다. '관'은 내용으로 보아 '罐'에 해당하는 듯한데 이는 재료와 관련이 있다.[69] 이 책에서는 '관'이 접두된 단어는 세 가지가 나타나는데 '관질그릇' 외에 '관독'과 '관단지'가 있다. '관단지'는 앞에 수식어 'ᄀ쟝'이 있어 문맥이 어색하지만 같은 종류인 것으로 생각할 수 있다. 결국 '관-'이 접두되어 질그릇과 독, 그리고 단지의 종류를 보다 더 세분한 것이다. 이 외에 '냥푼(냥픈)'이 나오는데 '냥푼힝긔예 혼 술식 담아<탁면법>'와 '쓸흔 기름을 냥픈의 퍼다마 닝슈의 씌워 치오고<강정법>'로 나타난다. '냥푼힝긔'는 '양푼주발에'라는 뜻으로, '냥푼+힝긔'라는 복합어 구성을 취하고 있다. '힝긔'는 현대어에서는 찾아보기 어려우나,

---

69) 관(罐)은 '진흙만으로 구워서 만들고 잿물을 덮지 아니한 것'을 말한다. '질'과 동일하게 사용된다(이희승, 국어대사전, 민중서림).

전남방언에 '주발'을 '행기'라 일컫고 있다. 주발은 '놋쇠'로 만든 위가 벌어진 밥그릇을 의미한다. 따라서 재료나 모양면에서 '양푼'과 비슷하다고 볼 수 있다. 따라서 '냥푼힝긔'는 '외가집, 역전앞'처럼 동의중복된 형태인 것이다. 단지류는 '단지(단디), 효근단지, 쟝독, 술독, 관독, 노란독, 준(樽), 항' 등이 나타나는데, 이들은 크게 '단지, 독, 준, 항'으로 구분할 수 있다. 그런데 '단지(혹은 단디)'와 '항'은 별 구분이 없이 서로 번갈아 쓰이고, '준'은 '병'과 같이 나열하고 있어 술을 담는 병과 같이 기술하고 있다. '독'은 이보다는 큰 것으로, 쓰임새에 따라 '술독'과 '쟝독'이, 재료에 따라 '관독'과 '노란독'이 구분된다.

접시류로는 '대접(대뎝), 징반, 접시, 채반' 등이 나타나는데 '대접(대뎝)'은 '대뎝의 다엿 낫식 쓰고……노흐라', '너른 대뎝의 잡치 버리듯 느물과 고기롤 겻겻치 노코', '동화 절인 디 빠 꿰여 대접의 담아', '큰 대접의 노코 즙을 느리디' 등으로 쓰인다. '대뎝(대접)'에 수식어 '너른'과 '큰'이 나오는 것은 크다는 인식의 중복된 표현으로 보인다. '채반'은 '채반의 식지 씰고 너러'로 나오는데 이것은 종이를 깔고 물건을 두는 접시류임이 문맥을 통해서 나타난다. '접시'는 '느롬이롤 더운 즙의 녀허 접시예 담고', '밥보자희 흔 접시식 노하', '호쵸 천쵸 약념ᄒ여 쏘바 접시예 담고'에서 나타난다. '쟁반'은 '모시예나 총체예나 노외여 징반의 담고'에서 그 예가 보이는데 이들 접시류들은 전부 서술어 '놓다'나 '담다'와 공기하고 있는 공통성을 보인다. 채반은 서술어 '…을 너러'와 연결되어 그 쓰임새를 짐작할 수 있다. 문맥으로는 이들의 크기를 짐작할 수는 없는데, 쓰임새나 모양에 따라서 일단 '채반'은 채그릇의 일종이니 접시류라고 하지만 분명하게 구분이 되고, '대접'도 공기하는 수식어로 봐서 크고, 넓은 것으로 인식하고 있어 '접시'와는 구분이 된다. 그렇지만 '접시'와 '쟁반'은 거의 구분이 되지 않는다. '징반'과 '접시'는 <동문하13>에서 징반(托盤)과 접시(楪子)로 각각 나타난다. 物譜酒食에서도 '접시'가 나온다. 현대어에서는 쟁반이 접시보다 큰 것으로 여겨진다. 그리고 쟁반은 음식그릇을 받쳐 드는 데도 쓰여 그 쓰임새에 있어서도 차이가 있다.

솥과 관련되는 것으로 '화솟, 노고, 솟, 가매, 새용, 퉁노긔'가 나온다. '솟'은 오지나 곱돌 혹은 무쇠로 만드는데 요사이는 양은이나 알미늄으로 만드는 것이 흔하다. 당시로 본다면 주로 무쇠로 만들어 사용한 것을 말한다. '화솟'은 배로 돌아가며 전이 달려서 얼른 보기에 갓모양 비슷한 솥으로 설명되어 있고, '노고(노긔)'는 노구솥을 말하는데 놋쇠나 구리쇠로 만든 것으로 자유로 옮기어 따로 걸고 음식을 익히는 데 쓰는 것이다. 노고 중에서도 '퉁노긔'가 있는데 품질이 낮은 놋쇠를 '퉁'이라 하며, 퉁쇠로 만든 작은 솥으로 바닥이 평평하고 위아래가 출무성한 솥을 말한다. 이외에도 '새용'이 나오는데 이는 새용솥을 일컫는 것으로 놋쇠로 만든 작은 솥이다. 모양은 바닥이 평평하고 배가 부르지 않으며 뚜껑이 있다. 그리고 '가매'가 있는데 이는 가마솥을 말한다. 아주 크고 우묵한 솥으로 흔히 뚜껑을 나무로 만들어 덮는다. 대체로 솥의 구분은 만든 재질과 모양에 따라 구분하는 것이 보통이다. 그렇지만 '가매거나 큰 소치어나<양슉편>'의 표현에서 '가마'는 그 크기로 '큰 솥'과 비교하고 있다. 음식보엔 '솟두에'로 나타난다.

주방문에서는 '고오리'와 '시르'가 동시에 나오는데, 이들은 유의어로 생각할 수 있다. '고오리예 반만흐게 브어 고으라', '고오리 미틔 믈 네복즈도 몬져 브어 쓸히다가 술을 브으라', '고오리 미틔 콩ㄱ튼 모래롤 몬져 실고 흐면 됴흐니라'로 나오는데 밑에 모래를 깐다고 한 것으로 보아 시루의 일종으로 생각할 수 있는데 이는 현대어의 소줏고리[70]에 해당한다. 주방문에

---

70) 현대어에 소줏고리라는 것이 있는데, 고오리는 여기에 해당하는 것으로 보인다. 소주를 골 때 주로 쓰는데, 오지로 만든 토고리, 구리로 만든 동고리, 쇠로 만든 쇠고리가 있다. 소줏고리의 증류 장치는 아래 위의 2부분으로 되어 있는데, 밑은 아래가 넓고 위가 좁으며, 위는 아래가 좁고 위가 넓게 벌어져서 전체적으로는 허리부분이 잘록한 모양이다. 아래 위를 분리할 수는 없고 윗부분은 위쪽이, 아랫부분은 아래쪽이 트였으며, 허리 부위에는 경사진 주둥이가 달려 있다. 증류 작업을 할 때는 솥 안에 술을 담고 솥 위에 시루 앉히듯 고리를 앉혀 둘레를 시룻번으로 바른 다음 불을 때면, 술이 끓고 이어서 증기가 고리 속으로 들어간다. 윗부분에 찬물을 자주 갈아 주면 밑에서 올라온 증기가 막혀 있는 부분에서 물방울이 되어 옆에 달린 주둥이를 통해 밖으로 흘러나오는데, 이것을 '소주내

서 특이 어휘로 '섥'이 나오는데, '머조 버히듯 서너편의 버혀 섥의 다마(리화주)'로 쓰이는 것으로 보아 음식을 담는 도구인 듯하다. 이성우(1981)에서는 이를 성엉이(대로 만든 큰 상자)로 풀이하고 있다. 현대어에서 이와 유사한 어형으로 '설기'라는 것이 있는데, 이희승(1982)에서 '싸리채나 버들채 같은 것으로 결어서 만든 직사각형의 상자로 아래 위 두 짝으로 되었는데, 윗 것은 뚜껑의 구실을 함'으로 풀이하고 있다.

4.2.1.3. 요리 관련 어휘

음식관련서들에는 요리 재료나 음식 조리 방법과 관련하여 많은 특이 어휘들이 등장한다.

야졔육은 野猪肉, 가뎨육은 家猪肉에 해당하는데 각각 멧돼지와 집돼지이다. 웅쟝(熊掌)은 많이 알려진 대로 곰발바닥 요리를 말한다. 동화돈치는 동화나물에 해당하는데 돈치는 한자로 頓菜로 쓰는데 이는 나물로 해석된다. 이는 결국 동화나물(혹은 동아나물, 동과나물)로 설명할 수 있는 것이다.

'나화'는 음식디미방에 다음과 같이 설명되어 있다.

> 싀면ᄀᆞ롤 물의 눅게 프러 너론 그릇식 쪄 노화 쓸ᄂᆞᆫ 물에 둥탕ᄒᆞ야 혼 디 어리거든 그 쓸ᄂᆞᆫ 물을 쓰면 믉게 닉거든 ᄎᆞᆫ물에 쪄여 둠가 희거든 효근 약과낫ᄀᆞ치 사ᄒᆞ라 쓰ᄂᆞ니라. 토쟝국의 교팀ᄒᆞ고 오미ᄌᆞ차ᄂᆞᆫ 쑬만 쓰ᄂᆞ니라.

이로 본다면 '나화'는 '반죽을 하여 약과처럼 썰어 쓰는 것'이다. 훈몽자회에서는 '나화 박(餺), 나화 탁(飥) 食療纂要餺- 나화 <훈몽중10b>'로 나와 현대어의 '수제비'에 대응됨을 보여준다.

현대어에서 '찜'은 고기나 채소에 여러 가지 양념을 하여 찌거나 국물이

리기'라고 한다. 이 밖에 아래 위 2짝으로 나누어 위에 뚜껑을 얹게 만든 것도 있고, 고리가 없을 때는 솥과 시루, 솥뚜껑을 이용하기도 하였다. 지금은 가양주(家釀酒)가 금지되어 일반 가정에서는 찾아보기가 힘들다(야후 백과사전 참조).

바특하게 삶은 음식을 말하는데 이에 해당하는 것으로 음식디미방에서는 '찜(쯤)'과 '짐'이 나온다. 두 가지가 다 요리하는 방식으로 봐서 현대어의 '찜'에 해당한다. 그런데 붕어찜, 연계찜, 개장찜에서는 찜(쯤)이 나오고 가지 나 외에는 '짐'이 접미되어 있어 이 예로만 보면 채소류와 의도적으로 구분한 듯도 하다. 그러나 다른 음식관련서에는 이들이 엄격하게 구분되어 있지 않다. 현대어에서는 가지찜이나 오이찜이 있어 그 형태가 동일하게 쓰인다.

'느롬이(느르미)'는 '대구겁질느르미, 개쟝고지느롬이, 개쟝국느롬이, 동화느르미, 가지느롬이' 등으로 나온다. 이들은 한결같이 주재료를 썰어 두고 양념을 하여 먹는 것으로 되어 있다.[71] '대구겁질느르미'에서도 '만나게 즙 호야 느롬이 호면 구장 유미호니라'가 나오는 것으로 보아 양념을 하여 주재료에 얹어 먹는 음식을 뜻하는 것은 틀림없다. 그런데 '동화돈치'의 설명에서 '두부느르미마곰 싸호라'가 나오는데 이는 양념의 여부와는 관련이 없다. '개쟝고지느롬이'에서는 '물긔 업시 슈건으로 짜 느롬이룰 싸호라'가 나와 이것은 양념을 하지 않은 상태를 가리키는 것으로 보인다. '개쟝국느롬이'에서도 '먹을 제 구은 느롬이룰 더운즙의 녀허 접시예 담고'가 나오는데 이로 봐서도 느롬이(느르미)는 양념을 한 음식이 아니라 삶은 것이나 찐 것, 혹은 구운 것으로서 먹기 좋게 썰어놓은 흐물흐물한 것을 가리키는 것이 아닌가 여겨진다. 양념을 하지 않은 상태를 '느롬이'로 지칭하고 이를 먹기 위해서는 대체로 맛있는 양념을 하여 이에 얹어 먹는 것이 보편적이었던 것으로 보인다. 그렇지만 현재는 전해지지 않는 음식명이다.

'선'은 '동화선'에서 쓰이는데 이는 한자 冬瓜膳에 해당한다.[72]

'팀치'는 현대어의 김치에 해당한다. 이기문(1991)[73]에서는 '팀치'가 한자어 '沈菜'의 16세기 자음을 그대로 보여준 것으로 설명한다. 17세기 자료인

---

71) 이선영(1998)에서도 음식에 즙(특히 밀가루를 타서 만든 즙)을 얹는 조리방식을 가리킨다고 설명하고 있다(444 : 14).
72) 국립국어연구원(1999), 표준국어대사전, 두산동아에서 '잘게 썬 동아를 기름에 볶은 후, 잣가루에 묻혔다가 겨자를 찍어 먹는 술안주'로 설명되어 있다.
73) 이기문(1991), 국어어휘사연구, 동아출판사.

음식디미방에서는 '팀치'와 '침치'가 같이 나타나는데 '침치'는 '산갓침치'에서만 나타나 '팀치'가 보다 보편적인 어형으로 쓰인다.[74] '팀치'는 '마늘 돕는 법'에서 '팀치 돕 ᄃᆞ시 소곰 섯거 돕아 두고'가 나오는데 적어도 음식디미방에서의 '팀치'는 '소금에 절인 것'과 관련성을 가지고 있다. '싱치팀치'법에서도 '소곰 알마촘 녀허'가 나와 이와의 관련성을 보여준다. 그렇지만 '산갓침치'의 설명에서는 '소금'이 나오지 않는데 이것은 산갓을 준비하는 과정만 설명되어 있기 때문으로 보인다. 이선영(1998)에서는 침치(沈菜)를 설명하면서 '재료가 되는 채소를 물에 沈하여 익히는 방식의 조리법'을 사용하였음을 보여준다고 하면서 이러한 조리법이 현대의 '물김치' 조리법으로 이어진다고 하였다. '지히'는 '싱치ᄌᆞᆫ지히, 싱치지히, 외지히'에서 복합어로 나오고, '외 ᄀᆞᆫ든 지히'에서는 독립하여 쓰이기도 한다. '쟝앳디히'가 '쟝앗디이>쟝앗ᄶᅵ이>장아찌'로 연결되는 것을 감안한다면 '디히'는 장과 관련이 있다. '싱치팀치'와 '싱치지히'가 따로 분류되어 있어 '팀치'와 '지히'는 서로 구분된 것으로 보인다. 이들의 원문을 인용하면 다음과 같다.

〈싱치팀치법〉
외 ᄀᆞᆫ든 지히 겁질 벗겨 소옥 아사 ᄇᆞ리고 ᄀᆞᄂᆞ시 ᄒᆞᆫ 치 기리마곰 도독도독ᄒᆞ게 싸ᄒᆞ라. 믈 우리워 두고 싱치를 쓸마 그 외지히ᄀᆞ치 싸ᄒᆞ라. 드슨 믈 <u>소곰 알마촘 녀허</u> 나박팀치ᄀᆞ치 ᄃᆞ마 싸겨 쓰라.

〈싱치ᄌᆞᆫ지히〉
외지히 겁질 벗겨 ᄀᆞᄂᆞ리 져ᄅᆞ게 사ᄒᆞ라. 싱치도 그리 사ᄒᆞ라 <u>지령기롬의 봇가</u> 쳔쵸 호쵸 약념ᄒᆞ여 쓰ᄂᆞ니라.

〈싱치지히〉
외지히를 소옥 아사 ᄇᆞ리고 겁질 벗기디 말고 ᄀᆞ장 도독도독 싸ᄒᆞ라 더운 믈의 썰고 싱치 그리 외ᄀᆞ치 도렷도렷ᄒᆞ게 사ᄒᆞ라 <u>지령기롬의 봇가</u> 다마 두고 쓰면 여러날이라도 변치 아니ᄒᆞ여 졈졈 마시 나ᄂᆞ니라.

---

74) 팀치와 침치의 혼용은 구개음화의 발생단계임을 감안하면 될 것이다.

여기서 보면, '팀치'는 앞에서 언급한 것처럼 소금과 관련이 있고, '지히'는 장(지령기름)과 관련이 있음이 명백하다. '싱치존지히'와 '싱치지히'는 '외지히'에서 그 차이가 나타난다. 즉 '싱치존지히'는 '외지히'의 껍질을 벗겨서 사용하고, '싱치지히'는 '외지히'의 속을 빼고 껍질은 벗기지 않고 만든다는 점에서 그 차이점을 보인다. 그렇지만 '지히'는 둘 다 지령기름에 볶아쓴다고 되어 있다.

4.2.2. 부사류와 수량단위명사

4.2.2.1. 부사류

국어 부사류는 용언의 공기관계의 제약 유무에 따라 크게 자유부사와 제약부사로 나누기도 하고, 피수식어를 제한하는 의미에 따라 상태부사, 정도부사, 수량부사, 지시부사, 처소부사, 시간부사, 양태부사 등으로 구분하기도 한다. 음식관련서에서는 특이한 부사가 많이 나오는데 이들을 그 공기관계의 제약에 따라 분석해 보고자 한다.

이들은 형태적 특징 또는 그 형성 방식에 따라 단순부사, 합성부사, 전성부사로 나눌 수 있다. 단순부사는 본디부터 부사 기능을 지니고 있는 것으로 단일 형태소로 이루어진 자립형태소이다.

(1) 단일 음절의 순 우리말 부사 : 하, 죄

'하'는 파생접미사가 붙지 않고 어간이 바로 부사로 쓰인 어간부사형인데, '하 무이 몰뇌디 말고, 하 가장 식거든, 하 츳지 아니혼디'로 나타나 현대어의 '아주'와 비슷한 의미를 지닌 정도부사로 쓰인다. '죄'는 '쪄 볼라 죄 썐라, 술진 암둙을 죄 쁘더'로 쓰이는데 현대어 '모두'에 해당하는 부사이다.

(2) 두 음절의 부사 : ㄱ장, 마치, 이미, 쟈로, 미리, 어덜, 믈읫, 그저, 고로, 몬
져, 쟉쟉, 졈졈, 죵죵

현대어에서의 '가장'은 정도부사로서만 쓰이지만 중세어에서는 상태부사의 성질도 공유하고 있었다. 즉 현대어에서는 '가장'과 동작동사 사이에는 어떤 상태부사의 개입 없이는 공기관계를 형성할 수 없지만 중세어에서는 이러한 어례가 많이 나온다.[75]

'ㄱ장'이 가진 문맥상의 의미는 부사 '아주', '퍽' 등의 강의 부사로 해석할 수도 있지만 주관적인 의미로는 현대어와 동일한 最高, 第一의 의미를 지니고 있었다. 음식디미방에서도 'ㄱ장 쓸커든, ㄱ장 닉거든' 등에서 자신의 판단으로 최고, 제일의 의미로 쓰이는 상태부사를 확인할 수 있다.

특이한 형태로 '어덜'이 나오는데 이는 문맥상으로 살짝, 약간의 의미를 지니고 있다. 그러나 다른 문헌에 사용된 용례도 확인할 수 없고 현대어에서도 찾을 수 없다.

'쟉쟉, 죵죵, 졈졈'은 동일한 형태가 반복되어 나타나는 부사로 합성어로도 볼 수 있는 여지가 있지만, 단일 형태로 의미 전달이 어렵다고 보고 두 음절의 부사에 포함시키는 것이 나을 것으로 보인다. '졈졈'은 漸漸에서 나왔다고 본다면 한자어 부사로 봐야 할 것이다. '죵죵'도 種種에서 나왔다고 볼 수 있으나 시간적인 의미임을 생각하면 그 의미적 연관성은 떨어진다. 이 외의 2음절 부사는 전부 우리말로 이루어진 부사이다.

(3) 세 음절의 우리말 부사 : 오오로(오으로), 골오로

'오오로'는 '온통'의 의미를 가진 것으로 한자 <全>에 해당이 된다. 오으로>오오로, 혹은 오으로>오으로도 쓰인다.[76]

---

75) 부톄 一切衆生을 ㄱ장 모도아 니르샨 經이라<석24:30>, 너희 大衆이 ㄱ장 보아<석23:11>, 네 ㄱ장 무르라<월석21:115>. 자세한 것은 이광호(1992) 참조.

76) 그 말ᄊᆞ미 工巧코 微妙ᄒᆞ야 오으로 섯근 거시 업서 淸白ᄒᆞ고<석보13:28>, 十方世界 오으로 다 이 구무 업슨 쇠마치라<금삼 2:12>. 자세한 것은 이광호(1987) 참조.

  합성부사는 단순 부사 또는 다른 말과의 합성으로 부사가 된 것이다. 여기에는 '드문드문, 도독도독, 도렷도렷, 동골동골, 소숨소숨, 어슥어슥(어슥어슥), 길즉길즉, 납덕납덕, 즐분즐분, ᄌᆞ른ᄌᆞ른, 서운서운, 고로고로, ᄀᆞ만ᄀᆞ만' 등이 있다.

  '도독도독, 도렷도렷, 동골동골, 어슥어슥(어슥어슥), 길즉길즉, 납덕납덕' 등은 물건의 모양과 관련이 있는 부사이다. '도독도독'은 약간 두꺼우면서 가운데가 좀 볼록한 모양을 말한다. 문맥에서 '싸ᄒᆞ다'와 공기하고 있는 것으로 보아 '약간 두껍게'로 해석하면 될 듯하다. '도렷도렷'은 '도렷다'와 관련있는 단어로 보아 '둥그스럼하게'로 해석할 수 있다. '어슥어슥(어슥어슥)'은 '어슷어슷, 어슷어슷'과 동일한 단어인데 파, 무 따위를 한 쪽으로 비스듬하게 써는 것을 말한다. '소숨소숨'은 '쓸히다'와 공기하고 있는데 수량의 단위로 쓰이는 '흔 소숨'에서 나온 부사이다. '흔 소숨'이 '한 번 부글부글 끓으면'의 의미인 것을 생각하면 '소숨소숨'은 현대어의 '부글부글'과 관련이 있다.77) '즐분즐분'은 물기가 있는 모양, 'ᄌᆞ른ᄌᆞ른'는 현대어 '자란자란'으로 넘칠락 말락의 의미로 각각 쓰인다. '서운서운'은 슬슬, 가볍게의 뜻으로 쓰이는데 <胎要24>에서도 '소곰을 ᄲᆞ르고 서운서운 미러 들이라'로 쓰였다.

  전성부사는 주로 딴 범주의 낱말이 파생접사와 결합하여 이루어진 것이다.

(1) 용언에서 전성된 부사

  ᄆᆞ이(미이), 조히, 급히, 너모, 수이, 구지, 알마초(알마춤), ᄀᆞ득(ᄀᆞ특), 둣둣, 느즈기, ᄀᆞ느리, ᄀᆞ득이, 도렵게, ᄀᆞ느시, 뭉그시, 두터이, 놉즈기, 누그시, 종용히, 돈돈히, ᄂᆞ솟게, 둣거이, 훌훌ᄒᆞ게, 이윽이, 흐싀게, 두운이, 어서치, 각고로

  'ᄆᆞ이'와 '미이'는 동일한 의미를 지닌 것으로 여기서는 의미상 '매우'와

---

77) '소숨'은 현대어의 '소끔'과 관련이 있다.

관련이 있다. '모이'와 '미이'는 각각 '많이'와 '매우'의 방언형으로 나타난다. 일단 이들은 형태상으로 '많이'에서 나온 것으로 보인다. '미이'는 '모이'가 형성되고 난 다음, 움라우트현상으로 인한 것이다. '알마초'는 '알맞게'로 풀이되는데 이는 '알맞-+-오(부사파생접미사)'로 형성된 것이다. '드슨 물 소곰 알마촘 녀허'에서는 '알마촘'도 나오는데 의미는 동일하다. 경남 방언형에서 이와 유사한 것으로 '알마치, 알마침'이 나오는데 형태적으로는 '알맞(맞)+이'에서 형성되어 부사 '마초, 마치, 마촘, 마촘'과 그 변화의 모습이 일치한다. 주방문에서는 '알마금 쥐여'에서처럼 동일한 의미로 '알마금'도 나온다.

'フ특'은 'フ득'이 유기음화된 형태로 당시 방언이나 개인어의 반영으로 보이는데 이는 현대어 '가득'과 동일하다. '듯듯'은 '듯듯ᄒ다'에서 나온 것으로 현대어에서는 부사화 접사가 없이는 쓰이지 않는다. '느즈기'는 '느즉ᄒ다'에서 파생된 부사인데 이는 '느즉ᄒ여 도라가시게 ᄇ라닝이다<신어 6:5>', '느즈기 디답게ᄒ고<소언1:3>'에서 현대어 '느직이, 천천히'의 의미에 대응이 된다. 본문에서 '마술 쓰지 아니케 느즈기 ᄒ여'로 쓰인다. 'フᄂ리'는 'フ놀(다)+이', 'フ둑이'는 'フ둑+이', '둣거이'는 두껍게의 뜻인데, 둗거이로도 나타난다.78) '두터이'는 '두텁+이', '놉즈기'는 '놉죽+이'에서 나왔는데 놉즈기>놉즈기>높직이로 연결된다. '놉즈기 ᄲᅩ고<노걸下33>'에서도 나타난다. '누그시'는 '누긋+이'에 해당하는데 메마르거나 뻣뻣하지 않고 눅눅하다의 뜻이다. '종용히'는 '종용+히', '둔둔히'는 '둔둔+히', '각고로'는 '가슬(쏠)+오', 'ᄂ솟게'와 '훌훌ᄒ게'는 각각 'ᄂ솟+게', '훌훌ᄒ+게'이다. 'ᄂ솟게'는 'ᄂ솟+게'로 '놀다(飛)+솟다(湧)'의 복합동사이다. '훌훌ᄒ다'는 죽이나 미음같은 것이 매우 묽은 것을 말한다. '이윽이'는 현대어 '이윽히'에 해당하는데 이도 '이윽하다'에서 나왔다. '도렵게'는 '도렵+게'

---

78) 方便으로 구지저 술피게코 親히 둗거이 ᄒ야 便安ᄒ야 怯 업게 ᄒ니라<법화 2:212>, 賢良
  운 비록 祿올 어더도 道義롤 守ᄒ야 모물 둗거이 아니 ᄒᄂ니라<두해-초 16:67>, 팟미
  ᄅᆞᆯ フᄂ리 フ라 ᄲᅮ레 ᄆ라 헌 ᄯᅡ해 둗거이 브티면 즉재 돋ᄂ니라<구방, 하:29>.

로 형성된 것으로 중세어에서부터 보편적으로 쓰이던 부사형이다. '이스리 도
려오물<두초15:20>, 도려온 옥 벽<유합上25>' 등에서 쓰였었다. 뜻은 현대
어 '둥글다'에 해당한다. 동일한 의미로 '도렫ᄒ다, 도렷ᄒ다'도 나타난다.[79]

　이 외에 특이한 부사로 '흐싀게'와 '두운이', 그리고 '어서치'가 있다. '소
틔 듕탕ᄒ여 흐싀게 쪄 쓰라'라는 내용으로 본다면 '흐싀게'는 '흐물흐물하
게'로 해석이 되고, '두운이'는 '체예 걸러 기롬 두운이 노코'에서 '흥건히,
넉넉하게'의 뜻을 가진 것으로 보인다. '어서치'는 '다시기롤 세 번 ᄒ여 춘
물 어서치 시서 둡가'의 내용으로 볼 때 '대략 혹은 슬쩍'의 뜻을 가지는 듯
하다. 주방문에서 나오는 '답사리'는 '답사리 발라(리화쥬)'로 쓰이는 것으로
보아 '답사히 그를 눈서비 어위도다(狼藉畫眉闊)<두중1:6>'과 관련이 있을 법
하다. '답샇다'는 '첩첩이 쌓은'의 뜻으로 쓰인다.

(2) 명사나 명사 어기에서 전성된 부사 : 삭삭이, 겻겻치, 낫낫치, 자퐂낫, 약과 낫, 내죵내

　삭삭이는 의성어 '삭삭'에서 나온 것으로 보이는데 이는 '삭삭 소리가 나
게'의 뜻을 가진다. '겻겻치'는 의미상으로 '겹겹이'에 대응이 된다. '자퐂
낫'과 '약과낫'은 '자퐂+낫', '약과+낫'에서 나온 것인데 '자퐂'은 붉은 팥
이란 뜻이다. '낫'은 물건을 헤아리는 단위명사로 현대어 '낱'에 대응이 된
다. 이 외에 특이하게 구로 형성된 것이 있는데 '훈분게잡스오되식'이 그것
이다. 이것은 '한 사람이 먹을 수 있을 만큼의 크기로'라는 뜻을 가진다.

4.2.2.2. 수량단위명사

　수량단위명사는 어떤 개체들의 수효나 양을 결정하여 주는 표현을 위하여
동원된 명사에 결합되는 수식어라고 정의 내릴 수 있다. 김영희(1984 : 13)[80]

---

79) 갠 구루미 이폐 ᄀᆞ독ᄒ야 기우린 蓋예 도렫ᄒ고<두초7:31>, 미햇 비체 도렷ᄒ고<두중
　3:30>.
80) 김영희(1984), 한국어 셈술화 구문의 통사론, 탑출판사.

에서는 현대 한국어의 셈숱화(수량사)를 통사론적으로 분류하고 있다. 이익섭 (1974 : 46)[81]에서는 수량사구라고 했는데, 명사 뒤에서 그 명사의 수량을 표시해 주는 말로 수사 자체일 수도 있고, 수사(및 수관형사)에 수량 표시의 형식명사(송이, 관, 근, 개, 권, 장, 명, 자루, 켤레 등)가 결합된 명사구일 수도 있다고 하였다. 이와 같은 논의들과 관련된 것으로 음식관련서에서는 다음의 예들이 쓰이고 있다.

(혼)복즈, (닷)되, 두되, 칠홉, 다숩(다섯홉), 혼 술(숟가락), 혼되, 혼사발, 서홉, 반동히, 칠홉, 혼말, 두되, 한김(김 한 번), 여듧홉, 이사홀(이삼일), 열헤, 세볼(세번), 쉰마리, 이틀, 혼시, 혼치, 두 마리, 세 마리, 서너마리, 혼쥼, 빅가지, 혼가지, 두스이, 대여쇄, 혼죵즈, 열번, 혼그룻, 서너낫, 다엿낫, 반죵지, 두쟈쭉, 스무낫, 대엿낫, 섯둘, 열흘, 혼근, 혼냥, 혼잔, 두 마리, 빅마리, 두되, 반식, 혼말, 서홉, 혼말, 혼홉, 칠홉, 혼졉시, 두녁ㅎ, 여나믄낫, 두져ㄱ치, 네쪽, 혼볼, 닐곱되, 구시월, 팔구월, 뉴월, 칠월, 두둘에, 혼두레, 닷되, 서너두레, 엿되, 여듧홉, 닷쉣, 엿말, 두홉, 너되, 아홉사발, 닐곱되, 너말, 열두사발, 열서말, 닐곱말, 구월, 희일, 돗날, 닐곱 듕발, 네동히, 여듧동히, 서너날, 서너볼, 혼사발, 닷쇄, 이칠일, 너말, 아홉사발, 스므날, 닐웨, 보롬, 열다솟병, 혼병, 사흘, 칠일, 두동히, 여숩, 혼동히, 열다솟대야, 스므날, 나흘댓쇄, 닷솟병, 스므병, 서너번, 스믈, 셜흔, 혼돈, 네 대야, 열여듧 복즈, 열서솟 복즈, 엿쇄, 세사발, 세닐곱, 둘에

(1) 날(日), 달(月)을 세는 표현

이사홀, 이틀, 서너날, 사흘칠일, 나흘댓쇄, 대여쇄, 엿쇄, 닐웨, 열흘, 보롬, 스므날, 이칠일,[82] 섯둘, 뉴월, 칠월, 팔구월, 구월, 구시월

(2) 개수, 양의 표현

혼, 두, 세(서), 서너 낫, 네(너), 다솟(닷), 다엿낫(대엿낫), 여숫, 닐곱, 여닐곱

---

81) 이익섭(1973), 국어 수량사구의 통사기능에 대하여, 어학연구 9-1호.
82) 이것은 둘을 동시에 가리키는 말이 아니라 두 번의 칠일(14일)이라는 의미를 지닌다.

(여섯 일곱의 뜻), 세닐곱(세 개에서 일곱 개까지), 여덟, 아홉, 열, 여나믄 낫(열 개 남짓), 열다슷, 열여슷, 열여듧, 스무낫, 스물, 셜흔, 서 홉, 세 볼(세 번[83]), 세 마리, 서너 마리, 네 쪽, 서너 두레, 네 대야, 세 사발

　두 개의 숫자가 겹쳐 대략의 개수를 나타내는 것 중, 이사흘, 사흘칠일, 나흘댓쇄, 세닐곱 등은 현대어와 비교할 때 조금 특이하다고 할 수 있다. '이사흘'에서 '이'는 '이틀'을 줄여 쓴 말이다. 현대어에서는 고유어 표기 방식이 나타나지 않는다. 현대어와 관련을 시킨다면 이는 '이삼일'로 써야 정상적인 방법이다. '사흘칠일'처럼 그 사이의 기간을 길게 잡는 방법도 아주 특이하다. 이는 현대어에 대응하는 표현이 없다. '나흘댓쇄'는 현대어의 고유어 표현이 '너댓새'로 쓰인다. 현대어 한자어 표현은 '사오일'이다.

　수량 단위명사를 분류사라고 할 때, 일반적으로 수사＋명사의 구조 속에서 수사의 수식을 받는 명사가 그 역할을 담당한다. 여기서 나타나는 단위명사는 명사 의미를 한정하는 역할을 하여 선택제약을 형성한다. 형태상으로 볼 때, 완전히 단위명사로서 자리를 잡은 것도 있지만 명사와 동일한 형태를 가지면서 수량단위명사로 쓰이는 것도 있다.

(3) 명사와 동일한 형태로 쓰이는 것

　복즈, 술(숟가락), 동희, 김 등은 명사와 동일한 형태를 가지면서 수량단위명사로 쓰이는 예들이다. '복즈'와 '동희'는 각각 기름을 부을 때 쓰는 도구와 물 긷는데 쓰는 도구인데 수량단위명사로 쓰인다. 그리고 '술'은 숟가락에서 연유한 수량단위명사이다. '김'은 '김을 한 번 내고'의 뜻에서 '한(수사)＋김'의 형태를 취하고 있다. 혼 '소솜'도 역시 마찬가지인데 '소솜'이 독립된 명사로는 쓰이지 않지만 '한 번 부글부글 끓으면'의 의미를 '혼＋소솜'으로 쓰고 있다. '죵즈(죵지)'는 기름의 양을 재는 단위로 쓰이는데 현재는

---

83) 자세한 것은 이광호(1992) 참조할 것.

'종지'로 쓰인다. 이의 사전적 의미는 '식사에 쓰는 작은 그릇'인데 주로 간장 따위를 담는데 쓴다. 간장이나 된장을 담는 것에서 양의 측정 단위로 쓰이게 된 것이다. '그릇, 잔, 접시, 사발, 듕발, 병, 대야' 등도 역시 물건을 담는 명사에서 연유하여 양을 재는 단위명사 구실을 하게 된 것이다. '접시'도 혼 접시식 노하<강정법>로 쓰이고, '그릇'은 수사와 연결된 구성을 찾아볼 수는 없지만 현대어로 볼 때 충분히 그 가능성을 생각할 수 있다. '잔, 사발, 듕발, 병, 대야'는 전부 액체를 잴 때 쓰는 도구로 쓰인다.[84]

'쟛국'은 '국자'로 생각되는데, 이와 유사한 것으로 '작자'와 '구기'가 쓰였다. 이것은 기름, 술 따위를 뜰 때에 쓰는 기구로 자루가 국자보다 짧고 바닥이 오목한데 이것과 관련이 있는 것으로 보인다. '둘에(두레)'는 누룩을 헤아리는 단위로 누룩의 크기를 재는 '둘레'에서 연유하여 부르는 말로 단위명사로 쓰이고 있고, '져ㄹ치'는 젓가락에서 나온 단위명사로 '가지덕 두 져ㄹ치 어슥어슥 싸흐라 쓰ㄴ니라<가지ㄴ롭이>'와 같이 쓰인다. '스이'는 '두 스이룰 김나지 아니케 ㅂㄹ고<개쟝찜>'에서 수량단위명사로 쓰이는 예를 보이며, '날'도 '여러 날, 서너 날 후의, 스므 날만애' 등에서 수량단위명사로 쓰인다.

(4) 독립하여 쓰이지 않는 것

'홉, 되, 말' 등 양을 나타내는 단위는 고유어이기 때문에 고유어와의 공기가 자연스럽다. 그런데 일곱 홉이 아니고 칠 홉을 쓰는 것은 특이한 사실이다. 그리고 다섯 홉과 여섯 홉은 준말의 형태를 취하는데 다숩, 여숩으로 나타난다. 이 외에도 '낫(낱), 시, 치, 마리, 줌, 가지, 번, 근, 양, 볼, 일' 등이 의존적인 수량단위명사로 쓰인다.

---

84) 흰 물이 혼 <u>사발</u>만 ㅎ거든<증편법>, 청장 혼 <u>사발</u><누른개 뽐ㄴ 법>, 믈 아홉 <u>사발</u>로 <삼희쥬>, 술 혼 <u>사발</u><삼희쥬>, 믈 닐곱 <u>듕발</u>의<삼희쥬>, 믈 열다솟 <u>병</u>을 섯거<향온쥬>, 서김 혼 <u>병</u> 섯거<향온쥬>, 청줘 세 <u>병</u>이 나ㄴ니라<시금쥬>, 탕슈 혼 <u>병</u>을 시겨 부어<과하쥬>, 탕슈 열다솟 <u>대야</u> ㄱ장 쓸혀<녹파쥬>, 닷쇄만에 고ㅎ면 네 <u>대야</u> 나ㄴ니라<밀쇼쥬>.

1. 의미 변화의 기술 방안

생태학[1]이란 단어는 1866년 Haeckel의 일반 형태학이라는 책에서 최초로 사용되었다. 생태학은 일정한 환경 내에서의 생물군 또는 생물군 집단의 상관성을 연구하는 학문이다. 자연계란 모든 식물과 동물, 그리고 그 주변의 환경이 서로 연관관계를 가지면서 질서 정연하게 조절되는 체제이다. 따라서 언어학도 자연계의 생멸과 같은 유기적 개체로 파악할 수 있기 때문에 생태학의 이론적 근거는 언어의 변화를 설명하는 데 많은 도움을 줄 수 있을 것으로 기대한다. 생태학은 식생지대나 동물 집단에서 나타나는 어떠한 패턴을 중시한다. 이러한 패턴은 어휘 집단에서도 마찬가지로 나타난다.

언어는 일종의 군집(어휘장)을 이룬다. 이러한 군집을 통하여 언어를 판단하고 그 변화를 예측한다. 군집이라는 용어는 생태학에서 1) 종의 집단으로

---

1) 노태호 외 공역(2000), 인간과 자연 생태학(군집생태학), pp.352~353, 아카데미서적.

서 군집, 2) 구체적 군집과 추상적 군집, 3) 개체군의 집합으로서 군집, 4) 주기적인 공간 점유를 통한 상호 작용으로서의 군집을 통하여 정의한다. 이러한 면에서 어휘의 군집도 동일한 방법으로 논의가 될 수 있다. 어휘에 있어서의 어종, 구체성 / 추상성에 따른 의미, 어휘 관계, 유의어 / 대립어 등은 개체에 따른 어휘 군집으로 규정할 수 있기 때문이다.

언어는 생명체의 생멸 과정에서 나타나는 경쟁, 간섭, 쟁취라는 생태계에서의 속성과 동일한 면을 보인다. 언어를 생태학의 관점에서 접근하는 것은 언어의 유기적 규칙을 발견하는 데 많은 도움을 줄 것이다. 어휘는 어떤 환경 속에서 어떻게 생성하고 소멸하는가? 어휘의 생성과 소멸은 필연적인가 우연적인가? 이러한 질문에 대한 해결은 어휘의 변화를 설명하는 데 중요한 요소가 된다. 그러나 언어의 변화와 관련하여 생성과 소멸의 동인을 다루기는 쉽지 않다. 충분한 이유가 있어서 그 변화가 나타나는 것인지, 아니면 우연히 생멸하는 것인지를 따지기 힘든 부분이 있기 때문이다. 이것은 생태계의 유지 공간과도 마찬가지이다.

언어의 변화는 일정한 규칙을 가지지 않는다. 만약 분명한 규칙만 발견할 수 있다면 언어 변화의 패턴을 설명하는 것은 어렵지 않다. 따라서 언어의 변화를 설명하기 위해서는 규칙성을 찾는 것이 가장 빠른 길이다. 하지만 규칙성의 정의를 '반드시 동일한 변화만을 나타낼 때'라고 규정한다면 그 설명의 영역이 너무 제한된다. 그렇다면 규칙성을 설명하기 위해서는 어떠한 방법을 마련해야 할까? 음운의 변화에서는 철저히 동일하게 변화하는 규칙성을 얻을 수 있다. 하지만 의미의 설명에서는 그 규칙성을 찾아내기가 쉽지 않다.

카오스는 원리적으로는 확정되어 있으나 장래 예측이 불가능한 현상을 말한다. 따라서 카오스의 연구목적은 무질서하고 예측 불가능한 현상 속에 숨어 있는 정연한 질서를 끄집어내어 새로운 사고방식이나 이해방법을 제시하는 것이다. 일상 속에서의 언어도 우리가 규칙적이라고 생각하는 많은 요소들이 불규칙성을 내포하고 있을 수도 있고, 불규칙적이라고 생각한 요소들이 우연히 그 규칙성을 인정받을 수도 있다. 따라서 여기서는 어휘의 변화가 어느 정도 규칙적일 때 규칙성을 가진다고 할 수 있느냐의 문제도 검토 대상이 된다. 어휘 변화를 설명할 수 있는 것은 항상 어떤 관계를 맺는 현상에서부터 시작한다. 이러한 관계의 형성에서부터 언어의 변화를 설명해 들어가는 것은 생태적으로도 유용한 작업이다.

시스템이란 여러 개의 부분들이 모여 일련의 과정을 통하여 상호작용하는 집단이다. 이에 전체론(holism)이란 개념은 상호작용하는 각 부분들이 결합하여 새로운 성질을 갖게 되는 것을 말한다. 다시 말하면 전체란 부분들의 합 이상을 나타낸다. 이처럼 부분들이 합하여 새로운 성질을 보여주는 전체를 우리는 시스템이라고 부른다. 어떤 경우에는 시스템의 전체성이 강조되고, 또 어떤 경우에는 구성요소 간의 상호 작용이 강조되기도 한다. 시스템의 크기와는 관계없이 시스템 내에는 시스템을 구성하는 부분들이 존재하기 마련이다. 화학 시스템을 구성하는 화학물질이 있고, 생물시스템을 구성하는 세포와 기관이 있고, 생태계를 구성하는 생물과 이를 둘러싼 물리적 환경이 있으며, 환경 시스템을 구성하는 인간과 자연 사이의 수많은 작용들이 있다.[2] 이러한 시스템 이론에 따라 언어도 마찬가지의 시스템을 구성한다. 언어를 하나의 시스템이라고 본다면, 어휘, 의미, 문법, 음운 등은 각각의 구성요소를 바탕으로 하는 시스템을 구성한다. 이러한 각 부분들의 시스템이 결합하여 새로운 성질의 시스템을 형성한다. 결국 언어는 생태계의 시스템과 유사한 관점에서 충분히 논의될 수 있는 가능성을 가진다. 전체와 부분이라는 여러 가지 조건들이 작용하여 언어 시스템을 설명할 수 있을 것이다. 어휘를 설명하기 위해서도 이와 같은 효율적인 시스템이 반드시 작용할 것이다.

언어의 변화, 특히 의미의 변화를 기술하는 것은 상당히 어려운 작업이다. 한정된 자료만으로는 당시 언어 현장에서의 미세한 의미차이를 기술하

---

2) 박석순 외 옮김(2000), 시스템 생태학, 도서출판 아르케, pp.36~37

는 것은 어렵다. 특히 우연히 발생한 것으로 보이는, 혹은 역사적으로 그 예가 드문 현상들에 대한 기술은 논리의 전개가 더욱 어렵다. 음운론이나 문법론에서는 이러한 현상들에 대한 기술의 방안들이 마련되어 있지만 의미론에서는 이들을 처리하는 것이 쉽지가 않다. 어떠한 것이 규칙적인지를 판단하기가 어렵기 때문이다. 음운, 문법적 현상들의 기술에서는 비규칙적인 예들이 통시적 기술에서 중요한 역할을 담당하기도 한다. 하지만 의미론의 기술은 다수의 규칙적 현상만이 통시적 기술에 도움이 된다. 따라서 많은 예들이 예외로 취급되고 만다. 물론 불규칙적인 것이라도 특별한 연관성만 찾아낸다면 변화의 현상을 살펴볼 수 있다. 비록 규칙으로까지 정의될 수는 없다고 하더라도 이러한 연관성 분석은 언어의 변화를 부분적으로 예측할 수 있다.3) 하지만 연관성이라는 것도 결국은 확률에 의한 가능성일 뿐이다. 결국 100% 확실한 현상은 찾아보기 힘들다. 따라서 의미를 연구하는 데 나타날 수 있는 몇 가지 현상을 중심으로 이러한 점을 해결하고자 한다. 이를 설명하기 위하여 Aristoteles의 언어의 양상에 대한 관점과 형식논리학에서의 의미 변화와 관련한 논의, 그리고 칸트의 현실적 규칙으로의 설정 여부를 도입하고자 한다. 일단 현재 나타나는 언어의 양상은 필연적인 것과 우연적인 것으로 구분하여 살핀다. 그리고 의미 변화를 가능하게 하는지 여부에 따라 가능성과 불가능성 논의를 추가한다. 마지막으로 현실적 규칙으로의 설정 여부를 두고 현실성과 비현실성이라는 특성을 탐구한다.

홍사만(2003)4)에서 언어의 생태적 변화를 논한 바 있다. 언어의 변화를 고민하면 이러한 생태성에 대한 관련성은 충분히 감지된다. 과거의 언어 사실에 대한 생태적 규명은 언어의 변화와 관련하여 중요한 작업이다. 언어에 있어 생태학적 접근이 가능한 것은 언어 자체가 환경 의존적인 존재라는 것

---

3) 이광호(2003), 국어 유의 현상의 연관성 분석, 언어 과학 26, 언어 과학회, pp.169~188에서 유의어의 공시적 현상과 통시적 현상에 나타나는 연관성을 분석하여 그 변화의 방향을 예측한 바 있다.
4) 홍사만(2003), 국어 어휘의미의 사적 변천, pp.13~29.

과 언어의 내부에도 역학적인 힘의 논리가 엄존하여 이에 따른 생멸과 조화와 균형을 이루는 질서가 발견되기 때문이다. 언어 현상에서 존재하는 생멸과 조화와 균형의 원칙은 생태계에서 존재하는 원리와 동일하게 작용한다. 이를 위하여 언어는 기존의 논리에서 나타나는 환경 속에서의 동일성, 혹은 이를 깨뜨리려는 욕구, 약육강식과 적자생존이라는 힘의 논리 등을 적용하고 있다. 이러한 힘의 논리는 유기체로서의 특성을 가진 대상이라면 어떤 것이라도 이런 논리성을 내포하고 있다고 봐도 좋을 것이다.

여기서는 어휘의 양상에서 설명할 수 있는 생멸의 논리를 몇 가지 단계로 설명하고자 한다. 우선, 생성과 소멸의 단계에서 나타나는 것이 필연성을 가진 것인지 아니면 우연적인 산물인지를 분석할 것이다. 그리고 이러한 양상에 의한 것이 의미 변화를 가능하게 만드는지의 여부를 형식 논리학에서의 가능성과 불가능성의 성격으로 규명할 것이다. 마지막으로 이들이 현실적 규칙성을 획득하는지의 여부에 따라 현실성과 비현실성의 논리로 파악할 것이다.

1.1. 언어 현상의 우연성

언어 현상의 기술이나, 언어의 변화에서 나타나는 몇 가지 우연적 요소는 일반적으로 예외적 현상으로 기술하고 처리해 왔다. 하지만 이러한 우연성을 예외로 처리해 버리면 언어 현상을 기술하는 데 많은 어려움을 겪을 수 있다.[5] 몇 가지 예외적 현상으로 보이는 대상을 중심으로 이들을 어떻게 처리하는 것이 바람직할 것인가를 점검해 보고자 한다. 언어 현상에서 우연[6]이라는 것이 있을 수 있을까? 그 우연이라는 것은 어느 정도의 필연성을 확

---

5) '낯'이나 '얼굴'이 가진 부분적 의미(우연적 의미)를 놓침으로써, 유의성의 형성을 근대국어에서 나타나는 현상으로 설명하였다.

6) 우연(성)이란 용어는 일반적으로 예외성으로 설명한다. 하지만 예외성이란 용어는 필연적 결과로 설명할 수 없는 결과론적 입장에서의 기술이다. 따라서 나타나는 현상을 중심으로 했을 경우에는 우연(성)이라는 용어를 쓰기로 한다.

보하고 있는 것은 아닐까? 그렇다면 우연성과 필연성이라는 차이는 어떻게 설명할 수 있을까? 일반적으로 한 번에 그쳐버리는 어떤 현상들을 우연성으로 취급한다. 필연적 현상은 예측 가능한 방향으로 반복되는 현상들이다. 이광호(2003)에서는 유의어의 변화를 통하여, 공시적 현상과 통시적 현상과의 관계에서 나타나는 우연적 요소가 어떤 일정한 변화를 동반할 수 있다는 가능성을 점검한 바 있다.[7] 우연적으로 결합되는 공시적 현상들이 일정한 규칙을 형성하면서, 결국 통시적으로도 관련이 있다는 것을 살펴본 것이다. 이는 결국 공시적 언어 현상에서 나타나는 우연적 요소의 규칙성을 담보로, 앞으로의 언어 변화도 예측 가능하게 만드는 방법을 제공한 것이다. 이러한 변화도 어떤 면에서는 우연한 어떤 사실로 생각한 것을, 카이제곱 값이나 점근유의확률[8]이라는 통계적 방법을 통하여 그 규칙성(혹은 연관성)을 살핌으로써 필연적인 언어 현상으로 살펴볼 수 있는 가능성을 연 것이다. 우리가 규칙성을 발견하지 못한 것은 언어를 개별적인 현상으로 봤을 때이다. 규칙적 변화는 군집을 형성할 때 그 변화에 대한 파악이 보다 용이하다. 물론 규칙성으로 설명하는 것도, 모든 부분에서 반드시 그렇다는 것을 의미하지는 않는다. 동일한 조건이라고 하더라도 의미는 그렇지 않은 예외가 존재한다. 그렇다면 이러한 요소들은 왜, 언제 발생하는 것일까? 우연성이라는 것은 어떤 일정한 규칙을 제공하고자 하는 전초 단계로 형성되지는 않을까?

　　변화라는 것은 특별한 경우를 제외하고, 거의 일정한 템포로 이루어진다. 급격한 역사적 동인을 동반하지 않는 한, 변화는 서서히, 점진적으로 이루어진다. 일반적으로 언어 현상으로 설명할 수 없는 예외나, 우연성으로 설명할 수 있는 것은 어떤 경우로 한정할 수 있을까?

　　언어의 정밀성은 놀라울 정도로 치밀하다. 하지만 공시적 현상으로 살펴

---

7) 이광호(2003), pp.169~188에서, 공시적으로 형성되는 다의성, 표현의미, 통사 기제가 통합, 분화, 지속이라는 현상과 관련이 있음을 증명하였다.

8) 언어의 우연적 요소가 통시적으로 어느 정도 연관성을 가지고 있느냐를 파악할 수 있는 방법으로 점근유의확률과 카이제곱검정 방법을 사용한다. 일반적으로 점근 유의확률값은 0에 근접할수록, 카이제곱값은 5 이상의 수치를 보일 경우 연관성을 가진 것으로 취급한다.

본다면 몇몇 부분에서 혼란스러운 현상들이 발견된다. 설명할 수 없는 예외적 현상들이 발견되는 것이다. 언어의 현상을 설명하기 위해 나타나는 예외적인 현상을 어떻게 처리해야 할까? 다음의 유의어에서 나타나는 표현의미를 중심으로 몇 가지 요소를 점검해 보자.

 '양ᄌ'와 '얼굴'은 '모습, 모양'이라는 의미를 가지고 의미 동질성을 확보하고 있었다.[9] 그렇지만 이들이 가지는 의미 동질성은 모든 언어 표현에서 그렇게 형성되지는 않는다. 일부 아니면 다수의 언어 표현에서 그렇게 형성될 뿐이다. 유의어는 동일한 의미를 가지는 어떤 언어 표현(교체 검증)을 가지면 유의어로 인정한다. 하지만 이러한 유의어의 성립 기준은 애매한 부분이 있다. 다수의 언어 표현에서 그렇지 않다 하더라도, 일정한 언어 표현에서만 유의어로 성립하도록 한 것이다. 이런 경우 언어 현상으로 설명할 수 있는 규칙성이라는 것은 그 현상에만 국한한다. 그렇지 않은 많은 부분에서는 의미 동질성을 가지는 유의어로 성립할 수 없다.

 '양ᄌ'와 '얼굴'은 상당히 유사한 의미를 확보하고 있었다. 유의어로 설정되는 공시적 현상 중, 표현 의미의 차이에 의한 것이기 때문이다. 따라서 많은 부분에서 의미 동질성을 확보하고 있다. 하지만 미세한 의미 표현에서는 상이한 의미 영역도 확보한다. 부분적으로 자신의 독자적 의미 영역도 동시에 확보하고 있다. 하지만 그 비율은 그렇게 높지 않다. 당시로선 우연히 형성되는 상이한 표현들인, 예외적 현상들을 어떻게 기술하는 것이 바람직할 것인가? 다수의 규칙적 현상에서 나타나는 예외적 현상으로 취급해야 할 것인가? 아니면 여기서 어떤 다른 언어적인 현상을 설명할 수 있을 것인가?

 우연히 나타나는 언어적 현상들을 처리하는 것은 언어의 규칙성을 보다 더 확실하게 확보할 수 있는 방안을 마련할 수 있게 한다. 우연히 나타나는 현상으로만 본다면 이들은 다음의 두 가지 경우로 해석할 수 있다. 첫째, 이전의 언어적 현상의 잔영이라는 견해와, 둘째, 앞으로 나타날 수 있는 언어

---

9) 이광호(1990)의 분석 자료를 토대로 함.

현상을 반영하고 있다는 설명 방법이다. 이들은 공시적 관점에서 본다면 정말 우연히 형성되는 언어적 현상일 수 있다. 이전의 언어 현상을 반영한다는 관점은 이전의 엄격한 언어 현상에서 점차 그 구분의 경계를 넘어 서는 것으로 본다. 엄격한 구분에서 느슨한 구분으로 나아가는 경우이다. 이러한 현상은 많은 부분에서 감지된다. 공시적 현상에서 통시적 결과를 추출할 때, 통합으로 나아가는 변화는 대체로 이러한 경우를 포함하고 있다. 이들은 이전의 엄격한 구분에서 느슨한 구분으로 나아가는 현상이 지속되다가 그 결과 통합이라는 현상으로 나타난다. 물론 이 과정에서 사어화 현상은 필수적으로 동반된다. '양즈'와 '얼굴'의 경우도 여기에 해당한다. 이들은 '양즈'와 '얼굴'이 가지는 의미 영역이 엄격하게 구분되다가, 어느 순간에 이들의 의미 영역이 넘나들면서, 느슨한 구조로 나아간 것으로 보인다. 이러한 느슨한 구조는 통합이라는 변화로 나아간다.

    (1) 양즈 : [+추상성] → [±추상성]
        얼굴 : [−추상성] → [±추상성]

'느외'와 '다시'에서 나타나는 언어적 현상은 이러한 관계를 아주 분명하게 보여준다.[10] 15세기어에서는 부정적 서술어와 긍정적 서술어로 구분되는 언어적 현상이 아주 규칙적이다. 그러나 이러한 현상이 16세기 이후 그 경계가 느슨해지면서 결국 '다시'로 통합된다.[11]

    (2) 느외 : [−긍정성] → [±긍정성]
        다시 : [+긍정성] → [±긍정성]

엄격한 통사론적 변별 장치를 가진 유의어들은 대체로 이러한 변화에 동참하고 있다. '양즈'와 '얼굴'의 경우에도 이러한 변화를 가정한다면, 이전

---

10) 전재호·박전현(1986), 의미소 <復>의 어형 변천, 어문론총, 한국문학언어학회, pp.1~20.
11) 이광호(2002), 유의경쟁의 통시성 고찰, 어문학 77, 한국어문학회, pp.79~99 참조할 것.

의 일정한 시기에 이러한 엄격한 의미 영역이 확보되었을 것으로 추정할 수 있다. 당연히 이들은 변화의 시기에 언어의 소멸과 통합이라는 과정을 밟는다. 따라서 언어는 이러한 우연한 언어 현상(예외성)들을 통해 일정한 변화의 방향을 내포하고 있는 것으로 추측할 수 있다. 일반적으로 언어의 변화가 엄격함에서 느슨함으로 넘어간다고 할 때 추정할 수 있는 방법이다. 이러한 현상은 이전의 언어 현상과 이후의 언어 현상을 추정할 수 있게 한다. 즉, 어느 시점에서 엄격한 규칙성을 가진 이질적 언어 현상으로 작용하다가, 그것이 서로 넘나드는 영역을 허용하면서 유의어로 작용한다. 이것은 결국 유의어라는 특성을 통하여 짐작할 때 유의 경쟁을 거쳤을 것이고, 경쟁의 결과 어떤 언어 표현의 통합, 분화를 유발하는 결과를 초래한다.

이와는 반대로 느슨함에서 엄격함으로 넘어가는 언어의 변화도 생각할 수 있다. 이는 공시적 현상에서 나타나는 우연적 요소가 규칙적 불완전성을 가지기 때문에 이를 더욱 정밀화 시키려는 노력을 유발한다. 부분적으로 나타나는 예외적 현상들은 엄격한 자신의 영역을 확보하기 위해 부단한 노력을 한다고 볼 수 있다. 따라서 우연히 나타나는 이런 현상들은 표현을 정밀화하려는 과정에서 나타나는 것으로 볼 수 있다. 즉 이러한 우연성은 느슨한 구조에서 일정한 틀을 확보하려고 하는 변화를 동반한다. 언어의 분화는 이러한 점을 강하게 보여준다. 유의어에서 다의적 현상으로 나타나는 것들은 대체로 이러한 변화를 동반한다. 이로 볼 때, 언어의 예외적 현상은 결국 언어 변화를 밝히는 단초로 작용할 수 있다. 예외적 현상이 다수의 규칙성을 부정하지 못하거나, 예외적인 현상도 어떤 규칙성을 가진 것으로 판단할 수 있다면, 이들은 결국 언어 현상의 하나로서 설명이 가능하다. 그러나 예외적 현상이 규칙성을 확보하지 못한다면 이것은 의미 없는 우연한 현상으로 보아야 할 것이다. 우연성이 남발될 경우 이것은 하나의 개별적 언어 표현으로 설명할 수밖에 없다.

'양ᄌᆞ, 즛, 얼굴'의 의미 검토에서 이들에 대한 의미를 구분하여 '양ᄌᆞ'는 추상적 모습, '즛'은 움직임이 있는 모습, '얼굴'은 구체적 모습으로 설명한다.[12] 하지만 이들에 대한 용례들을 점검하면 이런 엄격성은 나타나지 않는다. 다만, 이러한 현상들이 다수 보일 뿐이다. 이에 대한 논의를 취급한 이광호(1990)의 논문 용례를 중심으로 예외성을 찾아보자. 이광호에서 나타나는 용례에서도 예외성을 가지는 유의어 표현들이 나타난다. '양즈'와 '얼굴'이 가진 주 의미는 [±구체성] 자질에 의해 나누어진다. 총 예문의 수에서 '양즈'가 가진 추상적 의미라는 주의미에서 이탈하는 것과 '얼굴'이 가진 주의미인 구체적 의미에서 이탈하는 예문의 수로 볼 때, 이들이 완전한 규칙성을 가지지는 않는다.[13] 물론 이와 같은 방증 자료들은 많은 부분에서 나타날 수 있다. 우연한 언어적 현상이라고 하는 것에서는 어느 정도 인정 가능한 측정치일 것이다.

	'양즈'	'얼굴'
[+추상성]	96.8%	[−추상성] 97.2%
[−추상성]	3.2%	[+추상성] 2.8%

여기서 보는 것처럼 그 예외적 현상들은 반드시 존재한다. '양즈'에서도 주의미 역할에서 벗어나 구체적 모습을 뜻하는 예가 전체 예문 중 3.2%를 차지하고, '얼굴'에서도 구체적 모습이 아닌 추상적 모습의 의미로 2.8%가 쓰인다. 그리고 '즛'의 설명에서는 단 하나의 예(손을 즛ᄒ디 말며 ; 소학45ᄒ1)를 통해 '움직임의 모습'으로 설명한다. '양즈'와 '얼굴' 그리고 '즛'에 대한 해석은 서로 상이한 현상이다. '양즈'와 '얼굴'은 대체로 그러한 의미를 형성하는 보편적 현상을 통해 설명하고 있고, '즛'은 예외적 현상을 통해 설명하고 있다.[14] 이 외 어떤 유의어쌍이라도 마찬가지로 예외적 현상은 존재한다. 이러한 점을 어떻게 설명해야 할까? 일반적으로 의미의 분석에서는

---

12) 이광호(1990), '양즈', '즛', '얼굴'의 유의구조 분석, 어문학 51, pp.111~123 참조.
13) 의미 동질성과 이질성을 동시에 가지는 유의어의 개념으로 볼 때, 의미적으로 완전한 규칙성을 가지는 것은 있을 수 없다. 당연히 부분적으로 나타나는 예외성을 가진다.
14) 현대어와의 관련을 통해 그 의미적 역할을 중요시하여 설명하고 있다.

100% 동일한 언어적 현상을 살펴보기가 어렵다. 음운현상의 기술처럼 확연한 규칙성을 가지는 경우는 드물기 때문이다. 그렇다면 의미의 기술에서는 100%가 아닌 불확실성의 요소를 두고 언어적 해석을 하고 있는 것이다. 유의어의 기술에서 비록 100%는 아니더라도 분명히 언어적 차이가 나타나는 예외 때문에 이들의 의미차이를 설명하지 않을 수는 없다. '낯'과 '얼굴'은 현대어에서 유의어로 작용한다. 많은 부분에서 교체가 자유롭기 때문에 이를 유의어로 취급한다. 하지만 어떤 예외도 가지지 않는 완전 동의는 아니다. 이들을 올바로 분석하려면, 교체가 모든 부분에서 가능하든지, 아니면 모든 부분에서 교체가 불가능해야 한다. 그럼에도 불구하고 이들은 하나의 유의어쌍으로서 그 의미를 분석해야 한다. 따라서 의미의 분석이라는 것은 동일한 의미 영역과 상이한 의미 영역을 어떻게 구분하느냐 하는 문제와 항상 부닥친다. 이것이 의미 분석을 어렵게 만드는 요인이다. 사전 편찬자들은 겉으로 나타나는 현상을 중심으로 그 의미를 해결하는 경향이 있다. 따라서 다음과 같은 문제가 야기된다.

국립국어연구원, 표준국어대사전의 용례 설명에서 '얼굴'과 '낯'은 다음과 같이 설명한다.

> 얼굴 : ① 눈, 코, 귀, 입이 있는 머리의 앞면, ② 머리 앞면의 전체적 윤곽이나 생김새, ③ 주위에 잘 알려져서 얻은 평판이나 명예, 또는 체면, ④ 어떤 심리 상태가 나타난 형색, ⑤ 어떤 분야에 활동하는 사람, ⑥ 어떤 사물의 진면목을 단적으로 보여 주는 대표적 표상으로 설명하고 있다.
> 낯 : ① 눈, 코, 귀, 입이 있는 얼굴의 바닥, ② 남을 대할 만한 체면

이에 의하면 '얼굴'이 가진 의미 중 ①, ③은 '낯'과 교체가능성을 가져야 한다. 그러나 사전 ①의 용례 중에서 '둥근 얼굴', '주민등록증의 얼굴 사진' 등은 사전적 의미상 '낯'과의 교체가 가능할 것으로 보이나 실제 사용에서는 어색한 느낌을 준다. 그리고 다음의 예들에서 동일한 의미로 설명하고

있는 '얼굴'과 '낯'은 교체가능성이 확실하게 구분되지 않는다.15)

둥근 얼굴(*낯), 주민 등록증의 내 얼굴(*낯), 잘생긴 얼굴(*낯), 험상궂은 얼굴(*낯), 준수한 얼굴(*낯), 얼굴이 예쁘다(*낯), 얼굴이 참 곱다(*낯), 어른들은 그녀의 얼굴(*낯)이 복스럽다며 매우 좋아하셨다, 기쁨에 충만한 얼굴(*낯), 생각에 깊이 잠긴 얼굴(*낯), 문단의 새 얼굴(*낯), 이제는 무슨 일을 하든지 묵은 얼굴(*낯)로는 안 된다

현대어의 설명도 이러한데 중세국어에 대한 설명은 어떨까? 지금까지의 논의에서 '얼굴'이 '낯'과 유의어를 형성하는 것은 근대국어 이후일 것으로 보고 있다. 이들에 대한 예외는 없는 것일까? 정말 엄격하게 이전의 언어 현상에서는 구분되다가 근대국어를 지나면서 유의성을 획득하게 되는 것일까? 다음의 예들은 이러한 점에 대한 의심을 갖게 한다.16)

(3) 늘근 ᄂᆞᄎᆞ란 紫金丹애 브티고져 ᄒᆞ노라(老衰顏欲付紫金丹, 두초21:5)
(4) 얼굴 늘구믈 슬노니(傷形體, 두초16:18)
(5) ᄂᆞ치 ᄢᅴ 무티고 門밧긔 셔 이셔 우더니(월석10:17)
(6) 얼구렛 ᄢᅴ롤 ᄣᅥ러 ᄇᆞ료니(撥形骸累, 두초3:48)

중세국어에 나타나는 용례에서도 (3)과 (4), (5)와 (6)은 분명히 동일한 의미로 교체가 가능한 것으로 여겨진다. 이러한 예들은 어떻게 의미 변화와 관련하여 적절한 설명이 이루어지지 않았을까? 물론 전체적 설명에서는 별로 영향을 미치지 않는다고 하더라도 이러한 부분은 의미 기술에서 어떻게 해결해야 할 것인가?

---

15) 자세한 논의는 이광호(2006), '낯'과 '얼굴'의 의미 고찰, 어문학 93, 한국어문학회 pp.81~108을 참조할 것.

16) 이에 대한 자세한 의미 해석과 의미 변화에 대한 설명은 이광호(1990), 15, 6세기어 '양ᄌᆞ', '즛', '얼굴'의 유의구조분석, 어문학 51, pp.111~123에 상세히 논의되어 있음.

1.2. 규칙성과 확실성

　언어의 변화가 엄격함에서 느슨함으로 넘어간다고 볼 때, 엄격한 규칙성을 가진 것이 예외성을 확보하는 과정이라고 생각할 수 있다. 그렇지 않고 언어 표현이 느슨함에서 엄격함으로 나아가는 과정이라고 볼 때는, 예외적 현상들은 정밀화하려는 언어 표현의 욕구를 나타내는 과정이라고 볼 수 있다.[17] 이러한 변화를 용이하게 설명하기 위해 규칙성과 확실성이라는 자질을 설정하고자 한다. 규칙성이라는 것은 언어 현상으로 설명할 수 있는, 일정한 틀을 가진 것을 말한다. 반면에 우연성이라는 것은 규칙성을 동반하지 않는 반복되지 않은 언어 현상이다. 그렇지만 어떤 것을 규칙성으로 인정하고 어떤 것을 우연성으로 인정할 것인가 하는 것은 애매한 부분이 있다. 언어 현상에서 일정한 틀 속에서 예외를 가지지 않는 것은 별로 나타나지 않기 때문이다. 물론 음운론에서는 이러한 현상이 가능할 수 있다. 하지만 의미의 기술에서는 완전한 규칙성을 가진 요소는 그렇게 흔하지 않다. 이기문(1998)[18]에서는 이러한 변화와 관련하여 조건 변화와 무조건 변화로 기술한 적이 있다. 이러한 변화의 유형 기술은 변화의 현상에만 국한할 수 있다. 특히 무조건 변화를 하나의 언어 현상으로 기술할 수 있는 것은 일정한 규칙성을 확보했기 때문이다. 어떠한 조건하에서 필연적으로 나타나는 언어현상이 있는가 하면 몇몇의 예외적 현상들이 존재하는 언어 현상들도 있다. 음운의 변화나 문법의 변화는 필연적 귀결이 이루어지는 현상들이 분명히 존재한다. 그렇지만 의미적 변화는 필연적인 규칙성을 가진 변화는 거의 나타나지 않는다. 부분적으로 적용되는 언어 현상들이 더욱 소중한 경우가 많다. 따라서 부분적으로 적용되는 언어 현상들을 어떻게 포착하느냐가 아주 중요하게 작용한다. 그러므로 의미 변화의 기술은 여러 가지 조건적 변화를

---

17) 많은 어례들을 문헌 중심으로 충분히 고찰할 수 있다면, 이들에 대한 단계별 언어 변화의 과정을 분석하는데 도움을 얻을 수 있을 것이다.
18) 이기문(1998), 신정판 국어사개설, pp.14~17.

살펴보고 그 현상들을 토대로 하여야 한다. 그리고 이러한 것들을 어떻게, 그리고 무엇을 정형화된 언어적 현상으로 기술할 것인가를 먼저 논의해야 할 필요가 있다. 이를 위하여 논의 전개의 필요상, 어례 출현과 관련한 우연성의 정도에 따라 규칙성[−우연성], 반규칙성[±우연성], 비규칙성[+우연성]을 설정한다. 우연히 나타나는 어례들이 가지는 규칙성과 관련하여 이들을 분류하고자 하는 것이다. 그리고 이러한 우연성이 일정한 규칙을 가지고 어떤 변화 결과와의 관련 정도에 따라서 확실성[+예측성], 반확실성[±예측성], 비확실성[−예측성]으로 분류하고자 한다. 이는 특정의 언어 현상이 어떤 연관성을 통해 변화를 예측할 수 있느냐의 여부에 따른다. 언어 현상으로의 기술이 가능한, 규칙적인 현상은 우연성의 설정 여부에 따라 규칙성과 반규칙성의 경우를 상정한다. 이들은 대체로 언어 변화의 결과를 토대로 할 때도 그 결과의 예측이 가능한 확실성, 반확실성과 관련을 가진다. 그리고 언어 현상으로 설명할 수 없는 산발적인 것으로 비규칙성을, 언어 변화의 결과를 예측할 수 없는 것으로 비확실성을 동시에 상정한다. 확실성의 자질은 이전의 언어 변화와 관련한 규칙성 여부를 통해 설명할 수 있다. 이전의 규칙적 변화가 앞으로의 언어 변화에도 그대로 적용될 것으로 생각하는 것이다. 유의어의 공시적 현상이 다의적 용법, 표현의미 차이, 통사론적 변별기제로 형성되었음은 일반화된 사실이다. 이러한 현상이 그대로 적용된다면 통시적 현상에서는 통합과 분화, 그리고 지속이라는 규칙적 변화를 동반한다. 가령 중세어의 단계에서 근세어의 단계로의 변화에서 어떤 규칙성을 가지는 것이라면 이것은 현대어에서의 변화를 예측할 수 있다. 그렇다면 이는 확실성의 자질을 가진다.

규칙성과 반규칙성, 확실성과 반확실성은 일반적으로 언어의 현상을 설명하는 데 일정한 규칙을 제공한다. 즉 하나의 언어 현상으로 기술이 가능한 것이다. 반규칙성과 반확실성은 부분적으로 예외적 현상을 가지고 있다. 그렇지만 이 예외적 현상은 변화의 단초를 제공하든지 아니면 이전의 언어 현상을 반영한 것이다. 이는 결국 이전의 언어 현상을 반영하면서, 앞으로의 변화를 예견하도록 만든다. 규칙성을 가진다는 것은 하나의 언어 현상으로 설명할 수 있는 가치가 있다. 이것이 예외성을 가지든 그렇지 않든 일정한 규칙성이 발견된다는 것이 중요하다. 따라서 규칙성은 하위의 개념적 의미 자질인 [−우연성]을 동반한다. 물론 언어현상으로의 설명이 가능한 반규칙성도 규칙적 자질을 갖는다. 하지만 예외성, 즉 규칙으로 설정하기 곤란한 우연성도 동시에 가진다. 따라서 비규칙성에서 나타나는 예외성은 일정한 규칙을 형성하지 않는 무작위적인 특징을 가진다. 그러나 이러한 현상은 언제든 규칙성을 확보하면 일정한 언어 현상으로 설명할 수 있게 된다.

언어에 반영되는 역사성은 갑작스런 변화를 야기하지는 않는다. 어떠한 변화라도 그것은 특정의 역사성을 반영하고 있다. 따라서 역사적 흐름을 면밀히 관찰하면, 그 변화를 예측할 수 있고, 현재의 언어 상황을 추정할 수 있다. 언어 연구는 현재의 언어 상황과 관련하여, 과거의 언어적 현상들이 어떻게 반영되는지를 살펴볼 필요성이 있다. 비록 우연성으로 인정되는 비규칙적 언어 현상이라도 변화의 단서가 되는 것이 있기 때문이다.

언어가 유의어로 작용한다는 것은, 공시적으로 몇 가지 특징을 가진다. 이중에서 다의성으로 인해 유의어로 존재하는 것은 A∋{a, b, c}, B∋{a, d, e}로 나타날 때, A, B 집단의 a에 의해 유의어로 존재할 수 있다. 물론 이는 A, B가 다의어로 존재하는 경우이다. 어떤 한 단어가 다의어로 존재하더라도 이러한 설명은 가능하다. 여기서 나타나는 a는 그야말로 우연한 언어 현상일 수 있다. 하지만 이 현상으로 인해 A와 B는 유의어로 작용한다. 따라서 유의어가 가지는 일반적 경쟁의 규칙성을 가지는 것이다. 규칙성 자질은 현재의 언어 현상을 중심으로 설정할 수 있다. 우연한 현상이라고 하더라도 이는 유의어라는 영역에 들면서 변화에 대한 예측을 가능하게 한다. 확실성의 자질을 확보하는 것이다. 유의어의 공시적 현상 중 다의적 용법에 해당하면서, 그 변화는 앞으로 분화로 나아갈 예측성을 가진다.

확실성 자질은 변화의 결과와 관련이 있다. 어떤 현상과 관련하여 그것이 변화의 결과에 반영이 된다면, 이는 확실성 자질을 가지는 것이다. 가령

'즛'이라는 중세어 단어는 당시엔 [±구체성]이라는 규칙적 언어 현상들이 주된 용법이었지만, 전혀 예상하지 못했던 [+움직임]의 의미 영역으로의 의미 변화가 일어났다. 이것은 비규칙적 언어 현상이 [+확실성]의 의미적 역할을 취한 것이다. 반규칙 언어 현상을 가진 '양ᄌ'나 '얼굴'도 당시에는 반규칙적이었던 [±구체성]의 의미 특성을 가졌지만 현대 국어에서 나타나는 변화의 결과와는 연관성이 떨어진다. '양ᄌ'는 당시에는 높은 사용 빈도를 보였지만 현대국어에는 그 당시의 언어적 현상이 전혀 반영되지 않는다. '얼굴'은 [+구체성]이라는 의미 영역을 가지지만, 당시의 의미적 역할이 현대어에 이어지지 않는 [−확실성]의 의미 자질을 획득한다. 규칙성이라는 의미 자질과 확실성이라는 의미 자질을 가지고 언어적 현상과 의미 변화의 결과를 기술할 때 의미의 통시적 현상을 보다 분명히 기술할 수 있는 바탕이 마련될 것이다.

1.3. 의미 변화 기술의 실제

유의어는 화자의 언어 선택과 관련한다. 이것은 유의어를 판별하는 중요한 기준이 된다. 화자의 언어 표현시 선택을 망설이게 하는 단어집단이 유의어이기 때문이다. 이러한 유의어는 공시적으로 1) 다의적 용법 중 중첩의 의미 영역이나, 2) 미세한 표현의미 차이를 가지면서 혹은 3) 동일한 의미를 지향하지만 통사론적 변별기제에 의한 구분으로 나타난다. 물론 이러한 요소들이 유의어로 성립하는 것은 분명한 언어적 현상이 느슨하게 처리되는 경우이다. 다의적 용법이나 표현의미의 차이에 있어서는 그 의미적 경계가, 통사론적 변별기제에서는 그 변별적 기제가 느슨해졌을 경우에 유의어를 형성한다. 그 기제가 느슨해지면서 교체가능성이 인정되는 것이다. 여기에는 화자의 잘못된 지식 정보도 관련될 수 있다. '작다'와 '적다'가 일상 언어에서 교체 가능하게 여겨지는 것은 화자의 잘못된 언어 습관이나 작용에 의해 나타나는 결과이다. 결국 언어의 교체가능성이란 것은 화자의 언어 선택이라는 또 다른 표현이다.

'얼굴'은 아주 중요한 신체 부위 중의 하나이다. 신체의 감각 운동을 주도하는 '입(味), 코(臭), 눈(見)' 등을 포함하고 있을 뿐 아니라 사람의 첫인상을 결정짓는 잣대가 될 수 있기 때문이다. 그런데 '얼굴'은 본래부터 지금과 같은 '顔面'이라는 의미를 가지고 있었던 것은 아니다. '얼굴'은 15세기에서도 어형은 '얼굴'이었으나, 형상, 형체, 모습의 의미를 지니고 있었다.[19] 서정범에서 얼굴은 '얼'과 '굴'의 합성어로서 '형태'의 뜻에서 '낯'의 뜻으로 바뀌었고, 현대어에서 '낯'은 비어가 되는 과정에 있다고 설명한다.[20] 그리고 조항범에서는 '낯'과 '얼굴'이 유의어로 성립한 것이 근세어부터라고 하면서, 현대어에서는 '낯'이 비속어로 떨어졌다고 하고 있다.[21] 그러나 (7), (8)에서 보는 것처럼 현대어에서 '낯'과 '얼굴'은 언어 선택과 관련한 유의어로 작용한다.

   (7) <u>얼굴</u>이 붉어졌다.
   (8) <u>낯</u>이 붉어졌다.

이들은 상당한 기간 동안 유의어로 공존해 온 것으로 보인다. 그러나 현대어에서 '얼굴'과 '낯'의 의미 차이를 대체로 비속어에 두고 있는데, 여기서 (8)의 예가 비속어로 작용하는지는 의심스럽다. 의미의 변화와 관련하여 다양한 점검이 필요할 것으로 보인다.

이광호에서는 유의어의 공시적 현상이 통시적 현상과 어떤 관련을 맺고 있는지를 분석하였다.[22] 유의어의 특성상 오랜 기간 유의어로 공존한다는

---

19) 이광호(1990), '양주', '줏', '얼굴'의 유의구조 분석, 어문학 51, pp.115~121.

20) 서정범(2000), 국어어원사전, 도서출판 보고사, p.432.

21) 조항범(1984), 국어 유의어의 통시적 고찰, 국어연구 58호, 국어연구회, pp.30~31. '얼굴'의 의미 축소로 [顔]의 뜻을 가지게 되어 '낯'과 유의관계를 형성하게 되었고, 이 시기가 18세기부터라고 하고 있다. 그리고는 18세기에서도 얼굴은 [형체]의 뜻을 잃지 않았다고 설명한다. 현대어에서는 '놏>낯'이 비속어로 떨어져 낯바대기, 낯짝, 낯 씻어라 등의 예를 들고 있다.

것은 적절한 변별력을 확보하고 있을 가능성이 높다. 유의어가 의미의 동질성과 이질성을 동시에 확보하고 있다는 것은 일반화된 사실이다. 의미적으로 의미 동질성을 확보하고 있으면서, 생존의 기본적 의미 특성을 가지고 있다. '낯'과 '얼굴'도 유의어로 작용하는 것은 분명한 사실이다. 따라서 이들은 당연히 동일한 의미 영역을 가지면서, 상이한 의미 역할도 가졌을 것이다. 이들은 비교적 복잡한 의미 자질을 취한 것으로 여겨진다. 교체라는 의미적 대응 방법을 가지고 적용해 보았을 때, 그 경계 영역을 찾기가 쉽지 않기 때문이다. 그래서 이들의 의미를 구체적으로 살펴보기 위해 다의적 의미, 인식적 의미, 표현의미라는 현상을 설정하고자 한다. 그리고 이들에게서 어떤 의미적 역할의 차이가 인정된다면, 그 의미적 변별성이 통시적 변화와 특정의 의미 관련성을 맺고 있는지도 살펴볼 것이다. 이것은 공시적 현상에서 설명할 수 있는 의미 변별성에 대한 방증의 자료로 삼을 수 있을 것이라는 기대도 갖게 한다. 이와 더불어 의미 동질성의 확보 시기나 구체적 의미 차이의 인식 시기 등에도 관심을 둘 것이다. 그렇지만 현대어에서, 이들에 대한 구체적 의미 역할에 대해서는 그 근거가 미흡하기 때문에 이에 대한 해결이 기본 과제가 될 것이다. 이를 위해 설문 조사와 관련한 통계 방법도 적용될 것이다.

1.3.1. '낯'과 '얼굴'의 통시적 의미 특성

'낯'과 '얼굴'이 중첩된 의미영역을 형성한 시기는 언제였을까? 일반적으로 '얼굴'이 신체부위를 지시하는 의미적 변화가 일어난 시기를 유의 경쟁의 시작 시기로 잡는다. 이는 대체로 근대국어 이후로 보고 있다. 중세국어

---

22) 이광호(2004), 국어어휘 의미론, pp.201~208에서는 유의 경쟁 속의 단어들 중 적어도 어느 한 단어가 다의적 용법을 형성할 경우 의미 동질성을 가지는 단어의 의미를 중심으로 유의어를 형성하거나, 미세한 감정적, 정서적 의미 차이를 가지는 경우나 통사론적 차이에 의해 의미 차이가 형성되지만 표현상 넘나드는 의미를 형성하면서 유의어가 형성된다고 설명하였다.

에서부터 유의 경쟁이 시작된 것으로 볼 수 있는 가능성은 1) '낯'이 중세
어에서 '얼굴'이 가진 '모습, 형상'의 의미로 쓰인 흔적이 발견되는 경우와
2) '얼굴'이 중세어에서 '顔'의 의미로 '낯'과 동일한 의미 영역을 가진 경
우, 그리고 3) '낯'과 '얼굴'이 특정의 의미로 중첩의 의미 영역을 가지는
경우이다. 이러한 점을 고려하여 '낯'과 '얼굴'의 통시적 의미를 살펴볼 것
이다. 그리고 '낯'과 '얼굴'이 가진 의미적 역할이 현대어와 어떤 관련성을
맺고 있는지도 점검의 대상이 될 것이다.

1.3.1.1. '눛'의 의미

  (9) 닐흐늬 <u>느치</u> 맞거늘(射中七十面, 용40)
  (10) 각시 꾀노라 <u>눛</u> 고비 빗여드라(曲49)
  (11) <u>느출</u> 거우숙본돌 므숨잇돈 뮈우시리여(曲62)

  (9)은 '일흔의 낯에 맞거늘'에 해당하여 현대어의 '얼굴(顔)'과 동일하게
쓰인다. '얼굴'의 어느 부위냐의 의문이 가능한데 이 의미는 현대어의 '얼
굴'로 그 의미적 역할이 넘어간다. (10)는 '각시(계집)가 태자를 유혹하려고
얼굴을 곱게 꾸미어 들어와'로 해석되는데 현대어에서 '낯'은 표현이 어색
하다. '얼굴'로 표현하는 것이 자연스럽다. (11)는 '태자가 고행하던 어느 날
아이들이 나무를 꺾어 태자의 얼굴을 찌른들(거역한들[23]) 마음이야 움직이겠
느냐?'로 해석되는데 이도 현대어의 '얼굴'이 자연스럽다.

  (12) 저믄 아두론 <u>눛</u>비치 서의ᄒ도다(稚子色凄凉, 두초7:2)
  (13) 그딋 眞實ㅅ <u>눛</u>고줄 보노라(見子眞顔色, 두초16:61)
  (14) 늘근 <u>느츠</u>란 紫金丹애 브티고져 ᄒ노라(老衰顔欲付紫金丹, 두초21:5)

  (12), (13)은 각각 '낯빛'으로 해석되는데 현대어에서는 '낯빛'과 '얼굴빛',

---

23) 박병채(1974), 월인천강지곡, 정음사, p.155.

'안색'의 표현이 모두 가능하다. (14)는 '늙은 낯은 자금단에 의지하고자 하노라'로 해석되는데, 현대어 '낯'은 어색하다.

(15) 부텻 ᄂᆞ치 겨시며(在佛面, 능1:47)
(16) 엇데 나ᄎᆞᆯ 보디 몯ᄒᆞᄂᆞ뇨 ᄒᆞ다가 ᄂᆞᄎᆞᆯ 몯보면(何不見面若不見面, 능1:60)
(17) 뻐메 반ᄃᆞ기 내 ᄂᆞᄎᆞᆯ 두르혀 보리니(開應反觀己面, 능1:161)
(18) ᄂᆞᆾ 보미 ᄒᆞ다가 인댄(見面若成, 능1:61)
(19) 이제 네 ᄂᆞᆾ 봄도 ᄯᅩ 이 네 모미라(今見汝面亦是汝身, 능1:61)

능엄경에서는 'ᄂᆞᆾ(ᄂᆞᆽ)'이 '모습'이나 '형상'의 의미로도 쓰이는 예가 나타난다. (15)~(19)는 꼭 '낯'에만 국한된 것이 아니라 오히려 '모습, 형상'의 의미로 해석하는 것이 자연스럽다. 이 표현들은 중세어의 '얼굴'과 유의관계를 형성하고 있는 예로 설명할 수 있다. 그렇지만 '낯'은 신체 부위와 관련된 '모습'의 의미로 쓰이는 제약성을 보인다.

(20) ᄂᆞᇫ 양ᄌᆞᄂᆞᆫ 아ᄒᆡᆺ 時節와 엇더뇨(顔貌何如童子之詩, 능2:5)
(21) 얼구리 여위며 정신이 아ᄃᆞᆨᄒᆞ야 머리셰며 ᄂᆞ치 살찌여(形色枯悴精神昏昧髮白面皺, 능2:5)
(22) ᄂᆞᇫ 양ᄌᆡ ᄒᆞ마 첫 열서린 時節에서 늘그며(顔貌已老初十歲時, 능2:6)

(20)은 'ᄂᆞᇫ'이 지금까지 한자 '面'에 대응된 것과는 달리 한자 '顔'에 대응되어 현대어 '얼굴 모습(顔貌)'으로 해석된다. (21)은 '얼굴'과 'ᄂᆞᆾ'이 동시에 나타나는데 그 구분은 분명하지 않다. (22)에서는 (20)의 의미와 마찬가지로 'ᄂᆞᇫ 양ᄌᆞ'는 '얼굴 모습'에 해당한다. 그런데 이 문헌에서는 어형 'ᄂᆞᆾ(ᄂᆞᆽ)'과 'ᄂᆞᇫ'의 의도적 구분이 엿보인다. 현대어에서의 '얼굴'과 유의어를 형성하고 있는 것은 'ᄂᆞᇫ'이고, 이는 한자 '顔'에 대응한다. 그리고 'ᄂᆞᆾ(ᄂᆞᆽ)'은 '모습'의 의미인 당시의 '얼굴'과도 의미적인 중첩부분을 보여준다. 이는 능엄경에만 한정된 표현으로 보이는데 앞으로 보다 세밀한 점검이 필요한 부분이다.

(23) 머리 세며 <u>늧</u> 삻쥬믈 슬ᄂᆞ니 그 <u>ᄂᆞᄎᆞᆫ</u> 일정히 아히 나힌제셔 삻지거
　　니와(自傷髮白面皺其面必定皺於童年, 능2:9)

이는 '낯이 주름짐을 싫어하니 그 낯은 반드시 아이 나이 때서부터 주름
이 지거니와'로 해석되는데 현대어에서의 '얼굴(顔)'의 의미이다.

　　(24) <u>ᄂᆞ치</u> 넙고 平ᄒᆞ시며(월석2:56)
　　(25) <u>ᄂᆞ치</u> 두렵고 조호미(월석2:56)
　　(26) 觀世音菩薩ㅅ <u>ᄂᆞᄎᆞᆫ</u> 閻浮檀 金色이오(월석8:35)
　　(27) <u>ᄂᆞ치</u> 픠 무티고 門밧긔 셔 이셔 우더니(월석10:17)

(24)~(27)은 현대어에서 '낯'과 '얼굴'이 둘 다 가능한 표현이다. 교체가
가능하다.

　　(28) <u>ᄂᆞᆺ</u>갓(面皮, 역상33)
　　(29) <u>ᄂᆞᆺ</u>가족 둣겁다(皮臉, 한231:a)
　　(30) 셩낸 <u>ᄂᆞᆺ</u>꼿(面有嗔色, 한155d)
　　(31) 측훈 <u>ᄂᆞᆺ</u>고지 잇거늘(석6:36)
　　(32) 노훈 <u>ᄂᆞᆺ</u>고츨 집사ᄅᆞ미 몯보더니(家人未見其有忿恚之色, 삼강효26)
　　(33) 과ᄀᆞ론 <u>ᄂᆞᆺ</u>고츨 아니ᄒᆞ더니(遽色, 번소10:2)
　　(34) <u>ᄂᆞᆺ</u>빗츨 整齊ᄒᆞ면(顔色整齊, 소언1:14),
　　(35) 과ᄀᆞ론 <u>ᄂᆞᆺ</u>곳츨(遽色, 소언6:102),
　　(36) 샌론 말와 급거훈 <u>ᄂᆞᆺ</u>비치 업스며(遽色, 소언6:121),

(28)~(36)은 현대어의 '낯가죽', '낯빛'에 해당한다. (28), (29)에서 '-갓,
-가족(皮)'의 접미형태에 '낯'이 쓰이는 것은 현대어와 다르지 않다.

　　(37) 이 엇던 <u>ᄂᆞᆺ</u>고(是何顔, 南明上2)

(37)은 '이 어떤 모습인가'로 해석되어 현대어의 '모습'에 해당하여 중세

국어 당시의 '얼굴'과 교체가능한 유의어임을 보여준다.

> (38) 눛 안(顔)(類合上20)
> (39) 눛 렴(臉)(字會上25)

(38)~(39)에서는 '눛'이 한자 '顔'과 '臉'에 대응되어 현대어 '얼굴'의 의미와, 특정 부위 '뺨'에 해당하는 의미도 전달하고 있다.

이로 볼 때, '顔'의 의미로 '눛'과 '얼굴'은 근대국어에서부터 유의 경쟁을 가진 것으로 설명하고 있지만, '눛'의 몇 가지 용례에서 '모습'의 의미로 해석하는 것이 더욱 자연스러운 쓰임도 보인다. 그리고 능엄경에서 나타나듯이 '눛'과 '눛(눛)'을 '顔'과 '面'으로 의도적으로 구분하려고 하는 모습도 '눛'과 '얼굴'의 유의 경쟁의 시기를 논할 때 고려하여야 할 점이다. 능엄경의 예를 본다면 현대어 '얼굴'의 의미로 유의어를 형성하는 것은 '눛'이고, '顔'으로 표현된다. 그리고 '눛(눛)'은 '모습'의 의미로 중세어 당시의 '얼굴'과도 의미적인 중첩부분이 나타난다. 그렇지만 대부분의 용례에서 '눛'은 현대어의 '얼굴(顔)'로 해석하는 것이 훨씬 자연스럽다. 그러나 몇몇의 용례에서는 중세어에서 '얼굴'의 보편적 의미로 설명하는 '모습'의 의미로도 해석될 개연성을 가지고 있다. 따라서 지금까지의 논의와는 달리 '눛'은 중세국어에서 '얼굴'이 가진 '모습'의 뜻을 확보하여 이미 유의 관계를 형성하고 있었음을 확인할 수 있다. 다만 '눛'은 포괄적 의미의 '모습'이나 '형상'이 아닌 신체와 관련한 '모습'에 그 의미가 한정되었을 뿐이다.

1.3.1.2. '얼굴'의 의미

현대어에서 얼굴은 '눈, 코, 입이 있는 머리의 앞면', '얼굴의 생긴 모양' 등의 뜻으로 다양하게 쓰이고 있다. 이는 '낯'과 의미적 동질성을 보이기도 한다. 그런데 지금까지는 이들의 유의관계가 근대 이후에 성립한 것으로 설명되었다.[24] 그러나 앞에서 살펴본 바와 같이 중세어에서부터 어형 '눛'은

'모습'의 의미로 어형 '얼굴'과 어느 정도 유의관계를 형성하고 있음을 확인하였다. 여기서는 '얼굴'을 살펴보면서 유의관계가 이러한 면에만 국한된 것인지 아니면 다른 유의관계의 형성이 가능한지를 살펴보겠다. 이와 같은 논의를 다음의 예문을 통해 점검해 보자.

(40) 얼구를 밍ᄀᆞ라 모딘 呪術로 빌며(석9:17)

(41) 萬象ᄋᆞᆫ 一切 얼구를 다 니ᄅᆞ니라(석19:11)

(42) 妄量ᄋᆞ로 얼구리 일오 얼굸옷 일면 左右前後ㅣ 모로매 이실ᄽᅥ(석 19:11)

(43) 얼굴 잇ᄂᆞᆫ 것과 얼굴 업슨 것과(석19:2)

　(40)은 '미운 사람의 형상, 형체를 만들어'의 뜻으로 쓰이는데, 현대어의 '얼굴(顔)'로도 해석은 가능하다. (41)은 '온갖 물건의 형상'으로 해석이 되고 (42)~(43)도 각각 '형상, 형체'의 뜻으로 쓰이고 있다.

(44) 나혼 ᄌᆞ식이 얼굴이 端正ᄒᆞ며 (生子形容端正, 소학6:9)

(45) 몸이며 얼굴이며 머리털이며 술훈(身體髮膚, 소학27:9)

(46) 몸이란 거슨 父母의 기티신 얼굴이니 부모 기티신 얼굴을 가져 든뇨 디(身也者父母遺體行父母之遺體, 소학31:2)

(47) 얼굴 가죰애 이예 아니 완출ᄒᆞ며(動容貌斯遠暴慢矣, 소학,55:ᄒ:6)

(48) 몸이며 얼굴에 베프디 아니ᄒᆞ야(不設於身體)……마음의 알옴과 온갖

(48)′ 얼굴로(心知百體, 소학56:8)

(49) 밧얼굴이 고든(外體直, 소학62:4)

(50) 그 얼굴을 ᄒᆞ야바리디 아니며(不虧其體, 소학75:3)

(51) 죽은이 얼굴이 이믜 서거 업고(死者形容朽滑, 소학122:7)

(52) ᄆᆞᄋᆞᆷ은 모롬이 얼굴 안히 이실거시니라(心要在腔子裏, 소학137:5)

(53) 얼굴 모양을 반ᄃᆞ시 단졍ᄒᆞ고 싁싁히 ᄒᆞ며(容貌必端莊, 142:8)

---

24) 조항범(1984), 국어연구, p.31에서는 어형 '얼굴'과 '낯'과의 유의관계가 18세기 이후에 성립되었다고 보고 있으나 실제로는 중세국어단계에서 이미 이루어졌었고 다만 어형 '얼굴'의 의미영역이 축소되어 '모습'의 의미에서 독립된 시기가 이와 관련된 것으로 보인다.

(44)~(45)는 현대어 '얼굴'의 의미를 포함한 몸의 '형상'을 뜻하고 있고, (46)은 '부모가 물려준 몸, 신체(의 모습)'을, (47)은 '몸'가짐, (48)은 '모습', (49)는 '자세'의 뜻이니 결국은 바깥 '모습'으로 각각 해석된다. (50)은 '그 몸을 훼손시키지 아니하며'의 뜻이니 '몸', (51)은 얼굴을 포함한 '몸'의 뜻이고, (52)도 뱃속의 뜻이니 결국은 '몸'의 뜻으로, (53)은 '몸'가짐의 뜻으로 쓰이고 있다. 하지만 여기서도 한자 '形容, 容貌'에 해당하는 (44), (47), (51), (53)은 '身'과 '體'에 대응한 다른 용례와는 달리, 현대어 '얼굴'의 뜻으로 해석한다 하더라도 별 무리는 없다. 또한 (45), (48)은 '얼굴'이 '몸 전체'와는 다른 표현임을 보여준다.

(54) 주근 사르미 <u>얼구리</u> 서거 업서디고(번역7, 22:8)
(55) 므슴믄 모로매 내 몸<u>얼굴</u> 안희 이실거시니라(번역8, 5:5)

(54)는 소학언해에서도 역시 어형 '얼굴'이 대응되는데, '얼굴'의 뜻으로 해석이 가능한 예이다. (55)는 '모습'의 뜻으로 쓰이고 있다.

(56) <u>얼굴</u> 마고미 므츠미니(質碍究竟, 법화1:62a7)
(57) <u>얼굴</u> 구조미 體오(形具爲體, 법화1:148a7)
(58) 凡材는 샹넷 <u>얼구리라</u>(註, 법화1:172b2)
(59) 胎의 조고맛 <u>얼구를</u> 受ᄒᆞ야 (受胎之微形, 법화1:210a4, 1:211b2)
(60) <u>얼구리</u>어시나 그리메어시나(若形若影, 법화1:220a7)
(61) 한갓을 得을 보고 <u>얼구를</u> 니즈며(徒見得忘形, 법화2:60b4)
(62) <u>얼구리</u> 고ᄋ며(形體姝好, 법화2:73a1)
(63) <u>얼구리</u> 고아ᄆᆞᆫ(形體姝好, 법화2:74b7)
(64) 다 능히 <u>얼구를</u> 밧사ᄆᆞ며(皆能外形骸, 법화6:144b9)

(56)은 '몸'을 막아 色을 마친다는 뜻이고, (57)은 '모습을 갖춤'이니, '모습(형상)', (58)은 평상시의 '모습', (59)는 조그만 몸(형체)을 받아서의 뜻이니 '몸', (60)은 '형상, 형체'의 뜻으로, (61)은 '모습을 잊으며'로 해석이 되고,

(62), (63)은 소(牛)의 몸의 '형상', (64)는 '몸'을 돌아보지 않는다는 뜻으로 쓰여 '몸'의 뜻으로 해석이 된다.

    (65) 峽의 얼굴은(峽形, 두초1:17)
    (66) 城郭의 얼구를 刻劃 ᄒ얏ᄂ 듯도다(刻劃城郭狀, 두초1:35)
    (67) 내 얼구른(形骸, 두초2:15)
    (68) 얼구리 아춤 나즈히 다라(人形骸改昏旦, 두초2:51)
    (69) ᄒ마 얼구렛 ᄲᅥ롤 ᄲᅥ러 ᄇ료니(已撥形骸累, 두초3:48)
    (70) 얼구를 니저 버들 向ᄒ놋다(忘形向友朋, 두초8:9)
    (71) 지죄업고 얼굴 늘구믈 슬노니(才盡傷形體, 두초16:18)
    (72) 얼구른 그리메 逼近ᄒ니(形象丹靑逼, 두초8:25)

  (65)는 산의 '모습'을, (66)은 성곽의 '모습'을 나타내고 있다. (67)~(72)는 현대어 '얼굴(顔)'로 해석이 가능한 '모습'의 뜻으로 쓰인다.

    (73) 그 얼구를 어루보며(其狀可見, 목우45:1)
    (74) 양ᄌ를 어루보미 업스며 얼구를 어루보미 업서(無形可觀無狀可見,
        목우45:2)

  (73), (74)는 다 '형상'의 뜻으로 해석이 되는데 (74)에서는 '양ᄌ'와 '얼굴'이 각각 한자 '形, 狀'에 대응하여 한 문장에 나열되어 있음이 주목된다. 이의 한자 의미가 '形'은 '可視', '狀'은 '不可視'의 뜻으로 해석될 수 있음이 참고된다.[25) 이 글이 普照國師(法諱 知訥)의 수심결이니 보다 구체적인 의미로 해석되어 분류되었을 가능성이 크다.

    (75) 얼구리 아홉 類에 分ᄒ니(形分九類, 금삼2:11)
    (76) 얼굴마다 다 ᄒ 法界 ᄀᄌ니라(形形皆具一法界, 금삼2:11)

---

25) 諸橋轍次(1984), 大漢和辭典, 大修館書店 4권 p.784, 7권 p.675 참조.

(75)는 '모습이 아홉 개의 무리로 나누어진다'는 뜻이니 '모습'으로, (76)은 '각각의 모습에 모두 하나의 법계를 가진다'는 뜻이니 역시 '모습, 형상'으로 해석이 된다.

    (77) 이 얼굴과 얼굴 아니왜며(是形非形, 능엄2:83:6)
    (78) 뉘 쏜이 얼구를 볼기리오(誰明空質, 능엄3:20:1)
    (79) 마ᅀᆞ미 그 얼굴 여희요미(心離其形, 능엄9:84:6)

(77)은 '이것이 형상이며 아니며'의 뜻으로 '형상', (78)은 '누가 쏜의 본질(모습)을 밝히리오'의 뜻이니 역시 '모습', (79)는 '마음이 그 모습 잃어버림'의 의미니 이 또한 '모습'의 뜻으로 각각 해석된다.

    (80) 色온 비치니 얼구를 니르니라(월석1:34:7)
    (81) 얼굴 이쇼몰 이 하눌히 마출쎄(월석1:34:1)

(80)은 '모습', (81)도 '모습 있음'의 뜻이니 역시 같은 의미로 '모습'으로 해석이 된다.

이로 볼 때, 기존의 논의에서처럼 '얼굴'은 '형상, 모습'의 의미로 쓰이는 것이 보편적이나, 부분적으로 현대어 '顔'의 의미로도 해석이 가능한 예들을 볼 수 있다. 물론 이러한 경우에는 신체와 관련하여 그 의미적 역할을 축소하였을 때이다. 다음의 예는 '낯'과 '얼굴'의 유의 관계 형성 시기를 중세어로 소급할 수 있도록 하는 중요한 자료가 된다. 동일한 의미로 교체가 가능한 예이기 때문이다.

    (82) 늘근 ᄂᆞ츠란 紫金丹애 브티고져 ᄒᆞ노라(老衰顔欲付紫金丹, 두초21:5)
    (83) 얼굴 늘구믈 슬노니(傷形體, 두초16:18)

    (84) <u>느치</u> 떠 무티고 門밧긔 셔 이셔 우더니(월석10:17)

    (85) <u>얼구렛</u> 떠롤 뻐러 ᄇ료니(撥形骸累, 두초3:48)

  이 예들에서 보듯이 중세국어의 단계에서부터 '놏'과 '얼굴'은 교체가 가능한 의미적 역할을 가지고 있었다. '얼굴'의 의미를 '놏'과 무관한 '모습'의 뜻으로만 해석하는 것은 무리가 있는 것이다. 그리고 앞에서 언급한 것처럼 '놏'은 신체와 관련한 '모습'의 뜻도 가졌음을 확인할 수 있다. 이로 볼 때, '모습'이나 '顔'의 의미로도 '놏'과 '얼굴'은 중첩되는 의미영역을 가진 것으로 볼 수 있는 개연성이 있는 것이다. 그렇지만 본격적으로 유의경쟁을 하게 된 것은 어형 '얼굴'이 광범위한 '모습'의 의미에서, 신체 부위인 '顔'으로 그 의미 영역이 축소되고 난 다음부터이다. 그러니까 '얼굴'은 의미의 전이가 일어난 것이 아니라 '구체적 모습'의 의미에서 '얼굴 모습'으로 다만 그 의미영역을 축소한 것으로 볼 수 있다. 따라서 중세국어에서의 '모습'의 의미라고 하더라도 [+구체성]의 의미를 그대로 가지고 있다.26) 이와 함께 '놏'은 신체와 관련한 '모습'의 의미로도 쓰이다가 '顔'의 의미만으로 그 의미 영역이 축소된 것으로 볼 수 있다.

1.3.2. '낯', '얼굴'의 공시적 의미 특성

1.3.2.1. 다의적 용법

  '얼굴'과 '낯'의 사전적 풀이는 대동소이하다. 여기에서는 국립국어연구원, 표준국어대사전의 용례에서 얼굴은 ① 눈, 코, 귀, 입이 있는 머리의 앞면, ② 머리 앞면의 전체적 윤곽이나 생김새, ③ 주위에 잘 알려져서 얻은 평판이나 명예, 또는 체면, ④ 어떤 심리 상태가 나타난 형색, ⑤ 어떤 분야에 활동하는 사람, ⑥ 어떤 사물의 진면목을 단적으로 보여 주는 대표적 표

---

26) 이광호(1990)의 pp.119~121을 참조할 것. 여기서는 '얼굴'이 형체, 모습의 의미를 지니면서 표현의미에서 [+구체성]의 의미를 획득하고 있음을 설명하고 있다.

상으로 설명하고 있다. 반면에 낯은 ① 눈, 코, 귀, 입이 있는 얼굴의 바닥, ② 남을 대할 만한 체면으로 설명한다. 사전 풀이에 의하면 이들은 얼굴이 가진 의미 중 ①, ③에 의해 교체가능성을 가진다고 할 수 있다.

유의어는 다의성을 형성하면서 그 중의 일정한 의미 영역이 일치하는 경우가 흔하다. '얼굴'과 '낯'의 일반적 분석도 이에 준한다. 사전에 나타나는 일반적 풀이도 이에 따른 것이다. 그러나 사전에서 제시된 것에서의 의미적 교체가능성은 그 예외가 많다. 가령 사전 ①의 용례 중에서 '둥근 얼굴', '주민등록증의 얼굴 사진' 등은 사전적 의미상 '낯'과의 교체가 가능할 것으로 보이나 어색한 느낌을 준다. 이 외의 의미에서도 사전상 '얼굴'과 '낯'은 동일한 의미를 전달하는데도 불구하고, 교체가능성이 낮은 것들이 있다. 물론 이에 반해, 다의성을 확보하면서, 부분적으로 의미적 교체가능성을 보이는 예들도 나타난다. '낯'과 '얼굴'의 사전적 용례를 중심으로 다음의 예문을 검증해 보자.

① 눈, 코, 귀, 입이 있는 머리의 앞면

둥근 얼굴(*낯), 얼굴(낯)을 씻다, 햇빛에 눈이 부셔 얼굴(낯)을 찡그리다, 복면으로 얼굴(낯)을 가리다, 그녀는 얼굴(낯)에 로션을 발랐다, 얼굴(낯)을 익히다, 그는 주민 등록증의 내 얼굴(*낯)을 보더니 뒤쪽에 놓인 빈 의자를 가리켰다(김원일, 노을).

② 머리 앞면의 전체적 윤곽이나 생김새

잘생긴 얼굴(*낯), 험상궂은 얼굴(*낯), 준수한 얼굴(*낯), 얼굴이 예쁘다(*낯), 얼굴(낯)을 익히다, 얼굴이 참 곱다(*낯), 어른들은 그녀의 얼굴(*낯)이 복스럽다며 매우 좋아하셨다.

③ 주위에 잘 알려져서 얻은 평판이나 명예, 또는 체면

얼굴(낯)을 세우다, 내가 무슨 얼굴(낯으)로 그를 대하랴, 얼굴(낯)이 깎이다, 그 놈이 이 아비 얼굴(낯)에 똥칠을 하느라 유리걸식을 한다더구면(박경리 토지).

④ 어떤 심리 상태가 나타난 형색

기쁨에 충만한 얼굴(*낯), 생각에 깊이 잠긴 얼굴(*낯), 동생은 겁에 질린 얼굴(낯으)로 아버지의 눈치를 살폈다. 그녀는 얼굴(낯)을 붉히며 그 남자에게 인사를 했다. 내가 제안을 거절하자 그녀는 실망한 얼굴(낯)이 되었다. 형은 심각한 얼굴(낯으)로 내게 와서 부모님의 병세를 알려 주었다.

⑤ 어떤 분야에 활동하는 사람

문단의 새 얼굴(*낯), 이제는 무슨 일을 하든지 묵은 얼굴(*낯)로는 안 된다. 새로운 얼굴(*낯)을 회장으로 선출하기로 하였다. 영화계에서 새 얼굴(*낯)이 등장하였다.

⑥ 어떤 사물의 진면목을 단적으로 보여 주는 대표적 표상으로 설명하고 있다.

돌, 바람, 여자는 제주도의 얼굴(*낯)이다. 고려청자는 고려시대 문화재의 대표적 얼굴(*낯)이다.

반면에 '낯'은

① 눈, 코, 귀, 입이 있는 얼굴의 바닥
낯을 깨끗이 씻어라.

② 남을 대할 만한 체면
그를 대할 낯이 없다. 제가 그런 일을 저질러 놓고 무슨 낯으로 부모님을 뵙겠습니까?

'낯'과 '얼굴'의 사전적 풀이를 본다면, '얼굴'에서 '얼굴을 씻다'는 '눈, 코, 귀, 입이 있는 머리의 앞면'만 씻는 의미여야 하고, '낯'은 '눈, 코, 귀, 입이 있는 얼굴의 바닥'을 씻는 것이어야 한다. '귀'의 위치가 앞면이냐 옆면이냐의 의미 차이는 차치하고라도, '앞면'과 '바닥'으로 그 의미 차이를 두는 이유는 납득하기 힘들다. 동일한 의미인 것으로 보이는 '얼굴 : 주위에 잘 알려져서 얻은 평판이나 명예, 또는 체면'과 '낯 : 남을 대할 만한 체면'

으로 구분하여 '낯'에 대해서는 부정적 표현으로 언급한 것도 쉽게 이해되질 않는다. 그래서 사전 설명에서의 차이로 이들의 교체가능성 여부를 제대로 설명하기는 어려울 듯하다. '얼굴'에서의 ②는 '낯'에 설명이 없지만, 충분히 교체가 가능하다('얼굴-낯'을 익히다). 심리 상태가 나타난 형색의 의미도 '낯'에 나타나지 않으나, '동생은 겁에 질린 얼굴(낯으)로 아버지의 눈치를 살폈다. 그녀는 얼굴(낯)을 붉히며 그 남자에게 인사를 했다. 내가 제안을 거절하자 그녀는 실망한 얼굴(낯)이 되었다. 형은 심각한 얼굴(낯으)로 내게 와서 부모님의 병세를 알려 주었다'의 용례에서 그 교체가 가능하다. 이러한 부분들은 사전에서 언급된 다의적 용법들이 적절하게 설명되질 못하고 있다.

일단 여기서 주의 깊게 생각해야 하는 것은 동일한 의미 항목으로 설명하고 있는 것 중에서도 그 교체가능성 여부가 일정하지 않다는 것이다. 이것은 설명하고 있는 의미 항목이 동일한 의미 자질로 묶이지 않을 가능성을 내포하고 있다. 그리고 각 항목의 의미 구분이 명확하지 않다. 특히 ①②, ⑤⑥의 의미 구분은 매우 모호하다. 그래서 동일한 문장이 이중으로 등재된 것도 보인다(얼굴을 익히다). 사전에서는 이러한 부분에 대한 합당한 설명은 보이지 않는다. 이에 대한 의미 설명은 인식적 의미나 표현 의미 분석을 통해 적절하게 바뀌어야 할 것이다.

1.3.2.2. 인식적 의미[27]

'낯'과 '얼굴'의 기본적 의미 차이를 살펴보기 위해 현 의미에서 나타나는 의미적 표현들이 일반 언중들의 인식 속에서는 어떻게 작용하는지를 살펴보았다. 이를 위해 다음의 설문 조사지를 이용하였다. 이를 실제 언어 사용에 있어서 '낯'과 '얼굴'의 인식적 의미를 파악하기 위한 하나의 수단으로 이용하고자 한다.

---

27) 인식적 의미는 일상생활에서 언중들이 인식하고 있는 보편적 의미를 뜻한다.

<표 1> 설문조사표

---

* 다음의 설문에 대해 성실하게 답변해 주시기 바랍니다. 금방 떠오르는 자신의 느낌에 따라 답변해 주시면 됩니다.

〈기초 자료〉
1. 당신의 연령대는?　　　10대　　　20대　　　30대　　　40대

2. 당신의 성별은?　　　　　남　　여

3. 당신은 치장을 많이 하는 편입니까?
　5점(매우 그렇다)　　　4점(그렇다)　　　3점(보통이다)
　2점(그렇지 않다)　　　1점(전혀 그렇지 않다)

〈설문 자료〉
4. '얼굴'이라고 하면 떠오르는 부분을 그려 보세요

5. '낯'이라고 하면 떠오르는 부분을 그려 보세요

* 다음 중 '얼굴'이라고 할 때 포함되는 것은 무엇이라고 생각하나요? 그리고 그렇게 생각하는 정도는 어느 정도인가요? 포함되어야 하는 정도를 생각해서 대답해 주세요(5 반드시 포함, 4 포함, 3 포함될 수도 안 될 수도 있다, 2 포함되지 않음 1 절대 포함되어서는 안 됨).

눈　　　　5 4 3 2 1
코　　　　5 4 3 2 1
귀　　　　5 4 3 2 1
입　　　　5 4 3 2 1
머리　　　5 4 3 2 1
머리카락　5 4 3 2 1

> * 다음 중 '낯'이라고 할 때 포함되는 것은 무엇이라고 생각하나요? 그리고 그렇게 생각하는 정도는 어느 정도인가요? 포함되어야 하는 정도를 생각해서 대답해 주세요(5 반드시 포함, 4 포함, 3 포함될 수도 안 될 수도 있다, 2 포함되지 않음 1 절대 포함되어서는 안 됨).
>
> | | | | | | |
> |---|---|---|---|---|---|
> | 눈 | 5 | 4 | 3 | 2 | 1 |
> | 코 | 5 | 4 | 3 | 2 | 1 |
> | 귀 | 5 | 4 | 3 | 2 | 1 |
> | 입 | 5 | 4 | 3 | 2 | 1 |
> | 머리 | 5 | 4 | 3 | 2 | 1 |
> | 머리카락 | 5 | 4 | 3 | 2 | 1 |

의미 미분법은 인식적 의미를 파악하는 데 많은 도움을 준다. 객관적으로 추출할 수 있는 의미가 아닌 주관적 의미를 객관화 시키는 데 유용하다. 이를 위해서 일반적으로 리커트 척도(Likert Scale)를 이용한다. 리커트 척도는 주관적 의미 요소를 계량화하는 방법이다. 이는 '낯'과 '얼굴'의 의미 인식을 살펴보는 데 유용하게 작용한다. 심리적으로 작용하는 어떤 의미차이가 있는지를 구체적으로 살펴보기 위해서는 일반 화자의 언어 인식이 중요하게 작용하기 때문이다. 이를 위하여 경성대학교 국어국문학과 학생 60명을 대상으로 다음의 결과를 도출하였다.[28] 이것은 '낯'과 '얼굴'의 의미 차이가 화자들에게 어떻게 인식되는지를 살펴보기 위한 것이다. 설문조사지에서 '얼굴'과 '낯'에 들어갈 것으로 생각하는 구성요소들을 눈, 코, 귀, 입, 머리, 머리카락 등이라 설정하고[29] 이들에 대한 의미척도를 5단계로 구분하였다 (5 : 반드시 포함, 4 : 포함, 3 : 포함될 수도 안 될 수도 있다, 2 : 포함되지 않음 1 : 절대 포함되어서는 안 됨으로 구분, 결과 처리과정에서 무응답은 0으로 처리함). '얼굴'과 '낯'에 대한 처리 결과는 다음과 같다.

---

28) 기초자료는 여기에서의 논의와 직결되지 않는 것이어서 활용에서 제외한다.

29) '낯'과 '얼굴'의 조사결과 중 심상그림조사에서 이 외의 구성요소를 그리는 사람이 한 명도 나타나지 않은 것에 근거하였음.

<표 2> 얼굴

요소 \ 척도	5	4	3	2	1	계	측정치[30]
눈	53	4	2	1	0	60	4.81
코	47	7	6	0	0	60	4.68
귀	17	13	23	3	4	60	3.60
입	47	7	5	0	0	59	4.63
머리	16	14	18	7	5	60	3.48
머리카락	4	6	26	13	11	60	2.65
계	184	51	80	24	20	359	평균 3.98

　‘얼굴’에 대한 조사 결과, 이들의 측정치 평균은 3.98이다. 하지만 눈, 코, 입만을 중심으로 생각한다면 4.71에 달한다. 이는 ‘얼굴’을 떠올린다면 우선 그 구성요소 중 눈, 코, 입을 우선 생각한다는 것을 뜻한다. 이에 대해 머리카락은 2.65로 낮은 측정치를 보인다. 이것은 ‘낯(얼굴)을 씻다’에서 머리카락은 일반적으로 포함하지 않는 언어 표현과도 무관하지 않을 것이다. 184명이 ‘눈, 코, 귀, 입, 머리, 머리카락’을 반드시 포함하여야 하는 척도 5에 표시하였다는 것은 이들의 구성요소에 대한 인식도가 상당히 높다는 것을 의미한다.

<표 3> 낯

요소 \ 척도	5	4	3	2	1	계	측정치
눈	23	5	22	6	4	60	3.61
코	20	10	19	6	4	59	3.55
귀	7	6	19	21	6	59	2.73
입	16	6	26	8	4	60	3.36
머리	10	6	16	16	11	59	2.75
머리카락	1	1	20	21	16	59	2.11
계	77	34	122	78	45	356	평균 3.02

---

30) 측정치는 각 항목의 수치의 합에서 조사 인원 60으로 나눈 것임.

　‘낯’에 대한 조사 결과, 이들의 측정치 평균은 3.02이다. ‘얼굴’과 마찬가지로 눈, 코, 입이 상대적으로 높은 측정치를 보이는데 이들의 측정치는 3.51이다. 구성요소를 생각한다면 주로 눈, 코, 입을 우선으로 하고 있음을 짐작할 수 있다. 하지만 구성요소를 인식한다 하더라도 이들의 수치를 보면 포함되지 않을 수도 있는 3에 가장 많은 사람들이 표시하였다. 이는 구성요소와의 관련성이 ‘얼굴’ 보다는 상대적으로 낮음을 나타낸다.

　이 결과를 바탕으로 살펴보면, 구성요소에 대한 인식이 ‘얼굴’에서 두드러진다. 특히 눈, 코, 입은 ‘얼굴’을 생각했을 때 반드시 포함되어야 하는 요소로 인식하고 있음을 알 수 있다. 반면에 머리카락은 상당히 낮은 반응을 보인다. 이는 ‘얼굴을 씻다’라고 하는 문장을 통해, 얼굴 대신 ‘귀, 목, 눈, 코, 입, 머리, 머리카락’도 씻어라의 표현을 첨가한다면, ‘눈, 코, 입’은 오히려 어색한 표현이 된다. 당연히 ‘얼굴’에 포함된 것으로 인식하기 때문이다. 하지만, ‘귀’나 ‘목’, ‘머리’, ‘머리카락’은 그 인식의 차이만큼이나 자연스런 것으로 만들어 준다. 여기서의 ‘얼굴’은 ‘얼굴’에 속하는 것이나 ‘얼굴’에 속하는 것으로 인식하는 인접한 다른 부위도 염두에 둔 표현이다.

　배도용[31]에서는 ‘얼굴’의 의미 확장을 살피기 위해 심상그림 조사를 실시하였는데 이에 대한 결과도 위의 결과에서 거의 벗어나지 않는다. 윤곽과 구성요소를 표현한 사람이 79.1%에 달해 대체로 구성요소를 인정하는 모습을 보이고 있다. 이는 본 조사 결과와도 거의 일치한다. 그러나 본 설문조사에서는 구성요소를 세분하여 조사하기에는 그림상 애매한 부분이 있어 윤곽만을 나타낸 것과 구성요소를 표현한 것으로 나누었다. 이를 볼 때 ‘낯’은 66%의 조사 대상자가 구성요소를 표현하지 않고 있다. 그러나 ‘얼굴’은 3명(무효 1포함)을 제외한 95%가 윤곽 속에 전체 구성요소를 표시하였다.

---

31) 배도용(2003), 우리말 ‘얼굴’의 의미확장과 개념망, 현대문법연구 31, p.141 참조.

1.3.2.3. 표현 의미[32]

‘낯’과 ‘얼굴’은 그 교체가 비교적 자유롭다. 이들 단어가 가지는 다의적 용법 중, 의미의 중첩 영역 속에서는 많은 부분에서 교체가능성을 보인다. 하지만 동일한 의미를 지향하는 듯하지만 교체가 어색한 예들도 많이 나타난다. 이것은 이들이 부분 동의로서 각기 다른 의미역할을 지니고 있다는 것을 뜻한다. 이들에게 완전 동의의 개념을 적용하지 않는다면, 부분적으로라도 이들의 의미차이를 인식할 수 있는 자질의 설정이 필요할 것이다. 그러면 이들에 대한 의미 차이는 어떻게 설명할 수 있을까? 사전에서 ‘낯’과 ‘얼굴’이 동일한 의미를 가진 것으로 설명하는 것에서도 그 교체가능성은 불투명함을 살펴보았다. 따라서 의미차이를 살피기 위해서는 교체가능성이 나타나지 않는 예들을 중심으로 의미를 세세하게 분석할 필요성을 느낀다. ‘낯’과 ‘얼굴’의 의미 분석을 위해서는 1차적 의미(기본의미)에서 직접적 의미를 전달하는 것과 2차적 의미(파생의미)에서 또 다른 의미를 가지는 것을 나누어 분석할 필요성도 보인다. 즉 비유의 측면이 나타나는 용례들을 따로 구분할 필요성을 보이는 것이다. 그리고 관용적 의미를 획득한 것들도 따로 구분하여 의미를 살펴봐야 할 것으로 보인다. 단순한 은유적 의미인지 아니면 죽은 은유의 의미로 이미 관용화된 것인지를 구분할 필요성이 있기 때문이다. 물론 은유의 단계에서 관용의 단계로 넘어가는 것, 그리고 관용어의 의미 투명성 여부도 여기에서는 관심을 가지고 살필 것이다. 다음의 예들을 통해 이러한 점들을 구체적으로 살펴보자. 먼저 교체가 가능한 예들을 살펴보겠다.

    (86) 낯(얼굴)을 씻다
    (87) 낯(얼굴)을 돌리다
    (88) 낯(얼굴)을 익히다

---

32) 여기서의 표현의미는 ‘expressive meaning’을 말하는데, 일반적으로 정서적, 감각적 의미 등 미세한 의미 차이를 분석한다.

(89) <u>낯(얼굴)</u>이 팔리다
(90) <u>낯(얼굴)</u>이 익다
(91) <u>낯(얼굴)</u>을 들지 못하다
(92) 제 <u>낯(얼굴)</u>에 침 뱉다

　여기서는 1차적 의미(기본의미)와 2차적 의미(파생의미)의 해석이 다른 부분도 있다. (88)~(92)의 의미는 서술어를 중심으로 생각을 할 때, '낯'과 '얼굴'의 1차적 의미로는 그 해석이 어색할 수 있다. 결국 이들의 전달 의미에 대해서는 2차적 의미를 고려할 필요성을 느낀다. 그러나 다시 보면 '낯'과 '얼굴'의 2차적 의미를 염두에 둘 수 있다기보다는 하나의 문장이 새로운 의미를 획득하는 것으로도 볼 수 있다. 물론 이들도 1차적 의미로의 해석은 어느 정도 가능하다. '낯(얼굴)을 익히다'의 경우 서술어를 '익숙하게 하다'의 의미로 본다면 의미전달이 가능하다. 그리고 '낯(얼굴)이 팔리다'는 '팔다'의 의미를 고려할 때, '많은 사람의 수중(안중)에 들어가다'라는 의미로 유추할 수 있다. '낯(얼굴)을 들지 못하다'나 '제 낯(얼굴)에 침뱉기'도 역시 마찬가지로 1차적 의미로의 해석은 용이하다. 그렇지만 이러한 표현들은 1차적 의미로의 해석이 가능하다고는 하지만, 문장의 전달 의미를 파악하기 위해서는 관용적 의미로 해석하는 것이 보편적이다. 그런데 이들의 1차적 의미를 볼 때, 전부 구체적 신체부위를 지시하는 개념임은 분명하다. 그 신체적 부위는 대체로 '머리나 머리의 앞면'을 지시하는 개념으로 여겨진다. '낯'과 '얼굴'의 교체가 가능한 예들은 이러한 머리나 머리를 포함한 신체적 부위라는 것을 우선 짐작할 수 있다. 이는 15세기 국어에서부터 나타나는 '얼굴'의 의미 중 구체적 형상의 의미가 신체부위로 이동하면서 '낯'과 유의 관계를 형성한 것이다. 이러한 의미적 관련성이 '낯'과의 유의관계를 설명하는 데 도움을 줄 수 있을 듯하다. 다음의 용례에서는 이들의 교체가 자유롭지 못하다.

(93) 얼굴(*낯)이 예쁘다
(94) 얼굴(*낯)이 닮다(비슷하다)
(95) 얼굴(*낯)을 단장하다

이들은 그 교체가 비교적 자유롭지 못한데 이러한 현상은 어떻게 설명할 수 있을까? 이들을 구분하는 요인으로 우선 '예쁘다, 비슷하다, 단장하다'의 의미적 특성을 먼저 고려해 보고자 한다. 이들은 머리의 앞면이라는 의미에 국한시켜 생각한다면, '예쁘다, 닮다(비슷하다), 단장하다'라는 서술어는 어떤 부위에 한정된 의미적 표현이 가능할 것으로 보인다. 가령 '얼굴의 어떤 부분이 예쁘다, 닮다(비슷하다), 단장하다'가 가능한 것이다. 그러면서 '얼굴'로 그 뜻을 전달하는 것이다. 하지만 앞에서 언급된 (86)~(92)의 예에서는 '얼굴'의 어떤 한정된 부위가 아니라 얼굴 전체를 뜻하고 있다. 어떤 한정된 부분만 생각한다면, 그것은 그 부위에 고정되어 버린다. 얼굴과의 관련성이 나타나지 않는 것이다. 즉 '낯'과 '얼굴'의 교체가 가능한 것은 '얼굴 전체'를 뜻할 때이다. 그러나 '얼굴'만 가능한 용례들은 어떤 한정된 부분을 고려할 수 있는 것들임을 짐작할 수 있다. 다시 말하면, '낯'과 '얼굴'의 교체가 가능한 것은 얼굴이라는 신체부위를 표현하는 것이지, 눈, 코, 귀, 입과 관련된 특정의 신체부위를 고려해야 하는 것은 아니다. 그러니 '얼굴'에 속하는 구성요소를 고려해야 하는 경우에는 '낯'을 쓸 수 없다. 이는 인식적 의미에서의 결과와도 일치한다. 다음의 예를 다시 점검해 보자.

(96) 낯(얼굴)을 가리다

여기서도 '가리다'가 '奄'의 뜻일 경우에는 교체가 가능하다. 신체의 어떤 구성요소를 고려하는 것이 아니라 전체의 의미를 표현하기 때문이다. 그러나 '가리다'가 '分'의 의미일 경우에는 다양한 의미적 설명이 가능하다. 이는 1차적 의미에서 동일한 의미로 그 교체가능성은 인정되질 않는다. 가령 '그 사람은 결혼할 사람의 얼굴을 굉장히 가린다'라고 할 때는 '낯'은 어색하다. 여기서 나타나는 '예쁘고 안 예쁘고를 따지다'의 경우에 '얼굴'은 그 표현이 가능하지만, 동일한 의미로 '낯'은 어색하다. 그러나 '낯선 사람을 대하기 싫어하는 일'의 의미로 쓰일 때는 '낯'과 '얼굴'은 교체가 가능하다. 이 예문에서도 구성요소와의 관련성은 느껴진다. 교체가 자연스러운 것들은 전체적 윤곽이나 신체부위를 의미할 때이다. 그러나 '얼굴'만 가능한 경우는 어느 정도 그 구성요소를 염두에 둘 수 있는 것이다. 단지 전체적 윤곽이나, 그런 모습들을 이야기하는 것은 아닌 것이다. 우리가 '얼굴'이라고 할 때 머리와 거의 일치하는 신체부위만을 염두에 두는 것이 아니라, 눈, 코, 귀, 입 등의 구성요소와 그 관련성을 생각할 수 있는 것들이다. 교체가 가능한 '낯가림'의 의미일 경우에 특정의 눈, 코, 귀, 입을 가리는 것이 아닐 것이기 때문이다. 그렇지만 '얼굴을 가릴' 경우는 그 따지는 부위를 어느 정도 염두에 둘 가능성도 있다.

그런데 여기서 나타나는 '낯'과 '얼굴'의 의미를 살펴보면, '얼굴'보다는 '낯'의 의미적 관용화가 불투명한 의미 영역 쪽으로 더욱 나아갔음을 볼 수 있다. '낯'만 가능한 경우에는 대체로 은유적 표현을 지나 그 은유의 상태를 인지하지 못하는 경우가 많다. 즉 죽은 은유의 상태인 것이다. 죽은 은유의 이러한 상태는 관용적 표현으로 나아간다. 동일한 관용적 표현이더라도 '낯'의 경우는 불투명한 의미 전달의 경우가 많다. 이런 경우, '낯'의 쓰임이 보다 활발하다. 이는 '얼굴'이 가진 의미 변화와 관련한다. 의미 변화 이후부터의 기간이 그렇게 오래지 않기 때문에, 불투명한 의미의 전달까지 그 표현이 복잡한 과정을 밟지 않은 것이다. 즉 그 역사적 연원이 오래되질 못한 것이다. 이것은 의미의 관용화와 관련하여 그 시기적인 요인까지 점검할 수 있는 기준이 될 수도 있다.

대체로 '얼굴'의 은유적 표현이 나타나는 현대어의 표현은 중세어에서의 '낯'의 의미에 의한 것이다. 당시 '얼굴'의 의미, 즉 어떤 '모습, 형상'을 나타내는 부분에서는 그 은유적 표현이 현대어에는 남아있지 않은 것으로 보인다.[33] 그렇지만 '낯'의 의미는 15세기 언어표현이 은유적 상황을 거쳐 불투명 관용어로까지 형성된다. '낯이 간지럽다'와 '얼굴이 간지럽다'의 경우를 보더라도 '얼굴이 간지럽다'는 1차적 의미에서 얼굴의 특정 신체부위를 표현할 수 있다. 이 문장에서는 얼굴의 어느 부분이 간지럽냐는 의문을 제기할 수 있지만, '낯 간지럽다'는 그런 의문으로 연결될 수 없다. 이미 관용의 형식으로 의미적 전이가 일어난 것이다. '낯가리다'와 '얼굴가리다', '낯 뜨겁다'와 '얼굴 뜨겁다'도 마찬가지이다. '얼굴'은 1차적 의미의 해석이 가능하지만 '낯'이 쓰이면 관용적 의미를 획득한다. 이때의 문장 구성으로 볼 때는 교체가 가능한 것으로 보이지만34) 동일한 의미를 전달한다고 보기는 힘들다. 결국 어형 '낯'은 은유의 상태에서 의미적으로 불투명한 관용어로의 형성이 자연스럽게 형성되는 예들이 흔하게 나타난다. 하지만 '얼굴'은 의미변화를 한 차례 겪으면서, 적극적인 불투명 관용의 표현으로 형성되지 않는다. 관용어의 형태라 하더라도 단지 의미적으로 투명성을 가지는 관용어로만 그 쓰임이 제한되어 있다. 물론 시간의 흐름에 따라, 높은 인지도를 형성하면 불투명한 관용의 표현들로 확대할 가능성은 높지만 아직 그런 단계까지 가지는 못한 것이다. 그렇지만 현대어에서 단순한 은유적 표현은 '얼굴'이 '낯'보다 적극적이다. 이것은 현대어에서 '낯'이 가진 의미 영역을 '얼굴'이 대체하고 있다는 것을 시사한다.

    (97) 대통령은 대한민국의 <u>얼굴</u>(*낯)이다.
    (98) 정계에서는 <u>얼굴</u>(*낯)이 넓은 인물이다.
    (99) 연예계에 새 <u>얼굴</u>(*낯)이 많이 등장했다.
  (100) 그는 우리 회사의 <u>얼굴</u>(*낯)이다.
  (101) 표지는 책의 <u>얼굴</u>(*낯)이다.

---

33) 이를 고려해 볼 때, 의미의 관용적 표현의 형성 과정을 추출해 볼 수 있는 여지가 보인다. 단순히 결과적인 분류가 아닌 생태적 특성을 추출할 수 있을 가능성을 보이는 것이다.

34) 중세국어를 대상으로 할 경우, 교체가능성을 살필 때 이 부분을 충분히 고려해야 할 것이다. 물론 중세어 자료에서 관용적 의미를 살피기는 쉽지 않다 하더라도, 현대어를 고려할 때 나타나는 이러한 부분은 점검의 필수요건이다.

‘얼굴’과 ‘낯’은 교체가능성도 크게 나타나지만 그렇지 않은 부분도 그 성향이 분명하다. 지금까지의 논의를 바탕으로 그 교체가능성에 의한 의미 자질을 구분하면 대체로 다음과 같다.

〈표 4〉 의미자질 분석

의미자질 유의어	전체적 윤곽	구성요소와의 관련성	불투명 관용어 형성
낯	+	−	+
얼굴	+	+	−

여기서 보는 것처럼, 그 교체가능성은 전체적 윤곽을 나타내는 의미에서 만 가능하다. 1차적 의미에서 ‘얼굴’만이 쓰이고 ‘낯’과의 교체가 용이하지 않은 것은 얼굴의 구성요소, 즉 눈, 코, 귀, 입을 염두에 두느냐의 심리적 상 태에 따른다. 구성요소를 고려하지 않을 때에는 ‘낯’과 ‘얼굴’은 그 교체가 비교적 자유롭다. 하지만 구성요소를 고려할 수 있는 여지가 나타나면 이들 의 교체가능성은 변화를 보인다. 여기에서 구성요소를 하나하나 생각하는 것이 구체적 표현 욕구라고 본다면 이들에게도 의미의 정도성[35]이 실현된 다. 구성요소의 표현 욕구가 강할수록 어형 ‘얼굴’의 표현이 자연스러워지 는 것이다.

그리고 이들이 가지는 의미 가치면에 있어서도 이들은 충분한 변별의 기 제로 작용한다. 이 의미에 의해 ‘낯’은 비하된 의미로 나아간다고 설명하고 있다. 이것은 현대어에서 단지 그 의미적 역할을 가지고 있을 뿐이지, 이러 한 성향으로 나아가고 있다는 뚜렷한 증거는 보이지 않는다. ‘낯’이 비하의 의미를 가지도록 만드는 것은 ‘-바대기’, ‘짝’ 등에 의해서이다. ‘얼굴’과는 공기가 용이하지 않지만, ‘낯’과는 자연스럽다. 이것으로 짐작해 볼 때, ‘낯’

---

35) 이광호(2004), 국어어휘 의미론, 월인출판사, pp.104~106 참조. 의미의 정도성은 어떤 표 현의 강도와 관련하여 그 정도를 측정하여 나타낼 수 있는 성질이다.

이 부정적 의미 특성과 공기할 수 있는 부정의 의미 자질을 가진 것으로 추측하는 것이다. 하지만 이를 반드시 부정의 의미를 가지는 것으로 설명하는 것은 바람직하지 않다. 다만 그러한 의미의 단어와 공기 관계가 용이할 뿐이다.

　'낯'은 구성요소를 허용하지 않고 오히려 '얼굴'의 구성요소인 것으로 인식될 때도 있다. 이럴 때 '낯'은 심지어 '볼(혹은 뺨)'의 의미를 전달하는 것으로 보이기도 한다. '얼굴'에 뭐 묻었다라고 하면 얼굴의 어디냐를 궁금해하지만, '낯'에 뭐 묻었다면 볼(혹은 뺨)에 우선 손이 간다. 결국 이도 '낯'이 가진 의미 특성 중, 구성요소와의 무관함을 나타내는 것으로 볼 수 있다. 비록 '얼굴'과 동의성을 확보하고 있다고 하더라도, 어떤 부분적인 것으로 인식하는 경우가 많다는 것이다. 여기서 방향성을 동반하여 '얼굴 옆에 뭐 묻었다'는 가능하지만 '*낯 옆'에는 어색하다. 이것을 확장하여 '얼굴의 앞, 뒤, 위, 아래' 등은 가능하지만, '낯'은 어색하다. 방향성을 확보할 수 없는 것이다. 이는 '낯'이 뭔가 구체적 형상을 확보하지 않았다는 것을 의미한다. 단지 어떤 윤곽 정도의 의미 특성을 가진 것으로 설명할 수 있다. 이것은 대응하는 한자의 특성으로 볼 때도 그 의미적 차이가 드러난다. '낯'은 '面'에 해당하고, '얼굴'은 '顔'에 해당하여 그 의미적 차이를 짐작하게끔 한다.[36) 이러한 의미를 고려할 때 '낯'은 의미상 '얼굴'에 포함되는 관계에 있을 뿐만 아니라, 부정의 극성과 공기가 용이하기 때문에 '얼굴'과의 경쟁에서 앞으로 불리하게 작용할 가능성이 높다.[37) '낯'과 '얼굴'이 유의 관계로 작용하는 것은 대체로 무가치한 객관적 상황에서이다. 다만 공기관계를 살펴볼 경우, '낯'은 부정적 속성을 가진 단어와의 공기가 '얼굴'보다 용이하다. 물론 이는 언어의 친숙도와도 관련이 있을 것으로 보인다. 이는 서술어

---

36) 辭源(1987), 商務印書館 p.1829에서 '面'의 1차적 의미를 '顔面'과 '臉'으로 설명하고 있다. '面'의 의미에 '뺨'의 의미가 있는 것이다. 그리고 '顔'의 1차적 의미는 '額'이다. '이마'와 의미적 관련성이 있음을 보여준다.

37) 이광호(2004), pp.206~208에서 부정적 속성을 가진 단어는 유의경쟁에서 불리하게 작용함을 설명하였다.

와의 관련성이나 다른 기타의 요소에서 보편적으로 나타나는 현상은 아니다. 다만 특정의 접미 형태와만 관련을 가지고 있을 뿐이다.

2. 유의 경쟁 현상

유의어는 다양한 양상으로 생성, 존속, 사어화 한다. 유의어는 동시대에 존재할 수 있는 자신의 영역을 확보하기 위해 자기와 대립되는 유의어와 경쟁을 하기 때문이다. 유의 경쟁의 결과 이들 유의어 쌍은 다양한 변화를 겪는다. 일반적인 변화는 1) 유의어로의 공존을 유지하는 것, 2) 유의 경쟁을 하는 대립항이 사어화 되는 것, 3) 유의 중복의 구성으로 그 존재를 남기는 것, 4) 의미영역의 변화로 존속하는 것 등으로 나타난다. 이들이 이런 변화를 일으키는 데는 여러 가지 원인이 있을 수 있다. 여기서는 유의 경쟁 어휘의 통시적 변화로 나타나는 여러 가지 결과를 토대로 이러한 변화가 왜 일어났는가를 규명하는 데 목적이 있다. 즉, 1) 의미의 통합과 분화가 일어난 원인은 무엇인가? 2) 의미의 통합에서 경쟁하고 있던 단어가 사어화 되었다면 왜 그렇게 된 것인가? 3) 유의어로 존재하던 단어들이 다 사어화 되고 새로운 단어로 대체 되었다면 그 원인은 어디에 있는가? 4) 의미적으로 분화가 되었다면, 혹은 유의적 관계가 존속한다면 왜 그런가를 규명해 볼 것이다.

유의어는 강한 의미적인 동질성 때문에 서로 자기 영역을 확보하기 위한 끊임없는 경쟁을 한다. 이러한 경쟁의 결과 각 유어어군들은 크게 의미의 통합과 분화라는 변화를 일으킨다. 그렇지만 다양한 방법으로 그 경쟁의 모습을 완화시켜 나가기도 한다. 경쟁하던 하나의 단어 혹은 경쟁하던 전체의 단어가 사어화 되어 경쟁관계가 끝나기도 하고, 자신이 지닌 의미의 역할을 더욱 확고히 하면서 함께 존속하기도 한다. 여기서는 이러한 유의 경쟁의 통시적 결과를 토대로 현재와 같은 현상들이 나타나게 된 그 원인들을 분석하고자 한다.

일반적으로 유의 경쟁의 원리[38]는 1) 음절 경제성, 2) 동음 회피, 3) 문화적 우열에 따른 힘의 원리, 4) 의미 분화의 극대화, 5) 음감, 선명도, 발음의 난이도, 6) 음상의 분화, 7) 기타 외래어나 新語, 심리적 요인 등으로 설명이 된다. 따라서 여기에서의 분석은 귀납적인 방법으로 이루어진다. 유의 경쟁의 결과는 의미의 통합 및 분화, 그리고 유의관계의 지속으로 나타나고, 의미의 통합에서는 새로운 어휘의 형성과 경쟁 어휘의 사어화로 형성된다. 의미의 분화는 유의 관계에 있던 두 개 이상의 항이 어떻게 분화가 되는지, 유의 관계의 지속은 現語에서도 어떻게 유의 경쟁을 하면서 존속하는지도 여기에서 해결해야 할 과제이다.

2.1. 통합(사어화)

사어화라고 하는 것은 의미 충돌의 결과 일방 혹은 쌍방의 의미가 현저히 약화되었거나 위축되어 퇴화된 경우이다. 사어라고 하는 것은 자신의 역할을 완전히 상실하여 이미 쓰이지 않게 된 단어이지만, 완전히라는 의미 때문에 사어화라는 단어를 쓰고자 한다. 경우에 따라서 그 잔영이 남아 있을 수도 있기 때문이다. 그리고 사어라고 생각한 단어가 필요성에 의해서 다시 살아나는 경우도 있기 때문이다. 이런 이유로 사어 보다는 사어화라는 용어가 적당할 것으로 보인다. 그리고 이것은 단순히 지금의 현상을 지칭하는 의미로 볼 것이다. 그래서 이는 어휘로서의 기능 약화나 퇴화와 관련된다고도 할 수 있다. 그런데 사어화와 분화가 결과적으로 동일한 모습으로 나타날 수 있다. 즉, 분화가 원래의 단어 의미 중 변별적 의미를 중심으로 새로운 단어를 획득하면서, 자신은 결국 사어가 되는 경우가 있기 때문이다.

---

38) 김종택(1971), 의미 충돌 현상에 대하여, 국어국문학 51에서 유의 경쟁 현상에 대한 자세한 분석을 하고 있다.

그래서 사어화라고 하는 것은 단어의 형태적 측면에서 강조되는 것이고, 분화라는 것은 의미적인 측면에서 설명할 수 있는 것이다. 여기서는 이런 면을 고려하면서 기술할 것이다.

결국 이렇게 의미의 약화나 퇴화가 일어난 것은 유의 경쟁에서 자신이 살아남을 수 있는 영역과 역할을 확보하지 못했다는 것인데 이렇게 될 수밖에 없었던 그 원인은 어디에 있는 것일까? 의미적으로는 한 어휘 항목이 다른 어휘 항목을 외연상 완전히 포함하여 자신의 독자적인 의미 영역을 확연히 가지지 못하는 것이 원인이 된다. 즉 의미 외연이 경쟁 어휘 항목에 포함되어 고유의 의미 역할을 취하지 못하는 어휘는 사어화가 되는 것이다. 그렇지만 이들의 관계가 이루어지는 그 순간 바로 사어화가 되는 것은 아니다. 일정 기간 유의어로 공존하는 시간이 존재한다. 일정 시간이 흐른 후 이들의 관계는 포함된 단어가 새로운 의미를 획득하지 못하는 한 사어화로 갈 가능성이 높다. 현어의 「틈」과 「겨를」의 관계가 여기에 해당한다. 이들은 시간적 관계에서 의미적 동질성을 확보하고 있다. 그러나 「틈」이 가진 공간적 관계라는 독립적 의미 자질에 의해 공존의 기반을 마련하고 있다. 하지만 결과적으로 본다면 「겨를」은 자신의 독자적 영역을 가지지 못하고 있는 것이다. 그래서 만일 「겨를」이 독립된 자신의 의미 역할을 구축하지 못한다면 사어화가 될 가능성이 높은 것이다. 과거의 어떤 변화를 토대로 앞으로의 변화 결과를 예측할 수 있는 여지가 있다.

그리고 의미를 표현할 때, 보다 정밀화된 단어를 필요로 하는 욕구와 한자어의 우위성을 토대로 고유어가 한자어로 교체되는 경우도 있다. 이는 보다 정밀하게 분화된 의미 영역으로 표현하고자 하는 욕구와 한자어가 갖는 위상적 가치가 맞물려 고유어를 밀어내는 변화를 일으킨다. 결국 이 같은 경우에는 고유어가 사어화가 된다. 이는 고유어 어휘로 본다면 사어화를 경험하는 것이고, 다의성을 가진 단어가 새로운 어휘로 대체가 되면서 정밀한 단어로 나누어진다면 분화가 된다. 이 외에도 사어화를 야기하는 원인은 김종택(1971)에서 고려된 1) 음절 경제성, 2) 동음 회피, 3) 음감, 선명도, 발음의 난이도 등도 작용할 수 있다. 여기에서는 이들에 대한 고찰을 의미적인 원인에 의한 것과 음성적 원인에 의한 것으로 나누어 살펴본다.

2.1.1. 의미적 원인

사어화의 원인 가운데 의미적 요소가 작용하는 것으로는 포함 관계와 의미의 정밀화가 있다. 이들 요소는 항상 독자적으로 나타나는 것은 아니다.

포함 관계는 한 어휘 항목(A)이 다른 어휘 항목(B)의 외연보다 넓고 (A)가 (B)를 완전히 포함하고 있을 때를 말한다. 이때의 어휘 항목 중 (B) 항목은 자신이 존재하면서 독자적인 의미 역할을 담당하는 부분이 없으니까 결국은 자신만의 고유한 의미 영역을 확보하지 못하고 사어화가 된다. 이는 각 유의어군들이 지니고 있는 의미들이 독자적인 영역을 확보한 것이 아니고 한 단어가 다른 단어의 외연적 의미에 완전히 포함되어져 자신의 의미 역할을 취하지 못하면서 결국은 사어화가 되어 버리는 것이다.

의미의 정밀화는 의미를 보다 세밀하고 정밀하게 표현하고자 하는 욕구가 강하여 고유어가 간직하고 있던 의미를 여러 개의 한자어가 담당하게 되는 경우이다. 이는 해당 단어의 사어화와 한자어로의 분화를 야기한다. 이는 의미를 정밀화 시키고자 하는 욕구와 작용하여 한 단어 혹은 경쟁하고 있던 어휘가 한자어로 변하는 것이다. 포함 관계와 의미 표현의 정밀화 욕구는 각기 달리 실현될 수도 있지만 동시에 작용하기도 한다.

어형 「구위」와 「구위실」은 벼슬의 뜻으로 의미 동질성을 취하지만, 어형 「구위」는 '벼슬'(삼강孝21), '관가'(석6:24, 두초7:6, 두초15:15), '公事'(금삼4:33) 등으로 다의적 용법을 취하고, 「구위실」은 '벼슬'(능3:88, 내3:29, 삼강孝15, 두초10:29)의 뜻만을 취하고 있어 외연이 좁게 형성된다. 어형 「구위」는 「마술」과 '관청(관가)'의 뜻으로 의미 동질성을 취하지만 「마술」은 '관청'(두초8:3, 16:18, 16:68, 20:10, 24:38)의 뜻만을 가지고 있어, 이들 유의어군도 어형 「구위」의 다의성으로 공존할 수 있었다. 따라서 「구위」와 「구위실」, 「마술」은 동일한 의미 영역을 형성하지는 못하지만 「구위」와 「구위실」은 벼슬의 뜻으로 의미 동질성을 가지고 있고, 「구위」와 「마술」은 관청(관가)의 뜻으로 의미 동질성을 취하고 있어 「구위」를 중심으로 각각 의미 중첩의 영역을 확보하고 있다. 그러나 「구위실」과 「마술」은 의미의 외연에서 차이를 가지는데, 의미의 외연으로 보면 「구위」가 가장 넓은 범위를 취하고 있고, 「구위실」과 「마술」은 각기 '벼슬'과 '관청'의 뜻으로만 사용되는 제약성을 보인다. 따라서 이들은 의미의 외연에서 포함관계를 형성하며 유의어로 공존하고 있었다. 이들 중 「구위실」이 가장 먼저 사어화 되었는데 이는 「구위」에 자신의 의미 역할이 다 포함되어 있었으므로 당연한 귀결이다. 어형 「마술」은 「구위」에 포함된 의미 역할과 함께 'ㅿ'의 소실, 'ㆍ'의 동요로 村落의 뜻인 「ᄆᆞᄋᆞᆯ」과 동음 충돌까지 야기하여, <官>의 뜻으로 사용되었던 「마술」은 사어화 되어 버렸다. 그리고 당시 「구위」가 담당했던 의미들은 「벼슬」이라는 고유어 어형과 함께, 한자어로 정밀화된 의미 표현을 취하게 된다. 이는 유의 경쟁과 동음 충돌이라는 두 기제의 동시 발생도 원인으로 작용했을 것이다.

> (1) <u>그위</u>예 決ᄒᆞ라 가려(석6:24)
> (2) <u>그위</u>는 바늘도 容納 몯거니와(官不容針)(금삼4:33)
> (3) <u>그위실</u> ᄒᆞ리와(능3:88),
> (4) <u>그위실</u>ᄒᆞ닐 사ᄅᆞ미와(宦者)(내3:29),
> (5) <u>마ᅀᆞ</u> 이롤(官曹)(두초8:3)
> (6) <u>마ᅀᆞ래</u> 브텟디 아니ᄒᆞ고(寄官曹)(두초24:38)

어형 「ᄂᆞ외」와 「다시」는 現語 '다시'의 뜻이고, 한자로는 <復>의 뜻을 지녀 의미 동질성이 강한 유의어군이다. 그러나 어형 「ᄂᆞ외」, 「ᄂᆞ외야(여)」는 어형 「다시」, 「다시곰」과 통사적으로 배타적인 관계를 형성하고 있다. 「ᄂᆞ외」, 「ᄂᆞ외야(여)」는 부정의 서술어와 공기하고, 「다시」, 「다시곰」은 긍정의 서술어와 공기한다. 또 이들은 각각 강조의 의미를 지니는 어형을 가져 서로 똑같이 대응되어 쓰이기도 한다. 그러나 「ᄂᆞ외」와 「다시」는 의미적으로는 일치하지만 통사적인 제약 관계가 엄격하게 작용하여 유의어로 공존할 수 없었던 단어들이다. 하지만 16세기경부터 무너지기 시작한 「ᄂᆡ외」의 통사적인 제약을 「다시」가 담당하면서 의미적으로도, 통사적으로도 「ᄂᆡ외」가 「다시」에 포함되는 관계를 형성하다가 결국 「ᄂᆡ외」는 사어화 되어 버린다.

　(7) ᄂᆡ외 죽사리 아니 ᄒᆞ야(월1:31)
　(8) ᄂᆡ외 즐거본 ᄆᆞᅀᆞ미 업스례이다(월2:5)
　(9) ᄂᆡ외야 生死ㅅ 果報에 타나티 아니홀씨라(2:19)
　(10) ᄂᆡ외야 본ᄅᆡ 일후미 업서(월9:35中)
　(11) 다시 ᄢᅵᄃᆞ라(석6:20)
　(12) 다시 니러(석6:21)
　(13) 다시곰 더드머 어드시니라(重重搜索)(圓上一之一13)

　어형 「ᄂᆡ외」는 16세기부터 「노의」로 대응되는데 의미는 「ᄂᆡ외」와 동일하다. 「다시」는 형태의 변화없이 지금까지 쓰이고 있지만 「ᄂᆡ외」는 「노의」로 바뀌어 18세기 문헌인 동문유해에서 「뇌여」(下14b2)로도 나타나지만 그 외의 18세기 문헌에서는 어례가 거의 나타나지 않아 이 시기에 이르러서 「ᄂᆡ외」형은 소실된 것으로 보인다. 그리고 「ᄂᆡ외」와 「다시」가 가지는 통사적인 제약의 파괴는 16세기 소학언해에서부터 발견된다. 즉 「다시」가 부정의 서술어와 공기하는 예들이 나타난다. 현어에서는 「ᄂᆡ외」가 완전히 사어가 되었고, 「다시」(復)만이 그대로 존속하고 있는데 「다시」는 현어에서 부정의 서술어와도 공기하여 의미, 통사적인 면에서 「ᄂᆡ외」의 역할을 다 떠맡았다. 그러나 어형 「ᄂᆡ외」는 사어가 되었으나 현어에서 '는'의 특수 조사 기능과 관련하여 「다시는」이 의미, 통사적으로 정확하게 대응이 된다.
　이밖에도 이러한 의미적 포함 관계에 의해 사어가 된 어례들은 다음과 같다.

　갓(×)-것(○), 곱(×)-기름(○), 즘게(×)-나모(○), 바ᄅᆞᆯ(×)-바다(○)
　어ᅀᅵ(×)-어미(○), 어비(×)-아비(○), 시다(×)-잇다(○), 다대(×)-되(○)
　츽츽ᄒᆞ다(×)-특특ᄒᆞ다(○)

2.1.2. 음성적 원인

음성적 원인에 의해 유의어군 중의 한 단어가 사어화 되는 것은 의미적 관련성보다는 발음의 편의와 연관되어진 현상이다. 음성적으로 쉽게 발음되는 것이 결국은 경쟁에서 살아남게 된다. 이에 대한 분석은 음절의 경제성과 동음회피, 발음의 난이도, 음가 소실 등의 항목으로 나누어 살피기로 한다.

2.1.2.1. 음절 경제성

음절 경제성은 언중들이 발음을 쉽게 하려는 욕구와 맞물려 한 개의 음절이라도 단축시키려는 욕구가 생존의 원인으로 작용하는 것이다. 결국 음절의 수효가 적은 것이 경쟁하고 있던 단어들 사이에서는 득이 되어 유의경쟁에서 살아남게 되는 원인이 되는 것이다. 이것은 그렇지 않은 예들도 많이 있어 그 연관성의 신빙성이 떨어지지만 다른 요인들과 복합적으로 작용하여 그 영향이 드러나기도 한다.

「곧」과 「즉자히」의 경쟁은 「곧」이 음절의 수효가 적은 것이 부분적 원인으로 작용하여 유의경쟁의 결과 생존하게 된다. 이는 또한 「즉자히」가 한자 <卽>과의 연관성으로 <卽時>가 나타나면서 사어가 되는 더욱 큰 원인으로 작용하게 된다. 「즉자히」와 「즉시」는 별개의 어휘 항목이지만 <卽>이 「즉자히」와 「즉시」에서 동일하게 나타나 동음성을 제공하게 되고 이는 결국 「즉자히」가 음절의 경제성에서도 뒤지는데 더하여져 결국 사어화 되어 버렸다.

    (14) 곧 여리ᄂᆞ니(용120)

    (15) <u>즉자히</u> 化人을 보내샤(석6:7)

    (16) <u>즉재</u> 큰 法을 니르시더니(卽說大法 ; 법화1:90)

    (17) 흥정이 <u>즉재</u> 일쩌시니(交易便成了 ; 노146:7)

    (18) 니러 <u>즉제</u> 가쟈(起來便行 ; 노44:7)

「곧」과 「즉자히」(「즉재」, 「즉제」 포함)는 상당히 오랜 기간 유의어로 존속되었다. 「곧」은 현어에서도 그대로 존속하고 있고, 「즉자히」는 한자어인 「즉시」와 관련을 가지는 어형으로 보인다. 그러나 한자어 「卽時」는 태평1:4와 동문下47, 한한청문감204b에서도 나타나고, 「즉시예」도 번역소학8:38과 소학언해5:23에서 나타나 「즉지」와는 별개의 어형으로 존재하고 있었다. 이를 감안한다면 「즉자히」는 사어화 되면서 이의 의미 영역은 「즉시」에 넘어가고, 현어에서는 「곧」과 「즉시」가 유의어로 공존하고 있다.

<砌臺>의 뜻을 지닌 「버텅」, 「서흐레」, 「섬」은 음절의 수효에서 가장 유리하게 작용하는 「섬」만 살아남았는데, 여기에는 「서흐레」가 추상적인 의미를 지니면서 정밀한 표현을 원하는 욕구와 함께 한자어로 형태가 대치되고 이와 함께 음절의 경제성이라는 원칙이 「섬」만을 살아남게 한 원인으로 작용하게 된다. 또한 「섬」은 「셤(島)」이 단모음화 되면서 동음 관계가 형성되어 동음 충돌을 일으키게 되고 그 결과 <砌臺>라는 의미도 강화하면서 「섬돌」이라는 새로운 어형을 취하게 된다(삼강重 ; 忠21).

> (19) 階下눈 <u>버텅</u>아래니 황제를 바른 몯술봐 버텅아래룰 숣느니라(월 2:65)
>
> (20) 陛道눈 <u>버텅</u> 길히라(월7:57)
>
> (21) 陛눈 <u>서흐레</u>라(법화2:104)
>
> (22) 等級은 <u>서흐레</u> 層이라 ᄒᆞ듯ᄒᆞᆫ 마리라(금삼3:63)
>
> (23) 댓그림제 <u>섬</u>을 쓰로디(竹影掃階 ; 백7a)
>
> (24) 봄비츤 민양 <u>섬</u>아랫 대예 머므러잇고(春色每留階下竹 ; 백8a)

「글」과 「글월」의 관계에서는 음절 경제성에서 유리하게 작용한 「글」이 보다 많은 빈도를 차지하고 「글월」은 거의 사어화 되었다. 이는 「글월」이 실용적이고 구체적인 의미를 지니면서 전부 한자 단어로 대치되어 「글」이 의미상으로도 유리하게 작용하고 있다가 단음절이라는 점도 더하여져 유의 경쟁에서 이기게 된다.

(25) 製졩논 글지슬씨니(훈정),
(26) 御製엉졩논 님금 지스신 그리라(훈정)
(27) 이 두 글월을 보와(看得此二書)(5:110:ㅈ:6)
(28) 어딘 일이 잇거든 글월에 쓰고(有善則書于籍)(6:16:ㅎ:1)
(29) 됴티 아니혼 글월와(不正之書)(6:3:ㅈ:4)

「디위」와 「번」도 음절 경제성이라는 원칙이 작용하여 유의 경쟁을 끝내고 「번」만이 살아남았다. 「디위」는 의미의 정밀화를 위하여 한자어로 대치되었고, 「번」은 한자어가 가지는 우위성과 함께 유의 경쟁에서 이기게 된다.

(30) 마순 아홉디위 늙고(석9:32)
(31) 셜흔여슷 디위롤 오른ᄂ리시니(월1:20)
(32) 혼 번 쏘신 살이(월곡40)
(33) 한 번도 아니도라놀(월곡151)
(34) 한 번 ᄇ리니(一棄)(두초15:3)

2.1.2.2. 동음회피

의미 동질성을 지니면서 경쟁하게 되는 유의어는 같은 의미 역할을 지닌 단어와 경쟁하면서, 자신의 형태와 같은 동음어와의 경쟁도 아울러 취하게 되는 경우가 있다. 이는 결국 동음어와의 경쟁까지 짊어지고 있는 단어가 유의 경쟁에서 불리한 조건을 안게 되고 결과적으로 사어화가 되는 요인이 된다.

「도렷ᄒ다」와 「두렵다」는 다 사어가 되었는데 이들의 의미는 「둥글다」가 다 차지하였다. 「도렷ᄒ다」와 「두렵다」가 사어가 된 것은 現語 「둥글다」가 나타나는 시기인 18세기경에 「뚜렷하다(明)」와 「두렵다(懼)」와 동음을 형성하면서 사어가 된다. 그래서 「도렷ᄒ다」와 「두렵다」가 가진 <圓>의 뜻은 「둥글다」가 취하게 된다.

「무으다」는 「뮈우다」(뮈(動)+우+다)에서 나온 어형으로 보인다. 따라서 「뮈

우다」를 비롯하여 「무우다」, 「무으다」는 전부 동일 어형으로 취급한다. 그
러나 「무으다」는 현어 ‘묶다’의 뜻인 「무으다」(박통下13, 번노上32, 송강星下12)
와 동음을 형성하고 있어서 유의 경쟁에서 지게 되는 동인이 되었고, 「이어
다」는 서술격 조사 ‘이다’와의 관련성과 발음상의 단조로움으로 사어가 된
다. 「후늘다」는 ‘후눌다/흐늘다’로도 나타나는데 이는 ‘흔돌다>흔들다’로
그 어형을 유지하여 오늘날까지 존속한다.

　「부체」와 「잎」은 <門>의 뜻으로 의미 동질성을 취하면서 공존하였지만,
「부체」는 <扇>의 뜻으로 사용되는 「부체」와 동음을 형성하여 「잎」과의 경
쟁에서 뒤졌지만, 「잎」은 다시 <口>의 뜻인 「입」과 <葉>의 뜻인 「잎」과
다시 본원적 동음을 형성하여 결국은 「잎」과 「부체」는 다같이 사어화 되어
버렸다. 「잎」에 대응되는 한자가 <戶>이었는데 「잎」을 대신하여 이에 대응
되는 단어는 「잎」이 사어화 된 후 「지게」가 담당하다가 이도 역시 동음충돌
을 형성하면서 한자어 「門」이 이 의미 역할을 맡게 된다.

　「엄」과 「엄니」는 ‘어금니’와 ‘뻐드렁니’의 뜻으로 의미 동질성을 취하고
있었는데, 「엄」은 <芽>의 뜻인 「엄」과 <母>의 뜻인 「엄」이 동음으로 공존
하면서 경쟁에서 불리한 조건을 가지고 있었고, 이것이 결국은 「엄니」와의
경쟁에서 지게 된 동인이 된다.

　이 밖에도 같은 시대에 동음어가 존재하여 결국 유의 경쟁에도 지게 되
는 유의어군은 다음과 같다.

곱다(× ; 倍, 娟)－굽다	놀다(× ; 遊, 演奏)－드믈다	띠(× ; 帶, 茅)－바회
매(× ; 每)－엇뎨	미ᄒ(× ; 山, 飯)－드르ᄒ	ᄒ마(× ; 已)－쟝츠
바히다(× ; 碎)－버히다	받다(× ; 受, 追)－바티다	밧다(×;受)－벗다
붓ᄀ(× ; 壯<뜸>)－띠	빗다(× ; 梳)－쓰리다	서리(× ; 霜)－스싀
읻다(× ; 有)－둏다	하다(× ; 爲)－만하다	해(× ; 日)－만히
뮈다(× ; 惡)－움즈기다	간대로(× ; 가<行>＋ㄴ＋대로)－흔보로	

2.1.2.3. 발음의 난이도

발음이 쉽다는 것은 음절 경제성과 함께 유의경쟁에서 이기게 되는 음성적 원인으로 작용할 수 있다. 이는 임의적이지만 아동의 언어 습득과 관련된 연구인 Ervin Tripp(1966), 권경안 외(1979)의 연구에서 나타나는 기준을 토대로 고려해 본다면 어느 정도의 타당성을 보인다. 아동이 언어를 습득하는 것은 보다 쉬운 음에서 시작한다는 전제가 이 설명의 바탕이 된다. Ervin Tripp은 언어의 습득에서, 가장 먼저 작용하는 것이 단어에서의 모음과 자음의 대립인데, 이때 둘의 대립에서는 모음이 우세하고, 그 다음으로 자음 중, 폐쇄음(폐쇄음 내에서는 순음, 치음, 치조음, 연구개 k음의 순), 마찰음, 파찰음, 유음의 순으로 그 우선순위가 이루어진다고 하였다. 이는 언어의 습득과 관련하여 발음의 난이도를 고려할 수 있게 하는 연구이다. 이를 통해서 발음의 난이도에 따른 대체적인 순서를 고려할 수 있다. 권경안 외에서는 한국어에서 ㅁ, ㅂ, ㄷ, ㄱ, ㄴ, ㅇ, ㅎ, ㅈ, ㅅ, ㅆ, 유음의 순으로 음운의 습득이 이루어진다고 하여 발음의 난이도에서 Ervin Tripp의 연구와 유사한 결과를 제시하였다. 언어를 습득하는 과정에서 조음 기관의 움직임이 단순한 것이 쉬운 음일 것이라는 가설을 뒷받침한 연구이다. 그러나 이들은 유의 경쟁의 결과에서 그 원인을 뚜렷하게 규정지을 수 없을 때 고려할 수 있는 한정된 동인으로 작용한다.

「녀다」와 「가다」는 일단 어두의 자음에서 'ㄴ'음의 발음 문제와 'ㄴ' 다음의 중모음이 발음을 어렵게 하여 「녀다」가 경쟁에서 지게 되는 동인이 된다. 「숫」과 「덧」은 먼저 어두에서의 'ㅅ'과 'ㄷ'의 대립에서 'ㄷ'의 우세가 작용한다. 「쩗다」와 「어렵다」, 「손지」와 「오히려」는 어두에서 먼저 자음과 모음의 대립이 나타나 발음상으로 「어렵다」와 「오히려」가 우세하게 작용하고, 「현」과 「몃」에서는 어두 자음 중 'ㅁ'의 우세가, 「혀다」와 「혀다」의 대립에서는 어두 중자음의 강한 마찰성을 지닌 발음상의 어려움과 함께, 경쟁 음운(ㅎㅎ)의 소실이 불리하게 작용하여 결국 경쟁에서 지게 되고 사어화를 유발하였다.

2.2. 의미의 분화

의미의 분화는 공존의 틀을 스스로 확보하고자 하는 노력의 결실이다. 이는 경쟁의 결과, 같이 살아남는 어휘 항목들이 해당하는데 결국 의미가 분화되어 공존할 수 있게 된다. 물론 유의 관계가 지속되면서 공존하는 것은 아니다. 이의 원인은 자신이 지니고 있던 의미 역할이나 영역을 자신의 고유한 의미 영역만으로 분화를 극대화 시켜 독립된 자신의 의미 영역을 확보하였기 때문이다. 따라서 의미의 분화는 의미 표현을 정밀화하려는 욕구가 작용하여 의미를 세분화시킴으로써 나타난다. 이들은 이항 분화 유의어와 다항 분화 유의어들이 상이한 과정을 밟게 되는데 다항 분화는 대립항이 많으니까 보다 복잡한 양상을 나타낸다. 의미의 분화가 일어나는 이항 분화 유의어들은 다의성을 가지고 있는 단어들인데, 이들은 자신이 가지고 있던 의미 중 하나의 의미 역할을 극대화시키거나 새로운 의미 영역을 확보함으로써 분화되지만, 다항 분화 유의어들은 어휘가 부분적으로 통합되고 난 후 부분 의미의 역할을 극대화시켜 분화의 길을 밟는다.

어형 「빋」이 중세어에서는 <價>의 뜻과 함께 <債>의 뜻까지 공유하다가 점차 <價>의 뜻은 소실되어 버렸고, 이에 따라 결국은 <價>의 뜻만을 지니고 있던 「값」이 자신의 의미를 강화하면서 각각 <價>와 <債>의 뜻으로 의미의 분화가 일어났다. 결국 어형 「빚」이 <價>의 의미를 버림으로써, 어형 「값」이 원래 가진 자신의 의미와 함께 「빚」의 의미까지 담당하게 된다. 따라서 의미적으로는 완전한 분화가 일어난 셈이다. 만일 이와 같은 경우, 「값」이 「빚」에 완전히 포함되는 관계를 지니기 때문에 「값」의 역할이 강화되지 않았다면 사어화로 진행될 수 있었을 것이다.

(35) 碑 지순 갑샛(碑錢)(두초22:12)

(36) 香六鑄ㅣ 갑시(월18:28)

(37) 빋 가프리오(남명下53)

(38) 빋 갑게 ᄒᆞ시니(삼강孝9)

(39) <u>갑시</u> 이시면 풀고(有價錢時賣了着 ; 노126:5)
(40) 人蔘 <u>갑손</u> ㄱ장 됴ㅎ니라(人蔘價錢十分好 ; 노136:8)

중세어에서 「굵다」는 두께와 크기를 다같이 나타내는 어형으로 사용되다가 크기를 나타내는 뜻은 「크다」가 담당하게 되고 「굵다」는 두께를 표시하는 개념으로만 사용되어 의미의 분화가 일어났다.

(41) <u>굴근</u> 比丘衆 一萬二千 사ᄅᆞᆷ과 혼ᄃᆡ 잇더시니(석13:1)
(42) 모미 ㄱ장 <u>크고</u> ᄃᆞ리 <u>굵고</u>(석6:32)
(43) <u>굴근</u> 地獄이 여듧비니(월1:28)
(44) 機ㅣ <u>큰</u> 게 믈루믈(機退大)(법화2:190)
(45) 아ᄃᆞ리 ᄠᅳ디 ᄒᆞ마 <u>커ᅀᅡ</u>(子志旣大)(법화2:224)

「ㄱ장」과 「뭇」은 한자 <最>의 뜻으로 함께 사용되다가 現語에서는 「가장」과 「맏」이 의미상으로는 <最>의 뜻을 공유한다고 할 수도 있지만, 실제로는 「가장」이 중세어에서 가진 <最>의 의미를 다 가지면서 보다 보편적으로 쓰인다. 「맏」은 의미의 축소가 일어나 접두어로의 사용이 보편적으로 되어 버렸고, 이와는 조금 이질적이지만 <兄>에 대응되었던 자석어 「맏」이 의미 축소와 함께, <最>의 의미를 부분적으로 유지하면서 독립된 단어로 쓰인다. 따라서 이들의 분화는 「맏」이 가지는 의미의 제약과 용법상의 제약으로 나타난다.

(46) 네 <u>ㄱ장</u> 빌라(爾自盡一盡 ; 박통131:2)
(47) 룡안 마곰 굵고 <u>ㄱ장</u> 묽고 조ㅎ니라(圓眼來大的好明淨 ; 박통39:5)
(48) <u>맏</u>형은 방취오(大哥是棒鎚 ; 박통78:6)
(49) <u>뭇</u> 히믈 수비 得ㅎ리니(最易得力 ; 몽348:5)

「ᄃᆞᆺ다」와 「ᄉᆞ랑ᄒᆞ다」는 <愛>의 뜻으로 의미 동질성을 가지고 있었지만 「ᄃᆞᆺ다」는 「ᄉᆞ랑ᄒᆞ다」에 통합되어 버리고(「ᄃᆞᆺ다」의 사어화), <愛>, <思>의 뜻으로 사용되던 「ᄉ랑ᄒ다」는 <愛>의 뜻으로만 쓰여, 「ᄉᆡᆼ각ᄒ다」가 「ᄉ랑ᄒ다」가 지닌 <思>의 뜻을 흡수하면서 의미가 분화되었다. 결국 「ᄃᆞᆺ다」는 사어화 되어버리고, 「ᄉᆡᆼ각ᄒ다」와 「ᄉ랑ᄒ다」는 의미가 분화된다.

(50) 도리ᄅᆞᆯ <u>ᄃᆞᆺ다</u> ᄒ오미니(愛道)(법화1:34)

(51) 다 <u>ᄃᆞᄸ</u> 즐기며(皆愛樂)(법화1:244)

(52) 내 ᄯᅩ <u>ᄉ랑ᄒ요니</u>(我叉思惟)(능2:52)

(53) 내 네 色을 <u>ᄉ랑ᄒ아</u>(我憐汝色)(능4:31)

(54) 그낤 이ᄅᆞᆯ <u>ᄉᆡᆼ각ᄒ건댄</u>(憶…當日事)(금삼2:2b)

「혁다」와 「횩다」는 발음의 어려움과 함께 자신이 가지고 있는 의미를 「쟉다」에 포함시켜 자신의 의미 영역을 취하지 못하면서 사어화 되었고, 「쟉다」와 「격다」는 현어에서 의미가 분화되어 「작다」는 크기에, 「적다」는 양에서 사용되는 제약성을 보인다.

(55) <u>쟈ᄀᆞᆫ</u> 沙彌ᄅᆞᆯ 브려(觀音(12)

(56) 가비야오며 <u>쟈가</u>(輕微)(영가上20)

(57) 가비야오며 <u>져굼디</u> 아니니(非輕尠)(능2:56)

(58) 根이 크니 <u>져그니</u> 업시(根無大小)(圓下一之二55)

(59) <u>효근</u> 니피 ᄲᅢᆺ고(浮小葉)(두초7:5)

(60) 어르누근 돌ᄒᆞᆫ <u>효근</u> 돈 ᄀᆞᆮ도다(錦石小如錢)(두초20:2)

(61) 區區ᄂᆞᆫ <u>혀근</u> 양이라(금삼2:57)

(62) 굴그니여 <u>혀그니여</u> 울디 아니ᄒ리업더라(월10:12)

「므슥」과 「므슴」이 지닌 의미 중 체언으로서의 기능이 강화되어 이 뜻으로는 「무엇」이 담당하고, 「므슴」과 「므슷」은 관형사로의 기능이 강화되면서 이 뜻으로는 「무슨」이 쓰여 현존한다. 결국 이들의 분화는 명사와 관형사라는 쓰임의 변화로 나타났다. 그럼으로써 현재 공존하고 있다.

(63) 아홉 橫死는 <u>므스기</u>잇고(석9:35)

(64) <u>므스기</u> 어려보료(석11:19)

(65) <u>므슴</u>만 너기시리(월곡125)

(66) <u>므슴</u>ᄒ려 ᄒ시ᄂᆞ니(월1:10)

(67) <u>므슷</u> 이리 잇ᄂᆞ뇨(금삼3:21)

이밖에도 표현의 정밀화를 꾀하기 위해 자신의 의미 역할을 분화시킨 유의어들은 다음과 같다.

「갗」(가죽)－「겇」(거죽－제한적, 겉)

「놈」(他人)－「녀느」(다른－관형사)

「놈」(비어)－「사름」(人)

「댱ᄉᆞ」(商行爲)－「흥졍」(賣買,周旋)

「비ᄉ다」(머리 빗다)－「꾸미다」(장식)

「말」(평어)－「말쏨」(敬語)

「두텁다」(情誼나 인정이 많다)－「둗겁다」(두께)

「듣다」(물이 방울방울 떨어지다)－「디다」(해나 달이 서쪽으로 넘어가다, 꽃이나 잎이 시들어 떨어지다, 거죽에 묻어 있거나 붙어 있던 것이 없어지다)

「마리」(짐승이나 물고기의 수효를 셀 때 쓰는말)－「머리」(頭)

「갓ㄱ다」(물건을 얇게 뗴어내다, 털,머리 같은 것을 잘라내다)－「무지다」(무지르다 ; 물건의 한부분을 잘라 버리다, 중간을 끊어 두동강이 내다)

「각시」(갓 결혼한 여자)－「갓」(가시버시에서 남아 있으나 거의 사어가 됨)－「겨집」(여자의 비칭)

「곫」－「불」－「겹」－「번」(「곫」과 「겹」의 통합, 「불」과 「번」의 부분 통합후 「불」, 「겹」(겹쳐짐)과 「번」(횟수)의 의미 분화)

「ᄢᅴ」(끼 ; 끼니를 셀 때)－「ᄢᅥ니」(끼니 ; 일상적으로 일정한 때에 먹는 밥)－「ᄢᅢ」(때 ; 시간상의 어떤 점이나 부분)－「적」(과거의 시기)[39]

「엄」(牙의 뜻을 가진 엄과 동음)－「움」(풀이나 나무의 눈에서 나는 어린 싹, 초목 따위의 베어낸 뿌리에서 새로 돋아나온 어린 싹)－「삯」(씨나 줄기

---

39) 「때」와 「적」은 부분적으로 의미 동질성을 취하고 있지만 「적」의 쓰임은 「때」보다 제한적이다.

에서 나오는 어린 잎과 줄기)[40)]

「궂다」(사물이 나쁘고 언짢다)-「멎다」(× ; 궂다에 의미적 통합)-「모딜다」
(모질다 ; 마음씨가 몹시 독하다-내면적 속성의 강화)-「사오납다」(사납
다 ; 성질이나 행동 또는 생김새가 모질고 억세다-외면적 속성의 강화)

「남다」(餘)-「넘다」(낮은 곳에서 높은 곳을 지나다)-「디나다」(지나다 ; 過)[41)]

「양ㅈ」(×)-「즛」(짓)-「얼굴」(顔)

「곧」(공간의 어느 일정한 점이나 부분)-「따ㅎ」(땅 ; 육지)-「디」(의존명사)

「굿블다」(구푸리다)-「굽슬다」(굽슬거리다)-「업데다」(엎드리다)

2.3. 유의 관계의 지속

유의 관계의 지속은 미분화의 상태로 존속하고 있다는 뜻인데 이들은 異
意적인 측면보다는 동의적인 측면을 강하게 가지는 항목들이다. 물론 이의
적인 측면도 가지고 있어 분화의 항목에도 해당될 수 있지만, 중세 국어에
서의 의미 동질성과 유의성에 어떤 변화도 없이 그대로 공존하는 어휘 항목
들이다. 따라서 이들이 유의어로 공존할 수 있는 바탕은 중세어와 마찬가지
로 유의성을 지녀 공존의 바탕을 가질 수도 있고, 다의성을 취하여 공존할
수도 있다. 이들을 분류해 보면 다음과 같다.

2.3.1. 표현 의미 차이의 유지

「두립다」와 「므싀(엽)다」, 「젛다(혹은 저어하다)」는 서로 유사한 의미를 가
지고 있다. 그렇지만 이들은 「두립다」가 현어의 「두렵다」에, 「므싀엽다」는
「무섭다」에, 「젛다」는 「두려워하다」에 각각 대응하여 표현 의미 차이를 현

---

40) 현재 「움」과 「싹」이 동의성을 강하게 가지고 있어 유의 관계의 지속이라는 항에 포함 시
　　킬 수도 있지만 「엄」이 사어화 되었고 의미 동질성과 함께 유의성도 나타내고 있어 현어
　　에서는 중세어에서 보다 오히려 의미가 분화된 것으로 보았다.
41) 「넘다」와 「지나다」는 현어에서도 동의성을 유지한다. 하지만 세 개의 항목이 대립되면서
　　「남다」는 의미가 분화되었고 「넘다」와 「지나다」도 자신의 의미 역할을 강화시켜 분화된
　　의미영역을 취하는 점을 중시하여 분화에서 취급하였다.

어에서도 유지하고 있다. 「두립다」와 「므싀엽다」는 주관적 상태동사의 특성을 가져, 1인칭에 한정되는 특성을 보이고 있고, 「젛다」는 '-하'를 동반하여 심적 표현 상태를 확대하고 있다.[42] 이런 기능적 차이뿐만 아니라 의미적으로도 그 차이를 보인다. 「두립다」는 지속적이면서도 근본적인 감정으로 나타나고, 「므싀엽다」는 직접적인 경험에 의한 일시적, 즉흥적 감정이 강하다.

> (68) <u>두려</u> 弭弭ᄒᄂ니(두초16:56)
> (69) 地獄 소리 드로몰 <u>두레라</u>(월23:91)
> (70) 울에를 <u>므싀더니</u>(삼강孝16)
> (71) <u>므싀여본</u> 이리 이셔도(석9:24)
> (72) 기리 말가 <u>저후메니라</u>(恐長休)(두초24:45)
> (73) 江南올 <u>저호샤</u>(용15)

표현 의미는 엄격한 의미에서, 용법의 차이로 나타나는 다의성과 통사적 변인이라는 요소와는 차별성을 가진다. 분명하게 나타나는 의미, 혹은 용법의 차이가 아니라 언중들이 마음속으로 생각하고 있는 구분인 것이다. 따라서 이들은 동의성이 강하다고 하지만 결국 언중들은 이들을 다양한 표현에 이용하면서 그 차별성을 인식하고 있었던 것으로 볼 수 있다. 이것이 결국은 현대어에까지 유의어로 공존할 수 있었던 바탕이 된 것이다.

표현 의미 차이에 의해 유의어로 공존하는 이들은 중세어에서의 의미 동질성을 그대로 유지하면서 의미 변별성도 아울러 지니고 있다. 따라서 이들은 대립 어휘 간 의미 차이를 가지면서 유의어로 현재까지 공존하고 있는 것이다. 이들과 같은 유형 중 방언상 지역적인 변별성을 지니면서 공존하는 단어는 도최─돗귀, 모도다─뫼호다가 있다.

그리고 이 밖에 15세기어와 동일한 유의성을 지니면서 현어에서도 공존하는 단어들은 다음과 같다.

---

42) 이광호(2001)에서 표현의 인지 정도 설정을 위한 연구(우리말글 21집, 우리말글학회)에서 '-하'의 기능적 특징을 분석하여 그 정도성의 체계를 세운 바 있다.

니를다(이르다)—다돋다(다다르다)　　골오다(고르다)—가리다(가리다)
밍글다(만들다)—이르다(이루다)—짓다(짓다)
모디(모두)—모로매(모름지기)—반드기(반드시)
부러—짐즛(짐짓)　　　　　　　손쇼(손수)—몸쇼(몸소)
ᄡᅡ다(싸다)—ᄢᅵ리다(꾸리다)　　터리(털)—터럭(터럭)
ᄒᆞ오ᅀᅡ(혼자)—ᄒᆞ올로(홀로)　　그스다(끌다)—잇그다(이끌다)
ᄒᆞ마(하마)—볼쎠(벌써)

2.3.2. 다의성의 유지

다의성을 유지하면서 중세어와 동일하게 그 의미 동질성과 유의성을 취하고 있는 것으로는 「밑—아래」가 존재한다. 이는 다의성의 차이와 함께 표현 의미의 차이도 강하게 나타난다. 現語에서도 「밑」과 「아래」는 대립어가 「위」로 동일하게 나타나 그 의미 동질성을 강하게 보여준다. 물론 「아래」가 위치로서의 개념이 강한 반면에 「밑」은 '근본, 근원'의 뜻이나 감추어진 부분으로서의 '속'까지 나타내는 단어로도 쓰인다. 표현 의미로는 「밑」이 「물」과 관련된 '바닥'의 속성이 강해 '아래'와의 변별성을 보여주기도 한다.

(74) 산 밑으로 내려 가라.
(75) 산 아래로 내려 가라.

현대어의 이 예문에서 「밑」과 「아래」는 강한 동의성을 가지고 있다. 그렇지만 다음의 예문에서는 의미 차이가 조금 느껴진다.

(76) 책상 밑을 봐라.
(77) 책상 아래를 봐라.

공통적 의미를 본다면 위치와 관련하여 나타나지만 「밑」은 바닥과 관련한 느낌을 줘, 어원적으로 「물」과 관련성이 있는 표현 의미 차이를 보인다.

3. 이항 / 다항 유의어의 변화

이항 / 다항 유의어는 동일한 의미를 가진 단어가 이항 / 다항으로 이루어진 단어관계이다. 일반적으로 유의어는 이항으로 이루어진다. 이항의 유의어는 생멸이라는 일반적 생태적 속성에 따라 변화한다. 약육강식의 생태적 논리는 언어 현상에서도 마찬가지로 작용한다. 언어는 생명체의 생멸 과정에서 나타나는 경쟁, 간섭, 쟁취라는 생태계에서의 속성과 동일한 면을 보인다. 언어를 생태학의 관점에서 접근하는 것은 언어의 유기적 규칙을 발견하는 데 많은 도움을 줄 것이다.

여기서는 이항과 다항 유의어에서 나타나는 생태적 변화가 서로 상이하다는 점을 중시하여 이들의 변화과정을 추적하고자 한다. 공시론적 상태에서 유의어는 항상 표현의미 차이, 통사론적 변별기제, 다의적 의미라는 체계 하에 유지된다. 이들은 통시적으로 통합, 분화, 지속이라는 현상으로 나아간다.[43] 통합, 분화, 지속으로의 변화는 일정한 패턴을 가진다. 공시적 현상과 통시적 변화 사이에서 규칙적인 생태성을 동반한다. 그런데 이항/다항의 관계는 동일한 언어 현상인 유의관계를 형성하면서도 동일한 생태적 변화를 동반하진 않는다.

여기에서는 시스템의 개념을 이항과 다항 유의어에 적용해 보고자 한다. 왜냐하면 이항은 최소 요건의 유의관계이지만 다항은 이항이 부분으로 작용하기 때문이다. 즉 부분적인 요소와 전체적인 요소의 관계를 통해 살펴볼 근거가 있을 가능성이 있기 때문이다. 물론 이항은 그 자체로 완전한 유의관계이다. 하지만 복합적인 유의관계 속에서는 부분을 형성한다. 이러한 경우 부분의 합에 의한 새로운 시스템을 형성할 가능성을 가지기 때문이다. 또한 상호 작용을 찾을 수 있는 구성 요소간의 관계도 분명히 할 수 있을

---

43) 자세한 것은 이광호(2003 : 169~188)에서 논의한 유의어의 공시적 현상과 통시적 현상과의 연관성에 대한 카이제곱 검정 결과를 참조할 것.

것으로 보이기 때문이다.

홍사만(2003 : 13~29)에서도 언어의 생태적 변화를 논한 바 있다. 과거의 언어 사실에 대한 생태적 규명은 언어의 변화와 관련하여 중요한 작업이다. 언어에 있어 생태학적 접근이 가능한 것은 언어 자체가 환경 의존적인 존재라는 것과, 언어의 내부에도 역학적인 힘의 논리가 엄존하여 이에 따른 생멸과 조화와 균형을 이루는 질서가 발견되기 때문이다. 언어 현상에서 존재하는 생멸과 조화와 균형의 원칙은 생태계에서 존재하는 원리와 동일하게 작용한다. 이를 위하여 언어는 기존의 논리에서 나타나는 환경 속에서의 동일성, 혹은 이를 깨뜨리려는 욕구, 약육강식과 적자생존이라는 힘의 논리 등을 적용하고 있다. 이러한 힘의 논리는 유기체로서의 특성을 가진 대상이라면 어떤 것이라도 이런 논리성을 내포하고 있다고 봐도 좋을 것이다.

여기서는 이항 / 다항 유의관계를 통하여 어휘의 양상에서 설명할 수 있는 생멸의 논리를 두 가지 면에서 살펴보고자 한다. 우선, 생성과 소멸의 단계에서 나타나는 단순한 생태성이 어떻게 존재하는지 그 현상을 분석할 것이다. 이는 주로 이항 유의어에서 이루어진다. 그리고 이러한 이항 유의어의 양상이 다항 유의어라는 새로운 시스템을 형성하는지를 규명할 것이다. 그렇지 않으면 다항 유의어라는 시스템이 이항 유의어와 어떤 연관성을 이루는지를 살펴볼 것이다. 부분이 전체에 어떤 영향을 미치는지 혹은 전체가 부분의 변화에 얼마나 동참하는지가 점검의 대상이 될 것이다.

3.1 이항/다항 유의어의 분포적 특성

이항 유어어는 대립항이 두개의 단어 항으로 분화되어 있는 이항 분화 유의어를 말한다. 이항 유의어는 대체로 자기 역할이 뚜렷한 유의어항이다. 생태성은 변화를 전제한다. 변화의 결과를 통해 그 변화의 이유를 분명히 찾아낸다. 따라서 여기서는 연구의 대상을 중세어 항목에서 출발한다. 연구 대상이 되는 이항 유의어는 다음과 같다. 편의상 공시적 현상과 통시적 현

상의 관련 속에서 이들을 살펴보고자 한다.[44]

3.1.1. 공시적 현상

공시적 현상에서 나타나는 유의어군은 다의적 용법과 표현의미의 적용, 통사론적 변별기제로 작용한다. 공시적 현상에서 나타나는 다의적 용법은 어떤 단어가 가진 다의성 중에서 다른 단어와 동일 의미 영역을 형성하는 경우가 발생할 때이다. 표현의미의 적용은 미세한 의미 차이를 가지지만 동일한 의미 영역을 형성하는 동의성을 가지는 단어쌍을 말한다. 그리고 통사론적 변별기제는 통사론적 기제에 따른 구분을 가지지만 그 의미 영역은 일치하는 단어쌍을 말한다. 동의성 영역은 통사론적 기제의 모호성으로 인해 나타난다. 엄격성은 시간이 지남에 따라 변한다. 이러한 현상을 가지는 단어쌍을 분류하면 다음과 같다.

① 다의적 용법
- 이항 : ㄱ초다−값다, 값−빈, 글−글월, 나모−즘게, 밑−아래, 받다−바티다, 부체−잎, 붉−삐, 소리−소리, 놈−사롬, 간대로−흔보로(11개)
- 다항 : 굷−겹−볼−번, 돗다−ᄉ랑ᄒ다−싱각ᄒ다, 굿블다−업데다−업더리다−굽슬다, 궂다−멎다−사오납다, 삐−삐니−빼−적, 그(구)위−구위(구의)실−마술, 버텅−서흐레−섬, 쟉다−젹다−횩다−혁다(8개)

② 표현의미의 적용
- 이항 : 가다−녀다, ㄱ장−ᄆ, 갓−것, 잢다−무지다, 갗−겇, 쩗다−어렵다, 곧−즉자히, 곱−기름, 굵다−크다, ᄂ못−자르, 놈−녀느, 놀다−드믈다, 니를다−다듣다, 다대−되, 댱ᄉ−흥졍, 덮다−둪다, 도련ᄒ다−두렵다, 도치−돗긔, 둏다−읻다, 두텁다−둗겁다, 드르ᄒ−

---

44) 공시적 현상과 통시적 현상에 대한 자세한 것은 이광호(2003 : 169~188)에서 논의한 바를 참조할 것.

미ᇹ, 드틀-듣글, 듣다-디다, 디위-번, 바회-삐, 바다-바롤, 아
비-어비, 어미-어시, 마리-머리, 말-말쏨, 부러-짐즛, 쓰리다-
빟다, 스싀-서리, 쏘다-ᄣᅵ리다, 손소-몸소, 솝-속, 오히려-순지,
터리-터럭, ᄒᆞ마1-불쎠, ᄒᆞ마2-쟝ᄎᆞ, ᄒᆞ오ᅀᅡ-ᄒᆞ올로, 혀다-혀다,
현-몃, 골오다-굴이다, 엄-엄니, 덛-숫(46개)

- 다항 : 각시-갓-겨집, 계다-남다-넘다-디나다, 곧-짜ᇹ-디, 두
  립다-므싀다-젛다, 모디-모로매-반ᄃᆞ기, 양ᄌᆞ-즛-얼굴(6개)

③ 통사론적 변별기제

- 이항 : 그스다-잇그다, 곱다-굽다, 쑤미다-비스다, 무니다-믄지다,
  만ᄒᆞ다-하다, 만히-해, 모도다-뫼호다, 이어다-후늘다, 뮈다-움
  즈기다, 바히다-버히다, 밧다-벗다, 슬ᄒᆞ다-아쳗다, 잇다-시다,
  칙칙ᄒᆞ다-특특ᄒᆞ다, ᄂᆞ외-다시(15개)
- 다항 : 빙굴다-이르다-짓다, 매-엇뎨-어느, 샀-엄-움, 므슥-므
  슴-므슷(4개)

3.1.2. 통시적 현상

유의어는 통시적 변화의 결과 통합과 분화, 지속이라는 결과로 나타난다.
통합은 음성적 차원이나 의미적 차원에서 불리하게 작용하는 요소가 있다면
한 단어가 사어가 되면서 형성된다. 반면에 분화는 동일한 의미 영역을 가지
는 것에서 자기의 의미 역할을 뚜렷이 하면서 나타난다. 지속은 중세어에서
부터 의미의 변화가 뚜렷이 존재하지 않고 동일한 의미 영역이 시간이 지나
면서도 그 역할이 그대로 지속되는 경우이다. 이들의 분류는 다음과 같다.

① 통합

- 이항 : 도렫ᄒᆞ다-두렵다, 드틀-듣글, 부체-잎, 가다-녀다, 갓-것,
  곧-즉자히, 곱-기름, 곱다-굽다, 글-글월, ᄀᆞ초다-갖다, 나모-
  즘게, 놀다-드믈다, ᄂᆞ외-다시, 덛-숫, 덮다-둪다, 둏다-읻다,
  드르ᇹ-미ᇹ, 디위-번, 만히-해, 만ᄒᆞ다-하다, 뮈다-움즈기다,
  엄-엄니, 무니다-믄지다, 바다-바롤, 바히다-버히다, 칙칙ᄒᆞ다-

특특ᄒ다, 밧다-벗다, 븕-삐, 바회-삐, 빛다-쓰리다, 소리-소리, 숩-속, 슬ᄒ다-아쳗다, 스싀-서리, 아비-어비, 어렵다-셟다, 어미-어싀, 오히려-순지, 혀다-혀다, 현-몃, ᄒ마2-쟝츠, ᄂᄆᆺ-자ᄅ, 잇다-시다, 간대로-ᄒᆞᆫ보로, 다대-되, 도치-돗귀, 모도다-뫼호다, 이어다-후늘다(48개)

- 다항 : 그(구)위-구위(구의)실-마ᄉᆞᆯ, 버텅-서흐레-섬, 매-엇뎨-어느(3개)

② 분화

- 이항 : 값-빋, 갗-겇, 굵다-크다, ᄀᆞ장-ᄆᆞᆺ, 놈-사ᄅᆞᆷ, 댱ᄉᆞ-흥졍, 듣다-디다, 마리-머리, 두텁다-둗겁다, 말-말ᄊᆞᆷ, 쟈다-무지다, 비스다-ᄭᅮ미다, 놈-녀느, 받다-바티다(14개)
- 다항 : 둧다-ᄉᆞ랑ᄒ다-ᄉᆡᆼ각ᄒ다, 젹다-쟉다-횩다-혁다, 므슥-므슴-므슷, 굷-겹-볼-번, 삐-삐니-빼-적, 궂다-멎다-모딜다-사오납다, 계다-남다-넘다-디나다, 양ᄌᆞ-즛-얼굴, 곧-ᄶᅡᇹ-디, 굿블다-업데다-업더리다-굽슬다, 각시-갓-겨집(11개)

③ 지속

- 이항 : 골오다-가리다, 밑-아래, 부러-짐즛, 손ᄉᆞ-몸ᄉᆞ, 밧다-삐리다, 터리-터럭, ᄒ마1-볼쎠, ᄒᆞ오ᅀᅡ-ᄒᆞ올로, 그스다-잇그다, 니를다-다ᄃᆞᆮ다(10개)
- 다항 : 밍ᄀᆞᆯ다-이르다-짓다, 모더-모로매-반ᄃᆞ기, 두립다-므싀(엽)다-젛다, 엄-움-삯(4개)

공시적 현상과 통시적 현상에 대한 분석은 이항과 다항에 따른 결과가 서로 다를 것이라는 가정 하에서이다. 이에 대한 결과를 추출하기 위해 공시적×통시적 현상에 대한 교차표를 제시한다. 이항과 다항을 분석하기 위해 이들은 별개로 작성하였다. 이에 따른 분포를 명확하게 보이기 위해 그래프도 함께 제시한다. 이는 이항과 다항이 서로 다른 결과를 보이고 있다는 것을 확연하게 구분할 수 있도록 한다.

공시적 현상×통시적 현상의 교차표(이항)

			통시적 현상			전 체
			통 합	분 화	지 속	
공시적 현상	다의적	빈도	7	3	1	11
		공시적의 %	63.6%	27.3%	9.1%	100.0%
		통시적의 %	14.6%	21.4%	10%	15.3%
		전체	9.7%	4.2%	1.4%	15.3%
	표현의미	빈도	28	10	8	46
		공시적의 %	60.9%	21.7%	17.4%	100.0%
		통시적의 %	58.3%	71.4%	80%	63.9%
		전체	38.9%	13.9%	11.1%	63.9%
	통사론적	빈도	13	1	1	15
		공시적의 %	86.7%	6.7%	6.7%	100.0%
		통시적의 %	27.1%	7.1%	10%	20.8%
		전체	18.1%	1.4%	1.4%	20.8%
전 체		빈도	48	14	10	72
		공시적의 %	66.7%	19.4%	13.9%	100.0%
		통시적의 %	100.0%	100.0%	100.0%	100.0%
		전체	66.7%	19.4%	13.9%	100.0%

앞의 표는 이항 유의어의 공시적 현상과 통시적 현상에 대한 교차표이다. 이들의 분포는 공시적 현상에서의 다의적 용법, 표현의미차이, 통사론적 변별기제에 의한 구분과 통시적 현상에서의 통합과 분화, 지속이라는 결과를 나타낸 것이다. 통시적 현상에 나타나는 통합이라는 현상은 동일한 다의적 용법 내에서는 63.6%를 차지한다. 다시 말하면 공시적 현상에서의 다의적 용법은 변화의 결과 통합으로 나아갈 확률이 가장 높다는 것을 뜻한다. 마찬가지로 표현의미차이나 통사론적 변별기제에 의한 공시적 현상도 통합으로 나아갈 확률이 60.9%, 86.7%로 높게 나타난다. 이는 통시적 결과만을 통해서 볼 때도 통합이 전체의 66.7%로 가장 높게 나타난다. 이는 다항 유의어가 포함된 결과와는 상이하다. 이항과 다항으로 분리하지 않고 91개로 처리한 이광호(2003 : 179)의 논의에서는 공시적 현상에서 다의적 용법이 분

화로 나아갈 확률이 52.6%로 가장 높고, 표현의미 차이나 통사론적 변별기제에 의한 것은 통합으로 나아갈 확률이 각각 55.8%, 70.0%로 나타난다. 통시적 결과만을 봤을 때도 통합이 56.0%로 가장 높다.[45)]

이항 유의어에 대한 분포를 그래프로 나타내면 다음과 같다. 이는 공시적 현상과 통시적 현상에 대한 분포를 분명히 보여준다. 그래프의 가로축의 순서는 공시적 현상의 다의적 용법, 표현의미 차이, 통사적 변별기제의 순이다. 이를 통하여 볼 때, 공시적 현상에서 표현의미 차이에 의한 것은 통시적으로 통합 현상으로 나아갈 확률이 가장 높다는 것이 분명히 나타난다.

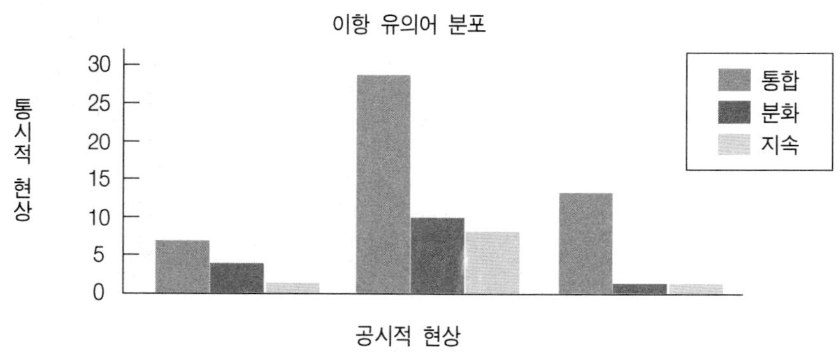

다항 유의어는 이항 유의어보다 그 빈도가 적다. 하지만 이항과 다항을 포함한 전체의 비율이나, 이항 유의어의 비율을 고려할 때 상이한 결과가 나온다는 것은 주목할 만한 사실이다. 이것은 중세국어에서 나타나는 현상과 변화의 결과가 도출된 현대어와의 관계에서 상정된 것이다. 즉 공시적 현상과 통시적 현상으로 나타나는 연관성의 문제에서 검토된 것이다. 공시적 현상과 통시적 현상의 연관성에 대해서는 이미 그 연관성이 검증된 바가

---

45) 이광호(2003)에서는 '므슥－므슴－므슷'의 관계를 '므슥－므슴', '므슴－므슷'으로 분리하였기 때문에 총항이 91개로 나타난다. 하지만 여기에서는 이들을 다항의 관계에 두고 세 개의 항으로 처리하여 총합은 90개로 처리한다. 이는 물론 이항과 다항을 합친 총합의 수이다.

있어 그 과정은 생략한다.[46] 통시적 결과로 나타나는 변화를 중심으로 이들
을 살펴보기 위하여 다항 유의어의 교차표를 제시한다.

공시적 현상×통시적 현상의 교차표(다항)

			통시적 현상			전 체
			통 합	분 화	지 속	
공시적 현상	다의적	빈도	2	6	0	8
		공시적의 %	25.0%	75.0%	0.0%	100.0%
		통시적의 %	66.7%	54.5%	0.0%	44.4%
		전체	11.1%	33.3%	0.0%	44.4%
	표현의미	빈도	0	4	2	6
		공시적의 %	0.0%	66.7%	33.3%	100.0%
		통시적의 %	0.0%	36.4%	50.0%	33.3%
		전체	0.0%	22.2%	11.1%	33.3%
	통사론적	빈도	1	1	2	4
		공시적의 %	25.0%	25.0%	50.0%	100.0%
		통시적의 %	33.3%	9.1%	10.0%	22.2%
		전체	5.6%	5.6%	11.1%	22.2%
전 체		빈도	3	11	4	18
		공시적의 %	16.7%	61.1%	22.2%	100.0%
		통시적의 %	100.0%	100.0%	100.0%	100.0%
		전체	16.7%	61.1%	22.2%	100.0%

　　다항 유의어의 교차표를 보면 공시적 현상에서 나타나는 다의적 용법은
변화의 결과 분화로 나아가는 확률이 75.0%로 가장 높다. 그리고 표현의미
차이도 분화로 나아가는 확률이 66.7%로 가장 높게 형성된다. 다만 통사론

---

46) 이광호(2003 : 177~181)에서 공시적 현상과 통시적 변화에 대한 교차분석 결과 카이제곱
값이 8.493, 유의확률 0.075로 아주 높은 유의미한 관계임을 증명한 바 있다. 일반적으로
카이제곱 검정을 통해 얻어지는 카이제곱 값이 5 이상이면 이들의 연관성은 유의미한 집
단으로 인정한다. 그리고 점근 유의확률수치는 0에 근접할수록 그 연관성이 높은 것으로
판단한다.

적 변별기제에 의한 것은 현대어에서도 그 유의관계가 지속되는 것이 50.0% 로 가장 높게 나타난다. 그러나 통시적 결과만을 토대로 했을 때는 분화로 나타날 확률이 61.1%로 가장 높다. 이는 전체를 대상으로 했을 때의 결과나, 이항 유의어를 대상으로 했을 때의 결과와는 판이하다. 전체의 경우나 이항 유의어의 경우에는 통시적 결과, 통합으로의 변화가 각각 66.7%와 56%로 가장 높게 나타난 것에 비해 다항 유의어의 경우에는 분화로의 변화가 61.1%로 가장 높다. 이를 통하여 볼 때, 이항 유의어의 경우는 통합으로 나아가는 확률이 가장 높은 반면에 다항 유의어는 분화로 나아갈 확률이 가장 높다는 것을 의미한다. 다음의 그래프는 공시적 현상과 통시적 현상의 관계를 더욱 명확하게 확인하도록 한다. 공시적 현상에 대한 그래프의 순서는 마찬가지로 다의적 용법, 표현의미 차이, 통사론적 변별기제의 순이다. 이는 가로축에 나타난다. 여기서 볼 때, 다의적 용법과 표현의미 차이에 의한 것은 통시적으로, 분화로 나아갈 확률이 높고, 공시적 현상에서 통사론적 변별기제에 의해 형성되는 것은 그대로 지속될 가능성이 높다.

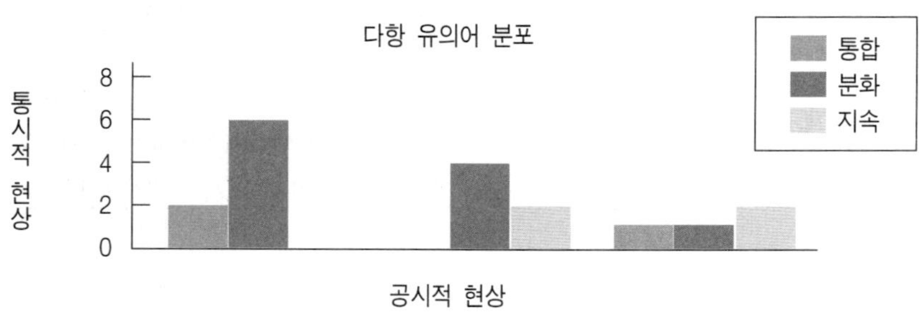

3.2. 다항 유의어의 통시성

유의어는 공시적 현상과 통시적 현상 사이에 뚜렷한 연관성이 있음은 분명하다. 그런데 이들의 현상 사이에서 이항 유의어와 다항 유의어가 구분되고 있음은 간과하였다. 이들은 일반적 유의어들과는 다른 변화를 동반한다.

생태적인 변화의 특성상 세 개 이상의 군집을 이루고 있는 것과 두 개의 요소가 공존하는 것은 차이가 있기 때문이다. 두 개의 요소가 공존하는 경우는 대체로 그 결과가 분명하다. 하지만 세 개 이상의 군집을 이루는 경우에는 이항관계보다 복잡한 과정을 밟게 된다. 앞의 결과는 특정의 시기를 중심으로 비교해 본 것이다. 이는 그 과정을 배제한 것이기 때문에 변화의 이전과 이후를 비교하는 데 필요하다. 이항 유의어인 경우에는 그 과정의 변화를 추적하지 않아도 그 결과에 별 다른 차이가 나타나지 않는다. 하지만 다항인 경우에는 중간 과정이 존재할 가능성이 높다. 세 개나 네 개의 항이 중간 과정의 변화 없이 바로 어떤 결과를 나타내지는 않을 것이기 때문이다. 따라서 다항 유의어는 중간 단계를 점검해 볼 필요성이 있다.

　일반적으로 이항 유의어는 생태적 특성에 따른 일반적 결과를 나타낸다. 음성적, 의미적 특성에 따라 그 힘의 균형이 유지되기 때문이다. 힘을 가지는 경우에는 살아남고 그렇지 않은 경우에는 사멸한다.47) 다항 유의어도 마찬가지이다. 이러한 힘의 균형은 당연히 존재한다. 하지만 다항의 경우 그 힘의 관계는 복합적으로 관계할 가능성이 있다. 경쟁이 되는 단일항이 문제가 아니라 자신이 아닌 다른 모든 항이 경쟁의 대상이 되기 때문이다. 결국 다항 유의어의 경우에는 궁극적으로 이항 유의어로 나아갈 가능성이 높다. 이는 시대적으로 각 항을 비교하면 그 과정이 분명히 나타날 것이다. 이를 위하여 다항의 일반적 변화 양상을 추적할 필요가 있다. 여기서 대상으로 삼은 다항 유의어는 다음과 같다. 이들의 변화 과정을 시기적으로 추적하면 다항 유의어의 생태적 특성들이 드러날 것으로 기대한다. 이들의 변화 결과를 중심으로 그 과정을 살펴보기 위해서 통시적 결과에 따른 분류를 토대로 한다.

---

47) 언어변화와 관련한 생태적 힘의 논리를 이광호(2002 : 79~99)에서는 의미적 원인에서의 자기 역할 문제를, 음성적 원인에서의 음절 경제성, 동음회피, 발음의 난이도 문제를 통해 점검한 바 있다.

3.1.1. 통합

다항 유의어 중 변화의 결과 통합으로 나타나는 것은 '그(구)위-구위(구의)실-마술, 버텅-서흐레-섬, 매-엇데-어느'로 형성된 유의어군이다. 통합 이전의 상태에서 분화를 전제로 한다. 분화된 요소의 통합이 어떤 과정을 밟는지 각 시대별 문헌을 통해 점검하고자 한다.

(1) 그위形-그위실形-마술

'그위'형은 '그위, 구의, 구위' 등으로 나타난다. 그위예 널어 머리 내티더라(則言之官府屛之遠方焉)《이륜 30b》, 공안온 그윗 글와리니《몽 321:7》, 셔력 잇는 사룸은 그위예 가 고ᄒᆞ야 자보디(有力者爲告之官司)《여 68》, 혹 그위예 알외며(或聞干官)《여 69》, 내 힘이 가히 그위예 가 닐엄직ᄒᆞ거든(自伸者勢可以聞於官府)《여 70》에서는 '그위'로, 구의 죵 어려운 일 잇거든(有官司災難)《박통 50:3》, 내해 다 실 ᄀᆞ는 구의나깃 시푼 은이니(我的都是細絲官銀)《박통 65:1》, ᄌᆞ디 쳇 구의나깃 믠 비단 ᄒᆞ자쾌(紫官素段子一尺)《박통 94:8》와 구의 주검을 검시ᄒᆞ고(官司檢了時)《노 50:5》, 이제 구의 ᄀᆞ장 嚴謹ᄒᆞ야(如今官司好生嚴謹)《노 88:9》, 구윗 정ᄉᆞ룰 맛다ᄒᆞ고(服官政)《소학 1:6b4》 등에서는 '구의'로 나타난다. '구위'는 구윗 威嚴에(公家威)《두초 15:5》, 다ᄉᆞ림을 ᄀᆞ히 구위에 옴기ᄂᆞ니《소언 2:70》에서 보인다. 이들은 의미상 관청이나 관리의 의미로 쓰였음은 알려진 바이다. 비록 형태상 다른 부분이 있지만 동일한 의미를 가진 동일 어형으로 보인다. '마술'은 마을과 관청의 의미로 쓰였는데, 관청의 의미일 때 이들과 동의적인 부분이 있다. 마ᄉᆞ래 거ᄒᆞ야셔 그 직심을 잘 힝ᄒᆞ미오(居官擧職)《여씨향약 8》, 다ᄅᆞᆫ 딋 마술이 ᄯᅩ 그 도적을 자바(別處官司却捉住那賊)《노상 25》, 마슰관원들ᄒᆞᆯ 오늘 다 쳥ᄒᆞ야《박초상 65》에서 그 예가 나타난다. '그위실'형도 '그위실, 구위실, 구의실'로 나타난다. 그위실 ᄒᆞ리(仕宦者)《내삼 29》, 구위실 마로미(罷官)《두초 10:29》, 내이 구의실 호디《두중 6:6》로 나타난다. 이는 관리의 의미로 쓰인다. 이들의 의미적 특징은 대체로 '그위'형이 '그위실'형과 '마술'의 의미를 통합하고 있는 것으로 보인다. '그위'형이 가진 다의성이 '그위실'형과 '마술'을 동일한 유의어쌍으로 설정할 수 있게 한다. '그위'형은 이륜행실도(30b), 몽산화상법어약어(321:7), 여씨향약(68, 69, 70), 박통사(50:3, 65:1, 94:8), 노걸대(50:5, 88:9), 소학(1:6b4, 5:46a3) 등에서 다양하게 나타나는데 여전히 관청과 관리의 의미이다. '마술'도 여씨향약8 '마ᅀᆞ래 거ᄒᆞ야셔 그 직심을 잘 힝호미오(居官擧職)'에서 관청의 의미로 쓰인다. '그위실'형은 구실(公務)≪한청 65a≫, 구실에 참예티 아니홈이라≪소언 6:53≫으로 보아 '구실'로 형을 유지하다가 의미적 변화를 거치면서 현대어 '구실'로 이어진 듯하다. 이들은 통합과 분화, 전이 등 여러 과정을 밟으면서 현대어로 연결된다. 하지만 현대어로 연결된 것은 '마술'과 '구의실'이다. 물론 이들의 기존 의미는 상실하였다.

(2) 섬-서흐레-버텅

'섬, 서흐레, 버텅'은 한자 <階>에 대응하는 어형들이다. 현대어에서는 階의 자석어로 '섬돌'이 쓰인다. '섬'은 섬아래 가 절ᄒᆞ고(拜於階下)≪소학 6:26b5≫, 섬을 디나 올라가(歷階升)≪십구 2:58a2≫ 등에서 나타난다. '버텅'은 陛下ᄂᆞᆫ 버텅 아랫니≪월 2:65≫, 버텅을 쓰러도≪금삼 4:16≫에서 나타난다. '서흐레'는 陛ᄂᆞᆫ 서흐레라≪법화 2:104≫에서 이들이 동의성을 가진 것을 확인할 수 있다. 그런데 等級은 서흐레 層이라 ᄒᆞᄃᆞ혼 마리라≪금삼 3:63≫, 섬 서흐레(階級)≪역상 19≫의 예에서 보는 것처럼 등급과 관계된 단어임을 짐작하게 한다. 이것은 역사적으로 층계에 서는 위치가 품계를 나타내는 것과 무관하지 않을 것이다. 이들의 의미적인 관련성을 토대로 살피면 적어도 '서흐레'는 어느 정도 그 의미가 분화된 것으로 짐작이 된다. 결과적으로 이들의 의미가 통합이 되었다고 하더라도 분화의 의미 역할이 있었다. '서흐레'는 층계의 의미에서 추상화되어 단계, 등급의 뜻으로 보편적으로 쓰였다.

(3) 매-엇뎨-어느

'매, 엇뎨, 어느'는 賢弟를 매 니즈시리≪용 74≫, 엇뎨 라후라를 앗기는
다≪석 6:9≫, 공덕을 劫劫에 어느 다 술븅리오≪월 1:1≫와 같이 쓰인다.
이들은 현대어 '어찌'라는 형태로 해석이 되지만 그 의미적 특징은 어느 정
도 분화가 되어 있다. 통사적인 차이를 보이기 때문이다. 결과적으로 보면
이들의 의미적인 역할은 현대어 '어찌'가 다 가진다. 형태적인 면에서 생각
한다면 '엇뎨'로 통합이 된 것이다. '엇뎨'는 '엇디'로도 나타난다. '엇뎨 하
(何)≪유합 下26≫', '엇디 긔(豈)≪유합 上26≫', '엇디 긔(豈)≪석천 7:25≫',
'엇디 하(何)≪석천 7:25≫'에서 이들의 관련성을 짐작할 수 있다.

그런데 이들의 변화를 변화의 결과와 직접 비교하면 통합으로 가지만 중
간 단계에서는 유의를 형성하는 그 분화의 상태가 상당기간 지속되는 것을
볼 수 있다. 부분적으로 다항 유의어의 경우 분화의 상태는 이원화된다. '그
위-그위실-마술'은 관리와 관청이라는 의미로 이원화 되고, '섬-서흐레
-버텅'은 구체성과 추상성으로의 이원화, '매-엇뎨-어느'는 반어적 의문
과 의문형어미와 공기하는 의문법으로 이원화된다. 결국 이들의 변화는 현
대어로의 변화로 직접 연결되는 것이 아니라 이항 유의어와 동일한 현상으
로 나아가는 이원적 분화가 중간단계에 존재한다. 결국 이원화라는 것은 어
떤 특정 의미를 공유하면서 한 어휘와의 통합과 분화라는 과정을 밟는 것이
다. 따라서 공생과 분화라는 생태적 속성이 그대로 어휘에도 반영된다.

3.1.2. 분화

변화의 결과 분화로 나아간다는 것은 통합의 요소가 결과적으로 나누어
진다는 것을 뜻한다. 유의어가 동질적 의미 영역을 보존하면서 독자적 의미
영역을 가진다는 것은 분명한 사실이다. 사실 유의어는 어느 정도 분화가
내재되어 있다. 하지만 이들은 뚜렷한 의미 역할로 완전하게 분화하지 않은

상태에서 출발한다. 처음에는 공유의 의미 영역을 넓게 형성하고 있다가 점
차 공유 의미 영역이 줄어들면서 분화로 나아간다. 이러한 예로는 '겹-겹
-볼-번, 쁴-쁴니-쌔-적, 궂다-멎다-모딜다-사오납다, 계다-남다-
넘다-디나다, 둧다-스랑ᄒ다-싱각ᄒ다, 젹다-쟉다-횩다-혁다, 므슥-
므슴-므슷, 양ᄌ-즛-얼굴, 곧-짜ᄒ-티, 굿블다-업데다-굽슬다, 각시
-갓-겨집' 들이 있다. 이들이 보다 뚜렷한 분화로 나아가는 과정을 각 시
대별 문헌을 통해 점검한다.

(1) 겹-겹-볼-번

'겹'과 '겹'은 다숫 굴볼 볼겨(五重以顯)≪원상 1:1:78≫, 겹 쥼(重)≪왜어下
36≫에서 보듯이 '重'의 뜻으로 의미가 중첩된다. '볼'도 몃 볼오(幾重)≪두중
9:25≫에서 이들과 의미가 중첩된다. 물론 이들의 공시적 상황에서는 유의
어로 공존하는 각각의 역할은 있다. '볼'의 경우에는 孝經 ᄒ 볼 닑고ᅀᅡ≪삼
강효 27≫에서는 '回'의 뜻으로도 쓰인다. '볼'은 다의적이다. 결국 이들의
의미 역할은 '겹, 겹, 볼'이 가진 '重'의 의미, '볼'과 '번'이 가진 '回'의 의
미가 복합적으로 작용한다. 의미상으로 보면 이들은 '겹, 겹, 볼'의 통합적
의미와 '볼, 번'의 통합적 의미에서 유의적 현상을 보인다. 결국 통합과 분
화라는 이중의 기제가 작용하면서 완전한 분화로 나아간다. 의미상의 이원
화는 '重'과 '回'로 실현된다.

(2) 쁴-쁴니-쌔-적

'쁴, 쁴니, 쌔, 적'은 '時'의 뜻으로 고르게 출현한다. 이들은 15세기에서
만 아니라 16세기 이후의 문헌에서도 마찬가지이다. 믹양 명일 쎅어든(每歲
時)≪이륜 31a≫, 도죽ᄒ야 더브러 갈 저긔(倘將去的時節)≪박통 70:8≫, 우리
졍히 渴ᄒ 쌔예(我正飢渴時)≪노 78:3≫. 다만 부분적으로 '쓰, 쌔' 혹은 '재'의
형태로 존속한다. '쁴니'도 時의 뜻으로 쓰이는 것은 쁴니 시(時)≪자회 상2≫
에서 확인된다. 현재 존속하는 어형으로 보면, 쁴>끼, 쁴니>끼니, 쌔>때,

적으로 그대로 연결된다. 부분적으로 시간의 의미는 유지하지만 끼, 끼니는 식사와 관련이 있다. 역시 '쁴'와 '쪠니', '쪠, 적'의 의미적 통합이 우선 실현되었다. 역시 이들은 의미상, 이원화로 진행된다.

(3) 궂다 – 멎다 – 모딜다 – 사오납다

'궂다, 멎다, 모딜다, 사오납다'는 '善, 好'의 의미와 대립한다. 됴ᄒ며 구즌(善惡)≪법화 1:69≫, 머즌 일 지순 因緣으로 後生애 머즌 몸 ᄃ외야≪월 2:16≫, 머굴거시 사오나오니(庖廚薄)≪두초 16:72≫, 모딜 악≪유합 하2≫에서 보듯이 이들의 의미적 공통성은 분명하다. 하지만 이들은 다의적 의미로 각자의 역할을 가진다. 의미적 역할로 보면 이들은 분명히 통합상을 공유한다. 하지만 '멎다, 사오납다, 모딜다'에 대응하는 용례에서 이질적 의미도 발견된다. 災禍는 머즐씨라≪월 1:49≫ 머즌 그르슬(凶器)≪삼강 孝12≫優는 더을씨오 劣은 사오나ᄫᆞᆯ씨라≪월 17:57≫, 모딜 포(暴)≪자회 하26≫에서 확인하는 것처럼 각각 다의적 의미를 유지한다. 이러한 다의적 의미 속성은 시간에 따라 자신의 역할을 강화하는 분화의 특성을 보인다. 현대어에서는 '궂다, 모딜다>모질다, 사오납다>사납다'가 유지된다. 이들은 의미상 무생물과 생물이라는 공기상의 이원성을 형성한다.

(4) 계다 – 디나다 – 남다 – 넘다

'계다, 디나다, 남다, 넘다'는 낫 계어든≪석 9:18≫, 훈 劫이 남거나≪석 9:29≫, 多劫을 디나게≪원상 3:1:39≫, 過에는 너믈 씨라≪석보 序3≫에서 이들의 의미적 공통성은 드러난다. 의미적 공통성은 '過'로 한정된다. 대체로 시간의 경과를 뜻하는 경우에 서로 의미 동질성을 취한다. 하지만 이들은 각기 다의적 용법으로의 역할은 존재한다. '남다', '넘다', '디나다'는 상당히 오랜 기간 유의어군을 형성하고 있었다. 17세기까지는 한자 '餘'의 뜻으로 쓰인 '남다'와 '過'의 뜻으로 쓰인 '남다'가 동음어로 쓰였지만 '過'의 뜻으로 쓰인 '남다'는 18세기경에 사어가 된 것으로 보인다. 이들은 '디나다>지나다', '넘다'가 가진 시간적 의미에서의 동질성을 '남다'가 잃어버리면서 이원화가 이루어진다.

(5) 양ᄌᆞ-즛-얼굴

'양ᄌᆞ, 즛, 얼굴'은 게으른 양지 업스며(無惰容)≪번소 10:23≫, 녜도 얼골롤 베프시고(設禮容)≪십구 1:91b4≫, 완슌혼 즛시 잇ᄂᆞ니(有婉容)≪소학2:9b3≫에서 '容'의 의미로 공통된다. 물론 이들의 의미는 각기 다른 의미적 영역에서 유의어로 공존하였다. 공통된 의미 영역이 존재했다 하더라도 현대어에서는 또 다른 통합과 분화가 이어진다. '양ᄌᆞ'가 거의 사어화되었고, '즛'은 의미적 역할에서 '얼굴'과는 분화된다. 역시 이원성으로 유지된다.

(6) 곧-짜ㅎ-딘

處는 고디라≪석 13:12≫, 四空處는 네 뷘 짜히라≪월 1:35≫, 넷잿 형은 혼 딘 모도고져 ᄒᆞᄂᆞ니(四哥待要一處)≪박통 78:5≫에서 '곧, 짜ㅎ, 딘'는 '處'의 의미로 의미적 공통성을 가진다. 물론 '딘'는 의미적 공통성은 있지만 의존형으로 쓰인다. '곧'도 의존성이 강하지만 너비 비화 곧 업시ᄒᆞ며(博學無方)≪소학 1:6a4≫에서 독립성을 보인다. 따라서 '곧'과 '짜ㅎ'가 의존형으로 공존하는 곳에서 이들의 동의성은 확인된다. 현대어에서도 이들은 공존한다. '곳'은 '공간의 어느 일정한 점이나 부분(자리나 지역)'으로 설명되고, '짜ㅎ>땅'은 다의성을 가지지만 주된 의미는 '강, 바다, 호수 등을 제외한 흙과 돌로 된 지구의 겉면'이란 뜻으로 쓰인다. '딘>데'는 '곳이나 장소를 나타내는 말'로 쓰이는데 의존명사이다. 현대어에서도 이들은 통사적으로 이원화된다. '곳'도 의존성이 강하지만 '곳에 따라 기후가 다르다'에서처럼 독립성이 확인된다.

(7) 굿블다-업데다-업더리다-굽슬다

즘싱이 굿브렛ᄂᆞ니(獸伏)≪두초 8:59≫, 石閣애 굽스러슈라(伏石閣)≪두초

9:1≫, 머리를 좃고 업더여셔 머어(俯伏)≪소언 6:78≫, 벼개예 <u>업더럿논</u> 삐로다(伏枕辰)≪두초 20:41≫에서 보는 것처럼 이들은 '伏'의 의미로 쓰인다. '굿블다'라는 어형이 잠을 <u>굿브려</u> 말며(寢毋伏)≪소학 3:9b10≫에 나오는 것으로 봐서 이 어형이 18세기까지는 존속한 것으로 보인다. 두중에서는 '굽스리다'의 어형이 두초에서와 동일하게 石閣애 <u>굽스려슈라</u>≪두중 9:1≫로 나타난다. 십구사략언해에서는 '업드리다'가 드리 아래 업드럿더니(伏橋下)≪십구 2:44a1≫로 쓰인다. 이들 유의어군은 현대어에서 대표적인 어형으로 '엎드리다'가 쓰이고, 어형 '굿블다'와 '굽슬다'는 '구푸리다'와 '굽슬거리다'에 그 형태가 남아 있다. '업데다', '업더리다', '굿블다', '굽슬다'가 동일한 한자 '伏'에 대응되었다고는 하나 의미상으로는 '업데다', '업더리다'와 '굿블다', '굽슬다'의 의미적 차이는 드러난다. '업데다', '업더리다'는 지면과의 접촉성이 두드러진다. 사원과 대한한사전에 설명된 伏의 다의성이 참조된다. 伏 身體前傾, 面向下, 隱匿, 屈伏.

(8) 각시-갓-겨집

아기아돌이 <u>각시</u>롤 求ㅎ더니≪월곡 148≫, 妻는 <u>가시</u>라≪월 1:12≫, 나롤 <u>겨집</u> 사ᄆ시니≪석 6:4≫, 겨집 처(妻)≪자회 상31≫에서 보듯이 이들은 '女'에 대한 보편적 의미가 있지만 '妻'의 의미로도 통합된다. 삼역총해와 동문유해에서는 '겨집'이 '계집' 남진<u>계집</u>되어 사쟈≪삼역 1:18b4≫, <u>계집</u>(女人)≪동문 上13a≫으로 나타난다. '각시'와 '겨집'은 現語에서도 공존하고 있고, '갓'은 '가시'로 현어에서 '가시버시'라는 잔영이 남아있다. 의미적 특성상으로는 '각시'와 '겨집, 가시'로의 이원성이 존재한다.

(9) 둣다-ᄉ랑ᄒ다-싱각ᄒ다

도리롤 <u>둣다</u> ㅎ미니(愛道)≪법화 1:34≫, <u>ᄉ랑ᄒ욘</u> 히익(愛日)≪두초 15:15≫, 더운 南州롤 <u>ᄉ랑ᄒ노라</u>(思南州)≪두시 14a6≫, 녯 도리를 <u>싱각디</u> 아니ᄒ야(莫思古道)≪소학 5:17b4≫에서 보듯이 '둣다'와 'ᄉ랑하다', '싱각ᄒ다'는 'ᄉ랑

ᄒ다'가 가진 '愛, 思'의 다의성에 의해 공존하는 유의어였다. '둣다'는 드술 애(愛)≪자회 하32≫ 이후 17세기경 문헌에서는 발견되지 않는다. 이는 'ᄉ 랑ᄒ다'에 통합된다. 이는 'ᄉ랑ᄒ다'가 '思'의 의미를 잃어버린 시기와 비 슷하다.[48] '싱각ᄒ다'는 'ᄉ랑ᄒ다'가 가진 다의적 의미에서 '思'의 의미를 가져와 의미를 강화하며 'ᄉ랑ᄒ다'와 분화된다. 결국 '둣다'와 '사랑ᄒ다' 의 통합, '싱각ᄒ다'의 분화로 이어진다.

(10) 젹다 – 쟉다 – 횩다 – 혁다

쟈굴 쇼(小)≪유합 하47≫, 小는 져글씨라≪월 1:6≫, 횩근 니피 뺏고(浮小 葉)≪두초 7:5≫, 혁근 선비롤 보시고(見小儒)≪용 82≫에서 나타나듯이 이들 은 '小'의 뜻으로 교체가 가능한 유의어이다. 이들은 고지 쟈근 뜰헤 블거시 니(花紅小院)≪백 2b≫, 비록 젹은 공 짓다ᄒ여≪삼역 200:3a5≫, 횩근 일(小 事)≪동문 上50b≫, 혁근 아히둘콰(小娃娃們)≪박통 101:7≫, 효근 벼슬ᄒ연는 디라(爲小吏)≪소학 6:77a8≫의 예로 보아 대체로 18세기경까지는 유의관계를 유지한 것으로 보인다. 그러나 이후 이들은 부분적 통합을 거쳐 '횩다'와 '혁 다'는 의미적으로 '쟉다'와 통합되었다가 사어화된다. 그러나 '젹다'와 '쟉다' 는 그 의미가 분화되었지만 의미가 혼용되어 부분적 유의관계는 존재한다.

(11) 므슥 – 므슴 – 므슷

므스기라 일홈ᄒ리잇고(名何等)≪능 1:85≫, 므슴호려 ᄒ시ᄂ니≪월 1:10≫, 므슴 뜨드로(何意)≪두초 7:3≫, 네게 므슷 이롤 츠기 ᄒ관더(何負於汝)≪삼강 忠13≫는 한자 '何'로 의미적 공통성을 가진다. 그러나 이를 우리말로 옮길

---

48) 전재호(1987 : 28~29)에서도 어휘사적으로 보면 'ᄉ랑ᄒ다'의 양의는 15세기 이후 오랫 동안 지속되다가 17세기 초 동국신속삼강행실도 등에 와서 '愛'의 뜻 하나만으로 변화하 여 현대국어에 이른 것으로 보인다고 하고 있다. 이광호(1995 : 256)에서도 17세기에 어 형 'ᄉ랑ᄒ다'는 '思'의 뜻을 잃어버렸는데 이전 시기에서 존재했던 어형 '싱각ᄒ다'가 어 형 'ᄉ랑ᄒ다'가 지닌 의미 역할을 떠맡게 되었다고 설명한다.

때는 '무엇'과 '무슨'으로 구분된다. 이렇게 구분하면 이들은 '므슴'이 지닌 두 의미로 '므슥'과 '므슷'의 역할이 분화되어 있다. '므슥'과 '므슴', '므슷'은 '므슴'의 다의성에 의해 공존하는 유의어였다. 어형 '므슴'은 '므스', '므슴', '무스', '무슴'으로도 나타나지만 현어에서는 '무슨'에 대응이 되고, '므슥'은 현어 '무엇'에 의미적인 대응이 된다. 통합과 분화의 과정을 밟은 것이다.

변화의 결과 분화로 나아가는 다항 유의어는 중간단계에서 의미상 이원화된다. 이러한 이원화 현상이 결국 변화의 결과로까지 이어진다. 현재 변화의 결과 분화의 관계를 형성하는 '굛—겹—볼—번'은 重과 回로, '삐—뼈니—뺴—적'은 한정된 의미로, '궂다—멎다—모딜다—사오납다'는 생물과 무생물과의 공기관계로, '계다—남다—넘다—디나다'는 시간적 경과의 의미에서, '돗다—스랑ᄒ다—싱각ᄒ다'는 愛와 思로, '격다—쟉다—횩다—혁다'는 少와 小로, '므슥—므슴—므슷'은 의문형의 차이로, '양ᄌ—즛—얼굴'은 가치성의 문제로, '곧—짜ᄒ—디'는 통사적 특성으로, '궂블다—업데다—굽슬다'는 지면접촉 의미로, '각시—갓—겨집'은 한정성의 의미로 각각 이원성을 유지하다가 현대어로 연결된다.

3.1.3. 지속

의미 변화의 결과 중세어의 어형이 유지되고, 의미적인 역할이 분화되어 각기 역할을 견지하면서 형태가 지속되는 경우이다. 현재의 상태로 봐서 유의관계가 지속된다는 것뿐이지 그 과정상으로 보면 일련의 변화가 나타난다. 이들은 통합된 의미 역할을 가지고 유의관계가 지속되었으나 분화의 의미도 부분적으로 가지고 있었다. 이에 해당하는 예로는 '밍골다—이르다—짓다, 모더—모로매—반ᄃ기, 두립다—므싀(엽)다—젛다, 엄—움—삯' 등이 있다. 이들의 의미적 변화 과정을 의미적 통합의 기점에서부터 시대별로 점검하고자 한다.

(1) 밍골다-이르다-짓다

낙술 밍ᄀᆞᆫ다(作釣鉤)≪두초 7:4≫, 精舍 이르ᅀᆞᄫᅳᆯ 쩨도≪석 6:36≫, 精舍 지ᅀᅮ려커늘≪월곡 152≫, 이 解ᄅᆞᆯ 지ᅀᅳ면(作是解)≪목 11≫에서 보는 것처럼 이들은 대체로 '作'의 의미로 의미적 공통성을 가진다. 그러나 이들은 중세어에서부터 자신의 의미역할이 비교적 분명하였다. 구체물과 추상물 그리고 크기와 관련한 대응 등은 부분적으로 넘나드는 부분이 있다고 하더라도, 자신의 역할을 충실히 지키면서 분화의 가치를 극대화하였다. 현대어에서도 이들의 관계는 비슷하게 유지된다. '밍골다>만들다', '이르다>이루다', '짓다'로 각각 존재한다. 하지만 '만들다'는 '힘이나 기술 등을 들여서 목적하는 사물을 이루다'로 쓰이고, '이루다'는 '어떤 결과나 상태로 되게 하다'로 풀이되어 있다. 그리고 '짓다'는 '일정한 재료를 들여 집, 옷, 밥 따위를 만들다'로 설명된다. 구체성에 의해 '만들다'와 '짓다'가 의미적 공통성을 유지하고, 그 크기에 의해 부분적으로 구분을 짓기도 한다.

(2) 모디-모로매-반ᄃᆞ기

굿븐 쥐을 모디 눌이시니(伏之雉必令驚飛)≪용가 88≫, 必은 모로매 ᄒᆞ논 ᄠᅳ디라≪훈언註≫, 그듸 반ᄃᆞ기 剖析호ᄆᆞᆯ 삼가니라(君必愼剖析)≪두초7:27≫는 한자 '必'의 뜻으로 의미적 공통성을 가진다. '모로매'는 소학에서 '모롬이'(5:2b7), '모로미'(5:76b3), '모롬애'(5:8a3)로 나타나고, 현어에서는 '모름지기'로 연결된다. '반ᄃᆞ기'는 15세기 후반부터 교체가 시작되어 16세기 이후는 '반ᄃᆞ시'로 나타난다. 이는 현어에서 '반드시'로 그 어형이 유지된다. 그러나 '모디'는 한자 '必'의 뜻으로 그 어형을 잇지 못하고 사어가 된다.

(3) 두립다-므싀(엽)다-졌다

가히 두리우니라ᄒᆞ고(爲可畏耳)≪소학 5:116≫, 믌겨른 족히 므싀엽디 아니ᄒᆞ니(波濤未足畏)≪두시 40b2≫, 빅셩이 져코(使民畏)≪동국 24上12≫에서 '畏'

의 뜻으로 통합된 의미를 가진다. 이들은 '두립다>두렵다', '므싀엽다>무섭다', '졈다>저어하다'로 그 어형이 현재도 존속한다. 이들의 의미는 '두렵다'는 '무섭거나 꺼리는 마음으로 불안하다', '무섭다'는 '기를 펼 수 없게 마음이 불안하다', '저어하다'는 '두려워하다'로 풀이가 되어 있다. 풀이상으로는 '두렵다'와 '저어하다'의 관련성이 언급된다. 따라서 이들은 의미 분화가 완전한 것은 아니고 각기 공존하는 유의성을 지닌다. '두렵다'는 정신적인 畏敬이나 어느 정도 객관화시킨 감정을 나타내며, '무섭다'는 구체적, 표면적, 순간적, 직접적인 두려움을 표시하고, '저어하다'는 두려움의 정도가 약하고 단지 싫어하다 정도의 의미를 지닌다.

(4) 엄-움-삯

神足은 <u>엄</u> 나미 곧고(如抽芽)≪법화 7:129≫, <u>움</u>(芽)≪동문 下1b≫, <u>삯</u>과 <u>삯</u>괘 <u>삐</u>롤 브터 나고(芽芽從種生)≪원상 1:2:14≫에서 보듯이 이들은 '芽'의 뜻으로 의미적 공통성이 나타난다. '엄'은 17세기 이후의 자료에는 보이지 않는다. '움'과 '삯'은 현어에까지 유의어로 존속한다. 이들의 사전적 의미를 보면, '움'은 1) 초목 따위의 새로 돋아 나온 어린 싹, 2) 이상이나 사상 등의 새로 일어나는 싹으로 설명되어 있고, '삯>싹'은 1) 씨나 줄기에서 나오는 어린 잎과 줄기, 2) 어떤 현상이 움트기 시작하는 시초의 비유로 설명되어 있어 둘의 의미상의 차이를 짐작하기 쉽지 않다. 그러나 '움'은 풀이나 나무의 눈에서 나는 어린 싹을 뜻하기도 하여 부분적으로 변별성은 있다.

현대어에서 그 어형이 유지되는 '밍굴다-이르다-짓다, 모더-모로매-반드기, 두립다-므싀(엽)다-졈다, 엄-움-삯' 등도 각각 이원화의 변화를 겪거나 그 이원적 구분이 드러난다. 이들은 대체로 표현의미의 변화라는 측면에서 진행된다.

3.3. 생태적 특성

다항 유의어 중 현대어에서도 존속하는 어형은 이원화가 우선 진행된다. 형태상의 이원화나 의미상 이원화되는 현상을 보인다. 이항 분화 유의어는 의미적 동질성을 확보하고 있다가, 변화의 결과 자신의 역할을 강화한다. 이들은 크게 두 가지 형태로 공존한다. 첫째, 하나의 단어가 외연이 넓은 단어와 유의관계를 유지하는 것이다(다의성). 둘째, 외연상 분화된 단어이지만 의미소가 동질성을 가지는 경우이다(표현의미, 통사론적 변별). 이들은 의미상 동질성이 확고하지만 역할에 있어서는 차이가 난다. 그렇지만 부분적으로 그 경계가 무너진다. 그래서 유의어로 자리한다. 이들은 당시에도 의미적 분화가 비교적 확연한 것으로 보인다. 결국 이항분화 유의어는 표현의미 차이나 통사론적 변별기제에 의한 것은 그 역할의 강화로 분화가 구축된다. 하지만 다의성에 의한 것은 한 단어의 다의성이 유의어로 공존하게 하다가, 다의성을 가진 단어의 의미 축소, 혹은 의미의 정밀화로 인해 분화가 이루어지는 경로를 보인다. 다의어의 단의화로 이루어지는 구도이다. 이는 개체의 특성상 경쟁의 우위를 확보하기 위한 '몸집 줄임 현상'이다. 다의성을 가지는 요소는 다음과 같은 구도 도식이 가능하다. 다의성을 가지는 요소(A)는 B와 유의어쌍을 형성한다. 그런데 실질적으로는 하위의 개념인 A′의 존재를 가정할 수 있다. 결국 A′와 B의 의미를 동시에 가지고 있어 다의성을 형성한다. A는 결국 몸집 줄이기를 통해 B와 대등한 관계를 가지는 유의어로 분화된다. 결과적으로는 이미 A가 가진 의미 역할 중 하나인 A′의 역할로 B와 대응하는 새로운 유의관계를 형성한다.

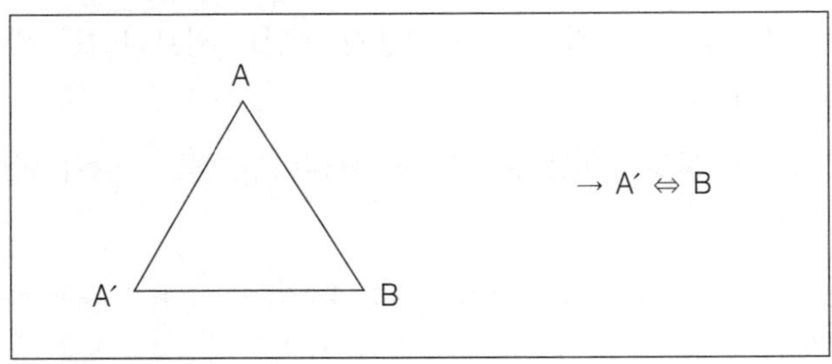

　이에 해당하는 이항 유의어는 빈(A)−값(B), 굵다(A)−크다(B), 놈(A)−사람(B), 흥정(A)−댱ᄉᆞ(B), 디다(A)−듣다(B), 머리(A)−마리(B), 두텁다(A)−둗겁다(B), 말ᄊᆞᆷ(A)−말(B), 갖다(A)−무지다(B), ᄭᅮ미다(A)−비ᄉᆞ다(B), 녀느(A)−늡(B), 바티다(A)−받다(B) 등이다. 이들의 관계는 상위의 단어에 의한 하위의 유표적 단어쌍들로 생각해 볼 수도 있다. 결국 하위의 단어로 이항 유의어를 형성하는 것은 상위어인 A단어의 다의성을 상정할 수 있다. 이들의 관계를 완전하게 형성하지 못하는 '갗−겇'과 'ᄀᆞ장−못'은 이러한 논리로 이전의 A를 추정해 볼 수 있다. 이들은 변화의 결과만 생각한다면 A′와 B의 유의어쌍만 확인할 수 있다.

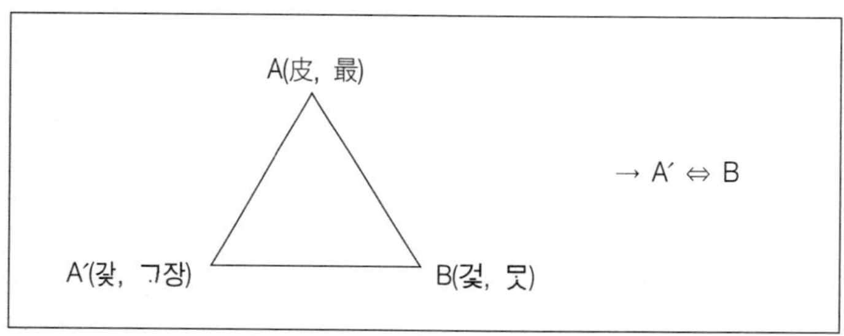

　결국 다항 유의어는 이원화가 우선 진행이 되고, 이 이원성을 토대로 이항 분화 유의어가 형성된다. 다항 유의어가 이원성으로 분화된 것 중 표현 의미 차이나 통사론적 변별기제로 또 다른 유의관계를 형성하는 것은 통합과 분화, 지속이라는 통시적 변화의 결과로 나아간다. 다의성 관계를 형성하면서 또 다른 유의관계를 구성하는 것은 앞의 도식 구도와 마찬가지의 결과로 추출된다. 대체로 몸집을 줄여 경쟁의 우위를 확보하려는 생태적 특성을 반영한 것이다.[49]

　이러한 과정을 통하여 이들은 하위의 유의어쌍으로 상위의 의미를 부분

---

49) 홍사만(2003 : 196)에서도 유의경쟁에서 다의를 가진 단어가 단의의 단어보다 불리하다는 것은 다의어가 가진 기능 부담 때문임을 지적한 바 있다.

적으로 공유하면서 분화한다. 이들은 결국 A=A′+B라는 구조를 가진다. A
에서 A′나 B를 제거하면 이는 각각 B나 A′가 되는 것이다. 이들이 분화가
된다는 것은 결국 상위의 개념인 A가 없어지는 것이다. 결국 이는 A에서 B
라는 의미가 제거되면서 분화가 이루어진다. 이는 의미 축소 혹은 의미의
정밀화라고 할 수 있지만 생태적 특성을 감안한다면 몸집 줄이기에 의한 다
의의 단의화로도 설명할 수 있다.

제 4 장

정도성 분석

1. '-어 하-'의 의미

발화 언어는 비표현의 상태(생각의 단계)를 표현의 상태(행위의 인식단계)로 만들어 주는 기호 체계이다. 의미의 연구는 대체로 추상화 상태의 언어 행위를 구체화하는 작업이라고 할 수 있다. 즉, 직접 확인할 수 없는 사실을 실제로 확인할 수 있는 것으로 만들어 주는 연구인 것이다. 의미론이 제대로 자리를 잡게 된 것은 객관적 의미 이론의 확립과 확인 가능한 의미의 설정이 큰 영향을 미쳤다.

객관적 의미의 설정이란 것은 우리의 의식 속에 엉켜있는 미분화의 사고를 분화된 사고로 만들어 주는 것이다. 그러나 아무리 객관적인 등급을 확보한다 하더라도 개인적인 차이를 극복할 수 있느냐라는 점도 객관적 의미의 설정을 어렵게 만든다. 이러한 점에서 구조 의미론은 학문, 혹은 과학적 영역으로까지 의미론을 이끌었다고 할 수도 있다. 그러나 요사이 인지 의미론에 대한 논의가 확대되면서 다시 의미론은 추상적 인지의 토대에서 도약의 길을 모색하고 있다. 이들에 대한 분명한 이론적 토대를 마련하지 못한다고 한다면, 결국 의미론은 심리학과 언어학 사이에서 방황하는 학문이 될지도 모를 일이다. 심리학의 인지적 차원을 다양한 의미의 확보로만 연결시킬 것이 아니라, 실험적 지표와 사회적 지표를 바탕으로 한 다양하면서도 객관적인 시각을 확보한다면 훨씬 발전된 의미의 측정이 가능할 것이다.

언어는 변한다. 이러한 변화는 다양한 언어의 모습을 반영한다. 언어의 변화, 특히 표현의 변화는 전달의 수용 차원에서 이루어진다고 볼 수도 있다. 결국 표현하고자 하는 다양한 욕구를 충족시키기 위하여 언어는 변화를 거듭한다. 자신의 의도가 잘 표현되지 않는 상태의 여러 가지 언어 표현은, 의도를 보다 분명히 나타내기 위한 언어로 바뀐다. 인간은 자신의 마음을 표현하기 위하여 언어를 사용하고, 언어로 표현하고자 해도 잘 되지 않으면 행위로 표현한다. 그렇지만 행동하기 이전의 언어 표현에서도 몇 가지 단계를 거치면서 표현의 의도를 더 분명히 하고자 한다. 이런 일련의 언어 표현 과정을 보여주는 좋은 예가 주관적 상태동사에서 실제 행위로 이어지는 언어 표현인 것으로 보인다. 동작에는 타인이 보고 인지할 수 있는 움직임과 타인이 보거나 인지할 수 없는 움직임이 있다. 타인이 보고 인지할 수 있는 움직임은 겉으로 드러난 것이므로 외현성을 지닌다. 동사가 외현성이 있는지 없는지는 인지의 정도에 따라 결정된다. 여기서는 이러한 인지의 정도가 객관적으로 어느 단계에 있느냐 하는 것을 살펴보고자 한다.

그러므로 여기서는 주관적 상태동사를 중심으로 그 의미적 등급을 체계화하는 것을 목적으로 한다. 그러나 단순히 언어 표현의 의미만을 살피고자 하지는 않을 것이다. 발화 언어에서 나타나는 표현의미의 분석을 기본으로 표현의 단계를 살펴보고자 하는 것이 주목적이기 때문이다. 우선 주관적 상태동사를 중심으로 그 표현의 역할 및 의미를 점검하고, 이를 바탕으로 하여 의미의 표현 단계를 살피고자 한다. 즉 발화에서 행동으로 이어지는 표현의 변화 및 단계를 통하여, 표현의 강도를 높이기 위하여 어떤 언어적 기제가, 어떻게 작용하는가를 점검하고자 한다.

1.1. 선행연구의 검토

1.1.1. 동의성 문제

(1) '좋다'와 (2) '좋아하다'류의 주관적 상태동사가 포함된 언어표현은 동의성 문제를 두고 상당히 많은 관심을 불러왔다. 이는 동의냐 아니냐에서 출발하여 통사적인 구성 문제에까지 재미있는 논란거리를 제공했다. 일단 겉으로 드러나는 문장은 (1)이 이중주어문을 형성한다라는 점과 (2)가 목적어를 취한다는 점이다. 이들에 대한 연구 중, 심리형용사(주관적 상태동사) 구문과 '-어하다' 문의 의미문제는 대체로 두 구문의 의미차를 인정하는 견해(양인석, 서정수, 박병수, 이정민, 김영희, 임홍빈 등)와 동의성에만 주목한 경우(국응도, 이홍배), 화맥에 따른 의미차는 인정하나 진리조건적 명제의미는 같다는 견해(이익섭, 홍사만)들이 있었다. 일단 이들의 형태에 초점을 맞추면 '좋다'의 어간이 가지는 기본적인 의미는 동일하다는 것은 이의를 달 이유가 없다. 다만 새로운 형태요소가 첨가되었을 때 어떤 의미 역할을 가지게 되느냐에 초점을 맞출 필요가 있을 것이다.

1.1.2. 술어 문제

'어하다'의 첨가에 따른 분류 문제는 이상태(1973)에서 [Stative]의 자질로 논한 바 있다. 또한 주관적 느낌을 나타내는 것을 [+self jedgement]로 표시했다. 그래서 좋다, 밉다는 [-V, +Stative, +self jedgement]로, 깊다는 [-V, -Stative, +self jedgement]로 구분하여 설명했다. 이는 형태상의 구분에서 '-어하다'가 첨가될 수 있는 단어를 [Stative]라는 자질을 가진다고 하였기 때문에 분류 자체는 상태성의 자질과 관련시키고 있다고 볼 수 있다.

홍사만(1985)에서는 상태형용사를 외적, 객관적 상태를 나타내는 것과 내적, 주관적인 감정, 감각을 나타내는 두 하위부류로 나누고, 내적 상태형용사를 인간의 주관적인 감정이나 감각을 나타내는 것으로 감각형용사와 감정형용사로 또 다시 하위 구분한다. 여기서 내적 상태형용사는 상태 주체가

[+human]인 인간 주어가 되지 않으면 안 되며 형용사가 원형 그대로 단문의 평서 단언을 나타내는 서술어가 될 경우 화자 자신의 감정이나 감각밖에 표현할 수 없는 제약성이 있다는 것을 밝히고 있다.

그러나 이에 대한 술어는 심리동사(문), 심리형용사, 감정동사, 감정형용사, 내적 상태 형용사(감정, 감각 형용사) 등으로 다양하게 나타난다. 이에 대해서 여기서는 '-어하-'가 접미될 수 있는 것은 주관적 상태동사로 하고, '-어하-' 접미형은 '-어하다' 동사로 하고자 한다. 주관적 상태동사라고 하는 것은 이것이 화자(1인칭)의 주관적 감정만을 전달하는 서술어라는 점과, 이는 결국 2, 3인칭과의 공기가 가능하게 하는 '-어하다' 동사와 변별성을 가진다는 점을 중시했기 때문이다.

1.1.3. 의미역할

서정수(1975)에서는 '-하-'의 첨가로써 비로소 동작성을 지니게 된다고 보았지만 '-하-'보다는 선행요소의 의미적 특질에 동작성 또는 동사화 요소가 농후하다고 하였다. '-하-'의 선행요소로서 나타날 경우에는 동작성의 특질이(연구, 말, 각오, 사랑, 생각, 노래, 소리, 칠, 살림, 셈), 그렇지 않을 경우에는 실체성이 드러난다(연구-업적, 말(대상), 각오, 애인, 생각, 노래, 목소리, 칠, 살림, 지불관계)고 했다. 비실체성 선행요소에 첨가되는 '하'는 의미적으로 잉여적인 성격을 보였으며(형식동사의 기능-그 자체의 고유한 의미가 없고 동사로서의 형식적 기능만 보이는 것), 실체성 선행요소와 어울리는 '하'는 어떤 특정한 동사의 기능을 대신하는 것(대동사의 기능)으로 추정된다고 하였다.

'-어하-'의 의미역할에 대해서, 김흥수(1989)는 '-어하다' 심리동사문이 행동의 특성들을 지니지만 이때의 행동성은 행동동사 일반과는 같지 않아서 명령법, 의도성, 작위성, 통제성, 책임성 등에서 화맥에 따른 제약을 보여준다고 한다. 요컨대 '-어하다' 문이 능동성, 행동성, 외적 양상의 의미를 가지고 있기 때문에 형용사문과 구별되고, 따라서 두 구문 사이에는 명제 의미의 차이가 있다고 본다. 다만 그 의미차가 뚜렷하지 않은 경우, 동일한

상황에 대응되는 명제의미의 차이는 기저의 '하-'만큼 있다 하더라도 진리
조건적 의미는 거의 같다고 하였다.

김세중(1994)에서는 '-어하다' 심리동사의 '하다'에는 특별한 점이 숨어있
다고 하면서 '-어하다' 심리동사에서의 '하다'를 '타인에 의해 인지되는' 특
징을 지니는 것으로 파악하고 있다. 즉, '-어하다' 심리동사 구문이 의도적
으로 어떤 동작을 하는 것을 가리키는 것이 아니라 경험주가 하는 일련의
움직임에 대한 타인의 인지를 의미한다. 그것은 '-어하다' 문이 경험주가
자신이 어떤 감정 상태에 있음을 드러냄을 나타내는 의미를 지니고 있다는
점에서 SHOW라는 함수를 제안한다.

임은하(1998)는 화자가 타인의 감정을 기술해야 할 때 '-어하다' 감정동
사를 사용한다. 타인의 감정을 기술하되, 겉으로 드러난 외적 양상과 내적
양상이 다를 가능성을 고려한 표현이 '-어하다' 감정동사이다. 화자 자신이
직접 경험한 감정은 감정 형용사로, 겉으로 드러난 외적 양상을 통해 화자
가 타인의 감정을 간접적으로 안 경우는 '-어하다' 감정동사를 씀으로써,
타인의 감정을 기술할 때 감정의 외적 양상과 내적 양상이 일치하지 않은
경우의 책임을 피하는 것이다. '-어하다' 감정동사는 믿음과 관계되고 非
'-어하다' 감정동사는 앎과 관련이 있다. 믿음은 정도성이 있으므로 믿음의
정도가 약할 때는 의문을 제기할 수 있다. 그러나 非'-어하다' 감정동사는
타인의 말이나 행동에 의해 그 사람의 감정을 분명히 안 경우에만 사용할
수 있으므로 의문을 제기할 수 없다. '-어하다' 감정동사는 주어가 3인칭일
때 자연스럽다는 점에서 타인의 감정기술에 적합한 동사지만, '-어하다' 감
정동사문에 1인칭 주어가 전혀 올 수 없는 것은 아니다고 하면서 다음의 예
문을 제시하고 있다.

(1) 나는 죽을 때까지 널 미워하겠다.
(2) 나는 그 일 때문에 무척이나 괴로워했다.
(3) 나도 그 일에 대해서는 그 사람에게 고마워하고 있다.

그러나 '-어하다' 동사는 대체로 1인칭과의 공기가 자연스럽다는 것을 고려하면 결국 이는 주어와의 관련성 보다는 행동의 인지 문제와의 관련성이 크다고 볼 수 있다.

감정형용사와 감정동사의 특성을 구체적으로 보여준 논문에는 서정수 (1972), Yang(1972), Lee(1976) 등이 있다. 이들 논문에서 지적된 감정동사의 특성은 '-겠-', '-더-'와의 결합양상, 명령문 성립, 진행상 가능, 의도성 부사와의 호응 등이다. 이들은 인지정도의 판단에 참고할 수 있는 특성이 될 것이다.

유현경(2000)에서는 주어의 의미역이 행동주일 때, 문장의 두 번째 명사구에 목적격조사 '를'의 결합이 가능하다고 언급하면서 이는 동일한 어휘 항목 내에서 주어의 의미역에 따라 격틀이 달라질 수 있음을 보여 준다고 하였다.

김영주(1990), 홍기선(1994), 이선희(1999), 유현경(2000)에서는 주어의 행동주 의미역에 대한 검증은 의도성의 의미를 내포하는 부사와의 공기 여부, 명령형이나 청유형으로 쓰일 수 있는지, '-려고'와 같은 의도성 어미와 결합할 수 있는지의 여부로 알아낼 수 있다고 하였다.

1.2 '-어하-'의 접미와 의미 특성

주관적 상태동사는 1인칭(화자 자신)의 감정만을 나타내는 기제이다. 즉 화자 자신의 주관적 감정을 나타내는 서술표현이다. 그런데 이러한 주관적 감정 표현은 표현의 정도와 인칭을 달리하기 위해 '-어하-'를 동반하여 표현의 차이를 유발한다. 동일한 방법의 언어 표현이지만 방언적 형태를 첨가하기도 한다. 그렇지 않으면 또 다른 '-하-'를 동반하여 감정을 훨씬 더 많이 전달하기도 한다.

발화시에 주관적 상태동사는 1인칭, 즉 화자 자신의 감정을 표현하는 것으로 그친다. 이는 결국 그 감정을 타인에게 이해시키기 위해서는 일반적인 관념에 의존한다는 것을 뜻한다. 일반적 관념에 의존한다는 말은 직접 그 감정을 이해할 수 있는 어떤 상황에 따르는 것이 아니라, 상태동사가 가진 추상적 전달 의미에 의한 간접적 이해만으로 그 의미를 짐작하게 한다는 것이다. 예를 들면 '좋다'라는 의미는 어떤 대상의 행동이나 표현으로 알 수 있는 것이 아니라 자신의 감정에 비추어 그 감정을 이해할 뿐이다. 그 사람에게 '좋다'라는 감정의 징후가 전혀 나타나지 않을 수도 있고, 아니면 아주 강하게 나타날 수도 있다. 하지만 언어표현에서 우리가 '좋다'라는 주관적 상태동사를 접하면 나의 감정에 의지하여 그 정도를 가늠한다. 이것이 어느 정도의 공통성을 가진다고 봤을 때 일반적 관념이라고 할 수 있을 것이다.

그러나 주관적 상태동사에 '-어하-'가 접미되면 상황이 달라진다. '-어하-'가 개별적 의미 특성을 가진다고 봤을 때, '-하-'의 추상적 의미(혹은 포괄적 의미)를 추출하기 위하여 다양한 방법으로 나타나는 '-하-'를 살필 필요가 있다. 이런 다양한 방법으로 표현되는 개별성은 결국 상위의 '-하-' 개념을 추출할 수 있는 바탕이 될 것이다.

1.2.1. 문법적 공기관계

1.2.1.1. 주어와의 공기

> (4) 나는 기쁘다.
> 　　 나는 감격스럽다.
> 　　 나는 감격한다.
> (5) 나는 기뻐한다.
> 　　 나는 감격스러워한다.
> 　　 나는 감격해한다
> (6) *그(녀)는 기쁘다.
> 　　 *그(녀)는 감격스럽다.
> 　　 *그(녀)는 감격한다.
> (7) 그는 기뻐한다.
> 　　 그(녀)는 감격스러워한다.

그(너)는 감격해한다.
*너는 기뻐한다.–너도 (분명히) 기뻐한다.

'기쁘다, 감격스럽다, 감격하다'[1]라는 주관적 상태동사는 주어와 공기할 때 일정한 공통성이 있다. 즉, 주관적 상태동사의 단계에서는 1인칭과만 공기하고, 주관적 상태동사에 '–어하–'가 접미됨으로써 2, 3인칭의 주어와도 공기할 수 있다는 특성을 보인다. 여기서 주관적 상태동사는 자신의 감정만을 표현하는 것이지, 타인의 감정을 기술하는 데는 적절하지 않다는 것을 보여준다. (7)에서는 주관적 상태동사가 전달하는 감정의 표현이 다양한 인칭으로 확대되어 쓰인다. 인칭의 확대라는 것은 2, 3인칭으로의 표현의 확대를 의미한다. 2, 3인칭의 감정 표현도 언어에서는 충분히 나타날 수 있다. 그렇지만 이것은 짐작일 뿐이다. 짐작을 한다는 것도 사실은 화자의 확인이나 확신이라는 단계를 가지지 않고서는 불가능하다. 결국 주관적 상태동사의 의미전달에서 인칭이 확대된다는 것은 타인의 감정을 화자가 보다 분명히 안다고 생각할 때 표현할 수 있는 방법이다. 2인칭 주어 문장에 '분명히'가 쓰였을 때, 보다 자연스러운 것을 보면 이와의 관련성을 확인할 수 있다. 이를 인지의 강도 측면에서 본다면, 상대방의 심중을 이해한다는 어떤 기제가 작용하는 정도가 있을 것으로 생각해 볼 수 있다. 즉 이들이 2, 3인칭과 공기한다는 것은 1인칭의 감정을 나타내는 것에서 인지의 강도를 확대한 것으로 생각할 수 있다. 그리고 2인칭은 인지의 강도를 상당히 높여야만 가능하다는 것도 알 수 있다. 왜냐하면, 2인칭은 바로 청자의 입장에 있기 때문이다. 이것은 화자가 바로 확인할 수 있는 것이기 때문에 보다 분명하지 않으면 그 감정을 단정적으로 표현할 수 없기 때문이다. 그렇지만 3인칭으로 확대되면 확인의 가능성을 줄일 수 있기 때문에, 덜 분명하다고 하더라도 화자의 확신만으로 감정표현은 가능하다. 그런데 또 다른 특징은 '–스럽

---

1) 주관적 상태동사의 변화 및 구분에 대해서는 이광호(1997), '–어하다' 동사의 의미, 어문론총 31, 경북어문학회에서 자세히 살펴보았다.

다'의 분포 문제이다(1.2.에서 상술). 이는 '-하다'형(주관적 상태동사에서 이미 '-하-'를 확보하고 있는 것)과 교체형으로 나타나기도 하지만 그 분포 특징으로 봐서 '-하다'형과 동일한 위치에 있음을 짐작할 수 있다.

1.2.1.2. 목적어와의 공기

주관적 상태동사의 단계에서는 목적어를 취하지 못한다. 오히려 이중주어문이 자연스럽다. 그런데 '-하다'형은 그렇지 않다. 목적어를 취하는 것이 자연스럽다. 주관적 상태동사라는 면에서는 동일하다고 할 수 있지만 인지의 강도면에서 본다면 차이가 난다는 말이다. 왜냐하면 목적어를 취한다는 것은 대상을 확보함으로써 그 인지의 강도에 영향을 미치기 때문이다. 목적어를 취하느냐 그렇지 않느냐의 문제는 주어와의 공기관계에서 나타나는 분포적 특성과 대체로 일치한다.

(8) 나는 ***이 기쁘다.
　　나는 ***이 감격스럽다.
　　나는 ***을 감격한다.
(9) 나는 ***을 기뻐한다.
　　나는 ***을 감격스러워한다.
　　나는 ***을 감격해한다
(10) *그(녀)는 ***을 기쁘다.
　　*그(녀)는 ***을 감격스럽다.
　　*그(녀)는 ***을 감격한다.
(11) 그는 ***을 기뻐한다.
　　그(녀)는 ***을 감격스러워한다.
　　그(녀)는 ***을 감격해한다.
　　*너는 ***을 기뻐한다.—너도 (분명히) ***을 기뻐한다.

(8)의 '감격한다'는 객관적 상황의 경우나 확신, 확인의 기제가 작용할 경우에는 어느 정도 가능성이 있다. 그렇지만 일반적으로는 '감격해한다'가

자연스럽다. 그러니까 '감격한다'를 제외하고는 목적어를 가지는 서술어의 분포와 주어와의 공기에서 나타나는 인지강도의 분포와는 일치한다고 할 수 있다. 물론 목적어를 가지는 '감격한다'의 경우는 인지강도의 측정에서 보다 강한 정도를 가진다. 다음의 경우를 보면, 거의 동일한 분포를 보이는 것으로 '-스럽-'과 '-하-'의 교체형이 있다. 이들은 접미사 '-스럽-'과 '-하-'에 자유롭게 공기할 수 있는 것들이다.[2] 이들은 의미 역할로 봤을 경우에는 동일한 위치에서 그 인지 정도를 확보한다.

> 감격스럽다(하다), 거북스럽다(하다), 걱정스럽다(하다), 고민스럽다(하다), 대견스럽다(하다), 만족스럽다(하다), 미안스럽다(하다), 민망스럽다(하다), 믿음직스럽다(하다), 먹음직스럽다(하다), 사랑스럽다(하다), 송구스럽다(하다), 수상스럽다(하다), 신비스럽다(하다), 신통스럽다(하다), 실망스럽다(하다), 심란스럽다(하다), 야박스럽다(하다), 야속스럽다(하다), 염려스럽다(하다), 원망스럽다(하다), 원통스럽다(하다), 위험스럽다(하다), 의심스럽다(하다), 의아스럽다(하다), 이상스럽다(하다), 조심스럽다(하다), 죄송스럽다(하다), 창피스럽다(하다), 한심스럽다(하다), 행복스럽다(하다), 허망스럽다(하다), 후회스럽다(하다).

그러나 목적어와의 공기관계를 봤을 때는 다음의 단어들만 목적어를 취하는 주관적 상태동사가 된다.

> 감격하다, 걱정하다, 고민하다, 만족하다, 사랑하다, 실망하다, 염려하다, 원망하다, 의심하다, 조심하다, 탐하다, 후회하다.

그리고 이들은 '-스럽-'의 형에서는 목적어를 취하지 않다가, '-하-'를 접미하면 목적어를 취하는 형태로 바뀐다. 이런 경우에는 비록 교체형이라 해도 의미(인지) 강도에 있어서는 차이가 난다. 즉, '-스럽-'형은 주관적 상

---

2) 이희승(1982), 국어대사전, 민중서림과 한글학회(1996), 우리말큰사전에 의하여 '-하다'와 '-스럽다'의 교체를 판단하였음.

태동사와 동일한 인지 정도를 가지고, '-하-'를 접미하면 인지의 강도가 높아진다. 결국 목적어를 취하지 않는 '-스럽-'형은 주관적 상태동사와 동일한 위치에서 의미 단계를 유지하고 있다. 그러나 목적어를 취하는 '-하다'형은 대상을 확보함으로써 인지강도가 이보다 높아진다. 동일한 위치에 나타난다고 하더라도 목적어를 가진다는 것은 서술 내용을 더욱 분명한 것으로 만들어 주기 때문이다. 결국 확인과 확신의 의미를 보다 구체화시킬 수 있는 것이다.

1.2.2. 의미적 공기관계

인지의 강도가 높아졌을 때는 당연히 타인의 감정을 확신하면서, 더 나아가서 감정을 확인하는 표현이 가능하다. 이에 대해서는 [±확신], [±확인]의 의미 자질을 통한 '단정(과거)'과 '추정', 그리고 추측[3)의 표현을 설정하여 이를 점검해 볼 수 있다.

    (12) *나는 기쁘겠다.
        *나는 감격스럽겠다.
        *나는 감격하겠다.
    (13) *나는 기뻐하겠다.
        *나는 감격스러워하겠다.
        *나는 감격해하겠다
    (14) 그(녀)는 기쁘겠다.
        그(녀)는 감격스럽겠다.
        그(녀)는 감격하겠다.
    (15) 그는 기뻐하겠다.
        그(녀)는 감격스러워하겠다.
        그(녀)는 감격해하겠다.

---

3) 추정의 의미단계는 '겠'의 의미(어문학 59, 이광호, 1996)에서 살펴본 바 있다.

(11)에서 1인칭이 '-겠-'과 공기하지 못하는 것은 자신의 감정을 [+확신][-확인]의 기제에 담았기 때문이다. 자신의 감정이니까 당연히 [+확신][+확인]의 기제에 담아야 비문이 되지 않는다. 이는 단정의 표현([+확신][+확인])으로 쓰이면 문장이 성립한다(나는 기뻤다, 감격스러웠다, 감격했다). 그러나 2, 3인칭에서는 [+확신][-확인]의 표현이 가능하기 때문에 공기가 자유로워진다. 그런데 2, 3인칭에서도 '단정'의 의미를 가지는 과거일 때는, 타인의 감정을 확신하는 상황이 전제되지 않으면 주관적 상태동사는 비문을 형성한다. 아주 객관적인 입장에서 2, 3인칭의 감정을 말하는 것이 아니면 어색해진다. 그래서 소설 같은 곳에서는 '그는 기뻤다, 감격스러웠다, 감격하였다'의 표현이 어색하게 느껴지지 않는다. 이를 볼 때 주관적 상태동사는 타인의 인지가 굉장히 약하다는 것을 알 수 있다. 자신의 감정만을 표현하는 것이기 때문에 표현의 외현성은 전혀 가지지 못한다. 그리고 2, 3인칭의 감정 표현에서도 [+확신][-확인]의 표현만 자연스럽지, 단정의 표현에서도 객관적 상황의 확보가 없으면 문장이 어색하게 된다. 결국 이 단계는 인지 강도가 약하여, 그 상황을 인지하고 표현할 수 있는 영역은 아닌 것이다. 그런데 주관적 상태동사에 '-어하'가 접미되면 인지 강도는 많은 차이가 난다. 인지의 강도가 약하여 표현이 어색하던 것도 자연스러워짐을 알 수 있다.

(16) 나는 기뻤다.
　　　나는 감격스러웠다.
　　　나는 감격하였다.
(17) 나는 기뻐하였다.
　　　나는 감격스러워하였다.
　　　나는 감격해하였다
(18) *그(녀)는 기뻤다.
　　　*그(녀)는 감격스러웠다.
　　　*그(녀)는 감격하였다.

(19) 그는 기뻐하였다.
　　　그(너)는 감격스러워하였다.
　　　그(너)는 감격해하였다.

　과거는 단정의 의미를 확보하기 때문에 [+확신][+확인]의 의미를 가진다. 그래서 의미적인 공기가 가능한 것은 이들의 의미를 확보할 때만이다. (18)의 예문이 비문이 된다면 이는 이런 의미를 확보하지 못한 상태인 것이고, 비문이 아니라면 본 것처럼 혹은 본 것을 기술할 때이다. 즉 객관적 서술인 경우에는 가능한 문장이 된다. (19)의 예문은 아주 자연스럽다. '-어하-'를 확보함으로써 2, 3인칭으로 표현을 확대할 수 있게 된 것이다. 이는 표현을 확대할 수 있게 하는 인지의 강도와 관련이 있다. 표현의 인지 강도가 낮을 때는 단정의 표현이 어색하다가, '-어하-'를 접미하여 인지의 강도를 높이면서 단정의 표현을 가능하도록 한다. 다음은 '-어하-'를 접미하면서 의미적 강도를 어느 정도까지 높일 수 있는지를 살펴볼 수 있도록 한다.

(20) 그는 기쁘다.
(21) 그는 기뻐한다.
(22) 그는 기뻐해한다.
(23) 그는 기뻐해쌓는다.[4]

　(22)의 예문과 (23)의 예문을 보면 이들은 그 분포가 일치한다. 그렇다면 여기에서 나타나는 보조용언 '-쌓-'은 '-하-'와 동일한 의미를 전달하는 것으로 설명할 수 있다.

(24) 너는 우승을 기뻐하느냐?
(25) 너는 왜 그렇게 우승을 기뻐하느냐?

---

4) 경상도 방언형에서는 상당히 보편적으로 쓰이는 형이다. 이희승, 국어대사전에서도 이를 방언형으로 설명하고 있다.

(26) *너는 우승을 기뻐해하느냐?
(27) *너는 우승을 기뻐해쌓느냐?
(28) 너는 우승을 왜 그렇게 기뻐해하느냐?
(29) 너는 우승을 왜 그렇게 기뻐해쌓느냐?

여기서 의문형으로 만든 문장을 검토해 보면 위의 설명들이 더욱 타당함을 보인다. (24)의 예문은 화자가 완전히 인지하지 못한 상황에 따른 의문이고, (25)는 화자가 인지했음을 보여주는 문장이다. 따라서 '-어하'만으로는 타인에의 인지가 완전하지 않음을 알 수 있다. 결국 (24)와 (25)의 두 문장이 동시에 성립한다는 것은 타인에의 인지라는 기준에 의해서는 분명히 구분되지 않는다는 것이다. 하지만 (26)과 (27)의 구문이 비문이 되는 것은 이미 타인들이 인지하는 상태로 넘어갔음을 보여준다. 이미 좋아하고 있음을 알고 있는 상태인데 '좋아하느냐?'고 묻는 것은 이상하기 때문이다. 그렇지만 (28)과 (29)의 예문은 '좋아하고 있음'을 알고 있는 상태이기 때문에 '왜?'라는 의문을 가질 수 있다. 결국 타인에 의해서 행동이 인지되는 것은 '-하+어하다', '어하+어쌓+다'의 단계이어야 가능하다. 따라서 '-하-'가 두 번 나타나면 그 외현성이 강화되어 비로소 타인에의 인지가 가능한 것으로 보인다. 그렇지 않으면 반복의 의미를 지닌 '-쌓-'이 나타나는 표현이라야만 비로소 타인에의 인지가 가능하다. '-하+어하다'가 나타나는 다음의 예문도 같이 검토해 보자.

(30) *너는 감개무량?
(31) 너는 감개무량하냐?
(32) *너는 감개무량해하느냐?
(33) *너는 감개무량해쌓느냐?
(34) 너는 왜 그렇게 감개무량해하느냐?
(35) 너는 왜 그렇게 감개무량해쌓느냐?

(30)에서는 주관적 상태동사를 형성하고 있지 못하니 당연히 비문이다. (32), (33)이 비문인 것은 이미 타인에 의해 행동이 인지된 것이기 때문에 그것을 물어보는 것이 어색하다.

1.3. 동사로의 확대

주관적 상태동사에서 '-어하-'를 접미하는 것과 마찬가지로 동사가 '-하-'를 접미하는 것도 나타나는데 이들도 당연히 주관적 상태동사에서 나타나는 인지정도의 변화를 나타낸다. 그런데 '-하-'의 놀라운 어휘 파생성에도 불구하고, '-하-'를 동반하지 못하는 고유어 어휘들이 있다. 이들은 어기에 고유어와 동일한 의미의 한자를 취하며 '-하'를 동반한다. 즉, 동사의 경우에는 바로 '-하-'가 접미되는 것이 아니다. 이들은 동사의 어근이 가진 의미와 동일한 한자를 선택하고 이에 '-하-'가 접미되는 형식을 취한다. 이는 동작동사의 단계에서 인지의 정도가 충분하다고 생각하였으나(문법적 측면에서는 동사의 단계에서 -하-의 접미가 이루어지지 않음), 그 보다도 더 강한 인지정도를 나타내고자 할 때 나타나는 형식이다.

    (36) 나는 경희를 아내로 <u>가졌다</u>.
    (37) 나는 경희를 아내로 <u>취했다</u>.

(36)과 (37)을 보면 '가지-'라는 어간의 형태에서 '가지+어하다'가 나타나는 것이 아니라 어간의 의미와 동일한 한자어 '取'를 먼저 확보한 다음 '-하'를 동반한다. 그렇지만 이도 앞에서 언급된 '행동에 의한 타인의 인지(객관화의 정도성 강화)'가 이들을 변별시켜 주는 것으로 여겨진다. 이미 '가지다'라는 동사가 행동의 인지를 분명히 해주지만 '가지(取)'에 '-하'를 동반함으로써 그 인지의 강도를 높이고 있다. 따라서 동시대에 존재하는 유의어라고 한다면 그 변별성은 '-하'가 가진 '외현성(혹은 행동성)'에 의해 나타난다.

물론 이는 동사이기 때문에 '-어하' 구문에서 나타나는 것과 동일하게 설명할 수는 없지만 충분히 인지 정도의 강화라는 측면으로 생각해 볼 수 있다.

일반적으로 동사의 단계에서는 동작성을 가지기 때문에 이미 행동의 인지가 분명히 느껴진다. 그래서 여기에 '-하-'가 접미된다면 과잉행동으로 나타나기도 한다. 물론 동작성이 약하고 상태성이 강한 경우에는 행동의 인지 강도가 달리 측정될 수 있다. 그리고 주관적 상태동사의 변화 단계에서는 행동의 과잉이 전혀 나타나지 않는다. 그러나 동사에서 바로 '-하-'를 접미할 수는 없다. 만약에 '-하-'를 접미하고자 한다면 (37)에서처럼 의미적으로 동일한 어근을 확보한다. 자석어 구실의 한자어를 취하는 것은 결국 어근으로의 기능을 확보하기 위한 수단이다. '-하-'의 어근에 한자어가 많다는 것5)은 이런 형태적 특성과도 관련이 있을 것이다.

이들에서 실제 행위에 앞선 '동사의 어근+-하-+-어하-'의 표현은 거의 나타나지 않는 것으로 보이지만 '오늘따라 왜 그렇게 술에 취해 하느냐?'라는 표현은 어느 정도 가능하다. 이는 한자어와 관련되는 고유어를 상정할 수는 없지만, 일단 '취하다'라는 동사에서 '-어하-'가 접미되면 이는 행위의 과장성으로 나타난다. 그리고 앞에서 언급한 방언형 '-쌓-'을 접미시키면 행위의 빈도와 관련한 과잉성이 나타난다. 결국 인지의 강화라는 것은 빈도와도 관련 있음을 보여준다.

1.4. 인지의 정도 설정

'-하-'를 접미하는 방법에 따라 인지의 정도는 다음과 같다.

---

5) 서정수(1975)의 p.23에 "일반적으로 '-하-'는 한자어에만 첨가되는 것이라고 여겨질 정도로 그 선행요소는 한자어가 대부분이다"라고 언급하고 있다.

	① →	② →	③ →
1단계	'기쁘다'형	기뻐하다	?기뻐해하다6)
↓			
2단계	'-스럽-'형	가증스러워하다	가증스러워해하다
↓	'하''스럽'교체형(목×)	거북해하다	
3단계	'하''스럽'교체형(목○)	걱정스러워하다 걱정해하다	걱정스러워해하다

	④ →	⑤ →	⑥ →
↓	동작동사		
4단계	가지다	取하다	
↓			
5단계		醉하다	취해하다7)

    이들의 단계는 행동의 인지 정도를 생각하여 주관적 상태동사(①)에서 동작동사의 행위 과잉단계(⑥)로까지 나타난다. 표현의도는 ②의 단계에서는 불완전하게 작용하다가, ③의 단계로 넘어가면 표현 의도가 타인에게 인지된다('나, 그, 너는 X가 좋지만 X는<혹은 아무도> 알지 못한다'문에 대비 시켜 봄). 그러나 주관적 상태동사에서 동작동사로까지 연결되는 일련의 과정이 일률적으로 모든 단어에서 다 나타난다고는 할 수 없다. 하지만 ①②③의 연결고리는 충분히 고려해 볼 수 있다. 그리고 만일 이와 연관되는 ④의 단계가 있다면 ①②③단계보다는 그 인지정도가 훨씬 높아진다. 특이한 것은 '-스럽-'의 분포형에서는 ③의 단계가 실현된다는 점이다. 그래서 불완전한 ③의 단계는 방언형과 '-스럽-'형이 채우고 있다. 그리고 ①의 단계는 보다 세밀하게 나눌 필요가 있는 것이 같은 주관적 상태동사라고 하더라도 '-하-'가 접미된 형태는 인지 정도가 좀 더 높다고 판단되기 때문이다. 그리고 동사라고 하더라도 자동사(혹은 상태성이 있는 동사)는 동작성이 강한 동사보다

---

6) 이와 유사한 의미를 전달하는 것으로 방언형의 '-어해쌓다'가 있다. 이는 반복의 의미를 전달하기 때문에 의미의 강화 작용으로 인지를 더욱 분명히 하는 역할을 한다.

7) '취해쌓다'도 이 단계에 포함될 것임.

인지의 강도는 분명히 약하게 나타난다. 그렇지만 동사의 단계는 '-하-'의 첨가로 인해 행위의 과장성이 나타난다는 점에서 주관적 상태동사가 가진 특징과는 차이를 보인다.

2. '-겠-'의 의미

선어말 어미 '-겠-'에 대해서는 수많은 논의가 있어 왔다. 이에 대한 논의에서는 대체로, 미래시제의 '-겠-'과 양태의 '-겠-'은 별개라는 견해, 미래시제 형태소이면서 부차적으로 양태의 의미를 지닌다는 견해, 그리고 추정, 의도 등을 나타내는 양태소이며 부차적으로 미래의 의미를 보인다는 견해로 나누어진다. 전혜영의 논문(1995)에서는 '명령이나 요청의 발화 수반력을 약화시키거나 단언의 부담을 줄이며, 청자의 의도를 물어 봄으로써 요청이나 제안을 공손하게 하는 기능'으로 한국어의 공손현상의 일종이라고 설명한다. '-겠-'에 대한 일련의 논의는 발전을 거듭해 왔지만 '불확실한 명제 내용에 대한 「추정」과 「의도」를 전달하는 형태소'라는 데는 이견이 없는 듯하다. 그렇지만 신창순에서는 이들의 의미통합을 시도하였고 김차균에서는 '-겠-'이 가진 의미를 '-을-'과 비교하면서 이 둘은 환경의 차이에 의해 의미차이가 나타나며 그 환경에 따라 그 의미가 중화되거나 기본의미에서 번져나간 의미를 가진다고 하였다.

그러나 지금의 논의로 본다면 각각 약간의 모순을 안고 있고 그 모순을 해결하지 못하는 문제점들이 노정된다. 여기서는 지금까지의 논의를 바탕으로 화자의 의도와 행위의 결과를 중심으로 '-겠-'에 대한 의미를 재점검해 보기로 한다. 이를 위하여 우선 '불확실한 명제'라고 하는 논의의 타당성도 다시 검토해 보겠다. 그리고 '-겠-'의 역사적 형성과정을 자연스럽게 설명할 수 있는 논의는 없는가 하는 것에도 관심을 가질 것이다. 음운론적으로 가장 자연스럽게 설명할 수 있는 「-게 잇-」은 자료의 한계로 더 이상의 설명이 용이하지 않으므로8) 자료에서 자연스럽게 교체가능성을 보여주고 있는 「-게 ᄒ엿(열)-」9)과의 관련성을 그 의미와 연관시켜 고려해 볼 것이다. '-겠-'의 역사적 형성과정은 여기서의 주된 관심사가 아니지만 어떤 요소가 '-겠-'과 관련성이 있는 지에 대한 방증자료는 되리라 본다. 그러나 여기서는 '-겠-'을 설명하는 데 주안점을 두고 '-을-'에 대한 논의는 부차적인 것으로 한다.

2.1. 기존의 논의

지금까지 '-겠-'에 대한 논의 중 흥미를 끄는 것은 박옥숙, 김차균, 신창순의 논문이다.

박옥숙(p.106)10)은 「'-겠-'이 지닌 불확실성이라는 의미는 과거, 현재, 미래 등 모든 시간대에 두루 속하는 것으로서 종종 화자의 요망 사항이나 부탁, 단언 등을 완화시키기 위해 임의적으로 사용되기도 하며 또는 화자 자신이 단언하는 바를 좀 더 효과적으로 강조하기 위해 선택되기도 한다. 다시 말해서 화자는 스스로의 선택에 의해 불확실성 속으로의 가상적 도피를 시도함으로써 완곡 어법 또는 강세 어법을 만들어 내는 것」이라고 하였다.

김차균(1981 : 65)11)은 「말할이가 불확실한 일을 앞에 놓고 그 일이 일어날 가능성이 있는지 안 일어날 가능성이 있는지를 판단하여 말하는 수가 있는데 이것이 바로 추정(추량, 짐작, 미룸)이다. 그러므로 추정은 이 두 가지 가능성에 대한 무의지적인 선택이다. 이와는 달리 불확실성을 표현함에 있어서 화자가 어떤 가설을 전제로 한 가능 세계를 염두에 둘 수도 있는데 이것

---

8) 이기문(1972), 국어사 개설, 탑출판사, p.212.
9) 박근호(1990), '선어말 어미 '-겠-'에 관한 연구', 경북대 대학원.
10) 박옥숙(1987), '임의적 불확실성과 화자의 주관적 선택', 한글 198호.
11) 김차균(1981), ''-을-'과 '-겠-'의 의미', 한글 173 · 174호

을 조건법이라고 보았다. 따라서 추정과 조건법은 다같이 불확실성을 인식하는 방법이면서도 가설이 전제되었느냐, 아니냐에 따라 서로 구분된다 할 수 있을 것이다,고 하였다.

신창순[12)은 「보조어간 '-겠-'은 말할이가 확실치 못하거나 확인 못한 것으로 여겨지는 일에 관해서 주어진 판단자료나 가정조건 등을 검토하고 추측하여 내린 바 자기 마음의 태도를 나타내기 위해서 쓰이는 것이다. '-겠-'이 의도로 해석되는 경우는 확인 못할 경우를 미래시로 한정하고 마음의 태도를 결정짓는(추단하는) 일의 내용을 자기의 앞으로의 행동에 대한 자기 마음의 태도의 결정이라고 한정하는 특수한 경우이다. '-겠-'에 의한 표현에는 말할이의 삼가는 심적태도가 깃들어 있다,고 하였다.

2.1.1. 박옥숙의 논의에 대한 의문

박옥숙에서는 '-겠-'이 불확실성을 나타낸다고 보면서 완곡어법과 강조용법으로 나누어 상반되는 논리를 펴고 있는데 이는 상대적인 개념임을 생각해야 한다. 이는 '불확실성'이라는 동일한 의미를 가지고 어떻게 완곡어법과 강조어법을 동시에 산출할 수 있을까 하는 의문이 제기된다. 즉, 동일한 요소가 경우에 따라 상반되는 개념으로 달리 설명된다는 것은 논의를 복잡하게 한다. 여기서 말하고자 하는 것은 모든 문장을 추측의 단계, 추정의 단계(결과가 확실하다고 판단할 수 있는 단계), 단정의 단계로 나눌 필요가 있다는 것이다. 이렇게 3단계를 설정하고 이들의 관계 속에서 '-겠-'의 의미를 추출하고자 한다면 이런 논의는 쉽게 해결할 수 있다. 불확실성이라는 동일한 의미를 바탕으로 경우에 따라서는 완곡 표현이라 하고, 경우에 따라서는 강조 표현이라고 하는 것은 모순이다. 따라서 문장 표현을 3분하면 이들의 의미를 상대적으로 파악함으로써 일관되게 설명할 수 있는 이점이 주어진다. 이들은 추측의 단계보다는 확실성을 강하게 담고, 단정의 표현보다는

---

12) 신창순(1972), '현대 한국어의 용언보조어간 '-겠-'의 의의와 용법', 조선학보 65집.

상대적으로 불확실한 표현을 하고 있을 뿐이다. 그렇다면 완곡어법과 강조용법도 마찬가지이다. 결과에 대하여 완곡한 표현이 되는 것은 미확인의 상황으로 인한 것이지만 [-확실성에 접근하는] 표현일 뿐이다. 그리고 강조용법으로 나타나는 것은 [+확실성에 접근하는] 표현일 뿐이다(3.1.에서 상술). 대상의 문제도 그렇다. 대상이 확실하면 이미 추측의 상태에서는 벗어나 버린다. 이는 대상에 따른 문제로 나아간다. 그렇지만 행위의 설정은 역시 마찬가지의 결과를 불러일으킨다. 다음을 보자.

    (1) 선생님께선 여기에 앉으시<u>겠</u>습니다.
    (2) 김 선생님께선 여기에 앉으시<u>겠</u>습니다.

  여기에서 의미 차이가 느껴진다면 대상에 따른 것이다. '-겠-'의 의미와는 관련이 없다. 박옥숙에서 시간적 거리가 멀수록 사건이 객관화되기도 쉬워서 명령의 뉘앙스보다는 예고의 의미가 더 커지고 시간적 거리가 가까울수록 예고보다는 명령의 뉘앙스가 더 짙어진다고 했는데 이는 '-겠-'과는 상관이 없다. '-겠-'은 추정의 표현을 담는다. 그렇지만 가까운 시간 안의 것은 단정의 의미가 강화될 뿐이다. 이것은 '-겠-'의 문제이기보다는 시간 표현에서의 문제이다. 확실성을 강화할 수 있기 때문이다. 주어가 객관화될수록 명령보다는 예고의 뜻이 확실해 진다고 했는데 이 역시 같은 맥락으로 봐야 한다. '-겠-'의 문제와는 관련이 없고 다만 대상이 구체화됨에 따라 대상과의 관계가 달라지기 때문이다. 이는 친밀도와 관련되기 때문에 직접적인 명령의 의미보다는 예고의 의미가 강하게 느껴질 뿐이다.

  그리고 다음의 예문을 비문으로 설정하면서 명령문이 평서문과 '-겠-'을 통해 완화된 경우를 설명하고 있다. 이것을 '대화 상대자가 화자보다 나이가 어리거나, 또는 화자보다 사회적인 지위가 낮을 때는 항상 여러 명이 되어야 한다'고 이야기 하고 있다. 그러나 다음의 예문도 결과에 대한 확신으로 이야기하는 경우는 비문이 아니다.

(3) 네가 일어서겠다. (혹은 네가 불리겠다.)
(4) 순이가 일어서겠다. (혹은 순이가 불리겠다)

(3), (4)의 문장은 이런 경우에 가능하다. 지금 순서대로 선생님이 발표를 시키고 있는데 다음 차례가 '너' 혹은 '순이'일 가능성이 높은 경우인, 추정을 담은 표현으로 본다면 충분히 가능한 문장이 된다. 지금 번호대로 발표를 시키고 있다든지, 줄을 따라 발표를 시키고 있다면 충분히 가능한 문장이다.

(5) 피곤해서 죽겠다.
(6) 색깔이 얼마나 아름다운지 정말 반하겠다.

위의 두 예문에서 박옥숙(p.112)은 「'죽겠다'나 '반하겠다'와 같은 동작들은 같은 문장 속에 들어 있는 발화 순간의 분명한 사실들인, '피곤하다'나 '색깔이 아름답다'고 하는 상태들과 밀접한 인과관계에 있기 때문에 아직 닥쳐오지 않은 또 앞으로 닥쳐올지도 모르는 동작임이 분명한데도 불구하고, 마치 발화순간의 확실한 사실을 불확실한 듯이 표현한 것이라고 오해될 가능성이 짙은 것이 아닌가 여겨진다」고 하고 있다. 이는 공통적인 특성으로 향하는 결과 혹은 단순한 결과에 대한 확실성을 가지고 있다고 생각하면 간단하다. (5)는 자신의 생각으로 죽음의 상태와 마찬가지의(동일한) 상태라고 판단되는 데까지 이르렀다는 의미로 간단하게 해석된다. (6)도 마찬가지이다. 자신의 기준으로 판단할 때 동일한 상태일 것이라는 확신이 들어있을 뿐이다. 이는 단순히 불확실성, 확실성으로는 제대로 의미가 파악되지 않는다.

또 박옥숙의 논의에서 완화는 상대방을 존중하는 의미 표현일 경우 극대화된다고 하면서 다음의 예문을 들고 있다.

(7) 내 가방 좀 건네 줄 수 있겠니?
(8) 내 가방 건네 줄 수 있겠니?

  (9) 내 가방 건네 주겠니?
  (10) 내 가방 좀 건네 줘.
  (11) 내 가방 건네 줘.

상대방 자신의 추정을 묻는 듯이 명령함으로써 표현을 완화시킨 경우(박옥숙, p.112)라고 이야기하고 있으나 이것은 '좀'에 오히려 표현을 약화시키는 요소가 강하게 담겨있을 뿐이다.

  (12) 그런데, 그 사람이 그 모임에 잘 가겠다.
  (13) 그런데, 그 사람이 그 모임에 잘 갔겠다.
  (14) 그래, 그 남자가 오늘 같은 날 잘도 집에 붙어 있겠다.

여기서의 예문도 앞의 표현과 마찬가지다. 의미의 초점은 '잘'에 의해 많이 달라질 수 있다. 박옥숙은 「화자의 확신을 대화 상대자에게 더욱 강하게 주지시키기 위한 표현법들이다. '잘도', '잘', '그래', '그런데'와 같은 부사들은 그토록 명백한 사실을 대화 상대자가 잘못 판단하고 있는 점에 대해 화자의 비아냥거림이나 경멸과 같은 감정을 담아내는 역할을 하고 있으며 여기서 사용된 '-겠-'은 대화 상대자의 그런 무지함을 화자가 마치 자신의 무지함인 양 되받아 추정하는 듯한 태도를 취하게 하는 역할을 한다」고 하고 있으나 이들도 역시 '-겠-'보다는 부사어가 차지하는 의미역할이 크다.

  (15) 그런데, 그 사람이 그 모임에 가겠니?
  (16) 그런데, 그 사람이 그 모임에 갔겠니?

(15), (16)의 두 예문에서는 '절대로 안갑니다.' '아니오 절대로 안 갔습니다.'의 대답뿐(박옥숙, p.122)이라고 하고 있으나 이는 상대방의 판단을 묻는 것으로도 볼 수 있다. 빈정대는 말투로만 생각할 수 있는 문장이 아니다. 빈정대는 말투로 생각할 수 있는 것은 단지 그 억양에 의해 나타나는 부차적

인 것일 뿐이다. 이는 단지 가지 않을 것이라는 화자의 확신을 담는 표현으로 생각하면 족하다.

그리고 임의적 조건법과 임의적 의지미래의 경우에서는 강세어법으로 사용되는 예문들을 아직 찾지 못했다(박옥숙, p.128)라고 하고 있는데 이는 임의적으로 조건문을 형성해 버리면 확실성을 강화해 버리기 때문에 당연히 강세어법이 따로 존재 하지 않는 것이다. 그래서 강세어법이라는 용어보다는 [+확실성에 접근하는] 추정표현이라는 용어가 타당한 것이다.

2.1.2. 김차균의 논의에 대한 의문

김차균에서는 '-겠-'의 의미차이를 이야기하면서 이들이 쓰이는 환경에 따라 큰 의미차이를 나타내는 것으로 생각하고 있으나 동일한 형태를 지닌 것이 문법적인 역할을 같이 하면서 다른 의미역할을 가진다고 하는 것은 무리가 있다고 본다. 비록 나타나는 현상으로 봐서 분화되어 있다고 하더라도 이들을 얽어맬 수 있는 역할을 우선 찾아야 하는 것이 타당할 것이다. 그리고 나서 왜 이런 의미 분화가 가능한지를 파악하는 것이 정상적인 순서일 것이다.

(17) 비가 올 지도 모른다.
(18) 비가 올 지는 불확실하다.
(19) 비가 올 것 같다.
(20) 그는 비가 오지 않을 것이라고 확신했지만, 비가 오<u>겠</u>다라고 말했다.
(21) 꿈 속에서 어머님을 만났지 <u>않았겠</u>어요?

(17)에서 (19)의 문장은 [-확신, -확인]의 의미를 담고 있으면서 단순한 추측을 나타내는 것으로 보인다. 그러나 이들은 한결같이 확신을 약화시키는 의미의 단어를 지닌다. 그러나 비가 올, 혹은 오지 않을 가능성을 완전히 배제한 것으로는 보이지 않는다. 결국 한국어에서는 확신을 완전히 배제한 가정의 의미를 전제하지 않고서는 [-확인]의 의미를 담고 있는 표현은 나타

나지 않는 것으로 보인다. 그리고 단순 추측을 나타내는 고정된 형태소도
존재하지 않는다. (20)에서는 선행절에서 [-확신]의 자질을 부여함으로써
[-확신], [-확인]의 의미를 표현하는 문장이 된다. 그리고 (21)에서는 '-았-'
이라는 완료상을 나타내는 형태소가 결합하여 [+확인]의 의미자질을 더 가
짐으로써 [+확신], [+확인]의 표현을 하고 있다.

(22) 비가 오<u>겠</u>다(왔<u>겠</u>다).
(23) 비가 안 오<u>겠</u>다(왔<u>겠</u>다).

김차균에서는 일어날 가능성이 있는지 일어나지 않을 가능성이 있는지
헤아려 보고 일어날 가능성이 있다고 생각되면 긍정문으로 말하게 되고, 일
어나지 않을 가능성이 있다고 판단되면 부정문으로 말하게 된다고 하였으
나 이는 '-겠-'의 의미만 파악하고자 한 것이 아니다. '-겠-'의 의미는 긍
정문이나 부정문에서 일정하게 나타난다. 다만 긍정이나 부정의 의미에 대
한 [+확신]의 의미를 담고 있을 뿐이다.
그리고 김차균에서는 '-겠-'과 '-을-'을 상보적 변이형태로 보고 있는데
상당히 타당성을 가지는 설명으로 보인다.

(24) 비가 올 것 같기도 하고 안 올 것 같기도 하다.
(25) *비가 오<u>겠</u>기도 하고 안 오<u>겠</u>기도 하다.
(26) 비가 올 듯 말 듯 하다.
(27) 비가 올지 안 올지 모르<u>겠</u>다.

김차균에서는 불확실한 것은 '-겠-'과 '-을-'로 말하되, 불확실의 정도
가 100%이면 '-을-'로 말하게 된다고 설명한다. '-겠-'에 대한 논의가 주
된 관심사이기 때문에 '-을-'에 대해서는 깊이 살피지 않았지만, 의미의 차
이가 있다고 이야기 되는 앞의 예문을 보면 분명히 상보적 분포를 취하고
있다. 그렇지만 '-겠-'과 '-을-'은 다같이 [+확신, -확인]의 의미를 담고

있다. 그러면서 환경에 따른 구분을 보이고 있다. 물론 이는 '-으리'가 '을
+이'로 분석된다는 타당성이 전제되어야 한다. (25)의 예문이 성립되지 않
는 것은 확신의 의미를 담고 있는 것을 양분하고 있으니까 당연한 귀결이
다. 그러나 (24), (26), (27)이 성립하는 것은 '-같다, -듯하다, 모르겠다'라
고 하는 요소로 인해 확신을 약화시켰기 때문인 것이다. 일단 확신을 약화
시키고 나니 양분할 수 있게 된 것이다.

(28) 비가 오겠다. 그렇지만 비가 안 올지도 모르겠다.
(29) 비가 오겠다. 그렇지만 비가 안 올지도 모른다.
(30) *비가 오겠다. 그렇지만 비가 안 올 것이다.
(31) *비가 오겠다. 그렇지만 비가 안 오겠다.

비가 올 것이라는 확신을 담고 있지만 미확인의 의미를 파고들어 가능한
문장이 되었다. 그리고 '-을-'이 쓰였지만 '모르다'라는 확신을 약화시키는
표현을 사용하여 공기가 가능한 문장이 되었다. (28)에서의 '-을-'은 '안 오
다'에 대한 [+확신, -확인]의 의미를 담는다. '모르겠다'의 '-겠-'은 '모르
다'와 관련된다. 그렇지만 (30), (31)의 문장은 성립하지 않는다. 이는 확신
을 담고 있는 두 요소가 중복해서 사용되기 때문이다.

김차균에서는 또 다음과 같은 예들에서는 불확실이라는 기본 의미보다는
부차적으로 얹혀 들어오는 상황적인 판단을 시켜서 단순한 서술보다 들을
이에게 발화 내용에 대하여 관심을 가지는 수단으로 '-겠-'을 사용하고 있
다고 하는데 이들도 전부 [+확신, -확인]의 의미로는 동일하게 설명될 수
있다.

(32) 왜 싸웠느냐?
(33) 아무 이유 없이 날 때리지 않겠어요.
(34) 아무 이유 없이 나를 때렸기 때문입니다.

(33)에서는 때린 사람이 아무런 이유 없이 자신을 때렸다고 생각하는 판단에 따른 확신을 가지고 있는 표현이다. 물론 이는 확인된 것은 아니다. 그렇지만 (34)는 이유 없이 자신을 때렸다는 분명한 확신을 가지고 있으면서 나름대로 그에 따른 충분한 확인의 단계를 거쳤을 때 할 수 있는 대답이다. 결국 (33)은 추정의 표현, (34)는 단정의 표현이 된다.

(35) 김 선생님께서 노래를 부르시겠습니다.
(36) 영화가 상영되겠습니다.

여기서도 마찬가지이다. (35), (36)은 여러 가지 여건으로 봐서 김 선생님께서 노래를 부른다거나, 영화가 상영될 것이라는 확신을 화자가 가지고 있기 때문에 가능한 표현들이다.

2.1.3. 기타의 논의

신창순(145~146)은[13] 「'-겠-'은 어미와의 결합이 꽤 자유로워 대개의 어미들과의 결합이 가능하나 다음과 같은 어미들과는 결합될 수 없다」고 하면서 다음의 예들을 들고 있다. 1) 추량이나 의도의 뜻을 나타내는 것으로 여겨지는 '리', '르'이 포함된 어미들 : 리다, 리이다, 르려네, 르래, 리라, 리까, 리이까, 리오, 리, 랴, 르까, 르 소냐, 려무나, 려마 르라, 르께(이상 종결어미), 려고, 러, 리니, 르쑤록, 르쌔, 르씨, 르동, 르락(접속어미), 르(전성어미), 그리고 2) 다음과 같은 어미들 : 느라고, 든가, 다가, 자, 어서, 지, 고자, 듯, ㄴ즉(이상 접속어미), ㄴ, 어, 고, 기, 지, 게(이상 전성어미). 그러나 이들은 '-을-'과의 관련성을 토대로 살펴본 김차균의 논의로 대부분 해결이 된다. 그러나 '-을-'과의 상보적 분포로도 해결이 되지 않는 2)의 예들은 문법적인 특성과, 의미와의 연관성으로 어느 정도 설명이 가능할 것 같다.[14] 신창순의 이 논문

---

13) 신창순(1972).
14) 이는 다음에 다시 살펴야 할 과제로 남기고자 한다. 그러나 이도 분명 [＋확신], [-확인]

에서 '-겠-'은 표면으로는 의도, 추량이라는 두 기능을 이루지만 그 밑바닥으로 캐어 들어가면 두 기능에 공통적으로 적용되는 하나의 의의에 이를 수 있으며, 그것이 다시 두 기능으로 갈라지게 하는 어떤 계기를 발견할 것임(p.149)을 이야기하면서 불확실성을 거론하고 있다. 비록 그 필요성이 약하지만 대체로 이 글의 서술과 일치하는 태도를 보이고 있다.

나진석은[15] 그의 논문에서 「국어의 때매김은 서법, 상(aspect), 좁은 뜻의 때매김이란 하위문법범주로써 형성되는데(p.142), 서법은 직설, 서상의 둘로 나누이며, 르, 겠이 서상의 형태소이라고 하였고(p.121), 그 용법을 말하여 의문문에서는 ① 1인칭의 술어로 쓰이면 추량을 나타내고, 의도를 나타내는 일은 없다. ② 2인칭의 술어로 쓰이어서 상대방(곧 주어)의 의도를 나타낸다. 또 추량을 나타내기도 한다. ③ 3인칭의 술어로 쓰이어서 추량의 뜻을 나타낸다. 서술문에서는 ① 1인칭의 술어로 쓰이어 의도를 나타낸다. ② 2인칭의 술어로 쓰이면 추량만을 나타낸다. ③ 3인칭의 술어로 쓰이는 경우도 추량만을 나타낸다(83~85). '았겠'의 형태로서는 현재완료 또는 과거의 추량을 나타낸다(p.91)」고 하여 '-겠-'의 기능에는 의도와 추량의 두 가지가 있음을 말하고 그 각각의 문맥을 보이고 있다. 그리고 「추량적 표현은 어떤 이유에서이거나 동작을 단정적으로 표현하는 것이 주저될 때 이러한 심적 태도가 어형으로 반영된 것이다」라 하고 「의도적 표현도 전항의 추량처럼 동작에 대한 말할이의 주관적 태도의 표현이기는 하나, 다른 점은 동작의 존재형식의 판단에 관한 진술이 아니라 동작의 현현 또는 불현현을 바라는 정의표현이라는 점이다(p.126)」고도 하였다.

남기심[16]은 「'-겠-'은 주어가 직속 상위문인 이행문이나 인용문의 주어와 동일인이면 주로 화자(이 경우, 이행문의 주어진 1인칭 '나' 혹은 인용문의 주어)의 의도나 의지를 나타내고 그렇지 않은 경우에는 추측을 나타낸다(능력을

의 의미자질과 관련을 가질 것으로 생각이 된다.
15) 나진석(1963), '국어 움직씨의 때매김 연구', 한글 134.
16) 남기심(1972), '현대국어 시제에 관한 문제', 국어국문학 55~57 합병호.

나타내는 경우는 인칭의 제한이 없다). 그러나 주어가 직속 상위문인 이행문이나 인용문의 주어와 동일인이고 술어가 '느낌형용사+어 하다'로 된 동사이면 '-겠-'이 쓰이지 않는다(그러나 "나는 너를 평생 미워하겠다"는 예외가 된다. 이런 예외는 어떻게 취급되어야 할 지는 아직 확답을 낼 수가 없다),고 하였다.17) 그리고 같은 논문에서 그는 「'-겠-'은 완료(았)나 단속상(았었) 다음에 쓰이면 항상 추측을 나타내고 어간(파생접사 '이, 히, 리, 기'나 존대의 '시'를 포함하여) 다음에 쓰이면 추측, 능력, 화자의 의도 등을 나타낸다. 겠이 추측을 나타내는 것은 그 문장의 주어가 화자 자신이 아닐 때가 보통이고, 의도를 나타내는 것은 문장의 주어와 화자가 일치할 때뿐이다」고도 하였다. 그래서 그는 '-겠-'을 의도, 추측, 능력까지 세 개의 형태소로 설정할 수 있다고 하면서 동음이의 형태소로 보는 것이 가능하다고 하였다.

임홍빈·장소원18)은 (37) '*어제 너는 추웠다'라는 문장과 (38) '*어제 너는 춥겠다'는 비문인데 (39) '어제 너는 추웠겠다'가 용인되는 이유에 대해서 의문을 제기하고 있는데 여기서 비문인 두 문장은 각각 단정과 추측의 표현을 나타낸다. (37)이 용인되지 않는 것은 자신의 일이 아니기 때문에 상대방의 입장에 대해서 단정의 입장을 취할 수 없는 예이고, (38)은 시제의 비일치로 인해 성립하지 않는 예이다. 그러나 (39)가 용인될 수 있는 것은 비록 불확실한 추측의 상태이지만 자신의 입장으로 보아 단정의 표현까지 가능한 경우이다. 즉 여기서 '-겠-'이 쓰일 수 있는 이유는 자신이 판단할 수 있는 잣대로는 확신을 가지고 있지만 단지 미확인의 상태임을 나타낼 수 있기 때문이다. 단순한 추측도 아니고, 단정할 수도 없는 일에 대해서 표현할 수 있는 방법인 것이다. '-겠-'이 결과에 대한 [+확신], [-확인]의 의미를 가진다는 것은 완료에 대한 추측이 가능한 것에서도 확인할 수 있다. 완료라는 것은 이미 일어난 일에 대한 확인의 의미를 더해주는 것일 뿐이다.

---

17) [+확신], [-확인]의 의미자질로 설명할 경우는 별 문제가 없다.
18) 임홍빈·장소원(1996), 국어문법론 I, 한국방송통신대학.

2.2. '-겠-'의 의미기능

'-겠-'을 두고 물음이나 대답의 문장만을 두고 살핀다는 것은 무의미하다. 대화의 상황에서 주어지는 대화체의 문장 둘 다를 토대로 '-겠-'이 전달하는 의미를 생각해 볼 필요가 있다. 일단 '-겠-'은 불확실성을 담고 있다는 견해는 화자의 표현의도를 중심으로 생각할 때 타당성이 결여된다. 물론 100% 완전한 상황을 이야기하지 않는다는 의미에서는 불확실성이라는 단어를 쓸 수 있지만 이는 미확인으로 인한 것일 뿐이다. 그래서 불확실성이라기보다는 말하는 이의 확신을 담고 있는 표현이라고 하는 것이 좋을 것이다. 이를 추단이라는 용어로 사용하기도 하였다. '추측하여 단정하다'는 의미를 전달하고자 함이었을 것이다. '단정'은 '딱 잘라서 결정함'의 뜻으로 많이 사용된다. 물론 논리학에서는 '개념의 결합의 진위에 대해서 내리는 판단'으로 사용하여 확신의 의미는 약하다. '-겠-'은 오히려 현재의 상황으로 봐서는 이루어지지 않은 일에 대한 화자의 확신(확실성)을 담고 있다. 다만 현재로서는 확인을 할 수 없을 뿐이다(미확인). 그렇지만 이루어질 가능성이 더 높다라는 판단을 가지고 표현한다. 그렇지 않으면 확신하고 싶은 일이나 그런 의지를 나타내는데 이는 이룰 수 있다고 생각하는 확률이 높다.

(37) 김선생이 내일 은행 가<u>겠</u>어요?
(38) 예, 갈겁니다.
　　 모르<u>겠</u>습니다.

(37)´ 너 내일 은행 가 주<u>겠</u>니?
(38)´ 예, 가<u>겠</u>습니다.
　　 응, 갈게.

여기에서 '-겠-'이 들어가는 문장은 갔으면 좋겠다고 혹은 갈 것이라고 생각하여 하는 말이다. 대답에서 나타나는 두 표현은 자신의 입장이 아니니까 '-겠-'을 넣은 표현은 쓸 수 없다. 하지만 자신의 입장인 '모르겠습니다'

의 대답은 가능하다. 그러나 '너 내일 은행 갈 수 있겠니?'에 대한 대답으로
는 '예, 갈 수 있어요', 혹은 '아니오, 갈 수 없는데요'이다. 가능의 의미를
담고 있는 '-ㄹ수 있-'과 연결이 되어 가능의 여부를 화자의 확신과 결부시
키고 있다. 이는 공손의 의미를 담고 있지만 청자에게 이미 자신의 입장을
전달하면서 반응을 보고자 하는 표현이다. (37)′는 공손의 의미를 취하는데,
즉 '-아 주다'에서 자신의 입장을 약화시키면서 상대방에게 자신의 입장을
간접적으로 전달한다. 일단 두 문장에서는 모두 자신의 부탁을 전달하는 것
임에는 틀림없다. 결국 확실한 결과를 얻기를 요구하는 것이다. 이 표현을
'-겠-'이 담당하고 있다. 다음의 예문을 보자.

    (39) 시제에 대해서 아니?
    (40) 예, 압니다.
    (41) 아니오, 모릅니다.

    (39)′ 이제 시제에 대해서 알<u>겠</u>니?
    (40)′ 예, 알<u>겠</u>습니다.
    (41)′ 아니오, 아직 모르<u>겠</u>는데요.

　여기서 (39)에 대한 물음에는 (40)이나 (41)의 대답이 가능하다. '-겠-'이
쓰이는 문장으로의 대답은 용이하지 않다. 그러나 (39)′의 물음에는 (40)′,
(41)′의 대답이라야 한다. 김차균에서는 「'-겠-'이 발화 순간의 판단을 진술
하기 위하여 쓰이는 경우」로 설명하고 있는데 (39)의 물음이나 (39)′의 물음
이 다 같이 순간적인 판단을 통한 대답을 요구한다. 다만 (39)의 물음은 그
순간에 일어난 일에 대한 확인은 아니라는 것이다. 이는 결국 물음이나 대
답에서 확신의 의미는 담겨있지 않다. (39)′는 시제에 대해서 반드시 알 것
이라는 확신을 가지고 묻는 물음이다. 방금 설명을 했기 때문에 화자는 청
자가 당연히 알 것이라는 확신을 가지고 있는 것이다. 그러나 (39)는 어떤
객관적 자료를 주지 않은 막연한 물음이다. 알고 있을 것이라는 확신도, 모

르고 있을 것이라는 확신도 없다. 여기에 대한 대답으로 할 수 있는 대답은 (40)과 (41)이다. 이것은 자신이 생각하는 기준 하에서의 막연한 대답이다. (39)´~(41)´에서 「'-겠-'은 발화 순간의 판단을 진술한다」라는 김차균(104~105)의 논의가 타당성을 가지는 것도 방금 이루어진 것에 대해 화자는 그에 대해 쉽게 확신을 담을 수 있기 때문에 그렇다. 순간의 판단일 경우 진술에 대해 확실성을 강하게 담을 수 있기 때문에 결국 화자의 확신이 동반되어 나타날 수 있다. 그렇지만 '-겠-'이 나타나는 질문이나 대답은 [+확실성에 접근하는] 것이지만 그 어느 것도 확인이 되지 않은 상태이다. '알겠다'라는 확신을 담고 있지만 이것이 궁극적으로 확인된 것은 아니기 때문이다. 다음의 예문을 다시 살펴보자.

(42) 내가 설명한 것을 알았느냐?
(43) 예, 알았습니다.
(44) 아니오, 모르겠습니다.
(45) 아니오, 몰랐습니다.

(42)의 물음에서 (44)가 가능한 것은 방금 이루어진 일에 대한 확신을 쉽게 담을 수 있기 때문이다. 그러나 '알겠습니다'의 대답을 할 수 없는 것은 '-았-'이 가지고 있는 단정의 의미 때문에 그렇다. '-었/았-'은 확인의 의미를 지니고 있다. 따라서 미확인의 의미를 지니고 있는 '-겠-'은 단정적인 의미를 요구하는 것에 대한 대답으로 쓰일 수 없다. (45)가 김차균에서는 가능한 대답이 아니라고 했지만 이것이 단정의 의미를 지니는 것일 경우는 가능한 대답이 된다. (42)가 '이미 알고 있었느냐'의 질문인 경우, 설명하고 난 다음에 '듣고 보니 모르고 있었던 것'이라는 판단을 하는 경우에는 (45)의 대답도 가능하다. (42)의 질문은 이미 이전에 어떤 식으로든 확인이 있었던 경우이다. 그래서 단정의 의미를 가진 '-았-'이 쓰인 것이다. 이와 마찬가지로 다음의 예를 보자.

(46) 너 2 더하기 2가 4라는 것을 알<u>겠</u>어?
(47) 예 알<u>겠</u>습니다.

　(46)의 문장에서 화자는 청자가 당연히 알 것이라는 확신을 바탕으로 질문을 한 것이고 이에 대해 청자는 설명을 통하여 이해되었을 때 할 수 있는 대답이다. 만일 '너 2 더하기 2가 4라는 것을 아니?'라는 질문을 했다면 '네 압니다'. 혹은 '네 알고 있습니다'라는 대답을 하게 된다. 이는 그냥 단순히 자신이 알고 있다고 믿고 있는 상태에서의 대답이다. 여기서 다시 2더하기 2의 덧셈을 가르쳐주고 나서 할 수 있는 질문은 '이제 알겠느냐?'가 될 것이다. 여기서의 대답은 '예 알겠습니다'가 된다. '*네 알았습니다'는 되지 않는다. 그렇지만 '알겠습니다'라는 대답을 한다 하더라도 모를 수는 있다. 그래서 확신을 바탕으로 하지만 미확인인 상태인 것이다.

　'-겠-'이 불확실성을 담는다라고 하는 것은 실제로 본, 혹은 행한 일이 아니기 때문이다. 그러나 확실성이나 불확실성인 것으로 설명하는 것은 상대적이다. 강한 확실성을 가진 표현이라 하더라도 이보다 더 강한 표현에 비해서는 상대적으로 불확실한 표현으로 생각될 수도 있기 때문이다. 그리고 불확실하다고 생각되는 표현이라고 하더라도 이보다 더 불확실한 표현보다는 상대적으로 확실성을 강하게 담고 있는 표현일 수도 있다. 그리고 '-겠-'으로 표현하는 문장에서 화자가 의도하는 것은 결과에 대한 불확실성 보다는 확신의 의미를 담으려는 의도가 강하다. 즉 불확실성이라는 술어는 화자의 의도와는 거리가 있다. 여기서는 전체 문장들이 가지고 있는 표현들을 엮으면서 '-겠-'이 지닌 의미를 상대적인 개념으로 파악하고자 한다. 즉 확신의 정도에 따른 분류를 토대로 '-겠-'을 파악하고자 한다. 추정, 의도가 함께 쓰일 수 있다는 것은 확신의 정도가 강하다고 볼 수 있다. 왜냐하면 자신의 의도대로 행한다면 그러한 결과가 일어날 확률이 높은 것이니까 어떤 결과가 일어날 것이라는 확신의 정도가 강한 것이다. 그러나 추정만 가능한 문장은 상대적으로 확신의 정도가 약한 표현이다. 자신의 의지를 담는 표현이 가능한 문장은 추정의 의미를 부차적으로 가질 수 있다. 이러한 역할을 '-겠-'이 담당하고 있다.

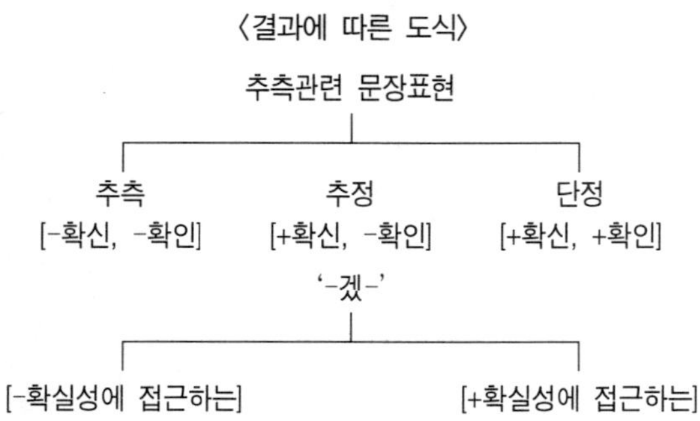

위의 표는 어떤 일의 결과에 따른 의미분류이다. 추측과 추정, 단정의 3단계로 나눈 것은 각각 구분될 수 있는 나름대로의 특성을 가지고 있다. 추측은 확실성이 배제된 단순추측의 의미를 지닌다. 이는 어떤 일의 결과에 대해 화자의 확신이 전혀 없다. 그리고 확인된 것도 없다. 추정은 어떤 결과가 일어날 것이라는 화자의 확신을 담고 있다. 확신은 '어떤 결과가 일어날 것이 확실하다고 믿는 마음'이다. 일단 미확인 상태이기 때문에 단정을 할 수는 없지만 결과에 대해 일어날 것이라 믿는 많은 가능성을 가지고 할 수 있는 표현이다. 이는 극단으로 향하면 추측의 특성과 단정의 특성을 공유하는 표현 형식이 된다. 단정의 표현은 완전한 확실성을 바탕으로 한다. 이는 분명한 확인의 단계를 거쳐 나타나는 표현이다. 여기에서는 '-겠-'의 의미를 파악하는 것이 목적인데, '-겠-'은 추정의 의미를 담당하고 있는 것으로 본다. 여기서 추정이라고 하는 것은 [+확신, -확인]이란 개념 속의 추정이다. 확신이 약할수록 [-확실성에 접근하는] 의미를 담을 것이고, 확신이 강할수록 [+확실성에 접근하는] 의미를 담을 것이다. 박옥숙의 완화와 강조는 여기서 뚜렷하게 체계화된다. 어떤 일의 결과에 대한 확신이 약하니까 완화의 표현을 가질 수밖에 없을 것이고, 확신이 강하니까 단정에 가까운 의미인

강조의 표현이 되는 것이다. 이러한 특성을 '-겠-'이 담당하고 있다.

'그 사람이 범인인 줄 누가 알았겠느냐?'에서의 '-겠-'은 단정의 표현을 하고 있다. 이는 선행절에서 이미 [+확인]의 의미를 부여했기 때문에 가능한 표현이다. 그런데 전술한 바와 같이 특정의 표현을 가지지 않는 한 한국어에서는 [-확신, -확인]의 의미를 가지는 표현은 존재하지 않는다. 다만 [+확신, -확인]의 의미를 가지는 '-겠-'의 기능 속에서 [-확실성에 접근하는] 의미만을 가지고 추측에 근접하는 표현을 하고 있을 뿐이다. 동일한 의미 기능을 가지는 것으로 보이는 '을 것'과 '리'도 이와 같은 역할을 기준으로 점검해야 할 것이다.

지금까지 추정, 불확실, 미정, 미확인으로 이야기되어 온 '겠'은 크게 추정과 의지로 나누고 있다. 이를 추측하여 단정한다는 '추정'의 의미와 자신이 하고자 하는 의도를 나타내는 '의지'가 과연 다른 것인가 하는 문제에 대해서 의문을 가진다. 의지는 결과를 확실한 것으로 만들겠다는 노력의 표현이다. 결국 확실한 것으로 인정할 수 있도록 하겠다는 자신의 마음을 나타낸다. 그렇다면 누구보다도 자신의 입장이 분명할 경우이다. '나는 오늘 저녁에 밥을 먹겠다'라고 했을 때는 여러 가지 정황으로 봐서 오늘 저녁에는 밥을 먹을 것이라는 확실한 의지를 나타내고 있는 것이다. 추정이라고 하는 것도 '내일은 비가 오겠다'라고 했을 때 지금까지의 경험으로 봐서 내일 비가 올 확률이 높을 때 할 수 있는 이야기이다. 그래서 결국 이들은 달리 구분하여 설명할 필요가 없다. 이들의 의미를 구분하면 불확실이라는 의미를 담고 있는 것이 아니라 표현의도에서는 오히려 [+확신]이라는 상위개념에서 출발하여 [+확실성에 접근하는] 의미를 나타내는 것이다. 그렇지만 '내일 비가 오겠다'는 상대적으로 [-확실성에 가까운]의미를 나타내고 있다. 하지만 두 예는 적어도 결과에 대한 [+확신]을 가지고 표현하고 있는 것이다. 물론 불확실의 의미도 담고 있다. 그렇지만 이는 미확인의 상황으로 인한 것이다. 다만 현재의 상황으로는 확인할 수 없는 것일 뿐이다.

언어의 표현에서 전 행위에 대한 가정이 주어진다면 모두 [±확신], [±확인]의 의미자질을 토대로 한 3단계의 대립이 있을 수 있다. 여기서의 '-겠-'을 종래의 추정과 의도의 표현과 관련을 시켜 생각할 때 추정의 표현만 가능한 것(주어가 2·3인칭인 서술문, 1·3인칭인 의문문)과 추정, 의도의 표현이 가능한 것(주어가 1인칭인 서술문, 2인칭 의문문)으로 나눌 수 있다. 전자는 [-확실성에 접근하는]의 문장의미를 지니고 후자는 [+확실성에 접근하는]의 의미를 지닌다. [-확실성에 접근하는] 의미를 지닌 '-겠-'은 추측의 문장에 근접한다. 따라서 추측의 문장이 가지는 특성을 그대로 지닌다. [+확실성에 접근하는] 의미를 지닌 '-겠-'은 단정의 문장에 근접한다. 따라서 이는 단정적인 표현의 문장이 가지는 특성을 가진다. 그러나 이들 각각은 확실성이 배제된 막연한 추측의 문장과 미확인의 상황이 아닌 단정의 문장과는 구별된다.

2.3. '-게 ᄒ엿(엳)-'과의 관련성

위에서 논의된 바를 토대로 '-겠-'과 관련성을 가진 것으로 인정되는 '-게 ᄒ엿(엳)-'을 살펴보도록 하겠다. '-게 ᄒ엿(엳)-'은 일반적으로 사동의 완료형을 담당하는 것으로 인정된다.[19] 사동의 표현은 상대방에게 그렇게 하도록 함으로써 화자 자신이 그러한 결과에 대해 이루어질 것이라는 확신을 강하게 가질 수 있다. 물론 그렇게 하도록 시켰다고 하더라도 그러한 결과가 일어날 지 어떨지는 알 수 없다. 그렇게 하도록 시켰다고 하더라도 실제로 확인된 상황은 아니다. 따라서 사동의 완료형은 [+확신], [-확인]의 의미를 지니고 있다. '-겠-'과의 관련성을 토대로 생각할 때 음운론적으로 훨씬 타당성을 가지는 '-게 잇-'도 많은 예문이 있어 이를 검토할 수 있다면 역시 이와 같은 논의를 통해 그 관련성을 고려해 볼 수 있을 것이다. 그러나 그러한 예들을 확인할 수 없으므로 문헌상에서 '-겠-'과 자유롭게 교

---

19) 허웅(1982)은 '-게 ᄒ엿-'이 사동의 완료형으로 쓰였지만 '-게'의 의미가 두드러지게 나타남으로써 사동의 뜻보다는 추정의 뜻이 더 강하게 되었다고 하였다.

체가 되고 있는 '-게 ᄒᆞ엿(엳)-'과의 관련성을 점검할 수밖에 없음이 아쉽다. 그러나 사동의 완료형인 '-게 ᄒᆞ엿-'은 '-겠-'과의 의미 관련성을 생각해 볼 때 통시적인 연결성을 충분히 인정할 수 있다. 그러나 '-게 ᄒᆞ엿(엳)-'은 허웅(1972)의 논의에서처럼 추정의 뜻이 더 강한 것으로 옮겨 갔다고 보기 보다는 원래 사동의 완료형이 가지고 있는 [+확신], [-확인]의 의미역할을 그대로 이어 받은 것으로 보인다. 즉 '-게 ᄒᆞ엿(엳)-'이라고 하는 사동의 완료형이 가지고 있는 의미를 그대로 이어 받은 표현이 '-겠-'이라 할 수 있다. 따라서 의미상으로 보아 '-게 ᄒᆞ엿-'과 '-겠-'과의 관련성은 충분히 인정된다.[20]

> (48) 다스리게 ᄒᆞ엳습늬다(인어대방 1 : 30b)
> 　　　다스리겟습니다(정정인어대방 2 : 10b)
> (49) 몯하게 ᄒᆞ엳습늬(인어대방 4 : 5b)
> 　　　못허겟네(정정인어대방 4 : 2b)
> (50) 못쓰게 ᄒᆞ엳습늬(인어대방 5 : 16a)
> 　　　못쓰겟다(정정인어대방 1 : 7a)
> (51) ᄂᆞ려오게 ᄒᆞ엳ᄉᆞ오늬(인어대방 7 : 9b)
> 　　　ᄂᆞ려오겟스늬(정정인어대방 9 : 3b)

3. 추정 표현의 의미 추이와 특성

　형태소 '리'는 중세어에서부터 다양하게 쓰였다. 현대어에서도 종결어미와 선어말어미로 문법적인 속성에서 그 기능을 달리한다. 선어말어미라고 하더라도 종결어미나 연결어미와의 결합에서 차이가 있다. 고영근(1989 : 161~163)에서는 계기적인 '-리-, -ㄹ-'과 동시적인 '-리-'는 그 나타남이

---

20) 이외에도 이를 입증하는 많은 어례가 18세기 말의 자료에서 광범위하게 점검이 된다.

배타적이며 음운론적인 조건에 제약되어 있지 않으므로 형태론적으로 제약된 이형태들로 설명한다. 그리고 이들의 영역은 종결어미에서만 나타나는 것으로 한정시킨다.[21] 분포의 문제에서도 '머지않아 기쁨의 날이 오리니 참고 견뎌야 한다'에서는 연결어미와 이어지는 '-리+(으)니'가 쓰이기도 한다. 종결어미와의 결합이나 종결어미로의 쓰임이 보편적이지만 반드시 그런 것은 아니다. 대체로 '리'는 종결의 형태소나 선어말어미로 쓰인다. 여기에서는 '-리-'가 가진 의미적 기능을 살피고 이와 유사한 의미적 속성을 가진 현대어 '-(으)ㄹ 것-'과 '-겠-'의 의미적 연관성을 찾는 데 목적이 있다. 이를 위하여 동일한 분포를 보이는 '-리+(이)다'와 '(으)ㄹ 것+이다'의 특성을 중시하고 근세어에서 출현하는 '-겟-'과의 의미적 연관성을 점검할 것이다.

유창돈(1974 : 259)에서는 의문법이라는 문법적 기능 속에 추측과 의문이라는 의미적 기능을 분류하였다.[22] 현대어에서도 이들은 의문의 형태와 추측의 형태로 양분된다. 하지만 동일한 형태를 취하면서 서로 다른 문법, 의미 역할을 가졌다는 것은 기억 부담량을 높인다. 고영근은 '-리-'와 '-겠-'의 구조적 양상 차이를 들어 동질성은 인정하지 않는 것이 좋겠다고 설명한다. 분포상의 문제에서도 '-겠-'은 어간의 받침이 있고 없음을 묻지 않고 언제든지 통용적이며, 나타나는 분포가 매우 넓어서 종결어미뿐 아니라 연결어미에서도 쓰이는 반면에, '-리-'는 분간적이며 종결어미에서만 나타난다는 것이다. 하지만 '-겠-'과의 관련성은 꾸준히 제기되어 왔다.

---

21) 고영근(1989 : 162)에서 '-ㄹ-'은 하게체의 의문법에서, '-리-'는 하게체의 설명법에서, '-리-'는 그 밖의 존비법의 설명법, 의문법에서 각각 나타난다고 설명한다. 그리고 이 중 분포가 가장 넓은 '-리-'를 기본형으로 삼고 있다.

22) '-리-'는 단순 추측의 경우와 의문의 경우로 가를 수 있다고 하면서 추측의 경우로 英主 △알픠 내내 붓그리리(용16), 聖子ㅣ나싫 正覺 일우시리(월곡15)의 예를 들고, 의문의 경우로 聖人神力을 어느 다 술븅리(용87), 俱夷 묻즈븅샤디 므스게 쓰시리(월1 : 10)의 예를 들고 있다.

3.1. 추정 표현의 관련성

여기에서 논의하는 '-리-'는 의미상 '-(으)ㄹ 것-, -겠-'과 많은 관련성을 가진다. 자료의 해석상 그러한 관련성이 쉽게 확인되기 때문이다. 물론 이는 중세어와의 단순 비교 자료로 활용하고자 하는 것이지 중세어에서 출현한 동일한 의미 자료로 활용한 것은 아니다. 또한 의미적 관련성을 설명하는 것이기 때문에 반어적 의문의 경우에는 선행어의 차이도 드러난다. 특히 의문사가 선행될 경우에는 부사의 변화를 동반하는 선행어의 교체가 이루어져야 동일한 의미로 해석된다. 이러한 점을 고려하더라도 의미적 관련성은 드러난다.

(1) ㄱ. 賢弟를 <u>매</u> 니즈시리(維此賢弟寧惑有忘, 용74)
　　ㄴ. 충신을 <u>매</u> 모르시리(維此忠臣寧惑不知, 용가74)
　　ㄷ. 발올 바사 <u>매</u> 아니 알프시리(월곡119)
　　ㄹ. 大德아 如來 니르시논 아홉 橫死롤 <u>매</u> 몯 듣즈븅싫다(월9 : 56)

〈'-리-'의 의미적 해석〉
(2) ㄱ. 니즈시<u>리</u>　　　→ 잊으시<u>겠</u>느냐 → 잊으실 수 없을 <u>것</u>이다
　　ㄴ. 모르시<u>리</u>　　　→ 모르시<u>겠</u>느냐 → 모르시지 않을 <u>것</u>이다
　　ㄷ. 아니 알프시<u>리</u> → 아니 아프시<u>겠</u>느냐 → (매우) 아프<u>실 것</u>이다

위의 해석에서 보듯, '-리-'의 의미와 관련한 '-겠, (으)ㄹ 것-'의 논의는 자연스럽게 연결된다. 김차균(1981 : 71)에서는 '-리-'의 문제를 '-겠-'과 비교하면서 형태소 '-을-'에 기댄다. '-으리다'는 '을(미확정)＋이(매인이름씨)＋이(잡음씨)＋다(마침법)'로 해석하면서 대표형을 '-을-'로 설정하여 설명한다. '-리-'의 기능을 고려하면 '-을-'에 의미적 초점을 맞추기엔 독립성이 결여된다. 따라서 여기에서는 대표형을 '-(으)ㄹ(관형형어미)＋이(형식명사)'로 설정하여 논의를 전개할 것이다. 이는 '-(으)ㄹ＋것'과 형식적인 면에서도 일치한다.

　　나진석(1965 : 142, 121)에서 '국어의 때매김은 서법, 상, 좁은 뜻의 때매김이란 하위문법범주'로써 형성되는데, 서법은 직설, 서상의 둘로 나누이며, '르, 겠'이 서상의 형태소라고 하였다.[23] 여기서도 형태는 다르지만 '르'과 겠'의 연관성을 설명한다. 남기심(1972 : 213~238)은 '-겠-'의 의미적 속성에서 공통성을 확보하지 못하고 이들을 동음이의의 관계로 확대, 해석하였다. 이희자·이종희(2001 : 572~581)[24]에서는 '리'가 쓰이는 다양한 예들을 수집하였다. '리'가 들어가는 요소를 전부 19개로 나누고 있는데 '리오'와 '리요'의 동일성을 생각하면 전체를 18개로 설명한다. 이들을 문법적 속성에 관계없이 동일한 의미적 속성을 가진 것을 나누면 의미적 기능은 수사의문, 추측, 의지, 경계 등의 의미로 쓰인다. 하지만 이러한 요소의 의미적 관련성은 희박하다. 형태적으로는 하나의 '-리-'에 고정되어 있는데 이들의 의미 역할을 이렇게 다양하게 살피는 것은 논의에 부담이 된다. 박병채(1988 : 132)에서는 유창돈에서 설명하는 의문의 요소를 존경의 의문형 종결어미 '-니잇가'의 '-이가'의 생략형 '-니'의 연결형으로 취급한다.[25]

---

23) 그 용법을 말하면서 의문문에서는 ① 1인칭의 술어로 쓰이면 추량을 나타내고, 의도를 나타내는 일은 없다. ② 2인칭의 술어로 쓰이어서 상대방(곧 주어)의 의도를 나타낸다. 또 추량을 나타내기도 한다. ③ 3인칭의 술어로 쓰이어서 추량의 뜻을 나타낸다. 서술문에서는 ① 1인칭의 술어로 쓰이어 의도를 나타낸다. ② 2인칭의 술어로 쓰이면 추량만을 나타낸다. ③ 3인칭의 술어로 쓰이는 경우도 추량만을 나타낸다(83~85). '-았겠-'의 형태로서는 현재완료 또는 과거의 추량을 나타낸다(p.91)'고 하였다. 그리고 '추량적 표현은 어떤 이유에서이거나 동작을 단정적으로 표현하는 것이 주저될 때 이러한 심적 태도가 어형으로 반영된 것이다'라 하고 '의도적 표현도 전항의 추량처럼 동작에 대한 말할이의 주관적 태도의 표현이기는 하나, 다른 점은 동작의 존재형식의 판단에 관한 진술이 아니라 동작의 현현 또는 불현현을 바라는 정의표현이라는 점이다(p.126)'고도 하였다.

24) 이희자·이종희(2001), 어미, 조사 사전, 한국문화사에서는 '리'의 의미 기능을 다음과 같이 설명한다. 일단 여기서 구분하는 예들을 중심으로 의미적 특성을 우선 살피고자 한다. 이들은 고영근에서의 구분과 관련지어 종결어미와 종결어미에 쓰이는 것과 연결어미에 쓰이는 것으로 나누고자 한다. 이렇게 하면 이들의 의미 확장과 쉽게 관련지을 수 있을 것으로 보이기 때문이다. 1. 종결어미나 종결어미에 쓰이는 것 (1) 수사의문 : 어찌 나 혼자 가리 (2) 추측 : 내일이면 늦으리 (3) 의지 : 천년 만년 살아가리 (4) 경계, 경고 : 그렇게 마시다가 배탈나리다 2. 연결어미에 쓰이는 것 (1) 추측 : 머지않아 기쁨의 날이 오리니 참고 견뎌야 한다 (2) 의지 : 죽어도 가리라는데, 그걸 어느 누가 막겠나?(의지)

　이와 관련하여 의미적으로 통합하고자 하는 논의도 진행되었다. 의미적 통합과 관련한 논의는 김차균(1981)과 이광호(1996), 임동훈(2001), 고광모(2002) 등이 대표적이다. 이러한 논의의 대표적인 형태소가 '-리-'와 '-겠-'이다. 김차균(1981)에서는 '을'과 '-겠-'으로 대상 형태소를 설정하여 불확실성이라는 상위의 개념으로 추측, 의지와 관련한 표현을 통합하였다. 이광호(1996)에서는 추측 표현을 단순 추측과 추정으로 나누어 이들의 의미자질을 분석하였다. 그리고 임동훈,26) 고광모27)에서는 기원적인 의미를 각각 '예정'과 '작정'으로 설명한다.

　이광호(1996 : 461~480)에서는 '단순 추측을 표현하는 문법범주는 한국어에서 존재하지 않는다. 의도적으로 추측의 상태를 표현하기 위한 언어 표현만 있을 뿐이다'라고 설명한다. 그렇다면 여기서 나타나는 '-리-'가 단순추측의 표현으로 설명할 수 있는 문법요소라면 논의는 발전적이다. 그렇지 않더라도 추측표현의 어떤 한 층위로 해석할 수 있다면 이 또한 논의의 전개는 바람직하다.

3.2. 추정 표현의 의미 추이

3.2.1. 중, 근세어에서의 의미 특성

　김차균(1981 : 71)에서 기본형으로 설정한 '-을-'은 '-리-'와 '-(으)ㄹ 것-'을 통합한다. '-리-'를 '-(으)ㄹ 것-'과 완전히 다른 형태적 특성으로 처리하면서 동일한 의미 역할을 가진 것으로 보는 것은 부담이다. '-리-'의 의

---

25) 이광호(1994 : 242~245)에서는 'ᄒᆞ라'체의 경우 '-가'는 판정의문, '-고'는 설명의문으로 설명한다. 이에서 유래된 판정의문의 '-어', 설명의문의 '-오'가 쓰이는데 이것은 선어말어미 '-나-, -리-'와 결합하여 '-녀(니어, 니여), -뇨(니오), -려(리여, 리아, 리야), -료(리오)' 등 여러 가지 종결어미로 나타난다고 한다.

26) 임동훈(2001 : 139~143)에서는 '-겠-'의 의미를 '예정>의지>추측'과 '예정>능력>추측'의 2단계로 나누어 설명한다.

27) 고광모(2002 : 39~43)에서는 '겠'의 기원적인 의미를 '작정'으로 설정하고 여기서 '예정→예측→추측'의 축과 '예정→의도'의 축으로 이루어진다고 설명한다.

미적 역할은 '-(으)ㄹ(관형형 어미)+이(형식명사)'에서 분명히 드러난다. 문법
적 속성은 '을'에서 나타난다고 하더라도 의미적 속성은 명사적 역할과 관
련하여 분명해지기 때문이다. 따라서 여기에서는 의미적 속성과 관련하여
'-리-'의 기원적 형태를 '-(으)ㄹ 이-'로 처리한다. '-(으)ㄹ 이-'는 동일한
용법의 '-(으)ㄹ 것-'과 동일한 의미적 역할을 한다. 단지 '-(으)ㄹ 이-'는
'-(으)리-'의 형태로 문법화가 일찍이 진행되었다. 이는 김차균에서도 '을
(미확정)+이(매인이름씨)+이(잡음씨)+다(마침법)'로 설명한 바 있다. 그러나 여
기에서는 '-을-'이 아닌 '-(으)ㄹ 이-'가 추측의 의미와 관련된 의미적 속
성을 가진 것으로 본다. '-(으)ㄹ 이+이다'는 '-(으)ㄹ 것+이다'와 의미상,
분포상 일치한다. '-리-'는 다음에서 보면 표현상, 의미상 '-(으)ㄹ 것-'과
일치하다. 이러한 의미적 동일성 때문에 '-리-'는 '-(으)ㄹ 이-'와의 관련
성이 논의된다.

(3) ㄱ. 阿難아 ᄒᆞ다가 皇帝며 皇后ㅣ며 妃子ㅣ며… 百姓이 病을 ᄒᆞ거나
　　 어려ᄫᆞᆫ 厄이어든 ᄯᅩ 五色幡 밍ᄀᆞᆯ며 燈 혀아 닛위여 ᄇᆞᆰ게 ᄒᆞ며 숨
　　 튼 衆生 노코 雜色 고ᄌᆞᆯ 비ᄒᆞ며 일훔난 香ᄋᆞᆯ 퓌우면 病도 덜며
　　 厄도 버스리라(석9 : 34~35)
　ㄴ. 日月燈明佛이 授記ᄒᆞ야 比丘ᄃᆞ려 니ᄅᆞ샤ᄃᆡ 이 德藏 菩薩이 버거
　　 부톄 ᄃᆞ외야 號ᄅᆞᆯ 淨身多陁阿伽度 阿羅訶 三藐 三佛陁ㅣ라 ᄒᆞ리라
　　 (석13 : 34)
　ㄷ. ᄯᅩ 잘 說法ᄒᆞᄂᆞ니둘히 十方佛刹애 ᄀᆞ독ᄒᆞ야 ᄒᆞᆫ ᄆᆞᅀᆞᆷ로 恒河沙劫
　　 에 다 모다 ᄉᆞ랑ᄒᆞ야도 부텻 智慧ᄅᆞᆯ 모ᄅᆞ리어며 므르디 아니ᄒᆞᄂᆞᆫ
　　 菩薩둘히 그 數ㅣ 恒沙 ᄀᆞᆮᄒᆞ야 ᄒᆞᆫ ᄆᆞᅀᆞᆷ로 모다 ᄉᆞ랑ᄒᆞ야도 ᄯᅩ
　　 모ᄅᆞ리라(석13 : 42)
　ㄹ. 이 벗아 네 콩 숨기ᄅᆞᆯ 아디 못ᄒᆞᄂᆞᆫ 둧ᄒᆞ다. 네 블 ᄣᅵ더 가매 ᄭᅳᆯ커
　　 든 콩을 녀허 두고 믈읫 ᄭᅳᆯ키 ᄒᆞᆫ 디위만 ᄒᆞ거든 이 ᄊᆞᄒᆞᆫ 딥흘다
　　 가 콩 우희 덥고 블 ᄣᅵᆺ디 말고 김나게 말라. 自然히 니그리라(老乞
　　 上 : 18a)

　　이러한 의미 속성은 '-(으)ㄹ 것+이다'로 나타나는 표현에서도 동일하게
해석된다.

　　(4) ㄱ. 다 그리 홀 거시온(소언2 : 18)
　　　　ㄴ. 몯 ᄒᆞ실 거시이다(번소10 : 4)
　　　　ㄷ. 몯 홀 꺼시라(석6 : 38)

　　중세어에서 비교적 제한적이던 '-(으)ㄹ 것+이다'의 표현은 근세어에서
는 보다 보편적으로 쓰인다. 이것은 '-(으)리-'의 기능상의 퇴화와 시기상
거의 일치한다(기능상의 퇴화는 3.2.에서 다시 다룬다). '-이다'와 결합하는 '-(으)
ㄹ 것+이다'의 용례는 근세어 자료의 여러 곳에서 확인된다.

　　(5) ㄱ. 가히 다른 겨레예 도라보낼 것이라(동신열1 : 2b)
　　　　ㄴ. ᄯᅩ 쩗ᄒᆞ디 아니티 몯홀 거시라(가례1序3a)
　　　　ㄷ. 可히 ᄡᅥ 軍旅롤 다ᄉᆞ릴 거시라(가례1 : 44a)

　　다음 예문에서의 '-리-'도 '(으)ㄹ 것+이다'의 표현과 유사하게 나타난
다. 전달 의미는 동일하다.

　　(6) ㄱ. 護彌 닐오디 그리 호리라(석6:15)
　　　　ㄴ. 히믈 언디 몯ᄒᆞ리라(工夫不得力在, 몽8)

　　이러한 '-리-'의 의미적 속성은 현대어에서 '-(으)ㄹ 것-, -겠-'으로 쉽
게 해석이 된다.

　　(7) ㄱ. ᄒᆞᆫ 근도 일후미 업스리니라(번소8′2)
　　　　ㄴ. 놀애에 일훔 미드니 英主△알픠 내내 붓그리리(용16)
　　　　ㄷ. 占者ㅣ 쵂ᄒᆞᄉᆞ봇더 聖子ㅣ 나샤 正覺 일우시리(곡15)

ㄱ´. 업스리니라 → 없겠습니다(없을 것입니다)
ㄴ´. 붓그리리 → 부끄러워 하겠습니다(부끄러워 할 것입니다)
ㄷ´. 일우시리 → 이루시겠습니다(이루실 것입니다)

이들의 의미는 단순추측은 아니다. 의미상 자신의 의지를 반영하는 거의 단정적인 추정의 상태이다. 추정은 추측하여 단정한다는 의미를 지닌다. (7)은 자신의 입장을 강하게 전달하고자 하는 의지가 나타난다. 이러한 사실을 기존의 논의에서는 대체로 '의지(혹은 의도)'로 다루었다. 하지만 여기에서는 의지, 추측, 예정 등으로 나누어진 기존의 논의에서, 의미적 통합을 끌어내기 위해서 [±확신]의 의미자질을 설정한다.[28] [+확신]은 일어날 가능성에 대한 믿음이다. 그 믿음의 여부에 따라 [±확신]의 자질로 나타난다. '의지(의도)'의 의미가 강하게 표현될수록 일어나는 일에 대한 확신의 의미는 강화된다. 이들은 주체의 입장을 제 3자가 설명하는 형태이지만 거의 단정적이다. 당연한 사실일 것으로 확신한다. 하지만 이것은 전부 확인되지 않은 사실이다. 이러한 의미기능은 [±확인]의 자질로 설명한다. 확인되지 않은 사실이라는 의미적 자질이 미래, 추측, 예정, 의도, 가능 등의 개념으로 설명되기도 하였다. 여기에서는 이러한 자질, 즉 [±확신], [±확신]의 자질을 '-(으)ㄹ 이-'나 '-겠-, -(으)ㄹ 것'의 의미를 설명하는 기준으로 삼는다. 그렇다면 여기서 나타나는 [+확신, -확인]의 의미는 추정이다. 이것은 어떤 일에 대한 실현 가능성이 높을 뿐이지 확인은 하지 못한 상태이다. 특히 (7ㄴ~ㄷ)은 당사자의 입장이 확인되지 않는다. 타인의 감정에 대해서 말하는 것은 강한 믿음을 통해 확신의 의미자질을 동반할 수 있지만 확인의 상태는 당사자에게 달려 있다. 그래서 [+확인]은 확인할 수 있는 지나간 사실이나 본인이 직접 경험한 사실인 경우 나타난다. (7)을 추정이라고 하는 것은 확인이 뒷받침되지 않았기 때문이다.[29] 의문사와 공기하는 경우에도 의미상으

---

28) 이광호(1996)에서 현대어 '-겠-'을 중심으로 그 의미적 속성을 파악한 바 있다. [±확신] [±확신] 자질의 타당성 및 자세한 논의는 이를 참조할 것.

로는 [+확신]의 의미를 담고 있지만 표현상 의문의 형식이다. 물론 의미상 [-확인]의 자질을 동반한다.

  (8) ㄱ. 내의 囊中엣 布帛ㅣ 너희 치위 救홀 거시 엇디 업스리오(那無囊中
      帛救汝寒凜懷, 두중1 : 6)
    ㄴ. 서르 볼 주룰 엇디 알리오(두초15 : 47)
    ㄷ. 엇디 다론 사룸 혜아려 검찰홀 공뷔 이시리오(豈有工夫點檢他人
      耶, 번소8 : 15)
    ㄹ. 댱뷔 무옴의 결단ᄒ연 지 오란디 엇디 쳐즈와 꾀ᄒ리오(丈夫斷之
      於心久矣何妻子之爲, 오류2 : 21)
    ㅁ. 高祖ㅣ 주그매 엇디 服을 ᄒ디 아니ᄒᄂᆞ 禮 이시리오(가례6 : 23b)

 이들의 의미도 다음과 같이 확인된다. 그러나 반어적 의문의 경우 긍정과 부정, 부정과 긍정의 서술어로 교체하였을 경우 선행어의 변형을 동반한다.

  (9) ㄱ. 업스리오 → 없겠느냐   → 있을 것이다
    ㄴ. 알리오   → 알겠습니까 → 모를 것입니다
    ㄷ. 이시리오 → 있겠습니까 → 없을 것입니다
    ㄹ. 꾀ᄒ리오 → 꾀하겠습니까 → 꾀하지 않을 것입니다
    ㅁ. 이시리오 → 있겠습니까 → 없을 것입니다

 (8)에서의 '-리-'도 현대어의 '-겠-', '-(으)ㄹ 것'으로 쉽게 해석된다. 당연히 반어적 의미 속성은 문맥의 구성상 선행어의 구성을 달리하지만 '-(으)ㄹ 것'과의 의미적 공유 부분은 나타난다. 다음의 예문은 '얻디, 엇뎌, 어느, 어늬 --<중략>--오'의 형식을 지닌 의문문이다.

  (10) ㄱ. 거진이 ᄀᆞ로디 아비 죽는 양을 보고 구챠히 사라시미 엇디 회리

---

29) 김차균(1981 : 65~114)에서는 '-을-'과 '-겠-'을 변이형태로 취급하면서 이들이 가진 의미를 불확실(미확정)로 해석하였다.

　　오 ᄒ고(擧眞曰見父死而苟存豈孝乎, 동신三충2b)
　ㄴ. 釋迦도 외히려 아디 몯ᄒ시곤 伽葉ㅣ 엇뎌 傳得ᄒ료(龜鑑상1)
　ㄷ. 이 여희요미 ᄯ또 어느 이실 배<u>리</u>오(금삼2:37)
　ㄹ. 공덕을 劫劫에 어느 다 술<u>ᄫ리</u>오(월1:1)
　ㅁ. 알 스ᄅ몬 어느 우으<u>리</u>오(諸者何肯哂, 두중4:41)
　ㅂ. 어늬 代예 어딘 사ᄅᆷ이 업스<u>리</u>오(소언5:48)

　　(10)의 예문도 마찬가지로 현대어에서 '-겠-'으로 자연스럽게 해석된다. 반어적 의문이니 긍정과 부정의 의미를 전달의미에 맞추면 '-(으)ㄹ 것'과의 의미적 관련성도 드러난다. 고광모(2002 : 36~38, 34)에서 '-겠-'의 기원적 의미는 '작정'에서 출발하여, 문법화가 제기되면서 '예정'의 의미를 가진다고 설명한다. 추측이나 의도의 의미도 여기서 파생된 것으로 본다. 또한 '-게 ᄒ엿-'을 의미상 '-겠-'에 연결시키기 어려운 점을 지적한 바 있다. 이러한 의미는 기원적으로 [+확신]의 의미자질과 관련되어 있다. '-겠-'의 의미와 관련한 '-게 ᄒ엿(엳)-'은 일반적으로 사동의 완료형을 담당하는 것으로 인정된다.[30]

　　'-게 ᄒ엳(엿)-'이 '-게엿>-겠-'으로 연결된다는 것은 나진석(1953) 이후 꾸준히 제기되어 왔다. 이것은 많은 용례들에서 충분히 확인되기도 한다.[31]

　　(11) ㄱ. 큰 일이 나<u>게엿</u>니 이후는 그리마소(일동4 : 290)
　　　ㄴ. 오늘 ᄯ써나랴다가 못 ᄯ써나고 내일이야 가<u>게엿</u>숩마는(언간193)
　　　ㄷ. 나도 잇지 못ᄒ<u>게였</u>숩(언간193)
　　　ㄹ. 여보시오 이 마노릭쩍 나고 두리 살<u>기엿</u>소(변강쇠가586)

---

30) 허웅(1982)은 '-게 ᄒ엿-'이 사동의 완료형으로 쓰였지만 '-게'의 의미가 두드러지게 나타남으로써 사동의 뜻보다는 추정의 뜻이 더 강하게 되었다고 하였다.
31) 이와 관련된 용례는 고광모(2002)에서 충분히 검증되었다.

3.2.2. 추정 표현의 의미 추이

중세어에서 '-(으)ㄹ 이>-리-'는 [+확신, -확인]의 의미를 가진다. 분포 상 특별한 제약도 없이 나타나던 '-리-'는 16세기경부터 분포상 제약관계 가 확대된다.[32] 그리고 이후 의미적, 기능적으로도 변화가 나타난다. 이러한 변화는 '-(으)ㄹ 것-'의 기능 확장과 관련이 있다. 또한 '-게 ᄒ엿(엿)->게 엳(엿)'의 출현 이후 '-겟-'이 나타나는 18세기 말에서 19세기 초에 더욱 가속화된다. 이는 허웅에서도 완결(지속)법의 발달과 관련하여 '-으리-'의 퇴화를 설명한 바 있다.[33] 나진석(1978 : 297~300)에서도 '-리-'의 퇴화와 관련하여 홀소리로 비롯한 씨끝에 붙어서, '랴, 려, 료'들로 변한 것, 'ㅣ가 줄어 ㄹ로 변한 것, 아주 폐어화된 것'으로 나누어 형태의 퇴화를 설명하였 다. 그리고 기능의 퇴화를 설명하면서 사용범위가 극히 한정되어 각종 씨끝 위에 두루 붙을 수 있다는 도움줄기로서의 기능을 상실하였다고 설명한다. '-리-'가 가진 [+확신, -확인]의 의미로 '-겟-'은 다음과 같이 나타난다. 여기서의 '-겟-'은 이전 자료에서는 '-리-'의 형태가 자연스러웠다.

    (12) ㄱ. 요란ᄒ니 못ᄒ겟다 ᄒ시고(한듕오400)
        ㄴ. 저러ᄒ고 이시니 ᄌ득ᄒ더 울긔 ᄒ겟다 ᄒ시고(한듕이172)
        ㄷ. 무어세 쓸는지 몰오겟더라(독립신문1)
        ㄹ. 살해ᄒ겟기에 못 득히노라(긔희일긔7)

이렇게 볼 때, '(으)ㄹ 이', '(으)ㄹ 것', '-겟-'의 추이는 다음과 같이 요 약된다.

---

32) 형태상의 변화와 분포상의 제약관계는 이기갑(1987 : 163~167)에서도 언급하고 있다. 이 는 'i' 탈락의 점진성과 '-을-'의 입말투, '-으리-'의 글말투(허웅, 1981 : 16)와 관련하여 설명한다.

33) 허웅(1982 : 15)에서는 '-으리-'의 퇴화와 관련하여 18세기 말에서 19세기 초기에 걸쳐 '-으리-'에 갈음될만한 '-겟-'이 싹트기 시작했다고 설명한다. 이는 나진석(1978 : 296~ 306)에서도 언급된다.

				16세기경	18세기말
'(으)ㄹ 이'	→	'(으)리'	→	의미, 기능의 퇴화	퇴화의 가속화
	문법화		↘		
'(으)ㄹ 것'	→			(의미, 기능의 강화)	→
					'-겠-'의 출현

현대어에서 '-(으)ㄹ 이>리-'도 어느 정도 사용상에 퇴화가 있다는 것은 확인된다. 이러한 의미와 기능은 16세기경부터 '(으)ㄹ 것'의 의미 확장과 관련이 있다는 것도 인정된다. 지금까지 선어말어미 '-겠-'에 대해서는 수많은 논의가 있었다. 미래시제의 '-겠-'과 양태의 '-겠-'은 별개라는 견해, 미래시제 형태소이면서 부차적으로 양태의 의미를 지닌다는 견해, 그리고 추정, 의도 등을 나타내는 양태소이며 부차적으로 미래의 의미를 보인다는 견해가 그것이다. 그러나 이러한 의미적 속성의 세밀한 분화는 기억 부담량을 증가시킨다.

형태소 '-리-'의 쓰임을 확장하면 '(으)ㄹ 것'이나 '-겠-'과의 관련성은 충분히 인지할 수 있다. 현대어에서 나타나는 의미 해석은 중, 근세어와 연계하여 의미적 역할의 변화를 확인해 줄 것이다.

(13) ㄱ. 선생님께선 여기에 앉으시<u>겠</u>습니다.
　　 ㄴ. 선생님께선 여기에 앉으시<u>리</u>라.
　　 ㄷ. 선생님께선 여기에 앉으<u>실 것</u>입니다.

(14) ㄱ. 김 선생님께선 여기에 앉으시<u>겠</u>습니다.
　　 ㄴ. 김 선생님께선 여기에 앉으시<u>리</u>라.
　　 ㄷ. 김 선생님께선 여기에 앉으<u>실 것</u>입니다.

(13ㄱ)과 (13ㄴ~ㄷ), (14ㄱ)과 (14ㄴ~ㄷ)의 문장을 비교해 보면 부분적으로 의미 차이가 드러난다. 추측의 의미 영역에서 볼 때, '-리-'와 '(으)ㄹ

것’은 ‘-겠-’보다 단정적인 의미가 약하다. 막연한 추측의 의미가 강하다. 즉 확신의 정도가 약하다. 이것을 염두에 두고 김차균(1971 : 99~106)은 이들의 기본의미는 불확실로 두고 상보적 변이형태로 ‘을’은 상황판단이 먼저이고, ‘-겠-’은 발화순간의 상황판단을 나타낸다고 구분한다. 그런데 동일한 요소의 의미적 속성을 파악하기 위해서 상황판단이라는 또 다른 의미 자질을 가져오는 것은 부담스럽다. 추측의 의미 영역에서 이들을 파악할 수 있는 기제를 두고 이들을 구분하는 것이 효과적이다. 이들은 추측과 관련하여 그 정도성에서 분명한 차이가 느껴진다. 따라서 이들은 추측이라는 동일 표현의 정도성에 따른 의미 구분이 바람직하다. 다음의 예문에서도 이러한 의미적 특성은 확인이 된다.

(15) ㄱ. 네가 일어서겠다.
     ㄴ. 네가 일어서리라.
     ㄷ. 네가 일어설 것이다.

(16) ㄱ. 순이가 일어서겠다.
     ㄴ. 순이가 일어서리라.
     ㄷ. 순이가 일어설 것이다.

‘-리-’ 표현은 현대어에서 어색한 부분이 많다. 하지만 현대어에서 완전히 사라진 것이 아니므로 이에 대한 의미적인 측면은 살펴 볼 필요성이 있다. 여기서 나타나는 ‘-리-’는 예측의 의미 표현이 강하다. 예측은 ‘확신’의 강도가 약하다. 이는 이광호(1996)의 논의에서 언급한 [-확실성에 접근하는]이라는 의미 속성을 고려하게 한다. 실현 가능성에 있어서 확실성이 약하다는 의미이다. (15ㄴ), (16ㄴ)에서도 이들은 [+확신]의 자질은 있지만 [-확인]의 자질도 동반한다. 아직 일어나지 않은 일이기 때문이다. 그런데 의미상으로 ‘-겠-’은 여러 가지의 정황으로 확신이 보다 강할 때 나타난다면 ‘-리-’는 확신을 가졌다고 하더라도 확실하게 성사될 수 있는 가능성이 떨어진다. 이를 결과적으로 생각한다면 실현 가능성에 대한 화자의 심정에서 확실성이 약한 것으로 파악할 수 있다. '-(으)ㄹ 것-'은 발화 순간 바로 실행되는 것이 아니라 시간적 간격이 주어진다. 따라서 '-겠-'보다는 확신의 정도가 떨어진다.

(17) ㄱ. 나는 피곤해서 죽<u>겠</u>다.
ㄴ. 나는 피곤해서 죽<u>으리</u>라.
ㄷ. 나는 피곤해서 죽<u>을</u> 것이다.

(18) ㄱ. 색깔이 얼마나 아름다운지 정말 반하<u>겠</u>다.
ㄴ. 색깔이 얼마나 아름다운지 정말 반하<u>리</u>라.
ㄷ. 색깔이 얼마나 아름다운지 정말 반<u>할</u> 것이다.

(17ㄴ)에서 '-리-'는 '-겠-'과 의미상 확연한 차이를 가진다. '-겠-'과 마찬가지로 자신의 확신을 담고 있는 표현으로 본다면 이는 마치 자신의 일이 아닌 것처럼 표현한다. (18ㄴ)에서 이러한 의미는 더 강화된다. 자신의 주관적 느낌을 두고 제 3자에게 그 느낌이 들 것이라는 의미 전가의 표현이 강하다. 당연히 실현 가능한 확실성이 약할 수밖에 없다. '-겠-'은 주관적인 표현 의미에서 자신의 확신만 표현하지만 '-리-'는 의미의 전가가 일어나 어느 누구든지 그 대상으로 작용한다. 여기서도 '-(으)ㄹ 것-'은 '-겠-'과 의미적 속성이 가깝지만 어떤 특정의 상황이 일어날 시간적 간격이 '-겠-'보다는 길다. 당연히 확신의 정도는 약하다. 그러나 (18ㄷ)에서 보듯이 '-(으)ㄹ 것-'도 자신이 아닌 타인에게 향한 의미의 전가가 일어난다. 이는 '-(으)ㄹ 것-'의 의미 영역이 '-(으)ㄹ 이-'와 '-겠-'의 사이에 존재한다는 것을 방증한다. 이는 중근세어에서 이어지는 의미적 추이와 관련이 있다.

(19) ㄱ. 내 가방 건네 줄 수 있<u>겠</u>습니까?
ㄴ. 내 가방 건네 줄 수 있<u>으리(을)</u>까?

ㄷ. 내 가방 건네 줄 수 *있을 것입니까?

(20) ㄱ. 내 가방 건네 주겠니?
   ㄴ. 내 가방 건네 주리?(혹은 주리(줄)까?)
   ㄷ. 내 가방 건네 줄 것인가?

(19), (20)에서는 '-리-'의 의미적인 기능이 더욱 분명히 드러난다. '-리-'는 확실성이 약하다. (19ㄱ)은 확신이 분명히 있고, 그 결과에 대한 확실한 심정도 가진다. 하지만 (20ㄴ)의 '있으리까'는 다르다. 이는 타인을 향한 의문의 형식이든지, 혹은 자신에게 반문하는 의문의 형식이다. 여기서의 '-리-'는 자신의 추측과도 관련이 있다. 내가 추측해 볼 때, 저 사람이 나한테 가방을 건네 줄 것인가를 물어보는 것이다. 자신의 확신도 아주 약화된다. 타인에 대한 의미의 전가와 함께 확실성이 약하다. 스스로 확신은 있다고 하더라도 아주 약하게 느낀다. 오히려 확신이 없다고도 할 수 있다. 여기서의 '-리-'는 추정의 의미보다는 단순추측의 의미로 파악하게 한다. 현대국어에서 확인되지 않은 단순추측의 표현을 부분적으로 '-리-'가 담당한다. '-리-'가 의문형어미의 기능도 가질 수 있다는 것은 (20ㄱ)의 '주겠니'에 대응하는 것이 (20ㄴ)의 '주리(줄)까'가 되었을 때와 '주리'가 되었을 때 의미상의 차이가 나타나기 때문이다. 물론 이는 의문사와 공기하는 중근세어의 용법과 형식은 일치한다. 역시 의문사가 앞에 공기하면 자연스러워지기 때문이다. '-주리'와 '-주리까'는 나의 행위에 대한 의향을 묻는 것으로 행위 주체가 바뀐다. '-리-'는 의문의 형태로는 '-리'와 '-리까'로 나타난다. 이는 나에게 반문하는 의문의 형식이든 그렇지 않든 행위성이 전가되는 느낌에서 상대방에게로 완전히 넘어가 버린다. 의문의 형태를 통해 행위의 주체가 바뀐다. 하지만 '-리-'의 의문형은 현대어에서 다소 어색한 표현이다. 높임법에 있어서 현대어에서 어색하게 느껴지는 하게체나, 하오체의 표현이기 때문에 더욱 그렇다. 의미상으로는 역시 자신의 주관적 느낌을 두고 상대에게, 혹

은 제 3자에게 의미를 전가한다. '주겠니'는 상대방에게 부탁하는 표현이지만 '주리까'는 '내가 그렇게 할까'라는 의미를 전달한다. 상대방의 행위에 대한 의향을 묻는 것에서 자신의 행위에 대한 의향을 묻는 것으로 의미는 바뀌어 버린다. 역시 여기서도 행위의 전가성이 드러난다. 반면에 '-(으)르 것-'은 자신에게 향한 표현으로 의미의 전가가 드러난다. 따라서 이는 높임의 표현이 부자연스럽다.

'-리-'는 중, 근세어에서 가졌던 의미기능에서 확신이 약화된 표현, 혹은 확신이 없는 표현까지 의미영역이 바뀐다. 따라서 현대어에 존재하지 않는 단순 추측의 문법요소로 작용하기도 한다. 특별한 설정을 삽입하지 않고서도 추측의 문법 범주가 형성된다. 이러한 지금까지의 논의를 바탕으로 추측 관련 표현은 다음과 같은 의미자질로 구분된다. (단순)추측과 추정으로 나눈 것은 각각 구분될 수 있는 나름대로의 특성을 가지고 있기 때문이다. 이들의 의미 자질은 [확인]의 자질이 변별적으로 작용한다.

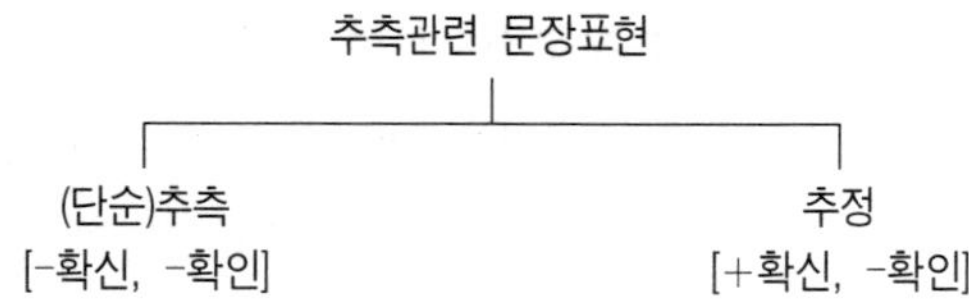

추측은 확실성이 배제된 단순추측의 의미를 지닌다. 이는 어떤 일의 결과에 대해 화자의 확신이 전혀 없다. 그리고 확인된 것도 없다. 추정은 어떤 결과가 일어날 것이라는 화자의 확신을 담고 있다. 확신은 '어떤 결과가 일어날 것이 확실하다고 믿는 마음'이다. 일단 미확인 상태이기 때문에 단정을 할 수는 없지만 결과에 대해 일어날 것이라 믿을 수 있는 많은 가능성을 가져야만 할 수 있는 표현이다. 이는 극단으로 향하면 추측의 특성과 단정의 특성을 공유하는 표현 형식이 된다. 단정의 표현은 완전한 확실성을 바탕으로 한다. 이는 분명한 확인의 단계를 거쳐 나타나는 표현이다. 이는 지

나간 사실이나 확인된 자신의 입장일 경우에 나타난다. 지금까지의 논의를 통하여 '-겠-'의 역할과 '-(으)ㄹ 것-', '-리-'의 역할은 의미 추이와 관련하여 다음과 같이 구분됨을 확인할 수 있다.

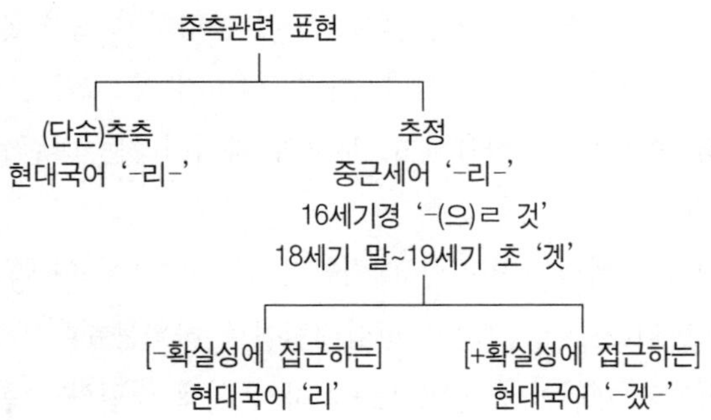

'-겠-'은 실현될 것이라는 확실성을 보다 강하게 가진다. 기본적인 의미는 동일하다고 하더라도 '-리-'는 상대적으로 어떤 일의 실현에 대한 확실성이 약하게 전달된다. 여기서 추정이라고 하는 것은 [+확신, -확인]이란 개념 속의 추정이다. 확신이라는 것은 실현 가능성에 따라 그 정도성은 다르다. 따라서 확신이 약할수록 [-확실성에 접근하는] 의미를 담을 것이고, 확신이 강할수록 [+확실성에 접근하는] 의미를 담을 것이다. 이러한 모든 의미는 중세어에서 '-리-'가 담당하였다. 그런데 '-리-'의 이러한 의미는 16세기경부터 축소된다. 대체로 [+확실성에 접근하는] 의미를 잃어버리고, [-확신]의 의미 영역으로 자신의 역할을 확대시킨다.

4. 대립어의 정도성

대립성은 대립되는 성질이다. 일반적으로 대립어를 설정하기 위해서는 대립성을 기준으로 한다. 하지만 대립성이란 기준은 때로 모호하게 작용하기도 한다. 기준점에 따라 위, 아래, 좌, 우, 어느 쪽이든 대립성을 가질 수 있기 때문이다. 그래서 항상 특정의 대립 자질을 기준으로 대립어를 설정할 필요가 있다. 따라서 대립어는 특정의 대립성을 중심으로 형성되는 단어쌍이라고 할 수 있다. 만일 이 대립성의 기준이 분명하지 않을 경우에는 대립어의 설정이 일정하지 않을 수 있다. 가령 '아버지'의 대립어는 성별이라는 대립성에 따라 '어머니'를 산출하고, 부모와 자식이라는 대립성에 따라 '아들'을 산출한다.

또한 기존의 논의에서는 이러한 대립어의 설정 이후에 이들의 대립관계를 상보대립어나 반의대립어, 그리고 방향대립어로 하위분류한다. 이러한 점을 고려하여 대립어의 개념이나 정도성을 논하기 위해 대립성과 함께 부정성이라는 자질을 가져오고자 한다. 대립어는 대립되는 자질에 따라 여러 개의 대립어가 산출될 수 있다. 그런데 여러 개의 대립어는 부정성이라는 개념과 맞물려 부분적으로 공통되는 특성을 가진다. 대립성은 개념상 부정성과 유사한 속성이 있다. 부정성은 '-이(가) 아닌'이라는 기제로 작용한다. 부정성은 대립성과 유사한 속성도 있으면서 대립의 속성을 보완하기도 한다.

일반적으로 '가다'의 대립어는 '오다'라고 생각한다. 마찬가지로 '가지 않다'의 대립어는 '오지 않다'라고 생각한다. 그런데 부정성을 대입하면 '가다'의 부정어는 당연히 '가지 않다'가 되고, '오다'의 부정어는 '오지 않다'가 된다. 이렇게 생각할 수 있는 일반적 관계는 다음과 같이 설명할 수 있다.

(1) 대립성과 부정성

<table>
<tr><td colspan="3" align="center">대립성</td></tr>
<tr><td align="center">가다</td><td align="center">⇔</td><td align="center">오다</td></tr>
<tr><td>부정성 ⇕</td><td></td><td align="center">⇕</td></tr>
<tr><td align="center">가지 않다</td><td align="center">⇔</td><td align="center">오지 않다</td></tr>
</table>

그런데 대립성의 개념을 넓게 본다면 부정의 속성을 가진 단어도 대립어

로 설정할 수 있다. 마찬가지로 부정의 속성을 확대하면 대립어는 당연히 부정성에 귀속된다. 따라서 대립성과 부정성은 그 개념의 속성상 동일한 부분이 공존한다. 대립성은 어떤 기준에 의해 '대립되는 속성'을 기제로 작용한다. 하지만 부정성은 '부정의 속성'을 기제로 하여 작용한다는 것은 이미 언급하였다. 그런데 일반적으로는 대립성과 부정성이 그 대응쌍을 달리한다고 생각한다.

그런데 분명한 것은 '가다'와 '오다'의 부정성을 갖는 '가지 않다'와 '오지 않다'는 부정적 속성과 함께 대립적 속성도 가질 수 있다는 점이다. 이와 관련하여, '가다'의 대립어로 '오다'를 설정할 경우와 '가지 않다'를 설정할 경우에는 어떤 차이가 있는 것일까? 개념상, '가다'의 부정어는 당연히 '오다'라는 단어를 포함하고 있다. 즉 부정성은 대립성의 의미를 부분적으로 포함하고 있다는 것을 짐작할 수 있다. 이러한 점을 명확하게 하기 위하여 대립성과 부정성의 개념을 보다 정확히 이해할 필요가 있다. 대립성과 부정성의 개념을 보다 정확히 이해한다면 대립의 정도성과 관련한 문제도 더욱 분명히 해 줄 수 있을 것으로 기대한다.

일반적으로 대립어는 상보, 반의, 방향 대립어로 나눈다.[34] 그런데 '앞/뒤'라는 대립쌍을 볼 때, 이들은 정도성과 방향성의 성질을 같이 가진다. 이 구분에 따르면 '앞'의 의미가 대립쌍 '뒤'와 관련하여 서로 다른 성질을 공유한다.[35] 동일한 단어임에도 달리 설명될 수 있는 여지가 있다. 그러나 이것은 그러한 개념을 분명히 이해하여야만 구분하여 설명할 수 있다. 이해할 수 있는 설명의 방법은 제공하지 못한다. 단지 이 구분은 의미를 반추하여

---

[34] 임지룡(1993), 국어 의미론, pp.156~165에서는 반의 대립어를 다시 척도, 평가, 정감 반의어로 하위구분하고, 상보대립어에서도 정도상보어라는 항목을 설정한다. 방향대립어도 역의어, 대척어, 역동어, 대응어로 하위 구분한다.

[35] '앞'은 방향성의 의미와 함께, '더(덜) 앞'이라는 정도성도 함께 가진다. 일반적으로 대립성은 대립되는 단어를 선택하게 하고 그 이후에 그 대립어의 성질을 살펴보게 한다. 이 외에도 상보대립어로 설정된 '살다 / 죽다', '남성 / 여성'이 정도성 문제도 가진다는 부분을 명확하게 해결하지 못한다.

설명하는 주관적 방법에서만 제공될 뿐이다. 따라서 이러한 개념적 불확실성을 바로 잡기 위해서 부정성이라는 개념을 도입하고자 한다. 부정적 속성의 적용은 부정적 자질을 표현하는 '-이(가) 아닌'이라는 검증 기제를 이용한다. 이 부정적 속성은 대립성과 관련하여 대립어를 보다 명확하게 규정지을 수 있을 것이다. 그리고 대립어의 정도성과 관련한 부분도 보다 명확하게 설명할 수 있는 방법을 제공해 줄 것이다.

4.1. 대립성과 부정성

대립어를 보다 명확히 이해하기 위해서는 부정성이라는 속성을 자세히 살펴볼 필요가 있다. 대립성과 부정성은 충분한 관련성을 가지고 있기 때문이다. 부정성이라는 개념은 일반적으로 대립성과 다른 개념으로 비춰진다. 하지만 부정과 대립의 개념이 명확해지면 대립어의 설정이나 대립이라는 개념이 보다 명확해질 것으로 기대한다.

대립어는 반의어 혹은 반대말 등으로 불리는데, 대립어의 의미는 원의미의 부정적 속성도 관계한다. 결국 대립어에는 이 부정적 의미 속성(부정성)과 대립성이라는 자질이 공존한다. 물론 부정성과 대립성은 차이가 있다. 대립성이라는 개념은 '-이 아닌'이라는 부정성보다 더욱 명확한 범위를 가진다. 부정성이라는 자질은 대립성이라는 자질을 포괄적으로 설명할 수 있는 바탕이 된다. 가령 '아버지'의 대립어를 찾기 위해 '아버지가 아닌'이라는 부정성을 대입하였을 경우에 대립어로 설정할 수 있는 '어머니'라는 단어는 부정성의 일부에 속할 뿐이다. 따라서 대립성은 단순히 부정성과 관련된 것이 아니라 어떤 특정 기준에 한정되는 부정성이 된다. 이 기준에 의해서 그 대립성이 성립한다. 여기서 기준이라는 것은 양 극성 +와 − 자질로 나눌 수 있는 기준을 말한다. 이러한 대립성에서의 부정성은 대립쌍의 성격이 둘로 분명하게 나누어지는 경우일 때 더욱 확실하게 드러난다. 즉 자질과 관련하여 이분법적 구성이 분명할수록 이러한 부정성이 확연하게 설명될 수

있다. 다음 그림을 참조하여 대립성과 부정성의 의미를 보다 분명히 살펴보
겠다.

(2) 부정성의 개념

a[+A]	b[−A]
c[−A]	d[−A] 혹은 [−[−A]][36]

　　[+A] 자질을 갖는 단어를 a라고 하고, a단어와 부정의 관계에 있는 단어
들을 b, c, d라고 하자. 이들은 자질상 전부 [−A] 자질을 가진다. 여기서
[+A] 자질을 갖는 a라는 단어를 기준으로 생각한다면 이것은 'a가 아닌'
단어 b, c, d이다. 여기서는 편의에 의해 a가 아닌 단어를 b, c, d만으로 설
정하였지만 기준을 달리하였을 경우에는 a가 아닌 무한의 단어를 산출할 수
있다. 부모와 자식을 가리키는 단어를 설명하기 위해, 기준이 되는 가로축
의 자질을 [부모]로 하고, 세로축의 자질을 [남자]로 설정해 보자. 그렇다면
a라는 단어는 [성별]과 관련하여 b라는 단어와 대립하고 [부모]라는 자질과
관련하여 c라는 단어와 대립하게 된다. d는 수학적으로는 a와 동일한 것으
로 설명될 가능성이 있지만 동일한 기준의 적용이 아니기 때문에 완전히 새
로운 단어가 형성된다. 동일한 기준에 의해 형성되는 것은 [−(−A)]는 결국
[+A]가 되어 동일한 단어를 형성하겠지만 이것은 서로 다른 기준에 의해
극성을 형성하기 때문에 동일한 결과로 나아가지는 않는다. 결국 그 대립성
은 [부모]와 [남자]라는 두 단계의 자질을 반영하는 대립을 통해 형성되는
또 다른 [−A] 성질의 단어가 만들어지는 것이다. 동일한 [−A] 자질을 가지
는 단어, 다시 말하면 a가 아닌 단어들이지만 의미자질은 서로 다르다. b는
A가 아닌 단어 중, [−남자]의 의미 자질을 가지는 단어일 뿐이고, c는 [−부

---

36) [−[−A]]는 자질의 개념으로 보면 [−b], [−c]의 자질을 동시에 가지는 것과 동일한 개념이
　　다. 여기에서는 논의의 필요성에 의해 [−[−A]]로 나타낸다.

모]라는 자질을, d는 [-남자][-부모]라는 의미 자질을 가진 단어이다. 단어 b, c, d는 전부 a가 아닌 단어들이다. 결국 단어 b, c, d는 'a가 아닌' a의 부정적 속성을 가진 단어들이다. 다만 그 기준에 의해 다른 단어가 설정되면서 상이한 단어 b, c, d가 되는 것이다. 그러나 d의 경우에는 [-A] 자질을 가지는 b, c라는 단어를 기준으로 생각한다면 [-[-A]]라는 자질을 가진다. 이러한 기준을 적용하여 a라는 단어를 '아버지'로 상정하여 살펴보면 다음과 같은 결과를 도출할 수 있다. 물론 자질의 설정은 [자식]과 [여자]가 되어도 관계없다. 이들은 잉여성을 가진 자질일 뿐이다. 그렇지만 기준이 달라지면서 +와 -의 자질이 바뀔 것이다. 부모와 자식이라는 한정된 어휘 속에서 '아버지'에 대한 부정성 검증으로 '아버지가 아닌'이란 표현을 대입하면 '어머니, 아들, 딸'이라는 단어들을 생각할 수 있다. 물론 이것은 부정적 속성 중 범위를 한정시켜서 생각할 때이다. 범위를 넓힌다면 '아버지'에 대해 부정성을 가진 단어들은 '할아버지, 할머니, 아저씨 혹은 불특정의 많은 사람들'이 속할 수 있다. 하지만 이러한 요소들은 또 다른 기준 하에서 대립 양상을 형성하기도 하고, 일반적 대립적 속성에 의해 걸러질 수 있는 대상이 되기도 한다. 일단 여기서는 개념에 대한 이해를 위해 '아버지'의 부정적 속성('아버지가 아닌')을 나타내는 단어로 '어머니, 아들, 딸'을 상정하여 이들에 대한 관계를 구체적으로 점검해 볼 뿐이다. 다음은 부정성을 갖는 어휘 항목을 '아버지, 어머니, 아들, 딸'이라는 집단으로 한정하였을 경우에 나타나는 설명 방법일 뿐이다. 단순히 부정성의 개념만 적용시킨다면 어휘 항목은 훨씬 더 많이 형성된다.

(3) 부정성과 대립성

<table>
<tr><td rowspan="2">[부모]</td><td colspan="2" align="center">[남자]</td></tr>
<tr><td>아버지
[+A]</td><td>어머니
[-A]</td></tr>
<tr><td></td><td>아들
[-A]</td><td>딸
[-A] 혹은 [-[-A]]</td></tr>
</table>

일반적으로 '아버지'의 대립어는 '어머니'나 '아들'이다. '딸'은 대립어로 설정하지 않는다. 부정성을 가진 모든 단어들이 대립어가 되는 것은 아니다. 비록 '딸'이 '아버지가 아닌'이란 부정성을 지니지만 이것은 두 단계의 대립성을 뛰어 넘어야 하기 때문이다. 따라서 대립어로 성립하는 것은 여러 단계의 기준을 뛰어넘는 대립성이 아니라 하나의 기준을 뛰어넘는 대립성이라야 한다. 따라서 부정성과 대립성을 비교할 때, 부정성은 대립성보다는 포괄적 의미를 가진다. 포괄적 의미를 갖는다는 것은 부정성이 여러 기준을 뛰어넘는 다양한 어휘들을 포함하기 때문이다. 결국 대립어는 부정성과 관계하지만 특정 기준에 의한 하나의 대립성을 가지는 단어로 정의할 수 있다. 이러한 대립어는 어떤 기준의 설정에 따라 나타날 수 있는 범위에 의해 몇 가지의 분류가 가능하다. 이는 부정성의 영역이 대립성과 어느 정도 일치하느냐의 여부와도 관련된다. 일반적인 대립어의 분류인 상보, 반의, 방향 대립어도 결국 부정성과 대립성의 영역이 어느 정도 일치하느냐의 여부와 관련이 있다.

대립어의 유형은 일반적으로 상보 대립어, 반의 대립어, 방향 대립어로 나눈다. 우리가 보통 대립어라고 하지만 그 대립적 특성에 따라 구분을 달리한 것이다. 이러한 대립적 특성은 대립어의 성격을 판단하는 데 문제점이 있다. 왜냐하면 동일한 형태라고 하더라도 기준이 달라지기 때문이다. 따라서 이러한 대립어의 구분은 부정적 속성과 대립성의 영역과 관련하여 점검하는 것이 바람직하다. 이것은 대립어의 정도성을 나누는 데도 효율적일 것으로 판단한다. 이러한 대립어는 어떤 기준의 설정에 따라 나타날 수 있는 범위에 의해 몇 가지의 분류가 가능하다. 이는 부정적 속성의 영역이 대립성과 어느 정도 일치하느냐의 여부와도 관련된다. 일반적인 대립어의 분류인 상보, 반의, 방향 대립어도 결국 부정성과 대립성의 영역이 어느 정도 일치하느냐의 여부와 관련성이 있다. 우리가 이들을 통틀어 대립어라고 하지만 이들은 각기 그 대립성이 다르다. 그러나 이러한 구분은 구분의 특성이 각기 다르게 적용되는 약점이 있다. 따라서 이러한 대립성과 함께 부정성을 더하여 이들을 점검하면 대립어의 특성은 더욱 분명해진다. 먼저 부정성을 가지고 이들을 분류한다고 하더라도 이들의 차이는 명백하다. 기존의 구분들이 각기 다른 정의를 대응시켰지만 부정성 검증은 동일한 잣대로 검증이 가능하다. 부정성 검증은 부정적 속성을 살펴보기 위한 방법으로 기본 어휘를 부정하여 나타나는 어휘군을 살펴보는 방법이다. 일단 '~이(가) 아닌'을 적용시키기로 한다.

기존의 대립어 설정은 뚜렷한 기준이 아닌 직관에 의존하는 성향이 짙다. 통상적 인식하에서 대립어를 설정하고, 이런 불확실성을 보완하기 위해 이들을 상보, 반의, 방향 대립어 등으로 구분하여 그 차이를 인식하게 만든다.

'남자, 길다, 동쪽'이라는 단어는 부정성 검증을 적용하면 각각 '남자가 아닌, 길지 않은, 동쪽이 아닌'이 된다. 그러면 부정성에 의한 단어를 대응시키면, '남자가 아닌, 길지 않은'에는 '여자, 짧다'가 '동쪽'은 '서쪽, 남쪽, 북쪽' 등이 대응한다. 기존의 논의에 따르면 '남자', '길다', '동쪽'에 대한 대립어로 '여자', '짧다', '서쪽'을 설정한다. 이것은 통상적 직관에 의한 분류일 뿐이다. 그런데 여기에 부정성을 적용하면, '남자'와 '길다'는 동일한 하나의 대립어가 형성되지만, '동쪽'의 대립어는 여러 개가 나타난다. 그러나 이 부정성을 적용한 분류의 장점은 동일한 대립어를 형성한다고 하더라도 그 특성을 분명히 살펴볼 수 있다는 점이다. 이것은 일차적으로 부정성에 의해 나타나는 단어의 개수에 의해 차이를 인식할 수 있다. 부정성을 통해 일항의 대립어만 형성하는 것과, 다항의 대립어가 설정될 수 있는 것으로 그 구분이 가능하다.[37] 그런데 동일한 일항대립어가 성립한다고 해서 그 결과를 동일하게 살펴볼 수 있는 것은 아니다. 일항대립어는 부정적 속성의 대립에 의해 정도성이 주어지는 것과 그렇지 않은 항목으로의 분류가 가능하다. 즉 기존의 논의에서는 대립어를 상정하여 그 특성을 살펴보았지만, 부정성을 대입하면 대응하는 대립항에 따라 일차적 구분이 이루어진다. 이

---

37) 여기에서는 집합론에서 설명하는 unary와 n-ary를 일항대립어와 다항대립어로 해석하여 사용하기로 한다.

것은 두 가지로 한정된다. 기존의 상보대립어나 반의 대립어가 여기에 해당
한다. 다항으로 나타나는 것은 기존의 논의에서 살핀 방향대립어로 설정하
면 된다. 부정성과 관련한 논의를 기존의 논의와 관련하여 살펴보면 대체로
다음과 같다.

(4) 부정성과 정도성 검증

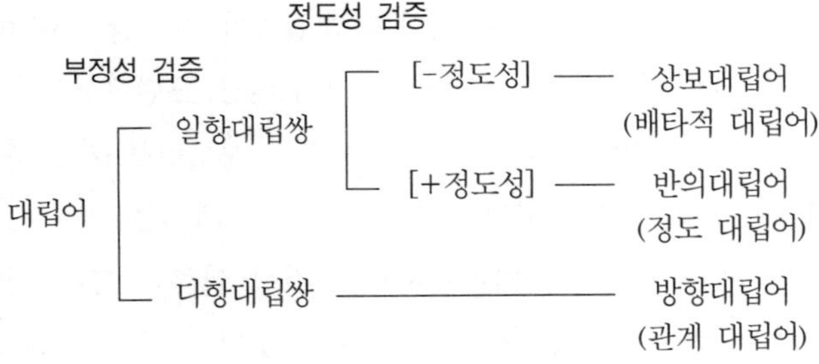

대립어가 설정된다면 이들에 대해 1차적으로 부정성 검증을 적용하여 일
항의 단어항이 나타나는 경우와 다항의 단어항이 나타나는 경우로 나눈다.
그리고 여기에 정도성 검증을 적용하면 기존의 논의에서 분류되는 형식의
하위분류가 가능하다. 물론 부정성 검증을 토대로 하면 이외에도 다양한 부
정의 집단을 상정할 수 있다. 다항의 단어항이 설정될 수 있는 것 중에서도
정도성 검증이 가능한 부분이 있을 수 있고, 다항의 요소 속에는 유한의 요
소와 무한의 요소 여부를 설정할 수도 있다. 부정성과 정도성 검증을 통해
분류하였을 경우의 장점은 다양성을 인정하고 검토할 수 있다는 점이다. 기
존의 분류에서는 '남자'라는 단어가 상보대립어로 한정되는 성향을 가졌지
만, 부정성 검증을 적용하면 정도성의 의미도 짐작할 수 있게 된다. 성격과
관련한 표현에서는 '남자'라는 단어가 정도성을 가질 수 있기 때문이다.

상보 대립어는 배타적 대립관계이다. 이들은 하나를 부정하면 반드시 대
립되는 다른 하나가 선택된다. 중간의 다른 요소가 선택되는 일이 없다. 따
라서 두 요소가 동시에 성립한다든지 두 요소가 동시에 부정되는 경우는 없

다. 두 요소를 동시에 부정하면 이들은 모순관계가 되어 버린다. '남자–여자'나 '죽다–살다'의 관계를 보면, '저 사람은 남자가 아니다'나 '저 사람은 죽지 않았다'라는 의미는 '저 사람은 여자다'나 '저 사람은 살았다'가 되고, '남자도 여자도 아니다', '죽지도 살지도 않았다'라는 표현은 모순관계가 되어 버린다. 그리고 배타적 속성을 가지는 것은 정도성이 관계할 수 없다. '어느 정도 남자(혹은 여자)', '어느 정도 죽다(살다)'라는 정도성의 표현은 쓰이지 않는다. 이것은 넘나들 수 없는 하나의 대립쌍이 존재할 뿐이며, 정도성이 주어지지 않는다. 하지만 '저 사람은 남자다'라는 표현에서 '남자답다'라는 성질을 생각한다면 여기서의 '남자'는 분명히 정도성을 가질 수 있다. 단순히 대립관계만 고려한다면 이러한 성질을 간과하게 된다.

반의 대립어도 상보 대립어와 마찬가지로 부정성 검증을 통해 나타나는 대립쌍이 하나만 존재하는 일항대립어이다. 한 요소의 부정에 의해 대립되는 다른 단어가 선택되기 때문이다. 하지만 이것이 배타적 대립과 다른 점은 동일한 개념 속에서 정도성에 따른 많은 집단을 형성한다는 점이다. 결국 단어는 하나만 선택된다 하더라도 정도성에 따라 여러 개의 대립적 개념이 있을 수 있다. 따라서 반의 대립어는 대립되는 항목은 하나라고 하더라도 그 요소에는 정도에 따른 중간 요소가 존재한다. '크다–작다, 길다–짧다, 많다–적다'처럼 '더' 혹은 '덜'이라는 단어가 들어가서 그 중간 요소를 설명할 수 있는 대립어를 말한다. 부정적 속성에 따라 '크지 않다, 길지 않다, 많지 않다'를 적용했을 때, 대립항은 '작다, 짧다, 적다'를 상정할 수 있지만, 이들은 각기 '크지 않다, 길지 않다, 많지 않다'의 정도성이 작용한다. 대립어를 생각한다 하더라도 그것은 단어의 문제이지 개념상으로는 상당히 주관적인 대립어이다. 특별한 어떤 중간 지점이 존재하는 것이 아니라, 임의로 자신의 주관적 기준에 의해서 대립어로 작용한다. 따라서 '어느 정도'라는 정도성을 통하여 그 개념을 보다 정밀화 시킬 수는 있다.

방향 대립어는 관계 대립어라고도 한다. 이는 부정적 속성을 적용했을 경우 특정한 관계를 통하여 그 기준의 대립쌍이 나타난다. 하지만 특정한 기준을 제시하지 않고 부정적 속성만을 적용하면 하나의 대립쌍이 아니라 여러 개의 대립되는 단어가 나타나는 다항대립어이다. '동쪽'이라는 단어에 부정성 검증을 적용하면 '동쪽이 아닌'이 된다. '동쪽이 아닌'에 해당하는 단어를 찾는다면 '서쪽, 북쪽, 남쪽' 등 다양한 단어를 떠올릴 수 있다. 그렇지만 방향성과 관련한 기준을 두고 동쪽의 대립성을 생각한다면 서쪽을 설정할 수 있다. 하지만 이 동쪽이라는 개념은 장소의 이동에 따라 변화가 있다. 동쪽에 있는 사물이 내가 어디로 이동하느냐에 따라 그 방향이 바뀐다. 항상 나의 위치 변화와 관련하여 상대의 위치가 정해진다. 내가 A의 위치에서 사물을 볼 때와 B의 위치에서 볼 때, 사물의 위치는 다른 방위로 설명해야 한다. 그 사물은 동일한 위치에 있다고 하더라도 표현하는 단어는 달리 선택되어야 한다. 이러한 성질을 가진 것이 방향 대립어다. '저 문고리는 동쪽에 있다'라고 하다가 내가 문고리 바깥쪽에서 본다면 이는 '서쪽에 있다'고 해야 한다. 기준이 되는 것을 어디에 두느냐에 따라서 바뀔 수 있는 대립어를 방향 대립어라고 한다. '아버지-아들'의 관계도 마찬가지다. 아버지는 할아버지라는 기준 하에서는 언제나 아들이다. 고정된 대립어로 작용하지 않는다. 반의 대립어도 그 기준 여하에 따라서 바뀔 수 있지만 '더, 덜'의 정도성이 있다는 점에서 방향 대립어와 차이가 있다. 그런데 부정적 검증을 적용하였을 경우에, '아버지가 아닌'이 되고 이에 해당하는 단어는 '아들, 딸, 어머니, 아저씨' 등 많은 단어가 선택된다. 정도성에 의해 단어가 구분되는 것이 아니라 다양한 어휘 항목에 의해 이들은 구분된다.

기존의 논의에서 나타나는 상보, 반의, 방향 대립어에 부정성 검증은 이들의 관계를 복합적으로 혹은 보다 분명하게 볼 수 있는 방법을 제공한다. 그리고 개념상으로도 상보, 반의, 방향 대립어가 분명하게 드러난다. 단지 의미상으로만 파악하던 실체를 보다 객관적 검증으로 구분할 수 있게 되는 것이다. 이러한 부정성 검증은 대립어의 정도성도 분명하게 구분할 수 있게 한다.

4.2. 대립어의 정도성

대립어는 대립하는 단어쌍을 말한다. 대립이라는 말은 국어사전에서 '의견이나 처지 따위가 서로 반대되거나 모순되어서 맞서거나 버팀, 또는 그러한 관계'로 설명한다. 만일 대립어의 정도성을 고려한다면 이러한 성질이 두드러질수록 대립성이 크다고 말할 수 있다. 결국 대립하는 요소의 중간에 많은 요소를 설정할 수 있을수록 그 대립성은 약해진다. Lyons(1968 : 460 ff)에서도 부정과의 결합을 기준으로 하여 논리적 배반을 부정과의 결합이 가장 강한 것으로 설명한다.[38]

기존의 논의에서 상보대립어가 '가장 대립어답다'는 것은 대립어가 가진 가장 분명한 속성인 이분법적 구분에 의해 나누어지기 때문이다. 이것은 부정성과 대립성이 일치하는 경우이다. 그러나 부정성을 기준으로 하여 원 어휘를 제외한 모든 것이 설정된다면 이것은 대립성이 굉장히 약한 것이다. 부분적으로 몇 개의 단어를 떠올릴 수 있다면 이들 집단은 대립어의 정도성을 생각할 때 중간단계에 속할 것이다. 앞에서 점검한 예 '남자, 길다, 동쪽'은 부정성 검증 '남자가 아닌', '길지 않은', '동쪽이 아닌'이란 해의를 통하여 '남자, 길다'는 일항대립어를, '동쪽'은 다항대립어를 형성하였다. 여기서 부정성을 통해 부정되는 단어를 고려하면 '남자'와 '길다'는 '여자'와 '짧다'에 한정된다. 하지만 '동쪽'이 아니라고 하면 다양한 방향을 떠올릴 가능성이 높다. 이 예들만을 본다면 '남자 / 여자'와 '길다 / 짧다'가 상대적으로 대립어 정도성이 높다고 할 수 있다. 반면에 '동쪽'에 대한 부정성 검증은 '서 / 남 / 북쪽' 등을 상정할 수 있게 한다. 따라서 이들은 대립되는 쌍이 여러 가지로 나타나는 까닭으로 그 정도성이 상대적으로 낮다고 할 수 있다.

부정성을 적용하였을 때 형성되는 단어의 수에 따라 대립어의 정도성을

---

38) 이는 상보대립어에 해당하는데, 색의 명칭처럼 2항적 대립에 한정되는 않은 경우도 이에 포함하고 있다. 그러나 대립어의 실질적 개념을 생각한다면 이것은 대립의 정도성이 다소 떨어지는 것으로 보아야 할 것이다.

가늠할 수 있다. 하나의 대립쌍만 형성된다면 이는 대립어의 정도성이 아주 높은 것이다. 그렇지만 어떤 영역을 구성한다든지, 변화가 있다든지 하면 이것은 상대적으로 대립어의 정도성이 낮다. 비록 일항대립어를 형성한다고 하더라도 여러 개의 개념적 대립쌍을 가진다면 이것은 그렇지 않은 대립어에 비해 대립어로서의 정도성은 낮은 것이다. 다음 예를 통해 대립되는 항목의 정도성을 살펴보도록 하자.

    (5) 저 사람은 남자다.
    (6) 그 사람은 오늘 수업 시간에 출석하였다.
    (7) 이 방은 깨끗하다.

    (8) 이것이 더 길다.
    (9) 이것이 더 좋다.
   (10) 이 사탕은 매우 달다.

   (11) 저 분은 나의 아버지이다.
   (12) 저 사람은 사과를 판다.
   (13) 여기가 시작 부분이다.
   (14) 이 사람은 가고 있다.
   (15) 이것은 수나사이다.

임지룡(1993)은 (5)~(7)을 상보 대립어로 설명하면서 특히 (7)은 정도상보어로 설명한다. (8)~(10)은 반의 대립어에서 각각 척도, 평가, 정감 반의어로 구분한다. (11)~(15)는 전부 방향대립어로 설명하면서 (11), (12)는 역의어, (13)은 대척어, (14)는 역동어로, (15)는 대응어로 구분하여 설명하고 있다.

앞의 예들은 기존에 논의되는 대립어의 하위분류를 재고하려고 제시한 것은 아니다. 다만 개념의 파악에서 부정성 검증을 동반함으로써 이론적 접근의 방법을 달리하여 그 개념을 명확하게 하고자 하는 의도는 있다. 이들은 상보, 반의, 방향 대립어라는 기본적인 개념은 일치하더라도, 개념 파악의 방법에서는 부정성 검증을 동반한다. 부정성 검증은 대립어로서의 정도성도 분명하게 가늠할 수 있게 한다. 앞으로 각각의 예문에 대해 부정성 검증을 대입하여 그 정도성을 분명히 할 것이다. 대립성의 개념과 관련하여 그 특성이 더욱 명백하게 설명되는 계기가 되었으면 한다. 일단 위의 예문에 부정성 검증을 적용하면 다음과 같다. 그리고 이들에 대한 해의를 각 항목에 붙여 설명한다. 아울러 정도성을 고려할 수 있는 것은 덧붙여 드러낸다.39)

  (5)′ 저 사람은 남자다.
    → 저 사람은 남자가 아니다
    → 여자이다([-정도성])
  (6)′ 그 사람은 오늘 수업 시간에 출석하였다.
    → 그 사람은 오늘 수업 시간에 출석하지 않았다
    → 결석했다([-정도성])
  (7)′ 이 방은 깨끗하다.
    → 이 방은 깨끗하지 않다
    → 더럽다([+정도성])

  (8)′ 이것이 길다.
    → 이것이 길지 않다
    → 짧다([+정도성])
  (9)′ 이것이 좋다.
    → 이것이 좋지 않다
    → 나쁘다([+정도성])
  (10)′ 이 음식은 달다.
    → 이 음식은 달지 않다
    → 괜찮다, 쓰다, 짜다, 맵다 등([+정도성])
  (11)′ 저 분은 나의 아버지이다.

---

39) 각 문장에서 나타나는 해의는 화자의 인지에서 형성되는 보편적 의미 해석이다. 세밀한 의미분석의 단계에서 나타날 수 있는 여러 가지 개념적 요소는 포함하지 않는다.

　　　　　→ 저 분은 나의 아버지가 아니다
　　　　　→ 아저씨, 할아버지 등([-정도성])
　　(12)′ 저 사람은 사과를 판다.
　　　　　→ 저 사람은 사과를 팔지 않는다
　　　　　→ 배, 감 혹은 팔지 않고 보기만 한다. 산다([-정도성])
　　(13)′ 여기가 시작 부분이다.
　　　　　→ 여기가 시작 부분이 아니다.
　　　　　→ 중간, 끝([-정도성])
　　(14)′ 이 사람은 가고 있다.
　　　　　→ 이 사람은 가지 않고 있다.
　　　　　→ 멈추다, 오다([-정도성])
　　(15)′ 이것은 수나사이다.
　　　　　→ 이것은 수나사가 아니다.
　　　　　→ 암나사([-정도성])

　대립어의 정도성 문제는 일항대립어이냐 다항대립어이냐의 문제, 정도성을 고려할 수 있느냐의 문제가 고려된다. 검증의 1단계는 일항의 대립어를 형성하느냐 그렇지 않으냐의 문제, 2단계는 일항대립어 항목이 정도성을 가지느냐 그렇지 않느냐의 문제를 적용한다. 3단계는 다항대립어의 항목이 한정되느냐 아니면, 불규칙적인 무한의 가능성을 가지느냐의 문제가 적용된다. 여기서 정도성의 문제는 부정 표현의 함의문을 통해서도 파악된다.

　위에 제시된 예문들에서 부정성 검증을 통하여 일단 일항대립어를 가지는지 다항대립어를 가지는지를 우선 판별해 보면, 일항대립어를 가지는 것에는 (5)~(9), (15)가 해당되고, 다항대립어를 가지는 경우는 (10)~(14)가 해당한다. 그리고 2단계 검증을 적용하여 일항대립어 항목에서 정도성을 가지는 것은 (7)~(10)이 해당한다. 그렇다면 가장 대립어로서의 정도성이 높은 것은 일항대립어를 가지면서 정도성을 허용하지 않는 것이 된다. 여기에 속하는 것은 (5), (6), (15)이다. 임지룡(1993 : 165)에서는 (15)를 방향 대립어로 설정하고 있는데 일반적인 방향대립어와는 성격을 달리한다. 다양한 대립어를 가지지 못하기 때문이다. 오히려 상보적 성격이 강한 것으로 여겨진다. 마찬가지로 (7)의 경우를 임지룡(1993 : 162)에서는 상보대립어로 설정하고 있는데 이것도 재고할 필요가 있을 것으로 보인다. 아주 완벽한 상태의 '깨끗함'을 고려하는 경우에만 해당될 뿐이지, 일반적 인식으로는 정도성을 가진다고 생각하기 때문이다. 2단계 검증을 통하여 일항대립어이면서 정도성을 가진 것이 대립어의 정도성으로는 그 다음 단계로 설정할 수 있다. 여기에 속하는 것은 (7)~(10)이다. 그 다음 단계는 다항대립어이다. 다항대립어가 설정되는 것은 (11)~(14)이다. 다항대립어인 경우는 기존의 개념으로 생각하면 방향대립어에 해당한다. 그런데 '달다'의 경우는 방향 대립어라고 보기에는 곤란한 점이 있다. 임지룡(1993 : 160)에서는 이를 정감 반의어로 설명하면서 주관적 반응에 근거한 평가를 내린다고 설명한다. 따라서 '달다'의 경우에는 일반적으로 '쓰다'라는 대립어를 상정할 수 있지만, 주관에 따라서는 그 대립어를 달리 설정할 수 있다. 단지 '단 맛'이 있느냐 아니냐에 따라 대립성을 결부시키는 것이다. 이것은 독립된 단어로 '달다'라는 말의 대립어를 선택할 때와 부정성을 통하여 대립어를 선택할 때와는 차이가 난다. 일반적으로는 '달다'의 대립어 '쓰다'를 상정하지만 일상의 언어 표현에서는 '단 맛'이 있느냐 없느냐의 기준에 따라 대립어를 설정할 수 있기 때문이다. 따라서 정감 반의어는 반의 대립어라고 하더라도 주관에 따라 다항대립어를 가질 수 있는 대립어이다. 이는 대립어라는 설정이 필요없는 대상외에는 그 정도성이 가장 낮은 대립어이다. 단지 대립의 항목이 일정하게 정해지는 것이 아니라 주관에 따라 아주 다양한 대립어가 형성되기 때문이다. 여기서 대립어라는 설정이 필요없는 대상이란 대립어를 상정할 수 없는 항이다. 이것은 당연히 대립어 정도성을 고려할 대상이 되지 못한다. 결국 3단계의 검증을 적용하면 한정된 다항대립어를 설정할 수 있는 것으로 정도성을 가지지 않는 것과 정도성을 가지는 것으로 그 등급을 설정할 수 있다. 이외의 요소는 대립어로서 등급을 고려할 수 없는 대상이 될 것이다. 어떤 항이 선택되는 것이 아니라 부정에 의해 다른 모든 항이 선택되는 경우이다. 이것은 당연히 대립어 정도성이 나타나지 않는다. 무한의 항을 가지는 것은 부정성 검증을 고려하여 나타나는 개념일 뿐이다. 이러한 정도성 등급은 부정성 검증을 통해 고려할 수 있다. 단순히 대립성만을 고려했을 때는 그 개념의 파악이나 정도성의 설정이 불완전하다. 대립어 정도성 문제는 대체로 '일항대립어>일항대립어이면서 정도성을 가지는 것>다항대립어>다항대립어이면서 정도성을 가지는 것>무한의 항을 가지는 것'으로 요약할 수 있다.

제 5 장
연관성 분석

1. 유의 현상의 연관성

언어가 어떤 관련성을 맺고 있다는 사실은 이미 일반적인 사실로 인식하고 있다. 그렇지만 이들이 어떤 관련성을 맺고 있고, 또한 이들이 어느 정도의 관련성을 맺고 있느냐를 찾는 것도, 이러한 인식 못지않게 중요한 일이다. 이러한 현상을 발견하고자 하는 분석을 데이터 마이닝(data mining)기법에서 연관성 분석(association analysis) 혹은 연관성 규칙 발견 분석(association rule analysis)이라고 한다.[1] 데이터 마이닝에서의 연관성이라고 하는 것은 특정 제품의 동시 구매현상 또는 특정 사건의 동시 발생 현상(concurrence)을 의미한다. 어떤 제품을 구매하는 데 일련의 연관성을 통한 일정한 현상을 찾고자 하는 분석 방법이다. 이러한 이론적 배경은 유의어의 연관성 분석과 관련하여 중요한 객관적 척도를 마련해 줄 것으로 기대된다. 이 장에서는

---

1) 강현철 외(1999), 데이터마이닝, 자유아카데미, pp.149~155.

제품의 동시 구매 현상을 분석하는 방법을 유의어의 형성과 관련한 변화 양상을 찾는 것으로 발전시키고자 한다. 특정의 제품을 구매하는 사람들은 다른 특정의 제품을 구매하는 일정한, 어느 정도 유의미한 패턴을 보인다고 한다면, 앞으로도 그러한 물건을 구매할 때는 동일한 패턴의 제품을 구매할 가능성이 높은 것으로 판단하는 것이다. 이것을 이용하여, 어떤 특정의 유의어가 가진 현상이, 변화를 통하여 어떤 특정의 패턴을 보인다면, 현재의 유의어가 변화를 통하여 동일한 패턴으로 나타날 수 있다는 가능성을 중시하는 것이다. 그래서 중세어에서 나타나는 유의어 집단을 분석함으로써, 현재의 유의어 집단이 어떠한 연관성을 가지면서 앞으로 변화할 것이냐 하는 문제를 충분히 예측할 수 있는 것이다. 이를 통하여 현재 공존하는 유의어 어휘들이, 변화의 축에서 어떤 방향으로 이동할 것이냐 하는 것을 충분히 예측할 수 있을 것으로 기대된다. 문제는 일정한 특성이나 패턴을 찾을 수 있느냐하는 것이다. 중세어에서 현대어로의 변화는 카이제곱 검정[2]을 통하여 볼 때, 일정한 특성을 보인다. 이러한 특성을 통하여 현대국어의 변화를 예측한다는 것은 흥미로운 일이다.

이광호(2003)[3]에서 유의 현상의 연관성 분석을 통하여 그 중세국어의 변화 자료를 제시한 바 있다. 여기서는 이러한 현대국어로의 변화가 앞으로의 변화도 예측할 수 있는 바탕이 될 수 있을 것이란 가설을 제시하고자 한다.

---

2) 교차분석은 명목척도(nomial scale)나 순위척도(ordinal scale)와 같은 범주형 변수(categorical variables)들을 한 변수의 범주와 다른 변수의 범주를 교차시킨 교차표(집단들간의 상호 관계를 표로 나타낸 것) 작성을 통해 두 변수 간에 상호 연관성이 있는가를 분석하는 기법이다. 이 두 범주형 변수가 서로 관련성이 있는지 독립적인지를 판단하는 통계적 검정방법을 카이제곱 검정(Chi-square test)이라 한다. 카이제곱 검정을 통하여 카이제곱 값이 얻어지게 되는데, 이 카이제곱 값이 클수록 두 범주형 변수 간에 서로 연관성이 존재할 가능성이 커진다. 일단 교차분석은 이들의 관련성을 수치로 살펴볼 수 있는데, 대체로 그 수치가 높을수록 유의미성이 높은데, 일단 5 이상이면 이들의 연관성은 유의미한 집단으로 인정한다. 또한 접근 유의확률 수치로도 집단 간의 연관성을 살펴볼 수 있는데, 이의 값이 '0'에 근접할수록 그 연관성이 높은 것으로 판단한다.

3) 이광호(2003), 국어 유의현상의 연관성 분석, 언어과학 26, 언어과학회, pp.169~188.

이러한 예측은 언어의 변화를 연관성과 함께 측정, 분석하여 그 통계적 자료를 이용한다면 충분히 가능할 것이다. 이를 위하여 현대국어로의 변화에 대한 연관성을 확연히 보여주는 카이제곱 검정과 포지셔닝 맵이라는 통계적 측정치를 이용하고자 한다. 이들은 서로 간의 관련성이 얼마만큼 형성되는지를 충실히 보여준다. 서로 관련이 있다는 것을 수치로, 그림으로 나타내어 이를 시각적으로 살펴볼 수 있게 한다. 의미라는 비가시적, 추상적인 요소를 분석하여 가시적인 것으로 나타내는 효과적 방법이라고 할 수 있다.

언어에 있어 의미상 완전히 독립된 단어란 찾기 힘들다. 그 연관성을 생각해 볼 때, 어휘장이라는 분포적, 의미적 공통성을 가진 어휘 집단에서, 단어들 간의 계열, 결합, 복합 관계들은 이들의 관계가 다양한 상황에서 다양한 방법으로 공통적 의미를 가지고 있음을 보여준다. 동일한 층위에서의 의미 자질은 공통성뿐만 아니라 차별성을 판단하기 위한 자료로도 활용된다. 서로 관련이 없는 것처럼 보이는 하위어의 비양립적 관계도 상위어가 가진 의미적 공통성을 바탕으로 서로 연관성을 가지고 있다. 구조적 관점에서 체계의 연관성을 고려하면, 독립적으로 존재하는 어휘를 찾는다는 것은 쉽지 않을 것이다.

일반적으로 연관성이라는 것은 1) 두 항이 서로 독립적인 관계, 2) 두 항이 서로 양의 상관관계, 3) 두 항이 서로 음의 상관 관계를 가지고 있는 것을 통틀어 일컫는다. 독립적인 관계나, 음의 상관 관계라고 하더라도 이들은 상대적 연관성을 가지고 있다. 슈퍼마켓에서 물건을 구매할 때, 특정의 아이템 집합에서 특정 아이템의 거래가 발생하면, 다른 특정 아이템의 거래도 동시에 발생하는 현상을 통계학에서는 연관성이라고 한다. 예를 들면, 1)의 관계는 과자와 후추의 관계로 생각할 수 있다. 과자를 구매하는 사람이 후추를 구매하는 것은 어떤 일관성 있는 패턴이라고 할 수 없기 때문이다. 이러한 관계는 독립적이라고 할 수 있다. 2)는 빵과 버터와의 관계를 생각할 수 있다. 이들은 상당한 연관성을 가지는 것으로 판단할 수 있다. 3)은 지사제와 변비약처럼 완전히 상반된 제품에 대한 구매 현상을 말한다. 1)과

3)의 차이는 1)이 완전히 독립된, 연관성 없는 구매 현상이라고 한다면, 3)은 제품의 특징상 관련은 있지만 그 성질이 상반된 것이다. 일반적으로는 1)과 3)의 관계는 연관성이 없는 것으로 생각할 수 있다. 그러나 3)은 대립 관계의 어휘를 생각하면 충분히 그 연관성을 고려할 수 있다.[4] 1)의 관계는 전혀 연관성을 맺을 수 없는 상품으로 생각할 개연성이 높다. 하지만 관련이 없다는 자체가 그 연관성을 인정하는 것이고, 더 나아가서는 한 단계를 건너 뛴 일정한 패턴을 보일 수도 있기 때문에 이들도 연관성의 범주 속에서 다룬다. 과자에 후추를 뿌려먹는 사람들이 어떤 집단을 형성할 가능성도 있고, 아니면 과자를 사는 사람은 대체로 수프를 사는 특징을 보이는데 여기에 후추를 뿌려 먹는 패턴을 발견할 수도 있기 때문이다. 그리고 이들이 전혀 관련이 없는 것처럼 보이더라도 그 연관성이 아주 낮을 뿐이지 전혀 관련이 없는 것은 아니다. 교차분석은 명목척도(nomial scale)나 순위척도(ordinal scale)와 같은 범주형 변수(categorical variables)들을 한 변수의 범주와 다른 변수의 범주를 교차시킨 교차표(집단들 간의 상호 관계를 표로 나타낸 것) 작성을 통해 두 변수 간에 상호 연관성이 있는가를 분석하는 기법이다. 이 두 범주형 변수가 서로 관련성이 있는지 독립적인지를 판단하는 통계적 검정방법을 카이제곱 검정(Chi-square test)이라 한다. 카이제곱 검정을 통하여 카이제곱 값이 얻어지게 되는데, 이 카이제곱 값이 클수록 두 범주형 변수 간에 서로 연관성이 존재할 가능성이 커진다. 일단 교차분석은 이들의 관련성을 수치로 살펴볼 수 있는데, 대체로 그 수치가 높을수록 유의미성이 높은데, 일단 5 이상이면 이들의 연관성은 유의미한 집단으로 인정한다. 또한 점근 유의확률 수치로도 집단 간의 연관성을 살펴볼 수 있는데, 이의 값이 '0'에 근접할수록 그 연관성이 높은 것으로 판단한다.

이러한 이론을 바탕으로 중세어와 관련된 유의어 집단을 분석함으로써, 현재의 유의어 집단이 어떤 연관성을 가지면서 변화하느냐 하는 문제도 예

---

[4] 대립관계에서도 공통적인 자질과, 대립적인 자질이 동시에 성립한다는 것을 고려하면 분명히 그 연관성을 생각할 수 있을 것이다.

측할 수 있다. 현재 공존하는 어휘들이 앞으로 변화의 축에서 어떤 방향으로 이동할 것이냐 하는 것도 충분히 예측할 수 있을 것이기 때문이다. 따라서 이 방법은 현존 유의어들이 보이는 현상을 바탕으로 앞으로의 변화도 예측하는 충분한 단서를 제공해 줄 것이다.

국어 유의어의 연관성 분석을 위한 자료는 이광호(1992)에서 분석한 유의경쟁의 결과를 토대로 한다. 이 결과를 그대로 수용하는 것은, 동일 집단을 세 가지 방법으로 분석한 결과가 있기 때문이다. 집단별 연관성을 살피기 위해서는 동일 어휘를 대상으로 한 다양한 분석 방법이 전제되어야 한다.

데이터마이닝에서 연관성 결과를 분석하고자 할 때는 세로축에 구매자를 두고 가로축에 A, B, C 집단을 분포시킨다. 가로축의 집단은 품종이 될 것이다. 각각의 집단에 속하는 품종을 ①②③으로 하면, A집단의 ①②③과 B, C 집단의 각 ①②③의 연관성이 드러난다. 가령 A집단의 ①상품을 구매하는 사람은 거의 대다수가 B집단의 ①을 선택하고, C집단의 ②를 선택한다고 하면, A, B, C 집단에서 ①①②가 서로 연관성이 큰 것으로 판단할 수 있다. 이러한 방법으로의 검증이 가능하도록 이광호(1992)에서는 유의어 항목들을 분석, 제시하고 있다. 먼저 이들을 분석 자료로 활용하기 위해 91개의 유의어군을 다음과 같이 설정한다. 여기에서는 이들의 결과 분석을 목적으로 하는 것이 아니라 이 분석의 결과를 토대로 그 연관성을 살펴보는 데 목적이 있다. 따라서 여기서는 이광호(1992)에서 논의된 결과를 엑셀 파일화하여 세로축에 91개의 유의어군을 배열하고 가로축에는 각각의 항목을 의미 동질성(A), 공시적 현상(B), 통시적 변화(C)로 나누고, 의미 동질성(A)은 다시 ① 동일 문맥에서의 교체가능성(도표에서는 편의상 '동일문맥'으로 표시함)과 ② 공기관계에 따른 교체가능성(도표에서는 편의상 '공기관계'로 표시함), ③ 해석상의 교체가능성(도표에서는 편의상 '해석상'으로 표시함)으로, 공시적 현상(B)은 의미론적 변별기제(① 다의적 용법, ② 표현의미의 적용—이들은 편의상 각각 '다의적', '표현의미'로 표시함)와 ③ 통사론적 변별 기제(편의상 '통사론적'으로 표시함)로, 통시적 변화(C)는 의미의 ① 통합과 ② 분화, 그리고 유의관계의 ③

지속으로 나누어 그 연관성을 살폈다. 동일한 유의어군 91개를 대상으로 하였기 때문에 각각의 분석 결과에 해당하는 유의어군은 각각 91개씩이다. 다시 말하면 동일한 대상의 유의어군을 세 가지 방법으로 분석하였는데, 이 분석 결과 간에 그 연관성이 존재하느냐 그렇지 않느냐의 문제를 살피고자 하는 것이다. 논의된 항목을 앞에서 구분한 조건으로 제시하면 다음과 같다.

(A) 의미 동질성

① 동일문맥 : 값－빋, 나모－즘게, 밑－아래, 붉－삐, 샀－엄, 소리－소러, 양ᄌ－즛－얼굴, 터리－터럭, 쟜다－무지다, 어렵다－셟다, 돗다－ᄉ랑ᄒ다, 굵다－크다, 만ᄒ다－하다, 모도다－뫼호다, 바히다－버히다, 쌌다－ᄢ리다

② 공기관계 : 삐－ᄢ니－ᄣ－적, 드르ᄒ－미ᄒ, 말－말쏨, 솝－속, 엄－엄니, ᄒ마1－ᄇ러, ᄒ마2－쟝ᄎ, 오ᅀᅡ－ᄒ올로, 현－몃, 므슴－므슷, 궂다－멎다－모딜다－사오납다, 가다－녀다, 계다－남다－넘다－디나다, 놀다－드믈다, 듣다－디다, 도렫ᄒ다－두렵다, 돟다－읻다, 두럽다－므싀다－젛다, 두텁다－둗겁다, 뮈다－움즈기다, 잇다－시다, 쟉다－젹다－횩다－혁다, 칙칙ᄒ다－특특ᄒ다, 글－글월, ᄀ장－ᄆ, 못－자르－주머니, 눔－녀느, 마리－머리, 곪－볼－겹－번, ᄀ초다－갊다, 그ᅀ다－잇그다, 덮다－둪다, ᄆ니다－ᄆ지다, 밍ᄀᆯ다－이르다－짓다, 혀다－혀다, 무으다－이어다－후늘다(후눌다), 받다－바티다, 쓰리다－빟다, ᄭ미다－비ᅀ다, 니를다－다ᄃ다

③ 해석상 : 각시－갓－겨집, 갓－것, 갖－겆, 곧－ᄶᄒ－디, 곱－기름, 구위(그위, 구의)－구위실(그위실, 구의실)－마술, 다대－되, 댱ᄉ－흥졍, 도치－돗귀, 드틀－듣글, ᄢ－바회, 디위－번, 므슥－므슴, 바다ᄒ－바룰, 버텅－서흐레－섬, 부체 －잎, 싀－서리, 덛－슷, 손ᅀ－몸ᅀ, 아비－어비, 어미－어ᅀᅵ, 곱다－굽다, 굿블다－업더디다－굽슬다, 밧다－벗다, ᄉ랑ᄒ다－싱각ᄒ다, 슳ᄒ다－아쳗다, 간대로－ᄒ보로, 곧－즉자히(즉재), 느외－다시, 만히－해, 매－엇뎨－어느, 모디－모로매－반ᄃ기, 부러－짐즛, 오히려－손지, 놈－사룸, 골오다－굴이다

(B) 공시적 현상

① 다의적 용법 : ᄀ초다-갊다, 곫-겹-볼-번, 값-빋, <둧다-(ᄉ랑ᄒ
다>-싱각ᄒ다), 굿블다-업데다-굽슬다, 궂다-멎다-사오납다, ᄲᅵ
-ᄲᅵ니-ᄣᅢ-적, 그(구)위-구위(구의)실-마술, 글-글월, 나모-즘게,
밑-아래, 받다-바티다, 버텅-서흐레, 부체-잎, 붉-ᄶᅵ, 소리-소릭,
작다-격다-혹다-혁, 놈-사룸, 간대로-훈보로

② 표현의미의 적용 : 가다-녀다, ᄀ장-ᄆᆞᆺ, 각시-갓-겨집, 갓-것, 잤
다-무지다, 갖-겆, 졃다-어렵다, 계다-남다-넘다-디나다, 곧-ᄶᅡ
ᄒ-딕, 곧-즉자히, 곱-기름, 굵다-크다, ᄂᆞ못-자릭, 눕-녀느, 놀
다-드믈다, 니를다-다듣다, 다대-되, 댱ᄉ-훙졍, 덮다-둪다, 도련
ᄒ다-두렵다, 두립다-므싀다-졎다, 도치-돗긔, 둏다-읻다, 두텁
다-둗겁다, 드르ᄒ-민ᄒ, 드틀-듣글, 듣다-디다, 디위-번, 바회-
ᄣᅵ, 바다-바롤, 아비-어비, 어미-어싀, 마리-머리, 말-말쏨, 부러
-짐즟, 쓰리다-빟다, ᄉᆡ-서리, ᄲᅡ다-ᄲᅵ리다, 손ᄉᆞ-몸, 솝-속,
양ᄌᆞ-즛-얼굴, 오히려-ᄉᆞ지, 터리-터럭, ᄒᆞ마1-볼쎠, ᄒᆞ마2-쟝
ᄎᆞ, ᄒᆞ오ᅀᅡ-ᄒᆞ올로, 혀다-혀다, 현-몟, 골오다-굴이다, 엄-엄니,
모딕-모로매-반ᄃᆞ기, 딛-슷

③ 통사론적 변별기제 : 그ᅀᅳ다-잇그다, 곱다-굽다, ᄭᅮ미다-비ᅀᅳ다, ᄆᆞ
니다-ᄆᆞᆫ지다, 만ᄒ다-하다, 만히-해, 밍글다-이르다-짓다, 모도다
-뫼호다, 이어다-후늘다, 뮈다-움즈기다, 샀-엄, 바히다-버히다,
밧다-벗다, 슬ᄒ다-아쳗다, 잇다-시다, 칙칙ᄒ다-특특ᄒ다, ᄂᆞ외-
다시, 매-엇뎨-어느, 므슥-므슴, 므슴-므슷

(C) 통시적 변화

① 통합 : 그(구)위-구위(구의)실-마술, 도련ᄒ다-두렵다, 드틀-듣글,
버텅-서흐레-섬, 부체-잎, 가다-녀다, 갓-것, 곧-즉자히, 곱-기
름, 곱다-굽다, 글-글월, ᄀ초다-갊다, 나모-즘게, 놀다-드믈다,
ᄂᆞ외-다시, 딛-슷, 덮다-둪다, 둏다-읻다, 드르ᄒ-민ᄒ, 디위-번,
만히-해, 만ᄒ다-하다, 매-엇뎨-어느, 뮈다-움즈기다, 엄-엄니,
ᄆᆞ니다-ᄆᆞᆫ지다, 바다-바롤, 바히다-버히다, 칙칙ᄒ다-특특ᄒ다,
밧다-벗다, 붉-ᄶᅵ, 바회-ᄣᅵ, 빟다-쓰리다, 소리-소릭, 솝-속, 슬
ᄒ다-아쳗다, ᄉᆡ-서리, 아비-어비, 어렵다-졃다, 어미-어싀, 오

히려-슨지, 혀다-쪄다, 현, 몃, ᄒᆞ마2-쟝ᄎᆞ, ᄂᆞ못-자루, 잇다-시다, 간대로-ᄒᆞᆫ보로, 다대-되, 도치-돗귀, 모도다-뫼호다, 이어다-후늘다

② 분화 : 값-빋, 갖-겿, 굵다-크다, ᄀᆞ장-못, 놈-사룸, 댱ᄉᆞ-흥졍, 듣다-디다, 마리-머리, 두텁다-둗겁다, 말-말씀, 쟜다-무지다, 비스다-꾸미다, 늄-녀느, 받다-바티다, (둧다-<ᄉᆞ랑ᄒᆞ다>-싱각ᄒᆞ다>, 젹다-(쟉다-횩다-혁다), (므슥-<므슴>-므슷>, 곫-겹)-볼-번, 쁴-쎠니-쎄-적, 궂다-멎다-모딜다-사오납다, 남다-넘다-디나다, 양ᄌᆞ-즛-얼굴, 곧-ᄧᅡᇂ-디, 굿블다-업데다-굽슬다, 각시-갓-겨집

③ 지속 : 골오다-가리다, 밑-아래, 밍ᄀᆞᆯ다-이르다-짓다, 부러-짐즞, 손소-몸소, 쓰다-쯔리다, 터리-터럭, ᄒᆞ마1-볼쎠, ᄒᆞ오ᅀᅡ-ᄒᆞ올로, 그ᅀᅳ다-잇그다, 니를다-다둗다, 모디-모로매-반ᄃᆞ기, 두립다-므의(엽)다-젿다, 엄-움-삯

1.1. 의미 동질성과 공시적 현상의 연관성

유의어의 검증 과정에서 나타나는 의미 동질성은 교체가능성으로 나타난다. 교체 가능성이라고 하는 것은 동일한 문헌에서, 혹은 동일한 시기에 동일한 의미를 전달하는 부분이 있느냐를 살펴보는 것이다. 유의어 검증 방법 중, 대립 관계나 배열 관계에 의한 검증은 의미 동질성을 우선 인정하지만 주로 유의어의 이질성을 검증하는 방법으로 유용하다. 의미 동질성과 공시적 현상의 연관성은 중세어나 그 역사적 변화를 대상으로 했을 때는 사실별 의미가 없을 수 있다. 왜냐하면 문헌상 나타날 수 있는 자료의 한계와 관련되기 때문이다. 그렇지만 문헌에서 의미 동질성을 인정할 수 있는 집단이 공시적 현상에서 어떠한 양상과 결합하여 현존하느냐 하는 것은 유의어 집단의 변화와 관련한 관심사를 부분적으로 해결해 줄 것으로 기대된다. 즉, 유의어의 시대적 존속 방법을 살펴볼 수 있을 것이고, 또한 현존 언어 현상을 바탕으로 유의어의 공존 방법을 모색함으로서, 이를 통한 언어 현상을

예측하는 방법을 제공할 수 있을 것이다. 여기서 유의어로 공존하는 것은 의미 동질성과 함께 이들이 동일한 문헌, 혹은 동일한 시기에 변별 기제도 동시에 가지면서 공존하는 것을 말한다. 이를 서로 비교하여 살펴보기 위해 한 축은 의미 동질성 검증에 나타나는 현상을, 또 한 축은 공시적 현상에 의해 나타나는 현상을 둔 것이다. 우선 의미 동질성과 공시적 현상에 대한 교차분석결과는 <표 1>에 주어져 있다. <표 1>에서 알 수 있는 바와 같이, 카이제곱값이 2.625, 유의확률 0.622로 의미 동질성과 공시적 현상은 통계적으로 유의미한 차이가 없음을 알 수 있다. 유의미한 차이가 없다는 것은 이들의 관계에서 특별히 관련지을 수 있는 연관성을 찾아보기 힘들다는 것이다. 이는 현존 중세어 문헌을 토대로 했기 때문에 나타나는 당연한 결과일 것이다. 그렇지만 이들의 결과에 대해 그 척도의 순위에 따라 부분적으로는 그 연관성을 고려해 볼 수 있다. 대체로 의미 동질성의 모든 범주에서는 표현의미의 적용과 그 연관성이 많았으며, 공시적 현상 변수의 다의적 용법에서는 의미 동질성의 동일 문맥에서의 교체가능성과 해석상의 용법이, 표현의미의 적용에서는 해석상의 용법이, 그리고 통사론적 변별기제는 공기관계와 상대적으로 그 연관성이 많음을 알 수 있다.

의미 동질성의 모든 범주가 표현 의미의 적용과 그 연관성이 많다는 것은 유의어로 인정되는 많은 어휘군이 뚜렷하게 구분되는 어휘적, 통사적 특징보다는 미세한 의미 자질의 구분으로 나타나는 경우가 많다는 것을 의미한다. 문맥에서 그 표현 의미의 감정적, 정서적, 혹은 개별적 의미 특성이 가장 많은 연관성을 가진다는 것이다.

공시적 현상 변수의 다의적 용법에서는 동일 문맥에서의 교체가능성과 해석상의 용법에서 높은 연관성을 보이는데, 이는 다의어로서 그 유의성을 확보한 결과를 분명히 보여준다. 다의적 용법이라는 것은 동질성의 의미를 확보하고 있지만, 분간의 의미 자질이 다의적 특징으로 인한 것이라는 뜻이다. 그러니까 문맥이 다를 경우 그 다의성으로 인한 가능성이 높은 것이니까, 이는 의미 동질성보다는 의미 이질성과 관련성을 가지게 된다. 따라서 동일 문맥이라는 현상에서 많은 동질성을 드러낸다. 해석상의 용법과 연관성을 보인다는 것도 여러 의미 중, 관련되는 의미는 다의성을 가진 의미 집단 속에서 해석상으로 그 동질성을 보이기 때문일 것이다.

통사론적 변별기제에서 공기관계와의 연관성이 상대적으로 많다는 것은 적용의 범위를 넓혔기 때문에 나타나는 현상으로 보면 될 것이다. 동일 문맥이나, 해석상의 제약보다는 허용의 한계가 넓기 때문에 나타나는 연관성이기 때문이다. 이들 관계를 제시하면 다음과 같다.

<표 1> 의미 동질성과 공시적 현상의 교차분석
<의미동질×공시적 교차표>

			공시적			전　체
			다의적	표현의미	통사론적	
의미 동질	동일문맥	빈도	7	15	4	26
		의미동질의 %	26.9%	57.7%	15.4%	100.0%
		공시적의 %	36.8%	28.8%	20.0%	28.6%
		전체 %	7.7%	16.5%	4.4%	28.6%
	공기관계	빈도	5	15	9	29
		의미동질의 %	17.2%	51.7%	31.0%	100.0%
		공시적의 %	26.3%	28.8%	45.0%	31.9%
		전체 %	5.5%	16.5%	9.9%	31.9%
	해석상	빈도	7	22	7	36
		의미동질의 %	19.4%	61.1%	19.4%	100.0%
		공시적의 %	36.8%	42.3%	35.0%	39.6%
		전체 %	7.7%	24.2%	7.7%	39.6%
전　체		빈도	19	52	20	91
		의미동질의 %	20.9%	57.1%	22.0%	100.0%
		공시적의 %	100.0%	100.0%	100.0%	100.0%
		전체 %	20.9%	57.1%	22.0%	100.0%

〈카이제곱 검정〉

	값	자유도	점근 유의확률 (양쪽검정)
Pearson 카이제곱	2.625[a]	4	.622
우도비	2.543	4	.637
선형 대 선형 결합	.317	1	.574
유효 케이스 수	91		

a. 0 셀(.0%)은 5보다 작은 기대빈도를 가지는 셀이다. 최소 기대빈도는 5.43이다.

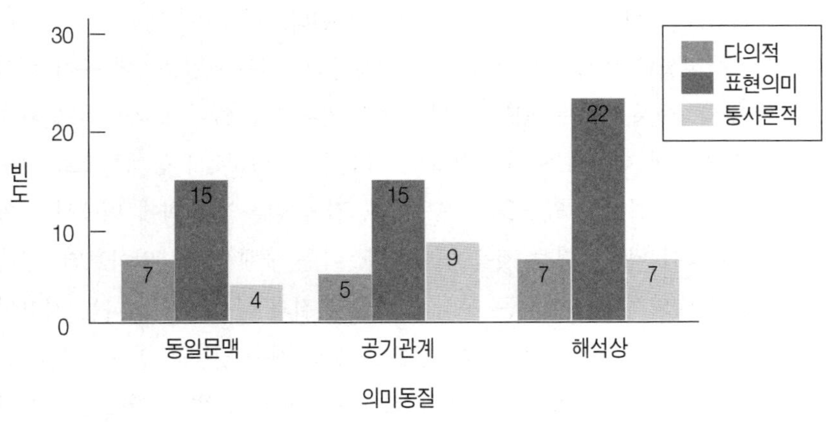

1.2. 공시적 현상과 통시적 변화의 연관성

공시적 현상과 통시적 변화의 연관성은 가장 큰 관심거리이다. 왜냐하면 중세어에서 유의어로 공존하고 있는 다양한 양상의 단어들이, 어떤 통시적 변화를 보이느냐 하는 것은 결국 현재의 유의어들이 앞으로 어떤 변화로 나타날 것인가 하는 예측을 할 수 있도록 해 주기 때문이다. 유의 경쟁에 있어 공시적 현상은 의미론적 변별 기제에 의한 다의적 용법과 표현 의미의 적용으로 나타난다. 그리고 이와 함께 통사론적 변별 기제에 의한 선행어, 후행어와의 공기 관계가 나타난다. 여기서 유의미하게 작용하는 것으로 다의적 용법, 표현 의미의 적용, 그리고 통사론적 변별 기제라는 세 개의 현상이다. 통사론적 변별 기제에서 나타나는 선행어, 후행어와의 공기관계는 구분하여 측정할 의미가 없는 것으로 판단되기 때문이다. 이들의 관계를 통한 연관성 분석은 공시적 현상에서 나타나는 여러 현상들이 통시적 변화와 어떤 연관성을 가지고 있느냐라는 문제를 해결할 수 있을 것이다. 유의어군이 통시적으로는 의미의 통합과 분화, 그리고 유의 관계의 지속이라는 변화를 보인다.5) 여기서의 논구는 일정한 시기의 공시적 현상에 대한 통시적 변화와의 관련성을 찾는 것이므로, 이들의 연관성을 통하여 앞으로의 언어 현상들에 대한 예측이 충분히 가능할 것으로 보인다.

공시적 현상과 통시적 변화에 대한 교차분석결과는 <표 2>에 주어져 있다. <표 2>에서 알 수 있는 바와 같이, 카이제곱 값이 8.493, 유의확률 0.075로 공시적 현상과 통시적 변화는 유의수준 0.10에서 통계적으로 아주 높은 유의미한 관련이 있음을 알 수 있다. 결국 이들의 변화에 대해서는 확실한 연관성이 나타난다는 것을 의미한다. 이를 구체적으로 알아보면, 공시적 현상의 다의적 용법에서는 통시적 변화의 결과 분화로 나타나는 경향이 높고, 유의 관계가 지속되는 경우는 상대적으로 매우 낮음을 알 수 있다. 그리고 공시적 현상에서의 표현의미의 적용과 통사론적 변별 기제는 통시적 변화 중, 의미의 통합으로 나타나는 빈도수가 많음을 알 수 있다. 이는 통시적 변화와 관련하여 재미있는 사실을 제공한다. 즉 공시적인 언어 현상들 중에서 다의적 용법에 의해 유의성을 가지는 경우는 어휘적 분화의 현상으로 많이 나타난다. 이는 결국, 자신의 의미 역할을 많이 확보하고 있는 다의어의 경우는 자신이 가진 용법 중의 하나로 쉽게 결합이 될 수 있다는 것을 의미한다. 유의 경쟁이 일어날 경우 언제든지 그 언어의 변화가 쉽게 야기되는 것이다. 표현 의미의 적용이나 통사론적 변별 기제에 의한 것은 의미 통합으로 많이 이어지는데, 이는 미세한 의미 차이를 가지지만, 단지 문장

---

5) 이광호(1992) pp.182~252에서 유의어의 통시적 변화 결과에 대해 자세히 논의하고 있음.

에서 부분적인 변별의 기제를 확보하고 있던 것은 결국 같이 합쳐져 하나의 단어로 나타나는 것이다. 이는 언어의 변화 속에서 표현의 복잡성을 피하고자 하는 경우라고 할 수 있다. 이들은 분화된 의미의 차이를 인정하기에는 그 의미 차이가 너무 미미하여 그 역할을 극대화시킬 수 없었던 경우라고 할 수 있다. 통사론적 변별 기제에 의한 것도 결국 의미적으로는 분화의 필요성을 느끼지 못한 것으로 볼 수 있다. 이러한 변화를 통하여 현재의 언어에서 나타나는, '마침'과 '공교롭게'라는 유의어의 변화 결과를 예측할 수 있다. 이들이 공시적 현상에서 유의어로 인정받을 수 있는 것은 의미적 공통성과 함께 통사론적 변별 기제에 의한 유의적 특징으로 인한 것이다. 즉 '마침'은 긍정적 서술어에, '공교롭게'는 부정적 서술어에 결합하는 변별적 요소가 나타난다. 그러면 이들의 변화는 앞으로 어떻게 될 가능성이 높을까? 교차 분석의 결과를 토대로 살펴보았을 때, 이들은 의미의 통합으로 나아갈 가능성이 높은 것으로 예측해 볼 수 있다. 즉 한 단어는 사어가 되고('공교롭게'가 사어가 될 가능성이 높음6)), 통사론적 변별 기제로 작용했던 이들의 관계는 '마침'이 긍정과 부정의 서술어에 같이 공기하는 현상을 보일 것으로 예측할 수 있다. 마찬가지로 '틈'과 '겨를'이라는 유의어가 있는데, 이들은 현재 '틈'의 다의성(공간적, 시간적 의미)에 의해 그 유의성을 인정받고 있다. 물론 교차 부분은 시간적 의미에 국한되는 것이니까 시간상의 간격이라는 의미로 유의어로 공존하는 단어들이다. 이들은 변화의 결과 분화로 나아갈 가능성이 높다. 즉, '틈'은 공간적 간격의 의미로, '겨를'은 시간적 간격의 의미만을 나타내는 단어로 분화될 가능성이 가장 높다는 것을 충분히 예측할 수 있는 것이다. 물론 '겨를'이 사어가 되는 통합의 관계는 그 다음의 가능성을 가지고 있다. 하지만 이들이 변화의 결과 유의 관계를 지속한다는 것은 그 확률이 상대적으로 굉장히 낮다. 이들의 관계에 대한 교차 분석 결과는 다음과 같이 나타난다.

---

6) 이광호(2002)에서 분석한 의미적 원인과 음성적 원인에 따른 유의 경쟁의 결과를 참조할 것.

<표 2> 공시적 현상과 통시적 변화의 교차분석

〈공시적×통시적 교차표〉

			통시적			전 체
			통 합	분 화	지 속	
공시적	다의적	빈도	8	10	1	19
		공시적의 %	42.1%	52.6%	5.3%	100.0%
		통시적의 %	15.7%	38.5%	7.1%	20.9%
		전체 %	8.8%	11.0%	1.1%	20.9%
	표현의미	빈도	29	13	10	52
		공시적의 %	55.8%	25.0%	19.2%	100.0%
		통시적의 %	56.9%	50.0%	71.4%	57.1%
		전체 %	31.9%	14.3%	11.0%	57.1%
	통사론적	빈도	14	3	3	20
		공시적의 %	70.0%	15.0%	15.0%	100.0%
		통시적의 %	27.5%	11.5%	21.4%	22.0%
		전체 %	15.4%	3.3%	3.3%	22.0%
전 체		빈도	51	26	14	91
		공시적의 %	56.0%	28.6%	15.4%	100.0%
		통시적의 %	100.0%	100.0%	100.0%	100.0%
		전체 %	56.0%	28.6%	15.4%	100.0%

〈카이제곱 검정〉

	값	자유도	점근 유의확률 (양쪽검정)
Pearson 카이제곱	8.493[a]	4	.075
우도비	8.412	4	.078
선형 대 선형 결합	.597	1	.440
유효 케이스 수	91		

a. 2 셀(22.2%)은 5보다 작은 기대빈도를 가지는 셀이다. 최소 기대빈도는 2.92이다.

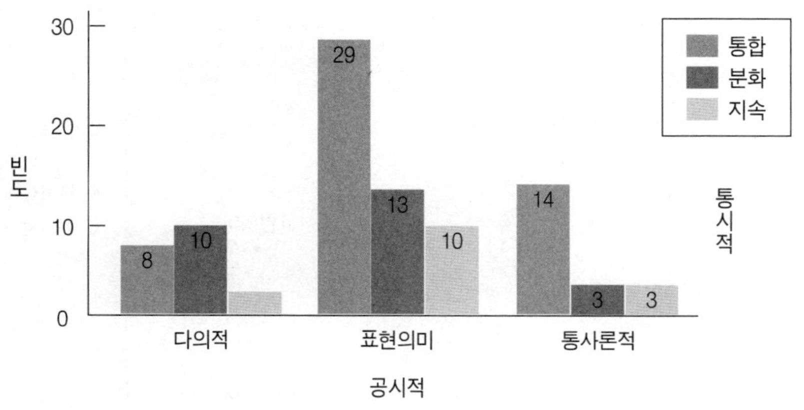

　　공시적 현상과 통시적 변화의 의미 있는 차이를 좀 더 구체적으로 알아
보기 위해서 포지셔닝 맵(positioning map)[7]으로도 이들의 결과를 분석하여 보
았다. 각 범주들이 놓인 공간상의 상대적인 위치를 표현해 주는 최적화 척
도법의 대응일치 분석을 실시한 결과는 다음 그림에 제시되어 있다. 이 그
림에서 알 수 있는 바와 같이, 다의적 용법의 관점에서는 의미 분화가 상대
적으로 유사성이 높고, 지속과 통합은 상대적으로 유사성이 낮음을 알 수
있다. 표현 의미의 적용과 통사론적 관계에서는 통합이 상대적으로 그 유사
성이 높게 나타남을 알 수 있다. 특히 표현 의미의 적용에서는 통합과 그 유
사성이 아주 크게 나타나는 것을 볼 수 있다. 통사론적 관계에서도, 통합과
는 상대적으로 유사성이 높고, 다른 모든 경우와는 유사성이 낮음을 알 수
있다. 이들의 결과 분석은 교차분석의 결과와 다르지 않음을 확인할 수 있다.

---

7) 강병서 외(2001), 사회과학 통계분석, SPSS아카데미. 포지션 맵은 개체들 간의 상대적 위치
　　를 시각화 시켜주는 통계적 기법이다.

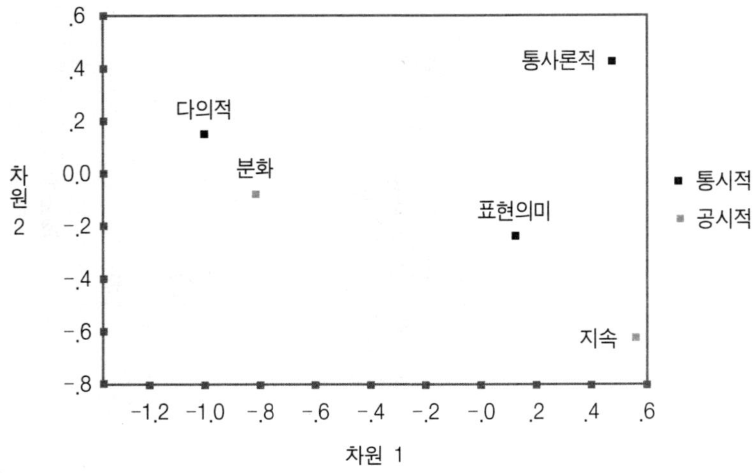

1.3. 통시적 변화와 의미 동질성의 연관성

통시적 변화와 의미 동질성에 대한 교차분석결과는 <표 3>에 주어져 있다. <표 3>에서 알 수 있는 바와 같이, 카이제곱 값이 3.657, 유의확률 0.454로 통시적 변화와 공시적 현상은 통계적으로 유의미한 차이가 적음을 알 수 있다. 이도 2.1과 마찬가지로 의미 동질성이라고 하는 부분에서 자료상의 한계가 나타나기 때문이다. 그러니 이들은 어떤 규칙성을 찾을 수 있는 연관성이 미흡한 것이다. 물론 모든 자료의 분석이 가능하다면 이들도 충분히 그 연관성을 고려할 수 있는 것이기에 현재의 결과를 토대로 그 부분적 연관성을 살펴보고자 한다. 통시적 변화에서 나타나는 의미의 통합은 동질성 검증에서는 해석상의 용법에 의한 것이 가장 높은 빈도를 형성하였으며, 의미의 분화에서는 공기관계, 유의관계의 지속에서는 동일 문맥에 의한 교체가능성이 상대적으로 높은 빈도를 형성하였다. 의미 동질성 검증에 따른 항목, 즉 동일 문맥에서의 교체가능성과 공기 관계에 따른 교체가능성, 그리고 해석상의 교체가능성을 하나의 축으로 잡고, 통시적 변화에 따른 항목, 즉 의미의 통합과 분화, 그리고 지속이라는 측면의 분석을 하나의 축으로 잡아 그 연관성을 살펴보고자 한 것이다. 이들의 연관성 분석은 몇 가지 유의미한 해석을 가지고 있다. 즉 이들의 결과는 공시적 현상과 통시적 변화와의 연관성 분석과 관련된 자료를 제공한다는 것이다. 통시적 변화의 결과, 의미의 통합으로 나타나는 것은 해석상의 용법이 상대적으로 높은 빈도를 형성한다. 이는 공시적 현상에서의 표현 의미의 적용과 관련이 있다. 공시적으로 유의어 검증의 결과 그 동질성이 인정되는 문헌 자료를 중심으로 살펴볼 때 그 관련성을 충분히 고려해볼 수 있는 것이다. 그리고 공기관계에 의해 나타나는 동질성 요인은 결국 의미의 분화와 보다 연관성이 많은데, 이는 공시적 현상에서의 통사론적 변별기제와 관련이 있다는 것을 감안하면 충분히 인정할 수 있는 요인이 될 것이다. 그리고 동일 문맥을 형성한 예들이 나타나는 것은 결국 통시적 변화의 결과 유의 관계가 지속되는 경우가 많은데, 이들은 그 유의성이 상대적으로 강하다는 것을 의미한다.

〈표 3〉 통시적 변화와 의미 동질성의 교차분석
〈통시적×의미동질 교차표〉

			의미동질			전 체
			동일문맥	공기관계	해석상	
통시적	통 합	빈도	12	15	24	51
		통시적의 %	23.5%	29.4%	47.1%	100.0%
		의미동질의 %	46.2%	51.7%	66.7%	56.0%
		전체 %	13.2%	16.5%	26.4%	56.0%
	분 화	빈도	8	10	8	26
		통시적의 %	30.8%	38.5%	30.8%	100.0%
		의미동질의 %	30.8%	34.5%	22.2%	28.6%
		전체 %	8.8%	11.0%	8.8%	28.6%
	지 속	빈도	6	4	4	14
		통시적의 %	42.9%	28.6%	28.6%	100.0%
		의미동질의 %	23.1%	13.8%	11.1%	15.4%
		전체 %	6.6%	4.4%	4.4%	15.4%

		의미동질			전　체
		동일문맥	공기관계	해석상	
전　체	빈도	26	29	36	91
	통시적의 %	28.6%	31.9%	39.6%	100.0%
	의미동질의 %	100.0%	100.0%	100.0%	100.0%
	전체 %	28.6%	31.9%	39.6%	100.0%

〈카이제곱 검정〉

	값	자유도	점근 유의확률 (양쪽검정)
Pearson 카이제곱	3.657[a]	4	.454
우도비	3.580	4	.466
선형 대 선형 결합	2.919	1	.088
유효 케이스 수	91		

a. 2 셀(22.2%)은 5보다 작은 기대빈도를 가지는 셀이다. 최소 기대빈도는 4.00이다.

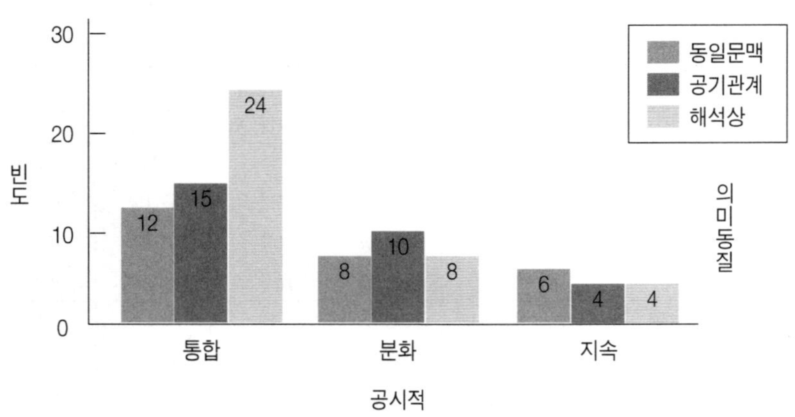

1.4. 공시적 현상, 통시적 변화, 의미 동질성의 연관성

이들의 관계는 개별적 항목에서 구체적으로 살폈기 때문에 별 의미가 없을 수 있으나 전체적인 관계를 보여준다는 점에서 교차 분석과 포지셔닝 맵을 제시한다. 공시적 현상, 통시적 변화 그리고 의미 동질성에 대한 교차분석결과는 <표 4>에 주어져 있다. <표 4>에서 알 수 있는 바와 같이, 의미 동질성이 동일문맥인 경우, 공시적 현상과 통시적 변화는 카이제곱 값이 4.411, 유의확률 0.353이며, 의미 동질성이 공기관계인 경우, 공시적 현상과 통시적 변화는 카이제곱 값이 2.664, 유의확률 0.616이며, 의미 동질성이 해석상의 용법에 의한 것일 경우, 공시적 현상과 통시적 변화는 카이제곱 값이 4.753, 유의확률 0.314로서 모두 통계적으로 유의미한 차이가 적음을 알 수 있다.

<표 4> 공시적 현상, 통시적 변화 그리고 의미 동질성의 교차분석

〈공시적×통시적×의미동질 교차표〉

의미동질				통시적			전 체
				통 합	분 화	지 속	
동일문맥	공시적	다의적	빈도	2	4	1	7
			공시적의 %	28.6%	57.1%	14.3%	100.0%
			통시적의 %	16.7%	50.0%	16.7%	26.9%
			전체 %	7.7%	15.4%	3.8%	26.9%
		표현의미	빈도	7	4	4	15
			공시적의 %	46.7%	26.7%	26.7%	100.0%
			통시적의 %	58.3%	50.0%	66.7%	57.7%
			전체 %	26.9%	15.4%	15.4%	57.7%
		통사론적	빈도	3	0	1	4
			공시적의 %	75.0%	0.0%	25.0%	100.0%
			통시적의 %	25.0%	0.0%	16.7%	15.4%
			전체 %	11.5%	0.0%	3.8%	15.4%
	전 체		빈도	12	8	6	26
			공시적의 %	46.2%	30.8%	23.1%	100.0%
			통시적의 %	100.0%	100.0%	100.0%	100.0%
			전체 %	46.2%	30.8%	23.1%	100.0%

의미동질				통시적			전 체
				통 합	분 화	지 속	
공기관계	공시적	다의적	빈도	2	3	0	5
			공시적의 %	40.0%	60.0%	0.0%	100.0%
			통시적의 %	13.3%	30.0%	0.0%	17.2%
			전체 %	6.9%	10.3%	0.0%	17.2%
		표현의미	빈도	8	5	2	15
			공시적의 %	53.3%	33.3%	13.3%	100.0
			통시적의 %	53.3%	50.0%	50.0%	51.7%
			전체 %	27.6%	17.2%	6.9%	51.7%
		통사론적	빈도	5	2	2	9
			공시적의 %	55.6%	22.2%	22.2%	100.0%
			통시적의 %	33.3%	20.0%	50.0%	31.0%
			전체 %	17.2%	6.9%	6.9%	31.0%
	전 체		빈도	15	10	4	29
			공시적의 %	57.1%	34.5%	13.8%	100.0%
			통시적의 %	100.0%	100.0%	100.0%	100.0%
			전체 %	51.7%	34.5%	13.8%	100.0%
해석상	공시적	다의적	빈도	4	3	0	7
			공시적의 %	57.1%	42.9%	0.0%	100.0%
			통시적의 %	16.7%	37.5%	0.0%	19.4%
			전체 %	11.1%	8.3%	0.0%	19.4%
		표현의미	빈도	14	4	4	22
			공시적의 %	63.6%	18.2%	18.2%	100.0%
			통시적의 %	58.3%	50.0%	100.0%	61.1%
			전체 %	38.9%	11.1%	11.1%	61.1%
		통사론적	빈도	6	1	0	7
			공시적의 %	85.7%	14.3%	0.0%	100.0%
			통시적의 %	25.0%	12.5%	0.0%	19.4%
			전체 %	16.7%	2.8%	0.0%	19.4%
	전 체		빈도	24	8	4	36
			공시적의 %	66.7%	22.2%	11.1%	100.0%
			통시적의 %	100.0%	100.0%	100.0%	100.0%
			전체 %	66.7%	22.2%	11.1%	100.0%

<카이제곱 검정>

의미동질		값	자유도	점근 유의확률 (양쪽검정)
동일문맥	Pearson 카이제곱	4.411[a]	4	.353
	우도비	5.315	4	.257
	선형 대 선형 결합	.404	1	.525
	유효 케이스 수	26		
공기관계	Pearson 카이제곱	2.664[b]	4	.616
	우도비	3.176	4	.529
	선형 대 선형 결합	.038	1	.846
	유효 케이스 수	29		
해석상	Pearson 카이제곱	4.753[c]	4	.314
	우도비	5.871	4	.209
	선형 대 선형 결합	.592	1	.442
	유효 케이스 수	36		

a. 8 셀(88.9%)은 5보다 작은 기대빈도를 가지는 셀이다. 최소 기대빈도는 .92이다.
b. 7 셀(77.8%)은 5보다 작은 기대빈도를 가지는 셀이다. 최소 기대빈도는 .69이다.
c. 8 셀(88.9%)은 5보다 작은 기대빈도를 가지는 셀이다. 최소 기대빈도는 .78이다.

위의 결과를 좀 더 구체적으로 알아보기 위해 살펴본 최적화 척도법의 동질성 분석 결과는 다음 그림과 같다. 이 그림에서 알 수 있는 바와 같이, 통시적 변화에서 나타나는 의미의 통합과 해석상의 용법이 상대적 위치가 가까워서 보다 동질적임을 알 수 있다. 그리고 공시적 현상에서 나타나는 다의적 용법과 통시적 변화에서의 의미 분화가 각각 공간상의 상대적 위치가 가까워서 동질적임을 알 수 있다. 반면, 통시적 변화에서 나타나는 유의 관계의 지속과 동질성 검증의 동일문맥에서의 교체가능성, 그리고 공시적 현상의 표현 의미의 적용 등은 공간상의 상대적 위치가 다른 범주와는 멀어서 상대적으로 동질적이지 않음을 알 수 있다.

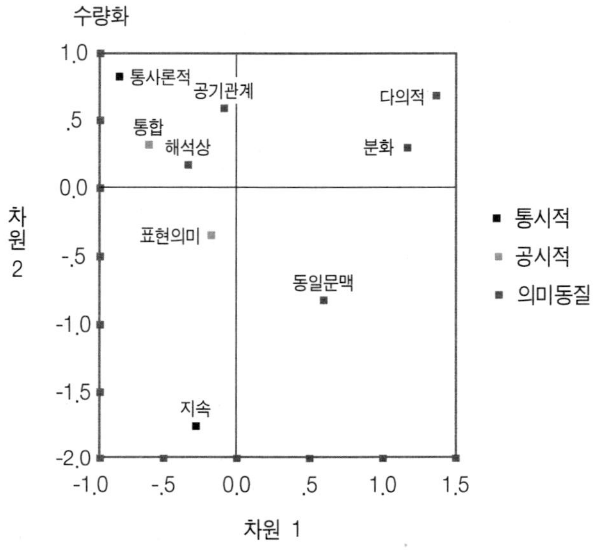

2. 연관성에 의한 유의어 변화

중세국어의 공시적 현상이 현대국어로의 변화와 어떤 연관성을 가지고 있느냐는 앞으로의 변화를 예측하는 바탕이 될 수 있다. 중세국어의 공시적 현상이 현대국어로의 통시적 변화와의 연관성이 일정한 틀을 형성하고 있다는 것은 앞으로도 이러한 틀 속에 있는 언어는 그 변화의 양상이 거의 같은 현상으로 나타날 것이라고 생각할 수 있게 한다. 이는 통계학에서 유의미한 변화를 통해 미래를 예측하는 이론적 바탕을 적용함으로써, 이전의 통계적 형성이 앞으로의 단어 변화의 형성, 진행과 충분히 관련을 가지고 있을 것으로 생각하기 때문이다. 이들 중 유의어 항목은 특히 흥미로운 결과를 보여준다. 왜냐하면 이들은 공시적 현상에서 일정한 틀을 제공하기 때문이다. 그리고 이러한 틀 속의 단어들은 현대어에서 유의미한 변화로 나타나기 때문이다. 중세어에서 유의어로 공존하고 있는 다양한 양상의 단어들이, 어떤 통시적 변화를 보이느냐 하는 것은 결국 현재의 유의어들이 앞으로 어떤 변화로 나타날 것인가 하는 예측을 할 수 있도록 해 준다.

유의어는 공시적으로 의미적 공통성과 함께 부분적인 이질성을 가지면서 공존한다. 완전히 동일한 의미로 공존하는 것이 아니라, 일정 부분에서 자신의 의미 역할을 가지면서 존재하는 것이다. 의미적 공통성에 대해서는 동일한 문맥의 대치 검증을 통해서 증명할 수 있다. 물론 이러한 대치 검증이 이질적 의미를 비교하는 데도 좋은 방법이 된다는 것은 이론의 여지가 없다. 다양한 방법을 통하여 유의어가 공존할 수 있는 바탕을 찾는다는 것은 중요한 일이다. 동일한 의미 역할이라는 것은 공존의 바탕이 되는 것이 아니라, 대응쌍을 파괴하는 요소로 작용하는 것이기 때문이다. 동일한 의미라는 것이 표현의 다양성을 가진다는 긍정적인 측면이 있다고 하더라도, 이는 결국 그 언어의 한쪽에 대한 선호도를 확실하게 가지도록 하는 변화를 야기한다. 이는 생존의 역할을 찾는다는 것인데, 결국 대응쌍 중에서 자신의 역할만을 공고히 하는 어떤 바탕을 마련하고자 하는 가운데, 이들은 결국 생존을 위한 이질적 자기 특성을 가지게 되는 것이다. 따라서 유의어라는 것은 동질의 의미 역할도 중요하지만, 이들이 왜 동시대에 동일한 의미를 가지면서 공존하느냐 하는 그 역할의 추적이 더 중요하다고 할 수 있다. 이를 위하여 이광호(1992)에서 중세국어를 바탕으로 공존할 수 있는 그 의미적 이질성을 찾는데 주목하였다. 이광호에 의하면, 이러한 이질적 특성을 가진 부분들은 몇 개의 집단으로 형성된다. 중세국어에 있어서, 유의 경쟁을 하는 단어쌍들은 공시적 현상에서 의미론적 변별 기제에 의한 다의적 용법과 표현 의미의 적용으로 나타난다. 이는 이들 단어쌍의 공존 바탕이 의미적 변별기제에 의해 작용하는 것들이다. 의미론적으로 어떤 변별 기제를 마련하면서 공존의 조건으로 삼고 있는 것이다. 다의적 용법이라고 하는 것은 유의어로 공존하는 대립쌍들 중 하나의 단어가 유의 경쟁 당시에 다의어로 작용하여 그 의미들 중 하나에서 의미적 동질성을 가지는 것이다. 그 의미적 동질성이 이들 단어가 유의어로 인정할 수 있도록 한다. 하지만 이들이 공존할 수 있는 요인은 대응 단어의 다의적 용법에 의한 것이다. 표현 의미의 적용에 의해 유의어로 공존하는 것은, 이들 단어들이 가진 미세한 의미 차이를 부분적으로 인정하고 사용함으로써 언중들이 그 변별성을 가지고 있었던 것이다. 물론 의미소의 문제에서 이들은 동질의 의미로 인정받는 것들이다. 그리고 이와 함께 통사론적 변별 기제에 의한 선행어, 후행어와의 공기 관계가 나타난다. 통사론적 변별 기제에 의해 유의어로 공존하는 것은 의미상으로는 상당한 동질성이 인정된다. 다만 통사론적으로 그 역할을 달리함으로써 기능 차이를 보이는 것들이다. 이들을 세분하여 선행어, 후행어와의 공기관계를 고려할 수 있지만 이들은 통계 측정 결과 유의미한 변화를 보여주지 못하였다. 통계적 자료를 통하여 볼 때, 통사론적 변별 기제에서 나타나는 선행어, 후행어와의 공기관계는 구분하여 측정할 의미가 없는 것으로 검증되었기 때문이다. 따라서 여기에서는 예측이 가능한 유의미한 작용으로 나타나는 다의적 용법, 표현 의미의 적용, 그리고 통사론적 변별 기제라는 세 개의 작용을 토대로 이들의 연관성을 살펴보고자 한다. 이들의 관계를 통하여 볼 때, 공시적 현상에서 나타나는 여러 현상들이 통시적 변화와 어떤 연관성을 가지고 있느냐 하는 문제가 해결될 수 있을 것이다.

유의어군이 통시적으로는 의미의 통합과 분화, 그리고 유의 관계의 지속이라는 변화를 보인다.[8] 의미의 통합이라는 것은 나누어져 있던 의미 역할을 하나의 단어에서 다 찾을 수 있는 것을 말하고, 분화라고 하는 것은 이와 반대의 경향을 보이는 것을 말한다. 유의 관계의 지속은 중세 국어에서 보여주던 동일한 방식으로 유의 관계를 형성하고 있든지, 아니면 다른 대응 쌍을 만들어 현대국어에서 여전히 유의어로 공존하는 것을 가리킨다. 따라서 여기서는 중세국어의 공시적 현상에서 나타나는 유의어들에서, 다의적 용법이나 표현의미의 적용에 의해 공존의 바탕을 마련하고 있는 것과, 통사

---

8) 이광호(1992), pp.1~311에서 자세히 논의되어 있음.

론적으로 유의어로 공존하고 있는 것들이 현대국어에서 어떻게 살아남아 있는지를 살펴보고자 하는 것이다. 즉 여기서는 공시적 현상에 대한 통시적 변화와의 관련성을 찾는 것이므로, 이들의 연관성을 통하여 앞으로의 언어 현상들에 대한 예측이 충분히 가능할 것으로 보인다. 왜냐하면 현대 국어에서도 중세 국어에서 보여준 공시적 현상이 그대로 나타나고 적용되기 때문이다. 이러한 기본적 틀을 바탕으로 교차분석을 통하여 이들의 유의미성을 살펴보고자 한다.

　공시적 현상과 통시적 변화에 대한 교차분석의 결과를 바탕으로, 현대국어에서 나타나는 유의어들이 앞으로 어떻게 변할 것인가를 예측해 볼 수 있다. 현대 국어에서도 유의어로 존재하는 것은 다의적 용법, 표현의미의 적용이라는 의미론적 잣대와 통사론적 변별 기제라는 통사론적 잣대가 존재하면서 공존하고 있다. 그렇다면 이들이 나타나는 현재의 공시적 현상이 결국 변화의 틀에 의해 앞으로도 동일한 양상으로 변할 것이라는 것을 예측해 볼 수 있을 것이다. 대체로 그 변화의 틀은 '공시적 현상→통시적 변화'의 형식에서 '다의적 용법→분화>통합>지속', '표현의미의 적용→통합>분화>지속', '통사적 변별기제→통합>분화=지속'의 순서로 그 변화가 나타난다. 즉 현재의 유의어가 다의적 용법에 의한 것이라면 앞으로의 변화에서 분화로 나아갈 확률이 가장 높은 것이다. 그리고 이들이 유의 경쟁의 결과, 통합으로 나타난다면(표현의미의 적용과 통사론적 변별기제에 의해 형성되는 현재의 유의어가 가능성이 높지만), 의미적 요인과 음성적 요인에 의해 사어가 되는 단어가 결정될 수도 있다.9) 의미적 요인에 의한 것은 포함 관계와 의미의 정밀화가, 음성적 요인에 의한 것은 음절 경제성, 동음회피, 발음의 난이도가 적용된다.

---

9) 이광호(2002), 유의 경쟁의 통시성 고찰, 어문학77, pp.79~99에 사어화에 대한 자세한 논의가 되어 있음.

2.1. 다의적 용법

다의적 용법에 의해 유의어로 존재한다는 것은, 한 단어가 가진 다의적 용법 속에 대응쌍과 동일한 의미 역할을 가진 일정 부분이 있다는 것이다. 중세어에서 이런 특성을 가진 유의어는 'ㄱ초다—갊다', '겹—번', '값—빋' 등이 있다.[10) 이들은 대체로 현대어에서 분화로 그 결과가 나타난다. 현대어에서 '틈'과 '겨를'이라는 유의어는 현재 '틈'의 다의성(공간적, 시간적 의미)에 의해 유의어로서의 공존 바탕이 형성된다. 물론 교차 부분은 시간적 의미에 국한되는 것이니까 시간상의 간격이라는 의미로 의미적 동질성을 취하면서 유의어로 공존하는 단어들이다.

    (1) 나는 요사이 바빠서 공부할 <u>틈(겨를)</u>이 없다.
    (2) 빠져 나갈 수 있는 공간의 틈(*겨를)이 부족하다.

그러면 이들은 앞으로 어떤 변화로 나아갈 것인가? 이는 중세 국어에서 동일한 현상을 가지고 있던 단어들을 통하여 추측하여 볼 때, 대체로 분화로 나아갈 가능성이 높다는 것을 예상할 수 있다. 그리고 통시적 변화의 결과에 따르면 의미적 요인 중 포함 관계에 해당한다. 따라서 '틈'은 공간적 간격의 의미로, '겨를'은 시간적 간격의 의미만을 나타내는 단어로 분화될 가능성이 가장 높다는 것이다. 물론 변화의 결과 통합으로 나아갈 가능성도 배제하지는 못한다. 변화의 결과 통합으로 나아가는 것도 어느 정도의 가능성을 가지고 있기 때문이다. 그러면 통합으로 나아가(물론 변화의 결과 확률적으로 분화보다 나타날 가능성이 적지만) '틈'과 '겨를' 중 하나의 단어가 사어가 된다면 어느 쪽일까? 이는 당연히 '겨를'이 될 것이다. 왜냐하면 '틈'이 '겨를'의 의미 영역을 다 포함하고 있는, 통시적 결과에서의 의미적 요인에 해당하기 때문이다. 자기 역할을 분명히 가지지 못했기 때문에 나타나는 결과

---

10) 중세 국어의 의미적 분석에 대해서는 이광호(1992)를 참조할 것.

인 것이다. 분화나 통합으로 나아가는 이러한 변화는 교차 분석을 통해서 충분히 예측 가능한 것이지만, 변화의 결과 유의 관계를 지속한다는 것은 그 확률이 상대적으로 굉장히 낮다는 것을 알 수 있다.

2.2. 표현 의미의 적용

표현 의미의 적용이라는 것은 대응쌍들의 의미적 결합도가 높아, 서로 동일한 의미소를 가지면서 자유롭게 교체가 가능하지만, 엄격하게 말하면 개인적 감정이나 선호도 등 미세한 부분에서 그 의미 역할 차이를 보이는 것을 말한다. 중세 국어에서는 '가다-녀다', 'ᄀ장-ᄆᆺ', '갓-것' 등이 여기에 해당한다.

현대어에서 '밑'과 '아래'는 대립어가 '위'로 동일하다. 따라서 이들은 그 의미적 관련성이 상당히 높다. 물론 여기서 공간상의 개념으로 생각할 때는 '아래'가 '위'에 대립되는 의미로 여겨진다. 이럴 땐 '밑'보다는 '아래'가 오히려 적절한 대립어로 여겨진다. 그러나 '밑'에 대립되는 단어는 '위' 외에 다른 것을 찾기 어렵다. 그렇다면 공간상의 개념이 아닌 '밑'이라는 단어의 대립어는 빈자리로 남아있다고 할 수 있다. 이는 결국 '아래'에 대립할 수 있는 위의 끝자락의 한계가 나타나지 않기 때문에 '위' 하나로 '밑'과 '아래'의 대립어로 작용하는 것이다. 이들은 대립어가 동일한 요소이기 때문에 그 교체가능성에 있어서도 아주 자유롭다. 따라서 그 의미적 차이를 살펴보는 것도 쉽지 않다. 그렇지만 표현 의미에 있어서는 그 차이를 다음과 같이 살펴볼 수 있다.

    (3) 산 <u>밑</u>으로 내려 가라.
    (4) 산 <u>아래</u>로 내려 가라.

여기서 '밑'과 '아래'는 동일한 의미로 교체가 가능함을 알 수 있다. 그러나 다음의 문장을 보자.

(5) 나는 마루 밑에 숨었다.
(6) 나는 마루 아래에 숨었다.
(7) 마루 밑에 신발이 있다.
(8) 마루 아래에 신발이 있다.

여기서 '아래'는 '밑'보다는 상대적으로 조금 어색한 느낌이 든다. '아래'는 공간상의 개념일 때 자연스러운 느낌을 준다. 그렇지만 '밑'은 지면과 닿았을 때 보다 자연스런 느낌을 준다. 물체가 놓여진 부분이 바닥과 접해 있다면 '밑'이, 공간상의 개념이라면 '아래'가 보다 자연스럽게 느껴진다. 이에 대해서 김종택(1980)의 논문은 좋은 시사점을 준다. '밑'은 '뭍'과 관련이 있다는 것이다.[11] 이를 통하여 볼 때 둘의 의미적 공통성이 아주 강하다고 하더라도, '밑'은 지면과 접촉된 <下>의 의미를, '아래'는 지면과 접촉하지 않은 공간상의 의미를 강하게 가진다. '밑'이 지면과 관련이 있다는 것은 이들의 의미가 통합된 '밑바닥'이 결합 가능하다는 것에서도 이를 증명할 수 있다. 그렇지만 '*아랫바닥'은 상대적으로 어색하다. 동의 중복(tautology)으로 여겨지기 때문에 그만큼 '밑'과 '바닥'의 관련성이 높다. 이에 반해 '아랫바닥'이 자연스럽지 못하다는 것은 상대적으로 동의성이 약하다는 것을 반영하는 것이다. 그렇지만 이러한 의미의 차이를 언중들이 이해하고 분간하느냐 하면 꼭 그렇지는 않다. 다만 화자의 습관이나 선호도에 따라 이들이 선택될 수도 있다. 따라서 이들은 이러한 미세한 의미 차이에 있어서만 표현의미의 차이를 볼 수 있다. 공시적 현상에 있어서 의미적으로 변별성을 가진 것이다. 그렇다면 앞으로의 변화에서 이들은 표현 의미의 적용에 따른 것이니까 의미의 통합으로 나아갈 가능성이 높다. 통합은 일반적으로 이들

---

11) 김종택(1980), 국어 어휘 분화의 기제, 남광우화갑기념논총, 일조각에서 이와 관련한 논의를 자세히 다루고 있음.

의미를 다 포함하는 다른 단어를 형성하든지, 아니면 경쟁 어휘 중 하나가 사어가 되면서 그 의미를 같이 획득하는 경로를 밟는다. 이들의 유의 경쟁의 결과는 어떻게 될 것인가? 이광호(2002)에서 유의경쟁의 결과는 대체로 의미적 원인과 음성적 원인으로 나누어 이들의 변화를 설명하고 있다. 그렇다면 '밑'과 '아래'는 유의 경쟁에서 한 단어가 다른 단어의 의미를 포함하는 의미적 원인과는 상관이 없다. 그렇다면 음성적으로 이들이 작용할 가능성을 생각해야 하는데, 음성적 원인으로 작용할 수 있는 것에는 음절 경제성, 동음 회피, 발음의 난이도라는 세 가지 측면을 고려하고 있다. 일단 음절 경제성에서 생각한다면 당연히 '밑'이 생존할 가능성이 높다. 그리고 '아래'는 '以前'의 의미를 가진 단어와 부분적인 동음을 형성하고 있기 때문에 더욱 불리하게 작용할 수도 있다. 이들이 앞으로 통합 쪽으로 나아간다면 '아래'는 사어가 되고 '밑'이 의미적 통합을 이루어 유의 관계를 청산할 가능성이 높은 것이다. 그렇지 않고 이들이 분화로 나아간다면, 각각의 그 의미적 역할이 강화되어 서로 역할이 다른 단어로 독립될 것이다. 가령 공간적 의미의 '아래'와 지면과 맞닿는 부분의 위치를 나타내는 '밑'으로 말이다. 물론 이렇게 변화할 가능성은 상대적으로 낮다. 그리고 지금의 의미 그대로 유의어로 공존할 확률은 훨씬 더 낮아 앞으로의 변화에서 그 가능성을 생각할 필요는 없을 듯하다.

2.3. 통사론적 변별기제

중세 국어에서, 통사론적 변별 기제에 의해 그 의미적 독자성을 가지는 것으로 대표적인 것이 'ㄴ외-다시'이다. 'ㄴ외'는 부정의 서술어에, '다시'는 긍정의 서술어에 공기하는 규칙성을 보인다. 이외에도 '매-엇데-어느', '므슥-므슴' 등이 여기에 속한다. 현대 국어에서 통사론적 변별 기제에 의해 유의어의 의미 차이를 보여주는 것으로는 '마침'과 '공교롭게'가 있다. '마침'은 통사론적으로 긍정의 의미를 지닌 서술어와 공기하고, 공교롭게는 부정의 의미를 가진 서술어와 공기한다.

> (9) <u>마침</u> 그곳을 지나가는 반가운 친구를 만났다.
> (10) <u>공교롭게도</u> 그곳을 지나가는 트럭에 치였다.

이들은 의미소에서만 공통성을 보이고 있을 뿐 실질적으로는 서로 다른 문장에 쓰여, 상당한 변별성을 가진 것들이다. 어떤 의미에서는 서로 다른 단어로 인식할 가능성도 충분히 예견된다. 이들이 공시적으로 유의어로 인정받을 수 있는 것은 의미소에서의 의미적 공통성과 함께 통사론적 변별 기제에 의한 이질성에 의해서이다. '마침'과 '공교롭게'라는 유의어쌍도 교차 분석의 결과를 통하여 변화의 결과를 예측할 수 있다. 통사론적 변별기제에 의해 그 독자성을 가진 이러한 단어쌍은 변화의 결과 앞으로 어떻게 될 가능성이 높을까? 교차 분석의 결과를 토대로 살펴보았을 때, 이들은 의미의 통합으로 나아갈 가능성이 높다. 즉 한 단어는 사어가 되고, 한 단어가 그 의미적 역할을 통틀어 가질 가능성이 높은 것이다. 사어화로 진행된다면 결국 유의 경쟁의 결과 분석에 따라 그 변화를 예측할 수 있다. 결과적으로, 통사론적 변별 기제로 작용했던 이들의 관계는 '마침'이 긍정과 부정의 서술어에 같이 공기하는 현상을 보일 것으로 쉽게 예측이 가능하다. 결과적으로 본다면 당연히 '공교롭게'가 사어가 될 가능성이 높다. 이들 중 하나가 사어가 된다면 왜 '공교롭게'가 사어가 될 것인가? 이들에서는 의미적 요인을 찾기는 어렵다. 그렇지만 [+극성]을 가진 어휘의 생산성과 쓰임의 빈도를 고려한다면[12] '마침'의 생존 확률이 높다. 그리고 음성적 원인에서도 음절 경제성에 있어서 유리한 '마침'이 살아남을 확률이 높다는 것을 예측해 볼 수 있는 것이다. 이러한 현상은 현대 국어에서 이미 그 변화를 보이고 있다. 즉, 마침이 '공교롭게'의 역할까지 포함하여 쓰이는 현상을 보이고 있다.

---

12) 임지룡(1988), 극성의 의미대립 양상, 국어교육연구 20에서 대립어를 검증하면서 [+극성]의 단어들이 가진 생산성을 논의한 바 있다.

3. '사람이름＋-님/∅/-이'의 연관성

　사람이름 다음에 나타나는 '-님/∅/-이' 접미 표현은 다양한 높임의 등급을 나타낸다. 여기서는 그동안 산발적으로 연구되어 온 '-님'과 무표지, 그리고 '-이'가 의미적 공통성을 가진 것으로 보고, 이에 대한 의미적 특성을 살펴보고자 한다. 이들 표현은 일상에서 흔히 쓰이는 양식이지만, 지금까지는 이들에 대한 문법적 기술이 주를 이루었다. 국어학의 기술에서, 음운 층위, 문법 층위, 의미 층위의 특성들은 독자적으로 논의될 필요가 있다. 하지만 문법의 기술에서 의미 추출은 보완의 요소이다. 음운 층위의 기술도 다른 영역의 설명에 보완의 요소로 작용하기도 한다. 따라서 의미 층위의 보다 나은 기술을 위해 음운, 문법의 층위는 중요한 역할을 한다. 하지만 여기서의 기본적 지향점은 의미이다. 이러한 면에서 기존의 논구에서 밝혀진 음운, 문법 층위에서의 '-님/∅/-이'에 대한 기술은 의미, 화용적 기술에 중요한 역할을 제공할 것이다. 동일한 분포를 가지는 상이한 의미 역할의 요소는 의미 기술에 의해 보다 분명히 변별된다.

　존칭접미사와 관련하여, '-님'은 높임의 등급을 가지는 것으로 설명한다. 여기서는 '-님'에 대한 보편적 높임의 의미나 등급을 설정하고자 하지는 않는다. 이는 개별적 기술을 통하여 상위의 의미를 추출할 필요성이 있다고 보기 때문이다. 따라서 여기서는 사람이름 뒤에 나타나는 접미사로 한정하여 '-님/∅/-이'의 의미적 역할을 살펴보고자 한다. 이들이 가지고 있는 의미적 변별성은 몇 가지 중요한 사실을 내포하고 있다. 여기서는 '-님/∅/-이'가 동일한 분포를 이루며, 그 의미적 성분에 있어서도 동일한 의미를 지향하는 것을 전제로 한다. 이를 바탕으로 상이한 환경에서 나타나는 이들의 의미 역할을 살펴보고자 한다. 의미를 기술하는 데 있어서 분리된 논의보다는 동일한 개념의 설정에서 그 차이점을 살피는 것이 더 의의가 있을 것으로 생각하기 때문이다. 이들은 다음의 예에서 보는 바와 같이 몇몇의 공통성을 지닌다. 개별적인 논의에서는 이질성이 우선하지만, 상위의 개념을 설정하였을 경우에는 충분히 공통된 논의점을 발견할 수 있다.

    (1) 한결님이 학교에 가신다.
    (2) 한결Ø이 학교에 간다.
    (3) 한결이가 학교에 간다.

  (1)의 '-님'은 사람의 이름이 자음이든 모음이든 음운론적(음성적) 환경과는 관련이 없이 나타나는 높임표현이다. 주어에서 '-님'이 나타나면 반드시 주체 높임의 선어말 어미가 서술어에 분포하여야만 한다.13) (2)는 주격 조사 '-이'만 나타나는 표현이다. 높임의 가치는 나타나지 않는다. '사람이름＋접미사'를 기준으로 할 때는 무표지 표현이다. 모음 다음에 나타나는 등급은 '-님'과 무표지의 상황만 존재한다. 따라서 이때의 무표지 상황은 세 가지 대립쌍 중 '-님'에 대립하는 두 가지 등급의 특성을 모두 가진다. 하지만 여기서는 변별되는 의미역할을 분명히 하기 위해 '-님 / Ø / 이'의 3개 대립쌍이 나타나는 논의를 중심으로 각각의 의미 자질을 설정하고자 한다. (3)에서의 '-이'는 사람의 이름이 자음으로 끝날 때 나타나는 것으로 일종의 조음소적인 기능을 한다. 동일한 환경이지만 '-님 / Ø / -이'의 차이는 높임의 특성에 따른 문법적, 의미적 변별성을 지니고 있는 것이다. 문법적이라 함은 문법 기제로서의 특정 요소를 취하든지 취하지 않는다든지 하는 차별성에 바탕한 설명이다. '-님'은 분명한 높임의 등급을 가지지만 'Ø / -이'는 그렇지 않다. 따라서 높임의 등급을 기준으로 하였을 때 이들은 직접 변별된다. 즉 높이고자 하는 의도가 있을 경우에는 접미사 '-님'을 선택하고 그렇지 않을 경우에는 'Ø'나 '-이'를 선택할 수 있다는 가정을 할 수 있다. 물론 '-이'는 자음으로 끝나는 사람의 이름에 덧붙는 제한된 것이지만, 일

---

13) 이관규(1998), "'-시-'의 의미와 통사", 「추상과 의미의 실재」, pp.567~575에서는 '-시-'를 화용적 특성으로 설명하면서 '님'과 필연적으로 공기할 수 있는 단위가 아니라고 하였다. 통사적 측면이 아닌 화용적 상황이라면 충분히 가능할 것이다.

단 이들은 높임의 등급을 표현할 수 있다는 점에서라도 어떤 연관성을 고려할 수 있을 것으로 보인다.

 'Ø'나 접미사 '-이'와 '-님'은 그 쓰임에 있어서 높임의 등급을 결정짓거나 혹은 결정된 높임의 등급을 표현하는 요소임은 분명하다. 이러한 높임과 관련된 의미자질을 [±높임]으로 나타내고자 한다.[14] 이들은 또한, 높이려는 대상에 대해 우선적으로 작용한다는 점에서 공통점을 가진다. 우선적으로 작용한다는 것은 표현하려는 문장에서 화자가 대상에 대해, 높임의 등급을 이미 결정하여 표현하는 첫 요소라는 것이다. 그렇다면 결국 '-님 / Ø / -이'는 마음속으로 이미 결정한 높임의 등급을 발화시에 나타내는 우선 표현 요소로 설명하는 것이 바람직할 것이다. 이에 더하여 여기에서 논의하는 '-님 / Ø / 이'는 선행어가 [+사람]이라는 의미자질을 가진 단어 뒤에서 출현한다는 점에서도 공통적이다. 물론 의인화된 생물에서도 광범위하게 분포하지만,[15] 여기서는 논의의 편의상 [+사람]이라는 의미 자질에 덧붙는 요소로 논의를 한정하고자 한다. 따라서 분포상의 공통성을 가지고 있지만, 부분적으로 의미적인 변별성도 나타난다. 당장 높임의 등급에 있어서도 차이가 난다. 이러한 이유로 이들의 관련성을 고려한 연구가 바람직하다는 것이다.

 여기에서는 '-님 / Ø / -이'가 가지는 의미를 통시적인 일련의 연구를 통해서 살펴볼 것이며, 또한 현대어에서 나타나는 실질적 의미도 고찰하고자 한다. 단순히 현대어적인 관점에서 그 문법적, 의미적 현상을 고찰하는 것은 부족한 점이 있을 것이라 판단하여, 중세어 자료를 본 연구의 출발점으로 삼고자 한다.

---

14) 현대어에서 높임의 등급과 관련하여 낮춤의 의미에 대한 부정적인 입장을 고려하여, [-존대]의 의미 자질을 비존대(zero價의 존대)의 입장에서 기술하기도 한다. 하지만 여기서는 이분적인 개념의 설정으로 다루질 않기에 낮춤의 등급도 유표적 입장에서 고려하기로 한다.

15) 동화나 동요에서 동물이나 식물을 높임의 대상으로 취급하면서 '-님 / -이'가 설정되기도 한다. 그리고 '-님'의 경우에는 자연 숭배 사상에 근거하여 나타나기도 한다(해-님, 달-님, 별-님, 비-님).

3.1. 선행연구의 검토

현대어 뜻풀이로는[16] '-님'이 접미사로서 '남의 이름이나 어떠한 명사 밑에 붙어 존경의 뜻을 나타내는 말'로 되어 있다. 그리고 이와 관련하여 명사 '임'은 '사모하는 사람'으로 나온다. 접미사 '-님 / Ø / -이'에 대하여 함께 살펴본 논문은 보이지 않지만 이들에 대한 개별적인 언급은 다음과 같이 나타난다. 특히 '-님'에 대해서는 존칭의 의미를 지니는 것으로 통일된다.

최현배(1977)[17]에서는 '-이'를 '소리 고루는 뒷가지'라고 하면서, '기러기, 꾀꼬리와는 달리 다만 소리를 고루는 것으로 '쇠돌이, 복동이'는 '쇠돌', '복동'의 변형이라고 하였다.

정인승(1956)[18]에서는 이름씨를 낮추어 일컫는데 쓰이는 것이라고 하였고, 고영근(1989)[19]에서는 인명 아래의 '-이'가 받침 있는 경우에 국한하여 나타나기는 하지만 비인명의 경우에는 나타나지 않음을 설명하면서 단순히 조음적인 요소가 아닌 가의적 기능을 가진 것으로 살펴보고 있다. 그리고 접미사의 분류에서 어휘적, 통사적인 구분법을 쓰면서 이를 어휘적인 것으로 분류하고 있다.

홍사만(1977)[20]에서는 '-님'이 '존경'의 의미 자질을 갖지만 경어화된 어기와의 통합은 불가능하다고 설명하였다. 그리고 높은 지위나 계급을 표시하는 어기에 통합되는 '-님'에 있어 제약이 없다는 사실은(태자님, 지사님, 장관님, 장군님 등) 그 어기가 단순히 직책이나 계급의 위치를 표현할 뿐 존경의 標識는 없음을 말해 준다고 하였다.

고영근(1989)[21]에서는 '-님'이 자립명사 '임'의 음운론적 이형태임을 들어 형식명사성을 논의하는 것(최현배 1977, 김계곤 1969)[22]에 대해 분포상의 제약

---

16) 이희승(1981), 「국어대사전」, 민중서림.
17) 최현배(1977), 「우리말본」, 정음사, p.673.
18) 정인승(1956), 「표준고등말본」, 신구문화사, p.86.
19) 고영근(1989), 「국어 형태론 연구」, 서울대학교 출판부, p.574.
20) 홍사만(1977), "국어 접미사 목록에 대한 재고(I)", 어문학 36, 한국어문학회, pp.115~116.
21) 고영근(1989), 「국어 형태론 연구」, 서울대출판부, pp.516~517.

과 자립성의 문제를 들며 재고해야 할 것으로 이야기하고 있다. 그리고 '-님'은 보통명사에 붙는 것으로 기술하고 있다.

이상의 선행 연구를 통하여 점검해 보아야 할 것은 다음과 같다.

1) 접미사 '-님 / 이'에 대해서 높임의 등급 이외의 의미적인 특정 자질을 부여할 수 있느냐 그렇지 않느냐의 문제를 점검해야 할 것이다.
2) 만약 높임 이외의 특정 의미 자질을 부여한다면 과연 어떤 의미 자질을 설정할 수 있느냐는 문제도 관심의 대상이 될 수 있을 것이다.
3) 단순한 공시적 차원의 의미 특성을 논의할 것이냐 아니면 통시적인 의미 관련성을 고려할 것이냐는 문제도 연구의 대상이 될 수 있을 것이다.
4) 문법적 기제를 동반하는 통사적 특성을 가지느냐는 것도 하나의 관심사가 될 수 있다.
5) '-이'는 조음소로서의 역할만 가진 것인지 아니면 다른 요소와 변이형태로서의 특성이 나타나는지, 아니면 다른 특정의 의미 자질을 가진 것인지를 점검해 보아야 할 것이다.

3.2. 접미사 '-님'의 의미 특성

선행 연구를 통하여 점검해 보아야 할 사항을 짚어 보기 위해, 우선 '-님'이 명사로 쓰이는 어례를 통하여 이와의 관련성을 살피고자 한다. 이것은 통시적인 의미 관련성을 고려할 수 있느냐의 문제와 특정의 의미 자질을 첨가할 수 있느냐는 문제를 해결해 줄 것이다. 당연히 현대어에서의 형식명사성은 여기서의 논의와 그 쟁점이 맞지 않는다. 결국 명사로서의 '임'과 접미사로서의 '-님'이 공존하고 있기 때문에 접미사 '-님'의 형식명사성을 찾으려 애쓰는 것은 별로 의미가 없을 것으로 보이기 때문이다. 그렇다면 현재

---

22) 최현배(1977), 「우리말본」, 정음사, p.652.
　　김계곤(1969), "현대국어의 조어법 연구", 인천교대 논문집 4, p.123.

공존하는 '임 / -님'에서 명사가 먼저냐 접미사가 먼저냐 하는 논의를 생각할 수 있고, 이는 결국 역사적인 연구가 바탕이 되어야 할 것으로 보인다. 그러나 의미의 추출 외에, 이들의 기원적인 모습을 점검하는 것은 이 글의 논점에서 벗어날 것으로 보여 이에 대한 것은 일반적인 논의를 따르고자 한다. 즉 실사에서 허사로 나아가는 변화의 과정에서 실사의 의미적 특성을 그대로 이어받는 경우가 많은데, 여기에서는 이 논점을 유지하고자 한다.

중세어에서 '님'은 명사로서 '임금, 주인' 그리고 '사랑하는 님'의 뜻으로 쓰인다.23) 이들의 예는 다음과 같은 것이 있다.

> (4) 數萬里△ <u>니미</u>어시니＜용31＞
> (5) 셜온 <u>님</u> 보내옵노니 가시는 듯 도셔오쇼셔＜가시리＞
> (6) 이 몸 삼기실제 <u>님</u>을 조차 삼기시니＜송강1 : 11＞
> (7) <u>님</u>다히 消息을 아므려나 아쟈흐니＜송강1 : 16＞
> (8) 내 <u>님</u>믈 그리ᅀᆞ와＜정과정＞
> (9) 넉시라도 <u>님</u>은 흔디 녀져라＜정과정＞
> (10) <u>님</u>을 흔디 녀닛 景 너기다니＜만전춘＞
> (11) <u>님</u>하 오눐나래 넉시라도 마로리어다＜월8 : 102＞
> (12) 아소 <u>님</u>하＜정과정＞

(4)~(12)에서 '-님'이 가진 기본적 의미는 '사랑하는 사람'이다. 형식상 (4)~(10)은 지시어의 형식을 취하고 있고, (11)과 (12)에서는 호칭어의 형식으로 나타난다. 이는 명사로 쓰이는 '님'의 호칭어와 지시어 형식이 동일하다는 것을 말해 준다. 호칭어 형식은 지시어의 형태에서 호격조사의 첨가에 의해서 표현된다. 이러한 형태적 동일성은 현대어에서 호칭어 쓰임을 확대하는 계기가 되었다. 한자 ＜主＞에 따른 자석어로 ＜자회 中1＞과 ＜유합 上 16＞에 쓰이는 '님'이 '주인'과 관련이 있다. 여기서의 '-님'은 현대어에서 '주인'과 유의어로 쓰이는 '임자'의 용례와 연관을 시켜 생각해 볼 필요가

---

23) 유창돈(1964), 「이조어사전」, 연세대 출판부.

있다.[24] 어차피 '자(子)'가 별 의미 없이 쓰이는 접미사라고 생각한다면 결국 중세어에서 쓰이는 '주인'의 의미도 '님(임)'과 관련이 있음을 보여준다. 중세어에서 접미사로서 쓰이는 '-님'의 예는 다음과 같다.

 (13) 아두넚긔 衰服 니퍼ㅅ붕니<용25>
 (14) 아바넚긔와 아ᄌᆞ마넚긔와<석6 : 1>
 (15) 兄님올 모롤씨<곡4>
 (16) 히님 향ᄒᆞ야<分온8>
 (17) 우리 스승님이 연등볼 보ᅀᆞ오샤<남명상 54>
 (18) 아바님 지ᄒᆞ신 일홈<용9>
 (19) 母는 어마니미라<월2 : 12>
 (20) 아자바넚 棺올 메ᅀᆞ방지이다<월10 : 10>
 (21) 아ᄌᆞ마니믄 大愛道롤 니르시니<석6 : 1>
 (22) 스승니믈 尊ᄒᆞᅀᆞ오미오<법화3 : 108>
 (23) 아둘님이 나샤 나히 닐구비어늘<월8 : 84>
 (24) ᄒᆞᆫ ᄯᆞ님 나코 그 아비 죽거늘<석11 : 40>
 (25) 淨飯王ㅅ아ᅀᆞ니믄 白飯王과<월2 : 11>
 (26) 둘넚긔 구룸 몯둧<월곡83>
 (27) 아바님 날 나ᄒᆞ시고<송강下51>
 (28) 어마님 날 기르시니<송강下51>
 (29) 妳妳 각시님<역上26>
 (30) 녈 손님 지내옵네<해동p13>
 (31) 므슴 됴ᄒᆞ신 누의님하<박초상 47>
 (32) 이보오 벗님네야<가곡55>

 (13)~(32)까지의 어례에서 볼 때, '-님'은 전부 선행어를 높여주는 역할을 하고 있다. 그리고 (13)에서 (30)까지의 예문은 지시 표현으로서 접미사

---

24) 이와 관련하여 번역노걸대에서도 많은 용례가 나타난다.
 쏘 살 님자도 셔디 아니ᄒᆞ며(번노11a), 속졀업시 짱님자와 거릿 평신을다가 의심ᄒᆞ야 텨져주니(번노28b), 내 너 위ᄒᆞ야 님자 어더다 푸로마(번노69b)

'-님'을 취하고 있는 어례들이다. (29) 역어유해에서는 자석어라는 객관적 형식을 동반하면서 접미사 '-님'을 붙인 '각시님'이 나타난다. (31)과 (32)에서는 호칭의 형식을 취하고 있는데, '누의(이)'와 '벗'이라는 평칭의 지시어에 '-님'과 호격조사가 연결되면서 높임의 의미를 전달하는 호칭어의 형식을 만들고 있다. 결국 접미사를 제외한다면 호칭어와 지시어의 형태가 동일하다. 이러한 형태적 특성이 현대어에서 '사람이름+님'의 호칭 형태도 가능한 것으로 만든 것이다.

'-님'에 대한 호칭어와 지시어의 용례를 다음의 번역 노걸대(1517)와 동국신속 삼강행실도(1670)의 예들을 비교하여 점검해 보기로 한다.

    (33) 큰 형님(번노1a)
    (34) 형아 날드려 긔걸ᄒᆞ야라(번노66a)
    (35) 스승님끠 글 듣줍고(번노3a)
    (36) 아바님니 할마님 쪄나기롤 몯ᄒᆞ시니(동국孝6 : 8b)

(33)~(34)는 호칭어의 용례를 보여준다. (33)의 호칭어는 (34)에서 나타나는 '형'인데, 이에 호칭어의 형태가 되면서 '-님'을 병기하고 있다. 물론 여기서도 분명한 것은 '형'이라는 단어가 객관적으로 [+연상]이라는 높임의 지위를 확보하고 있는데도, 다시 접미사 '-님'을 병기하고 있다는 사실이다. (33)과 (34)를 볼 때, '형'이라는 지시어는 호칭어가 '형'과 '형님'으로 나타난다. (35)와 (36)은 지시어의 형태에서 '-님'이 병기되어 있다. 따라서 '-님'을 병기하느냐 그렇지 않느냐에 따라 높임의 자질이 차이가 난다고 볼 수 있다. 여기서 높임이라는 자질은 이미 '형'이라는 단어에 내포되어 있다는 것을 생각한다면 '-님'이라는 요소는 사실상 필요 없는 것일 수도 있다. 그렇지 않다면 언어 표현에 있어 더 높은 가치로의 전달이 필요할 때 '-님'이 필요하다는 것을 생각할 수 있다. 결국 '-님'이 단순한 잉여적 정보 표현이 아니라면 객관적 위치에서 이미 높임의 의미를 확보하고 있는 단어들에 붙어 그 높임의 가치를 더욱 높여주는 것으로 보여 진다. 현대어에 있어서도

이러한 차이는 쉽게 찾아볼 수 있다. 가령 '형'이라는 말은 중세어에서 자석어 '묻'에 대응하는 단어이었지만 요사이는 상당히 그 의미영역이 확대되었다. 그 의미 확대의 단계를 생각해 보면 다음과 같다.[25]

[＋혈연][＋남자][＋제일][＋연상][26] → [＋혈연][＋남자][±제일][＋연상]
→ [±혈연][＋남자][±제일][＋연상] → [±혈연][±남자][±제일][＋연상][27]

그렇지만 여기서 공통적으로 나타나는 자질은 [＋연상]이다.[28] 이는 결국 지위에 있어 '형'은 이미 높임의 대상이 된다는 이야기이다. 그러나 일반적으로 현대어에서는 혈연관계에서 결혼 이전에 부르는 말로는 '형'이, 결혼 후에 부르는 말로는 '형님'으로 등급을 나누고 있다. '형'보다는 '형님'이 객관적으로 더 높은 의미 가치를 지닌 것으로 생각하고 있다. 결국 '-님'이라는 접미사는 이미 높임의 가치를 가지고 있는 것이라고 할지라도 더 높일 필요가 있을 때 쓰인다.[29] 그렇다면 '-님'은 잉여적 자질이 되는데도 현대어에까지 상당히 보편적으로 인정되고 있는 접미사인 셈이다.

국어의 높임 표현에서 상대방을 높여주는 것만을 생각한다면, 아주 높임

---

25) 자질의 설정에서 잉여적으로 나타나는 것도 있지만 그 변화를 비교하여 보여주기 위하여 가능한 조건들을 모두 설정하였다.

26) 중세어에서의 자석어 '묻'을 고려할 때 '第一'이라는 의미를 추출할 수 있다. 자세한 것은 이광호(1986), "한자 자석어 변천 연구", 경북대 석사, pp.13~16을 참고할 것.

27) 보편화된 것으로 보기는 힘들지만, 여학생들이 남자 선배를 보고 부르는 호칭으로 '형'을 사용한다. 이는 '형'의 의미가 확대되어 가는 과정에서 나온 것이 아닌가 한다. 그리고 여자 동서지간에도 이러한 예가 나오는데 손위 동서에게 '형님'이라고 부르는 것이 그 예이다. '형님'이라는 호칭으로 제한되어 있기도 하지만, '형'의 쓰임이 확대된다면 이러한 예가 일반의 손위 여자일 때도 보편적이 될 가능성도 배제할 수 없다.

28) 화용적인 상황에서는 높임과 관련 없이 모르는 사람에게도 '형씨'라는 호칭어가 사용되기도 한다.

29) 일반적으로, 여기서 높임의 가치를 가진다는 것은 '님'의 접미가 가능한 상황을 전제로 했을 때이다. 직위나 직급이 높다고 생각하는 사장, 시장, 총장 등이 단순히 높임의 의미를 가지는 것이 아니라, '님'의 접미 상황을 고려할 수 있을 때에 1차적으로 높임의 자질을 가지는 것이다.

의 표현과 예사 높임의 표현은 같은 역할로 공존하고 있다. 이와 동일한 현상으로 본다면 접미사 '-님'이 가지고 있는 역할을 간접적으로 짐작해 볼 수 있다. 단지 높인다는 의미를 가지고 표현하기에는 부족하여 표현상의 확대를 고려한 것이다. 이러한 의미가 '사람이름+님'의 '-님'과 관련이 있다.

홍사만(1983)[30]에서는 특수 조사의 전성과정을 '본원적으로 명사나 동사, 부사처럼 실질적 의미를 가진 형태로부터 전성된 것이 많은데, 사적으로 이들이 조사의 기능어가 되는 파생과정에서 반드시 부사어의 단계를 거치고 있다'고 설명한다. 이러한 과정을 고려한다면 역시 접미사도 마찬가지의 경로를 생각할 수 있을 것으로 보인다.[31]

이를 토대로, 실사에서 허사로의 변화를 고려하여, 접미사 '-님'은 기원적으로 임금, 주인, 사랑하는 사람의 의미를 가진 명사 '님'에서 왔다고 봐도 무난할 것 같다.[32] 물론 그 기원적 형태에 대해서는 좀 더 살펴보아야 하겠지만 그 관련성은 충분히 고려할 수 있을 것으로 보인다. 그렇다면 여기서, 현재 '-님'이 가지고 있는 [+높임]의 의미는 명사로 쓰이는 것에서부터 이어졌다고 짐작할 수 있다. 즉 명사 '님'에서 쓰이는 그 높임의 의미가 지금까지 접미사 '-님'에 지속적으로 나타난 것이다. 그런데 주인이나 임금의 의미보다는 1차적 의미로 '사랑하는 사람'의 뜻으로 더 많이 쓰였다는 것을 생각한다면 이 의미를 단순한 [+높임]의 의미만으로 생각하기에는 아쉬운 점들이 있다. 따라서 여기에 다른 의미가 더 첨가될 수 있지 않을까 하는 생각이 든다. 이미 높임의 의미를 가진 호칭에 덧붙는 '-님'을 생각할 때는 기본적으로 존경, 사랑의 의미도 같이 포함되는 것이다. 결국 '임금'에

---

30) 홍사만(1983), 『국어 특수 조사론』, 학문사, p37.

31) 예를 들면 조사 '조차'는 '좇(從, 隨-'이라는 동사의 어간에 부사형어미 '-아'가 붙어서 이루어진 것이고, '부터'는 동사 어간 '븥(附, 着)-'에 '-어'가, '나마'는 동사 어간 '남(餘, 越)-'에 '-아'가 붙어 이루어진 것으로 보고 있다. 조사 '마저'는 동사 혹은 명사로서의 기능을 가지는 '뭊(뭇, 못 : 終)'에 어미 '-아'가 붙어 우선 '〻자〉마저'로 부사가 되었다가 다시 '〻저〉마저'의 특수조사로 이행되었음을 설명하고 있다.

32) 유창돈(1964). 『이조국어사연구』(1964 : 222)에서도 '아바님, 어마님의 -님은 님[主]의 허사화인 듯한데 15세기에 이미 존칭의 접미사로 쓰였다고 언급하고 있다.

대한 표현에서의 '님'은 단순히 높임의 의미만 가진 것이 아닌 것으로 판단되기 때문이다. 애정이 담긴 표현인 것이다. 요사이 사람의 이름 뒤에 '-님'을 흔히 붙인다. 이는 결국 '-씨'라는 말 대신에 사용함으로써 사랑하는 사람을 부르듯 하는 친밀도도 같이 전달하고자 하는 것으로 여겨진다. 그래서 여기서는 기원적 의미에서 '님'을 고려할 때 '-님'은 [+높임]과 [+친밀도]라는 자질을 가지고 있는 것으로 보고자 한다. 친밀도는 '지내는 사이가 몹시 친하고 가까운 정도'로 설명되고 있다(이희승, 1981). 따라서 여기서는 개인적 친분을 나타내고자 하는 의도적 표현 자질을 [친밀도]로 설명하고자 한다. 현대어에서 '-님'은 직접 부를 수 있는 호칭어가 없을 때 그에 해당하는 지시어(직업, 직위 따위)를 이용하여 호칭어로 만든다. 그러나 일반적인 표현에서의 '-님'은 친밀도라는 자질을 부분적으로만 가질 수 있다. 하지만 '사람이름+님'의 경우에는 그런 의도성이 분명히 나타난다. 개인적 친밀도를 가질 때 혹은 가지려는 의도가 있을 때 등장하는 것이다.

결국 '사람이름+님'이 가진 의미는 두 가지로 볼 수 있다. 첫째는 객관적 대상이 높임의 자질을 가지는 것이든 그렇지 않은 것이든 표현 대상에 대해 [+높임]의 자질을 첨가하는 것이고, 둘째는 대상에 대해 [+친밀도]라는 의미자질을 첨가하는 것이다. 일반적으로 객관적 높임의 자질을 가지고 있는 대상을 더욱 높이고자 할 때 '-님'을 쓰는 것이기 때문에, 이미 '-님'이 첨가되는 그 자체만으로 높임의 등급을 강화한다고 할 수 있다. 현대어에서 '-님'이 직책 다음에 보편적으로 쓰이는 것은 객관적 위치를 주관적인 친밀도와 관련을 시키고자 하는 것과, 호칭어가 발달하지 못한 언어적 특수성과 맞물려 보다 더 확산되는 것이다. 그리고 이에 더하여 이미 높임의 등급을 획득한 말에 보다 더 높이려는 표현상의 욕구도 가미된 것이다. 이러한 의미 자질을 감안하여 '사람이름+님'의 의미 역할은 사람이름에 대한 높임의 의미와 친밀도라는 의미적 성질을 갖는다.

3.3. 접미사 '∅/-이'의 의미 특성

'-이'에 대해서는 많은 연구가 되어 있다. 초창기 연구에서부터 최근에 이르기까지 이에 대한 문법적인 고찰에서부터 시작하여, 의미적인 고찰로까지 다양하게 나타난다. 이들의 연구는 대체로 크게 두 가지로 대별할 수 있다. 첫째는 의미와는 관계없는 조음소 혹은 변이형태로의 관점이고, 둘째는 의미 특성을 첨가하는 관점이다. 처음에는 의미 역할과의 관련성을 고려하지 않은 논문이 주를 이루다가 점차 의미 특성을 살피는 쪽으로 옮겨가고 있다. 그 의미 특성도 다양하게 점검하고 있지만 분명한 결론은 나지 않은 상태라고 할 수 있다. 이미 언급된 '-이'와 관련된 논문의 맹점을 우선 점검해 보고 이에 대한 의미를 구체적으로 살펴보도록 하겠다. 이에 대한 점검은 '-님'의 특성을 살피는 방법과 동일한 방법을 취하여 우선 접미사 '-이'의 통시적인 모습을 살피고, 그 의미특성을 고려하기로 하겠다. 그러나 '사람이름+이'의 형태는 중세국어에서도 다양하게 나타난다. 다음 석보상절의 예들을 통해 의미를 점검해 보자.

> (37) 目連이ᄃᆞ려 니ᄅᆞ샤ᄃᆡ(석6 : 1)
> (38) 阿難일 시기샤(석6 : 10)

물론 여기서는 [+높임]의 의미 자질은 확인되지 않는다. 그리고 친밀도라는 의미적 특성은 주체와 관련하여 부분적으로 짐작할 수 있을 뿐이다.

이와 함께, 접미사로 쓰이는 '-이'를 중심으로 하여 그 예들도 살펴보겠다. '-이'와 관련 있는 것으로 우선 생각되는 것이 불완전명사로서의 '이'이다. 물론 의미는 사람과 관련이 있다. '-이'도 역시 사람을 나타낸다는 점에서 그 연관성을 쉽게 짐작할 수 있다. 하지만 정확한 의미 관련성을 살펴보기 위해서는 그 어례를 통하여 직접 의미를 점검해 나가는 것이 바람직할 것 같다. 다음의 용례에서 나타나는 '-이'는 형태 의미상으로 보아 불완전명사인 '-이'와 관련이 있는 것으로 보인다.[33]

사람이 가살스럽다		가살이
얌전하다	→ 그러한 사람(이) →	얌전이
애꾸눈을 가진다		애꾸눈이
구두닦는 일을 한다		구두닦이

중세어에서도 불완전명사와의 관련성은 쉽게 짐작할 수 있다.

무을 까온대 <u>늘근이</u>들히		늘근이
얼우니며 <u>져므니</u> 이 經 듣고(석19 : 1)		져므니
나라 <u>니스리</u>롤 굿게 ᄒ시ᄂ니(석6 : 7)	→ 그러한 사람(이) →	니슬이
그 <u>드르리</u>(능94)		드를이

이들은 전부 불완전 명사 '이'를 수식하는 관형어와 결합하는 형태에서 하나의 단어로 구성된 것이다. 근대어에서도 이런 관련성을 보이는 예들이 많이 나타난다.

고공이(雇傭人, 고공) : 作活的 고공이(역보59)
젓독발이(跛, 젓독발) : 조막손이어나 젓독발이어나(무원1:25)
비보로기(비+보록) : 제 옷 덥고 비보로기 미고(박중상50)

여기서의 '-이'는 결국 중세어에서부터 나타나는 불완전명사와 관련이 있는 접미사로, 그 변화는 '-님'과 동일한 모습을 보인다. 따라서 '사람이름 +이'에서의 '-이'는 기원적으로 [+사람]이라는 의미특성을 기본적으로 가진 것이다. 그렇지만 그 기원적인 형태가 불완전 명사임을 감안한다면 또 다른 의미 정보를 얻기는 용이하지 않다.

현대어에서 '-이'가 접미사로 쓰이는 예들을 살펴보면 다음과 같다.

---

33) 이들은 형태상 '어근+이'(가살이, 얌전이), '복합명사+이'(애꾸눈이), '명사+동사+이'(구두닦이)의 형태를 가지지만 기원적으로는 수식어와 피수식어의 특성에서 연유된 것이다.

   1) 식충이, 노랑이, 맹문이, 조막손이, 반실이, 무언이, 악착이, 억척이. 허
     풍선이, 가살이, 도망꾼이, 곰배팔이, 외눈이, 반편이, 애꾸눈이, 까막
     눈이, 사팔눈이, 자웅눈이, 네눈이, 들창눈이, 육손이, 곱사등이, 절뚝
     발이.
   2) 절뚝이, 뚝뚝이, 살살이, 똘똘이, 삐뚤이, 쿵쿵이, 까불이, 오뚝이, 배불
     뚝이, 더퍼리, 껄렁이, 껑충이, 물컹이, 출랑이, 합죽이, 홀쭉이.

이들은 'X 특성이 있는'이라는 의미를 가지고 있다[34]. 결국 '사람이름+
이'의 '-이'도 의미상 [+사람]이라는 의미 특성을 첨가하는 불완전 명사에
서 왔다는 사실을 짐작해 볼 수 있다. '복동이, 순돌이'에서의 '-이'는 사람
이름 뒤에서 실현되는 것으로 볼 때 인칭과 관련이 있다는 사실에 대해서는
이견이 없을 듯하다. 그렇다면 어말자음의 다음에 실현되는 '-이'는 어떤
역할을 하는 것일까? 단지 조음소로서의 역할뿐인가? 아니면 변이형태로서
의 실현이라고 할 수 있는가? 아니면 다른 어떤 의미 자질을 내포하고 있는
것일까? 이러한 가능성을 하나하나 점검해 보기로 하겠다.

   (39) 순돌이(가) 밥을 먹고 있다.
   (40) 철수가 순돌(이)에게 밥을 먹이고 있다.
   (41) 철수가 순돌(이)을/를 꾸중하고 있다.

먼저 조음소라는 측면에서 이들을 먼저 생각하기로 하자. 최현배에서 '소
리 고루는 씨가지'라는 언급 이후로 이를 조음소로 취급을 하기도 했다. 하
지만 여기서 고려해 볼 수 있는 것은 '-이'를 뺀 음이 부자연스러우냐 하는
점이다. 그리고 이에 대한 음운적 조건을 고려할 때 자동적 교체로 이어지
지 않는다는 점이다. 그렇다면 결국 이러한 음의 연계에서 발음이 부자연스
러운 것은 아니다. 음절말 자음 다음에서 '-이'가 출현하지 않더라도 발음

---

34) 이와 관련되는 논의는 홍사만, 「국어의미론연구」, 형설출판사(1994 : 202~220)에서도 이
   미 언급이 되었다.

에 있어서는 별로 이상한 점이 없다. 그렇다면 음성적 실현으로 볼 때 (39)~
(41)의 예문에서 '-이'의 존재는 별로 중요한 요소가 아닌 것이다. 그런데
사람 이름 뒤에 실현되는 '-이'는 우리의 의식 속에 분명히 음을 고르는 요
소로 자리하고 있다는 점을 생각해 볼 수 있다. 그런데 여기서 당연하게 생
각해 왔던 조음소로서의 역할을 달리 볼 수는 없을까?

이들은 사람의 이름이 자음으로 끝날 때 그 자음 바로 뒤에 출현하는 형
태임이 분명하다. 모음의 뒤에서는 나타나지 않는 것으로 보아 '-이'와 ∅
의 두 요소를 생각하면 이들은 변이형태라고 볼 수 있다. 그런데 변이형태
라고 봤을 때의 문제점은 출현 요소의 필연성 문제이다. 다시 말하면
(39)~(41)의 예에서 우리는 '-이'를 탈락시킨 형태로의 표현이 가능하다.
그렇다면 이것이 환경에 따라 반드시 실현되는 요소가 아니라는 점을 감안
한다면 결국 변이형태만으로 보기에도 곤란한 점이 있는 것이다. 발음상 매
끄럽게 하기 위한 조음소의 구실도 어느 정도 가진 것으로 보여 진다. 그렇
지만 이는 음성적으로는 조음소로서의 역할을 취하고 있는 부분이 있고, 형
태론적인 관점에서는 변이형태로도 볼 수 있는 부분이 있다. 그렇지만 앞에
서 지적한 바와 같이 이렇게 설명하기에는 어딘가 부족한 부분이 있다는 점
도 고려해야 할 것이다. 그리고 이에 대해서는 어차피 하나의 결과만으로
단정하여 말한다는 것은 애초에 의미가 없는 것일 수 있다. 따라서 의미론
적 관점에서의 기술이 결국 '-이'의 역할을 더 분명히 할 수 있을 것이라고
본다. 그렇다면 여기에서 추구하고 있는 의미론적 관점에서 살펴본다면 '사
람이름+-이'는 어떤 의미역할을 가지고 있는 것일까? 이 의미 역할을 통해
서 이러한 관점들을 보완할 수 있을 것으로 생각하면서 다음의 예들을 통해
서 점검해 보기로 하자.

(42) 순돌이가 사랑에 빠졌단다.

일단 이 예문은 [+높임]의 자질이 배제된 상태에서 쓰이는 표현이다. 상

대적인 가치를 고려한 높임법을 생각하면, 높임을 나타내는 표현 '-씨'나 '-님'이 배제된 것이니까 상대적으로 낮은 가치를 가진다고 말할 수 있다. 그런데 이 대화에서 생각할 수 있는 점은 화자가 말할 때, 말하는 사실이 청자와 공지하는 인물로 생각하고 발화한다는 사실이다. 다른 요소에 의해 공지의 인물임을 가정할 수 있는 부분은 없기 때문이다. 조사 '-가'가 '-는'과 대비하여 미지의 정보를 나타내는 요소임을 감안할 때, '-가'는 공지의 인물일 것이라는 화자의 의도와 관련이 없음을 생각할 수 있다. 단지 화자의 의도에서만 청자도 공지하는 인물일 것이라는 생각을 하고 있는 것이다. 이러한 공지 사실을 전하는 의미 역할을 [+친밀도]라는 의미 자질로 나타내고자 한다. 왜냐하면 친밀한 사이가 아니라면 공지하는 인물로 나타낼 수 없을 것이기 때문이다. [+친밀도]라는 의미 자질을 설정하는 것은 화자가 파악할 때, 친근하다고 생각하는 마음을 가질 때, 자신이 알고 있는 인물을 자연스럽게 제시할 수 있다고 보기 때문이다. 물론 이 자질은 순수하게 화자의 의도에서만 파악할 수 있는 자질이다. 다음의 예문을 통해 역사적 사실을 나타낼 경우도 생각해 보자.

(43) 이완용이가 나라를 팔아 먹었단다.
(44) *세종대왕이가 한글을 만들었단다.

여기서는 재미있는 사실이 드러난다. 동일한 음운 조건이지만 (43)에서는 충분히 가능한 말투가 되고 (44)에서는 일탈문이 되어 버린다. 즉, (43)의 예문에서는 주격조사 '-가'가 있든 없든 문제가 되지 않는다. 그러나 (44)에서는 주격조사 '-가'의 출현이 의미상 불가능해진다. 이것은 주격 조사로서의 기능을 가진 '-이'에 의한 '세종대왕이-'로 하든지 아니면 높임의 표현을 동반하여 '세종대왕께서 한글을 만드셨단다'로 표현하는 것이 자연스럽다. 물론 '-님'을 붙인다면 높임의 가치를 더욱 높게 만드는 작용을 할 것이다. 이것을 감안한다면 '-이'는 단순히 화자가 청자와의 공지 대상이라는

어감과 함께, 또 다른 의미도 전달하고 있음을 알 수 있다. 즉, '-이'가 붙
는 것에는 상대적인 낮춤의 표현이 아닌 절대적인 가치로 볼 때도 낮춤의
의미를 가진 것이다.

의미상으로는 일차적으로, 화자가 표현상에서 친밀도를 높여주기 위한 주
관적 감정가치의 표현을 나타낸다. 이것이 공지의 인물로 알고 표현하는 역
할과, 화자의 입장에서 그것에 대한 낮춤의 의미를 내포하는 역할을 할 수
있다. 그래서 결국 과거의 사실일 경우에는 주관적 감정가치 중 비하의 의
미를 첨가하는 기능을 가지는 것으로 나타나는 것이다. 역사적 사실의 표현
에 있어서 비하의 가치를 첨가할 수 없는 대상이라면 쓰이지 않는다. 그리
고 동일한 환경의 것이라 하더라도 객관성을 가지는 것이라면, '-이'가 탈
락하는 ∅표지를 가지는 특성을 보인다. 따라서 객관적 표현인 신문기사에
서는35) ∅표지가 자연스럽지 '-이가'라는 표현은 쓰이지 않는다.

> (45) 순돌이가 학교에 간다.
> (46) 김순돌이 학교에 간다.
> (47) 철수가 학교에 간다.

사람이름 다음의 표지를 생각하면 (45)는 '-이', (46), (47)은 ∅로 나타난
다. 그러면 여기서 나타나는 '-이 / ∅'의 변별의미는 무엇일까? 과연 어떤
의미 차이가 존재하는 것일까? 결국 '사람이름+∅'로 나타나는 것은 상대
적으로 봐서 보다 객관적 상황의 설명으로 보는 것이 바람직하다. 개인적
가치는 배제한 표현인 것이다. 이와는 달리 '-이'는 가의적 기능을 담당하
고 있다.

'사람이름+-님 / ∅ / 이'를 함께 고려해 본다면 이들의 관계는 더욱 명확
해진다.

'-님'은 [+높임]의 가치를 표현하는 것으로 이에 더하여 [+친밀도]라는

---

35) 독립신문에서는 '-이가' 표현이 나타나지만, 현대국어에서는 이 표현이 어색하다.

의미 특성을 첨가한다. 그렇지만 '-이'는 [-높임]의 가치를 표현하는 것에 [+친밀도]라는 의미 특성을 첨가한다. 이는 결국 '-님'은 높임의 가치를 가지고 있다면 결국 그 높임의 가치를 더 높여 주고, 그렇지 않다면 이에 [+친밀도]라는 의미 자질도 첨가해 주고 있다. 상대적으로 '-이'는 이미 주관적 감정 가치에서 [-높임]의 의미 가치를 가지고 있기 때문에 여기에서의 친밀도는 상대적으로 더 낮은 가치로 작용한다. 결국 이들은 하나의 의미자질로 설명되는 것이 아니라 그 의미 자질이 복합적으로 작용한다. 물론 [+친밀도]라는 공통적 의미자질을 가지고는 있지만 이것이 [±높임]의 의미 자질과 복합적으로 작용하면서 긍정 혹은 부정의 의미 가치를 더욱 강화시켜 주는 요소가 된다. 그래서 [-높임]에서는 친밀도라는 의미자질이 낮춤의 의미를 더욱 강화시켜 주는 역할을 하게 된다. 여기에서 결국 [+사람]이라는 자질을 가지는 요소 뒤에 덧붙는 접미사는 [±높임]의 자질에 의해 '-님'과 '∅ / -이'가 구분되고, [±친밀도] 자질에 의해 '∅'와 '-이'가 다시 구분된다. 따라서 이들의 자질은 '-님 / ∅ / -이'가 각기 [+높임][+친밀도] / [-높임][-친밀도] / [-높임] [+친밀도]로 구분되어져 나타난다.

제6장
유의성 분석

　유의어는 여러 가지 방법으로 분석이 가능하다. 일반적으로 유의어로 인정되더라도 그 분석의 방법은 다양하다. 여기서는 의미 자질의 설정이라는 틀에 기대어 유의어를 분석한다. 또한 통시적 변화를 살피기 위해 유의어로 설정되는 각 단어들의 형태적, 의미적 추이도 검토한다. 지금까지 유의어로 설정·논의된 부러類, 춤類, 므스類, 매類, 현類, 반드기類 등을 다시 검토한 결과 적지 않은 문제점이 발견된다.

1. '부러'와 '짐즛 / 진짓'의 의미 특성

　민현식(1992)은 현대어 '부러'와 '짐짓'을 심리성 성상부사로 설명한다.[1] 이와 동의성을 가진 것으로는 '일부러'와 '고의로'도 있다. 심리성은 희로애락과 같은 내면적, 주관적 감정, 심리나 의도를 표현한다. 여기서는 중세어

---

[1] 민현식(1992 : 39~40)에서는 성상부사의 성격을 정도부사를 제외한 상태부사의 성격을 가진 것으로 한정하고 있다. 유창돈(1980 : 394~395)은 조어유형에 따라 이를 단형부사(이음절어)로 취급한다.

에서 공통된 한자 ‘故’에 대응하는 ‘부러’와 ‘짐즛’의 의미적 관련성 및 차이점을 검토하고자 한다. 이를 위하여 현대어에서 이와 비슷한 의미를 가진 ‘일부러’와 ‘고의로’도 논의에 포함한다. 이들을 구분하는 의미 자질이 ‘부러’와 ‘짐짓’의 의미를 명확하게 해 줄 것으로 기대하기 때문이다. 이들 사이에는 동일한 의미와 완전히 동일하다고 여겨지지 않는 미세한 의미차이가 동시에 감지된다. 이러한 의미차이는 현대어에서의 의미 자질 설정과, 중근세어의 ‘부러’와 ‘짐즛’의 의미 추이를 통해서 자연스럽게 밝혀질 것이다.

‘부러’와 ‘짐즛’의 어원에 대한 논의는 민현식(1992)과 이기문(1991)에서 언급된다. 민현식은 ‘부러’를 ‘붇다(潤)’에서, ‘짐즛’을 ‘眞＋즛>짓(容, 貌)’과 연관 있는 것으로 본다.2) 이기문은 ‘진딧(眞的)’을 근세중국어 차용어로 설명한다.3) 민현식은 형태상 유사한 ‘진딧’을 ‘짐즛’과 동일한 어원으로 본 듯하다. 이는 남광우(1981)의 고어사전, 유창돈(1985)의 이조어사전, 홍윤표 외의 17세기 국어사전에서도 마찬가지이다.

> (1) 남광우 고어사전(1981)
> 　　진딧 (부)짐짓, 참, 진짜
> 　　진즛 (부)(관) 짐짓, 참, 참된
> 　　진짓 (관) 참된
> 　　짐즛 (부) 짐짓, 부러
> 　　짐즉 (부) 짐짓, 부러

---

2) 민현식(1992 : 95)은 이들의 어원적 측면을 고려하여 ‘부러’는 ‘붇다(潤)’의 활용형에서 기인한다고 설명한다. ‘불어 니르다’가 ‘부연하다, 늘여 말하다’의 뜻에서 부사로 파생되면서 [+확대성, 팽창성]이 행동 상태나 심리에 적용될 때 [+고의성]의 뜻으로 전이된다고 설명한다. 같은 논문 p.96에서는 ‘짐즛’을 설명하면서 ‘진딧, 진짓’이 ‘진실인양 꾸며’가 ‘부러, 고의로’라는 뜻으로 의미분화를 일으키면서 ‘짐즛’으로 형태분화를 보이고 이때 ‘즛(容, 貌)’에 끌리어 ‘眞즛’의 의식이 작용하였을 가능성을 추정한다.

3) 이기문(1991 : 225)에서, 월인석보의 ‘眞金은 진딧 金이라(7 : 29)’ 등에 보이는 ‘진딧’은 ‘眞的’에서 온 ‘진다’일 것으로 보고 있다. 역어에 ‘眞진的디 진짓것(상69)’을 방증자료로 삼고 있다. ‘진짓’은 이미 두시언해(8 : 56)에도 보인다고 하면서 이 ‘진딧>진짓’의 변화는 ‘거즛’에의 유추에 말미암은 듯하다고 설명한다.

        짐즛 (부) 짐짓, 부러

  (2) 유창돈 이조어사전(1985)
        진딧 (관)(부) 짐짓, 참, 진짜
        진즛 (관)(부) 짐즛, 참
        진짇 (관) 참된
        진짓 (명) 진실
        짐즉 (부) 짐짓, 부러
        짐즛 (부) 짐짓, 부러

  (3) 홍윤표 외 17세기 국어사전(1995)
        진짇 (부) 짐짓
        진짓 (부) 짐짓
        짐즛 (부) 짐짓
        짐츳 (부) 짐짓

  고어사전과 이조어사전에서 '짓딧, 진즛'은 '짐짓'으로 설명한다. 17세기
국어사전에서도 '진짇, 진짓'의 풀이는 '짐짓'이다. 그러나 '진짓(남광우,
1981), 진짇(유창돈, 1985)'은 달리 설명한다. 동일한 어형인 '진짓(고어사전),
진짇(이조어사전)'이 '참된'에, '진짓(이조어사전)'이 '진실'에 연결된 해석은 일
관성이 없다. 또한 이들은 '짐츳, 짐즉, 짐즛'과 마찬가지로 현대어의 '짐짓'
으로 설명한다. 결국 이러한 설명은 '짐짓'과 '진짓'을 동일한 형태로 보았
다는 것을 방증한다. 그러나 '짐즛'은 중세어에서부터 한자 '故'에 대응하는
'짐즛'으로 쓰인다. 반면에 '진딧'은 이와는 별개로 한자 '眞, 正, 實' 등에
대응한다. 이러한 논의는 대체로 이들의 형태적 유사성에 기인한 듯하다.
여기서는 '부러'와 '짐즛'의 의미 비교와 함께 '故'에 대응하는 '짐짓'이 '眞,
正, 實' 등에 대응하는 '진딧>진짓'과 의미적인 관련성이 존재하는지도 살
펴볼 것이다.

1.1. 의미 자질 설정

'부러'와 '짐즛'의 동의성 문제는 여러 곳에서 언급된다. 우선 남성우(1986 : 110)에서 '부러'와 '짐즛'을 '故'의 뜻을 가진 동의어로 설명한다. '故'의 뜻을 가지고 對句를 형성하는 다음의 예문을 통해 문체상의 효과를 나타내는 동의성을 가진다고 설명한다.

> (4) 叛하는 노물 <u>부러</u> 노흐시니(謨亂之徒酒故放之, 용64)
> (5) 이기싫 算을 <u>짐즛</u> 업게 ᄒ시니(勝耦之籌酒故齊之, 용64)

민현식(1992 : 96)에서도 이들의 동의성과 관련하여 '부러'와 '짐즛'이 [+고의성]이라는 공통적 의미자질을 가지지만 '짐즛'은 [+가식성]의 자질을 더 가진다고 설명한다. 그래서 진짜인 양 가식성을 뜻할 때는 '부러'보다 '짐짓'을 쓴다고 하면서 '짐짓 미친 양 하고'에서 '짐즛'이 자연스럽다고 한다. 그런데 '부러'와 '짐즛'의 의미를 분명히 하기 위해서는 이들의 의미 자질을 설정할 필요가 있다. 민현식에서 설정한 이들의 공통적 의미인 '고의성'과 '짐즛'이 가진 '가식성'도 개념을 명확히 규정하여야 의미 구분이 보다 명확해 질 것이다. 이를 위해서는 이들의 의미와 유사하게 작용하는 현대어를 대상으로 자질을 설정하는 것이 유용하다. 중근세어의 경우에 당시의 의미를 새롭게 점검하는 것은 어렵다. 의미는 통합과 분화라는 변화를 겪지만 전체적인 의미는 어형의 교체 속에 전체적인 의미 속성을 유지하려는 경향이 있기 때문이다. 따라서 '부러'와 '짐즛'과 관련한 현대어를 점검해 보면, 중근세어의 의미적 실마리도 풀릴 것이다. 또한 의미적 변화도 쉽게 파악될 것이다. 표준국어대사전에서는 '부러'와 '짐즛>짐짓'을 다음과 같이 설명하고 있다.

> '부러' ① 실없이 거짓으로
>   ② 일부러②

　　‘일부러’ ① 어떤 목적이나 생각을 가지고 또는 마음을 내어 굳이
　　　　　　② 알면서도 마음을 숨기고

　　‘짐짓’ ① 마음으로는 그렇지 않으나 일부러 그렇게
　　　　　② 과연
　　‘과연’ ① 아닌 게 아니라 정말로. 주로 생각과 실제가 같음을 확인할 때
　　　　　　에 쓴다
　　　　　② 결과에 있어서도 참으로

　사전에 제시된 내용에 따르면, ‘부러②’는 ‘일부러②’와 ‘짐짓①’과 동의
성을 가진다. ‘짐짓②’는 ‘과연’과 동의성이 드러난다. 중세어의 ‘부러 / 짐
즛’과 연관된 현대어 ‘부러 / 짐짓’은 ‘일부러’와 의미적 속성이 공통된다.
하지만 일부러①은 의미적 공통성이 나타나지 않는다. ‘과연’의 의미로 풀
이하는 ‘짐짓(먹어 보니, 짐짓 기가 막힌 음식이더라)’도 이들과는 다른 의미 집
단이다. 여기에 민현식(1992)에서 언급한 의미 속성 ‘고의’와 ‘가식’의 의미
는 다음과 같다.

　　‘고의’ 일부러 하는 생각이나 태도
　　‘가식’ 말이나 행동 따위를 거짓으로 꾸밈
　　‘거짓’ 사실과 어긋난 것 또는 사실이 아닌 것을 사실처럼 꾸민 것

　여기서는 ‘고의’에 ‘일부러’가 언급된다. ‘고의’도 간접적이지만 이들과
유사한 의미 속성을 가진 것으로 확인할 수 있다. 그런데 ‘가식’은 ‘꾸밈’의
의미적 속성이 강하고 ‘거짓’은 의미가 좀 더 한정적이다. 또한 부사적 속성
으로 취급하기엔 명사적 성향이 강하다. 결국 현대어에서는 ‘짐짓, 일부러,
부러, 고의로’가 부사로서 동의성을 가지는 유의어군으로 작용한다. 그런데
사전의 풀이는 ‘부러 : 거짓, 일부러 : 숨기고, 짐짓 : 일부러, 고의 : 일부러’
로 요약된다. 이들의 의미 풀이에서 보듯이 이들은 ‘거짓(‘숨기고’ 포함)’의 의
미 속성이 공통된다. ‘짐짓’과 ‘고의’가 ‘일부러’의 의미로 설명되고, ‘일부

러’는 ‘숨기고’의 의미를 가지고 있기 때문이다. 이들의 의미적 속성은 의미 자질 설정 및 중세어 ‘부러, 짐즛’과의 연관성 확보에 도움을 준다. 세부적 의미 특성은 국립국어원의 용례사전에서 언급된 예문을 통해 파악해 보도록 한다. 우선 공통적인 ‘거짓’의 속성이 나타나는지를 점검하여 자질화하는 것이 필요하다.

(6) 태영이 부러 겁에 질린 듯한 표정을 짓고 전후좌우를 살펴보는 척했다. ≪이병주, 지리산≫

(7) 나는 어쩌면 어머니가 알고도 일부러 모르는 체하는지도 모른다는 생각을 지울 수가 없었다. ≪오정희, 유년의 뜰≫

(8) 언니는 이미 다 알면서도 동생의 얘기에 짐짓 놀라는 표정을 지었다.

(9) 그래서 화장한 건 아니고요. 자랑할 거리도 못 돼서 말하지 않았던 것뿐이에요. 고의로 그랬던 건 아니었고요. ≪김원우, 짐승의 시간≫

(6)~(9)의 예문에서 보듯이 ‘부러, 일부러, 짐짓, 고의로’는 ‘거짓’의 의미 속성을 가진다. 이를 자질화하기 위해 [+허위]를 설정한다. 그런데 단순히 ‘허위성’이라고 하기엔 이들의 의미가 명확하지 않다. ‘허위(거짓)’는 ‘속임’과 ‘숨김’의 양면성을 가진다. ‘속임[기만]’과 ‘숨김[은폐]’은 의도적 행위이다. 이는 대체로 부정적으로 작용한다. 하지만 ‘은폐성’은 긍정적으로 작용할 수도 있다. 이들은 ‘허위성’의 의미 속성이 공통된다고 하더라도, ‘기만성’과 ‘은폐성’의 의미 속성에서 차이가 난다. ‘기만성’의 속성은 부정적이라고 하지만 자신의 이익을 위한 행위일 수 있다. 그런데 ‘은폐성’은 자타의 이익에 모두 해당될 수 있다. 물론 자신이나, 타인의 이익에 한정될 수도 있다. 이렇게 볼 때, 이들을 공통적으로 표현하는 자질은 [+의도]이다. 전부 특별한 목적을 가진 ‘의도된 거짓’의 행동을 이끈다. 이러한 속성을 바탕으로 다음의 예문을 통해 좀 더 명확한 의미적 해석을 시도해 보자.

(10) 동네 사람들이 악을 쓰며 쫓아가고 있을 때 만재는 부러 뒤로 처졌

다. ≪송기숙, 암태도≫
(11) 나도 그런 짓은 안 하고, 할 줄 알아도 <u>부러</u> 않는 사람이야… ≪이
문구, 장한몽≫
(12) 그도 쑥스러운 걸 얼버무리려는 듯이 <u>부러</u> 활달하게 말했다. ≪이호
철, 문≫

　(10)~(12)의 '부러'도 의도적 행위임을 나타낸다. 그런데 그저 '허위성'의
의미 속성으로 설명하기엔 부족하다. 속이려는 의도성보다는 '은폐성'의 의
미 속성이 강하다. '은폐성'의 가치는 대체로 타인의 이익과 관련이 있다.
'타인을 위한 숨김'이다. '자신을 위한'은 약하게 드러난다. '자신을 위한'은
[−利他]로 '타인을 위한'은 [＋이타]의 자질을 설정한다. 개념적으로 [−이
타]는 [＋利己]이다.

(13) 듣자 하니 요즘 술을 과하게 한다기에 그래서 내 오늘 일부러 건너
왔던 거야. ≪한수산, 유민≫
(14) 오봉 선생의 옥중 동지였던 한 선비는 일부러 가야 부인을 찾아와
서 흐느끼는 부인의 어깨를 두드리며 위로까지 하였다. ≪김정한,
수라도≫
(15) 육지에선 때로 환자들을 위문하거나 건강한 사람들 나름의 이해를
보태기 위해 일부러 먼 길을 섬까지 찾아오는 손님들이 많았다. ≪이
청준, 당신들의 천국≫
(16) 나는 이들을 전쟁터에 묻고 나만 편안히 살아 남기를 바라지는 않
는다. 일부러 같이 죽을 생각은 없지만 그들에게 부끄럽지 않게 힘
껏 싸우다
(17) 지섭이 일부러 가벼운 말투로 안심을 시켜보려 했으나, 홍 박사는
좀처럼 마음이 놓이지 않는 기색이었다. ≪이청준, 춤추는 사제≫

　'일부러'에서도 의도적 행위는 드러난다. 그러나 '기만성'과 '은폐성'의 의
미 속성을 가지는 '허위성'의 행위는 약하다. '허위성'의 행위를 동반한다면
'은폐성'의 속성이다. '은폐성' 혹은 '의도성'은 [＋이타] 자질 내에서이다.

(18) 정수가 무슨 얘기냐는 듯 나를 쳐다보았지만 나는 <u>짐짓</u> 딴전을 부렸다. ≪전상국, 우상의 눈물≫

(19) 물이 묻은 손을 바지에 썩썩 문지르면서 종대가 <u>짐짓</u> 가볍게 말을 건네었다. ≪최인호, 지구인≫

(20) 명훈은 <u>짐짓</u> 감동한 눈길로 그녀를 보다가 두 손을 빼 그녀의 어깨를 가만히 감싸 안았다. ≪이문열, 변경≫

(21) 오랜 스승에게 쓸데없이 약한 꼴을 보이는 게 싫은 동영은 그 말을 <u>짐짓</u> 가벼운 웃음으로 받았다. ≪이문열, 영웅시대≫

(22) 내심으로는 만화가 무당의 손녀라는 사실에 경악을 하면서도, <u>짐짓</u> 그 놀라움은 마음속에 가두어 두고… ≪문순태, 피아골≫

(23) 그녀는 선 채로, 양손에 한 병씩 나누어 쥔 맥주병과 땅콩 봉지를 <u>짐짓</u> 과장된 동작으로 높이 쳐들어 보였다. ≪조해일, 왕십리≫

(24) 그것은 주인 쪽도 손이 그러리라는 걸 미리 알고 있었거나 아니면 <u>짐짓</u> 그렇게 모르는 척해 넘기고 있음이 분명했다. ≪이청준, 선학동 나그네≫

(25) 수영은, 병식이가 취중에도 자신의 심중을 내 보이지 않으려고 <u>짐짓</u> 꾸며대는 말인 것을 틀림없다고 생각되었다. ≪심훈, 영원의 미소≫

‘짐짓’도 의도적 행위이다. ‘허위성’의 의미 속성도 있다. 그런데 ‘허위성’의 의미 속성 중 ‘기만성’과 ‘은폐성’의 두 자질이 다 드러난다. ‘기만성’과 ‘은폐성’에서 [+이타]의 의도적 행위를 표현한다.

(26) 만일 소수의 사람으로 정치를 운용한다면 미처 살피지 못하는 점도 있을 것이요, <u>고의</u> 혹은 과실로 잘못되는 일이 없지 못할 것입니다. ≪한용운, 흑풍≫

(27) 순경은 다시 미필적 <u>고의</u> 어쩌고 하다가 그게 처음부터 좀 허황한 소리였던지 제물에 웃고 말았다. ≪송기숙, 자랏골의 비가≫

(28) 그에게 또 하나의 의문은, 그의 이런 엉뚱한 실수들이 <u>고의</u>인지 정말의 실수인지 아무도 확실히 모른다는 점이었다. ≪홍성원, 육이오≫

‘고의(로)’는 의도성의 의미 속성이 특히 강하다. 이는 대체로 부정적으로 작용한다. 이는 '허위성'의 의미 속성에서 '기만성'의 의미 특성이 강하다. 이러한 의미 속성은 자신의 이익을 위한 행위라고 타인이 판단한다.

　이러한 논의를 바탕으로 할 때, 이들은 [+의도]와 [+허위]라는 의미 특성을 공유한다. 이들을 구분하기 위해서 [+의도]의 하위 자질에 [±利他]를, [+허위]의 하위 자질에 [±기만]의 자질을 설정한다. −자질은 각각 [+利己]와 [+은폐]의 자질을 잉여성으로 가진다. 그런데 의도성과 허위성의 자질을 두고 봤을 때, 그 정도성에서도 차이가 난다. '고의로'는 실수든 뭐든 행위가 드러난다. '부러'는 타인의 인지여부는 관계가 없다. 자신의 행위일 뿐이다. 그러나 '짐짓'은 모르기를 기대하는 측면이 있으니 행위의 정도는 약하다. '일부러'는 표현해야 인지하는 측면이 있다. 행위의 정도성은 가장 약하다. 정도성은 가장 약한 0에서 가장 강한 3까지로 표현한다. 그리고 가치의 측면에서 [+기만] 자질은 부정적으로 작용한다. [+은폐] 자질을 가지고 [+이타] 자질을 가지면 이는 긍정적으로 작용한다. 타인에 대한 배려로 사실을 숨기는 '선의의 거짓'에 해당하기 때문이다. 이의 척도도 0~3으로 표현한다. 이를 바탕으로 행위의 정도성과 긍정성 척도도 자질에 포함하면 다음과 같은 결과가 산출된다.

	허위성		의도성		행위 정도성	긍정성 척도
	기만성	은폐성	이기성	이타성		
부　러	−	+	+	+	2	1
일부러	−	+	−	+	0	3
짐　짓	+	+	+	−	1	2
고의로	+	−	+	−	3	0

　그런데 이들의 사용 빈도를 보면, 문교부(1956)의 잦기 조사에서는 '일부러' 82, '짐짓' 25, '부러' 2, '고의로' 1(고의적-관1, 명1)의 순으로 나온다. 그런데 국립국어원의 빈도조사(2002)에서는 '일부러' 90, '고의' 11(고의적-관1, 명12), '짐짓' 10으로 나오고 '부러'는 조사되지 않았다. 그런데 '진짓(眞)'

은 아예 쓰이지 않는다. 오히려 '짐짓'의 잘못으로 풀이되기도 한다. '부러'의 빈도는 상당히 낮다. 의미적 역할의 변화가 예견된다.

1.2. 중근세어에서의 의미 검토

현대어를 통해 살펴본 허위성 / 의도성 자질의 부사는 '부러, 일부러, 짐짓, 고의로'가 있다. 이들은 이미 논의된 의미 자질과 관련하여 비교, 검토될 것이다. 또한 사전류에서 '짐즛'과 동일한 의미로 취급한 '진짓'도 그 의미를 추적할 것이다. '부러'와 '짐즛'은 '故'에 대응하면서 많은 문장들에 등장한다. 하지만 남성우(1986)에서 동의어로 언급된 용비어천가의 용례는 對句를 이루고 있어 이들의 의미를 점검할 수 있는 좋은 자료가 된다. 용비어천가는 철저한 對句의 형식이다. 특별한 의미 차이를 가지는 것이 아니면 엄격하게 동일한 형식을 취한다. 2장부터 109장까지는 단어의 의미나 음절 수까지 염두에 두고 기술한다. 동일한 의미일 경우에는 동일한 단어로 표현하고, 이를 동일한 형식으로 나타낸다. 그런데 여기서는 동일한 의미인데도 '부러'와 '짐짓'으로 구분하고, 공기하는 서술어의 형식도 달리하고 있다. 그래서 중세어에서도 '부러'와 '짐즛'은 쓰임에서 차이가 있었을 것으로 추정해 본다.

> (29) 叛하는 노물 <u>부러</u> 노흐시니(謨亂之徒酒故放之, 용64)
> (30) 이기싫 箏을 <u>짐즛</u> 업게 흐시니(勝耦之籌酒故齊之, 용64)

여기서 '부러'는 '노흐시니'와 공기하고, '짐즛'은 '업게흐다'와 공기한다. 한자는 '부러'나 '짐즛'이 동일하게 '故'에 대응한다. 한문 문장에서 동일한 한자 '故'는 각각 '放之'와 '齊之'를 수식한다. 이는 對句의 형식이다. 그런데 국문에서는 형식상 對句로 쓰이지만 한문의 '放之'와 '齊之'의 해석 방식에서 차이가 있다. 한문 '放之'는 '노흐시니'로 해석하는데 '齊之'는 '업게 흐다'로 해석한다. 동일한 방식을 적용한다면 '齊之'는 'ᄀ죽ᄒ다'나 'ᄀ티ᄒ다'가 적당하다. 물론 의미상으로 보면 '업게 ᄒ다'가 '같게 혹은 한 개 정도 많게'의 의미로 해석된다. 그렇다면 'ᄀ티ᄒ다'는 그렇지 않다고 하더라도 'ᄀ죽ᄒ다'는 이러한 의미에서 벗어나지 않는다. 한자의 해석으로도 'ᄀ죽ᄒ다'가 적당하다. 그러면 용가의 형식을 고려할 때 다음과 같이 되어야 한다.

(29)′ 叛하는 노ᄆᆯ <u>부러</u> 노ᄒ시니(謨亂之徒迺故放之, 용64)
(30)′ 이기싏 놂ᄋᆯ <u>짐즛</u> ᄀ죽게ᄒ시니(勝耦之籌迺故齊之, 용64)

그렇지 않다면 다음과 같이 쓰여야 의미상 부정적 의미의 서술어와 공기하는 동일한 형식으로 대응한다.

(31)″ 叛하는 노ᄆᆯ <u>부러</u> 아니잡으시니(謨亂之徒迺故放之, 용64)
(32)″ 이기싏 놂ᄋᆯ <u>짐즛</u> 업게ᄒ시니(勝耦之籌迺故齊之, 용64)

용비어천가에서는 다음과 같이 '부러'의 용례가 하나 더 나타난다.

(33) <u>부러</u> 저히샤(故脅以生執, 용115)

그러나 여기서는 對句의 형식을 벗어난 115장의 용례이기 때문에 대응하는 '짐즛'의 쓰임은 볼 수 없다. 다만 대응하는 한자 '故'만 확인할 수 있을 뿐이다. 그런데 '짐즛'과 동일한 단어로 취급하는 '진짓'은 한자 '眞'에 일관되게 대응한다. 이들의 의미적 관련성은 '짐짓'으로 의미적 통합이 선행할 때 가능하다.

1.2.1. '부러'의 의미

'부러'는 '불워' 외에 별다른 형태적 변화 없이 중세어에서 현대어에까지 이어진다. '부러'는 어록해 중간에서 '불워'가 쓰이기도 하지만, 동일한 중간 자료에서 '부러'가 같이 쓰인다. 초간에는 전부 '부러'로 나타난다.

> (34) 바독 못 두다 <u>부러</u> 디는 거슬(拙行, 어록초28b)
> (35) 바독 못 두다 <u>불워</u> 디는 거슬(拙行, 어록중28b)
> (36) <u>부러</u>(特地, 어록초6b, 어록중9b)

중세어에서 '부러'는 다음과 같이 쓰인다.

> (37) 쏘 <u>부러</u> 가 절ᄒ고(亦復故往禮拜, 석19 : 30)
> (38) 쏘 <u>부러</u> 가 절ᄒ야(월17 : 84)

현대국어에서 '부러'는 [±이타]의 자질과 [-기만]의 의미자질을 가진다. 그런데 위의 예문에서 나타나는 '부러'는 현대어의 해석과는 다르다. 허위성의 자질에서 [±기만]의 자질은 거의 드러나지 않는다. 오히려 허위성 / 의도성 자질의 부사에서 제외된 '일부러①'의 의미 속성이 드러난다. 다음의 예문을 통해 '부러'의 의미를 더 살펴보자.

> (39) <u>부러</u> 아니 ᄠᅮ니(월곡154)
> (40) <u>부러</u> ᄲᅢ혀디 아니ᄒ야(不故拔)(능6 : 96)
> (41) <u>부러</u> 僧坊애 가(故詣僧坊)(법화6 : 19)
> (42) 네 <u>부러</u> 서르 携持홈 기들우믈 아ᄂ니라(須汝故相携)(두초8 : 51)

(39)~(42)도 허위성의 의미 자질은 없다. '일부러①'의 의미와 부합한다. '거짓'이나 '숨김'의 의도보다는 행위자의 '의지'나 '의도'가 두드러진다. 행위의 의도성은 '긍정적'이다. 이러한 의미적 속성은 중세어 자료에서 일관되게 유지된다. 그리고 이러한 의미는 17세기경에서도 그대로 나타난다. 동

문유해에서는 '부러'가 한자 '故意(동문下49b)'에 대응한다. 한자 '故意'가 대응하는 다른 예는 찾지 못했다. 불완전한 1음절어의 풀이말에서 2음절의 단어로 형성된 것이다. 그러나 문헌상에서 '故意'가 독립된 형태로 나타나진 않지만 '부러'와 동의어로 작용하는 단초는 되었을 것이다.

(43) <u>부러</u> 권ᄒᆞ라오롸(삼역1 : 3a6)
(44) <u>부러</u> 이 문긔를 밍그라 ᄡᅳ게ᄒᆞ노라(故立此文喫爲用者 ; 노걸158 : 8)
(45) <u>부러</u> 이 글월 밍ᄀᆞ라 ᄡᅳ게 ᄒᆞ노라(故入此文喫爲用 ; 박통122 : 6)

예문 (43)~(45)에서도 '거짓'의 의미는 없다. '일부러①'의 의미에 부합한다.

(46) 우리ᄅᆞᆯ 모로ᄂᆞᆫ가 녀겨 <u>부러</u> 이리 ᄒᆞ엿ᄉᆞᆸᄂᆞᆫ가(첩해초2 : 10a)
(47) 接待예 겻기ᄒᆞᄂᆞᆫ 냥반ᄃᆞᆯ히 방샤ᄅᆞᆯ <u>부러</u> ᄎᆞᆯ혀 오ᄅᆞ시게 굿ᄒᆞ야 니ᄅᆞ 오니(첩해초6 : 15a)
(48) 우리ᄅᆞᆯ <u>부러</u> 보내여 겨ᄋᆞᆸ시더니(첩해초7 : 6a)
(49) 이 차반 ᄒᆞᆫ 줄을 <u>부러</u> 御禮을 ᄉᆞᆯ올 ᄡᅧ시니(첩해초7 : 8a)
(50) 격기 奉行ᄶᅴ로셔 <u>부러</u> 사ᄅᆞᆷ을 보내야 ᄉᆞᆯ오믄(첩해초8 : 1a)
(51) <u>부러</u> 사ᄒᆞᆯ ᄡᅵᆯᄒᆞᆯ ᄒᆞᆯ리 왓ᄉᆞᆸᄂᆞᆫ듸(첩해초8 : 5b)
(52) 내 <u>부러</u> 술을다가 뎌의게 브으니 爛醉ᄒᆞ여(박통중47a)
(53) 알ᄑᆡ ᄯᅩ 아므란 店도 업ᄉᆞ매 우리 <u>부러</u> 와시니(노걸상36a)

예문 (46)~(53)의 뜻도 현대어 '일부러①'의 뜻에 가깝다. 이로 볼 때, 중근세어에서의 '부러'는 '거짓'의 의미인 '허위성' 자질이 두드러지지 않는다. 대체로 현대어의 '일부러①'과 의미상 일치한다. 중근세어 '부러'는 현대국어에서 허위성 / 의도성 자질에서 공통되는 '부러, 일부러, 짐짓, 고의로'와는 상이한 의미 특성을 가진다. '의도성'의 의미 자질은 드러난다고 하더라도 '허위성'은 드러나지 않는다. 의도성의 자질에서도 '이기성 / 이타성'의 개념으로 규정짓기는 힘들고 이러한 의미는 포괄적으로 작용한다.

1.2.2. '짐즛'의 의미

    (54) <u>짐즛</u> 업게 ᄒ시니(乃故齊之)(용64)

    (55) <u>짐즛</u> 서르 슷어리ᄂ다(故相喧)(두초10 : 6)

    (56) ᄀ롭 우흿 져븨 삿기 <u>짐즛</u> 오몰 ᄌ조ᄒᄂ니(故來頻)(두초10 : 7)

    (57) 소리 내요물 微微히 호몰 <u>짐즛</u> 짓ᄂ다(故作發聲微)(두초16 : 52)

    (58) <u>짐즛</u> 미친양ᄒ고(내3 : 68)

    '짐즛'은 현대어에서 '짐짓'으로 쓰인다. (54)~(58)의 예문을 볼 때, '짐즛'은 '부러'와는 달리 '허위성'의 의미 속성을 가진다. 부분적으로 '일부러①'의 의미 속성도 있다. 물론 이 의미 속성은 포괄적 '허위성'이 아니라 '은폐성'의 의미 속성이 강하다. '은폐성'의 의도성도 드러난다. '부러'가 현대어 '일부러①'의 의미가 강하다면, '짐즛'은 '일부러②'의 의미 속성이 강하다. 그리고 현재의 상황을 숨기기 위한, 혹은 거짓으로 표현하기 위한 행동의 '과장성'도 나타난다. 동문유해下49b에서는 '부러'가 한자 '故意'에 대응한 것과 마찬가지로, 역보56에서는 '짐즛'이 '故意'에 대응한다. 역어유해下49에서는 '心應有'에 '짐즛'이 대응한다. 이들의 의미적 관련성을 간접적으로 짐작할 수 있다. 그러나 다음의 예문을 통해 이들의 의미적 속성을 좀 더 점검해 보자.

    (59) <u>짐즛</u> 쁜 외야 지나 어더 먹놋다(故索苦李食, 두중12a7)

    (60) <u>짐즛</u> 이 글월을 세워 쓰게 ᄒ엿ᄂ니(故立此文契爲用, 박통상54b)

    (61) <u>짐즛</u> 이 글월을 세워 쓰게 ᄒ엿ᄂ니(故立此文字爲用, 박통중10b)

    (62) <u>짐즛</u> 이 집 세 내ᄂ 글월을 세워 쓰게 ᄒ노라(故立此賃房文字爲用, 박통중39b)

    (63) <u>짐즛</u> 주기면 陵遲處死ᄒ고(故殺則陵遲處死, 경민중7a)

    (64) <u>짐즛</u> 독ᄒ 버러지와 비얌으로뻐 사ᄅᆷ을 믈려 죽게 ᄒ니ᄂ 斬ᄒ고(故用毒蟲蛇咬人致死者斬, 경민중18a)

    (65) <u>짐즛</u> 사ᄅᆷ을 소겨(故欺人, 경민중18b)

    (66) <u>짐즛</u> 닐오디(삼강열21)

(67) <u>짐즛</u> 달애야(관음8)
(68) 엇디 敢히 <u>짐즛</u> 어긔리오(여훈상8b)
(69) 내 <u>짐즛</u> 무럿더니(소아13)
(70) <u>짐즛</u> 꾀ᄒ야 힘 니봄을 行ᄒ면(故行謀賴, 무원록1 : 8b)
(71) 만일 <u>짐즛</u> 노코 달라 ᄒ더라 ᄒ면 네 죄놀 티호리라(연병19b)

그런데 여기서의 '짐즛'은 '허위성'의 의미는 없고, '일부러①'의 의미에 한정된다. 그리고 다음의 예문은 또 다른 의미를 가진다. 대응 한자는 '故故'이다.

(72) <u>짐즛</u> 프른 하늘헤 ᄀ득ᄒ얏도다(故故滿靑天, 두중12a3)

이는 사원(p.725)에서 '屢屢'와 '常常'의 의미로 설명한다. 대한화사전(5권 p.493)에서도 이를 'しばしば'로 설명한다. 굳이 현대어의 해석과 연결시킨다면 '짐짓②'의 해석에 가깝다. 사원이나 대한화사전의 해석이 '자주, 여러 번'에 해당하기 때문이다. 반복은 '眞'의 의미를 부분적으로 전달한다. 이것이 '眞'과 연결되는 짐짓②와 관련된다. 만약 이러한 의미가 당시에 보편적으로 쓰였다면 형태상 유사한 '짐즛'과 통합되었을 가능성이 존재한다. 근세국어의 자료에서 살펴본 것처럼 '짐즛'은 '일부러①'의 의미에 한정되고, 부분적으로 '진짓'과 통합되는 예가 발견된다.

1.2.3. '진짓'의 의미

사전류에서 현대어 '짐짓'과 연결하는 것은 '짐즛, 짐줏, 짐짓, 진딧, 진짇, 진짓, 진즛' 등으로 다양하다. 하지만 이들은 한자의 대응 문제나 의미상으로 동일하지 않은 부분이 확인된다. '짐즛, 짐줏, 짐짓'은 문헌자료에서 일관되게 한자 '故'에 대응한다. 반면에 '진딧, 진짇, 진짓, 진즛' 등은 이와는 별개로 한자 '眞, 正, 實' 등에 대응한다. 중근세어에서는 '짐즛'의 형태로 한자 '眞'에 연결되는 흔적이 나타나지 않는다. 따라서 '짐즛'을 '진딧>

진짓'과 동일한 단어로 판단하는 것은 무리가 있다. 이러한 논의는 대체로 이들의 형태적 유사성에 기인한다. '진짓'은 다음과 같이 쓰인다.

> (73) ㄱ. 乃終 내 진딧 업수미 아니니(월1 : 36)
>   ㄴ. 眞金은 진딧 金이라(월7 : 29)
>   ㄷ. 진딧 血蝎와(眞, 구방하90)
>   ㄹ. 진딧 有福혼(眞是有福氣的, 박신1 : 29)

'진딧'은 15~6세기 자료에서부터 나타난다. 여기서 쓰이는 '진딧'은 모두 한자 '眞'에 해당한다. 이는 동일한 시기에 '진짓'으로도 나타난다.

> (74) ㄱ. 진짓 氣運이(眞氣, 두초8 : 56)
>   ㄴ. 진짓 셕우황을(眞雄黃, 구간6 : 59)
>   ㄷ. 진짓 총나못 거픐실(眞櫻, 박초상27)
>   ㄹ. 원슈를 갑고져 호니 진짓 올혼 션비라(소언4 : 31)

다음 근세어 자료에서 나타나는 '진진, 진짓'도 마찬가지이다.

> (75) 진진 몽병이 오니(眞蒙古兵來矣, 동신충1:21b)
> (76) ㄱ. 江西 ᄀ장 上等에 진짓 綜으로 미즌 갓 우희(江西十分上等眞結綜
>   帽兒上, 박통상26a)
>   ㄴ. 진짓 이 好男兒ㅣ러라(眞箇是好男兒, 박통상28b)
>   ㄷ. 진짓 이 精細혼 사름이로다(眞箇是精細人, 박통상38a)
>   ㄹ. 이 거시 이 진짓 陝西 짜흐로셔 온 거시로다(這的是眞陝西地面裏
>   來的, 박통상64a)
>   ㅁ. 이런 진짓 善知識을 어디 어드리오((這的眞善知識那裏尋去, 박통
>   상66b)
>   ㅂ. 진짓 도적은 잡디 못ᄒ고(正賊捉不住, 노걸상25b)
>   ㅅ. 갑는 이야 진짓 거시라(還的是實, 노걸하20a)
>   ㅇ. 너를 닷냥만 줌이 이 진짓 갑시니(你五兩是實實的價錢, 노걸하
>   25a)

ㅈ. <u>진짓</u> 어린 사룸이라(眞箇呆人, 노걸하37b)
ㅊ. <u>진짓</u> 쩌신동 거짓 쩌신동(眞的假的, 노걸하58a)
ㅋ. <u>진짓</u> 거슨 맛당티 아니ᄒ니라(不宜眞, 노걸하60b)
ㅌ. <u>진짓</u>이냐(십구1 : 18)

이는 다음의 18~9세기 자료에서는 '진즛'으로도 쓰인다.

(77) ㄱ. 四皓ㅣ <u>진즛</u> 것가(청대41)
     ㄴ. <u>진즛</u> 망녕된지라(경신36)

그런데 이들은 의미상 한자 '眞'의 의미에만 해당한다. 현대어의 해석으로는 표준국어대사전에 언급한 것처럼 '진짜'와 의미적 연관성을 보인다. 그런데 '짐즛'은 용비어천가의 예에서 보듯이 '부러'와 의미적 연관성을 보인다.

'짐즛'과 '진즛'은 부분적으로 오류에 의한 통합의 흔적이 있었다고 하더라도 중근세어에서 다른 단어로 쓰였음이 분명하다.

1.3. 의미의 추이

현대어의 의미와 중근세어의 의미를 관련지어 보면 의미상 변화가 있었음을 확인할 수 있다. 일단 지금까지 살펴 본 의미를 토대로 본다면 용비어천가의 다음 예문은 다음과 같이 해석된다.

(78) 叛하ᄂ 노ᄆᆯ <u>부러</u> 노ᄒ시니(謨亂之徒酒故放之, 용64)
(79) 이기싫 算ᄋᆯ <u>짐즛</u> 업게ᄒ시니(勝耦之籌酒故齊之, 용64)

예문 (78)은 '허위성'의 의미 속성보다는 '일부러①'의 의미로, 예문 (79)는 [+은폐]의 의미 속성을 가진다. 이러한 의미적 속성이 현대어에서는 달리 설명된다. '부러'와 '짐즛'의 의미 추이를 살피기 위해서는 표준국어대사전의 설명을 정리할 필요가 있다. '부러'와 '짐짓', '일부러', '고의'의 의미를 다시 인용한다.

> '부　러' a 실없이 거짓으로
> 　　　A 일부러②
> '일부러' b 어떤 목적이나 생각을 가지고 또는 마음을 내어 굳이
> 　　　A 알면서도 마음을 숨기고
> '짐　짓' A 마음으로는 그렇지 않으나 일부러 그렇게
> 　　　c 과연
> '고　의' A 일부러 하는 생각이나 태도

　의미적 속성으로 보면 '일부러②'와 '짐짓①', '고의'는 동일하게 설명하여야 한다. 이는 '부러②'의 의미이다. 이렇게 본다면 이들의 의미는 공통된 의미속성 A를 두고 '부러'는 A+a, '일부러'는 A+b, '짐짓'은 A+c로 설명하여야 한다. '고의'는 사전적 의미로 보면 의미 A에 한정된다. 현대어에서는 '부러'와 '일부러', '짐짓'의 형태로 의미가 분화된다. '고의'는 특별히 분화된 형태로 나타나지는 않는다. '부러'와 '짐짓'이 근세어에서 한자 '故意'에 대응했다는 점을 고려한다면 이들이 공통적 의미를 가졌다고 볼 수 있다. 그러나 '故意'가 독립되어 쓰이는 용례가 보이지 않아 의미 추이를 직접 찾아보기는 힘들다. '고의'를 제외한 이들의 의미는 대체로 다음과 같은 변화를 보이면서 현대어로 이어진다.

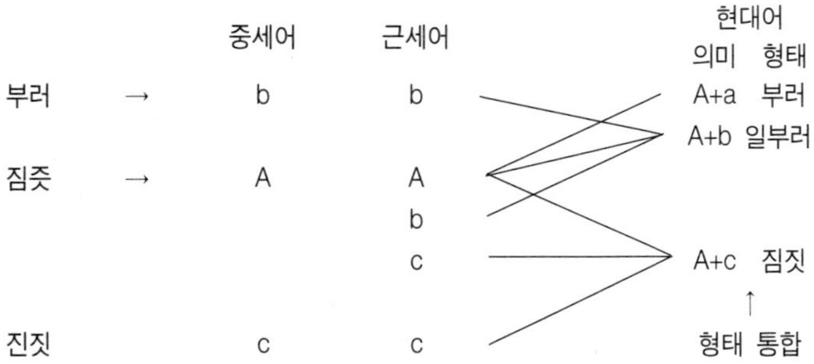

이들의 공통된 의미적 속성 A는 '짐즛'에서 비롯된다. 실질적으로 이들의 의미적 속성은 근세어에서 통합된다. '짐즛'이 의미를 확대하면서 동의성을 확보한다. 이들의 동의성은 근세어에서 '짐즛'의 다의적 용법에 의해 형성된다. '부러'는 현대어에서 a의 의미 속성을 확보하면서 독립적 단어로 유지되고 자신이 가졌던 의미 속성은 '일부러'에 넘어간다. '부러'의 빈도가 줄어든 것은 보다 안정적인 '일부러'와 경쟁하면서 생긴 현상이다. 독립된 의미를 확보하여 이것이 보편성을 가지면 빈도는 증가할 것이다. 현대어에 와서 '짐즛'이 가진 의미 속성이 '부러'와 '일부러'에 첨가되면서 이들은 현대어에서도 유의어로 작용한다.

2. '춤-진즛'과 '거즛'의 의미관계

중근세어에서 한자 '眞'에 대응하는 단어에 '춤'과 '진짓'이 있다. '진짓'에 대응하는 한자는 '正, 實'도 나타난다. 대립의미인 '假'에 대응하는 단어는 '거즛'이 출현한다. 물론 '거즛'에 대응하는 한자는 '贗, 謊, 誣' 등으로 다양하다. 하지만 이들에 대응하는 공통된 단어는 '거즛'이다. 이렇게 볼 때, 중근세어에서 동의성을 가진 '춤-진짓'과 이와 대립관계를 형성하는 '거즛'의 대응관계는 불균형을 이룬다. '眞'의 의미를 지닌 '춤-진짓'은 두 개항인데 한자 '假'에 대응하는 대립항은 '거즛'만 나타나기 때문이다. 이는 '춤'이나 '진짓'에 대립하는 각각의 단어가 있을 법한데도 빈자리로 남는다. 그래서 '거즛'은 '춤'과 대립관계를 형성하는지 혹은 '진짓'과 대립하는지도 의문이다. 형태상의 특성으로 본다면 '진짓'과의 관련성이 우선한다.

'춤-진짓'에 해당하는 의미는 현대어에서 '참-진짜'와 유사하다. 표준국어대사전에서도 '진딧>진짓'을 '진짜'의 옛말로 설명한다. '참'은 '춤'과 그 형태나 의미상의 변화가 크게 드러나지 않는다. 이의 대립 의미인 '假'에 해당하는 단어가 중근세어에서는 '거즛'만 나타나지만 현대어에서는 '거짓-가짜'가 있다. 그렇다면 '춤-진짓'의 대응과 마찬가지로 이에 대립하는 '거짓-가짜'도 분리된 단어로 중근세어에서 존재했을 가능성이 있다. 현대어에서도 이와 유사한 의미 속성을 가진 '참-거짓'과 '진짜-가짜'의 분명한 대립항이 성립하는데 중근세어에서는 그렇지 않다는 것은 의문이다. 여기서는 이러한 대립항의 변화와 관련한 일련의 논의를 전개하는 데도 목적이 있다.

2.1. '춤'과 '거즛'의 의미

2.1.1. '춤'

한자 '眞'은 한자 학습서에서 자석어가 '춤>참'으로 쓰인다. 하지만 한자 학습서에서 '眞'에 대한 자석어로 '진짓'이 쓰이는 경우는 없다. 역어유해에서 '眞的'에 해당하는 '진짓것'이 유일하다. 하지만 이는 일반적인 한자 학습서와 성격을 달리하는 譯書이다. 또한 '진짓것'이다. 따라서 독립된 자석어의 형식으로 '진짓'은 나타나지 않는다. 그렇지만 문장 내에서는 '眞'에 대한 의미로 '진짓'이 보편적이다. 여기서는 '춤'과 '진짓'의 의미를 살펴보고, '진짓'과 유사한 형태인 '짐짓'과의 관련성도 점검하겠다.

유창돈(1985)의 이조어사전과 남광우(1981)의 고어사전에서 '춤'은 명사나 접두사, 관형사로 각각 구분하여 설명한다. 표준국어대사전(1999)에서는 명사, 접사, 부사, 감탄사로서의 기능을 나누어 설명한다. 관형사로서의 기능과 접사로서의 기능, 부사나 감탄사의 명사 전이적 기능을 고려하면 중근세어는 현대어와 의미상, 용법상 크게 다르지 않다. 다음에서 보는 중근세어의 자료는 현대어의 용법과 차이가 두드러지지 않는다.

(1) 명사 춤 진(眞, 유합하18, 석천17)
(2) 접두 ㄱ. 놀 춤기름(生眞油, 우방13), 춤빼 닙플 글혀(眞荏子葉, 우방5)
       춤갈(眞樧, 농사직설5)

　　　ㄴ. 반잔 춤기름 두어(着上半盞香油, 노걸상19)
　　　　　춤먹(香墨, 역보12), 춤깨曰 白荏(자회상13)
　　　　　춤ᄂ믈(早芹, 물보 蔬菜), 춤나믈(山芹菜, 역하11)
　　　　　密枇子 춤빗(사해상16)
　　　ㄷ. 胡麻 춤뻬(사해상30), 춤깨(芝麻, 역하9)
　　　　　춤뻿 기름(麻油, 구간6 : 67), 춤깨즙(麻尼, 박중하32)
　　　　　춤남우(櫟, 물보 雜木), 춤둑(椿, 물보 雜木)
　　　　　춤버슷(木耳, 한376c)
　　　　　춤빗 비(篦, 자회중14), 춤빗(笓, 물보 服食)
　　　　　춤빗(櫛, 물보 服食)
　　　　　몬져 얼믠 춤비소로 빗기고(先將那稀笓子樻了, 박초상44)
　　　　　몬져 뎌 성권 춤빗 가져다가(先將那稀笓子, 박중상40)
　　　　　굴근 춤빗(大笓子, 노하61)
　　(3) 관형 춤 장시라(오류2 : 35)

　　표준국어대사전에서 '참'은 '진짜' 또는 '진실하고 올바른', 혹은 '품질이
우수한'의 뜻을 더하는 접두사로 설명한다. 그러나 위의 자료에서는 이러한
의미적 속성을 파악하기가 쉽지 않다. 다만 관형사로 쓰이는 '춤 장亽'에서
는 이러한 의미를 부분적으로 짐작할 수 있다. 접두사로 쓰이는 '춤'이 '眞'
에서 나왔다는 것은 (2ㄱ)에서 확인할 수 있다. 이는 '기름(油), 뻬(荏子), 갈
(櫟)'에 '춤'의 의미를 가진 '眞'이 대응하기 때문이다. 그런데 이런 '眞'의
쓰임이 모든 자료에서 직접적이지는 않다. '眞' 외에도 '춤'에 직접 대응하
는 한자는 (2ㄴ)에서 확인되는 '香, 白, 早, 山, 密' 등이 있다. '기름'과 '먹'
에 대응하는 '香'은 '향이 나는→질이 좋은'에 해당하고, '춤깨'와 '춤빗'에
대응하는 '白'과 '密'은 그 외형적 특성을 설명한다. 당연히 '질이 좋은' 의
미이다. '춤ᄂ믈, 춤나믈'에서의 '早'과 '山'은 '믈'이나 '산'의 뜻을 가지는
데 지금의 '산미나리'에 해당한다. '개미나리' 혹은 '미나리'에 대립하는 개
념이다.4) '미나리'는 다음과 같이 쓰인다.

─────────────

4) 유창돈(1980 : 108~109)에서 '춤-'의 대립적 요소로 '들-, 돌-, 개-'를 들고 있다. '野, 野

(4) ㄱ. 곳다온 <u>미나리</u>로다(香芹, 두초15 : 7)
    ㄴ. <u>미나리</u> 근(芹, 자회상13, 유합상11)

　(4)의 예는 '춤'에 대응하는 '루'과 '山'이 접두사로 쓰이는 것을 분명히 보여준다. 앞의 (2ㄱ~ㄴ)의 예에서도 '춤'에 대응하는 한자는 어기에 독립되어 그 역할이 분명히 드러난다. 또한 '춤'이 접두사로 쓰인 흔적도 쉽게 찾을 수 있다. 그러나 이러한 '춤-'은 점차 독립된 의미를 전달하는 접사로서의 성격을 뚜렷이 드러내지 못한다. '춤'에 대응하는 한자가 드러나지 않으면서 그 개념을 형성하지 않기 때문이다. 접두사로 쓰인 '춤'은 점차 독립적인 그 역할이 축소되고, 어기에 연합하면서 실제의 사물에 대응하는 명사로 바뀐다. 처음에는 '춤(眞)'의 의미가 남아 있었으나, 새로운 사물에 대응하면서 점차 그 사물에 대한 명칭으로만 남게 된다. 이는 색상에 대한 새로운 접사의 형성과 유사하다. '파랗다'에서 파생된 '새(新)＋파랗다'는 처음에는 새로운 의미의 파생이었으나 점차 독립된 개념의 단어로 고정된다. 마찬가지로 '춤'은 처음에는 기존의 어기에 붙어 변별성을 가지는 접사로 그 구실을 하였다. 또한 접사로서의 변별적 의미 기능도 가지고 있었다. 그러나 이는 시간이 지나면서 새로운 사물에 대응하는 독립된 단어를 형성한다. 결국 접사로서의 의미를 상실한다. (2ㄷ)의 '춤남우, 춤둑'에 대응하는 '櫟, 椿'은 접두사 '춤'에 해당하는 한자가 드러나지 않는다. 이는 '춤빗'에 대응하는 '篦, 笓, 櫛' 등도 마찬가지이다. 현대어에서도 '춤＋기름, 나물, 나무' 등은 '眞'의 의미 속성을 가지지 않는다.

2.1.2. '거즛'

　동일한 '眞'의 의미는 '춤-진짓'의 분화된 형태로 나타나는 데 비해 '거즛'은 단일형으로 나타난다. 고어사전이나 이조어사전에서 '거즛'은 명사로

生'의 뜻인 들(들빼, 들뿍, 들버슷), '河川'의 뜻인 돌(돌미나리, 돌삼)과 '개(개버들, 개살구). 그리고 '춤버슷, 춤기름'은 '춤나무 버슷, 춤빼 기름'의 약어형으로 설명한다.

설명된다. 중세어 자료에서는 신증유합의 '거즛(僞, 하18)'을 제외하면 '거즛'
만 나타난다. 그런데 동일한 신증유합에서 '贗'과 '誣'의 자석어에 '거즛'의
형태로 나타나기도 한다. 이는 훈몽자회에서도 '거즛'으로 쓰인다.

> (5) ㄱ. <u>거즛</u> 위(僞, 유합하18), <u>거즛</u> 무(誣, 유합하12)
>   <u>거즛</u> 안(贗, 자회하21)
> ㄴ. 眞實와 <u>거즛</u> 이룔 굴히시고(월2 : 71)
> ㄷ. 곧 <u>거즛</u> 말ᄊᆞ미 ᄃᆞ외리라(便爲妄語, 능7 : 60)
> ㄹ. <u>거즛</u> 有를 허르샤(以破妄有, 법화3 : 32)
> ㅁ. 너모 쉬오면 곧 <u>거즛</u>되오(傷易則誕, 번소8 : 11)

이는 합성어의 표기에서도 '거즛'의 형태가 보편적이다.

> (6) ㄱ. <u>거즛</u>말 탄(誕, 유합하12)
> ㄴ. <u>거즛</u>말 마롬과(석6 : 10)

그러나 근세어에서는 '거줃, 거즛, 거즐'이 '거즛'과 함께 출현한다. 이들
은 2음절 下에서의 'ㆍ~ㅡ'의 교체와 받침에서의 'ㅅ~ㄷ' 교체가 혼용되어
나타난다. 15세기 용례에서는 '거즛'이 보편적이다가 16세기 신증유합의
'거즛' 이후 17세기경에 '거즛, 거줃'이 일시에 드러난다. 이는 16세기경 비
어두음절의 'ㆍ>ㅡ' 교체[5]와는 또 다른 흔적을 보인다. 이는 '즛(容, 貌)'의
어휘적 형태의 영향이라는 설명이 어느 정도 타당성을 가진 것으로 보이게
한다. 하지만 이는 '즛>즏'의 변화를 동반하지 않으니[6] '즛(容, 貌)'과의 관
련성도 완전히 일치하지는 않는다. 하지만 19세기경의 'ㅅ, ㅈ, ㅊ' 아래서
'ㅡ>ㅣ'의 변화는 직접적으로 드러난다. 'ㆍ'에서 출발한 것이 아닌데도 17
세기경 'ㆍ>ㅡ'의 동요가 일어나고, 이는 'ㅡ>ㅣ'의 일반적 변화를 동반한다.

---

5) 이기문(2002 : 213)의 '신정판 국어사개설'을 참조할 것.
6) 반면에 '남줏>남즛>남짓'의 변화는 이와 일치한다.

(7) ㄱ. 그 고디 간악흔 빅셩이 <u>거즌</u> 예얼굴 ㅎ고 겁틱ㅎ거늘(동신열3 : 78b)

　　ㄴ. 김시 <u>거즌</u> 모기 몰라 능히 니디 몯ㅎ는 톄ㅎ여(동신열4 : 33b)

　　ㄷ. 연산군이 갑즈애 뼈곰 <u>거즌</u> 힝실이라 ㅎ야 주기니(동신속효29b)

　　ㄹ. <u>거즌</u> 힝실이라 ㅎ야(동신속효29)

(8) ㄱ. 예도적의 핍박흔 배 <u>거즛</u> 조츨 ㄷ시 가(동신열6 : 25b)

　　ㄴ. <u>거즛</u> 거슬 官差로라 ㅎ면 杖 一百 도년 귀향 가고(경민중14a)

　　ㄷ. <u>거즛</u> 위(僞, 칠류25a)

　　ㄹ. 그 두 가지 놋 ㅎ며 두 가지 혀 롤려 <u>거즛</u> 거슬 쑤미며(가례2 : 29b)

　　ㅁ. 다룬 <u>거즛</u> 쑤며 뼈 사룸을 소긴 거시 아니라(여훈상9b)

　　ㅂ. 뎐신 나발 부러둔 <u>거즛</u> 믈러 오던 군이 일시예 모몰 두르혀며셔 (연병9a)

　　ㅅ. 뎨 쏘 흔 낫 털을 쌔혀 변ㅎ여 <u>거즛</u> 行者ㅣ 되어(박통하20b)

　　ㅇ. 믄득 이 <u>거즛</u> 거시니(가례3 : 7a)

(9) ㄱ. <u>거즌</u> 도미롤 죄로뼈 두 누늘 쌔고(동신삼열1a)

　　ㄴ. 삼별최 반ㅎ야 <u>거즌</u> 셔ㅎ야 문감이롤 승션ㅎ롤 ㅎ야눌(동신충 1 : 22b)

　　ㄷ. 녯 사룸의 이러툿흔 말을 이 <u>거즌</u>말이라 닐으디 말라(마경상 16b)

(10) ㄱ. 간사흔 <u>거즛</u> 일은 무춤내 ᄀ리오고(경민중14a)

　　ㄴ. 갑즈년에 <u>거즛</u> 힝덕이라 ㅎ야 주기려 져주거늘(동신속효30b)

　　ㄷ. 이에 <u>거즛</u> 요령언의 병부롤 ㅎ여(乃詐爲姚令言符令, 오륜2 : 38)

　　ㄹ. 간사흔 <u>거즛</u> 일은 무춤내 ᄀ리오고 둣덥기 어려워(경민중14a)

　　ㅁ. 간사흔 <u>거즛</u> 일을 쇠ㅎ디 말올디니(경민중14a)

　　ㅂ. <u>거즛</u> 거슬 時任 관원의 子弟며 죵 브티로라 ㅎ고(경민중14b)

　　ㅅ. <u>거즛</u> 것(假的, 역어상69a)

　　ㅇ. <u>거즛</u> 여러 소의로 브르되(노걸하49a)

　　ㅈ. <u>거즛</u> 일을 告ㅎ면 그 罪로 反坐ㅎᄂ니라(경민중14b)

　　ㅊ. <u>거즛</u> 패ㅎ야 도즈글 달래야 혀 복병 안히 드리겨셔(연병8b)

ㅋ. <u>거즛</u> 패훈 톄로 ᄒ고 가거든(연병9b)

ㅌ. 쐬오는 거슨 이 <u>거즛</u> 거시오 갑는 거시아 이 실ᄒ니라(박통중
37b)

ㅍ. 法에 구읫 文書 간사히 <u>거즛</u> 것 훈 者ㅣ(경민중14a)

ㅎ. 정히 <u>거즛</u> 거슨 맛당ᄒ고(노걸하60b)

합성어의 형태에서는 'ㅅ'이 탈락하는 '거즈말'의 형태가 '거즛말'과 함께
쓰이기도 한다.

(11) ㄱ. 내 반ᄃ기 <u>거즈마</u>리 마존디 업스니(予必誑言無當, 영가하128)

ㄴ. 다몬 <u>거즈마</u>롤 잘 니르ᄂ니(只是快說謊, 박초상35)

ㄷ. <u>거즈말</u>황(謊, 자회하28)

(12) ㄱ. <u>거즛말</u> ᄒ고 섭섭훈 이(謊鬆的, 역상28b)

ㄴ. <u>거즛말</u> ᄒ는 놈들로 ᄒ여 놀이 ᄒ며셔(노걸하49a)

ㄷ. <u>거즛말</u> ᄒ던 놈(撤謊的, 역상28b)

ㄹ. 그리어니 <u>거즛말</u> 니르기롤 잘ᄒᄂ니(박통상32a)

ㅁ. 뎌 <u>거즛말</u> ᄒ고 섭섭훈 훈 財主人家에셔 블러 사회롤 삼으니(박
통중30b)

ㅂ. 도적ᄒ기와 <u>거즛말</u> 니르기 말며(노걸하39a)

ㅅ. 빗지면 <u>거즛말</u> 니르기 잘혼다 ᄒᄂ니라(박통상32a)

앞의 자료를 볼 때, '거즛'은 대체로 명사적 기능과 관형사적 기능으로
나누어진다. '거즛말'도 '거즛+말'로 형성된 관형사+명사의 용법이다. 물
론 이는 '거즛'의 의미가 남아 있는 상태로 복합명사의 구실을 한다. '眞'의
의미에 대응하는 '춤'은 접두사적 기능을 가졌으나 이에 대응하는 '거즛'은
접두사 기능의 문법적 요소가 드러나지 않는다. 다만 한자 '假'가 접두사적
기능을 가진다. 하지만 이는 '춤'과 직접적 대립관계를 형성하지는 않는다.

(13) ㄱ. 馬蘭草 一名 <u>假蘭</u>(역어하40a)

ㄴ. 이는 <u>假設南面</u>훈 堂이니(가례2 : 18a)

특이하게도 '假'가 명사로 쓰이는 예도 나타난다. 이는 '眞'과 대립한다.

(14) 다른 사룸으로 ᄒ여 뵈면 곳 <u>眞</u>이며 <u>假</u>롤 보리라(박통상64b)

2.2. '춤-진즛'과 '거즛'의 대립 관계

현대어에서 한자 '眞'에 해당하는 단어에는 '참'과 '진짜'가 있다. 그런데 이와 대립하는 '假'에도 '거짓'과 '가짜'가 있다. 중근세어에서 '춤-진짓'의 대립은 현대어 '참-진짜'의 대응과 관련이 있다. 중근세어에서 '춤'은 분포상 '진딧>진짓'에 비해 쓰임이 제한적이다. 자립적 분포도 상대적으로 드물다. 그러나 이들은 형태상, 기능상 구분되는 양어가 존재했다. '참'은 접사로서 '진짜 또는 진실하고 올바른 (참사람, 참뜻 등)'과 '품질이 우수한 (참먹, 참숯 등)'으로 쓰인다. 이는 부사로 쓰이는 '참(으로)'과 '진짜(로)'에서도 의미는 마찬가지이다. 명사 '참'은 '사실이나 이치에 조금도 어긋남이 없는 것'으로 설명한다. 이는 용례사전에서 다음과 같이 쓰인다.

(15) ㄱ. <u>참</u>과 거짓을 분별하다
ㄴ. <u>참</u>인지 거짓인지 의심하다
ㄷ. 도대체 어느 것이 <u>참</u>일까?
ㄹ. 나는 그 애 말이 정말 <u>참</u>인 줄로만 알았지.
ㅁ. 그의 호언장담처럼 그의 말은 모두 <u>참</u>이었다.
ㅂ. 그는 세상에서 벌어지는 일들의 <u>참</u>과 거짓에 대해서는 도통 관심이 없었다.
ㅅ. 그 애가 배가 아프다고 방에서 구르는데, 그것이 <u>참</u>인지 거짓인지 알 수가 없었다.
ㅇ. 뉘라서 그 <u>참</u>과 거짓을 가려낼 수 있으랴. ≪고정욱, 원균 그리고 원균≫

　　　ㅈ. 세상의 거짓과 <u>참</u>, 옳고 그름을 판단하는 데는 두 가지 입장이
　　　　　있을 수 있다. ≪이문열, 시대와의 불화≫

　‘참’은 ‘사실이나 이치’라는 설명에서 ‘진짜’와 의미상 차이가 난다. ‘참’
은 철저히 ‘거짓’과 대립한다. 그러나 다음의 ‘참’은 ‘진짜’의 부사적 쓰임과
일치한다. 의미상으로도 별 차이가 없다.

(16)　ㄱ. <u>참</u> 대단하다
　　　ㄴ. <u>참</u> 경치가 좋다
　　　ㄷ. 너도 <u>참</u> 답답한 사람이다.
　　　ㄹ. 이곳은 내가 태어난 곳과 <u>참</u> 비슷해요.
　　　ㅁ. 그 사람의 글을 보니까 <u>참</u> 그럴 듯 했거든.
　　　ㅂ. 바쁘신데 이렇게 많이 모여 주셔서 <u>참</u> 감사합니다.
　　　ㅅ. 바다 한가운데로 배를 타고 나간다는 건 <u>참</u> 근사한 일이라고 생
　　　　　각했다. ≪박기동, 아버지의 바다에 은빛 고기 떼≫
　　　ㅇ. 세상은 <u>참</u> 불공평하단 말씀이야. 나 같은 놈은 매일 열심히 뛰
　　　　　어도 단칸 셋방에서 굶주리며 사는데…. ≪홍성암, 큰물로 가는
　　　　　큰 고기≫
　　　ㅈ. 그랬는데도 사람의 마음이란 <u>참</u> 간사해서 키워 놓으니 요새 와
　　　　　선 그것도 자식이라고 든든한 생각이 들고 그러네요. ≪한수산,
　　　　　부초≫

　그런데 ‘진짜’는 ‘본뜨거나 거짓으로 만들어 낸 것이 아닌 참된 것’이다.
다음 용례에서는 ‘진짜’가 ‘참’과 자유롭게 교체되지 않는다.

(17)　ㄱ. <u>진짜</u> 도자기
　　　ㄴ. 이 위조지폐는 <u>진짜</u> 같다.
　　　ㄷ. 네 <u>진짜</u> 속셈은 뭔지 말해 봐라.
　　　ㄹ. 아저씨는 장난감 권총을 <u>진짜</u>처럼 만들었다.
　　　ㅁ. <u>진짜</u> 승부는 지금부터라는 게 두 회사 관계자들의 일치된 견해다.
　　　ㅂ. 이제 <u>진짜</u> 시작인 것 같군. ≪이문열, 영웅시대≫

　　ㅅ. 형은 수줍음을 드러내며 순박하게 웃었다. 나는 오랜만에 형의
　　　진짜 얼굴을 보는 것 같아서 기뻤다. ≪김용성, 도둑 일기≫
　　ㅇ. 물론 표면적으론 국대안 철회를 주장해야 하지만 우리의 진짜
　　　목적은 당원 확보, 당세 확장에 두어야 해요 ≪이병주, 지리산≫

　하지만 다음의 부사적 용례는 같은 부사적 용법의 '참'과 교체가 자연스
럽다.

　(18) ㄱ. 진짜 맛있다
　　　ㄴ. 진짜 골치가 아프다
　　　ㄷ. 영화가 진짜 지루하다.
　　　ㄹ. 너 진짜 혼자서 집에 갈 거니?
　　　ㅁ. 그 물건은 비싸기만 했지 진짜 별 볼 일 없었다.
　　　ㅂ. 그러나저러나 장 형사님이 마침 당직이어서 진짜 다행이었습니
　　　　다. ≪이문희, 흑맥≫
　　　ㅅ. 볼때기를 꼬집어 비트는 건데 진짜 무지무지하게 아프다고요.
　　　　≪조선작, 모범 작문≫
　　　ㅇ. 우리끼리만 조용히 할 얘기지만, 진짜 겪어 볼수록 사람은 대단
　　　　하다니까요. ≪이호철, 문≫
　　　ㅈ. 저기 앉아 있는 사람들은 저렇게 도포에 갓망건을 챙겨 썼지만,
　　　　진짜 무섭게 도술을 부리는 사람들은 땔나무꾼 차림이나 거지
　　　　차림을 했다는 것 같아. ≪송기숙, 녹두장군≫

　결국 '참'과 '진짜'는 명사적 기능에서 그 교체가 자유롭지 못하다. 명사
적 기능에서도 '참'은 조사와의 공기가 자연스럽고 관형사적 기능은 뚜렷하
지 않다. 접두사의 기능으로 관형사적 기능을 유지한다. '참'과 '진짜'는 동
일한 의미를 지향한다고 하더라도 기능상 변별되는 부분이 있다. 그렇다면
이러한 관계와 마찬가지로 이들과 대립성을 가진 '거짓'도 동일한 방식의
대응쌍이 존재했을 가능성을 배제할 수 없다. '춤-진딧'의 관계를 고려하면
'거즛-갸딧'의 관계도 충분히 고려할 수 있다. 그렇다면 '진딧>진즛'의 형

태변화는 '갸딋>가즛'의 형태변화를 동반했을 것은 자명한 일이다. 현대어에서 '거짓'과 '가짓'은 동일한 의미로 대응한다. 그렇다면 이와 대응하는 '가짓'의 중근세어 어형의 존재는 쉽게 추정된다. '참-진짓'은 형태상 뚜렷한 구분이 있지만 '가즛-거즛'은 그렇지 않다. 단지 '아~어' 교체로 의미속성이 구분된다. 이렇게 볼 때, '가즛-거즛'의 의미상, 형태상 통합은 자연스럽다.

'진딋>진짓'이 근세 중국어 차용어이면 '갸(가)딋'도 근세 중국어 차용어일 것이다. 이기문(1991 : 225)에서도 理藪新編에 인용된 것을 참조하여 근세 중국어 차용어 '갸디(假的)'를 언급하였다. 그렇다면 '춤'에 대립하는 '거즛'의 존재와 '진짓'에 대립하는 '가짓'의 존재를 상정해 볼 수 있다. 그러면 이들의 중근세어에서의 대립적 관계나 현대국어에서의 대립적 관계가 충분히 설명된다. 그런데 중근세어의 문헌에서 '가짓'의 존재가 뚜렷하지 않다는 데 문제가 있다. 역어유해에서 '眞的'은 한자음과 관련 있는 '진짓것'에 대응이 되지만 '假的'은 한자음이 '갸디'에 대응이 되지만 풀이에는 '거즛것'으로 되어있다. 동일한 방식으로 근세 중국어 차용어로 설명하기 위해서는 '진짓것'과 같은 방식으로 '가짓것'에 대응되어야 한다. 하지만 어형은 '거즛것'이다. 이는 이전 시기에 이미 '가즛-거즛'의 통합이 선행되었다고밖에 설명할 수 없다. '진짓'은 당시 '眞'의 의미에 해당하는 보편적 단어였고, '갸딋>가짓'은 '假'에 대응하는 보편적 단어가 아니었다. '거즛'이라는 유사한 의미의 보편적 쓰임이 존재했다. 따라서 '가짓'은 출현과 동시에 '거즛'에 통합되었을 가능성이 높다. 이들의 이러한 의미적 대응을 추정하고자 하는 것은, 중근세어나 현대어와 연계시켰을 때 '참-진짜', '거짓-가짜'라는 형태적, 의미적 차이가 이들과 관련 있는 것으로 보기 때문이다. 그렇다면 이러한 논의와 관련하여 '거즛'과 '갸(가)딋'의 의미적 차이를 추정할 수 있는 근거를 제공할 수 있느냐가 문제이다. 의미상으로 본다면 '진디(眞的)'가 '진짓것'에 대응이 되고, '갸디(假的)'가 '거즛것'에 대응하는 것에 주목한다. 결국 '진디(眞的)'와 '갸디(假的)'는 명사적 쓰임을 가졌다는 점이다.

(19) ㄱ. 너를 닷냥만 줌이 이 <u>진짓</u> 갑시니(你五兩是實實的價錢, 노걸하25a)
　　 ㄴ. <u>진짓</u> 쩌신동 거짓 쩌신동(眞的假的, 노걸하58a)
　　 ㄷ. <u>진짓</u> 거슨 맛당티 아니ᄒ니라(不宜眞, 노걸하60b)

위의 예문에서의 '진짓'은 관형사적 기능을 수행한다. (19)의 예문은 각각 '갑, 쩟, 것'을 수식하는 관형사이다. 이는 현대어에서 나타나는 '진짜'의 명사적 기능과 일치한다. (19ㄱ)은 '實實的價錢'에서의 '的'이 조사로 작용한다. (ㄴ)~(ㄷ)은 관형사인 '진짓'이 명사적 기능을 수행하기 위해서는 '진짓것'으로 쓰이는 예이다. 관형사의 기능을 수행하지만 '眞的'에 대응하는 것은 '진짓쩟'이다. 그런데 '假的'에 대응하는 것은 '거짓쩟'이다. 이는 역어유해의 설명과 일치한다. '진짓'과 대립하는 단어로 '거짓'이 쓰인다. 역어유해의 자료적 가치를 중시하면 '진짓것'과 '진짜'의 의미적 기능이 일치한다. 그런데 관형사적 기능이나 명사적 기능은 의미상 큰 차이를 동반하지 않는다. 이는 현대어에서도 그대로 연결된다. 명사적 기능과 관형사적 기능이 다 자유롭기 때문이다. 이렇게 본다면 '진짜'와 '가짜'는 각각 '眞的者'와 '假的者'에서 나왔을 가능성이 높다. '的'의 쓰임은 'ㅅ'에 대응한다. '的'이 명사를 만드는 기능도 있지만 관형격 조사의 기능이 강하다.

(20) ㄱ. 믈놀이며 결ㅅᄆ 차 ᄃ니ᄂ 거슨(水穿波<u>的</u>, 박초상70)
　　 ㄴ. 셩이 니가읫 관부ᄒ야 어드라 가게ᄒ고(姓李<u>的</u>舘夫, 박초상3)
　　 ㄷ. 일홈난 張黑子이라 홀 쟝신이(有名<u>的</u>張黑子, 박초사15)
　　 ㄹ. 밍ᄀ론 갈히 됴ᄒ니(打<u>的</u>好刀子, 박초상15)

그리고 '者'는 '진디(眞的)'와 '갸디(假的)'의 명사적 쓰임을 나타내기 위한 역표기일 가능성이 있다. 또한 다음에서는 '거즛것'이 명사의 기능을 수행한다.

(21) <u>거즛 것</u> 셴 둘 아디 몯홀씬(不了假立, 금강77)

이와 관련하여 '가딋>가짓'은 '거즛것'이라는 명사 기능으로 쓰이는 것을 중시하여, 역풀이 방식에 의해 한자 표기 '假的者'에 해당시켰을 가능성이 높다. 사원(1987 : 1369)에서는 論語衛靈公에 나오는 '事其大夫之賢者 友其士之仁者'의 예를 들면서 '者'가 近於現代漢語終構助詞的'으로 설명한다. 이는 결국 '假的'은 '假者'와 동일한 표현인 것이다. 대한화사전(1985 : 9권164)에서도 '者'는 'もの'로 설명하면서, '事, 物을 指していふ'로 설명한다. 결국 어떤 설명이든 '者'와의 관련성이 드러난다. 그런데 '假的'은 명사로서 기능한다. 반면에 '거즛'은 관형사적 기능이 주된 역할이다. 이러한 의미적 특성은 '진딋>진짓'과 마찬가지이다. '진짓'은 18~19세기 자료인 청구영언과 경신록언해에서 '진즛'으로 나타난다. 이도 마찬가지로 '진즛것'의 형태로 쓰인다.

(22) 四皓 ㅣ <u>진즛 것</u>가(청대41)

이렇게 본다면 '춤'과 '진짓', '진짓것'은 '거즛'과 '가짓', '가짓것'과 대응관계를 형성한다. 이러한 대응은 '진짓-가짓'의 명사 기능이 '진짓것-가짓것'과 통합하면서 현대어의 '참-진짜'와 '거짓-가짜'의 단어로 형성된다. 현대어에서 '眞'에 대응하는 '참'과 '진짜'나 '假'에 대응하는 '거짓'과 '가짜'의 대립상을 통해 이들의 의미적 차이나 기능적 차이를 짐작할 뿐이다. 이로 볼 때 '거짓-가짜'는 '참-진짜'보다 형태적 통합이 선행된다. 그래서 '현대어 '가짜'를 파생시킨 '갸디(假的)'의 어례가 있었을 것으로 추정하는 것이다. 현대어에서 '거짓'과 '가짜'는 다음과 같이 쓰인다. 표준국어대사전에서는 '거짓'을 '사실과 어긋남 또는 사실이 아닌 것을 사실처럼 꾸밈'으로 설명하고 있다.

(23) ㄱ. <u>거짓</u>으로 말하다
　　　ㄴ. <u>거짓</u>을 늘어놓다
　　　ㄷ. 그것은 사실이 아닌 <u>거짓</u>에 불과하다.
　　　ㄹ. 그의 증언은 모두 <u>거짓</u>이었다.

ㅁ. 우에다의 작품은 <u>거짓</u> 아닌 사실을 수록한 것일지 모른다. ≪이병주, 관부 연락선≫

ㅂ. 그렇다면 길상은 무엇을 원했으며 어떤 결과를 만들려는가. 서희가 <u>거짓</u> 없이 말했다는 것은 길상이 이 여자와 헤어지지 않을지도 모른다는 예감 때문이다. ≪박경리, 토지≫

ㅅ. …… 하늘 아래 새로운 것은 없소. 오히려 그것이야말로 <u>거짓</u> 예언자나 사악한 지혜의 입을 빌려 수없이 반복된 사탄의 주장일 따름이오. ≪이문열, 사람의 아들≫

ㅇ. 설사 그들이 내 물음에 대답했다손 쳐도 그것은 내 귀를 간질이기 위한 그네들 선심이 다분히 깔린 <u>거짓</u> 증언에 불과했으리라 ≪전상국, 하늘 아래 그 자리≫

ㅈ. 그제서야 대불이는 웅보 형님의 말이 <u>거짓</u>이 아니라는 것을 알 수가 있었던 것이다. ≪문순태, 타오르는 강≫

ㅊ. 대왕릉은 적어도 나 실장과 같은 인간들에 의해, 그 나 실장과 같은 허황스러운 의도에서 <u>거짓</u>으로 꾸며진 역사의 왜곡일 수는 없었다. ≪이청준, 춤추는 사제≫

ㅋ. …… 이 사나이는 <u>거짓</u>이나 허위에는 본능적인 증오를 느낀다. 그러나 거짓을 증오한다는 것이, 한 사내의 여인에게는 반드시 좋은 일만은 아닌 것이다. ≪홍성원, 육이오≫

'가짜'는 '거짓을 참인 것처럼 꾸민 것'으로 설명한다.

(24) ㄱ. <u>가짜</u> 양주

ㄴ. <u>가짜</u> 상표

ㄷ. <u>가짜</u>에 속다

ㄹ. 업주는 서류를 <u>가짜</u>로 꾸며 거액을 탈세하였다.

ㅁ. 지금까지 알려진 바로는 용의자가 작성한 본적과 현주소는 모두 <u>가짜</u>였다.

ㅂ. 물건을 가지고 와서 팔려면 제대로 된 물건을 팔아야지 이런 <u>가짜</u>를 가지고 와서 판단 말이오? ≪송기숙, 녹두 장군≫

ㅅ. 시골 사람들도 셈속이 점점 밝아져서 이문이 전 같지 않았으므로, <u>가짜</u> 물건으로 사기를 치거나 남의 것을 떼어먹는 등 시비

　　　가 그칠 날이 없었다. ≪송기숙, 녹두장군≫
　ㅇ. 다만 이상한 것은 끝까지 그것을 숨기면서 거짓 평계를 꾸며댔
　　　지요. 몇 푼 안 나가는 <u>가짜</u> 반지를 어머니에게서 물려받은 소
　　　중한 반지라고 한다든가 …… . ≪박태순, 어느 사학도의 젊은
　　　시절≫
　ㅈ. 여자가 코를 골 때마다 반쯤 떨어진 <u>가짜</u> 속눈썹 한쪽이 엷게
　　　흔들렸다. ≪김성동, 만다라≫
　ㅊ. 그러더니 갑자기, 여기 있는 모든 물건은 구제품이 아니며 <u>가짜</u>
　　　라고 우기기 시작했다. 부친은 기분이 상한 모양이었다. ≪이제
　　　하, 초식≫
　ㅋ. 당사자인 여학생은 시종 한 손으로 눈을 막고, 진짜로 우는지,
　　　<u>가짜</u>로 우는 체하는지, 대강 그러고 있었습니다. ≪이호철, 문≫

　‘참-진짜’와 마찬가지로 ‘거짓-가짜’도 의미상 용법상 조금 차이가 있다.
하지만 용법상 ‘참-진짜’의 관계보다는 ‘거짓-가짜’의 통합 정도가 더 가깝
다. 그런데 ‘가짜 두부’는 의미상 자연스럽지만 ‘거짓 두부’는 이상하다. ‘가
짜’는 구체적 대상성이 두드러진다.

3. ‘므스’와 ‘므슥/므슴/므슷’의 의미 특성

　‘므슥/므슴/므슷’은 형태상 ‘므스’라는 공통적 요소를 가지고 ‘ㄱ~ㅁ~
ㅅ’으로 교체가 이루어진다. ‘므스’는 ‘므슷’, ‘무슷’의 형태로도 나타나는데
물론 이들은 시기적인 차이나 문헌상의 차이가 있다. 그런데 ‘므슥/므슴/
므슷’을 기본 어휘소 ‘므스’의 변이어휘로 봐야할지,[7] 혹은 기본 어휘소를

---

7) 어휘론에서 어휘의 가장 기본 단위는 어휘소이다. 어휘소는 성층 문법에서 의미층과 형태
　층 사이에 위치한다. 하나의 어휘소를 중심으로 환경에 따라 달리 설정되는 단어형을 변이
　어휘로 설정한다. 김광해(1993 : 43~45)에서는 이를 변이어로 설명하고 있다. 이에 대한

달리 설정할지, 그렇지 않으면 '므스'를 포함한 '므슥 / 므슴 / 므슷'을 각기 다른 단어로 봐야 할지는 의문이다. 만일 이들이 특정의 환경에서만 나타나는 배타적 관계를 형성한다면 어휘소-변이어휘의 관계를 고려할 수 있다. 그러나 이들이 '므스'를 기본형으로 하여 형성된 것인지는 좀 더 살펴볼 필요성이 있다. 지금까지의 논의는 대체로 단독형 '므스'를 인정한다. '므스'를 기본 어휘소로 설정하고 '므슷, 므슴, 므슷'의 분포 환경 차이를 점검한다. 이광호(1994 : 154)에서도 중세국어 의문 대명사의 단독형으로 '므스'를 설정하고 '므슥, 므슴'이 출현하는 환경적 차이를 설명한다. 여기서는 단독형이나 기본형의 개념을 기본 어휘소로 설정하고자 한다. 이들의 관계는 형태소-변이형태의 개념과는 다른, 단어의 문제이기 때문이다. 어휘소-변이어휘는 형태소-변이형태의 개념을 어휘에 접목시킨 개념이다. 그런데 '므스'를 기본 어휘소로 인정하여 '므슥 / 므슴 / 므슷'을 환경에 따른 변이어휘로 취급할 경우에는 설명하기 힘든 많은 예외적 현상들이 나타난다. 우선 일반적인 논의와는 다른 특이한 형태 변화를 보인다. 다음의 몇 가지 점은 '므스'를 기준으로 하여 'ㄱ~ㅁ~ㅅ'의 첨가 현상으로 볼 경우에 나타나는 특이한 현상들이다. '므스'를 기본 어휘소로 설정하여 '므슥 / 므슴 / 므슷'을 변이어휘로 설명할 경우에는 우선 다음의 요소가 합리적으로 설명되어야 한다.

1) 명사 '므스'는 불구적인 용례만 남기고 있어, 주격, 목적격, 조격 등에서는 쓰이지를 못한다. 명사로 쓰이는데도 불구하고 조사와의 결합에 제한적이다.

2) 16세기 말에 '므섯'이 출현하는데 이는 중세어에서 관형사로 쓰인 '므슷'과는 달리 근세어 '므섯'은 명사로만 쓰인다. '므스'와 관계없이 품

성층적 구분은 다음과 같이 형성된다. 의미론-의미소-변이의미 / 어휘론-어휘소-변이어휘 / 형태론-형태소-변이형태 / 음운론-음소-변이음. 자세한 논의는 김광해(1993 : 43~45)와 이광호(2008 : 25~28)를 참조할 것.

사상의 변화가 동반된다.

3) '므슴'은 명사 '므스'에 명사화 접미사 'ㅁ' 접미로 동일한 품사인 명사 '므슴'으로 전용되는 비경제적인 현상을 보인다.

4) 마찬가지로 명사 '므스'에 'ㄱ'이 접미하여 명사가 되는 특수형을 가진다.

5) 15세기에 명사로 쓰인 것은 '므스, 므슥, 므슴'의 셋이지만 완전활용은 '므슥'뿐이고 '므스, 므슴'은 불구명사로 쓰인다.

이러한 점에서 어휘소 '므스'에 'ㄱ~ㅁ~ㅅ'이 첨가되어 다양한 형태와 품사로 쓰인다는 설명은 일반적 논의와 다른 예외적 현상이 너무 많이 발견된다. 따라서 '므스'를 기본형(어휘소)으로 설정하고자 한다면 이러한 예외적인 현상들을 우선적으로 해결할 필요가 있다. 만일 '므스'가 가장 보편적인 환경을 가지고 출현하면서 '므슴'이나 '므슷' 혹은 '므슥'이 환경에 따른 형태변화를 동반한다면 이들을 변이어휘로 보는 설명이 가능하다. 물론 어휘소-변이어휘의 관계로 보려면 당연히 배타적 환경이 동반되어야 한다. 그러나 형태적 공통성을 가진 '므스'가 반드시 기본 어휘소가 되어야 할 이유는 없다. 'ㄱ~ㅁ~ㅅ'의 첨가 및 교체현상을 이루는 특정의 환경이 도출되지 않기 때문이다. 그리고 '므스'를 기본 어휘소로 보고 '므슥, 므슴, 므슷'을 변이어휘로 설정하기엔 이들의 변화를 설명할 만한 뚜렷한 환경적 조건도 드러나지 않는다. 비록 의문대명사로 쓰일 경우 어느 정도의 환경적 공통성이 드러나긴 하지만 전체적으로 통일되지 않았다는 점에서 완전하지 않다. 그리고 이러한 변화나 환경적 공통성에 특별한 이유가 발견되지 않는다는 점에서도 불완전하다. 이들은 품사적인 기능에서도 '므슥'은 명사로서의 기능에 한정되어 있고, '므슷'은 관형사로서의 기능에 한정된다. 다만 '므스'와 '므슴'만 명사와 관형사의 양 기능을 공유한다. 이러한 점들이 '므스'라는 하나의 요소에서 출발하였다고 설명하는 것을 곤란하게 만든다. 그래서 이런 점을 고려하여 이들을 각기 다른 단어로 취급하여 유의적인 측면에서 다루기도 한다. 유의어는 동일한 의미 역할을 가진 별개의 단어이다. '므슥,

므슴, 므슷'을 두 부류로 나누어 유의어로 취급한 논의는 남성우(1986 : 41~42, 117~118)가 대표적이다. 남성우는 이들을 유의어로 취급하여 통사적인 기능과 공기관계에서의 동사 차이를 설명한다. 그리고 이들의 관계는 '므슥'과 '므슴', '므슴'과 '므슷'으로 구분하여 다루면서 '므슴'과 '므슷'의 공기대상에 따른 상이한 의미역할을 설정하였다. 비슷한 논의는 이광호(1995 : 199~201)에서도 발견된다. 여기서도 이들을 명사와 관형사의 쓰임으로 구분하여 공기관계와 대상에 따른 차이를 설명한 바 있다. 그런데 이들의 논의에서는 '므스'가 유의적 대상에서 제외되어 있다.

만일 '므스'가 환경에 따라 '므슥, 므슴, 므슷'으로 변한다면 당연히 이러한 다양한 형태를 실현하는 환경적 차이를 점검하여야 한다. 그래서 형태적 불완전성을 극복할 수 있는 공통된 환경을 도출하여야 한다. 그러나 변이어휘로서의 기능을 인정할 수 없다면, '므슥~므슴~므슷'을 '므스'의 변이어휘로 취급하지 않고 각기 다른 단어로 살펴야 한다. 이것은 이들의 형태적 차이에 따른 특정한 환경이 선택되지 않을 경우이다. 그런데 이들을 동일한 요소인 '므스'를 기본 어휘소로 설정 했을 경우 품사적인 기능에서도 문제가 드러난다. '므슴'과는 명사, 관형사로 쓰여 동일 기능을 가지지만, '므슥'은 명사적 기능에서, '므슷'은 관형사적 기능에서만 동일성을 유지하기 때문이다. 이는 자신이 가진 역할을 왜 'ㄱ~ㅁ~ㅅ'이 첨가되는 형태 변형을 통해서 기능 분담을 해야 하느냐 하는 의문을 가지게 한다. 그래서 이들은 단어로서 가지는 의미 제약관계가 이들을 얽어매는 구실을 한 것이 아닐까 하는 가정을 해 본다. 그렇지 않다면 기본 어휘소의 설정에 문제가 있다. 결국 여기서는 적용에 따른 환경의 차이를 우선 살피고, 이에 대한 특별한 규칙성을 발견하지 못한다면 이들의 의미적인 공통성에 기초하여 각기 다른 의미제약관계를 살피고자 한다. 통사적인 차이나 공기관계를 점검하다 보면 이들의 의미 역할이 분명해질 것으로 기대한다. 그리고 이들의 통시적인 변화과정도 추적하고자 한다. 이들에 대한 기존의 논의에서는 형태상의 변화를 현대어와 직접 연결시키는 흔적을 찾지 못했기 때문이다. 따라서 이들의 형태적인 변화의 추이도 여기서는 관심을 가질 것이다.

3.1. 선행연구의 검토

이광호(1994 : 264~265)에서는 '므스, 므슴, 므슷'을 미지칭 지시 관형사로 설명한다. 이는 '므슴'과 '므슷'을 '므스'와 동일한 요소로 언급하였지만 이들에 대한 변별적 기능이나, 변이어휘로서의 환경 설정에 대한 언급은 없다. 그러나 같은 책(1994 : 154~155)에서 현대국어의 의문대명사 '무엇'에 해당하는 중세국어 의문대명사의 단독형 '므스'는 모음조사 앞에서는 '므슥', 공동격조사 앞에서는 '므슴'으로 나타난다고 설명한다. 의문대명사의 기능일 경우에는 이들에 대한 분포상의 환경 차이를 언급한다. 그런데 이럴 경우에는 '므슷'이 동일한 층위의 설명 대상이 되지 못한다. 지시 관형사로 쓰이기 때문이다. 그렇다면 이들을 '므스'라는 공통된 형태를 중심으로 '므슥, 므슴, 므슷'을 논의하는 것은 별 의미가 없을 것으로 보인다. 오히려 이들이 품사적 차이를 가진 점을 중요시 하여 지시 관형사 '므스, 므슴, 므슷'과 의문대명사 '므스, 므슥, 므슴'을 분리하여 설명하는 것이 바람직할 것이다. 그렇지 않다면 '므슷, 므슴'의 기본형인 '므스'와 '므슥, 므슴'의 기본형인 '므스'를 나누어 설명할 필요가 있다. 결국 이들이 동일한 형태인 '므스'에서 출발하였다고 하지만 적어도 쓰임에 따른 분류를 할 필요가 있기 때문이다. 그렇게 한다면 '므스, 므슴, 므슷'과 '므스, 므슥, 므슴'으로 나누어 이들의 차이를 설명할 수 있는 환경설정을 시도하여야 한다. 이렇게 보더라도 '므스'는 전체를 아울러 설명할 수 있는 동일한 단어로는 설정할 수 없다. 또한 이들의 쓰임에서는 '므스'를 기본 어휘소로 설정할 수 있는 뚜렷한 근거가 주어지지 않는다는 데 문제점이 있다. 따라서 이들의 품사적인 차이를 인정하면서, 결국 상이한 품사 기능인 명사와 관형사로 나뉜 별개의 항목을 각각의 선상에 두고 설명하여야 한다. 지시 관형사인 경우에는 환경적인 차이가 설명되지 못하고, 의문대명사인 경우 환경적인 차이가 설명된다는 것도 기본 어휘소 '므스'를 설정하는데 부담이 된다. 이는 '므스'라는 기본 어휘소를 설정하여 동일한 품사 혹은 의미 기능을 전제로 하였을 경우 나타나는 불완전성이다.

유창돈(1980 : 10)은 명사 '므스'를 중심으로 '므슷, 므슴'은 전성관형사로, '므슴, 므슥'은 전성명사로 설명한다. 여기서 'ㅅ, ㅁ, ㄱ'은 접미사로 설정된다. 체언에 접미사가 첨가되어 관형사나 명사가 된다는 설명이다. 명사에 접미사가 붙어 관형사가 되는 것은 아무리 특이형이라고 하더라도 일반적인 설명과는 너무 판이하다. 용언에 관형사형 어미가 붙는 관형어나 독립적인 형태인 관형사의 특징과는 그 성격이 너무 다르기 때문이다. 그리고 현대어의 '무엇'은 "15세기에는 '므스'로 나타난다(378~380)"고 하면서 동일 형태의 관형사로 쓰이는 예도 같이 언급한다. 분리될 필요가 있는 요소이다. 명사 '므스'는 불구적인 용례만 남기고 있어, 주격, 목적격, 조격 등에서는 쓰이지를 못하고 있으며, 이 경우는 '-ㄱ(윽)' 접미로 '므슥'의 어간을 형성하게 되며 이 '-ㄱ' 접미의 명사형 구성은 '-ㅅ(읏)' 접미의 관형사형 구성과 짝을 이루게 된다고 하였다. 'ㄱ'접미에 의한 명사형 구성, 'ㅅ'접미에 의한 관형사형 구성이 짝을 이루어야 하는 필요성도 쉽게 납득하기 힘든 설정이다.

고영근(1991 : 69)에서는 '므슥'의 곡용을 설명하는데, 주격형으로 '므스기', 서술격형으로 '므스기라', 목적격형은 '므스글' 처소의 부사격형은 '므스게', 도구의 부사격형은 '므스그로'로 쓰이는 것을 언급하였다. 그리고 현대국어의 '무엇'을 의미하는 '므슥'은 이밖에도 '므슴, 므스것'으로 나타나기도 한다고 하였다. 이것은 '므스'와 관련시키지 않은 '므슥'의 독자적 곡용을 밝힌 것이다.

3.2. 품사별 기능

'므스'와 '므슥 / 므슴 / 므슷'에서 '므스, 므슥, 므슴'은 명사적 기능을 가졌다는 점에서 공통성을 가지고, '므스, 므슴, 므슷'은 관형사적 기능을 가졌다는 점에서 공통성을 가진다. 일단 이들의 공통성은 '므스'와 '므슴'이 가진 명사적 기능과 관형사적 기능의 공유가 기본이 된다.[8] 결과적으로 보면, '므슥'과 '므슷'은 품사적 기능에서는 공유 부분이 전혀 나타나지 않는다. 품사별 기능을 살피기 위해서는 '므슥, 므슴, 므슷'의 공통적 형태인 '므스'의 예문을 우선 점검하는 것이 바람직할 것 같다. 그리고 품사별 관련성을 점검하기 위해서는 명사적 기능과 관형사적 기능을 구분할 필요성도 있을 듯하다.

3.2.1. 명사적 기능

15세기에서 '므스'와 '므슥, 므슴, 므슷' 중 명사적 기능을 살펴볼 수 있는 것은 '므스, 므슥, 므슴'이다. 물론 명사적 기능을 가진 것 중에서 형태상 '므스'가 이들의 공통 요소로 작용한다. '므스, 므슥, 므슴'이 기능적인 면에서 어떤 공통성과 변별성을 공유하는지 '므스'를 중심으로 하여 이들의 관련성을 살펴보고자 한다. 이를 위하여 우선 이들의 공기관계를 살피는 것이 바람직할 것으로 보인다. 특정의 통사적 기제의 존재 유무는 이들을 구분 지을 수 있는 가능성을 제공해 줄 것이기 때문이다. 덧붙여 '므스'를 기본형 (어휘소)으로 설정할 필요성 여부와 '므슥, 므슴'의 환경적 차이도 관심 있게 살펴야 할 것이다.

중세어에서 '므스'가 명사적 기능을 보이는 예문은 상당히 한정되어 있다. 명사로서의 '므스'는 그 용례가 풍부하지 않다. 명사로 쓰이는 경우는 의문조사 '-고'와 연결된 '므스고'에 한정된다. 근세어 자료에서는 'ᄒ라'와

---

8) 憔悴히 묏 가온디 이슈믈 <u>므슴</u> 슬ᄒ리오(두초9 : 46a), <u>므슴</u> 區區히 사룸 아로몰 마즈리오(금삼2 : 56b)에서 '므슴'의 부사적 용법을 확인할 수 있으나 이는 다른 단어와의 유의적 속성을 보이지 않으므로 논의에서 제외한다. 부사적 용법은 '므스ᄒ라, <u>므스그라</u>, 므스므라, 므스므려, 므슴아라, 므슴ᄒ라' 등과 관련하여 논의를 확장할 필요가 있어 추후에 검토하고자 한다.

연결된 '므스ᄒᆞ라'의 쓰임도 나타난다. 하지만 '므스ᄒᆞ라'의 경우는 동일한 의미로 '므스그라, 므스므라, 므스므려, 므슴아라, 므슴ᄒᆞ라' 등으로 쓰여 '므스'만에 한정된 형태나 기능은 아니다. 그렇다면 '므스'는 의문조사 '-고'와 연결된 형태가 독자적 기능이라고 볼 수 있다.

    (1) 그 닐온 거슨 <u>므스</u>고(원序2)
    (2) 이 <u>므스</u>고(남명하16, 금삼2 : 41)
    (2) 네 일후믄 <u>므스</u>고(육조상56)
    (4) <u>므스</u>ᄒᆞ라 너를 기돌오료(要甚麼等你, 노하18)

  '므스'와 의문조사 '-고'가 연결되는 '므스고'의 의문형은 동일한 품사적 기능을 가지는 '므슥'과 '므슴'에는 나타나지 않는다. 이는 '므스' 기본형 논의를 의미 없는 것으로 만든다. 독자적 역할을 가진 특정의 영역을 가지고 있기 때문이다. 따라서 15세기에 동일한 명사적 기능을 가진 '므스'와 '므슥, 므슴'은 서로 다른 통사적 역할을 가졌을 가능성이 높다. 그런데 '므스'는 근세어로 넘어가면서 명사적 기능은 거의 나타나지 않는다. 중세어에서도 그 역할이 활발한 것은 아니었지만 근세어에서는 명사적 기능이 더욱 줄어든다. 결국 명사와 관형사로 쓰이던 것이 동일한 형태이었음을 감안하면 관형사로서의 기능이 주가 된 것이다. 그런데 이런 관형사적 기능도 '일'과 '것'을 수식하는 것에 한정된다. 관형사로서의 '므스'는 중세어에서 근세어까지 그 기능 및 의미가 동일하다. 다만 '므스'의 명사적 기능이 축소될 뿐이다. 근세어에서의 '므스'는 관형사적 기능으로서 다음과 같이 쓰인다.

    (5) 네 미일에 <u>므스</u> 일 ᄒᆞᄂᆞ다(박통중43a)
    (6) <u>므스</u> 거스로 딥 가져가료(노걸상29b)

  그런데 '므슥'은 다음 용례에서 보듯이 격조사와의 연결이 자유롭다. 물론 모음으로 시작하는 격조사이다. 이들은 현대어의 '무엇'으로 자연스럽게 해석된다. 격조사와의 연결을 보면 '므슥'은 '므스'나 '므슴'보다 통사적으로 가장 자유로운 분포를 보인다.

    (7) <u>므스기</u> 어려보료(석11 : 19)
    (8) <u>므스게</u> 쓰시리(월1 : 10)
    (9) <u>므스글</u> 얻논다(월1 : 36)
    (10) <u>므스그로</u> 므슴 사마(능1 : 84)
    (11) 傳ᄒᆞ샤미 <u>므스기</u>며(금삼2 : 68)

하지만 '므슥'은 명사로서의 기능만 가진다. 남광우(1981), 유창돈(1985)에서 부분적으로 부사로 쓰이는 경우를 설명하지만 이들을 '므슥'의 독립된 형태로서의 기능이라고 볼 수는 없다.

    (12) <u>므스그라</u> 烟霧로 드러가ᄂᆞ뇨(胡爲入烟霧, 두초22 : 39)
    (13) <u>므스그라</u> 그듸 머리 녀 가ᄂᆞ뇨(胡爲君遠行, 두초23 : 51)

이는 동일한 방식으로 '므슴'이 '므스므라, 므스므려, 므슴ᄒᆞ라, 므슴아라, 므스므라'로 쓰이지만 이들은 '므슴'의 독자적 형태에서 나타나는 부사적 기능이라고 볼 수 없는 것과 마찬가지이다. 어쨌든 '므슥'이 가진 격조사와의 자유로운 연결은 '므스'나 '므슴'과는 차이가 난다. '므슴'은 '므스, 므슥'와 마찬가지로 명사와 관형사의 기능을 다 가지지만 명사의 쓰임에서 조사의 연결은 제한적이다.

    (14) <u>므슴</u>과 곧ᄒᆞ뇨(육조상5)
    (15) <u>므슴</u>만 너기시리(월곡125)
    (16) <u>므슴</u>ᄒᆞ려 ᄒᆞ시ᄂᆞ니(월1 : 10)
    (17) 사라셔 <u>므슴</u>ᄒᆞ료(속삼열8)

여기서 '므슴'은 '-과, -만, -ᄒᆞ다'와 연결되는 제약성을 보인다. 물론 명사로서의 기능보다는 관형사로서의 기능이 자유롭다. 그렇지만 '므슴'이 명사적 기능에서 '므스, 므슥'과는 다른 제약관계를 보이는 것은 분명하다. 의문조사 '-고'와만 연결되는 아주 한정적인 '므스'와도 차이가 나고, 격조사와의 연결이 자유로운 '므슥'과도 차이가 나기 때문이다. 그런데 '므스, 므슥, 므슴'은 일단 조사나 어미와의 연결에서 서로 배타적인 분포를 보이는 것은 확실하다. 중복되는 요소가 드러나지 않기 때문이다.

결국 중세어에서 명사로 쓰인 것은 '므스, 므슥, 므슴'의 셋이지만 조사의 연결에서 분포가 자유로운 것은 '므슥'뿐이고 '므스, 므슴'은 조사의 연결이 제약적인 불구명사로 쓰인다. 보다 자유로운 활용을 보이는 '므슥'은 '므슴'에서 보이는 '므슴과', '므슴만', '므슴ᄒ다'의 쓰임이 보이지 않는다. 그리고 '므스'에서 나타나는 의문조사 '-고'와의 공기도 보이지 않는다. 따라서 이들의 관계는 충분히 배타적이다. '므슴'은 근세어에서도 명사적 기능을 가지는 경우에 '므슴ᄒ다'의 쓰임이 보편적이고 '므스므라, 므스므려, 므슴ᄒ라, 므슴아라, 므스므라' 등으로 쓰여 부사로서의 쓰임도 나타난다. 부사로서의 쓰임은 '므스, 므슴, 므슥'이 동일하다. '므슴'은 '므슴'으로도 쓰인다. 박통사에서는 '므슴'과 '므슴'이 공존한다.

> (18) 내 남진니 볼셔 주그니 혼자 사라 <u>므슴</u> ᄒ리오 ᄒ고(동신열8:71b)
> (19) <u>므슴</u>아라 갑슬 뫼오리오(노걸下26b)
> (20) 네 <u>므슴</u>아라 간대로 갑슬 뫼오는다(박통중57b)
> (21) 곳 져기 <u>쁘디</u> 아니코 <u>므슴</u> ᄒ리오(박통하37b)

그런데 중세어에서 명사적 기능을 수행하던 '므스, 므슥, 므슴' 중에서 그 기능이 근세어에서도 유지되는 것은 '므슴'뿐이다. '므슴'은 중세어와 마찬가지로 '므슴ᄒ다'의 쓰임이 보편적이고 부사로서의 쓰임도 그대로이다. 그런데 '므스'는 명사적 기능이 중세어에서보다 더욱 위축되었고, '므슥'은 그 용례가 보이지 않는다. 중세어에서 격조사와 자유로운 분포를 보이던 '므슥'은 근세어에서 소실된다. 가장 활발한 활용을 보이던 '므슥'이 특이하게도 소실된 것이다. 이럴 경우, '므스'와 '므슥'이 가진 명사적 기능은 다른 단어로 대체 혹은 통합되었을 가능성이 높다.

15세기에서 '므슷'은 명사적 기능을 가지지 않았기 때문에 명사 기능을 가진 집단 내에서 다루지 않았다. 하지만 중세어의 '므슷'과 형태상 관련이 있는 것으로 보이는 근세어 '므섯'은 관형사적 기능으로는 전혀 쓰이지 않고 명사적 기능만을 가진다. 이와 같은 이유로 김완진(1973)은 '므섯'을 '므스것'이라는 복합어가 '므슷'에 유추하여 '므섯'을 생성한 것으로 설명한다.

(22) <u>무섯</u> 나핫ᄂᆞᆫ고(添甚麿, 역어상37b)

명사로 쓰인 '무섯'의 용례는 그렇게 많이 나타나지 않지만, '므섯'이 명사로 쓰이는 경우는 많다.

(23) 너ᄂᆞᆫ 또 <u>므서슬</u> 위ᄒᆞ여 올라가디 아니ᄒᆞᆫ다(박통중52a)
(24) <u>므서슬</u> 기ᄃᆞ로리오(동신열6 : 71b)
(25) 이제 <u>므서시</u> 업스뇨(박통중11a)
(26) 내 일즙 보디 못ᄒᆞ여시니 <u>므서시라</u> 섯더뇨(박통하41b)
(27) <u>므서스로</u> 가 뎐당ᄒᆞ려 ᄒᆞᆫ다(박통상19b)
(28) 밧바 <u>므섯</u> ᄒᆞ리오(박통상35b)
(29) <u>므섯</u>ᄒᆞ려 ᄒᆞᄂᆞ뇨(박통중58b)

여기서 '므섯'은 명사로서의 기능만 가진 것이 아니라 중세어에서 '므슥'이 가진 격조사와의 자유로운 연결까지 그 기능을 확대한다. 또한 '므슴'이 가진 '-ᄒᆞ다'와의 공기도 자유롭다. 근세어 '므섯'은 명사 기능을 확보하면서 기존의 명사 기능을 가진 다른 단어들을 모두 통합한다.

일단, 중세어에서 명사적 기능을 가진 '므스, 므슴, 므슥'은 환경에 따른 분포적 차이를 보이는 것이 확인된다. 변이어휘로서의 쓰임이 인정된다. 하지만 형태적 공통성을 보이는 '므스'가 반드시 기본 어휘소로 설정되어야만 하는 것은 아니다. 오히려 분포에서 자유로운 '므슥'을 기본형으로 설정할 필요성이 있다. 그리고 명사로 쓰이는 '므스'와 '므슴'은 중세어에서부터 기능이 아주 제한적이었지만 근세어에서도 그 기능은 부분적으로만 유지된다. 그러나 '므슥'은 중세어에서는 명사적 기능으로 가장 활발하게 쓰였지만 이러한 기능은 소실된다. 이러한 모든 역할은 '므섯'이 16세기 말경부터 차지하게 된다. '므섯'은 명사적 기능의 '므슴, 므슥'이 공기하지 않았던 의문조사 '-고'와의 연결도 자유롭다. 명사적 기능의 '므스, 므슥, 므슴'이 가진 모든 분포상의 특성을 그대로 이어 받은 것이다.

(30) 너는 쏘 姓.이 <u>므섯</u>고(노걸상40a)
(31) 구으니 아니오 <u>므섯</u>고(박중하25)

'므섯'은 개별적인 요소로 작용하던 '므스, 므슴, 므슥'과는 비교할 수 없을 만큼 기능 및 분포가 확장된다. '므슥'의 소실과 '므섯'의 등장은 비슷한 시기인 16세기 말경에 이루어진다. 명사적 기능이 미약하던 '므스, 므슴'은 근세어에서도 자신의 역할을 부분적으로 수행하기는 하지만, 그 역할이 가장 활발하였던 '므슥'은 그 기능이 '므섯'으로 대체되고, '므섯'은 '므스, 므슴'의 역할까지 확대한다. 이들의 관계는 다음과 같이 설명된다.

(32) 명사적 기능의 추이

중세어		근세어
명사적 기능('므슥')	→	소실, 기능은 '므섯'이 대체 '므스, 므슴'의 기능까지 확대
명사적 기능('므스, 므슴')	→	유지(제한적)

3.2.2. 관형사적 기능

15세기에 관형사로 쓰인 것은 '므스, 므슷, 므슴'이다. '므슥'은 명사로서만 기능하였으니 여기서는 논의의 대상이 되질 않는다. '므스'와의 연관성을 고려하였기 때문에 이들을 동일한 선상에서 다룰 뿐이지 실제로는 명사적 기능과 관형사적 기능의 차이는 두드러진다. 중세어에서는 '므스, 므슴'이 명사와 관형사로 다 쓰였기 때문에 관형사로서의 쓰임은 여기서도 논의의 대상이 된다. 물론 명사적 쓰임과는 그 쓰임이 확연히 구분된다. 따라서 관형사적 용법에서는 '므스, 므슴, 므슷'이 논의의 대상이 된다.

관형사로 쓰이는 '므스, 므슷, 므슴' 중에서 '므스'는 관형사로의 쓰임도 극히 제한적이다. 이는 명사적 기능이 제약적이었던 것과 마찬가지이다. 이는 '므슷'로도 쓰인다. 근세어 자료에서도 '므스, 므슷'는 '일, 것'을 수식하는 한정된 용법으로만 쓰인다.

(33) 하눌의 추미러 <u>므스</u> 일을 스로리라(송강1 : 3)

(34) <u>므스</u> 일 ᄒ리오(做甚麼, 박초상7)

(35) 비호는 거시 <u>므스</u> 일인고 ᄒ여(爲學者何事, 번소8 : 33)

(36) <u>므스</u> 일 이루리라(청16)

(37) <u>므스</u> 거시 不足ᄒ료(석6 : 24)

(38) <u>므스</u> 거스로 도롤 사ᄆ료(월9 : 22)

(39) <u>므스</u> 거슬 가져(남명상61)

(40) <u>므스</u> 거슬 자실고 묻ᄌ와(소언2 : 4)

남광우(1981 : 227), 유창돈(1985 : 338)에서는 '므스것'을 명사로 보고 있으나 이는 관형사 '므스'에 의존명사 '것'이 병기한 것으로도 볼 수 있다. 물론 현재는 쓰이지 않는 표현이다. 그렇지만 김완진(1973)에서는 '므스것'이 '므섯>무엇'과 연결된 것으로 본다는 것은 이미 언급한 바 있다. 그렇지만 '므스것'은 '므스+것'으로 구성된 복합어이다. 따라서 이것도 예외적인 현상이 아니다. 즉 관형사로 쓰이는 '므스, 므슷'는 명사 '일'과 '것'에만 공기하는 한정된 특성을 보인다. 다른 명사를 수식하는 경우는 나타나지 않는다. 현대어와 연결한다면 '일'을 수식하는 경우는 '무슨'이라는 관형사로 해석이 된다. 그러나 '것'에 연결되는 경우는 '므스것>무엇'으로 해석된다. '므슷>므섯>므엇'의 변화를 유창돈(1974 : 53)에서는 '△>ㅇ'의 변화가 완료하는 16세기 후반기부터 여러 어사에 'ㅅ : ㅇ'의 대응 현상이 존재한다고 설명한다. 이는 전연 'ㅅ>ㅿ' 현상이 없던 어사에서도 'ㅅ>ㅇ' 변화가 일어나는 유추로 설명한다.9) 하지만 이것은 'ㅿ'의 존재가 확인되면서 해결이 된다. 어쨌든 '므스, 므스'는 분포상, '일, 것'을 수식하는 한정된 특성을 보인다. '므슷'도 비교적 그 쓰임이 제한적이다. 명사 '일'을 수식하는 것이 보편적인데, '罪'를 수식하는 용례가 하나 나타난다. 결국 '므슷'은 '므스'가 가진 공기 속성의 하나인 '일'과의 공기가 보편적이다. 이것은 명사적 기능에서 확인한 것처럼 '므스'와의 관련성이 중세어에서부터 존재했다는 것을 증명한다. 물론 이는 근세어에서 명사로 연결되는 것과는 다른 관형사로의 기능에서이다. 두초15 : 6의 '므슷'이 두중15 : 6에서는 '므스'로 바뀌는데 여기서도 '므슷'과 '므스'의 연관성이 확인된다. 이는 '므스'에 속격조사 '-ㅅ-'이 결합되었을 가능성을 보인다. '므슷'은 관형사적 기능만을 가지기 때문이다.

    (41) <u>므슷</u> 이리 이시리오(두초15 : 6)
    (42) <u>므스</u> 이리 이시리오(두중15 : 6)

다음의 예문에서도 '므슷'이 공기관계에서 '일, 것'과와만 공기하는 '므스'와 의미적인 관련이 있다는 것을 보여준다.

    (43) <u>므슷</u> 이룰 겻고오려 ᄒᆞᄂᆞᆫ고(석6 : 27)
    (44) <u>므슷</u> 罪오(월1 : 7)
    (45) 네게 <u>므슷</u> 이룰 츠기 ᄒᆞ란디 反ᄒᆞᄂᆞ다(何負於汝, 삼강忠13)

---

9) 유창돈에서는 이에 덧붙여 이런 'ㅅ>ㅇ'의 유추변화는 명사에서도 'ㅅ'받침 탈락이라는 현상을 만들고 있다고 설명하면서, 곧 'ᄀᆞ(邊)'란 어사는 'ㅅ>ㅿ>ㅇ'으로 ㅅ받침이 탈락하게 되는데 이와 같은 현상이 16세기말부터 다른 어사에서도 일어나고 있다고 한다. 예로 'ᄀᆞᆺ>ᄀᆞ, 것>거, 잣>자, 닷엿>다엿' 등을 들고 있다. 하지만 이와 관련하여 '므슷'에서 'ㅿ'의 존재를 확인하였다. 따라서 이는 일반적인 'ㅅ>ㅿ>ㅇ'의 변화로 설명이 가능하다.

(46) <u>므슷</u> 이리 잇ᄂ뇨(금삼3 : 21)

이를 통하여 볼 때, '므스'와 '므슷'은 서로 교체가 용이한 공통성을 가졌다. '므섯'의 출현 이후 '므슷'은 관형사로서의 기능이 약화되면서 이 기능은 분포에서 자유로운 '므슴'과 기능상 통합한다. 이로 인해 '므슴'은 관형사로서의 기능이 강화된다. 다음에서 보는 것처럼 중세어에서의 '므슴'은 공기하는 의문의 형식이 주로 반어적 의문을 이룬다.

(47) <u>므슴</u> 慈悲 겨시거뇨(석6 : 6)
(48) <u>므슴</u> 믈로 ᄢ 시스시ᄂ가(월곡124)
(49) <u>므슴</u> 利益 이시리오(금강64)
(50) <u>므슴</u> 相ᄋ로 알리오(圓上一之一63)
(51) <u>므슴</u> 方便을 지슬다(목13)
(52) <u>므슴</u> ᄠᄃ로 琴臺롤 바랫ᄂ니오(두초7 : 3)
(53) <u>므슴</u> 道理롤 보고 希有타 니ᄅ니오(금삼2 : 1)

그런데 '므슴'이 가지는 반어적 의문의 기능은 근세어로 오면서 단순의문의 형식도 확보한다. 이로 보아 '므슴'은 동일한 용법으로 쓰이는 '므스, 므슷'과는 차이를 가진다. 관형사로서 기능하는 중세어에서의 '므슴'은 피수식어가 다양하다. 어떤 것에 특별히 한정되어 쓰이지 않는다. 그리고 의문문을 형성하면서 '므스, 므슷'과는 의문의 기능에서 부분적인 차이가 있음이 발견된다. 여기서 나타나는 '므슴'은 '므스, 므슷'과는 의문의 의미적인 기능을 달리한다. 당연히 의문의 형식에서도 차이가 난다.

'므슷'은 공기관계가 제한적이기도 하지만 단순의문의 형식이다. 그러나 '므슴'은 반어적 의문으로 쓰이는 것이 보편적이다. 물론 드물게 단순의문의 형식도 나타나기는 하지만 대체로 반어적 의문을 형성한다. 단순의문의 형식은 부수적인 것으로 여겨진다. 이는 어떤 특정의 시기에 단순의문의 기능이 확장된 것으로 보인다. 결국 '므슴'은 반어적 의문을 통한 강한 상반적 의미를 지향한다. 이는 형식상 수사의문이다. 수사의문은 상대방을 납득시키기 위한 반어적 의문이다. 긍정 / 부정의 내용을 강조하기 위해 이와 상반되는 부정 / 긍정의문으로 표현한다. 이렇게 함으로써 의문의 방식과 상반되는 내용이 강화된다. 이는 '므슴'으로 나타나는 근세어 자료에서도 마찬가지이다. 하지만 근세어 자료에서는 단순의문의 기능이 중세어에서보다 훨씬 확장된다.

> (54) <u>므슴</u> 뵈로 호믈 니르디 아니ᄒ고(가례6:9a)
> (55) ᄯ또 <u>므슴</u> 공부ᄒᄂ뇨(노걸상3a)
> (56) 나그내들 <u>므슴</u> 말 니르ᄂ뇨(노걸상50b)
> (57) <u>므슴</u> 비 몃 칙이나 가옵ᄂ고(첩해초4:7a)

앞에서 살펴 본 '므스, 므슴, 므슷'의 관형사적 기능은 다음과 같이 설명된다.

> (58) **관형사적 기능의 추이**
> 　　　므스(므ᄉ) →'일, 것'을 수식하는 제한적 용법(중세어)
> 　　　　　　　 → 제한적 용법 유지(근세어)
> 　　　　　　　 → 소실(18세기 말경)
> 　　　므슴(므ᄉ) → 수사의문이 주된 기능(중세어)
> 　　　　　　　 → 단순의문 기능까지 확대(근세어)
> 　　　므슷　　 → '일, 罪'를 수식하는 제한적 용법(중세어)
> 　　　　　　　 → 소실(근세어)

3.3. 의미 특성 및 형태 변화

중세어에서 '므스'와 '므슥, 므슴, 므슷'은 환경의 차이에 따른 분포상의 제약관계가 나타난다. 물론 이들은 명사적 기능과 관형사적 기능에 따라 각기 다른 역할을 수행한다. 하지만 이런 분포상의 제약관계는 근세어, 현대어로 넘어오면서 대체로 한 단어로 통합된다. 이것은 명사적 기능과 관형사적 기능에서의 보편적 쓰임을 기준으로 생각하면 명사적 기능은 중세어의 '므슥'으로, 근세어에서는 '므스, 므슥, 므슴'의 역할을 이어받은 '므섯'으로 기본 어휘소를 설정할 필요성이 있다. 그리고 관형사적 기능은 중세어에서나 근세어에서 후행 어사와 자유로운 공기관계를 보이는 '므슴'을 기본 어휘소로 설정할 필요성이 있다. 중세어에서 명사적 기능을 가졌던 '므스, 므슥, 므슴'은 근세어 '므슷>므웃, 므섯>므엇'으로 이어졌다가 현대어 '무엇'으로 연결된다. 중세어에서 관형사 기능을 가졌던 '므슷'은 근세어에서 나타나지 않는다. '므섯'이 명사적 기능을 대체한다. 관형사적 기능은 현대어에서는 '무슨'이 담당한다.

그런데 근세어에서 명사적 기능을 가진 '므섯, 무섯'은 확인이 되었지만 지금까지의 논의에서는 현대어의 '무엇'에 연결되는 고리를 발견하지 못하였다. 하지만 이는 'ㅿ'의 존재를 확인함으로써 명확해진다. '무섯'과 '므섯'은 'ㅅ>ㅿ>ㅇ'의 변화를 통해 현대어 '무엇'으로 연결된다. 'ㅿ'의 존재는 다음에서 확인된다.

(59) 고지 ᄂᆞ로ᄆᆞᆫ <u>므슷</u> 일로 섈ᄅᆞ니오(花飛有底急, 두초10 : 16a6)

'ㅿ'의 존재는 'ㅅ'이 'ㅇ'으로 넘어가는 관련성을 자연스럽게 설명해 준다. '므슷>므슷>므웃'이나 '므섯>*므슷>무엇'으로 연결되는 일련의 과정을 확보할 수 있기 때문이다. '므슷'은 두시언해 중간본에서 '므웃'으로 나타난다. 이는 현대어와 관련하여 형태적인 연관성을 확보할 수 있는 단서가 된다.

(60) 고지 ᄂᆞ로ᄆᆞᆫ <u>므웃</u> 일로 섈ᄅᆞ니오(花飛有底急, 두중10 : 16a6)

이렇게 본다면 '무섯>무엇'과 '므섯>므엇>무엇'으로 자연스럽게 연결된다. 근세어에서는 ‘므스’와 ‘므슴’이 부분적으로 명사적 기능을 가지고 있었지만 극히 제한적인 쓰임을 보였고, ‘므엇, 무엇’이 명사적 용법으로는 가장 활발하게 작용하였다. ‘므섯’의 명사 기능 확보는 어휘의 측면에서 본다면 ‘므슥’의 명사적 기능이 소멸되는 시점과 거의 일치한다. 그래서 ‘므섯’의 기능 확대는 ‘므슥’의 기능을 확보한 것으로 설명한다. 이후 ‘므섯’이 명사적 기능이 약화된 ‘므스, 므슴’을 통합하는 것은 너무나 당연한 일이다. 이 ‘므섯’이 현대어 ‘무엇’으로 이어진다.

중세어에서 관형사적 기능을 가진 ‘므스, 므슴, 므슷’은 공기하는 단어와의 통사적 변별성보다는 의문의 의미기능에 차이가 있다. ‘므슴’은 반어적 성격을 가진 수사의문의 기능이 주된 역할이었다. 하지만 ‘므슴’은 근세어에 와서 자신의 역할을 단순의문으로까지 확장한다. 중세어에서 아주 제한적으로 단순의문의 기능을 가지던 것이 근세어로 넘어오면서 기능상 구분이 없어질 정도로 확대된다. 그러면서 관형사적 기능은 ‘므슴’이 통합한다. 의미상으로 보면 ‘므슴’은 현대어 ‘무슨’에 연결된다.[10] 그런데 ‘므슨’의 형태는 근세어 자료에서 상당히 드물게 나타난다. ‘므슨’은 1637년의 권념요록에서 제일 먼저 보인다.

(61) 랑이 로라 괴이히 녀겨 닐오디 <u>므슨</u> 조스뢴 일이오(권념1b)

이 외에는 ‘므슨’의 다른 용례를 찾기가 힘들다. 이는 17세기의 자료이지만 동일한 시기의 다른 자료에서도 확인되지 않는다. 그런데 18세기 시조 자료에서 ‘므슴’과 관련된 ‘므슨’과 ‘무슨’이 나타난다. 이 자료를 비교해 보면 이들은 ‘므슴, 므슴, 무슴’과 ‘므슨, 므슨’이 충분히 관련이 있음을 짐작할 수 있게 한다. 이러한 연관성은 다음 자료에서 나타난다.

---

10) 형태적인 변화로 본다면 ‘므슨’은 ‘므슷’에서 발달한 것으로 보이지만 여기서는 의미상의 변화를 중시한다.

   (62) 어화 져 白鷗야 <u>무슴</u> 수고 ᄒᆞᄂᆞᆫ고냐(병와258)

   (63) 어화 져 白鷗야 <u>무슨</u> 役事 ᄒᆞᄂᆞᆫᄯᅡ(해동152)

   (64) 어화 這 白鷗11)야 <u>므삼</u> 슈고 ᄒᆞᄂᆞᆫᄯᅡ(시가163)

   (65) 어화 這 白鷗야 <u>므슨</u> 役事 ᄒᆞᄂᆞᆫᄯᅡ(악부89)

   (66) 어와 這 白鷗ㅣ야 <u>므슴</u> 슈고 ᄒᆞᄂᆞᆫᄯᅡ(청구146)

　이로 볼 때, '므슨'은 관형형 어미의 문법적 개념이 형성된 시점부터 자유로워진 것이다. 용법상 '므슴'과 동일하다고 하더라도, 문법적 요소의 관련상 '므슨'으로 재구조화되었다. '므스'에 접사나 어미가 덧붙는 형태로 '므슥, 므슴, 므슷'이 구성되었다고 해석된다면 관형형 어미 'ㄴ'을 병기하는 '므슨'을 구성했을 가능성이 높다. 그러나 '므스'는 독자적 영역을 가진 단어였음이 분명하다. 따라서 당시 관형적 기능으로서 가장 보편적 형태인 '므슴'이 현대어 '므슨'으로 연결된 것으로 봐야 한다. 따라서 '므슴'은 명사적 기능의 'ㅁ'을 관형적 기능의 'ㄴ'으로 재구조화한 것이다. 18세기 자료가 가지는 교체의 예로 보나, '므스'가 가진 근세어의 제한된 용법을 고려한다면 '므슴'의 재구조화로 설명하는 것이 바람직하다.

　일반적으로 분포상 제약관계를 가진 것은 쓰임이 넓은 쪽으로 흡수, 통합이 이루어진다. '므섯'은 근세어에서 품사적, 의미적 기능이 비워있는 명사적 기능을 강화한다. 기능상 '므스, 므슴, 므슥'이 가졌던 모든 기능을 통합한 것이다. 이는 현대어의 '무엇'으로 연결된다. 중세어에서 관형사적 기능을 가졌던 '므스, 므슴, 므슷' 중에서는 의미상 '므슴'으로 통합된다. '므슴'은 17, 8세기경 '므슨'과 연결되면서 현대어 '무슨'으로 이어진다.

---

11) (61)~(63)의 원문에는 '鷗'의 좌변 '區'가 '됴'로 나와 있으나 편의상 '鷗'로 통일한다.

4. '매', '엇디', '어느'의 통시적 형태·의미 특성

'엇디'와 '어느'는 경우에 따라서 다양한 품사로서 기능한다. '엇디'는 부사와 명사, '어느'는 부사와 명사, 관형사로서도 기능한다. '엇디'와 '어느'는 '매'가 가지는 부사의 용법일 경우 중세어에서 동일한 의미로 쓰인다. 이들은 다 같이 의문법을 형성하는 단어들이다. '매, 엇디, 어느'를 함께 연구 대상으로 삼은 것은 단지 의문사이기 때문이 아니라 유의어로 쓰였기 때문이다. 이들은 중세어에서 현대 국어의 '어찌'로 해석되는 공통성을 가진다. '어찌'로 해석되는 경우는 의미적인 역할뿐만 아니라, 통사적인 기능면에서도 충분한 교체가능성을 보인다. 물론 이들은 품사적 기능이 다양하기 때문에 쓰이는 품사 역할에 따라서는 그 의미 역할에 차이가 있다. 하지만 부사로 쓰였을 때는 동일한 의미로 해석된다. 그러나 현대어에서는 이런 면이 전혀 나타나지 않는다. 이런 점에서 '매, 엇디, 어느'는 현대어의 역할과 관련하여 중세어에서의 역할을 조명할 필요성이 있다. '매'가 가지는 시대적 한정성, 그리고 현대어에까지 연결되는 '엇디(어찌)'와 '어느'의 형태적 연속성 등은 이들을 새로운 관점에서 점검할 필요성을 느끼게 한다. 즉 현대어에서는 중세어에서 형성된 이들의 유의적 관계를 전혀 예상할 수 없다. 따라서 현대어에 적용되는 이들의 역할을 분명히 알기 위해서는 이들의 관계를 당시의 상황에서 고려할 필요가 있다. 유창돈(1980 : 170)에서는 '매, 엇더, 엇디, 어이'를 동일한 의미 유형으로 다룬다.[12] 의미적인 관련성을 생각한다면 '어느'도 여기에서 같이 다룰 필요가 있다. 물론 형태적인 측면에서 '엇더'와 '엇디'를 같이 다룬다면 '엇데'와 '엇뎨'도 동일한 관계에서 다룰 수 있다. 마찬가지로 '어느'형도 '어느', '어누'와 같이 다룰 필요성이 있다.

---

12) 이들을 시대적으로 구분하여 '매'는 정음 초기에만 쓰이다가 곧 안 쓰인 부사로, '어찌'는 초기에 '엇더'와 '엇디'로 쓰이었으나, '엇더'는 16세기까지만 쓰이었고, '엇디'로 통일되어 오늘의 '어찌'에 이르는 것으로, 그리고 '어이'는 17세기부터 보이기 시작한다고 설명하고 있다.

  '매, 엇디, 어느'가 가진 의미적 특성이나 통사적 특성은 앞으로 많은 예문을 통해서 점검이 될 것이다. 여기서는 이들의 관계를 정확히 살피기 위해서 시대적인 변화도 고려한다. 이들은 '매'를 제외하고는 하나의 형태에 고정되어 있지 않다. 시대나 문헌에 따라 다양한 형태로 출현한다. 경우에 따라서는 음운의 변화를 동반한 형태적 다양성을 가진다. 동일한 품사 역할에서도 상이한 형태로 출현하지만, 품사적인 다양성에서도 형태적 상이성은 공존한다. 이들이 상이한 형태로 나타나는 것에 대한 변이형태로서의 역할도 관심의 대상은 된다. 또한 의미적인 공통성을 가졌다고 하더라도 통사적 공기관계의 특이성도 점검할 필요성이 있다. 여기서는 이들이 가진 공통된 의미 특성에서 나타나는 통사적 변별성에 특히 관심을 가진다. 현대어로 해석하였을 때 동일한 의미로 전달되는 단어들의 역할 분담도 관심거리이다. 또한 이들이 동일한 형태로 품사적 차이를 보이는 특정한 이유가 있는지도 의문이다. 대체로 이들은 '어찌'에 해당하는 의미에서 한자 '豈, 寧, 何, 安得' 등에 대응한다. '豈'와 '何'는 동일한 의미로 여러 문헌에서 고루 등장하지만 '寧'은 용비어천가에 한정된다. 한자와의 관련성도 주목해야 할 부분이다. 이 글은 궁극적으로 현대어 '어찌'와 관련성을 가지는 단어들을 총괄하여 살피는 것이 목적이다. 물론 이러한 점을 해결하기 위해서는 이들에 대한 의미적인 해석과 당시에 쓰인 통사적 변별성에 대한 점검이 필요할 것이다. 그리고 유의어로 설정되는 이들의 의미적인 차이 혹은 표현의미 차이도 관심을 가지고 살펴볼 것이다.

4.1. 의미적 특성

  '매', '엇디', '어느'는 '매'를 제외하고는 다양한 형태들로 나타난다. 물론 전혀 관련 없는 형태적 특성을 가지지는 않는다. 시대적인 변화를 반영하든지 음운의 연관성에 의해 출현한다. 물론 동시대에 서로 다른 형태들로 나타나기 때문에 이들에 대한 변이형태로서의 특징 여부는 관심의 대상이 될 수 있다. 하지만 특정의 형태가 환경적 요인에 의해 형성된 흔적은 쉽게 발견되지 않는다. 부사로서의 쓰임이 비교적 독립적이기 때문이다. 의문사와 공기하는 어미의 쓰임에서 조금의 차이는 있지만 이것이 특정의 환경 요인에 의한 것은 아니다. 따라서 각각의 형태들에서 두드러진 환경적 차이가 드러나지 않기 때문에 현대어와의 형태적 연속성에 따라 대표형으로는 '매', '엇디', '어느'를 설정하고자 한다. 이는 당시에 보다 보편적으로 출현하는 형태이기 때문이기도 하다. 그리고 논문의 서술에서 현대어와의 연관성도 고려할 수 있기 때문이다. 이들은 현대어 '어찌'라는 형태로 해석이 되지만 그 의미적 특징은 어느 정도 분화가 된 것으로 보인다. 일반적인 유의어로서의 특징을 고려할 때, 동시대에 완전히 동일한 의미역할을 전달하는 유의어는 존재 가능성이 적다. 겉으로 드러나는 특징으로 보면 일단, '매'는 부사로서의 쓰임에 한정되어 있다. 그리고 시대상으로도 정음초기에만 출현하는 한정성을 가진다. 그러나 '엇디'는 부사와 명사로, '어느'는 부사와 명사 혹은 관형사로서도 그 쓰임이 나타난다. 이러한 특징만으로도 이들은 각기 그 역할을 확보하고 있었다는 것을 생각할 수 있다. 물론 '매'가 가진 독자성은 앞으로 더 점검하여야 할 것이다. 그리고 품사적 역할이 차이가 나는 만큼 품사적인 역할과 이들의 분화가 특정의 관련성을 가졌을 가능성도 배제할 수 없다.

4.1.1. 매

'매'는 이미 언급한 것처럼 자료면에서 상당히 한정되어 있다. 따라서 이에 대한 역할을 분명히 밝힌다는 것은 어렵다. 다만 현존하는 자료를 기준으로 이들의 의미를 추출할 뿐이다. '매'가 출현하는 자료는 다음과 같다.

(1) 賢弟를 <u>매</u> 니즈시리(維此賢弟寧惑有忘, 용74)
(2) 충신을 <u>매</u> 모르시리(維此忠臣寧惑不知, 용가74)
(3) 주거가는 거시 일올 몯 보신둘 <u>매</u> 모르시리(월곡43)
(4) 발올 바사 <u>매</u> 아니 알프시리(월곡119)

(5) 大德아 如來 니르시논 아홉 橫死롤 매 몯 듣ᄌᆞᆸ싫다(월9 : 56)

‘매’는 시기상으로도 상당히 한정되어 있었다. 비록 정음 초기에만 쓰인 것이라고 하더라도 광범위하게 분포한 것이 아니라 용가, 월곡, 월인석보에만 한정된다. 이들 자료를 토대로 할 때, 이들은 의문형 어미인 ‘-리’와 ‘-ㅭ다’와만 공기한다. ‘-리’를 유창돈(1974 : 259)에서는 의문형으로 취급한다. 그러나 박병채(1988 : 132)에서는 존경의 의문형 종결어미 ‘-니잇가’의 ‘-이가’의 생략형 ‘-니’의 연결형으로 취급한다. 이는 동일한 형으로 나타나는 월곡1의 ‘어느 다 술ᄫᅳ리’에서의 ‘-리’도 존칭의 의문형종결어미 ‘-잇가/잇고’의 생략형(p.77)으로 설명한다. 의문형 어미의 형태를 유창돈에서 보듯 ‘-리’로 보지 않고, ‘-리잇가’의 축약으로 본다면 의문형 어미는 ‘-가’로 설명할 수 있다. 이때의 ‘-가’는 일반적으로 설명의문을 드러내는 형태소로 설명이 된다. 하지만 의미적인 해석상 이는 설명을 요구하는 의문과는 거리가 있다. 따라서 여기서는 유창돈에서 설명하는 것과 마찬가지로 형태적 특성을 중시하여 ‘-리’를 의문형 어미로 처리하고자 한다. 의문형어미의 성격을 다루는 것이 주된 관심사가 아니라 ‘-리’가 가진 의미적 특성을 중시하기 때문이다. 또한 유창돈(1974 : 259)에서는 ‘-리’의 경우 추측과 의문으로 나누어 설명하고 있지만13) 추측의 의미는 의문의 경우에도 설명될 수 있다. 따라서 그 역할을 의미상으로는 따로 구분할 필요가 없다. 의문의 형식에서 나타나는 ‘-리’도 추측의 의미를 가질 수 있기 때문이다. 서법에서는 그 역할이 구분되지만 양상에서는 의미적인 역할이 구분되지 않는다. 따라서 이글의 기술상 ‘-리’는 추측의 의미를 가진다는 것으로 한정할 수 있다. 그런데 (1)~(5)의 의미를 보면 이를 단순 추측으로 보기는 힘들고 거의 단정적인 추정의 상태로 보인다. 화자의 입장을 제3자가 설명하는 형태이지만 거

---

13) ‘-리’는 단순 추측의 경우와 의문의 경우로 가를 수 있다고 하면서 추측의 경우로 英主△ 알퓌 내내 붓그리리(용16), 聖子ㅣ 나싫 正覺 일우시리(월곡15)의 예를 들고, 의문의 경우로 聖人神力을 어느 다 술ᄫᅳ리(용87), 俱夷 묻ᄌᆞᆸ샤디 므스게 쓰시리(월1 : 10)의 예를 들고 있다. 여기서는 ‘-리’가 가지는 추측의 의미가 의문형에서도 나타나는 것으로 해석한다.

의 단정적인 것으로 표현한다. 당연한 사실을 제3자가 확신하고 확인하는 형식을 취하고 있다. [+확인]은 지나간 사실이나 본인이 직접 경험한 사실인 경우 나타난다. 이러한 상태는 단정 표현이다. 단정 표현은 확인된 사실이기 때문에 강한 확신을 동반한다. (1)~(5)는 이와는 조금 다르다 확인이 뒷받침되지 않았기 때문이다. 이들 예문들은 다음과 같은 의미 해석이 가능하다.

(6) '매'의 의미해석

매 니즈시리	어찌 잊으시겠느냐	(결코) 잊으실 수 없을 것이다
모르시리	모르시겠느냐	(결코) 모르시지 않을 것이다
아니 알프시리 →	아니 아프시겠느냐 →	(매우) 아프실 것이다
몯 듣즈봉싫다	못 들으셨겠느냐	(반드시) 들으셨을 것이다

현대어로 해석하였을 때, 위의 예들은 현대어에서 추정의 의미를 나타내는 '-겠-, -을-'과 관련이 있다는 것을 확인할 수 있다. '-겠-, -을-'은 추정을 나타내는 대표적 선어말어미이다.[14] 결국 부사 '매'와 이와 공기하는 '리'와 'ㅭ다'는 현대어의 '-겠-, -을-'과 충분한 관련성이 있는 것으로 보인다. 현대어로 풀이하였을 때 이를 충분히 확인할 수 있다. 그렇다면 이들은 현대어의 해석에 연유하여 화자의 확신을 담는 의미를 나타내는 것으로 볼 수 있다. 의미상으로는 확신을 담는 것으로 설명이 가능하지만 표현상으로는 의문의 형식을 취한다. 이들은 '매'와 '-리, ㅭ다'와의 공기관계에 의한 의미 해석으로 보아 반어적 의문을 통한 강한 상반적 의미를 지향한다. 이는 형식상 수사의문이다. 그래서 전체적인 의미를 반어적으로 표현하지만 결국 화자의 추정으로 의미를 이끈다. 물론 의미상 [-확인]의 자질을 동반한다.

---

14) 김차균(1981 : 65~114)에서는 '-을-'과 '-겠-'을 변이형태로 취급하면서 이들이 가진 의미를 불확실(미확정)로 해석하였고, 이광호(1996 : 461~480)에서는 '-겠-'의 의미를 [+확신, -확인]의 의미를 가진 추정으로 설명하였다.

4.1.2. 엇디

'엇디'는 다양한 형태로 나타난다. 형태적인 다양성뿐만 아니라 통사적인
기능도 다양하다. 부사 외에 명사로도 쓰이기 때문이다. 하지만 형태적인
차이가 통사적인 차이를 가져오지는 않는다. 따라서 형태가 다양하다고 하
더라도 이들은 동일한 어형으로 볼 필요가 있다. 유창돈(1980 : 170)에서는
'엇더, 엇디, 어이'에 대해서 기술하면서 16세기를 기점으로 이들의 통시성
을 분석하였다. 이와 관련한 어형은 이 외에도 근세어까지 '엇데', '엇더',
'엇졔', '엇찌'로 다양하게 나타난다. 그런데 이들은 부사로만 쓰이는 것이
아니라 명사로도 쓰인다. 하지만 명사적 기능은 이 글에서 논하는 '엇디'형
의 쓰임과는 상이하다. 따라서 명사에 대한 논의는 여기서 논의하는 현대어
'어찌'의 의미와 상관성은 없다. 다만 '엇디'가 가지는 역할이 '매'보다는 다
양하다는 것은 확인할 수 있다.

중세어에서 근세어까지 나타나는 '엇디, 엇더, 엇뎌, 엇데, 얻디, 엇찌, 엇
졔, 어이'는 현대어 '어찌'라는 부사로 쓰이는 다양한 형태들이다. 이들은
통시적으로 그 형태를 살펴봤을 때, '엇더, 엇뎌, 엇데'는 중세어에서만 출
현한다. '엇디'는 근세어에서도 쓰이지만 '얻디, 엇찌'로도 쓰인다. 근세어에
서는 오히려 '얻디'가 보편적인 형태로 보인다. '엇데'는 '엇졔'로 교체가 이
루어졌다. '어이'는 이들과 관련 없이 근세어에서 출현한다. 동일한 어형으
로 보기엔 무리가 있지만 의미상, 역할상으로는 '엇디'형과 동일하다. 이들
을 어형별로 그 역할을 점검해 보면, '엇디'는 다음과 같이 나타난다.

(7) 내의 囊中엣 布帛ㅣ 너희 치위 救홀거시 <u>엇디</u> 업스리오(那無囊中帛救
   汝寒凜懷, 두초1 : 6)

(8) 서르 볼주롤 <u>엇디</u> 알리오(두초15 : 47)

(9) <u>엇디</u> 樂디 아니ᄒ뇨(觀音9)

(10) 져젯 수를 ᄒ야 온돌 <u>엇디</u> 머글고(街市酒打將來怎麽, 박초上2)

(11) <u>엇디</u> 다룐 사룜 혜아려 검찰홀 공뷔 이시리오(豈有工夫點檢他人耶,
   번소8 : 15)

> (12) 댱뷔모옵의 결단ㅎ연지 오란디 <u>엇디</u> 쳐즈와 꾀ㅎ리오(丈夫斷之於心
> 久矣何妻子之爲, 오륜2 : 21)
>
> (13) 가면 <u>엇디</u> 드러가료(去時怎麼得入去的, 박통中1a)
>
> (14) 高祖ㅣ 주그매 <u>엇디</u> 服을 ㅎ디 아니ㅎ는 禮 이시리오(가례6 : 23b)

의문사는 공기하는 의문형 어미와 관련이 있다. '엇디'와 공기하는 의문
형 어미는 '-오, 고'[15]이다. 의미상으로는 반어적 의문을 형성한다. 하지만
의문형 어미가 '-리, 니'와 연결된 '-료, 뇨'[16]의 경우에는 설명의문의 성격
을 가진다. 그렇지만 굳이 그 이유를 설명해 달라고 요구하는 설명의문의
형태는 아니다. 오히려 반어적 의문의 성격에 가깝다. '얻디'에 대한 예문도
구분하여 점검하면 다음과 같다.

> (15) <u>얻디</u> ㄱ마니 왕즈롤 보내뇨(何竊遣王子, 동신三충1b)
>
> (16) 거진이 ㄱ로디 아비 죽는 양을 보고 구챠히 사라시미 <u>얻디</u> 회리오
>   ㅎ고(擧眞日見父死而苟存豈孝乎, 동신三충2b)
>
> (17) <u>얻디</u> 나룰 수이 주기디 아니ㅎ느뇨(何不速殺我, 동신三열3b)
>
> (18) 내 <u>얻디</u> 도적긔게 더러이리오(豈汚賊者耶, 동신三열3b)
>
> (19) <u>얻디</u> 이러ㅌ시 심히 ㅎ느뇨(何若是之甚乎, 동신三열5b)
>
> (20) 의시 <u>얻디</u> 너 사오나온 노믜 손의 주그리오(義士豈死於汝庸奴手乎,
>   동신충1 : 17)
>
> (21) 나라 은혜 지듕ㅎ니 <u>얻디</u> 감히 모몰 도라보리오(國恩至重豈敢顧身,
>   동신충1 : 56)

---

15) 이광호(1994 : 242~245)에서는 'ㅎ라'체의 경우 '-가, 고'에서 유래된 판정의문의 '-어',
   설명의문의 '-오'가 쓰이는데 이것은 선어말 어미 '-니-, -리-'와 결합하여 '-녀(니어,
   니여), -뇨(니오), -려(리여, 리아, 리야), -료(리오)' 등 여러 가지 종결어미로 나타난다고
   설명한다. 그런데 '엇디'와 공기할 경우에는 설명의문만으로 설명하기엔 곤란한 부분이
   있다.

16) 유창돈(1974 : 259)에서 '-오/우'를 의문형 어미로 잡고 이는 '-니-, -리-' 밑에 연결하는
   데, ㅣ모음 개입형은 보이지 않는다고 하면서 '현맛 供養이 祥瑞롤 펴아뇨(월17 : 32), 엇뎨
   뵈옷 니브닐 니즈료(두초24 : 10), 너 아녀 뉘류(非汝誰, 능2 : 30)'의 예를 들고 있다. 의문
   형 어미만 고려하면 '-오/우'형이다.

(22) 주그면 반두시 지아비롤 조출 거시니 내 <u>얻디</u> 울리오(死必從夫我何
    哭哉, 동신열2 : 28)

(23) 내 <u>얻디</u> 츠마 혼자 먹고 살기롤 구ᄒ리오 ᄒ고(吾何忍獨食求活, 동신
    열3 : 83)

(24) 쳡이 <u>얻디</u> 시러곰 홀로 살리오 ᄒ고(妾安得獨生, 동신열4 : 26)

(25) <u>얻디</u> 날눌 셜리 주기디 아니ᄒ는다(동신열4 : 76)

(26) 출히 주글디언뎡 <u>얻디</u> 츠마 구챠히 살리오 셜리 나롤 주기라 ᄒ대
    (寧死豈忍苟活速殺我, 동신열5 : 55)

'얻디'는 근세어에서부터 출현한다. 공기하는 의문형 어미는 '-오, ㄴ다'
이다. '엇디'에서는 보이지 않는 'ㄴ다'가 쓰인다. 이는 '-니'와 공기하는
'-뇨'의 의미와 동일하게 쓰인다.17) 그 외에는 '엇디'와 특별한 변별성을
가지진 않는다. 의미상으로도 반어적 의문을 형성하면서 의문의 형식에서
취하는 것과 반대되는 내용을 강하게 표현한다. 여기서도 '-니-'와 결합한
'-뇨'의 경우에는 상대방에 대한 추궁이나 섭섭함이 들어있다. 추궁이나 섭
섭함의 의미도 실제로는 자신의 기대치에 대한 추정의 의미가 포함된다. 상
대방의 의사는 확인하지 못하지만 정상적인 생각으로 확신할 수 있는 추정
의 의미가 여기에 포함되기 때문이다.

'엇찌'도 근세어에 출현하는데 공기하는 의문형 어미는 차이가 없다.
(27)~(28)의 예문에서 보듯이 의문형 어미나 의미상의 특성은 다른 '엇디'
형들과 동일하다. 그러나 (27)은 설명의문으로 해석된다.

(27) 동계 글오디 <u>엇찌</u> 뼈 분ᄒ엿ᄂ뇨(東溪曰何以分之, 마경상51b)

(28) <u>엇찌</u> 뼈 므르믈 니르리오(何以言退, 동신충1 : 56)

'엇더'도 다른 '엇디'형과 특별히 다른 면이 보이지 않는다.

---

17) 이광호(1994 : 243)에서는 'ㄴ다'의 경우는 상대가 의도를 가지고 설명, 판정하기를 요구
   하는 의문으로 설명한다. 이 의문형은 설명이나 판정의문의 구별이 없고 반드시 주어가
   2인칭 대명사, '너, 그듸'로 나타나는 것이 특징이다.

> (29) 네 <u>엇뎌</u> 암홀 내야주디 아니ᄒᄂ다(월7 : 17)
> (30) <u>엇뎌</u> 시르믈 ᄒ시ᄂ니잇고(월10 : 4)
> (31) 化樂天에 <u>엇뎌</u> 업스니잇가(월23 : 68)
> (32) 우리는 <u>엇뎌</u> 낧 그지 업거뇨 ᄒ더라(월23 : 87)

　'엇뎌'와 공기하는 의문형 어미는 'ㄴ다, -고, -가, -오'가 쓰인다. 의미 상으로도 특이한 점은 없다. '엇뎌'도 마찬가지이다.

> (33) 양지 <u>엇뎌</u> 그리ᄃᆞ록 여위시니잇고(월23 : 87)
> (34) <u>엇뎌</u> 傳傳ᄒ료(龜鑑상1)
> (35) 釋迦도 외히려 아디 몯ᄒ시곤 伽葉ㅣ <u>엇뎌</u> 傳得ᄒ료(龜鑑상1)
> (36) 各別히 見性 神通을 求ᄒ면 <u>엇뎌</u> 休歇ᄒᆯ 시절이 이시리오(別求見性神
> 　　　通則豈有休歇時, 龜鑑상1)

　'엇뎌'와 공기하는 의문형 어미는 '-고, -오'가 나타난다. '엇뎨'는 다음 과 같이 나타난다.

> (37) <u>엇뎨</u> 羅睺羅ᄅ롤 앗기ᄂ다(석6 : 9)
> (38) 누비옷 니브샤 붓그료미 <u>엇뎨</u> 업스신가(월곡120)
> (39) <u>엇뎨</u> 머리 어ᄃᆞ료(목2)
> (40) <u>엇뎨</u> 能히 내 性을 더러이리오(何能累我性哉, 금강후서12)
> (41) 뎌 ᄢ 패산호몰 <u>엇뎨</u> 샏리ᄒ뇨(何卒, 두초1 : 4)
> (42) <u>엇뎨</u> 시러곰 鴻鵠올 타 가려뇨(安得騎鴻鵠, 두초4 : 4)
> (43) <u>엇뎨</u> 셰유믈 잇비ᄒ리오(何勞白, 두초9 : 7)
> (44) <u>엇뎨</u> 업스신가(월곡120)
> (45) <u>엇뎨</u> 그 義와 마술 다오미 이 ᄀᆞᆮ거뇨(何盡其義味如此也, 圓序11)
> (46) <u>엇뎨</u> 法器 ᄃᆞ외리오(몽20)

　'엇뎨'와 공기하는 의문형 어미는 '-ㄴ다, ㄴ가, 오'가 쓰인다. '어이'는 다음의 경우에 설명의문으로 쓰인다.

(47) 각자롤 <u>어이</u> 쓰ᄂᆞ뇨(박통중 : 41b)

그런데 이 외에는 '엇디'형과 차이가 나지 않는다. '어이'는 다음과 같이 쓰이는데 의문형 어미는 '-오, -고, -가, -리'가 나타난다. '-리'는 '매', '어느'에서의 쓰임과 동일하다.

(48) 주근 사ᄅᆞᆷ을 뷘 뫼희 두고 내 <u>어이</u> ᄎᆞᆷ아 편안히 거쳐ᄒᆞ리오(동신열 6 : 12b)

(49) 이믜 도적의 손애 디나시니 <u>어이</u> ᄎᆞᆷ아 몸 우희 더어리오(동신열6 : 32b)

(50) <u>어이</u> ᄎᆞ마 홀로 살니오 ᄒᆞ고(동신열8 : 14b)

(51) 뎡시 ᄀᆞᆯ오디 지아비 이미 주그니 <u>어이</u> 너롤 조츠리오 ᄒᆞ고(동신열 8 : 63b)

(52) 내 <u>어이</u> 너롤 조츠리오 ᄒᆞᆫ대 도적이 주기니라(동신열8 : 64b)

(53) 즘ᄉᆡᆼ으로 더브러 <u>어이</u> 다ᄅᆞ리오(경민중4b)

(54) 동ᄉᆡᆼ의 친홈이 <u>어이</u> ᄎᆞ마 이러ᄐᆞ시 ᄒᆞ리오(경민중22b)

(55) 비록 뉘우츤둘 <u>어이</u> 미츠리오(경민중23b)

(56) 우리도 이런 일을 <u>어이</u> ᄌᆞ셔 아올고(첩해초2 : 10b)

(57) 셩심이나 <u>어이</u> 남기고 머그리잇가(첩해초3 : 11a)

(58) 진실로 가면 ᄠᅩᆯ오리 <u>어이</u> 이시리(삼역2 : 7)

근세어에 나오는 '엇졔'는 다음과 같이 쓰여 중세어의 '엇디'형과 의미상 차이가 나지 않는다.

(59) 도라올 期約은 <u>엇졔</u> 오라리오마ᄂᆞᆫ(歸期豈爛漫, 두중해8 : 20)

이로 볼 때, '엇디'형은 '-리, 오, ㄴ고, ㄴ가, 가, 고, ㄴ다'라는 의문형 어미와 공기하여 의문문을 형성한다. 이들은 형태에 따라 구분하여 각각 어미와의 공기관계를 살필 필요성은 없을 것으로 보인다. 동일한 의미를 전달하는 형태적 차이는 문헌이나 시대에 따라 달리 적용될 뿐이기 때문이다.

물론 중세어에서 근세어로 이어지면서 나타나는 형태도 반영된다. 이광호 (1994 : 242~243)에서는 '엇뎨'가 설명을 요구하는 의문법으로 설명한다. 설명의문의 경우 의문문의 종결어미는 대체로 '-고'가 담당하였고, '-가'도 15세기에 드물지만 나타난다. 하지만 위의 예들에서 보는 것처럼 '엇디'형은 공기하는 의문형 어미가 훨씬 더 다양하다. 단순히 설명의문만으로 이해하기에는 곤란한 점이 있다. 물론 이는 의문형 어미와 관련한 논의에 한정된 것이라면 '-가, -고'의 문제로 제한할 수 있다. 그러나 이러한 논의는 이 글의 논의와 관련성이 떨어진다. '엇디'형은 의미상으로 다음과 같이 '매'에서의 쓰임과 동일한 반어적 의문도 나타나지만 주된 의미 역할은 아니다.

(60) 진실로 가면 쏠오리 <u>어이</u> 이시리(삼역2 : 7)

이렇게 볼 때, '엇디'는 화자가 1인칭일 경우 자신의 감정을 반어적 의문으로 표현하여 화자의 강한 의지나 단정의 의미를 담고 있다. 주체가 다를 경우에는 기대에 반하는 행동에 대한 섭섭함이나 추궁의 의미 혹은 행위 주체의 단정적 행동에 대한 섭섭함이 담겨 있다. 물론 이러한 의미적 역할도 추측 표현과 연관성이 있다. 그런데 '엇디'형은 명사로도 쓰인다. '엇디'형이 명사로서 쓰이는 예는 다음과 같이 나타난다.

(61) 어찌 이 아기 <u>엇디</u>니완뎌 늘그늬허튈 안고 이리ᄃ록 우는다(월8 : 100)
(62) 朝廷을 슈욕홈애 <u>엇디</u>료(소언6 : 36)
(63) 그듸는 故人을 아디 몯홈은 <u>엇디</u>오(소언6 : 105)

이는 의문사로 쓰이는 이 글에서의 유의적 기능과는 거리가 있다. 다만 동일한 형태가 상이한 품사로 확장된 예로 참고가 된다.

4.1.3. 어느

‘어느’는 ‘엇디’형 보다 품사적 기능면에서 쓰임이 더 넓다. 부사와 명사로뿐만 아니라 관형사로까지 쓰이기 때문이다. 부사로 쓰이는 ‘어느’, ‘어누’는 중세어에 한정되어 있다. 근세어로 넘어가면서 이들은 더 이상 부사로 쓰이지 않는다. 명사나 관형사로서의 쓰임만 나타난다. 부사로서의 기능은 중세어에서 상실한 것으로 보인다. 현대어 ‘어찌’로 해석할 수 있는 부사로서의 쓰임은 다음과 같다.

> (64) 國人 뜨들 어느 다 술봉리(용118)
> (65) 迷惑 어느 플리(월곡74)
> (66) 어느 다시 디나가리오(豈重過, 두초7 : 9)
> (67) 이 여희요미 쏘 어느 이실 배리오(금삼2 : 37)
> (68) 공덕을 劫劫에 어느 다 술봉리오(월1 : 1)
> (69) 져믄 아히 어느 듣ᄌᆞ보리잇고(석6 : 11)
> (70) 알 ᄉᆞᄅᆞᆷ 어느 우으리오(諸者何肯哂, 두초4 : 41)
> (71) 어즈러운 ᄆᆞᅀᆞ미 어느 이시리오(執熱煩何有, 두초9 : 22)
> (72) 더러욜 고둘 어느 알리오(豈知牙齒, 두초10 : 14)
> (73) 諸侯 封ᄒᆞ이디 몯호믈 어느 알리오(焉知未封侯, 두초21 : 16)
> (74) 이제 侯伯올 아노라 어느 니ᄅᆞ 혜리오마론(侯伯知何等, 두초19 : 11)

‘어느’와 공기하는 의문형 어미는 ‘-리, 오, 고’가 쓰인다. 의미상으로는 반어적 의문을 형성한다. 이는 ‘어누, 어늬’도 마찬가지이다. ‘어누, 어늬’는 다음과 같이 쓰여 ‘어느’와 차이를 보이지는 않는다.

> (75) 엇뎨 ᄒᆞ마 다ᄋᆞᆫ 목수미 어누 더으리잇고(석9 : 35)
> (76) 艱虞롤 마고매 예서 어늬 미츠리오(防虞此何及, 두초1 : 22)
> (77) 어늬 오로 통달ᄒᆞ리오(豈專達, 두초1 : 37)
> (78) 이제 누어신들 어늬 잠이 하마 오리(고시조)

이로 볼 때 부사로 쓰이는 '어느, 어누, 어늬'는 '-리'와 연결하여 추정의 의미를 취한다. 여기서 '-리'가 의문형 어미의 역할을 하든 그렇지 않든 '-리-'와 동반하는 특성을 보인다.[18] 이는 '매'가 가진 의미적 특성과 완전히 일치한다. 하지만 '-리오', '-리잇고'의 형태가 훨씬 보편적이다. 여기서의 '-리-'는 '매'에서와 마찬가지로 추측의 의미와 연관성이 있다. 여기서 '-리-'는 '어느'가 가진 의미적 특성에서 추측의 의미로 끌어오는 역할을 한다. 만약 '어느'가 '매'의 의미 특성과 동일하다고 하더라도 주체에서 차이가 난다. '매'는 제 3자의 입장에서 기술한 것이라면 '어느'는 화자가 직접 자기 입장을 기술하는 형태를 취한다. 그렇다면 이는 단정의 의미로 표현할 수 있을 것이지만 '-리-'가 들어가면서 추측의 의미 영역으로 끌어 당겨 추정의 의미역할을 하도록 만든다. 다시 말하면 단정적인 표현을 추측 표현과 결합시키면서 완화된 표현을 가지도록 한다.[19] 어떤 일의 결과에 대한 확신이 약하면 완화의 표현을 가질 수밖에 없을 것이고, 확신이 강하면 단정에 가까운 의미인 강조의 표현이 된다. 따라서 '어느'는 '-리-'와 결합하면서 확신의 의미를 약화시키는 완화표현으로 해석을 하게 한다. 물론 '어느'가 가진 의미 특성은 그렇지 않다고 하더라도 '-리-'가 그 역할을 담당한다.

월곡에서는 '매'와 '어느'가 같이 출현하는데 그 의미적 역할은 동일하다. 이때부터 '매'의 의미 역할은 '어느'가 차지한다. 통사적 특성도 일치하기 때문이다. '매'가 정음초기에 소실된 것도 '어느'가 가진 의미역할이나 통사적 역할에서의 공존과 관련이 있다.

'어느'는 중세어와 마찬가지로 근세어에서도 명사로 쓰인다. 하지만 이들은 부사로 쓰이는 '어느'와는 용법이 완전히 다르다. '어느'는 다음과 같이

---

18) '-리'로 종결되는 형태는 의문형어미로 취급하였다. 하지만 이는 의문형 어미로서의 기능이 중요한 것이 아니라 '-리'가 가진 전달의미를 이 글에서는 더 중요한 관심거리로 취급한다.

19) 이광호(1996 : 475~476)에서 추정에 대한 완곡한 의미표현(완화)에 대해 언급한 바 있다.

쓰이는데, 이 글에서 논의하는 유의어로서의 의미 특성은 명사적 표현에서는 찾을 수 없다.

 (79) 이런 일이 慈悲 어늬신고(월곡144)
 (80) 어느둘히 네코(何等爲四, 영가상25)
 (81) 어느롤 닐온 正法眼고(금삼2 : 68)
 (82) 국왕온 오쇼셔 용왕온 겨쇼셔 이 두말올 어늘 從ᄒ시려뇨(원각7 : 26)
 (83) 어늬 구더 兵不碎ᄒ리잇고(何敵之堅, 용47)
 (84) 어늬 施一切樂多羅尼句ㅣ잇고(월10 : 72)
 (85) 어늬 브리며 어늬 지비며 어늬 윈둘 아디 몯고(不知何者是火何者爲舍云何爲失, 법화2 : 64)
 (86) 어늬 佛法이 잇고(남명상14)
 (87) 어늬 이 道理오(怎生是道理, 금삼2 : 20)
 (88) 어늬사 뭇 됴ᄒ니잇가(석6 : 35)
 (89) 어늬 뎌의 바ᄃ며 누르논 곧고(那裏是他擡搦處, 몽32)

 형태상으로는 '어나'도 명사로 출현한다. 의미적 역할은 '어나'에서도 마찬가지로 부사로 쓰이는 '어느'형과의 연관성은 없다.

 (90) 東山 泰山이 어나야 놉돗던고(송강1 : 3a10)

 '어느'형은 관형사로서의 쓰임도 활발하다. 중세어에서 관형사로서 '어느, 어늬, 어누, 어늬'가 쓰였다. 근세어에는 '어느, 어늬'가 보인다. 이들도 부사로서의 '어느'와는 연관성이 떨어진다.

 (91) 어느 삑 예롤 떠나올고(첩해초6 : 3b)
 (92) 어느 나래 비 개야(何日雨晴, 두초12 : 34)
 (93) 紅蓼花白蘋洲 어느 ᄉ이 디나관더(송강2 : 2b10)
 (94) 어느 결올에 네 님군의 희골을 무드리오(保能瘞而君耶, 오륜2 : 65)

(95) <u>어느</u> 聖人神力을 어느 다 술ᄫᅳ리(奚罄說之, 용87)

(96) <u>어느</u> ᄢᅢ(조만, 어록초23a)

(97) 막대 멘 늘근 즁이 <u>어늬</u> 졀로 간닷 말고(송강2 : 3b3)

(98) 大人이 <u>어늬</u> 마올에셔 일을 쥬관ᄒᄂ뇨(화해상2)

(99) <u>어늬</u> 代예 어딘 사롬이 업스리오(소언5 : 48)

(100) <u>어늬</u> 거시 精티 아니료(龜상4)

(101) <u>어늬</u> ᄢᅵ ᄒ올고(신어1 : 26)

(102) <u>어늬</u> ᄶᅡ흘 향ᄒ여 가ᄂ뇨(박중상8)

(103) <u>어늬</u> 길로 온다(역상24)

(104) <u>어늬</u> 제 이 두 글 빈화(송강2 : 2)

(105) <u>어누</u> 藏ㅅ金이사 마치 ᄭᆞᆫ이려뇨(석6 : 25)

(106) <u>어누</u> 나라해 가샤 나시리잇고(월2 : 11)

(107) <u>어느</u> 뉘 請ᄒ니(誰其請爾, 용18), 어느 누를 더브르시려뇨(월곡52)

(108) 가족 ᄲᅧ 흐터 업스니 혼졍을 <u>어늬</u> 고대 브칠고(관념8b)

(109) 네 遼東 잣 안 <u>어늬</u> 마춤셔 사ᄂ다(노걸상43b)

(110) 부인이 닐오디 나ᄂ 반ᄃ기 <u>어늬</u> 고대 날고(관념25b)

4.2. 통시적 특성

'매', '엇디', '어느'는 동일한 의미를 가졌지만 공기관계에 따라 그 의미적 역할은 분화된다. 현대어까지 이어지는 '엇디'는 공기관계에서 아주 다양한 분포를 보이는데 비해 '매'와 '어느'는 이미 중세어에서 그 역할이 한정되어 있었다. 동일한 의미를 지향하는 단어가 각기 분화되어 통사적인 역할에서 차이를 보인다면 기억 부담량이 커질 수밖에 없다. 결국 이들은 통합이나 분화라는 기제로 나아갈 수밖에 없는 필연적 관계를 가지고 있었다. 현대어에서 나타나는 분화는 실질적으로 동일한 어형의 다른 품사 기능을 가진 형태만 남아있는 것이지 중세어에서 '엇디'와 유의관계를 형성한 '매'와 '어느'는 사어가 된 것이라고 볼 수 있다. 다만 동일한 형태의 '어느'가 관형사로 존속할 뿐이다.

통시적 결과로 보면 부사로서의 의미적인 역할은 현대어 '어찌'가 다 가
진다. 현대어 '어찌'의 의미로 유의관계를 형성한 이들은 의미적인 통합과
함께 '엇뎨>엇디>어찌'라는 형태만 살아남게 된다. '엇뎨'는 '엇디'로도 나
타난다. 다음의 예에서 이들의 관련성을 짐작할 수 있다.

  (111) <u>엇디</u> 긔(豈 ; 유합上26), <u>엇뎨</u> 하(何 ; 유합下26)
  (112) <u>엇디</u> 긔(豈 ; 석천7 : 25), <u>엇디</u> 하(何 ; 석천7 : 25)

  그런데 '매, 엇디, 어느'의 유의 경쟁은 일찍이 사라졌다. 어형 '매'는 이
미 15세기에 사어가 되었고, '어느'는 부사로서의 기능이 16세기경에 소실
되어 관형사로서의 쓰임만으로 그 역할이 제한되었다. '엇뎨'와 '엇디'는 자
석어에서도 대표 어형으로 존속하여 유합(下26)에서 '엇뎨 하(何)'로, 유합上
26에서는 '엇디 긔(豈)', 석봉천자문(7 : 25)에서도 '엇디 긔(豈)', '엇디 하(何)'
로 나타난다. 따라서 '엇뎨'와 '엇디'만이 그 형태가 현어까지 지속되는데
어형 '엇뎨'는 '엇디>엇지>어찌'로 그 형태가 변하여 현어에서는 '어찌'로
유지되고 의미 역할은 '매', '어느'의 의미 기능까지 다 포함한다. 결국 현대
어 부사 '어찌'의 뜻을 가지는 것은 추정과 단정이라는 이원적 의미로 분류
된다. 이러한 이원적 분류는 단의적 의미 역할이 강한 '엇디'로 통합되고,
다의적인 다양한 의미역할을 가진 '어느'는 오히려 경쟁에서 뒤처지는 결과
가 된다. '-리'와의 공기상은 '엇디'에서도 나타나는데 이는 화자 자신이 주
체가 되었을 때는 추측의 의미보다는 확인의 의미가 약화된 단정으로 표현
된다.
  품사적 특성과 관련없이 한자는 '何'가 보편적이다. 하지만 부사 '어찌'에
해당하는 한자는 '豈, 寧, 何, 安得' 등이 대응한다. '豈'와 '何'는 동일한 의
미로 여러 문헌에서 고루 등장하지만 '寧'은 용비어천가에 한정된다. '豈'는
현대어에서는 '어찌'라는 의미에 한정되어 쓰인다. 대한한사전(1985 : 1654)에
는 '焉也非然辭'로 설명된다. 하지만 '何'는 쓰임이 넓다. 현대어의 '어찌(曷)'

에서부터 '무엇, 어느(孰), 詰辭(…뇨하)' 등으로 다양하게 쓰인다(대한한사전, 1985 : 208). 용비어천가에서 '매'의 대응으로 나타나는 '寧'은 부사로 쓰일 경우 현대어 '차라리(대한한사전, 1985 : 577)'에 해당한다. 현대어와 관련지어 생각하면 '차라리'는 여러 가지 사실을 말할 때에, 저리 하는 것보다 이리 하는 것이 나음을 이르는 말이다. 대비되는 두 가지 사실이 모두 마땅치 않을 때 상대적으로 나음을 나타낸다.

> (113) <u>차라리</u> 자결할망정 항복하지는 않겠다.
> (114) 그놈한테 더러운 꼴을 당하느니 <u>차라리</u> 죽는 게 낫겠다.
> (115) 이런 음식을 먹을 바에야 <u>차라리</u> 안 먹는 게 낫다.
> (116) 그에게 그 일을 시키느니 <u>차라리</u> 네가 하지 그랬니?
> (117) 금세 그는 후회했다. <u>차라리</u> 마지막 순간까지 덮어 두느니만 못했다고 생각되었다. ≪이동하, 도시의 늪≫
> (118) 채영신만 한 여자를 두 번 다시 만나지 못할진댄, <u>차라리</u> 한평생 독신으로 지내리라. ≪심훈, 상록수≫

여기서 '차라리'는 '매, 엇디, 어느'가 가지는 의미기능을 그대로 가진다. 어느 것이든 확인이 가능하지 않은 사실과 호응한다. 다만 그럴 가능성이 높은 자신의 확신을 담고 있다. 이는 '추정'의 의미기능과 일치한다.

5. '현'과 '몟'의 의미 특성

중근세어의 '현'과 '몟'은 동일한 문헌에서 자유롭게 교체된다. 한자는 '현'과 '몟'이 공통적으로 '幾'에 대응한다. 표준국어대사전에서도 '현'은 '몟'의 옛말로 설명한다. '몟'은 '그리 많지 않은 얼마만큼의 수를 막연하게 이르는 말'로 수사와 관형사로 쓰인다. 동일한 시기에 완전 동의어의 존재

여부는 대체로 부정적이다. 동일한 지시 대상을 가진다고 하더라도 표현의
미 차이는 존재하기 때문이다. 유창돈(1980 : 300~301)에서도 '현'은 '몇'과
꼭 같이 쓰이는 부정수사로 설명한다. 그러나 '현'은 활용에 제약을 보이기
때문에 불구수사로 설정한다.[20] '현'과 '몇'은 용법상 유사한 점이 많다. 이
들은 '현-재 / 몇-재'나 '현-마 / 몇-마' 등에서도 동일한 구성을 형성한다.
근세어에서도 이들의 관계는 지속된다. 그런데 중근세어에서 유의경쟁을 보
이던 '현'과 '몇'은 경쟁의 결과 특정의 시기에 '현'의 사어화가 진행된다.
여기서 '현'의 사어화 시기를 점검할 필요가 있다. 그리고 '현'이 사어가 되
면서 의미적 통합도 함께 이루어진 것인지, 아니면 또 다른 유의관계를 형
성하는 것인지 살펴볼 필요가 있다. 또한 '현'이 유의경쟁에서 불리하게 작
용한 환경적 요인이 어떤 것이지도 관심거리이다. 이 글에서는 이러한 점을
고려하여 이들의 의미적 유사성을 점검할 것이다. 그리고 용법상의 차이나
의미상의 차이도 아울러 점검할 것이다. 동일한 문헌에서의 공존은 단순한
표현 차이인지 아니면 특정한 규칙성을 동반하는지도 점검의 대상이다. 만
약 특정의 의미나 용법상의 차이가 존재한다면 동일 문헌에서의 공존에서
만 나타나는 특징인지 그렇지 않으면 중근세어에서 전반적으로 형성된 특
징인지도 확인할 필요가 있다.

5.1. 의미 자질의 설정

중근세어에서 '현'과 '몇'의 의미 속성을 살피기 위해서는 현대어에 남아
있는 연관 단어들을 중심으로 의미적 접근을 해 나가는 것이 바람직하다.
중근세어를 중심으로 살필 경우 세부적인 표현 의미를 추출하는 것이 힘들
기 때문이다. 언어는 변화의 결과 일정한 틀을 유지하면서 변한다. 따라서
중근세어의 단어를 살피기 위해서는 이들의 의미와 유사하게 작용하는 현

---

20) '몇'은 '-이, -은, -을' 등으로 활용하는 데, '현'은 '-이, -은, -을' 등으로 활용하는 예
　　가 없다고 지적한다.

대어를 대상으로 자질을 설정하는 것이 유용하다. 의미는 통합과 분화라는 변화를 겪지만 전체적인 의미는 어형의 교체 속에 전체적인 의미 속성을 유지하려는 경향이 있기 때문이다. 표준국어대사전에서는 '몇'이 다음과 같이 설명되고 있다.

> (Ⅰ) 수사
>> 1. (흔히 사람을 뜻하는 명사 뒤에 쓰여) 그리 많지 않은 얼마만큼의 수를 막연하게 이르는 말
>> 2. (주로 의문문에 쓰여) 잘 모르는 수를 물을 때 쓰는 말
> (Ⅱ) 관형사
>> 1. 뒤에 오는 말과 관련된, 그리 많지 않은 얼마만큼의 수를 막연하게 이르는 말
>> 2. (의문문에 쓰여) 뒤에 오는 말과 관련된 수를 물을 때 쓰는 말

'현'은 '몇(Ⅱ)'의 옛말로 풀이한다. 결국 '현'은 관형사 기능에서 '몇'과 동일한 의미의 단어였다는 것이다. '몇'은 '그리 많지 않은 얼마만큼의 수를 막연하게 이르는 말'과 '잘 모르는 수를 물을 때 쓰는 말'로 나누어 수사와 관형사로 양분한다. 여기서 '그리 많지 않은'과 '잘 모르는 수'로 설명하는 것에 주목한다. 기본적으로 '적은'의 의미로 쓰이지만 의문문에서는 '不定性'의 의미 속성을 가진다는 설명이다. 유창돈(1980 : 300~301)에서도 이러한 의미 속성과 관련하여 부정수사로 칭한 바 있다. 그런데 '不定'의 의미는 단순히 정하여 지지 않은 수인지, '적은'이라는 의미를 기본적으로 담고 있는지를 점검할 필요가 있다. 표준국어대사전에서의 설명은 전체적으로 '적은'의 의미에 초점을 둔다. 그런데 不定이라고 한다면, '많은'의 의미도 포함한다. 단순히 정해지지 않은 수의 개념으로 받아들여야 하기 때문이다. 그래서 不定은 당연히 많은 쪽과 얼마 되지 않는 쪽의 두 의미를 나누어 기술할 필요가 있다. 또한 '不定'의 의미는 '알지 못하는 혹은 인지하지 못하는'이라는 의미 속성도 내포한다. 이러한 의미 속성을 효율적으로 표현하기 위해

이들의 상위 개념 자질을 '정해지지 않은 수의 표현'을 뜻하는 [+부정(不定)]으로 설정한다. 그런데 이 [+부정]의 의미 자질은 정해진 수를 정확하게 표현하지 않을 때도 쓸 수 있다. 알지만 정확한 수를 표현하기가 마땅찮을 때 '몇'이 쓰인다. 소수의 모임일 경우 몇 명이 빠진 줄 알면서도 하는 다음의 대화가 가능하다.

> (1) A : 어제 동기들 다 모였나?
> B : 몇 명만 빼고 다 왔다.
> A : 누가 안 왔는데?
> B : 너하고 철수 둘만 안 왔다.

여기서 쓰이는 '몇'은 알고 있으면서 정확하게 표현하지 않은 예이다. 이러한 자질을 [+인지]로 설정한다. 그러나 대부분 '몰라서 표현하는' [-인지]의 자질을 가진다. 이는 정해져 있지 않은 것에 대해 정확한 수를 표현하지 못하는 개념이다. 즉 '많고 적음'을 정확히 알지 못하고 표현하는 것을 뜻한다. 여기서 [-인지]의 개념은 하위 개념으로 '많음'을 표현하고자 하는 [+다량지향]과 '적음'을 표현하고자 하는 [+소량지향]을 설정할 수 있다. 이것은 [±다량지향]이나 [±소량지향]으로 표시해도 무방하지만 의미적 속성을 분명히 하기 위해 '+'자질만 사용한다. 이러한 의미 속성들은 '현'과 '몃'의 의미를 밝히는 데 중요한 역할을 할 것으로 기대한다. 또한 이들은 용법상 관형적 기능을 동반한다. 이들과 공기하는 피수식어와의 관련성도 이러한 의미를 밝히는 데 도움을 줄 것이다. 대체로 이러한 속성들이 '현'과 '몃'의 의미 특성을 점검하는 데 바탕이 될 것이다. 표준국어대사전에서는 '몇'의 용례를 다음과 같이 보여주고 있다.

> (Ⅰ)-수사 1
> ① 아이들 몇이 더 왔다.
> ② 그 근처에 책방이 몇이 있다.

③ 이 문제는 너희들 <u>몇</u>의 문제가 아니다.
④ 여기 있는 귤 중 <u>몇</u>은 가져가도 괜찮다.
⑤ 우리들 중에 <u>몇</u>은 극장에 가고 몇은 공원에 갔다.
⑥ 손님들이 <u>몇</u> 안 되는군요. ≪박영한, 머나먼 쏭바강≫
⑦ 마침 거기 얼굴 아는 동생들이 <u>몇</u> 있어 너를 병원으로 옮기게 했지. 이문열, 변경≫
⑧ 벌써 오 년 전에 의절하다시피 된 그들 부자관계의 내막을 자세히 아는 사람은 <u>몇</u> 안 되었고, 최 서방도 그 몇 안 되는 사람 축에 들었지만 그 문제를 아는 척하지 않기로 하고 있었다. ≪박완서, 미망≫
⑨ 정 씨는 승식이와 배 영감, 장 영감과 동네 사람 <u>몇</u>과 뚝방 아래 공터로 갔다. ≪황석영, 어둠의 자식들≫

(Ⅰ)-수사2
① 가족이 모두 <u>몇</u>이세요?
② 점수가 <u>몇</u> 대 몇이지?
③ 2에다 3을 더하면 <u>몇</u>이 됩니까?
④ 나이가 <u>몇</u>이고 형제가 <u>몇</u>이냐?
⑤ 오늘 회의에 참석할 사람이 <u>몇</u>이나 될지 빨리 파악해라.

현대어에서 수사의 용법은 사전의 풀이와 정확하게 일치한다. 정해지지 않은 수를 나타내는 [+부정]의 자질을 기본적으로 가진다. 그렇지만 용례 사전에서 수사의 용법은 [-인지]의 의미 자질을 공통으로 가진다. 수사1에서는 '얼마 되지 않은'의 의미 속성이 드러나고, 수사2의 용법에서는 '잘 모르는'의 개념이 드러난다. 수사2의 용법은 상위의 [-인지] 자질로 설명이 완성되지만, 수사1은 [-인지][+소량지향]의 의미 자질로 설명할 수 있다.

(Ⅱ)-관형사1
① <u>몇</u> 술 더 드시오.
② 귤 <u>몇</u> 개만 사 오너라.
③ <u>몇</u> 푼 안 되는 것입니다.

④ 정원에 나무를 <u>몇</u> 그루 심었다.
⑤ 친구 <u>몇</u> 명이 함께 어울려 지낸다.
⑥ <u>몇</u> 친구들만 남고 모두 돌아갔다.
⑦ 그는 친구 <u>몇</u> 명에게 편지를 썼다.
⑧ 소영이 소주병을 내게서 뺏어 들었다. 소주를 <u>몇</u> 잔 한 뒤 입을 열었다. ≪이병주, 행복어 사전≫
⑨ 콩알만한 풋감자가 <u>몇</u> 알 뿌리에 달려 나왔다. ≪유주현, 대한제국≫

(Ⅱ)-관형사2
① 지금 <u>몇</u> 시죠?
② 나이가 <u>몇</u> 살이냐?
③ 그와는 <u>몇</u> 촌이냐?
④ 오늘 커피 <u>몇</u> 잔 마셨니?
⑤ 오늘 집에 <u>몇</u> 사람이 찾아올까?
⑥ 아직 씨를 못 받아서 그러는데 <u>몇</u> 시까지 가면 됩니까? ≪안정효, 하얀 전쟁≫

관형사의 용법에서도 이러한 의미 속성은 그대로이다. 수사1, 2와 의미상 별 차이가 드러나지 않는다. 다만 용법상의 차이만 있을 뿐이다. 의미 자질로 본다면 역시 관형사1은 [-인지][+소량지향]의 의미 자질 설정이 가능하고 관형사2는 [-인지]의 의미 자질만으로 설명이 된다. 그런데 사전의 풀이만으로 보면 [+다량지향]의 의미 자질은 드러나지 않는다. 하지만 [-인지]의 개념 하에서 [+다량지향]의 의미 표현은 충분히 가능하다. '몇'이 다수를 지향할 수도 있기 때문이다. 이럴 경우에는 대체로 '얼마'가 대응하기도 한다.21)

---

21) 이는 '언마, 언머, 얼마, 현마, 몃마' 등과 함께 조사나 의존명사와 관련한 또 다른 논의를 전개할 수 있다. 하지만 이러한 논의는 '현'과 '몃'의 의미를 오히려 불명확하게 할 것으로 보여 더 이상 확대하지 않기로 한다.

(2) ① 어제 결혼식에 갔는데 결혼식장에 발 디딜 틈이 없더라.
　　② 도대체 몇 사람이나 왔는데?

　현대어에서의 이러한 의미 자질을 염두에 두고 중근세어의 의미 자질을 점검해 보면 동일한 의미가 유지되는지 아니면 의미의 변화를 동반한 것인지를 분명히 점검할 수 있을 것이다. 이러한 다양한 의미 속성을 현재는 '몇'이 담당하고 있지만, 중근세어에서는 '현'과 '몃'이 나누어 가졌을 가능성이 높다. 이는 결국 '현'의 사어화와 함께 의미적인 변화도 예견하게 한다. '현'과 '몃'의 의미상의 차이를 점검하기 위해서는 이들의 공유 의미를 중심으로 의미 자질을 설정할 필요성이 있다. 중근세어를 대상으로 의미적 해석이나 용법상의 특징을 살피기 위해서는 현재 남아있는 '몇'으로 일정하게 해석이 가능한지도 점검하여야 할 것이다.

5.2. 중근세어에서의 '현'과 '몃'

　'현'과 '몃'은 중근세어의 동일 문헌 자료에서 공존한다. 동일 문헌 자료에서 공존하는 경우는 유의어의 일반적 특성상 동일한 의미의 표현의도 차이나 용법상의 차이를 동반한다. 대체로 동일 문헌에서 나타나는 용례는 유의어의 공존 이유에 대한 분명한 정보를 제공한다. 이들의 의미를 점검하기 위해 다음의 자료가 대상이 된다. 이들 자료 중에서 '현'과 '몃'이 공존하는 것은 용비어천가, 능엄경언해, 소학언해, 박통사 등이다.

15세기 : 용비어천가, 월인천강지곡, 능엄경언해, 두시언해초간본, 금강경
　　　　삼가해, 석보상절, 법화경언해, 금강경언해, 목우자수심결, 월인
　　　　석보
16세기 : 소학언해, 번역소학, 번역박통사, 번역노걸대
17세기 : 두시언해중간본, 박통사언해, 노걸대언해, 어록해, 역어유해, 첩
　　　　해신어

18세기 : 평양본 노걸대언해, 중간노걸대언해

다음은 '현'과 '몃'이 공존하는 용비어천가의 용례이다. 여기서 '현'과 '몃'의 의미적 특성을 먼저 점검하기로 한다.

(3) ① 현 버늘 딘돌 三十年 天子ㅣ 어시니(용31)
    ② 현 번 뛰운 돌 ᄂᆞ미 오ᄅᆞ리잇가(용48)
    ③ 현 고돌 올마시뇨(용110)
    ④ 王事ᄅᆞᆯ 爲커시니 行陣ᄋᆞᆯ 조ᄎᆞ샤 不解甲이 현 나리신돌 알리(용112)
    ⑤ 현 ᄣᅴ신돌 알리(용113)
(4) 몃 間ᄃ지븨 사ᄅᆞ시리잇고(용110)

용비어천가에서는 '현'이 총 5개, '몃'이 1개 나타난다. 용비어천가는 철저한 對句의 형식이다. 그러나 '현'과 '몃'은 對句의 형식으로 대응하는 경우는 하나도 없다. 전부 독립된 표현으로 쓰인다. 이들의 용례가 그렇게 많지 않아 공기하는 피수식어와의 관련성은 충분하게 점검할 수 없지만 의미상으로는 분명한 차이를 보인다. '현'은 '부정성'의 의미 속성 중 [-인지] [+다량지향]에 의미적 초점이 맞추어져 있다. '몃'은 하나만 출현하지만 그 의미는 '현'과 대비된다. '적은, 얼마 되지 않은'의 의미 속성인 [+소량지향]의 자질을 보이기 때문이다. 특히 110장에서는 동일한 문장에 '현'과 '몃'이 쓰이는 데 그 표현은 의도적으로 분간한 것이 확실하다. 이들이 공기하는 피수식어와 관련하여 현대어의 '몇'과 연결하여 그 의미적 해석을 시도하면 '현'은 '번, 곳, 날, 끼니'와 공기하여, 현대어의 '몇'과 연결하더라도 큰 무리가 없다. '몃'도 '間'과 공기하여 현대어의 '몇'으로 연결해도 의미상 오류는 보이지 않는다. 하지만 이들의 의미적 속성은 용례가 적기 때문에 좀 더 점검해 볼 필요가 있다. 문헌상 유사성을 가진 월인천강지곡의 예를 더 살펴보기로 한다. 월인천강지곡에서는 '몃'은 없고, '현'만 7개 출현한다.

(5) ① <u>현</u> 맛 벌에 비늘을 샌라뇨(월28)

　　② <u>현</u> 맛 衆生이 머리 좃ᄉ바뇨(월28)

　　③ 죵과 물와롤 <u>현</u> 맨들 알리오(월52)

　　④ <u>현</u> 날인돌 迷惑 어느 플리(월74)

　　⑤ <u>현</u> 마 七寶로 쑤며도 됴타 호리잇가(월121)

　　⑥ 七寶 金臺예 七寶 蓮花ㅣ 일어늘 <u>현</u> 맛 부톄 迦趺坐ㅣ 어시뇨(월 193)

　　⑦ 琉璃堀ㅅ 가온디 琉璃座ㅣ 나거늘 <u>현</u> 맛 比丘ㅣ 火光三昧어뇨(월 193)

　여기서도 '현'은 '부정성'의 의미 속성을 가지면서 전부 [−인지, ＋다량지향]의 의미와 연결된다. 그런데 '현'과의 공기는 '날'을 제외하면 다른 것은 전부 '마'와 공기한다. 이는 '머'와 함께 유창돈(1980 : 248)에서는 정도를 나타내는 명사로 설명한다. 하지만 남광우(1981 : 191)에서는 조사로 취급한다. 표준국어대사전에서는 '얼마'를 '어느＋마'로 보면서 조사로 설정한다.[22] '부정성'의 의미 속성은 능엄경언해에서도 확인된다. 여기서도 '현'은 '부정성'의 의미 속성과 함께 [＋다량지향]의 의미 속성을 가진다.

(6) ① 正法 像法 末法이 <u>현</u> 매라 ᄒ샤미라(능1 : 17)

　　② <u>현</u> 劫 디나 아모 世界예 부톄 ᄃ외야(능1 : 17)

　이러한 의미 특성은 다음의 '몃'에서도 살펴볼 수 있다. 마찬가지로 '부정성'의 의미 속성이 전달되지만 부처님이 대왕에게 不生滅性을 보이고자 하면서 변화 이전의 처음 나이를 묻는 것이니 [＋소량지향]이 전제된다. 능엄경언해에서도 '현'과 '몃'의 의미적 속성은 분간적이다.

---

22) 이에 대한 예로 '비록 사ᄅ미 무레 사니고도 즁싱마도 몬호이다(석6 : 5), ᄒ다가 ᄒ 터럭 근매나 이시면 門外예 잇거다(몽법12), 方寸맛 ᄆ ᄉ매도 위고기 ᄒ얌직ᄒ니(두초8 : 9)'를 들고 있다. 유창돈에서는 동일한 항목에 '하ᄂ히 현마 즐겁고도 福이 다아(월1 : 21), 쏘 아디 몬게라 언마오(又不知幾何, 목42)'를 두고 있다.

(7) 네 나히 <u>며친</u> 삑 恒河ㅅ 므를 본다(汝年幾時見恒河水, 능2 : 8)

다음 두시언해 초간본의 예들을 통해 15세기 중세어 자료를 좀 더 확인하도록 하자. 여기서는 '몃'만 확인된다. 두시언해 중간본도 초간본과 동일하게 '몃'에 대응한다.

(8) ① 어즈러운 고존 能히 <u>몃</u> 맛 삐니오(繁花能幾時, 두초7 : 14)
    ② 漸漸 늘구메 봄 맛나믄 能히 <u>몃</u> 디위리오(漸能老幾逢回春, 두초10 : 7)

(8)①에서도 '몃'의 이러한 의미 속성은 그대로이다. 당연히 '부정성'의 의미를 기본으로 한다. 이 문장을 '흐드러진 꽃은 얼마만큼의 시간이리오'로 해석한다면[23) '몃'은 '얼마'에 대응한다. '시간이 길지 않은 혹은 시간이 빨리 가는 것'을 말한다. 따라서 여기서의 '몃'도 '부정성'의 의미 속성 중 [−인지, +소량지향]에 해당한다. (8)②에서도 이러한 의미 속성은 두드러진다. '2월이 벌써 가고 3월이 오니 점점 늙어가는 데 (살아서) 봄을 만나는 것이 몇 번이겠느냐'로 해석이 되니 마찬가지로 [−인지, +소량지향]을 뜻한다. 다음의 금강경삼가해의 예문도 확인하자. 여기서도 '몃'만 확인된다.

(9) ① 살며 죽는 길헤 <u>몃</u> 번올 가며 도라 오느뇨(生死路幾度往返, 금삼
    2 : 8)
    ② <u>몃</u> 맛 겨테셔 보느니(多少傍觀, 금삼2 : 10)
    ③ <u>몃</u> 마 衡岳올 돌며(幾迴衡岳, 금삼3 : 17)
    ④ 믌결 가며 도로 오몰 <u>몃</u> 번 보아뇨(波濤幾見去還來, 금삼3 : 48)

금강경삼가해에서도 '부정성'의 의미 속성은 확인된다. 정해진 수를 막연하게 표현하는 것이 아니라 정해지지 않은 수를 막연하게 표현한다. 예측 가능한 수를 지시하지도 않는다. 그렇지만 그렇게 많지 않은 수를 이야기할

---

23) 이현희 외(1997 : 126)의 해석을 따른다.

때 '몃'이 사용된다는 것은 충분히 확인이 된다.

이 외의 다른 중세어 자료도 참고하여 의미적 변화 여부를 점검해 보자. 의미 변화는 음운적, 문법적인 변화와 그 궤를 같이 하지는 않는다. 음운적, 문법적 변화보다 오히려 민감하게 반영되는 경우가 많다. 따라서 이들의 의미적 차이를 정밀하게 검토하기 위해서는 문헌에 따라, 시대에 따라 더 세밀하게 분류할 필요가 있다. 이러한 의미적 변화를 찾기 위해 15세기와 16세기 자료를 구분하여 살펴보기로 한다.

(10) ① 世尊이 ᄒᆞᄅ 몃 里롤 녀시ᄂᆞ니잇고(世尊足行日能幾理, 석6 : 23)
　　② 數ㅣ 沙塵에 가줄비시니 이젠 몃고(數比沙塵今幾何也, 법화5 : 178)
　　③ 물 일훔과 라귀 일훔괘 몃 온가지오(馬字驢名幾百般, 금강4 : 40)

15세기 자료인 석보상절과 법화경, 금강경언해에서 '몃'이 나온다. (10)①에서는 '부정성'의 의미가 강하다. 몰라서 묻는 말이기 때문이다. 하지만 많고 적고의 기본적 의미와는 뚜렷한 관련성을 보이지 않는다. 단순한 의문의 기능이기 때문이다. (10)②, ③도 '부정성'의 의미를 전달한다. 그러나 세밀한 의미를 보면 '적음, 얼마되지 않음'의 [+소량지향]의 의미를 전달한다. (10)②은 沙塵에 해당하는 의미로 본다면 '많은' 수에 해당한다. 하지만 앞의 문맥을 보면 '壽量의 法이 한가지며 古今의 性이 한가지니 衆生이 하나를 듣고 法을 忍得하며 菩薩이 깊이 통하여 불도를 이룬다'고 설명한다. 그러면서 '數를 沙塵에 비유하니 이젠 몃이냐'고 묻고 있다. (10)③도 '가는 털의 다름도 許하지 아니 하나 말 이름과 나귀 이름이 몃 백가지가 되느냐'고 묻고 있다. 모두 [+소량지향]의 의미를 담는다. 소학언해에서는 이와 관련하여 4개의 어례가 출현한다. '몃'과 '현'이 각각 2개씩이다.

(11) ㄱ. ① 몃 사롬이 능히 겨집의 말의 惑ᄒᆞ 배 되디 아니ᄒᆞ료(幾人能不
　　　　爲婦人言所惑, 소학5 : 73b3)
　　　② 금 나믄 이 오히려 몃 근이나 인ᄂᆞᆫ고(金餘尙有幾斤, 소학6 :

81b2)

ㄴ. ① 아모 셩 현 잿24) 아자비며(某姓第幾叔, 소학6 : 74b9)

② 아모 셩 현 잿 얼운이라 ᄒ고(某姓幾丈, 소학6 : 75a4)

(11ㄱ)의 ①은 '겨집의 말에 惑한 바 되지 않는 사람이 몇 사람인가'의 뜻이니, 역시 [+소량지향]의 의미와 연결된다. 이는 (11ㄱ)의 ②도 마찬가지이다. '금 남은 것이 조금이라도 있으면'의 의미를 전달한다. 소학언해에서 '현'은 '재'와 공기하는 예만 나온다. 동일한 표현의 두 용례이다. (11ㄴ)의 ①과 ②도 '부정성'의 의미 속성은 기본으로 가진다. 의미로 보면 '外姓이나 父黨交流하는 사람을 부를 때'에 해당한다. '비록 거리가 먼 사람이라고 하더라도'의 의미를 전달한다. 대체로 이러한 의미 속성은 화자의 심리 속에서 엄격하게 구분하여 사용한 것이 확인된다. 그렇다면 앞의 (10)①의 예문이 단순 의문의 기능으로 모르는 것을 묻는 것이지만, 이러한 의미적 구분을 고려한다면 표현상 그렇게 멀리 간다고 생각지 않은 표현으로 확대 해석이 가능하다. 이러한 규칙성이 너무 확연하기 때문이다. 그런데 어형 '현'의 빈도는 그렇게 많지 않다. 물론 문헌상의 특성과도 관련이 있다. 특정의 문헌에서는 '몃'의 출현이 보이지 않기 때문이다. 그러나 이러한 특성은 원칙적으로 문헌상 관련되는 필요한 의미 속성과 관련이 있다. '현'과 '몃'은 예외적 현상 없이 의미가 확연하게 구분되기 때문이다. 결국 이들은 의미 구분의 필요성에 의해 특정의 문헌에서만 사용된다. 다음은 15, 6세기에 출현하는 '현'의 예를 보여준다. 여기서도 15세기의 자료와 16세기의 자료를 구분하여 살피기로 한다. 15세기 자료인 목우자수심결과 월인석보에서 '현'이 출현한다.

(12) ① 아디 몯게리 현 千劫이며(不知其幾千劫, 목43)

---

24) 이는 유창돈(1980 : 255)에서 설명하는 序次의 의존명사 '자히, 재, 차히, 채'에 속한다. 이는 관수사에만 연결된다고 하면서 'ᄒ나재'는 지금 '첫째'로 쓰여 수사 아닌 관형사에 연결된다고 한다. 하지만 여기서의 '재'는 관형사에 연결된다.

    ② 하눌히 현 마 즐겁고도(월석1 : 21)
    ③ 금강은 쇠에셔 난 딧 구든 거시니 현 마 스라도 술이디 아니ᄒ고
      (월석2 : 28)
    ④ 현 맛 벌에 비늘을 ᄲ라뇨(월석2 : 47)

    목우자수심결의 (12)①은 '과거에 윤회하던 업을 돌이켜 생각하면 몇 千劫이 될지 알지 못한다'는 뜻이다. 월인석보의 (12)②는 '하늘(세계)은 아주 많이 즐겁지만'이라는 의미를 전달한다. (12)③도 마찬가지로 '많은'의 [+다량지향] 의미를 전달한다. '금강은 아무리 많이 불에 태워도(燃) 그렇게 되지 않는다'는 뜻이기 때문이다. 월곡에서 언급된 (12)④도 의미는 마찬가지로 [+다량지향]의 자질을 동반한다. 다음의 16세기 자료인 번역소학의 용례는 소학언해에서 다룬 같은 표현이어서 다시 언급하지 않는다. '현'과 '몃'이 쓰이지만 표현상의 차이는 없다.

    (13) ㄱ. ① 몃 사ᄅ미 겨지븨 마리 혹디 아니ᄒ료(번소7 : 42a2)
         ② 금 나ᄆ니 몃 근이나 잇ᄂ뇨(9 : 87b9)
      ㄴ. ① 아모 셩 현잿 아자비며(번소9 : 80b8)
         ② 아모 셩 현잿 얼운이라 ᄒ고(번소9 : 81a4)

    이렇게 볼 때, 15세기와 16세기의 문헌에서 '몃'은 [+소량지향]의 자질을 '현'은 [+다량지향]이라는 의미 속성에서 벗어나지 않는다. 적어도 이러한 의미 속성은 중세어에서 일관되게 유지된 것으로 확인된다. 그렇다면 근세어 자료에서는 이러한 의미 속성이 어떻게 실현되는지를 통해 의미적 통시성을 확보할 수 있다. 현대어에서는 '현'의 존재가 확인되지 않기 때문에 적어도 '현'의 사어화라는 통시적 변화는 존재한다. 따라서 이들은 어떤 변화이든 통시적인 변화를 확보할 수 있을 것이다. 노걸대는 초간과 중간을 비롯한 많은 이본이 현전하기 때문에 이들을 통해서 변화를 쉽게 찾을 수 있을 것으로 기대한다. 하지만 노걸대에서는 '현'이 공존하지 않는다는 점

이 아쉽다. 노걸대언해(노걸, 1670)에서 '몃'은 5개가 나타난다. 이를 바탕으로 번역노걸대(번노, 1510년대), 평양본노걸대언해(평노, 1745), 중간노걸대언해(중노, 1795)를 비교해 보도록 하겠다. 순서는 간행 연대순으로 배열한다.

> (14) ① 예셔 셔울 가매 <u>몃</u> 즘겟 길히 잇는고(這裏到京裏有幾程地, 번노상10b)
> ② 예셔 셔울 가기 <u>몃</u> 즘게 길히 잇느뇨(노걸상9b)
> ③ 예셔 셔울 가기 <u>몃</u> 즘게 길히 잇느뇨(평노상9b)
> ④ 여긔셔 셔울 가기 <u>언머</u> 길히 잇느뇨(중노상9b)
> (15) ① 너희 대되 <u>몃</u> 사ᄅᆞ매 몃 몰오(你通幾箇人幾箇馬, 번노상67a)
> ② 너희 대되 <u>몃</u> 사름에 몃 몰고(노걸상60b)
> ③ 너희 대되 <u>몃</u> 사름에 몃 몰고(평노상60b)
> ④ 네 대되 <u>몃</u> 사름에 몃 몰고(중노상61b)
> (16) ① 네 <u>몃</u> 버디 왓느뇨(你有幾箇火伴, 번노하5b)
> ② 네 <u>몃</u> 벗이 잇느뇨(노걸하5a)
> ③ 네 <u>몃</u> 벗이 잇느뇨(평노하5a)
> ④ 네 <u>몃</u> 벗과 ᄒᆞᆫ가지로 온다(중노하5a)
> (17) ① 네 이심이 <u>몃</u> 근 므긔고(你這蔘多少斤重, 번노하57a)
> ② 네 이 蔘이 <u>몃</u> 근 므긔고(노걸하51b)
> ③ 네 이 蔘이 <u>몃</u> 근 므긔고(평노하51b)
> ④ 네 이 蔘이 대되 <u>언마</u> 斤重고(중노하53b)
> (18) ① 도로 가로쟈 ᄒᆞ니 <u>며츳나리</u> 됴흔고(幾日好, 번노하71b)
> ② 도로 가고져 ᄒᆞ니 <u>몃춘날이</u> 됴흔고(노걸하64b)
> ③ 도라가고져 ᄒᆞ니 <u>몃춘날이</u> 됴흔고(평노하64b)
> ④ <u>언제</u> ᄯᅥ나 도라가야 죠흐리오(중노하66a)

'몃'은 중간노걸대언해에서 부분적으로 '언머, 언마'와 교체한다. 또한 '몃은+날'이 '언제'로 교체한다. 그런데 노걸대에서는 의미상 중대한 차이가 드러난다. '부정성'의 의미 자질만 드러낼 뿐이지 '많고 적음'의 변별성은 드러나지 않기 때문이다. 이는 예문 (10)①과 마찬가지이다. 단순의문의 형식에서는 모르는 것에 대한 의문이기 때문이다. 그렇지만 의문의 속성에는 [+소량지향]의 의미가 내포되어 있다. 이러한 의미는 (15)에서는 드러나지 않는다.

박통사에서는 '현'과 '몃'의 분포가 공존한다. 동일 문헌 자료에서 나타나는 '현'과 '몃'의 빈번한 공존은 이들의 의미 속성을 더욱 분명하게 살필 수 있게 할 것이다. 이들을 세부적으로 살펴보면 중세어와 관련한 의미적 통시성도 확보할 수 있을 것이다.

(19) ① 몃 ᄇᆞ롤 밍굴일다(打幾件兒, 번박16a5)
　　　네 몃 볼을 밍둘다(박통상15b)
　　② 모로리로다 몃 니싀린고(知他是幾箇明日, 번박35a8)
　　　모로리로다 이 몃 너일인디(박통상32a)
　　③ 몃 셤 튼실고(關幾擔, 번박11a4)
　　　몃 짐을 튼료(박통상11b)
　　④ 이 몃 바람고(這的幾托, 번박14b1)
　　　이 거시 몃 발고(박통상14a)
　　⑤ 네 며츨 호려 ᄒᆞᆫ다(你要幾箇, 번박31a7)
　　　네 몃치나 ᄒᆞ고져 ᄒᆞᆫ다(박통상29b)
　　⑥ 너희 며치나 혼 션비오(你幾箇學生, 번박49a3)
　　　너희 몃 學生고(박통상44a)
　　⑦ 우리 며치 가료(咱們幾箇去, 번박54b2)
　　　이러면 우리 몃치 가료(박통상49a)
　　⑧ 며츠를 셜읩ᄒᆞ리러뇨(說幾箇日頭, 번박75a5)
　　　몃 날을 니롤러뇨(박통상66a)

번역박통사나 박통사언해에서 '몃'은 동일한 형태로 대응한다. 번역박통사는 上만 현존해 있어 박통사언해 上을 비교하여 제시하였다. 이들의 의미는 현대어에서 관형사2의 용법과 일치한다. 의문문에서 '잘 모르는'의 의미를 내포하기 때문이다. 즉 [-인지]의 의미 속성이다. 여기서도 노걸대와 마

찬가지로 단순 의문의 기능을 가진다. 다음의 박통사언해는 번역박통사의
용례와 비교해 볼 수는 없지만 이는 上에서 보여준 바와 같이 용법상의 차
이는 다르지 않을 것이다.

> (20) ① 正官이 몃 員이며(박통중5a)
>   ② 隨從이 몃 치나 ᄒ뇨(박통중5b)
>   ③ 이 아히 몃 돌이나 ᄒ뇨(박통중47b)
>   ④ 오놀이 몃츨고(박통중53b)
>   ⑤ 몃재 위롤 ᄒ엿ᄂ뇨(박통하13b)
>   ⑥ 구은 이예 두 냥식 몃 쮀옴이나 ᄑ란ᄂ다(박통하26a)
>   ⑦ 몃츨을 머므로뇨(박통하41a)
>   ⑧ 네 이 東國 歷代 몃 히나 ᄒ며 當初에 엇디 國을 建ᄒ뇨(박통하
>   58b)

여기서 나타나는 '몃'도 '잘 모르는'의 의미를 가진 [-인지]의 의미 속성
을 가진다. 역시 단순 의문문에서의 '몃'이다. 하지만 마찬가지로 [+소량지
향]의 의미가 내포된다. 다음의 '현'의 의미를 비교하여 살펴보자.

> (21) ① 미 ᄒ량의 워리를 <u>현</u>분식ᄒ야 둘조초 보내요디(每兩月利幾分, 번
>   박61a3)
>   ② 每兩에 月利 <u>현</u>푼식 ᄒ야 둘을 조차 送納호되(박통상54a)

'현'은 번역박통사 上에서는 1개만 나타난다. 이것이 박통사언해에서도
동일하게 사용된 것으로 보아 박통사언해 中, 下에서 나타나는 형태도 동일
할 것으로 보인다. 따라서 이들의 의미는 번역박통사에서나 박통사언해에서
차이가 나지 않는 것으로 살펴도 무방할 것이다. 그런데 번역박통사와 박통
사언해에서 동일하게 나타나는 '현'은 [-인지]의 의미 속성과는 부분적으로
차이가 난다. 어떤 정해진 수이지만 이것을 막연하게 표현한다. 계약서 상
에서 月利를 정해진 대로 '몇 푼씩'으로 한다는 의미를 담고 있기 때문이다.

이는 자료의 특성상 구체적으로 밝힐 필요성을 가지지 않기 때문에 나타난 표현이다. '정해진' 어떤 수를 막연하게 표현하는 의도성이 들어있다. 박통사 언해에서 나타나는 다음의 '현'을 통해 의미 속성을 좀 더 분명히 해 보자.

> (22) ① 庫房이 <u>현</u> 간 馬房이 <u>현</u> 간 西房이 <u>현</u> 간 東房이 <u>현</u> 간(박통중39a)
> ② 正房이 <u>현</u> 간 西房이 <u>현</u> 간 東房이 <u>현</u> 간(박통중39a)
> ③ 中門이 혼 간 客位ㅣ <u>현</u> 간이오(박통중39a)
> ④ 暖閣이 <u>현</u> 간 花房이 <u>현</u> 간 무량각이 <u>현</u> 간(박통중39a)
> ⑤ 芒兒ㅣ 쇠 뒤히 셔셔 아모 때 <u>현</u> 刻에 立春혼다 ᄒ면(박통하48a)
> ⑥ 아모 촌에 사는 아뫼 나히 <u>현</u>이오 병 업슨 이라(박통하52a)
> ⑦ 거의 도적 <u>현</u> 사롬이(박통하52b)
> ⑧ 告狀혼 사롬 李萬見이 나히 <u>현</u>이오 病 업슨 이(박통하54a)
> ⑨ 나히 <u>현</u>이오(박통하55b)

(22)①~④에서 나타나는 '현'도 마찬가지로 계약서 상에서의 표현이다. 어떤 특정한 숫자가 들어가야 하지만 자료의 특성상, 계약서 양식을 보여주는 데 목적이 있기 때문에 정확한 수를 나타내지 않고 막연하게 표현한 것이다. 이는 ⑤도 마찬가지이다. 입춘 행사를 설명하면서 '아무 때 몇 刻에 입춘 한다고 하면'으로 해석이 되는 데, 이는 정해진 때를 알리는 것이지만 이를 막연하게 표현한다. ⑥⑧⑨에서도 동일한 의미로 쓰인다. 告狀을 접수 하면서 자기를 밝히는 표현이기 때문이다. 정해진 분명한 대상이 있지만 이를 막연하게 표현한다. 이는 자신을 '某人'으로 표현한 것과 동일한 방법이다. ⑦의 '현'은 수를 나타나는 '몇'에 해당이 되지 않는다. '많고 적음'의 수와 관계가 없다. 다만 앞에 나오는 도적을 지칭하는 '某人'에 해당하는 개념이다. 이를 통해 볼 때, '현'은 [+인지]의 의미 자질을 가진다. 이것이 번역 박통사에서도 동일할 것으로 보이기 때문에 이러한 의미가 시대적인 변화와 관련 있는 것으로 볼 수는 없다. 다만 '현'은 [+부정]의 의미 속성을 가지고 [+인지]의 의미 속성도 표현한 것이다.

5.3. '현'과 '멋'의 의미 추이

지금까지 살펴 본 '현'과 '멋'은 공통적으로 [+부정]의 의미 속성을 가진다. 하지만 '현'은 [+인지]의 의미 자질과, [-인지, +다량지향]의 의미를 공유하는 다의적 의미를 취한다. 반면에 '멋'은 [-인지, +소량지향]의 의미 자질을 취한다. 이를 도식하면 다음과 같다.

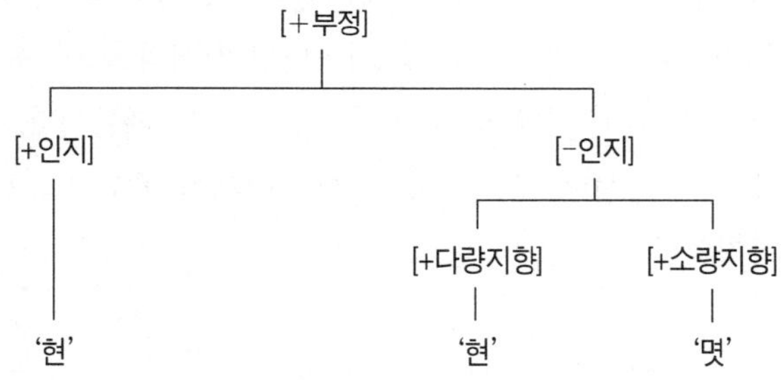

결국 이러한 '현'의 다의적 의미는 '현'의 사어화로 나아간다. 홍사만(2003 : 29)에서는 단의의 단어와 다의의 단어가 유의적으로 경쟁하는 경우에는 반드시 다의 쪽이 불리하다고 설명한다. 이광호(2008 : 252~254)에서도 다항 유의어를 설명하면서 몸집 줄이기 현상을 통해 다의의 비경쟁적 현상을 점검한 바 있다. 다의성이 유의경쟁에서 패하게 되는 직접적 동인이 된 것이다. 또한 발음상의 문제에서도 '멋'은 우위를 지닌다. 권경안(1981 : 86)에서 한국어는 'ㅂ, ㅁ, ㄷ, ㄴ, ㄱ, ㅎ, ㅇ, ㄹ, ㅈ, ㅅ'의 순으로 아동의 언어 발달이 이루어진다고 하면서 발음의 난이도를 점검한 바 있다.

'현'은 '멋'과의 경쟁에서 원래 경쟁력이 있는 [+다량지향]의 의미와 함께 [+인지] 자질까지 확보하고 있었던 것이다. 이는 몸집줄이기 현상으로 [+인지]의 의미 자질이 대체로 배제되었지만 번역박통사에서는 [+인지]의 의미 자질이 두드러지면서 '某'에 해당하는 의미 속성까지 확보한다. 박통사 언해에서는 이러한 의미 속성이 '아모'에게 분담된다. '아모'와 의미적 속성이 중복되는 특성을 보이기도 한다. 표현 의도의 차이가 두드러진다. 다만 수의 개념을 유지했기 때문에 '현'은 이때까지 공존한 것으로 보이지만 결국 수를 표현하는 개념을 상실하면서 독자적 의미 영역을 유지하기 힘든 것이다. 이후의 자료에서는 '현'의 용례가 드러나지 않는다. 대체로 수의 의미를 상실하고 '某'로의 의미적인 변화가 박통사언해에서 발견된다는 것을 감안한다면 17세기 말경이나 18세기 초에 '현'은 소실된 것으로 보인다. 그러나 '몃'은 이후의 자료에서도 꾸준히 출현한다. 그러나 '현'이 가진 의미 속성을 통합한 것으로는 보이지 않는다. [+다량지향]의 의미 속성이 드러나지 않고 다만 [+소량지향]의 의미 속성만 드러나기 때문이다. 그렇지 않다면 [−인지]의 의미 속성만 표현된다. 다음의 17세기 이후의 문헌에서도 '몃'은 꾸준히 등장한다.

> (23) ① 몃 슌(幾回, 어록초24a, 어록중27b)
> ② 몃 디위(幾回, 어록중27b)
> ③ 므슴 비 몃 칙이나 가옵는고(첩해초4 : 7a)
> ④ 대되 몃고(一總幾箇, 역어상64b)
> ⑤ 몃 번 돈녀는다(幾塘走, 역어하52b)

'현'과 '몃'은 중근세어까지, 적어도 17세기 중, 후반까지는 그 의미적인 차이가 분명했다. 이러한 구분이 없어지는 한정된 용례가 발견되고, 의미상 통합의 흔적이 나타난다면 시기적 구분은 분명해 진다. 하지만 뚜렷한 구분을 보이던 '현'과 '몃'은 어느 순간 사라지고 만다. 의미적인 통합이 선명하게 이루어진 것도 아니다. 만약 의미적 중화가 일어나는 중간 단계의 시기가 있다면 이는 17세기 말경일 것이다. 물론 의미상 공통성은 상위의 개념인 '부정성'의 속성에 기인할 것은 명확한 일이다. 동일한 문헌에서 두 어형을 공존 시킬 때는 그 의미적 차이를 구분하였다가, 어떤 의미적 속성을 분명히 드러낼 수 없을 경우에는 '부정성'이라는 상위의 의미 자질을 중심으로 통용될 가능성이 높기 때문이다. 물론 이는 현재의 '현'의 사어화와 관련한 것이지 15, 6세기의 문제는 아니다. 하지만 특정의 시기에 이러한 의미적 차이가 불분명해지면서 '멷'만 생존한다.

이렇게 본다면 '현'과 '멷'의 의미적 속성은 현대어와 다음과 같이 연결되면서 규칙성을 동반한다. 이러한 의미는 '몇'의 의미적 속성을 부분적으로 보완할 필요성을 가지게 한다. 대체로 중근세어의 의미적 속성이 현대어에 그 총합으로 유지되는 것이 보편적이기 때문이다.

① [＋인지]→'현'→현대어 '몇'이 표현 가능(欠)
② [－인지]→[＋다량지향]→'현'→현대어 '몇'이 표현 가능(欠)
　　　　　＼'멷'(단순의문)→현대어 '몇'이 표현 가능
　　　　　　　(欠)
③ [－인지]→[＋소량지향]→'몇'

결국 표준국어대사전에는 '현'이 가진 의미적 속성 ①②가 전혀 언급되지 않는다. 그러나 이러한 의미 속성은 현대어에서 '몇'에 의해 부분적으로 통합된다(2. 의미 자질의 설정에서 언급). 분명한 통합의 시기가 나타나지 않는 것이나, 의미적 통합의 예가 보이지 않지만 '현'의 의미적 속성은 필요한 경우 '몇'이 수용하고 있다.

6. 의미소 〈必〉의 어휘장 변화

어휘장은 공통된 의미 속성을 가진 연관성 있는 낱말 집단이다. 어휘장의 변화는 개별 낱말의 의미 변화에서 나타나는 특성뿐만 아니라 낱말집단의 역할이나 변화를 살필 수 있는 체계성을 제공한다. 중근세어의 '모디, 모로매, 반ᄃ기'는 한자 '必'에 대응하는 유의어이다. 물론 '必' 외에도 '須'나 '要', '强'이나 '當' 등이 대응하기도 한다. 하지만 동일한 의미 영역은 '必'

의 의미로 구축된다. 따라서 여기서는 이들 어휘장을 대표하는 의미소로
<必>을 설정하여 논의하기로 한다. 남성우(1986 : 109~110)는 이와 관련하
여 공기관계에 따른 차이를 점검한 바 있다. '모디'와 '모로매', '반듸기'는
형태상 연관성이 전혀 없다. 그러나 이들은 의미적 동질성을 형성하는 동일
어휘장을 구성한다. 물론 이 외에도 의미소 <必>에 대응하는 단어들은 시
대에 따라 다양한 형태로 등장한다. 유창돈(1980 : 169)에서는 한자 '必'에 대
응하는 단어로 '굿, 모디, 의식, 모로매, 부더, 반듸기, 꼭' 등을 들고 이들을
유의어로 설정한다. 여기서는 이들을 의미소 <必>에 대응하는 동일한 어휘
장으로 설정하여, 이들의 변화를 추적하고자 한다. 이들은 어떠한 의미 자
질로 동일한 의미 영역을 형성하고 있었는지, 또한 어떤 경로와 역할로 유
의어로 작용하고 있었는지를 점검할 것이다. 지금까지 유의어에 대한 논의
는 그 현상에 집중한 측면이 강하다. 하지만 유의성을 가지게 되는 계기나
변화, 그리고 형태상의 추이 등이 종합적으로 검토될 때, 그 역할이 보다 분
명해질 수 있다. 현대어에 나타나는 '必'의 의미는 '반드시'나 '모름지기' 등
이 거론된다. 이들이 형태상 '반듸기 / 반듸시'나 '모로매' 등과 관련이 있을
것으로 짐작은 되지만 그 변화가 분명하게 설명되지는 않는다. 고영근(1990 :
134~135)에서는 '모로매, 모디, 반듸기'를 사태에 대한 믿음이 확실하다든지
서술내용을 단정할 필요가 있을 때 쓰이는 양태부사로 설명한다. 대명률직
해(1 : 38, 30 : 2)에서는 이두표기 '須只'가 나타나기도 한다. 여기서는 이러한
점을 감안하여 '모디, 모로매, 반듸기'를 포함한 의미소 <必>의 어휘장을
살펴보고자 한다. 그리고 이들이 가진 의미적 역할과 형태적 특성을 고려하
여 이들의 유의관계를 분명히 하고자 한다. 표준국어대사전(1999)에서는 '모
름지기'와 '반드시'의 형태적 변화를 부분적으로 제시하고 있다. '모름지기'
는 '← 모롬즉← 모로미<모로매'로, '반드시'는 '<반듸시←반둣＋-이] /
반듸기[←반둑＋-이]'로 설명하고 있다. 그러나 '모디'는 현대어 어형과 연
결되는 설명이 없다. 이에 대한 형태적 변화와 함께, '모롬즉'의 출현, '반
둣'과 '반둑'의 양형의 존재 근거도 살펴볼 필요성이 제기된다. 표준국어대

사전에서 이들은 다음과 같이 풀이한다. 이러한 설명으로 봐서 이들의 동의성은 충분히 인증된다.

① 모름지기(부사) : 사리를 따져 보건대 마땅히. 또는 반드시
  모로매(부사) : '모름지기01'의 옛말
  모롬즉(부사) : '모름지기01'의 옛말
② 반드시 : 틀림없이 꼭. 늑기필코·필위(必爲)

한자 '必'의 의미와 관련 있는 단어는 유창돈(1980)의 논의와 관련하여 표준국어대사전에서 다음과 같이 확장된다.

③ 꼭 : 어떤 일이 있어도 틀림없이
④ 부디 : '바라건대', '꼭', '아무쪼록'의 뜻으로, 남에게 청하거나 부탁할 때 바라는 마음이 간절함을 나타내는 말
⑤ 의식 : '반드시'의 옛말

이들은 고영근(1990)에서의 논의를 본다면, '확실성'과 '단정성'의 의미속성을 고려할 수 있다. 그리고 표준국어대사전(1999)을 토대로 한다면 '틀림없이'라는 의미가 공통적으로 작용하고, 이들과는 조금 차이가 있는 '부디'에서는 '간절성'이 첨가될 수 있다.

6.1. 의미소 〈必〉의 어휘장

유창돈(1980 : 169)에서는 의미소 〈必〉의 어휘장을 언급하면서 "'긋'은 '必'의 뜻도, '굳이'의 뜻도 있던 말인데 15세기부터 17세기까지 쓰이다가 소실하였고, '모디'는 15, 6세기의 문헌에만 나타나고 있다. 그리고 '의식'은 16세기부터 18세기까지 쓰이다가 소실되었고, '모로매'는 15세기부터 지금까지 쓰이고 있는데, 지금은 '모름지기'로 쓰이고 있다. 그리고 '부터'는

17세기부터 나타나 지금까지 쓰이고 있으며, '꼭'은 아주 늦은 18세기에야 처음으로 보인다."라고 이들의 의미 특성과 시기상의 변화를 설명한다. 한자 '必'은 辭源(1987)에서 부사 '一定'으로 설명한다. 대한한사전(1985)에서는 '定辭'의 경우를 '반드시'로 설명한다. 大漢和辭典(1984)에서도 일본어 'かなら'와 'たしかに, きっと'로 풀이하여 이들의 의미 관련성을 보인다. 문헌 자료에 따라서는 '須'가 대응하는 경우도 있는데, 이를 대한한사전에서는 '모름지기, 반드시'로 설명하면서 '必也'라고 하고 있다. 대한화사전에서도 이는 'すべからく'로 설명하는데 동질적인 의미이다. 일반적으로 유의어는 동시대의 단어를 대상으로 한다. 시기적 변화나 지역별 차이를 가지는 것은 동일한 의미를 전달하는 유의어로 취급하기 곤란하기 때문이다. 따라서 15세기에 동일한 의미를 전달하는 단어를 기본으로 삼고, 이후에 나타나는 단어들은 어휘장의 변화를 설명하는 보완의 요소로 활용할 필요가 있다.

6.1.1. '굿'

'굿'은 법화경언해에서 한자 '必'에 대응이 되지만 문헌이나 문맥에 따라 '强, 固, 力, 直, 勘' 등에도 대응한다. 그러나 여기서는 '必'에 대응하는 용례의 출현을 근거로 의미소 <必>의 어휘장으로 다룬다. 남광우(1981 : 74~75)에서는 '굿'을 '꼭, 퍽, 굳이'로 유창돈(1985 : 106)에서는 '必, 굳이'로 풀이한다. 그리고 표준국어대사전(1999)에서는 '굿'을 '구태여, 굳이, 억지로'의 뜻을 가진 옛말로 설명한다. 능엄경언해에서 '굿'은 다음과 같이 쓰인다.

> (1) ① 性覺이 <u>굿</u> 불가 거츠리 明覺이 드외ᄂᆞ니라(性覺必明, 능4 : 12)
> ② 性覺이 <u>굿</u> ᄇᆞᆰ다 ᄒᆞ샤믄(性覺必明者, 능4 : 13)
> ③ 구틔여 아로몰 냃 술 닐오디 <u>굿</u> 불고미니(强生了知曰必明, 능4 : 13)
> ④ 微妙히 불고믄 眞이오 <u>굿</u> 불고믄 妄이니(妙明則眞必明則妄, 능4 : 13)

능엄경언해에서 '굿'은 전부 '必'에 대응한다. 또한 이들은 '必明'으로만 공기한다. 능엄경의 풀이를 보면, '본래 스스로 밝아 靈하여 어둡지 않은 것(本自明靈然不昧故稱之爲覺耶)'을 '覺'이라고 하고 이를 '眞覺'이라 한다. 그리고 '明과 非明은 다 거짓 것으로 妙明明妙한 眞이 아니다(是明非明皆爲妄度終非妙明明妙之眞也)'라고 설명한다. '굿 붉음(必明)'은 '구태여 앎을 내는 것(强生了知)'이라고 하면서 이를 '妄'이라고 한다. '본래의 밝음'이 아니라 '거짓된 밝음'의 의미이다. 또한 단순한 '明'이 아니라 '必明'이다. 이는 '굳이(강제로) 밝게 하는 것' 정도로 해석된다. 다음의 몽산화상법어약록언해에서도 '굿'이 쓰인다.

(2) ① 믜엔 고돌 굿 아라(勘破, 몽19)
　　② 사ᄅ미게 믜이샨 고돌 굿 알면(勘破, 몽61)

한국불교대사전(1982)에서는 '감파(勘破)'를 '일의 是非를 勘別하여 定함'으로 설명한다. 이는 일상에서 잘 쓰이지 않는데, '勘別'과 동일한 의미인 '감변(勘辨)'은 '禪僧이 수행자의 역량, 소질 등을 시험하고 또는 학인이 師家의 역량을 점검하는 것'으로 풀이한다. 그렇다면 '굿 알다(勘破)'는 '그저(저절로) 아는 것'이 아니라 '감변(勘辨)해서(따지고 시험하고, 점검해서) 아는 것'을 말한다. 이를 직접 풀이하는 것은 힘들지만 능엄경언해에서 풀이한 '必'의 의미와 상통하는 면이 있다. 법화경언해에서도 '굿'의 예들이 나온다.

(3) ① 만히 듯고 굿 아라(多聞强識, 법화2 : 172)
　　② 使者ㅣ 자보더 더 急히 ᄒ야 굿 긋어 ᄃ려 도라오거늘(使者執之逾急强率將還, 법화2 : 200)
　　③ 犯티 아니호더 자보물 니부ᄃᆞ 求티 아니커늘 굿 化ᄒᆞ샤몰 가ᄌᆞᆯ비고(不犯而被捉譬不求而强化, 법화2 : 202)
　　④ 時急히 자바 굿 긋오모 좃줍디 아니커늘 굿 ᄃᆞ리샤몰 가ᄌᆞᆯ비니라
　　　(急執而强率譬不從而强率也, 법화2 : 202)
　　⑤ 구틔여 이 사ᄅᆞᆷ 마롤ᄯᅵ니 굿 ᄃᆞ려오디 말오(不須此人勿强將來, 법화2 : 203)
　　⑥ 시혹 다와도ᄆᆞᆯ 보아 굿 모라 짓게 ᄒᆞ리로다(或見逼迫强驅使作, 법

화2 : 239)

　법화경언해에서는 '굿'에 대응하는 한자가 전부 '强'이다. 그런데 동일한 문맥 내에서 ④의 뒷 부분에 '반ᄃ기(반ᄃ기 一定히 주그리로다 ᄒ니-必定死)'가 연결되고, 예문 ⑤에서는 '구틔여'가 나오는데 이들은 각각 '必'과 '須'에 대응되어 있다. '굿'과는 다른 한자 대응을 보인다. 여기서 '굿'은 ②~⑤에서 '강제성'의 의미가 두드러진다. ①은 '굳이 알아' 정도로 해석할 수 있는데 이는 능엄경과 몽산에서와 마찬가지로 '저절로 아는'의 의미와 대비된다. ②도 스스로 오는 것이 아닌 '강제로 끌어 데리고 돌아오는'의 의미이다. 특히 ③과 ④는 對句의 형식을 보이는데 '不犯-急執, 被捉-强牽, 不求-不從, 强化-强牽'이 그렇다. ③의 '强化'는 '굳이 그렇게 되는 것'에 해당하고, ④⑤⑥은 '강제성'의 의미가 드러난다. 이들은 공통적으로 '스스로'의 의도 보다는 '타의나 타인에 의한 강제성'의 의미를 보인다.

　'굿'은 삼강행실도에서는 일관되게 '굿'으로 쓰인다. 이는 남광우(1981)에서도 다음의 예를 '굿'으로 확인한다.

　(4) 父母ㅣ 굿 얼우려커늘(父母欲嫁强之, 삼강열12)

　여기서도 한자가 '强'에 대응이 되어 있는데, 의미상으로 '강제성'이 확인된다. 이는 삼강행실도의 다른 예에서도 '굿'으로 쓰이는 것이 확인된다.

　(5) ① 굿 病탈 ᄒ고 아니 니거늘(固疾不起, 삼강충9)
　　　② 하늘홀 브르며 싸 굴르고 굿 뻗뎌 도라가사(呼天擗地力排還歸, 삼강효33)

　그런데 순자음이 아닌 어두음하에서 'ㅡ>ㅜ'의 교체는 그 예가 확인되지 않아 이것을 변화의 축으로 설명하는 것은 곤란하다. 하지만 '굿'의 존재는 '굿(굳, 固)＋이'의 존재로 연결시킬 수 있는 좋은 예가 된다. 의미상으로도

'굿'과 '굿'은 분명한 관련성이 있다. 그러나 한자 '固'나 '力'에 대응한 '굿'은 '强'에 대응한 '굿'과는 미세한 의미 차이도 보인다. '굿'은 현대어의 '굳이'에 대응하는 의미이다. '자신의 의지를 강하게' 나타내는 표현이다. '스스로'의 의도 보다는 '타의나 타인에 의한 강제성'의 의미를 보이는 이전의 예와는 확연히 구분된다. 그런데 자신의 의지를 나타내는 (2)②와 동일한 표현을 보이는 예가 동국신속삼강행실에서의 '굿'에서도 확인된다.

> (6) ① 하늘홀 브르며 짜 굴러 굿 뻘텨 도라가아(呼天擗地力排還歸, 동삼
>   효2)
>   ② 예 드리텨 오나눌 자피여 어루려커늘 굿 거슨대(倭寇本府林被執賊
>   欲汚之林固拒賊, 동삼열 : 4)

  결국 '굿'은 타인의 의도나 의지를 표현하는 [+강제성]자질과, 자신의 의도나 의지를 표현하는 [-강제성]자질을 동반한다. 하지만 '굿'은 [-강제성]자질만 드러난다. 그런데 박통사 초간의 다음 예는 한자 '直'에 해당하는데 이는 노박자해2에서 '굿'을 '直, 用强務致辭'로 풀이한다. '强'의 의미와 상통한다. 그런데 박통사 초간의 '굿'은 박통사 중간에서 '잇굿'으로 쓰인다. 여기서는 '强'의 의미도 작용하지만 '굿(末)'의 의미와도 관련이 있다. 대응하는 한자는 '儘'이다. ②'와 ③'는 박초에서 'ᄀ장'에 대응하는 것인데 중간에서 '잇굿'으로 쓰인다.

> (7) ① 굿 지 도의게 ᄒ니(直到做灰, 박초상38)
>   ①' 잇굿 지 되게 ᄒ니(박중상35)
>   ② ᄀ장 졈글어ᅀᅡ 자새 드러오시리라(儘晚入城來, 박초상65a)
>   ②' 잇굿 늣게야 자 안에 드러올 거시니(박통상57b)
>   ③ 네 ᄀ장 빌라(你自儘一儘, 박초상66a)
>   ③' 네 손ᄌ 잇굿 ᄒ라(박통상58a)

  '잇굿'은 노걸대언해에서 두 가지 변화를 보인다. 번역노걸대에서 나타나

는 (8)만 '긋'과 연결될 뿐이고 (7)과 (10)은 'ᄀ장'과 'ᄆ숨ᄭ장'에 대응한다. 이는 '실컷, 마음껏' 정도의 의미에 해당한다. 대응하는 한자도 '到時, 儘'이다. 이는 형태상 동일한 '긋(未)'의 의미를 연상하게 한다. 그런데 (10)의 '잇긋'은 한자 '直'에 대응하여 '强(굳이)'의 의미와 상통한다. 그렇다고 '儘'의 의미가 완전히 배제된 것은 아니다. 박통사에서 확인한 '긋'에 대응한 '잇긋'의 의미가 노걸대에서도 확인된다. 이들은 '强'의 의미와 '儘'의 의미가 미세하게 관련되어 있다. 그렇지만 초간의 '긋'에서 '잇긋'으로 일정하게 변한 것이 아니고 박통사와 노걸대에서 공통적으로 'ᄀ장>잇긋'의 대응을 보이기도 한다. 따라서 한자 '儘'에 대응하는 '잇긋'은 '긋>잇긋'과는 부분적으로 의미 차이가 존재한다. 이는 '긋'에 연결되는 '잇긋'은 타인의 의도나 의지가 개입한 [＋강제성]의 자질이 작용하고, 'ᄀ장'에 연결되는 '잇긋'은 자신의 의도나 의지가 개입되는 [－강제성]의 자질이 작용한다. 이렇게 본다면 (9)②는 '말(馬)이 가진 의도나 의지와 관계없이' 날이 밝을 때까지 먹이가 남지 않게 하라는 의미가 담겨있다. 하지만 (8)과 (10)은 '자신의 의지나 의도'를 기본적으로 전달한다.

    (8) ① 혼 디위 쉬요믈 <u>ᄀ장</u> 히야든(等一會控到時, 번노31b1)
       ② 혼 디위 쉬요믈 <u>잇긋</u> ᄒ야든(노상28a10)
    (9) ① ᄯ 구싀예 평케 주어 <u>긋</u> 새배 다듣게 말라(却休槽兒平直到明, 번노상32b4)
       ② ᄯ 귀요에 ᄑ케 주어 <u>잇긋</u> 새배 다듯게 말라(노상29b1)
   (10) ① 제 <u>ᄆ숨ᄭ장</u> 먹게 ᄒ져(儘着他喫着, 번노38a4)
      ② <u>잇긋</u> 덜로 ᄒ여 먹게 ᄒ고(노상34a10)

그런데 '잇긋'은 '儘'의 뜻으로 쓰이는 것이 다음 문헌에서도 확인된다.

   (11) ① <u>잇긋</u>(儘—儘, 동문하49)
      ② ᄀ장 ᄲ기롤 <u>잇긋</u>ᄒ고(好縣到了時, 박중중26)

형태상 현대어의 '굳이'와 관련이 있는 '구디'도 15세기부터 출현한다. 그런데 이들 예들은 현대어의 '굳이'와 의미상 차이가 있다. 15세기의 '구디'는 '굳다(固, 堅)'의 의미가 그대로 유지된다. 현대어에서는 '굳이'가 부사로 '단단한 마음으로 굳게 혹은 고집을 부려 구태여'로 풀이된다. '자신의 의지'와 관련되는 표현이지 구체적 대상에 대한 '固, 堅'의 의미는 없다. 이러한 의미는 현대어에서 '굳게'에 해당한다.

> (12) ① <u>구디</u> 줌겨 뒷더시니(석6 : 2)
> ② <u>구디</u> 미니(월곡76)
> ③ 空觀올 <u>구디</u> 닷가(堅修, 능9 : 26)
> ④ <u>구디</u> 츠마샤(월17 : 74)

현대어 '굳게'에 해당하는 '固, 堅'의 의미는 16세기 소학언해에서는 '굳이'로 18세기경에는 '굿이'로도 나타난다.

> (13) ① 門을 <u>굳이</u> 호야(소언2 : 50)
> ② <u>굿이</u> 직희다(固守, 한108b)
> ③ <u>굿이</u> 굿이 미얏는듸(해동61)

이로 볼 때, 현대어와 형태상, 의미상 관련성을 생각한다면 현대어 '굳이'은 오히려 '굿'에서 파생된 것으로 볼 수 있는 개연성이 있다. 하지만 이러한 예가 삼강행실도에만 한정되는 것이 문제이다. '굿'과 관련한 '굿'과 '잇굿'의 형태 및 의미적 속성은 대체로 다음과 같이 정리할 수 있다.

〈표 1〉 '굿', '굿', '잇굿'의 관계

15세기	16세기	17세기
굿[＋강제성] ─────────────────→ 굿, 굿>잇굿		
		↘ [−강제성]굿, ᄀ장>잇굿
굿[−강제성]	소실	

6.1.2. '모디'

'모디'는 15, 6세기에 한정되어 나타난다. 박병채(1988 : 167)에서는 부사 '몯(不)'에 접미사 '-이'의 添入으로 의미 분화한 형이라고 설명한다. 그러나 이와 관련한 의미적 특성은 짐작하기가 쉽지 않다. 한자는 '必'뿐만 아니라, '要, 須, 切' 등에도 대응한다. '要'는 대한한사전(1985)에서 '반드시, 꼭'으로 설명하면서 '當, 必也'로 설명하고 있다. '切'의 설명에서는 '종요로울 절, 要 也'로 설명하여 이들과의 관련성을 간접적으로 보여준다. 먼저 15세기 자료를 중심으로 그 의미를 살펴보자.

> (14) ① 굿븐 꿩을 <u>모디</u> 놀이시니(伏之雉必令驚飛, 용가88)
> ② <u>모디</u> 자ᄇᆞ라터니(월곡73)
> ③ <u>모디</u> 서르 업디 몯ᄒᆞ야 힘저슨 쁘디라(석9:18)
> ④ <u>모디</u> 세가지로 닐어ᅀᅡ(월석2:14)
> ⑤ 살면 <u>모디</u> 죽고 어울면 모디 버으는 거시니(월석2:15)
> ⑥ <u>모디</u> ᄆᆞᅀᅡ매 졍을 자바(要心扶正, 영가상52)
> ⑦ <u>모디</u> 내몸을 알며 모디 조주를 알며(要識得自己要識得趙州, 법어5)
> ⑧ 버들 <u>모디</u> 세 사ᄅᆞᄆᆞ로 ᄒᆞᄂᆞ니(侶須三人)(능1 : 33)
> ⑨ <u>모디</u> 밧기 求티 마롤디니라(切莫外求)(목3)

이들은 전부 '행위의 필연성이나 당위성'을 뜻한다. 현대어의 '반드시'로 해석하면 무리가 없다. '당연하다고 생각하는 자신의 의지나 생각'이 담겨 있다. 그런데 한자 '切'에 대응하는 '모디'는 부정의 서술어와 공기하는 특성을 보인다. 다음은 16세기 자료에 나타나는 '모디'이다. 해당 한자는 '要' 가 주를 이루지만 '切'과 '須'도 보인다.

> (15) ① <u>모디</u> 안조디 端正히 호리라(要坐得端正, 몽법2)
> ② <u>모디</u> ᄂᆞ미게 穿鑿히 求티 말며(不要求人, 몽법354)
> ③ <u>모디</u> 혜아리며 저즈리디 말며(不要思量卜度, 몽법354)
> ④ <u>모디</u> 아로물 求티 말옥(不要求解會, 몽354)

⑤ <u>모디</u> 마롫디니라(切忌切忌, 몽법56)
⑥ <u>모디</u> 諸緣을 다 ᄇ리고(仍要盡捨諸緣, 몽법34)
⑦ <u>모디</u> ᄇ료미 몯ᄒ리라(切不可放捨, 몽법38)
⑧ ᄯ오 <u>모디</u> 므르 거러(又要退步, 몽법45)
⑨ 各各 <u>모디</u>(各須, 육조상29)
⑩ <u>모디</u> 마롤디어라(切莫, 야운48)

16세기 자료에서도 '切'에 대응하는 '모디'는 15세기와 마찬가지로 부정의 서술어와 공기한다. '要'에 대응하는 '모디'도 부정의 서술어와 공기하기도 하지만, 이는 '모디'를 포함하는 문장 전체의 부정과 관련이 있다. 하지만 '切'에 해당하는 '모디'는 부정의 서술어와 공기하여 부정의 서술어를 수식, 강조하는 구성을 보인다. 부정 서술어와 공기하는 '모디'의 다음 예문을 통해 문장의 형식을 다시 점검해 보자.

(16) ① <u>모디</u> ᄇ료미 몯ᄒ리라(切不可放捨, 몽법38)
　　 ② <u>모디</u> 마롫디니라(切忌切忌, 몽법56)
　　 ③ <u>모디</u> 마롤디어라(切莫, 야운48)
(17) ① <u>모디</u> ᄂ미게 穿鑿히 求티 말며(不要求人, 몽법354)
　　 ② <u>모디</u> 혜아리며 저즈리디 말며(不要思量卜度, 몽법354)
　　 ③ <u>모디</u> 아로몰 求티 말옥(不要求解會, 몽354)

이들은 한문의 구성과도 관련이 있는데, 부정문을 형성하는 방식이 (16)은 전부 '切' 다음에 부정의 요소가 나타난다. 그렇지만 (17)은 전부 '不要'의 형식이다. 부정의 요소가 '要'에 앞선다. 따라서 이들의 문장 의미는 (16)은 'ᄇ료미 몯ᄒ는 것, 말 것'을 '모디(切)'가 수식한다. 하지만 (17)은 의미상 '모디 ᄂ미게 穿鑿히 구ᄒ는 것, 모디 혜아리며 저즈리는 것, 모디 아로몰 구ᄒ는 것'을 부정하는 '~(모디 ᄂ미게 구ᄒ는 것, 모디 혜아리며 저즈리는 것, 모디 아로몰 구ᄒ는 것)'의 의미를 나타낸다. 그렇지만 '모디'는 타인의 의지나 의도와는 관련성이 없다. 자신의 의지나 생각을 표현하는 [-강제성]의 속성을 보인다.

6.1.3. '모로매'와 '모롬즉'

유창돈(1980 : 402)에서는 '모롬-애, 모롬-이, 모롬-즉'을 어근 '모롬'에서 파생한 부사의 유형들로 설명한다.25) 하지만 '모롬'의 독자적 쓰임은 보이지 않는다. 그리고 그 분포가 한정되어 있다. 이두표기 '須只'를 고려한다면 '須'에 해당하는 '*모롬'이나 '*모롬즈-'의 형태를 추정할 수 있다. 따라서 의미적 특성은 '須'에 대응하는 '모롬'이나 '모롬즈-'에서 출발한다. 형태적인 변화는 '-애'와 '-이'의 교체나 변화, '-즉'의 출현 등을 분명히 할 필요가 있다. 현대어와의 형태적 특성을 생각하면 '모롬즉+이'의 출현을 고려할 수 있는데, 이때는 파생접사의 중첩이 일어난다. 이들의 의미적, 형태적 특성을 살피기 위해서 우선 15세기 자료부터 살펴보기로 한다. 등장의 시기로 봐서는 '모로매'가 가장 오래된 어형이다. '모로매'는 훈민정음에서부터 출현한다.

> (18) ① 必온 <u>모로매</u> ᄒᆞᄂᆞᆫ ᄠᅳ디라(훈언13)
> ② 플윗 字ㅣ <u>모로매</u> 어우러ᅀᅡ 소리 이ᄂᆞ니(훈언13)
> ③ <u>모로매</u> 모딘 ᄠᅳ들 그치고(석6 : 2)
> ④ 사ᄅᆞ미 살며 주그미 이실ᄊᆡ <u>모로매</u> 늙ᄂᆞ니라(석11 : 36)
> ⑤ <u>모로매</u> 내 모매 닷가 내 ᄆᆞᅀᆞ매 證홇디니(當躬修於身, 능엄1 : 93)
> ⑥ <u>모로매</u> 난홀디니라(須分析也, 원상1 : 1 : 26)
> ⑦ <u>모로매</u> 몬져 道 得고져 ᄒᆞ니라(법화1 : 240)
> ⑧ <u>모로매</u> 分明ᄒᆞ야ᅀᅡ(금강139)
> ⑨ <u>모로매</u> 몬져 圓妙ᄒᆞᆫ 道理ᄅᆞᆯ 술펴(월석2 : 60)
> ⑩ <u>모로매</u> 悲願으로 일워(월석2 : 61)
> ⑪ <u>모로매</u> 큰 寂滅 바ᄅᆞ래 므를 거스려 나ᅀᅡ(월석2 : 62)

---

25) 이동림(1959 : 88~89)에서도 용언의 부사구성의 원칙을 ① 원형 그대로(ᄒᆞ, ᄇᆞᄅᆞ, ᄉᆞᄆᆞᆺ), ② 'ㅣ'첨가(해, 기리, 머리), ③ 'ㅗ'첨가(조초, 소소, 마조), ④ 'ㅐ'첨가(모대, 이대, 모로매)로 나누고 있다. '모롬'을 어근으로 설정한 것이다.

‘모로매’는 의미상 [+강제성]의 속성은 없다. ‘자신의 생각’에 대한 [-강제성]의 표현이다. 16세기에도 동일한 의미와 형태로 쓰인다.

(19) ① 쏘 모로매 이 念을 護持ᄒ야(却要護持, 몽법9)
　　 ② 바ᄅ 모로매 本分올 부텨 法다비 ᄒ야(直須依本分如法, 몽법33)
　　 ③ 모로매 至極 올ᄒ 고돌 通達ᄒ야(須達乎至善, 몽법63)
　　 ④ 모로매 히믈 ᄀ장 ᄒ야(須盡力, 몽법69)
　　 ⑤ 참선은 모로매(參禪須, 몽327:5)
　　 ⑥ 쏘 모로매 定力을(亦要定力, 몽339:4)
　　 ⑦ 쏘 모로매 화두롤(却要, 몽350:3)
　　 ⑧ 모로매 미리 머그며(분온1)
　　 ⑨ 모로매 안히 이실 거시니라(번소8:5)

그런데 16세기의 소학언해에 ‘모로미’와 ‘모롬애’, ‘모롬이’가 공존한다. 당연히 그렇게 했으면 하는 자신의 생각을 담고 있다. 물론 [-강제성]의 의미이다.

(20) ① 몬져 모롬이 안정ᄒ고(先要安, 소학5 : 2b7)
　　 ② 모롬애 인품의 놉ᄂ가 이롤 굴히욜디니(要分別人品之上下, 소학
　　　　 5 : 8a3)
　　 ③ 모로미 이 공경홀디니(須是恭敬, 소학5 : 76b3)

17세기경부터는 ‘모로매’를 비롯하여, ‘모ᄅ매, 모로미, 모롬매, 모롬애, 모롬이, 모름매, 모름이, 모ᄅ미’ 등이 혼용된다. 하지만 이들의 의미상의 차이는 드러나지 않는다. 동일한 문헌에서도 이들은 다른 형태로 쓰인다. 한자는 모두 동일하게 ‘須’에 대응한다. 두시언해중간에서는 ‘모로매, 모로미, 모ᄅ매’가 혼용된다. (21)의 ③은 두시언해초간에서도 ‘모로매’이다.

(21) ① 거프른 모ᄅ매 어르누근 이슬 갓가 ᄇ롤 디로다(皮須截錦苔, 두중
　　　　 2 : 24)

② 花門을 ᄒ마 <u>모로미</u> 머믈우시니(花門旣須留, 두중4 : 14)
③ <u>모로매</u> 山陰을 向ᄒ야 져근 비예 올오리라(須向山陰上小舟, 두중
  7 : 2)

노걸대언해에서도 '모로미'와 '모로매'가 혼용된다. 번역노걸대에서는 전부 '모로매'이다. 18세기 평양본에서는 '모롬이'이다. 대응하는 한자도 '必'과 '好歹'가 혼용된다. ③④는 동일한 문장 안에서 혼용된다.

(22) ① 네 <u>모로미</u> 나를 ᄃ려 벗지어 가고려(你好歹拖帶我, 노걸상7a)
   ② <u>모로매</u> 집으로 오고려(是必家裏來, 노걸상40b)
   ③ <u>모로매</u> 너를 기ᄃ려셔(好歹等你來, 노걸하50b)
   ④ 네 <u>모로미</u> 일 오라(必무來, 노걸하51a)

마경초집언해에서는 '모롬매, 모롬애, 모롬이, 모름매'가 뒤섞여 있다. 대응한자는 전부 '須'이다. 반면에 '반ᄃ시'는 '必'에, '맛당히'가 '當'에 대응하는 구분을 보인다.

(23) ① 반ᄃ시 <u>모롬애</u> 묽고 화ᄒ 날의(必須晴和之日, 마경상29a)
   ② 녀룹을 만나면 <u>모롬매</u> 죽ᄂ니라(逢九夏而須亡, 마경상30b)
   ③ 곧 <u>모롬애</u> 두로 잇ᄯ러 ᄃ니면 믈의 샹홈이 업ᄂ니라(便須牽行卽
     無傷水, 마경상39a)
   ④ 곡식 머기기눌 <u>모롬매</u> 맛당히 졀ᄒ며(穀料須當節, 마경상40b)
   ⑤ 플을 <u>모롬매</u> 맛당히 조히 ᄒ며(草料須當潔, 마경상40b)
   ⑥ 털과 머리카락을 <u>모롬매</u> 맛당히 굴휠 거시니(毛髮須當擇, 마경상
     40b)
   ⑦ 나격과 뇨상은 <u>모롬이</u> 고치지 말라(羅膈搦顙不須醫, 마경하123a)

동국신속에서도 '모롬이, 모로미, 모ᄅ미, 모로매'가 혼용되는데, 속삼효의 '모로매'만 '必'에 대응하고 다른 것은 전부 '須'에 대응한다.

(24) ① 내 죽거돈 <u>모롬이</u> 왕의 놀며 산힝ᄒᄂᆞᆫ 길ᄊᆞ의 무드라 ᄒᆞ야놀(我
　　　　死須瘞於王遊田路, 동신충1 : 7)
　　② 굳 포기롤 <u>모로미</u> 너르게 ᄒᆞ라 ᄒᆞ고(須, 동신열2 : 58)
　　③ <u>모ᄅᆞ미</u> 지산을 다 가지고 내 지아비놀 주기디 말라 ᄒᆞ니(須, 동
　　　　신열2 : 83b)
　　④ <u>모로매</u> 맛난 거시 잇게ᄒᆞ더니(必有甘, 동국속삼효24下10)

　태평광기언해에서도 '모로미'와 '모롬즉'이 나오는데, '모롬즉'은 현대어
의 어형과 연결되는 과도기 어형으로 보인다.

(25) ① <u>모롬즉</u> 셜워 말고 곳짜온 ᄲᅢ롤 원ᄒᆞ노라(태평1 : 14)
　　② 어재 <u>모로미</u> 본족으로 다시 도라올디라(태평1 : 30)

　이들의 출몰시기는 15세기경 '모로매'의 출현 이후, 16세기경부터는 여러
어형이 혼재하는 현상을 보인다. 이는 18세기 '모롬즉'의 출현으로 현재의
어형으로 연결된다. 의미는 당연히 그랬으면 하는 자신의 생각이나 의지가
담긴 [-강제성]의 속성이다.

6.1.4. '반ᄃᆞ기'와 '반ᄃᆞ시'

　유창돈(1980 : 402)에서 '반독'과 '반둣'은 '반'을 어근으로 하여 '반-ㄷ-
옥, 반-ㄷ-옷'으로 형성되었다고 설명하면서, /ㄷ/은 /ㅅ/이나 /ㄴ/ 아래 개
입되는 가중조음의 음운현상으로 설명한다. 그러나 '반'의 의미적 특성에
대해서는 언급이 없다. 오히려 이들은 형용사 '반독ᄒᆞ-'나 '반둣ᄒᆞ'에 '-이'
가 접미된 형태로 보는 것이 타당한 것으로 보인다. '-이'는 형용사를 부사
로 파생시키는 가장 생산적인 접미사이기 때문이다.[26] 그러나 '반독ᄒᆞ-'나
'반둣ᄒᆞ'가 '必'에 대응하는 형용사 기능이 뚜렷하지 않다. 그리고 '반ᄃᆞ기'

---

26) 이광호(1994 : 141~142)에서 '-이'를 부사 파생의 가장 생산적인 접미사로 언급하면서
　　이러한 예로 '걱-, 붉-, 높-, 넙-, 하-' 등을 들고 있다.

가 출현하는 15세기나 '반ᄃ시'가 출현하는 16세기경에는 '반둣ᄒ-'의 용례
가 보이지 않는다. 이기문(1991 : 38~39)에서도 '번듯ᄒ-'와 '반둣ᄒ-'의 예
가 문헌에서 발견되지 않는다고 하면서 '-s-hʌ-'형의 대두 속에서 '번득ᄒ-',
'번드기'에서 '번듯ᄒ-', '번드시'가 생기고 '반득ᄒ-', '반ᄃ기'에서 '반둣
ᄒ-', '반ᄃ시'가 생겼을 것으로 추측한다. '반둣ᄒ->반닷ᄒ-'는 '必'의 뜻
으로 19세기 삼략직해에서 '이긔미 반닷ᄒ니라(必, 삼략하14)'의 예가 나타난
다. 광주본 천자문과 석봉 천자문에서는 '必'에 대한 자석어로 '반득'이 쓰
인다. 그러나 주해본에서는 '반둣'이 대응한다. '當'은 광주본 천자문에서
'반득'에 대응한다. '반득>반둣'의 변화를 짐작케 한다. 이렇게 본다면 '반
득'이나 '반둣'을 독립된 기능의 품사로 볼 필요성이 있다. 독립된 형태로서
의 쓰임은 자석어에 한정된다. 하지만 이들의 존재는 '반득>반둣+-이, -ᄒ'
로의 파생을 통해 확인할 수 있다. '반ᄃ기'와 '반ᄃ시'의 존재는 시기상 확
연히 구분된다. 15세기에는 '반ᄃ기'만 확인되고, '반ᄃ시'는 15세기 후반인
두초 24 : 32에서 등장하고, 능엄경 3 : 86에서는 '번드시(네 번드시 아디 몯ᄒ
놋다, 汝宛不知)가 등장하지만 16세기 이후부터는 '반ᄃ시'의 분포가 상당히
확장된다. 물론 16세기 이후, 17세기경까지의 자료에서도 '반ᄃ기'가 출현
하지만 15세기에 '반ᄃ기'만 쓰이는 것과 비교한다면 그 변화는 충분히 짐
작할 수 있다. 두초 19 : 48에서는 특이하게 '반ᄃ개(반ᄃ개 복 ᄃ외디 아니홀
줄 아니니라, 未必不爲福)'가 나타나기도 한다. 의미는 전부 자신의 생각이나 의
지를 담는 [-강제성]이다.

> (26) ① 이 四生애 <u>반ᄃ기</u> 三菩提롤 得ᄒ며(월17 : 26)
> ② <u>반ᄃ기</u> 摩登이 이셔ᄉ 어루 ᄒ가지라 니르리라(當有摩登)(능1 : 17)
> ③ 네 <u>반ᄃ기</u> 알라(當知, 능1 : 43)
> ④ <u>반ᄃ기</u> 알리로다(當知, 능4 : 12)
> ⑤ 네 <u>반ᄃ기</u> 奉持ᄒ라(금강序7)
> ⑥ <u>반ᄃ기</u> 너 爲ᄒ야 닐오리라(當爲汝說, 금강상11)
> ⑦ <u>반ᄃ기</u> 부톄 ᄃ외야(汝於來世當得作佛, 금강하108)

⑧ 그듸 <u>반드기</u> 剖析호믈 삼가니라(君必愼剖析, 두초7 : 27)

⑨ <u>반드기</u> 너를 爲ㅎ야 닐오리라(금삼2 : 7)

⑩ <u>반드기</u> 뻐러디여(관음3)

⑪ 피와 氣分에서 類 <u>반드기</u> 아로미 잇고(夫血氣之屬必有知, 원서2)

⑫ <u>반드기</u> 돋ᄂ니라(구간1 : 43)

16세기에도 '반드기'는 동일한 의미로 다음과 같이 출현한다. 이미 자신이 알고 있는 사실에 대한 언급이니 당연히 자신의 생각이나 의지에 대한 당위성을 담고 있다.

(27) ① <u>반드기</u> 늘근 쥐 곽 글굼ᄀ티 흟디언뎡(當知老鼠咬棺材相似, 사법어2)

② <u>반드기</u> 趙州ㅣ 엇던 面目인들 아로리라(當識趙州是何面目, 몽법13)

③ <u>반드기</u> 본래 참구ᄒ논 公案애 疑心올 두리니(當於本參公案上有疑, 몽33)

④ <u>반드기</u> 키 아로미 이시리나(必有大悟, 몽법33)

⑤ <u>반드기</u> 字細히 ᄆᅀᆞ몰 뿛디니라(却當字細用心, 몽법39)

⑥ <u>반드기</u> 듕훈디라(야운50)

⑦ <u>반드기</u> 得홀 고디 아시리니(귀감상12)

17세기의 권념요록에서도 동일한 뜻으로 '반드기'는 쓰인다.

(28) ① <u>반드기</u> 디옥애 들로미 이시나(권념5b)

② <u>반드기</u> 인도애 도로 오리니 그듸 감히 슬허 마ᄅ쇼셔(권념5b)

③ 홋 칠일이면 <u>반드기</u> 내 국의 나리라(권념14b)

④ 내 오늘 바미 <u>반드기</u> 셔방의 냇노라 ᄒ니(권념23a)

⑤ 부인이 닐오디 나는 <u>반드기</u> 어늬 고대 날고(권념25b)

⑥ 후에 <u>반드기</u> 화ᄒ야 날여니와(권념28a)

⑦ <u>반드기</u> 누눌 다ᄃ며 누눌 ᄠᅳ매(권념30b)

두시언해 초간과 중간에서는 '반득기'와 '반득시'가 혼용된다. 그리고 초
간의 영향이 크겠지만 중간에까지 '반득기'가 등장한다. 그런데 두시에서의
'반득시'는 자신의 의지나 생각과 관련없이 행위의 반복에 따른 당위성을
표현한다.

(29) ① 그듸 <u>반득기</u> 剖析호물 삼가니라(君必愼剖析, 두초7 : 27)
　　　② 민샹 밥 머글제 ᄂᆞ치 <u>반득시</u> 눖므를 흘리더라(每食臉必泣, 두초
　　　　 24 : 32)
(30) ① 그듸 <u>반득기</u> 剖析호물 삼가니라(두중7 : 27)
　　　② 반득기 긔약호더 邊塞에 비 개오(當期塞雨乾, 두중9 : 16)
　　　③ 민양 밥 머글제 ᄂᆞ치 <u>반득시</u> 눖므를 흘리더라(두중24 : 32)

'반득시'는 16세기부터 본격적으로 쓰이기 시작한다. '반득시'도 마찬가
지로 '반득기'에서 보이는 자신의 생각이나 의지를 표현한다. 그리고 두시
와 마찬가지로 당위적인 의미도 표현한다.

(31) ① <u>반득시</u> 기틴 경시 잇ᄂᆞ니라(必有餘慶, 박초상31)
　　　② <u>반득시</u> 믿비 ᄒᆞ며(번소8 : 28)
　　　③ <u>반득시</u> 스싀로 모믈 닷가(必自修, 번소10 : 3)
　　　④ <u>반득시</u> 호디ᄒᆞ고(야운67)
　　　⑤ 놀옴애 <u>반득시</u>(遊必, 소학2 : 11a2)
　　　⑥ 어딘 이롤 보고 <u>반득시</u> 힝ᄒᆞ며(見善必行, 여씨3)

17세기 동국신속삼강행실에서도 '반득시'가 보편적이다. 여기서도 '반득
시'는 자신의 생각이나 의지를 나타내기도 하지만 '반드시 그렇게 행하는'
행위의 반복에 의한 당위성도 표현한다.

(32) ① <u>반득시</u> 다ᄉᆞᆫ 형벌을 ᄀᆞ초리라 명ᄒᆞ야(必具五刑命, 동삼충1 : 11)
　　　② 둔이 <u>반득시</u> 주기고져 ᄒᆞ거롤(旽必欲殺, 동삼충3 : 11)

③ <u>반드시</u> 친히 졔찬을 ㄱ초고(必親尊具, 동신효29 : 8)
④ 각별히 혼 지블 지어 초ㅎㄹ 보롬의 <u>반드시</u> 졔ㅎ고(동신열7 : 17)

17세기 다른 문헌에서도 '반드시'가 보편적이다. 태산집요와 경민편언해에서는 '반드시'가 쓰이기도 한다. 여기서도 '반드시'의 의미는 마찬가지이다. 자신의 생각을 나타내기도 하지만 행위의 당위성이나 필연성을 표현하기도 한다.

(33) ① 盖 古者애 飮食홀 제 <u>반드시</u> 祭ㅎ니(가례10:16b)
② 居홈을 <u>반드시</u> 正으로뻐 ㅎ며(여훈상36b)
③ 효험 업거든 다시 홍화 달힌 믈에 플어 머기면 <u>반드시</u> 알리라(태산9b)
④ 경의 굴오디 갈흘 범ㅎ면 얼골이 <u>반드시</u> 버허나고(태산14a)
⑤ 고티는 쟈이 <u>반드시</u> 묽근 날을 ㄱㄹ여(마경하101a)
⑥ 그 열 나기 <u>반드시</u> 크게 ㅎ야 음혈을 지달히모로(두창하70a)
⑦ <u>반드시</u> 손ㅅ락을 버히며(경민중35b)

18세기 이후부터는 '반드기'는 보이지 않고 '반드시'만 쓰인다. 마찬가지로 '반드시'는 자신의 생각이나 의지를 담고 있지만, '반드기'에서는 보이지 않는 당연히 그럴 것이라는 행위 예측을 표현하기도 한다.

(34) ① 스쟈롤 조차 가다가 <u>반드시</u> 길히서 죽으리라(隨使上道必死道路, 오륜2 : 18)
② 도적이 <u>반드시</u> 이긔믈 인ㅎ여(賊必乘勝, 오륜2 : 30)
③ 병권을 일허 <u>반드시</u> 됴뎡을 원망ㅎ리라(失兵必恨憤, 오륜2 : 37)
④ <u>반드시</u> 소임을 주시니(必授之職, 십구1 : 13b5)
⑤ <u>반드시</u> 다룬 싱각이(삼역2 : 9a4)
⑥ <u>반드시</u> 글을 가져(삼역2 : 25a2)
⑦ <u>반드시</u>(必定, 한242d)

이로 볼 때, '반ᄃ기'와 '반ᄃ시'는 의미적 역할에서 부분적인 차이가 있음을 알 수 있다. '반ᄃ기'가 대체로 자신의 의지나 생각을 표현하는 데 치중한다면, '반ᄃ시'는 행위의 당위성이나 필연성을 표현한다. 물론 '반ᄃ기'의 의미적 속성이 완전히 배제된 것은 아니다. '반ᄃ기'의 의미 속성은 '반ᄃ시'에 통합되는 경로를 보인다.

6.1.5. '의식', '부디', '꼭'

한자 '必'에 대응하는 단어는 지금까지 논의된 것 외에도 '의식'과 '부디', '꼭'이 있다. 이들의 의미상 특성도 살펴보자. '의식'은 '必'에 대응하면서 16세기경부터 출현한다. '의식'도 자신의 의지나 생각과는 관련이 없다. 다만 행위의 반복이나 인식에서 당연히 그렇게 하는 당위성이나 필연성의 의미를 담고 있다. (35)②에서는 한자 '輒'이 대응하는데 이는 대한한사전(1985)에서 '번번이 첩, 每事卽然'으로 설명한다. 이는 행위의 반복을 의미한다는 것을 증명한다. 행위의 반복은 결국 그러한 행위가 '반드시' 일어날 것을 예측하게 한다.

> (35) ① <u>의식</u> 그를 닐거(必讀書, 번소10 : 13)
> ② <u>의식</u> 몬져 맛쏘니(覽輒先嘗, 이륜중10)
> ③ 새배 가 닐어시든 뵈ᅀᆞ오며 나갈 제 숣고 가고 도라와 <u>의식</u> 뵈ᅀᆞ오며(出必告反必面, 정속2a6)

이는 17세기 동국신속삼강행실에서도 '必'에 대응하여 나타난다. 의미는 동일하다.

> (36) ① <u>의식</u> 몬져 졔ᄒ고(必先, 동삼효21)
> ② <u>의식</u> 푸머다가 이받더니(必懷而獻之, 동삼효24)
> ③ <u>의식</u> ᄆᆞᄋᆞᆯ 얼운을 쳥ᄒ야다가(必上壽邀鄉黨父老, 동삼효24)
> ④ 시졀것 어더든 <u>의식</u> 이받더니(供每遇時羞必獻, 동삼효30)

⑤ 샹녜 명일이며 시향 긔일 졔홀졔 <u>의식</u> 울오(俗節四時忌日祭必哭
泣, 동삼효33)

‘부디’는 17세기경부터 쓰여 18세기 이후 보편적이다. 이는 현대어의 ‘부
디’와 어형이 연결된다. 의미상 한자 ‘必’에 대응하지만 통사적으로 차이가
있다. ‘必’의 의미가 요청이나 당부의 문장에서만 사용된다. 이는 현대어의
쓰임과 별 차이가 없다. 표준국어대사전(1999)에서는 ‘바라건대’, ‘꼭’, ‘아무
쪼록’의 뜻으로, 남에게 청하거나 부탁할 때 바라는 마음이 간절함을 나타
내는 말로 풀이한다.

(37) ① <u>부디</u> 병개 아라 홀 쩌시니라(두창10)
② 그리든 님 맛난 날밤은 져 닭아 <u>부디</u> 우지마라(고시조, 청구)
③ 남의게 파지 말고 닉게 <u>부디</u> 파르시쇼(고시조, 청구)
④ 내 <u>부디</u> 대군을 업시후고 셰손을 편히 살게 후렷노라(계축35)
⑤ <u>부디</u> 부톄줄 알고(보권20)

‘부디’는 17세기 첩해신어에서는 ‘브디’로, 18세기경에서는 ‘부듸’나 ‘부
디’, ‘브듸’ 등으로 쓰이지만 ‘부디’와 시기상 별 차이 없이 동일한 의미로
혼용된다.

(38) ① 아니 후오니 <u>브디</u> 내옵소(첩해1 : 17)
② <u>부듸</u> 날 부르시소(청구51)
③ <u>부디</u> 훈 말만 傳후여 주렴(청구104)
④ 잔에 집의 술 닉거든 <u>브듸</u> 날 불으시소(해동71)

이와 관련있는 의미로 ‘꼭’도 18세기부터 나타난다.

(39) 야단을 니랴후는 줄 꼭 알고(한중426)

6.2. 어휘장의 변화

의미소 <必>에 대응하는 어휘장은 시기별로 상당한 변화를 보인다. 동일한 시기에 형성되는 어휘장을 토대로 생각한다면 각 시대별로 나타나는 어휘장의 변화가 두드러진다. 15세기에는 의미소 <必>과 관련하여 '굿, 굿, 모더, 모로매, 반득기'가 동일 어휘장을 형성한다. 이들의 의미적 속성은 자신 혹은 타인의 의도나 의지에 의한 [±강제성]에 의해 구분된다. 이러한 의미적 속성은 16세기 '반득시'와 '의식'에 의해 행위 반복에 따른 당위성이나 필연성의 의미를 획득한다. 그리고 17세기에는 '굿'에 대치되는 '잇굿'이 출현한다. 그리고 '모로매'에 대응하는 다양한 형태가 나타나기도 한다. 18세기에는 현대어의 어형과 연결되는 '모롬즉'과, 당부나 요청의 문장에 쓰이는 '부디'가 동일 어휘장에 출현한다. 같은 시기에 '쏙'도 출현한다. 하지만 '쏙'의 발생 빈도는 높지 않다. 이러한 변화는 다음과 같이 설명할 수 있다.

<표 2> 의미소 <必>의 시대별 어휘장

15세기	16세기	17세기	18세기	현대어
굿			소실	
	굿>잇굿, ㄹ장>잇굿			
굿	소실			*굿(굳)+'-이'
구디(固, 堅)				굳게
모더		소실		
모로매			모롬즉	모름지기
반득기		소실		
	반득시			반드시
	의식	소실		
		부디		부디
			쏙	꼭

이를 볼 때, 각 시대별 어휘장은 소실과 출현을 반복하면서 복잡한 양상을 보인다. 의미적인 측면에서도 새로운 어형의 출현과 함께 새로운 의미를

획득하기도 한다. 어휘장의 변화는 '굿, 굿, 모디, 모로매, 반두기(15세기)'>'굿, 모디, 모로매, 반두기, 반두시, 의식(16세기)'>'굿, 잇굿, 모로매, 만두기, 반두시, 부디(17세기)'>'모로매, 모롬즉, 반두시, 부디, 꼭(18세기)'>'모름지기, 반드시, 부디, 굳이, 꼭(현대어)'로 형성되는 복잡한 과정을 동반한다.

의미소 <必>의 어휘장은 의미적 표현에서는 자신의 의지나 의도 혹은 타인의 의지나 의도와 관련이 있다. 이러한 의미가 필연성이나 당위성과 결합하면서 '자의+필연성'은 자신의 의지를 강하게 표현하게 되고, '타의+필연성'은 [+강제성]의 의미로 작용한다. 어휘장은 시기상 변화를 겪는다고 하더라도 의미적인 요소는 전체의 의미에 큰 변화를 보이지 않는다.

참고문헌

강병서 외(2001), 『사회과학 통계분석』, SPSS아카데미.

강현철 외(1999), 『데이터마이닝』, 자유아카데미.

고광모(2002), '-겠'의 형성 과정과 그 의미의 발달, 국어학 39.

고영근(1991), 『표준중세국어문법론』, 탑출판사.

고영근(1998), 『중세국어의 시상과 서법(보정판)』, 탑출판사.

고영근(1989), 『국어형태론연구』, 서울대출판부.

곽충구(1995), 중부방언의 성격과 그 특징, 國語方言硏究의 現況과 展望.

교육인적자원부(2004), 『고등학교 문법』.

교육인적자원부(2005), 『고등학교 문법』, (주)교학사.

교육인적자원부(2006), 『고등학교 교사용 지도서 문법』, (주)교학사.

국립국어원(1999), 『표준국어대사전』, 두산동아.

국립국어원(2002), 『현대국어 사용빈도조사』.

권경안(1981), 『한국 아동의 음운 발달 연구』, 한국교육개발원.

김광해(1989), 「현대국어의 유의현상에 대한 연구」, 서울대학교 박사학위논문.

김광해(1989), 『고유어와 한자어의 대응현상』, 탑출판사.

김광해(1993), 『국어 어휘론 개설』, 집문당.

김민수(1997), 『우리말 어원사전』, 태학사

김병제(1980), 『방언사전』, 과학백과사전출판사

김사엽(1960), 「규곤시의방과 전가팔곡」, 경북대학교 논문집 4집.

김세중(1994), 「국어 심리술어의 어휘의미구조」, 서울대학교 박사학위논문.

김세한(1991), 『조선조 초학교재 연구』, 한문학산고, 안동대출판부.

김영주(1990), The Syntax and Semantics of Korea case : The Interaction between Lexical and Syntactic Levels of Representation, Harvard대학교 박사학위논문.

김영진(1982), 『농림수산 고문헌 비요』, 한국농촌경제연구원.

김영진(1984), 『朝鮮時代 前期 農書』, 韓國農村經濟研究院.

김영진(2000), 『조선시대 농업과학기술사』, 서울대학교출판부.

김영희(1984), 『한국어 셈숱화 구문의 통사론』, 탑출판사.

김완진(1973), 「국어 어휘 마멸의 연구」, 진단학보 35.

김용섭(1988), 『조선후기농학사연구』, 일조각.

김정오 역(1982), 『시각적 사고』(루돌프 아른하임 저), 이화여대출판부.

김종택(1980), 「국어 어휘 분화의 기제」, 남광우회갑기념, 일조각.

김종택(1992), 『국어 어휘론』, 탑출판사.

김종택·송창선(1991), 「천자문, 유합, 훈몽자회의 어휘분류체계 대비」, 『어문학』 52.

김종학(1992), 「향약 약재명 어휘의 변천고」, 『어문논집』 22.

김차균(1981), 「'-을-'과 '-겠-'의 의미」, 『한글』 173, 174호.

김태균(1986), 『함북방언사전』, 경기대학교출판부.

김태오(1993), 「다산의 아학편에 반영된 문자교육관」, 『교육철학』 11.

김하수(1979), 「'-ㄹ까'의 의미와 통사적 특징」, 『말』 4.

김흥수(1989), 「현대국어 심리동사 구문에 관한 연구」, 서울대학교 박사학위논문.

나진석(1965), 「국어 움직씨의 때매김 연구」1, 2, 『한글』 134.

남경완(2000), 『현대국어 '-리-', '-겠-', '-을 것-'의 변천』, 박이정.

남광우(1973), 『조선(이조) 한자음 연구』, 일조각.

남광우(1981), 『고어사전』, 일조각.

남기심(1972), 「현대국어 시제에 관한 문제」, 『국어국문학』 55~57 합병호.

남성우(1986), 『15세기 국어의 동의어 연구』, 탑출판사.

남풍현(1981), 『차자표기법연구』, 단국대학교 출판부.

노재민(1999), 『현대국어 식물명의 어휘론적 연구』, 서울대학교 석사학위논문.

노태호 외 공역(2000), 『인간과 자연 생태학(군집생태학)』, 아카데미서적.

도효근(1984), 「천자문 6종 이본의 종합 색인」, 『어문연구』 13.

藤本行夫(1979), 「朝鮮版 千字文の系統」, 『조선학보』 94.

문교부(1956), 『우리말 말수 사용의 잦기 조사』.

민은숙(1982), 『향약명칭의 이두표기와 어형변천연구』, 효성여대석사.

민현식(1991). 『국어의 시상과 시간부사』, 개문사.

민현식(1992), 「중세국어 성상부사연구 Ⅲ」, 『국어교육』 77.

민현식(1998), 「국어 외래어에 대한 연구」, 『한국어의미학』 2.

박병채(1988), 『논주 월인천강지곡 상』, 정음사.

박석순 외 옮김(2000), 『시스템 생태학』, 도서출판 아르케.

백두현(1992), 『영남문헌어의 음운사 연구』 태학사.

서울대 대학원 국어연구회편(1994), 『노걸대 언해본의 비교 자료』.

서정수(1975), 『동사 '하'의 문법』, 형설출판사.

서정수(1978), 「'ㄹ 것'에 관하여」, 『국어학』 6.

서종학(1986), 「구황촬요와 신간구황촬요에 관한 고찰」, 『국어학』 15.

서종학(1999), 「충주구황절요의 이두」, 『동양학』 29.

성기철(1979), 「경험과 추정」, 『문법연구』 4.

손남익(1999), 「국어 부사어와 공기어 제약」, 『한국어학』 9.

손병태(1989), 「牛疫方의 이두문 연구」, 『영남어문학』 16.

손병태(1990), 「村家救急方의 향약명 연구」, 『영남어문학』 17.

손병태(1991), 「경북동남방언의 산채류명에 대하여」, 『영남어문학』 19.

손병태(1996), 「식물성 향약명 어휘 연구」, 『영남어문학』 30.

손병태(1996a), 「향약 약재명의 국어학적 연구」, 영남대학교 박사학위논문.

손병태(1997), 「경북 동남 지역의 어류 명칭어 연구」, 『영남어문학』 32.

신창순(1972), 「현대 한국어의 용언보조어간 '-겠-'의 의의와 용법」, 현대국어문법(계
        명대 출판부, 1975).

심재기 외(1984), 『의미론 서설』, 집문당.

심재기(1993), 『국어 어휘론』, 집문당,

안병희(1977), 「촌가구급방의 향명에 대하여」, 『언어학』 3.

여찬영(1990), 「우리말 동물명칭어에 대하여」, 『국문학연구』 13.

여찬영(1991), 「식물명칭어 연구」, 『한국전통문화연구』 7.

여찬영(1997), 「우리말 식물명칭어의 짜임새 연구」, 『대구어문론총』 15.

유창돈(1964), 『이조어사전』, 연세대 출판부.

유창돈(1974), 「이조국어사연구」, 선명문화사.

유창돈(1980), 「어휘사 연구」, 이우출판사.

유현경(2000), 「국어 형용사의 유형에 대한 연구」, 『국어학』 36.

이관규(2003), 『개정판 학교 문법론』, 도서출판 월인.

이광호(1987), 『한자 자석어 변천연구』, 경북대 석사학위 논문.

이광호(1990), 「어형 '글', '글월', '글왈'의 유의구조 분석」, 『어문론총』 24.

이광호(1990), 「15, 6세기어 『양ᄌ』, 『즛』, 『얼굴』의 유의구조분석」, 『어문학』 51.

이광호(1991), 「15, 6세기어 '뭇', 'ᄀ장'의 유의구조 분석」, 『어문론총』 25.

이광호(1992), 「15세기 국어의 유의구조 분석」, 어문학 53.

이광호(1992), 『국어 유의어의 통시적 연구』, 경북대 박사.

이광호(1994), 「정몽유어의 어휘 의미 분류체계」, 『우리말의 연구』, 우골탑.

이광호(1994), 「중세국어문법론」, 학연사.

이광호(1994), 「정몽유어의 어휘 의미 분류체계」, 『우리말의 연구』, 우골탑.

이광호(1995), 「유의어 통시론」, 이회문화사.

이광호(1996), 「'-겠-'의 의미」, 『어문학』 59.

이광호(2000), 「음식디미방의 분류체계와 어휘특성」, 『문학과언어』 22.

이광호(2001), 「시간부사의 통시적 고찰」, 『언어과학연구』 20.
이광호(2001), 「표현의 인지 정도 설정을 위한 연구」, 『우리말글』 21.
이광호(2002), 「유의 경쟁의 통시성 고찰」, 『어문학』 77.
이광호(2002), 「유의어 정도성 측정을 위한 집합론적 유형화」, 『문학과언어』 24.
이광호(2002), 「음식관련서의 분류체계와 어휘특성」, 『우리말연구』 12.
이광호(2002), 「유의 경쟁의 통시성 고찰」, 『어문학』 77.
이광호(2003), 「국어 유의 현상의 연관성 분석」, 『언어과학연구』 26.
이광호(2003), 「중세국어의 통시적 변화를 통한 현대국어 유의어의 변화예측」, 『우리말글』 29.
이광호(2004), 「조선시대 농서 어휘 연구」, 『우리말글』 32.
이광호(2004), 『국어 어휘 의미론』, 도서출판 월인.
이광호(2005), 「'사람이름+님/Ø/이'의 의미특성 고찰」, 『언어과학연구』 35.
이광호(2006), 「'낯'과 '얼굴'의 의미고찰」, 『어문학』 93.
이광호(2008), 「대립어의 정도성 연구」, 『우리말글』 42, 우리말글학회.
이광호(2008), 「유의어 변화의 기술 방안」, 『어문학』 99.
이광호(2008), 「이하 / 다항 유의어의 분포와 생태적 특성」, 『국어학』 53.
이광호(2008), 『어휘와 의미』, 제이엔씨.
이광호(2008), 「어휘의 양상분류」, 『언어과학연구』 45.
이광호(2008), 「학교 문법 교과서에 나타난 의미 유형」, 『어문학』 101.
이광호(2008), 「'매, 엇디, 어느'의 통시적 형태, 의미 특성」, 『우리말글』 44.
이광호(2009), 「정몽유어, 아학편, 천자문의 분포적 특성」, 『언어과학연구』 48.
이광호(2009), 「추정표현의 의미추이와 특성」, 『우리말연구』 24.
이광호(2009), 「'므스'와 '므슥 / 므슴 / 므슷'의 의미 특성 및 형태변화」, 『국어국문학』 151.
이광호(2009), 「'부러'와 '짐즛 / 진짓'의 의미 특성」, 『우리어문연구』 34.
이광호(2009), 「의미소 <必>의 어휘장 변화」, 『어문학』 105.
이광호(2009), 「'참-진즛'과 '거즛'의 통시적 대립관계」, 『언어과학』 16권 2호.
이광호(2009), 「'현'과 '몃'의 의미특성」, 『우리말글』 46.
이기갑(1987), 「미정의 씨끝 '-으리-'와 '-겠-'의 역사적 교체」, 『말』 12.
이기문(1965), 「근세중국어 차용어에 대하여」, 『아세아연구』 8-2.
이기문(1972), 「한자 석에 관한 연구」, 『동아문화』 11.
이기문(1975), 「금양잡록의 곡명에 대하여」, 『동양학』 5.
이기문(1982), 『국어음운사연구』, 탑출판사.
이기문(1985), 『국어사 개설』, 탑출판사.
이기문(1991), 『국어 어휘사 연구』, 동아출판사.
이기문(2002), 『신정판 국어사 개설』, 태학사.

이남순(1981), 「‘겠’과 ‘ㄹ것’」, 『관악어문연구』 6.

이돈주(1981), 『주해 천자문』, 박영사.

이동림(1959), 『주해 석보상절』, 동국대출판부.

이상규(1995), 『방언학』, 학연사.

이상태(1973), 「형용사 서술문의 구조에 대하여」, 『국어교육연구』 5.

이선영(1998), 「‘음식명의 어휘사’」, 심재기, 『국어 어휘의 기반과 역사』 中, 태학사.

이선희(1999), 「조사 {-를}의 의미와 그 문법적 실현」, 연세대학교 박사학위논문.

이성우(1981), 『한국식경대전』, 향문사.

이성우(1982), 『조선시대 조리서의 분석적 연구』, 한국정신문화연구원.

이숭녕(1984), 「이조 초기 어류에 관한 고찰」, 『학술원논문집』 23.

이은규(1993), 『향약구급방의 국어학적 연구』, 효성여대박사학위논문.

이익섭(1973), 「국어 수량사구의 통사기능에 대하여」, 『어학연구』 9-1호.

이익섭(1984), 『방언학』, 민음사.

이정민·배영남, 『언어학사전』, 박영사.

이철수(1992), 『양잠경험촬요의 이두 연구』, 인하대출판부.

이철용(1992), 『의약서 어휘의 국어사적 연구』, 한양대박사학위논문.

이현희 외(1997), 『두시와 두시언해』, 신구문화사.

이희자·이종희(2001), 「어미 조사 사전」, 한국문화사.

임동훈(2001), 「‘-겠-’의 용법과 역사적 해석」, 『국어학』 37.

임명선(1978), 「구황촬요의 어학적 연구」, 『수련어문논집』 6.

임소영(1997), 『한국어 식물이름의 연구』, 한국문화사.

임소영(1999), 「꽃 이름의 생성과정과 인지과정」, 『한국어의미학』 4.

임은하(1998), 「감정동사 연구」, 『국어교육』 96.

임지룡(1993), 『국어의미론』, 탑출판사.

임지룡(1999), 『인지의미론』, 탑출판사.

임홍빈(1980), 「‘-겠-’과 상대성」, 『한글』 170호.

임홍빈·장소원(1996), 『국어문법론 I』, 한국방송통신대학.

장삼식(1985), 『대한한사전』, 삼영출판사.

장영희(2000), 「20대 남녀 사용어휘의 대비적 고찰」, 『화법연구』 2.

장지영·장세경(1988), 『이두사전』, 정음사.

전재호(1987), 『국어어휘사연구』, 경북대출판부.

전재호·박전현(1986), 「의미소 <復>의 어형 변천」, 『어문론총』 20.

전혜영(1995), 「한국어 공손현상과 ‘-겠-’의 화용론」, 『국어학』 26.

정시호(1994), 『어휘장이론연구』, 경북대출판부.

조항범(1998), 「동물 명칭의 어휘사」, 『국어 어휘의 기반과 역사』 中, 태학사.

조항범(1984), 「국어유의어의 통시적 고찰」, 『국어연구』 58호.

채인숙(1986), 『17세기 의서언해의 국어학적 고찰』, 한양대석사.

최범훈(1988), 「우마양저염역병치료방의 이두연구」, 인산김운경환갑.

최창렬(1986), 『우리말 어원연구』, 일지사.

최창렬(1993), 『어원산책』, 한신문화사.

최학근(1978), 『한국방언사전』, 현문사.

한국불교대사전편찬위원회(1982), 『한국불교대사전』.

한국정신문화연구원(1991), 『한국민족문화대백과사전』.

한글학회(1990), 『우리말 큰사전』, 어문각.

허   웅(1982), 「19세기 국어 때매김법 연구」, 한글 177.

허   웅(1982), 『용비어천가』, 형설출판사.

홍기선(1994), 「한국어 대격의 의미」, 『언어』 19-1.

홍사만(1976), 「15세기 語辭 {믓}과 {ᄆ장}의 比較」, 『李朝前期의 言語와 文學』.

홍사만(1983), 『국어어휘의미연구』, 학문사.

홍사만(1994), 『국어의미론연구』, 형설출판사.

홍사만(2002), 「국어 정도 부사의 하위분류」, 『어문론총』 36.

홍사만(2003), 『국어어휘의미의 사적변천』, 한국문화사.

홍사만(2007), 『국어 의미 분석론』, 한국문화사.

홍윤표 외(1995), 『17세기 국어사전』, 한국정신문화연구원.

홍윤표(1986), 『근대국어의 표기법연구』, 민족문화연구 19.

황혜성 편(1985), 『규곤시의방』, 한국인서출판사.

廣田榮太郎外(編)(1955), 『類語辭典』, 東京堂.

國廣哲彌(1967), 『構造的意味論』, 三省堂.

國廣哲彌(1970), 『意味の諸相』, 三省堂.

國廣哲彌(1982), 『意味論の方法』, 大修館.

國廣哲彌(編)(1982), 『ことばの意味』, 平凡社.

國廣哲彌(編)(1983), "意味と語彙", 「日英語比較講座」 第3卷, 大修館.

大野晉·柴田武(編)(1977b), 『語彙と意味』, 岩波講座日本語, 岩波書店.

德川宗賢·宮島達夫(1972), 『類義語 辭典』, 東京出版社.

常務印書館編輯部(1987), 「辭源」, 香港：中華常務聯合印刷有限公司.

柴田省三(1975), 「語彙論」, 大修館.

前田富祺(1977), 『語彙の變遷』, 岩波講座日本語9：語彙と意味, 岩波書店.

諸橋轍次(1984), 『大漢和辭典』, 大修館書店.

池上嘉彦(1975), 『意味論』, 大修館.

村木正武. 齊藤與雄(1978), 『意味論』, 現代の英文法2, 研究社.

風間喜代三, 長谷川欣佑 監譯(1992), 『언어학백과사전』, 대수관서점.

Baldinger, K(1980), 『Semantic Theory』, Basil Blackwell, Oxford.

Bloomfield, L.(1933), 『Language』, New York : Holt, Rinehart and Winston.

Chape, W.L.(1970), 『Meaning and the Structure of Language』, Univ. of Chicago Press.

Coseriu, E.(1975), 『Vers une typologie des chammps lexicaux』, Cahiers de Lexicologie 27, 30-51.

Cruse, D.A.(1986), 『Lexical Semantics』, Univ. of Cambridge Press.

Hocket, C.F.(1958), 『A Course in Modern Linguistics』, New York : The Macmillan Company.

Holliday. 1961. 『Categories of the Theory of Grammar』, Word 17, 241-292.

Kempson, R.M.(1977), 『Semantic Theory』, London : Cambridge Univ. Press.

Leech, G.N.(1974), 『Semantics』, Harmondworth, Penguin book Ltd.

Lyons, J.(1968), 『Introduction to Theoretical Linguistics』, London : Cambridge Univ. Press.

Lyons, J.(1977), 『Semantics』, Vol 1,2: Cambridge Univ. Press.

Lyons, J.(1981), 『Language, Meaning and Context』, Fontana Paperbacks.

MaCawley, J.D.(1968), 『The Role of Semantics in a Grammar』, In Bach & Harms(eds.), New York.

Nida, E.A.(1973), 『Componential Analysis of Meaning』. 조항범譯(1990)

Palmer, F.R.(1976), 『Semantics』, London: Cambridge Univ. Press.

Stern, G.(1931), 『Meaning and Change of Meaning』, Gothenberg. Indiana Univ. Press.

Ullmann, S.(1951), 『Words and Their Use』, London: Frederick Muller.

Ullmann, S.(1957), 『The Principle of Semantics(second edition)』, Oxford : Basil Blackwell.

Ullmann, S.(1962), 『Semantics』, Basil Blackwell, Oxford.

Ullmann, S.(1963), 『The Principles of Semantics』, Basil Blackwell & Mott Ltd.

찾아보기

저자 소개

이광호__ leekh@ks.ac.kr

경북대학교 국어국문학과를 나오고(1985), 동 대학원에서 문학석사(1987)와 문학박사
(1993) 학위를 받았다. 지금은 경성대학교 국어국문학과에 근무하고 있다.

저서 『한자 자석어 변천 연구』, 『국어 유의어의 통시적 연구』, 『유의어 통시론』, 『국어
     어휘 의미론』, 『어휘와 의미』 등

논문 「대립어의 정도성 연구」, 「유의어 변화의 기술 방안」, 「이항/다항 유의어의 분포와
     생태적 특성」, 「어휘의 양상분류」, 「학교 문법 교과서에 나타난 의미 유형」, 「'매,
     엇디, 어느'의 통시적 형태, 의미 특성」, 「정몽유어, 아학편, 천자문의 분포적 특성」,
     「추정표현의 의미추이와 특성」, 「'므스'와 '므슥/므슴/므슷'의 의미 특성 및 형태
     변화」, 「'부러'와 '짐줏/진짓'의 의미 특성」, 「'참-진줏'과 '거줏'의 통시적 대립관
     계」 등 다수

의미 분석론

초판 인쇄 2009년 8월 18일
초판 발행 2009년 8월 28일

지은이 이광호
펴낸이 이대현
편 집 이소희
펴낸곳 도서출판 역락
        서울 서초구 반포4동 577-25 문창빌딩 2층
        전화 02-3409-2058(영업부), 2060(편집부)
        팩시밀리 02-3409-2059
        이메일 youkrack@hanmail.net
        등록 1999년 4월 19일 제303-2002-000014호

ISBN 978-89-5556-728-1 93710
정 가 30,000원

*잘못된 책은 교환해 드립니다.